書畫名家年譜大系

王原祁年譜長編

蔣志琴 編著

上海書畫出版社

目　次

凡例……………………………………………………………… 1

譜前……………………………………………………………… 1

年譜……………………………………………………………… 1

主要參考文獻………………………………………………… 583

人名索引……………………………………………………… 593

後記…………………………………………………………… 615

圖版目錄

圖一　　王原祁《山水册》之《仿高房山》………………………………251頁
圖二　　王原祁《仿大癡山水圖》…………………………………………280頁
圖三　　王原祁《仿大癡山水圖》…………………………………………334頁
圖四　　王原祁《秋山書屋圖》……………………………………………335頁
圖五　　王原祁《仿王蒙山水圖》…………………………………………337頁
圖六　　王原祁《河岳凝暉》………………………………………………361頁
圖七　　王原祁《仿王蒙山水》……………………………………………367頁
圖八　　王原祁《仿古山水圖屏》之《仿倪雲林》………………………385頁
圖九　　王原祁《仿古山水圖屏》之《仿黃公望》………………………386頁
圖一〇　王原祁《仿古山水圖屏》之《仿荊關》…………………………387頁
圖一一　王原祁《仿古山水圖屏》之《仿吳鎮》…………………………388頁
圖一二　王原祁《南山圖軸》………………………………………………389頁
圖一三　王原祁《仿宋元諸家山水》十二幀之《仿高房山》……………391頁
圖一四　王原祁《仿宋元諸家山水》十二幀之《趙大年江村花柳》……392頁
圖一五　王原祁《仿宋元諸家山水》十二幀之《仿趙松雪松溪仙館》…393頁
圖一六　王原祁《仿宋元諸家山水》十二幀之《仿黃子久》……………394頁
圖一七　王原祁《仿宋元諸家山水》十二幀之《仿李營丘霽雪筆意》…395頁
圖一八　王原祁《山水圖册》之《仿大癡筆》……………………………401頁
圖一九　王原祁《早春圖》…………………………………………………403頁
圖二〇　王原祁《液萃》之《仿董北苑》…………………………………406頁
圖二一　王原祁《液萃》之《仿大癡道人》………………………………407頁
圖二二　王原祁《仿梅道人秋山圖》………………………………………415頁
圖二三　王原祁《仿王蒙山水圖》…………………………………………426頁
圖二四　王原祁《仿倪黃山水》……………………………………………439頁
圖二五　王原祁《仿黃公望富春山色圖》…………………………………444頁

圖二六	王原祁《春巒積翠圖扇》	446 頁
圖二七	王原祁《擬盧鴻草堂十志圖册》之《仿王維山莊圖》	450 頁
圖二八	王原祁《擬盧鴻草堂十志圖册》之《仿王蒙丹臺春曉圖》	451 頁
圖二九	王原祁《擬盧鴻草堂十志圖册》之《仿趙大年、趙松雪筆》	452 頁
圖三〇	王原祁《擬盧鴻草堂十志圖册》之《仿趙承旨、趙千里筆》	453 頁
圖三一	王原祁《扁舟圖》	461 頁
圖三二	王原祁《蒼巖翠壁圖軸》	463 頁
圖三三	王原祁《仿黄公望〈富春大嶺圖〉》	465 頁
圖三四	王原祁《西嶺雲霞圖》(局部)	474 頁
圖三五	王原祁《仿倪黄山水圖》	476 頁
圖三六	王原祁《爲丹思作仿古山水》之《仿范寬》	480 頁
圖三七	王原祁《爲丹思作仿古山水》之《秦中典試仿范寬》	481 頁
圖三八	王原祁《爲丹思作仿古山水》之《仿趙松雪春山》	482 頁
圖三九	王原祁《爲丹思作仿古山水》之《仿巨然》	483 頁
圖四〇	王原祁《仿黄公望山水圖》	489 頁
圖四一	王原祁《南山積翠》	490 頁
圖四二	王原祁《山水圖册》之《仿王蒙秋山蕭寺》	493 頁
圖四三	王原祁《山水圖册》之《仿王蒙》	494 頁
圖四四	王原祁《山水圖册》之《仿梅道人設色》	495 頁
圖四五	王原祁《山水圖册》之《仿雲林設色》	496 頁
圖四六	王原祁《粤東山水圖》	504 頁
圖四七	王原祁《仿荆關山水圖扇》	505 頁
圖四八	王原祁《山水圖册》之《仿趙令穰江村花柳圖》	515 頁
圖四九	王原祁《山水圖册》之《仿高房山》	516 頁
圖五〇	王原祁《山水圖册》之《仿李營丘筆》	517 頁
圖五一	王原祁《山水圖册》之《仿設色倪黄小景》	518 頁
圖五二	王原祁《仿高房山山水圖》	548 頁
圖五三	王原祁《仙掌嵯峨圖》	549 頁
圖五四	王原祁《仿古山水圖册》之《用松雪法寫右丞詩意》	560 頁
圖五五	王原祁《仿古山水圖册》之《仿荆關》	561 頁
圖五六	王原祁《仿古山水圖册》之《仿黄鶴山樵丹臺春曉筆》	562 頁
圖五七	王原祁《仿古山水圖册》之《仿梅道人》	563 頁
圖五八	王原祁《仿古山水圖册》之《仿大痴秋山》	564 頁
圖五九	王原祁《仿古山水圖册》之《仿松雪、大痴筆》	565 頁

圖六〇	王原祁《仿古山水圖册》之《扈從寫東坡詩意》	566 頁
圖六一	王原祁《仿古山水圖册》之《仿倪雲林》	567 頁
圖六二	王原祁《西湖十景圖》(局部)	568 頁
圖六三	王原祁《仿王蒙松溪仙館圖》	572 頁
圖六四	王原祁《仿趙大年江鄉春曉圖》	574 頁
圖六五	王原祁《松溪荷塢圖扇》	575 頁
圖六六	王原祁《萬山蒼翠圖扇》	575 頁
圖六七	王原祁《松溪圖扇》	576 頁
圖六八	王原祁《巖下柳溪圖扇》	576 頁
圖六九	王原祁《秋山積翠圖扇》	577 頁

凡　例

一、本《年譜》是一部編年體王原祁生平資料匯編。文中所叙生平事迹，言必有徵；所據文獻資料，主要採自譜主詩集、書畫跋文及相關明清人著述。

二、《年譜》主要以時間爲經，以人物爲緯，全面記叙譜主的生平，考察其師承與交游。爲免繁冗，主要相關人物（如王時敏、王翬等）的資料只作簡單收録。另以"年代不詳作品""臣字款作品""書法作品"等分别收録無法確定創作時間的作品。

三、若所引原著（原文）中出現筆誤或刊誤，《年譜》在原字旁附加圓括號，内標注正確文字，如"撥墨"當爲"潑墨"，本文表示爲"撥（潑）墨"。若所引原著（原文）缺失字符，《年譜》則在原字位附加方括號，内標注遺漏文字。如人名"顧卓芑"遺漏"卓"字，本文表示爲"顧[卓]芑"。

四、輯録王原祁傳世作品跋文時，《年譜》盡量全面保存原作信息，依據圖像和文字資料盡可能全面收録原作的尺寸、印章、收藏地等相關信息。

五、《年譜》用"起首鈐某印"表示跋文起首之印，"下鈐"表示跋文之後的名號章；"圖左下鈐""圖右下鈐"分别指作品圖像左下角和右下角所鈐閑章或名號章。每年後附録"本年存疑作品"。

六、《年譜》按照時間明確者在前、未定者在後的原則排列史料。如"三月"在"春"之前，"十二月"在"冬"前等。

譜　前

王原祁,字茂京,號麓臺。江蘇太倉人。明崇禎十五年生。清順治十三年春,麓臺年十五,補博士弟子員。康熙八年,與錢三錫、王黃立、徐秉義等同成舉人。康熙九年,麓臺二十九歲,與八叔王掞、徐乾學、李光地、張鵬翮、郭琇、趙申喬、李振裕、陸隴其等同榜成進士。康熙十七年,麓臺辭中秘,需次宰邑。康熙二十年八月,以吏部詮選進士身份,參與以正考官翰林編修歸允肅、副考官編修沈衍爲首的順天鄉試。康熙二十一年,議叙得任縣知縣。康熙二十五年,因相國王熙薦舉,麓臺"舉卓異"。同年七月,麓臺離任。八月,北上京城,補授刑科給事中。康熙二十六年十月,麓臺母卒。歸,丁憂。康熙二十九年暮春服闋,補户科給事中。康熙三十二年六月前,轉禮科掌印給事中。康熙三十五年末,麓臺父卒。歸,丁憂。康熙三十九年四月,麓臺北上。是年秋冬至康熙四十年四月,麓臺在京候補。康熙四十年五月,由禮科都給事中升右春坊右中允。康熙四十一年秋,麓臺由右春坊中允轉左春坊左中允。康熙四十三年四月,麓臺升侍講,旋轉侍讀。康熙四十四年,參與編撰《佩文齋書畫譜》。康熙四十五年四月,轉翰林院侍讀學士。康熙四十七年冬,麓臺由日講官起居注升詹事府少詹事。康熙四十八年二月,升詹事府詹事。康熙五十年八月,麓臺升翰林院掌院學士兼禮部侍郎。康熙五十一年,麓臺轉户部侍郎。康熙五十四年十月十二日,卒於位。

唐孫華《王原祁墓誌銘》。王抃《王巢松年譜》。王寶仁編《奉常公年譜》。《(嘉慶)直隸太倉州志》卷二十八人物《王原祁》。歸允肅《歸宫詹集》。毛師柱《端峰詩選》。《南宗正脉》第268頁王掞等《清人手札册》。陳奕禧《春藹堂集》。王原祁《罨畫集》。《康熙起居注册》。吴榮光等撰《歷代名人年譜》。馬齊等撰《大清聖祖仁皇帝實録》等。

《國朝耆獻類徵初編》卷五十六唐孫華《王原祁墓誌銘》:"康熙五十有四年冬十月甲戌,户部左侍郎麓臺王公以疾卒於位。遺疏上聞,天子憫悼,特賜全葬予祭。恤典有加焉。於是孤子翰林院編修瑩,感恩哀慟,奉喪南歸。卜以五十有六年冬十月丁未,舉其母李太夫人之柩,輀車幨帾,備陳儀衛,合葬於五都爲字圩之賜塋,禮也。孤子復匍匐來請乞予文誌其墓。予以公之德望宜得當代鉅公顯人爲文,以徵信於後,而予愧非其人也。既逐辭不獲,乃據公行狀,謹詮次其家世官閥與其德行道藝,以見公之所以結主知、膺特眷者,實有所自。而公經濟之大者,尤在乎推廣聖澤,惠及生民,道濟天下。古所謂歿而不朽者,庶幾無愧也。

公諱原祁,字茂京,別號麓臺。高祖文肅公爲明萬曆間名相,曾祖太史緱山公,祖奉常烟客公。父芝廛公,順治乙未科進士,養親不仕。以公貴,誥贈如其官。公舉庚戌科進士,與其叔父相國公同榜。相國簡入史館,而公隨牒筮仕,爲順德府任縣知縣。行取擢刑科給事中。丁母憂。服闋,補户科給事中,轉禮科掌印給事中。丁父憂。終喪,特旨改入翰林,補右春坊右中允,轉左中允,升侍講、侍讀,歷升左春坊左庶子、翰林院講讀學士、詹事府少詹事,旋升詹事、翰林院掌院學士、户部左右侍郎。

公生而秀異,善讀書,爲文思若涌泉。長而工詩,時有驚人奇句。爲人沈厚凝重,與人交,輸寫心腹,不知人間有機巧事。占畢之暇,尤喜點染繪畫。大父奉常公畫入神品,寸縑尺素人皆奉爲異寶。偶見公所畫竹石粘壁間,即驚嘆曰:'後當過我。'通籍里居,奉常公時時指引教誨,謂:'元季四家首推子久。學之者得其形,未得其神爾,其勉之。'由是其業大進,神與天游,意在筆墨之外,遂以畫名天下。既官京師,請乞者至户屨恒滿,往往流傳禁中,得經御覽。上深加賞嘆,嘗召至便殿,觀其濡染。上益喜,每召諸大臣至内苑賜宴賞花,公必與焉。所賜御書、御製墨刻、扇硯、袍帽、食物,絡繹便蕃,拜命稠疊。後以萬壽覃恩,封贈三代,蔭子一,入監讀書。上蓋察知公至誠篤厚,器識閎深,可當大任。其在職精白一心,經世濟時,歷試底績,所以累受殊恩,遂躋顯位,非徒以藝事之故也。

公之令任縣也,任爲九河下流,即古之大陸,其塔圪臺、北劉寨、雙蓬頭等處,歲被水災,官民賠累無算。公莅任之明年,秋潦大作。旁近州縣皆被水災。部使者按視民田,他邑皆得免徵,獨任縣一望瀰漫,不辨阡陌,疑爲川澤。公據縣志力争,始得蠲免。公念邑小民貧,今雖暫免,後患無已,力請巡撫于公,疏請得允,永免歲供三千餘金。民困得紓,至今尸祝焉。其貳户部也,有臨清關権使疏請添設口岸。公力主駁查,及撫臣疏入,事遂得寢。甲午七月,豫省歲歉,上諭户部預議漕糧,公與同事悉心籌畫,議以豫省漕糧向來折徵於衛輝府,水次買兌。豫省被災,若仍買兌,恐米價騰貴,請今歲停買。於康熙五十四、五、六年,照江西漕米三年帶運例,分買補運。疏上,得旨如議,豫省於是荒而不飢。直省錢糧,先奉恩諭,三年之内輸免一周。歷年舊欠,并予蠲除。獨江南一省,自四十四、五、六年至五十年,奏銷欠册稍遲,未列蠲免數內。值撫臣蠲免疏至,議者疑有司或有已徵在官而藉口民欠者。公念江南民困已極,皇上湛恩汪濊,霑被九有,江南之民尤爲上所軫念,不敢以桑梓之故引嫌自避,欲力爲疏請,謀於叔父相國公。相國公亦以爲然,乃特爲一議,以爲宜如撫臣所請,準與豁除,仍飭該撫即具見在民欠細册報部查覆,如有以已徵詐作民欠者,嚴加治罪。事雖未即允行,然公爲民請命之心至矣。讀其疏者皆爲感動。今地方官吏亦知十年并徵,民力有所不給,時或寬假,緩於答筆,要亦公之力也。昔元趙孟頫以書畫受知世祖,及遣忻都王濟等理算天下錢糧,逋欠數千萬。孟頫以爲錢糧未徵者,其人死亡已盡,何所從取,爲請於世祖,又與執政力争而免之。前史官楊載稱,孟頫之才頗爲書畫所掩,知其書畫者不知其文章,知其文章者不知其經濟之學。人以爲知言。如公之德與藝,視子昂殆又過之。其至誠篤厚之心,能令上下交孚,言立而利溥,真所謂歿而不朽者,豈僅以翰墨風流名當時而傳後世哉?

公生於明崇禎十五年八月十八日,卒於今康熙五十四年十月十二日,年七十有四。配李夫人生自世族,嬪於高門,婉娩有婦德。司農公性高簡,不孰何家事,又一意持廉,家無儲蓄,有無黽勉,夫人攸助之力爲多。事尊嫜以孝,待娣姒以和,內外無間言。先公十七年卒。子三:暮,丙戌科進士,翰林院編修;諤,丙子科舉人,前卒。皆李夫人出。誾,官蔭監生,側室沈氏出。女二。孫男五:述溶、述渾、述淮、述獻、述儉。述溶、述獻俱太學生,餘尚幼。嫁娶皆名族。

嗚呼!予與公交至深,故爲略次其梗概,而系之以銘。銘曰:

豫章蟠木,離奇輪囷,棟桴是宜。大車以載,積中任重,安行九逵。惟公之生,鐘祥世德,寶應昌期。公之爲人,渾金璞玉,天質無虧。公之苞官,匪躁匪棘,坦坦施施。十年諫苑,恥爲攻訐,因事納規。除賦渚陽,告哀南國,補察扶羸。房公子孫,氣貌瓌偉,虬鬚豐頤。緬被右丞,輞川妙繪,前身畫師。一山一石,公乃餘藝,世寶永垂。歸然賜塋,氣蒸巨海,盤紆逶迤。宅此幽宮,祖父伊爾,維穀之詒。"

麓臺祖父王時敏,初名贅虞,字遜之,號烟客、偶諧道人、懦齋、歸村老農。明萬曆二十年生,清康熙十九年卒,年八十九。王時敏祖父王錫爵,字元馭,號荆石,官至建極閣大學士。王時敏父王衡,字辰玉,號緱山,萬曆二十九年會元,授翰林院編修。王時敏體貌優崇,爲人寬厚,好爲山水之游。自幼至壯,未嘗廢學,尤嗜繪事,見古人真迹不惜重金購藏,宋元名家無不摹仿,而於子久尤爲專詣。後以八子王掞貴,贈文淵閣大學士兼吏部尚書。

《奉常公年譜》卷一"明萬曆二十年壬辰公生":"周太夫人以是年八月十三日子時生公。"

《奉常公年譜》卷一"三十六年戊申十七歲":"李夫人來歸。"

《奉常公年譜》卷一"三十七年己酉十八歲":"正月二十九日,緱山公殁於家,年四十有九。"

《奉常公年譜》卷一"三十八年庚戌十九歲":"十二月二十九日,文肅公薨於家,享壽七十有七。"

《奉常公年譜》卷一"四十二年甲寅二十三歲":"自辛亥夏有恩恤璽丞之詔。服闋後周太夫人謂公曰:'……非冠裳曷支巨閥?宜急入京拜恩。'……春,偕李夫人奉周太夫人北上。……赴京即拜官璽司。璽司列禁廷侍從,體貌優崇,職事清簡,而頭緒頗繁,所典有誥敕、帖黃、用寶及巡方御史領印、文武官關領牙牌及稽查守衛官銅符等事。"

《奉常公年譜》卷一"四十六年戊午二十七歲":"以致祭衡藩差,奉周太夫人歸,悠游子舍者匝歲。"

《奉常公年譜》卷二"四年甲子三十三歲":"夏,以九年奏滿,升尚寶卿。……《自警文》歷敘粗浮疏脫、直言嗔性之弊。"

《奉常公年譜》卷二"七年丁卯三十六歲":"四月七日,華亭董思翁其昌、陳眉公繼儒過南園綉雪堂,話雨留宿。"

《奉常公年譜》卷二"七年甲戌四十三歲":"東園落成。園自庚申經始,中間改作者再四。……十餘年中,費以累萬。樂郊之名,著海內矣。"

《奉常公年譜》卷二"九年丙子四十五歲":"秋,升太常寺少卿,仍管司事。"

《奉常公年譜》卷二"十一年戊寅四十七歲":"冬十一月初,自家北行丹陽……途中寄諸子札云:'吾鄉世態人情,真成鬼國。汝等如處覆巢之下,旦暮不保,宜刻刻戰兢懍惕,不可一毫任性。居家惟閉户讀書,遇人惟謙恭緘默,莫務虚名,莫妄交游,實實做本分功夫,持身應世,以縝密沉細爲第一義。……我直腸快口,機心盡忘,於世遂多尤悔。'"

《奉常公年譜》卷二"十二年己卯四十八歲":"時都中門禁漸寬,而百物踴貴幾倍矣。……公寄諸子札云:'……但此後更宜百倍收斂謹慎,每事務從寬厚,不可一毫得罪鄉曲,至童僕田園,尤宜着實收斂。'"

《奉常公年譜》卷三"國朝順治元年甲申五十三歲":"公抱病里居。四月杪,得三月十九日確耗,五内摧裂,不自意生,哀慟欲絶者數次。"

《奉常公年譜》卷三:"二年乙酉五十四歲":"去秋被召已得請,復爲臺中疏薦起原官,仍不赴。"

《奉常公年譜》卷三:"四年丁亥五十六歲":"吾州從無蘆課……始有蘆田之目。"

《奉常公年譜》卷三:"八年辛卯六十歲":"是春,以樂郊園區畫爲四,分授子挺、揆、撰、抃,令其各自管領。……時秦瑞寰侍御世禎方按吳郡,乃率諸子跪門,控告蘆蠹楊琪芳等,准拘提,蓋覆盆見天之幸矣。吳中巨蠹肆横,狐鼠相依,沈碧江、邵昇斯實爲巨惡,秦公皆斃之於獄,爲地方造福不淺。"

《奉常公年譜》卷三"十三年丙申六十五歲":"仲冬,子撰輯公詩,分二卷,一爲《偶諧草》,歷仕時所著。一爲《西廬草》,歸田後所著。乞序於嘉定陸公元輔。"

《奉常公年譜》卷三"十六年己亥六十八歲":"仲冬,作《自述》一通,歷叙平生居官、居鄉及慎終崇本,交游好尚,始腴終悴之大略,凡三千餘言。"

《奉常公年譜》卷三"十八年辛丑七十歲":"公不堪催科之擾,諸子懇請代任賦役,乃於閏七月初旬,分授田各二百畝於諸子,而以膳田賦稅任之。……是年,吳中有奏銷之禍,朱撫軍將民間零欠錢糧造册上聞,紳袍衿士里毫挂欠者,無一得免。江南四郡共一萬三千五百一十七人。公及子揆俱在欠册中。……子扶因金漢廣户,亦以零欠賠累。"

《奉常公年譜》卷四"二年癸卯七十二歲":"西田土木未息,方約南垣抹山種樹,又修葺後園,改築亭榭,爲衰年憩息之所。……是冬,始延蘇崑生教家僮時曲爲娱老計。"

《奉常公年譜》卷四"三年甲辰七十三歲":"作《友恭訓》一則,以示諸子。謂人之有兄弟,猶身之肢體連心,木之枝條附本,未有四肢殘而腹心不潰、枝葉瘁而根本不撥者。"

《奉常公年譜》卷四"四年乙巳七十四歲":"甲辰(三年)春……陳州守奉撫院韓公檄,并浚兩河(瀏河、朱涇)。"

《奉常公年譜》卷四"九年庚戌七十九歲":"三月初四晚得春闈捷音,五月又得子揆館選信,賀客滿堂,稱盛事。公不色喜,常憂滿溢,家中防閑愈嚴。作《家訓》一篇,釐爲五則:一首先敦睦、一省察功過、一敬恭桑梓、一慎收童僕、一早完國課。字字皆格言,至論統二千數百言。"

《奉常公年譜》卷四"十年辛亥八十歲":"八月,舉八十觴。同里及四方來稱祝者,開宴累日。子撰、揆遍徵都門諸大老及詞場名宿,壽言以累百計,彙集郵寄。"

《奉常公年譜》卷四"十二年癸丑八十二歲":"十月望日,有《西田囑兼答祭田公義》一篇,諸子集族友會聚一堂。……將以西田讓付子揆。……作《後友恭訓》。先是甲辰歲(康熙三年)曾作《友恭訓》示諸子,至是,恐各分家人輩口語間微有抵牾,更曉切示之。"

《奉常公年譜》卷四"十四年乙卯八十四歲":"夏間,有丈量蘆田之舉。遲糧道日巽臨州,丈勘用小步弓,以漲灘侵隱爲言,大有騷擾,排年頗受其累。……中秋始患頭眩舌强,歷三四年,形神漸衰。"

《奉常公年譜》卷四"十九年庚申八十九歲":"六月七日,猶手書徑尺榜額。是夕,諸子侍側,坐談娓娓,神氣朗然。次晚,忽夢西方三聖人現丈六金身,垂手相接曰:'我來引度汝。'翼日而寒疾陡作矣。毗陵惲南田壽平慕公已久,時適與石谷同至,來謁病榻,一見而別。至十七日酉時,薨於寢。病中數云,欲歸舊宅,喃喃不休,又稱雪老師者再。蓋徑嶠老人,公向所皈依者也。"

麓臺祖母徐氏,青浦商賈徐繼良女。明萬曆二十九年生,清康熙五年卒,年六十六。徐氏性勤儉,有遠見。

《堯峰文鈔》卷十九《志銘》九《王母徐夫人墓誌銘》:"……其子進士君揆……爲同年生,相從游者久,其母弟仲君則又琬從妹婿也。……夫人姓徐氏,父繼良,世居青浦,本儒家子,棄而業賈,以然諾慷慨稱。……夫人居恒無媟語戲容,侍太常公側,奉盥授帨惟謹,至其他食飲瑣碎之務,承命皆然,闔門數千指滋以夫人爲賢。爲人有器識,親故緩急來告者,必傾囊周之,雖力有不及,亦必爲之咨嗟旁皇良久乃止。進士君與其冡子原祁後先高第,内外悉賀,夫人坦然不加喜;迨進士君絓誤被革,不獲仕於朝,又皆謹謹稱屈,而夫人亦怡然不形於色辭,嘗口占數百言,命原祁繕錄以戒諸子,其略曰:'比者歲荒賦急,家落親衰,女曹日夜惟修身保家爲念,猶懼不支,若或喜怒失常,或宴飲逾節,招尤致疾,將何以慰我老人乎?'又曰:'世情嶮巇,取友實難,貌交不如心交。以酒食結人,不如以道義結人。'皆格言也。故進士君以下,類能卓卓,自立用學,行知名東南,而諸巨室子弟當喪亂後,率緣交游匪類,傾其家者相屬。夫人言遂驗。性勤儉,妝澤不愛華侈,一切女巫、尼姥、瞽婦,拒不使進室中。條晝措置,雖下至屨、縶、盤、匜之屬,咸井井有方。戚黨中微涉邀嬰,及所營服玩過珍好者,必摇手相戒,勿使徐夫人知。間有竊議夫人迂者,夫人知而哂曰:'留我一人作女流樣子可矣。'於是閨旦見者滋益以爲賢。……春秋六十有六,生於明萬曆某年某月日,殁於康熙某年某月日,距夫人殁十有四年,而太常公亦捐館舍。所生丈夫子三人:揆,順治乙未科進士;抃、攄皆國子生。生女子二人,皆適名族。孫男九人:原祁,康熙庚戌科進士,候補内閣中書舍人;原博,州學生;兆新,國子生;兆建、兆封、昭溥、昭復,府學生;昭駿、昭祓。孫女十有四人。曾孫男女十人。"

《奉常公年譜》卷四"五年丙午七十五歲":"仲冬……子揆、抃、攄生母徐夫人,以是年十一月八日卒,年六十有六。"

《王巢松年譜·總述》:"……吾母常向人曰:'此子將來功名非小。'至久困場屋之後,吾母絶不爲意,猶向余云:'遇合遲速不同,有吾夢在,汝必售也。'……必待於吾母之側,無日不諄諄告誡。常云:'凡人所作之事,在一時關係猶小,所存之見,在終身關係甚大。所見一差,則毫厘而千里矣。'又云:'處世之道,勿輕與人相好,亦勿輕與人作惡。寧爲人所忌,勿爲人所笑。'又云:'凡人如欲作事,當計財,不當計事。如欲惜財,當省事,不當省財。'不過幾語,而意旨深長,包括無盡。故事大人五十年,從未與人面赤,而又隱然不可犯。惟其遠見卓識,有以致之也。"

按:據《奉常公年譜》卷四"五年丙午七十五歲"可知,徐氏生於萬曆二十九年。

麓臺伯父王挺,字周臣,號减庵。明萬曆四十七年生,清康熙十六年卒,年五十九。王時敏側氏孫碩人出。王挺明經,善畫。明末以門蔭補內閣中書舍人。子:王濬長、王培遠。俱副室孫氏出。

《奉常公年譜》卷一"四十七年己未二十八歲":"七月初十日,長子挺生。"

《(嘉慶)直隸太倉州志》卷四十《人物》:"王挺,字周臣,時敏長子。明季州庠生。與陸世儀、陳瑚諸人相師友,以門蔭補中書科舍人,在官七月,上疏請破格用人,奉使兩浙,却饋遺,不宿官舍,不赴公宴,復命即請歸養。入國朝閉門却軌,專事著述。順治十一年詔舉賢才,辭不就。晚年廢目,日使家童誦書以聽,爲文口占使書之,名其稿爲《不盲集》,卒年五十九,祀鄉賢祠。"

《王時敏集》第 475—476 頁《周太夫人行略》:"孫男六:長挺,聘吳江憲副元谷吳公女。"

《王巢松年譜》:"丁巳五十歲康熙十六年……大兄失明雖久,猶能飲噉。三月初八早,忽聞疾作,次日即長逝。"王抃《巢松集》卷二《哭周臣伯兄》:"兄行居第一,長余止數歲。"又可知王挺卒於康熙十六年三月。

陳瑚《確庵文稿・减庵文集序》。

《王烟客先生集》附《减庵詩存・春日寄懷》:"幾度烟霞內,無虛風月時。仙人橫綠水,隱士坐清池。夜寂琴聲遠,風來花影移。欲呼山共語,幸有夢相期。"

王源慶,字濬長。順治十年生,康熙二十七年貢生,寧國府訓導。

《奉常公年譜》卷三"十年癸巳六十二歲":"九月初二日,冢孫源慶生。"《太倉州儒學志》卷二《貢士》:"王源慶,濬長。戊辰(康熙二十七年)貢,寧國府訓導。"

董聞京《復園文集》卷六《祭于周臣中翰舅父文》:"京年十七始婚,十九過婁(順治十四年),舅父延婁江英俊十餘人,會於德藻之堂。……後舅父得濬長、培遠兩內弟。"(後附王時敏答書:"小孫孱弱赤貧,憂深。")

按:王挺明經,善畫。與陸世儀、陳瑚諸人相師友。南明時以門蔭補中書舍人。鼎革之後,王挺杜門著書,編著《太倉文獻志》。但南明爲官七個月的經歷,使他在清初遭受嚴重打擊:被點爲機户,產盡家貧。

麓臺父王揆,字端士,號芝廛。明萬曆四十八年生,清康熙三十五年十二月卒,年七十七。與王抃、王攄俱爲王時敏側室徐夫人出。王揆受業於明末名士趙自新,工詩善畫,著有《芝廛集》,與王撰、王抃、王攄、黄與堅等并稱"婁東十子"。其爲人號稱"周詳練達",有聲於公卿間。

《奉常公年譜》卷一"四十八年庚申二十九歲":"五月初六日,次子揆生。"由此可知王揆生於萬曆四十八年。《王巢松年譜》"丁丑十歲"條稱,崇禎十一年,二兄王揆、三兄王撰受業於趙我先先生,崇禎十二年同成進士。

《太倉州儒學志》卷二《科名》:"王揆,端士,號芝廛,衡孫。府學,本朝順治十二年乙未史大成榜進士,候選推官。"

《王巢松年譜·總述》:"二兄一生處順境。未入泮時,早已才名籍籍。後成進士,周詳練達。雖以詿誤,不能展其才,而厥後克昌,亦可以無憾矣。"

王摅《蘆中集》卷十《哭芝廛兄》:"鴒原感聚散,轉展悲未央。與兄相依久,青鬢今成霜。中惟就祿養,稍隔關河長。餘皆形影共,焉有離群傷。自罹安仁戚,寧處恒不遑。別兄出門去,糊口之四方。姜被久不温,倦游始還鄉。從此塤與箎,謂可無參商。豈赴修文召,沉痾遂膏盲。兄也龍媒姿,天衢早騰驤。同時策名者,衮衮登廟堂。守貞獨不字,高卧終柴桑。有子樹佳政,璽書下徵黃。直言動丹陛,汲黯君能匡。子孫濟濟盛,國寶皆琳瑯。臨川述祖德,晋室賴以康。歐陽本少孤,顯親表瀧岡。後人苟能賢,寧患名弗彰。鉥心而劌目,平日爲文章。今猶傳萬口,誰曰風流亡。往事忍追述,憑棺淚浪浪。庶幾仗史筆,永發泉壤光。"

《巢松集》卷六《哭芝廛兄》:"己卯登賢書,兄年甫弱冠。後起能光前,門閭又一焕。余方在髫齡,尚未通文翰。不久遇滄桑,頭顱漸已换。兄遂捷南宫,余終淪里閈。敢云榮悴殊,總爲賢愚判。兄當壯盛時,意氣凌霄漢。豈知少宦情,得失非所患。恬退賦閑居,悲歌白石爛。門高不易支,長侍嚴親畔。鉅細一身肩,諸昆莫能贊。優游且樂飢,味道將登岸。同母共三人,晨夕相依伴。有時悵各天,魂夢常牽絆。所喜後克昌,蘭玉庭階燦。長兄名諫臣,次亦成國幹。諸孫千里駒,騰驤血爲汗。里黨有彦方,時人皆敬憚。臧否口不形,鄉評存月旦。不似馬少游,空傳騎歇段。好學惜分陰,吟成恒滿案。文行兩無慚,林泉方泮涣。誰知二竪侵,生死難逃算。一旦赴玉樓,遽與哲人嘆。望斷鶺鴒原,愁雲何忍看。"

康熙元年,王昊《碩園詩稿》卷十六《九子篇》之《王端士揆》:"太原風雅途,沿流自疇昔。倒指昆友間,仲氏首開闢。變化既心胸,芬腴更墳籍。總角騰龍文,弱冠搏鵬翮。譽噪公車門,氣壯天人策。牽絲尚需徐,遠識故難迹。吾黨語典型,舍斯更誰適。"

《(嘉慶)直隸太倉州志》卷三十六《人物》:"王揆,字端士,時敏次子,順治十二年進士,應以推官用,因養親不出,能詩。康熙十七年詔舉博學鴻詞,巡撫慕天顔疏薦,力辭,通籍四十年,雖未入仕,而志切民生。如蘆洲税課蠹弊,力請當事里之;劉家河久淤,上書巡撫,爲之浚鑿。以長子原祁貴,累贈資政大夫,卒年七十一。"

按:《(民國)太倉州志》卷二十《人物四》載,康熙十七年布政史慕天顔疏薦王揆,但慕天顏《撫吳封事》所薦舉名單中未列王揆。《(民國)太倉州志》稱,王揆"雖未出仕而志切民生,如廬洲稅課蠹弊力請當事厘之,劉河久淤上書巡撫爲之浚鑿。"吳偉業《梅村文集》收錄了王揆《請浚瀏(劉)河疏》一文。

麓臺母申氏,蘇州司馬元緒申公孫、太學維習公女。康熙二十六年卒。

《王時敏集》第475—476頁《周太夫人行略》:"孫男六:……次揆,聘長洲大司馬元緒申公孫、太學維習公女。"

《王巢松年譜》"丁卯六十歲":"二嫂患脾疾,兼冒風寒,十月十二日長逝。吾嫂內助,非泛然中饋可比。二兄如失左右手。平時性本善憂,自此無一刻舒眉矣。"

麓臺姊某,歸崑山李氏。李氏子李爲憲,字匡吉,約康熙二十九年間從麓臺學畫。

《王司農題畫錄》卷上《仿設色大癡巨幅李匡吉求贈》:"庚寅(康熙四十九年)冬間……又三四年於茲矣。近喜匡吉甥南來。"同卷《仿北苑筆爲匡吉》:"匡吉學畫於余已二十年,古人成法皆能辨其源流,今人學力皆能別其緇素,惟用筆處爲窠臼所拘,終未能掉臂游行。余願其爲透網之全鱗也。前莅任學博時,余贈以一册名曰'六法金針'。別七八年,名已大成。近秦最而來,以筆墨見示,六法能事已綱舉目張。若動合機宜,平淡天真,別有一種生趣,似與宋元諸家尚隔一塵。今花封又在中州,舍此而去,定然飛騰變化。余尚慮其爲筆墨之障也,特再作北苑一圖,匡吉果然能於意、氣、機之中,意、氣、機之外,精神貫注,提撕不忘。余雖老鈍不足引道,然於此中不無些子相合。"

麓臺弟王原博,字迪文,號潞亭。順治十三年生,乾隆五年卒,年八十五。康熙二十年貢生,康熙二十六年舉人,授順天府武清知縣。雍正二年以事調戍陝西肅州之柳溝衛。在戍六年,後贖歸。有示諸子詩云:"身心須老實,文字尚風流。"子:王瞻、王調、王訥。後以子王瞻贈中憲大夫。

《奉常公年譜》卷三"十三年丙申六十五歲":"五月十五日,次房孫原博生。"

王抃《王巢松年譜》"丙申二十九歲":"二兄得迪文侄,七妹適張穆文,皆是年夏秋間事。"

《奉常公年譜》卷四"九年庚戌七十九歲":"次房孫原博、七房孫昭復(後改名旦復)同補博士弟子員。"

《太倉州儒學志》卷二《貢士》:"王原博,迪文,辛酉(康熙二十年)副榜。丁卯(康熙二十六年)舉人,現任武清知縣。"

《(民國)太倉州志》卷十《選舉》:"二十年辛酉,王原博,副榜。……二十六年丁卯,王原博(武清知縣)、王奕清、郁煒(海豐知縣)、唐孫華、吳暻。"

王瞻,字屺望。康熙十四年生,康熙五十年舉人,由中書歷官成都知府。刑部山東司郎中。子:王述宏、王述曾等。

《奉常公年譜》卷四"九年庚戌七十九歲":"公殁時,曾孫九人,未盡詳其生年。吾高祖成都公諱瞻,則以康熙乙卯(康熙十四年)五月二十三日生。"

《(民國)太倉州志》卷二十《人物四》:"王瞻,字屺望,康熙五十年舉人,由中書歷官成都知府。會父原博緣事戍肅州,瞻棄官與弟調、訥更迭隨侍,凡七年。集資納贖,得釋歸。子述曾與兄述宏同赴省試,兄病殁,持喪歸,竟不就試。訥字默存,以諸生貢成均,侍父戍所,獨留四年。乏米遠糴,值大雪,馬陷深溝,僅而獲免。家居育棄嬰贖難女,善行尤多。"

《太倉州儒學志》卷二《科名》:"五十年辛卯。王瞻,屺望。原博子,附貢,現任刑部山東司郎中。"

王述曾,字景沂,號魯泉。王瞻三子。

《太原世次事略續撰二卷·魯泉公事略》:"公諱述曾,字景沂,號魯泉,恕齋公叔子。少時作《七夕詩》,爲舅氏常熟蔣少司馬所賞,以女妻之,入太學,時家門鼎盛,婦家亦貴震中外。……父母喪葬,心力交盡,與仲兄容川公述宏同赴鄉試,兄病殁,持喪歸,竟不就試。"

王調,字夔鈞。王瞻弟。康熙五十六年順天舉人,教習官學,以知縣用,卒於官。

《(嘉慶)直隸太倉州志》卷三十《人物》:"王調,字夔鈞,瞻弟。康熙五十六年順天舉人,教習官學,以知縣用。會父原博緣事戍肅州,偕諸兄弟贖歸,始謁選。發江西,攝分宜縣,有聲,授豐城。豐瀕江民苦築堤之役,調請給帑募夫,著爲令,民尸祝之。三載,卒於官。"

麓臺長子王蕢,字孝徵,號穀詒。康熙九年五月十三日生,康熙三十五年舉人,康熙四十五年進士,乾隆二十年卒,年八十六。**麓臺妻李夫人出。王蕢子三:王述潛、王述溶、王述淮。**

《奉常公年譜》卷四"康熙九年庚戌七十九歲":"五月十三日始得曾孫,名之曰蕢,長孫原祁所出也。"

《太倉州儒學志》卷二《貢士》:"王蕢,孝徵,壬申(康熙三十一年)附貢。"

《(嘉慶)直隸太倉州志》卷二十八《人物》:"王原祁……子蕢,字孝徵,康熙四十五年進士,改清書庶吉士。四十八年授館職,五十四年充河南鄉試主考官。丁外艱,服闋入都。五十九年冬,提督陝西學政。雍正二年升洗馬,五年回京充會試同考官,又充日講起居注官,升右庶子,旋擢侍講學士,升少詹事。九月,署廣東布政使。七年春,調直隸布政使。時州縣新舊交代,惟倉穀爲難,或前官預儲醜穀,或後官延宕不收。暮稽其弊,使碾米交代,以一米抵兩穀,糶之貯價於庫,秋成時新任買補,有司便焉。兵餉舊例,於次月初始領前月糧,暮令於前月望後即發次月糧,營弁頌爲善政。十三年夏,調任山西布政使。乾隆二年入覲,擢任廣東巡撫,時瓊州一郡編征稅銀多缺額,地方拘於考成,在地丁、榔柯稅、排門、烟户等項均攤賠派。暮徹底查清,奏免四千餘兩,以蘇民困。又以郡懸海外,水土瘴毒,蒞茲土者遇有死亡道路,遠家口不能歸,骸骨旅殯,暮請酌動存公銀兩,給發路費,著爲令。南海神廟,載在祀典,向惟有司官代往,暮必親往祀之。五年冬,有忌而劾之者,奉旨回京。至七年冬,落職,命赴軍臺效力。至第五臺,恩旨召還。明年歸里。十六年南巡加三品職銜。又三歲卒。"

王述濬,字雋驤,號益江。康熙四十四年生,乾隆五十七年卒,年五十七。雍正四年舉人,授和州同,有惠政。述濬子:王鳳儀、王宜、王鳳超、王耘等。

《太原世次事略續撰二卷・和州同知益江公事略》:"公諱述濬,字雋驤,號益江。梅冶公長子,雍正四年舉人,幼穎悟孝友,歷隨父任,練達多才。當梅冶公之奉命赴軍臺也,例繳臺費,公旋里籌措,籍田產盡棄之,將躬赴臺所。適梅冶公奉恩旨召還,旋得歸里,而囊橐蕭然,幾無以爲生。梅冶公年高,諸弟皆不能摒擋家務,公獨任之。凡可以娛老親者,無不竭蹶奉事。故其時圖書絲竹,賓從優伶,第中繁盛而不知公之羅掘艱難也。公務養親淡於仕進。梅冶公享年八十六,服闋時公年五旬,始入都謁選,得安徽和州直隸州同知州。……卒年五十七。長子鳳儀,別有事略。"

《(嘉慶)直隸太倉州志》卷二十八《人物》:"王原祁……子暮,字孝徵。……(暮)子述濬,字雋驤,雍正四年舉人。和州州同,有惠政。會歲飢,奉檄查賑,勞勤致疾,卒於賑所。"

王鳳儀,字廷和,號審淵。述濬長子。雍正元年生,乾隆五十七年卒,年七十。乾隆十二年舉人,補湖北宜城官知縣,擢松茂兵備道。鳳儀次子王確,字潛夫,號健庵。亦能畫。

《太原世次事略續撰二卷・松茂兵備道審淵公事略》:"公諱鳳儀,字廷和,號審淵。益江公長子。乾隆十二年舉人,考取宗學教習,期滿以知縣用,發湖北,歷署荊州通判、通山蘄水黄岡知縣,補宜城,調漢陽,以敏惠稱。緣事被議,是方承辦月河堤工,奏留蔵事引見,仍以知縣用。……遷合州知州,再遷叙永同知……叙功升授成都知府……擢松茂兵備道。……乾隆五十七年卒,年七十。……聞作丹青,克承家法。次子確,原名碩,字潛夫,號健庵。候選通判,歷游四方。善箋奏,亦能畫。

卒年七十七。"

《(嘉慶)太倉州志》卷二十八《人物》:"王原祁……孫鳳儀,字廷和,乾隆十二年舉人,十七年教習期滿,揀發湖北,補宜城知縣,調漢陽。二十七年充鄉試同考官,緣事被議,引見複職,旋丁外艱。服闋,發四川,補犍爲,由合州知州永叙廳同知升成都知府,擢松茂兵備道。又以內艱,服闋,再補松茂,調任永寧,繼調陝西鹽法道,以疾乞歸,卒年七十。鳳儀幹濟夙優,所至有循績,在四川,時值官兵進剿大小金川,羽檄旁午,總督文綬留之幕府,章奏俱出其手,及在府道任內,勘水災,疏洩有法,懲奸民,鞫實定擬,故松茂番民有佛子重來之頌。鳳儀工詩畫,能承其家法。"

按:《國朝畫傳編韻》稱,王鳳儀爲乾隆二十六年舉人。

王宜,字執六,號嶰谷。述濬三子。附監生,官南昌新建縣丞。能畫,與王宸齊名。

《太原世次事略續撰二卷·和州同知益江公事略》:"(述濬)三子宜,字執六,號嶰谷,附監生,官南昌縣丞,能畫,與伯兄齊名。"

盛淑清編《清代畫史增編》卷十七《王宜》:"王宜,字執六,號嶰縠,述濬三子。官江右新建令,善山水。"

《遲鴻軒所見書畫錄》卷二《王宜》:"王宜,字嶰谷,王宸族弟。官江西新建知縣。山水與兄競美。古肆見有設色山水大幀,派出司農,似形散漫。從弟喆,字摩也,號鷗白。山水本家法,著《雪浪軒詩》。阜蔭方尚書藏有墨山水小册十頁。"

王鳳超,字宗美,號研露。述濬五子。

《(嘉慶)直隸太倉州志》卷二十八《人物》:"王原祁……孫鳳儀……鳳超,字宗美,事母孝。兄官蜀,奉母入川,遇灘險,遂得心悸疾,逾月而卒。"

《太原世次事略續撰二卷·和州同知益江公事略》:"(述濬)五子鳳超,字宗美,號研露。"

王耘,字涵青,號西岑。述濬六子。附監生,性嗜書。官諸暨丞,蒞任三年而卒。

《太原世次事略續撰二卷·和州同知益江公事略》:"(述濬)六子耘,原名宇,字涵青,號西岑,附監生。"

《(嘉慶)直隸太倉州志》卷二十八《人物》:"王原祁……孫鳳儀……其弟耘,字涵青,性嗜書,官諸暨丞,請修堤堰以禦水災,蒞任三年卒。"

麓臺仲子王諤,字忠貽。順治十四年生,康熙三十七年卒,年四十二。麓臺妻李夫人出。康熙三十五年與兄王暮同成舉人。王諤子:王述獻。

王原祁《罨畫集》卷二《次男諤南歸漫成》:"間關北上不辭辛,朔雪炎風道路頻。家遠最思垂白老,官貧難遣欲歸人。林邊繫馬休沽酒,雨後逢村好問津。努力莫嗟登涉苦，明春盼汝踏京塵。"

《外家紀聞》："忠貽孝廉，梅冶公胞弟，與兄同領鄉薦。文思敏捷，一飯之頃，成文一篇。工六法，得自家傳。喜飲酒，終日一卷兀坐。屢試南宫，俛得俛失，賫志以殁，年四十有二。"

王述獻，字敬彦，號耕巖。幼孤，撫於暮。以太學生考授州同知，累升祁州知州，以勤敏稱。畫專學麓臺，不喜多作。卒年六十五。子：王宸等。

《（嘉慶）直隸太倉州志》卷三十《人物》："王述獻，字景彦，父諤，字中（忠）貽。康熙三十五年與兄暮南北闈并領鄉薦，屢上公車不售，卒。述獻幼孤，撫於暮，歷任隨侍，多所贊助。考授州同知，效用北河，後升祁州知州。以謹厚律己，以勤敏辦公，兼擅丹青，通醫理。卒年六十有五。"

《（民國）太倉州志》卷十《例仕》："王述獻，直隸祁州知州。"

《太原世次事略續撰二卷·祁州知州耕巖公事略》："公諱述獻，字敬彦，號耕巖，忠貽公長子。幼孤，撫於伯父梅冶公。歷任隨侍，多所贊助。以太學生考授州同知，效用北河，終祁州知州。以謹厚勤敏稱，兼擅丹青，通醫。卒年六十五。"

王宸，字紫凝，號篷心。述獻次子。康熙五十九年生，嘉慶二年卒，年七十八。乾隆二十五年舉人，二十六年進士，以乙榜授内閣中書。乾隆三十八年，授武昌府宜昌同知。乾隆四十八年升湖南永州知府。又十年，乞歸。以行囊空乏，留滯鄂渚，借筆墨供朝夕。著《繪林伐材》十卷，書中對於王氏家族善畫者的相關記載有一定的史料價值。

《（嘉慶）直隸太倉州志》卷三十六《人物》："王宸，字子凝，原祁曾孫。乾隆二十五年舉人，後以會試薦卷，取内閣中書。俸滿，選授武昌府同知，擢湖南永州府知府，皆以安靜爲治。初，太倉王氏承時敏、原祁後，子弟多以能畫聞，而推宸爲巨擘。性灑落，修髯廣額，滑稽談笑，輒隱數人。家素貧，頗藉書以供朝夕。又嗜酒，酒酣落紙，淋漓滿幅，自以爲筆有神而腕有鬼也。既任永州，是山水最勝處，以造化爲師，益造精妙。世人得其片紙，視爲秘寶。宦轍所至，督撫皆以筆墨屬之，進御屏扇，多經其手。然不屑以資干進。乾隆五十八年致仕，湖廣總督畢沅重其人，留寓武昌，閲四年而殁，年七十八歲。從弟寰，字定九，乾隆四十二年舉人，性沉靜，工詩文，思力劖刻，不爲凡語。佐浙江學幕，游雁宕山，愛其幽奇，流連不忍去。寓書兄宸作圖見志，名人多題咏之，卒年四十。"

《太原世次事略續撰二卷·永州知府蓬心公事略》："公諱宸，字紫凝，號蓬心、耕巖。述獻次子，忠貽公孫也。自幼隨父在伯祖梅冶公任所。肆力於學，兼習六法，深得器賞。梅冶公效力軍臺，公奉父命隨征……乾隆二十五年舉京兆試，明年試禮部，以乙榜授内閣中書。三十八年秩滿，授武昌府同知。……又十年，推升湖南永州知府。……又十年，乞歸。既以行囊空乏，留滯鄂渚，藉筆墨供朝夕。又六年,爲嘉慶丁巳(嘉慶二年),將理歸櫬而卒,年七十八。公意致灑落,修髯廣額,滑稽談笑輒隱數人。畫臻精妙,尺幅寸縑,得者視爲秘寶。在京蒙質邸鑒賞裘文達公所見(其所)作《秋山行旅圖卷》,疑爲元人真迹。……子麟孫,字振之,號小蓬,太學生,議叙授咸陽縣丞,調涇陽。寫山水有名,酷似其父兄。"

按:汪學金撰《婁東詩派》卷二十五《王宸傳》:"永州知縣王宸,鳳儀弟。"王鳳儀乃其叔父子,非同胞兄弟。

麓臺三子王閨,字叔騫,號汶漪。官蔭監生,後官至大理寺右丞,畫傳家法。王原祁側室沈氏出。王閨子二:王述緒、王述儉。

《婁東書畫見聞録》卷三《太原》。

王述緒,字公垂,號石泉。官四庫館謄録。

《遲鴻軒所見書畫録》卷二《王原祁》:"(麓臺)孫述緒字公垂,號石泉。古肆見有墨竹石小幀。"

麓臺三叔父王撰,字異公、大年,號隨庵、隨閨、隨老人、揖山居士、隨叟。明天啓三年生,清康熙四十七年卒,年八十六。太學禀貢生,王時敏側室姚孺人出。工詩書,爲"婁東十子"之一,著《三餘集》《揖山集》。亦善畫,氣韻醇古。其畫近法王時敏,遠宗宋元諸家,是早期婁東派的重要傳人。子:王曰表。

《奉常公年譜》卷二"三年癸亥三十二歲":"正月初一日,第三子撰生。"

《(嘉慶)直隸太倉州志》卷三十六《人物》:"王揆……弟撰,字異公,時敏第三子,性溫厚,工詩,善隸書及畫,年八十七卒。"

《王時敏集》第475—476頁《周太夫人行略》:"孫男六……又次撰,聘崑山大司馬成瑞屏顧公女。"

《國朝畫識》卷二:"畫仿大癡,筆法古秀,丘壑深厚而饒士氣。"

《遲鴻軒所見書畫録》卷二《王撰》條稱:"余家藏有墨筆《壺天十二峰圖》,紙本大幀,款署用子久法兼仿房山,時年八十歲。蒼厚腴潤,深得乃翁衣鉢。瑛蘭坡中丞藏有墨山水便面,款署八十一翁隨庵戲墨。古肆見有青緑仿大癡《夏山欲雨圖》絹本直幀,行書七絶,一首款署駿公。"

王昊《碩園詩稿》卷十六《九子篇•王異公撰》:"異公學道人,淡蕩亦天性。閉户謝時嚚,秉心了無競。獨嗜五七言,精思較聲病。近體推入微,長篇號臻聖。餘事及丹青,丘壑見深靚。翩翩棣萼榮,後先互輝映。外朗內潤兼,慈明叔慈并。"

王摅《蘆中集》卷四《醉歌行贈隨庵兄》:"吾兄老作文章伯,自壽詩詞好風格。

是時梅花凍未拆，素萼紅苞映岩石。招邀勝侶爲歡娛，觥斝交飛宴終夕。吾兄酒聖兼詩豪，酒壘詩壇群辟易。自言讀經并讀史，少小功名志所喜。豈意終如馬少游，善人僅得稱鄉里。貧老蕭然屋數間，有似洛城玉川子。古來盛名坎壈纏，我則胡爲亦至此。我聞兄言還語兄，人生所貴不朽耳。我父平山三絕兼，追想風流能者幾。如兄纔弗墜弓裘，謝氏超宗衆稱美。臨池揮灑千人驚，上法鐘王下蘇米。詩格開元大歷間，意取清真裁僞體。有時乘興畫滄洲，宋元諸家供驅使。文章憎命古有云，兄胡抱才恥不仕。維時客座興未闌，舉頭仰視白玉盤。望舒三五光團團，吟成險語鬼膽寒。盛筵樂事不常有，有酒且盡今宵歡。洗盞更酌明星殘，毛錐三寸自足樂。何必峨峨進賢冠，嗚呼此意知者難。"

許旭《秋水集》："王撰年十三爲州學生，旋入太學。試十二次而不遇，未冠以詩鳴。"

王撰《三餘集·辛酉初夏雨夜偶成一百四十韻》："江南宰相家，屈指盡衰替。近者轉凌夷，遠者幾覆墜。我家垂百年，僅爲貧所累。陵谷雖變遷，不改舊門第。……十三入學宮，十七應省試……益信場屋中，文章豈足據。終身誤青衿……余既不自謀，婦尤拙生計。官稅嘗疊征，追呼接踵至。……負郭數傾田，大半屬他氏。"

王曰表，順治六年生。康熙十一年貢生。

《奉常公年譜》卷三"六年己丑五十八歲"："十二月初三日，三房孫日（曰）表生，是夕夢獅舞庭中，以獅威能攝百獸，因命乳名曰威。"

《奉常公年譜》卷四"十一年壬子八十一歲"："三房孫日（曰）表中式副榜（是科副榜共四十五人，貢額僅十二人。後謁房師，知主司已批取中正榜四十九名，繼因謄錄有悞（誤），覆字監臨，堅執不從，故抑置貢額之外，後更考補廩生，又以改歸原籍本姓，降作增廣）。"

麓臺四叔父王持，字平宰。明天啓七年生，清順治十五年溺水卒，年三十二。太學廩貢生。王時敏側室姚孺人出。子：王維卜。

《奉常公年譜》卷二"七年丁卯三十六歲"："十一月初二日，第四子王持生。"

王時敏《西廬詩草上卷補遺·訓持兒》："六載方垂髫，挾冊就私塾。……枵然刺空腹，舉止迷東西。"

《王巢松年譜》"戊戌三十一歲"："十月中，四兄又有溺水之變。究不知其何故。是年骨肉死亡最多，又皆極其關切者。"

《奉常公年譜》卷三"十四年丁酉六十六歲"稱，王持卒於十一月初七日。

王維卜，字聿參，順治九年生。

《奉常公年譜》卷三"九年壬辰六十一歲"："四房孫維卜生。"

麓臺五叔父王抃，原字清尹，鼎革後改字懌民，又字鶴尹，別號巢松。明崇禎元年生，清康熙四十一年卒，年七十五。崇禎十六年，補博士弟子員。順治十一年爲國子生。王時敏側室徐碩人出。王抃工詩，著《王巢松年譜》《巢松集》《健庵集》《北游草》，亦爲"婁東十子"之一。子三：王兆新、王兆建、王兆封。

《王巢松年譜·總述》："余於修禊日生，乃玄帝誕辰也，故乳名玄官。就傳時，大人命名掄，因宋人有王倫，字雖異而聲同，旋改名揚，又以音與樹名相類，大人平日頗愛趙清獻之爲人，遂定今名，表字清尹。鼎革後，改爲懌民，以懌民行者二十餘載。遷至鶴來堂後，又兩年，而始改鶴尹。余產時，有異徵。三月初二日晚，吾母朦朧睡去，見卧室中紫薇盛開，芬芳可愛，覺來即腹痛，余於寅時遂生。吾母常向人曰：'此子將來功名非小。'至久困場屋之後，吾母絕不爲意，猶向余云：'遇合遲速不同，有吾夢在，汝必售也。'幼時大人愛如掌珠，一刻不離左右。時方建造樂郊，雖風雨及盛暑中，必挈之往，抵暮方回，保母深以爲苦。大人偶至鄰邑，或於里中赴宴歸，一入門，即問'玄寶安在'。如已就寢，必親至床前，移燈揭帳，視之良久而後去。方數齡，即與余論朝事，并談門戶始末。大人云：'汝異日倘有寸進，祖父之事，不可不知也。'以遠大期之如此。每當秋試之年，屬望最切。余浪游都門者六，大人蠅頭手諭，連篇累牘，大都皆獎借勸勉之辭。今一一具在也。嚴親處，定省後，必待於吾母之側，無日不諄諄告誡。常云：'凡人所作之事，在一時關係猶小，所存之見，在終身關係甚大。所見一差，則毫厘而千里矣。'又云：'處世之道，勿輕與人相好，亦勿輕與人作惡。寧爲人所忌，勿爲人所笑。'又云：'凡人如欲作事，當計財，不當計事。如欲惜財，當省事，不當省財。'不過幾語，而意旨深長，包括無盡。故事大人五十年，從未與人面赤，而又隱然不可犯。惟其遠見卓識，有以致之也。余兄弟共九人，同母者惟仲兄與七弟而已。伯兄數年以長，蹤迹亦不甚密。自幼與四弟同學，至十歲始分。十六歲爲諸生，追隨三兄最久。每試，舟寓必同。即偶作主人，亦無不共事也。余丁酉（順治十四年）就試北雍，始稍間闊。六弟硜硜自守，余甚重之，因其天性孤僻，平時晤集甚稀。八弟年齒懸殊，境地亦異，而相遇最厚。凡聽歌進酒之時，必招余在座，初不以其迂怪而厭棄之，至於推解頻施，一家中獨拜其惠，此外則未之有也。九弟亦待我恭，每遇歡場，即蒙念及。因余疏懶性成，不能時相過從耳。三兄亦同母三人，今僅存三兄。余同母三人皆在，洵可謂徼天之幸矣。二兄一生處順境，未入泮時，早已才名籍籍，後成進士，周詳練達，雖以詿誤，不能展其才，而厥後克昌，亦可以無憾矣。七弟窮愁與余等，而内助後，無事不在規矩繩墨中，人則又相去天壤。人文傑出，爲名流所推。余最下，少時稚氣未除，意見偶或相左，輒爲色變。究竟上殿相爭如虎，下殿不失和氣。至晚年，友愛彌篤，追念慈恩，愈覺難得者兄弟,惜乎其來日苦短也。此庭闈愛敬之大略也。

　　元配錢氏,於歸僅五年,中卧病者一載有餘,因就醫,歿於吳門舟次。生兩女一男,止存次女,即今適文海者。吾女事余最孝,胸中了了,口無失言。昔漢太子據武帝,以其不類己而寵衰。余與吾女,正以其類己而愛之也。余於未續弦時,先納一妾,姓任,乃崑山一老友之女也,相依七載而亡,無出。彭城有一媵婢,無貌而小有才,甚得於吾母。吾母囑余曰:'此女勿令適人,將來可助汝也。'遂置諸房中,亦生一女,即適用嘉而今孀居者。次年秋,續娶後,連生四女,止存其二。幼者適希濤,長者即亡婿巨源之偶也。辛丑(順治十八年)始生長兒兆新,癸卯(康熙二年)生次兒兆建,至五十,而又生齊兒,五十一生眉爾,俱痘殤。此後又生兩女,幼者亦不育,皆新進之婢所出也。甲子年連喪兩孫,而長孫尤爲可痛。老荊過於長厚,成見終身不化,每易爲人所欺,而與'相夫教子'四字,更不無可議。然未嘗無可取處也,如事舅姑以孝,私居閑論,從無不滿之辭。前後之間幾十年,來於彭城,絕無纖毫芥蒂,待庶出之子女俱慈愛。即使操家一途,病其不能持籌握算,豫計有無,然較之不辨菽麥,浪費動以千百者,相越不啻天淵矣。一婢依其女以居,窮困之極,孤苦伶仃,而余又無力飲助,心甚念之。一婢晨夕與俱,處家庭頗善,中饋事亦能助理,獨是喜慍不常,又易生而難滅,每每使余亦望然。此皆其小者耳,獨兩兒所係甚大,余亦望之最切,奈皆不稱我意。大兒自幼讀書聰慧,人亦機警,咸以美器目之,不意得疾已十餘年。雖時發時愈,而病根不除,則亦終成廢人而已矣。病根不除之故,皆因其不能痛自洗滌。余嘗謂之曰:'汝爲病所困,試問古來大聖大賢,正心誠意者而亦有此疾乎?'幾無辭以對。其平日之性情舉止,筆不能悉,惟開口即有傷於人,舉念總不歸於正,兩言可以盡之。雖筆底稍稍成章,而涉獵群書,胸中亦略知一二,但性情舉止如是,小善亦安足稱哉?余猶望其病已,如永遠不瘥,則余垂盡殘念,竟無舒眉之日矣。次兒天資最爲庸下,前受業於蔚儀時,曾謂余曰:'次君讀書一道,甚覺難於下手,此實限於天分,非其罪也。'後雖不能勇猛精進,亦知以面墻爲恥,勉力研求。今八股幸能握管,已出望外矣。余授產甚薄,僅可供饘粥之資,亦能淡泊自甘,絕無浪費。兩者俱爲可嘉。獨是一言入耳,茫然不知;語默一事,當然茫然不知可否。見年相若者,晤對移日不倦;見老成練達者,則亟欲別去,毫無則效之心。此亦其受病處,所以諸事不堪委托耳。然總論優劣,僅可謂之無益,不可謂之有損也。冡婦人極聰明,善於詞令,舅姑前亦柔順,世稱佳兒佳婦,如是亦云足矣。閨中人欲求如吾母者,豈可以之概天下哉?次婦雖出自大族,未必嫻於教訓,乃能事事合宜,極其賢孝,此亦先天居多,非從學問中來也。偶奪其算,不知彼蒼果何意耶?余所歷死亡之事甚多,除兩親大故外,惟裘兒、眉兒、薇孫及近日次媳四喪,倍加悲痛,至今每一念及,不自知其涕之何從也。此眷屬存亡之大略也。

　　余童子試時,與曹余閑定交,每試必與偕,乃曾師所薦也。鼎革之冬,惟夏、次谷相遇崑鄉之七保,盤桓者久之,後遂時同宴集。余遷至北關,與黃忍庵同研席者二年。門無雜賓,所晨夕晤對者,惟荷百與江師喬梓,而荷百不過每集必與,而江師喬梓下榻吾家。位初未遇時,考事必與商酌,繼而就婚虞山,簪珥衾帳之類,皆共襄其成。江師用余二百金,後始以映江門膂田五十畝相償,其餘應授挪移,尚不一而足。江師之教誨提攜,固不遺餘力,而余之報恩師,亦不爲薄矣。今位初在,一一猶能道之也。丁酉(順治十四年)春,余就試北闈,與江師偕行,都門聚首,始與子俶同舟寓,此後子俶頻年作客,旋即設教青溪,行跡雖疏,而心期則常如一日也。壬戌歲(康熙二十一年),始授臨江新淦令,力疾而往。余於次年春,曾一往看,已病極,不能視事,造其臥室一面,此會即成永訣矣。用嘉亦於是秋病歿。旅櫬雙歸,旁人盡爲流涕,況至親至誼如余者哉?丁酉年(順治十四年),八弟執經於蔚兄,余始識之,然猶是落落也。己酉(康熙八年)春,延之訓兩兒,投契方成水乳,從此愈久而愈篤。衛仲叔亦於是年下交,頻頻過晤,每有相聞,無不立至,意況殊寂寞也。七八年中,無事不真實相爲,至於口中推許,幾於逢人説項,心甚感之。壬子(康熙十一年)秋,爲募建梵鐘,小試行道,次年即門庭如市,與漸覺冷落後,復有一二瑣事相左,遂不無嫌疑,交好迥非昔日矣。夫翻雲覆雨,暮楚朝秦,此千古炎涼常態也。泛交者,何足深計,乃有不在泛交之列,以我爲無益於彼,而棄之如敝履者矣,亦有以余不肯墮其術中,而視爲厭物者矣。當此亦惟反躬自愧而已,豈可以之責人哉?晚年來,文義相商,肝膽相照者,惟威、蔚兩公,而一旦俱成千古,威兄尚有藐孤相托,可以少見吾情,蔚兄則將何者見吾情乎?忍庵成進士後,以詿誤淹抑鄉園,晚年厚福,久宦京師,頻頻寄扎(札)慰存。歸里後,復極承款曲,富貴而能念舊如忍庵者,當今之世,正不可多得也。兒婦乃德藻之長女,初意兩世朱陳情好,必倍加親密,乃珍御巍然一丈夫,甚至吉凶之禮,老死不相往來,待其妹不止陌路,幾同仇寇。因家道不足,亦其存心使然也。里惟右文父子,儀節尚爾,周旋岳母,亦每事無缺,可稱富而好禮。若云彼係饒裕之家,自當如是,恐亦非持平之論矣。境外之交,如通姓名同杯酒者,不可枚舉,惟邯城之西玄,玉峰之成博,與余交最久。兩公皆縱橫捭闔士也,坦衷直腸之人,豈能與一把臂哉?今墓草已宿,而追念夙昔,能不爲之泫然。此來幸有占非、岳先、玉書諸君時奉教益,不然則非但鄙吝復生,真不免離索之嘆矣。此親朋聚散之大略也。

余十六歲補博士弟子員,乙酉(順治二年)、辛卯(順治八年)、甲午(順治十一年)科舉三,庚寅歲試,亦列優等。甲午(順治十一年)余年二十七,場後即爲國子生,在北雍浪戰者六,水陸之險阻,寒暑之艱辛,閱歷殆盡,總不能邀一遇也。惟己酉秋部試,名在第五,前四人皆大僚子弟,余名爲第五,實部元也。爾時初復八股,錢塘黃相公爲冢宰,極口稱賞不置,頭場甫出,即遣人索闈作,大有屬望之意。戊午年(康熙十七年),因久困行役,不能復辦車馬,仍就南闈,卷落澄江令何公房內,屢請之於主司，衹以進呈太早，反致不錄。後何公有札致我，內有'一日相知，千秋永失。入寶山而空回，真爲恨事'之句。文字之知，余一生惟此兩遇耳。余十七歲始學詩，喜流利秀贍一家，而奇崛冲淡者則不甚喜，蓋因於此道未深，不能直窺堂奧，止就性情所近者而悅之耳。《五經》《左國》《史漢》《文選》，幼時俱讀過，相從郎師之年，因《文選》不能成誦，屢受椎（箠）楚，《廿一史》從未寓目，《資治綱目》皆閱過，至於《鳳洲通鑒》，翻考不計其數，甚至摘其要者，手錄幾遍，而總不能記憶。少時所熟習者，或略有影響，至老大之後，雖埋頭細按，而掩卷茫然矣。惟《尚書》《毛詩》兩經，略能舉其辭。書法曾學《多寶塔》，亦毫無所得，但不至極醜而已。壬子（康熙十一年）年後，因久困征車，精力物力盡耗於其中，從此無意進取，乃戲爲樂府雜劇，則有《玉階怨》《戴花劉》二種，全本則有《舜華莊》《籌邊樓》《鷲峰緣》《浩氣吟》四種，於數年內譜成，皆不無寄託也。曲文不用重韻，亦不強叶，但自愧無才，未有驚人句耳。獨說白頗爲當行，無一嫩句，亦無一冗筆，每爲識者所稱，然此皆不得志於時之所爲，豈欲以之擅長當世也哉？胸中傀儡，自當以熱酒澆之，且杯在手中，正可以發攄胸臆，雖不敢自擬焦生，而其義則余竊取之矣。故不好作客，而好款客，但庖人伎倆有限，雖未可云惡，殊不足以供嘉賓，惟酒必取其極佳，即至七八月間，從未嘗以新釀待客，此里中所共知者。草木及四時花卉，皆余所酷嗜，每遇興築，結構位置，先有成竹於中，故能每事合節，又不至於浮費。有時相度已成而中止者，力不從心故也。千紅萬紫，何一不可以移情，奈二三蠢僕，漫不留心，《橐駝傳》所云，順其天以致其性者，茫然未之知，而又怠於事，遂至盆蘭盡萎，庭竹半枯，偶念及此，未免索然，然性之所樂，亦豈能竟已哉？至如拇捕、博弈諸戲，余雖不甚工，皆知一二，以其廢時誤事，且恐失足之後，陷入污泥而不能自拔，故不願爲之也。此遭逢好高之大略也。

丙戌（順治三年）之春，大人授產田二千五百畝，房租一百八十金，兩年後，即經營北宅。爾時奢年盛氣，絕不知有艱難，興造頗萌侈心，又不能親自監督，止一二童僕董其事，破冒物料，所不必言矣。次年正月，亡室即大病，一病年餘，醫禱殆無虛日。又次年三月，亡室歿於吳門，殯殮頗盛，成文中又廣修佛事，所費不貲。是年冬間，先娶一妾。又次年，料理續絃（弦）事，春間六禮并行，外家又極不相諒，九月完婚，酒席饋送無一事節省。甫越一年，又偕江師喬梓，到白門援例，飯食若流，舟車如織。總之，衹欲匠心，不計物力也。追想其時，不過衣租食稅，向來曾無一錢，如此重費，絕無捉衿露肘之態者，蓋以其歲事年年豐稔，而木棉至錢許一斛，食米至四兩一石，故雖用之如泥沙，亦不見其窘迫也。丁酉（順治十四年）春，爲躁急心熱所誤，一時傾囊浪擲幾千金，化爲烏有，止易郡田六百餘畝，後雖波浪掀天，未必非塞翁之失馬，親知皆爲慶幸，然譬如一病人，元氣大耗，皮肉豈能再生乎？於三四年內，尚可支吾，至壬寅（康熙元年）又值歲事大無，遂不免於喚奈何矣。自此以後，日窘一日。丙午（康熙五年）又勉力北行，留京一載，病骨支離，纏綿藥裏。冬間復遭慈親大故，聞訃而歸，方切窮路之悲，復抱終天之恨。此時況緒真無策可以自救，無地可以自容。計無所出。於次年之夏，乃棄北宅而遷至鶴來，書畫金珠、酒鎗玩器，凡先世所遺者，已蕩然無復存矣。新遷幾年間，眷屬俱安，定省較便，庚戌（康熙九年）春，游於浙中，又頗有所獲。壬子（康熙十一年）冬北歸後，連嫁三女，雖拮据措辦，不能無仰屋之嗟，而景況猶不甚惡也。至乙卯（康熙十四年）初夏，兒婦忽染怪症，變幻百出。又兩年，而齊兒種痘不治，大兒復發狂疾，觸處皆不如意事，無一刻得寧矣。總詳在年譜中，不必盡述。獨其中有不可解者，老荊見我所遭如此，白骨糟糠，自當相助爲理，刻刻言愁，時時畫策，此人情之常也，乃反於婚嫁、疾病之後，若無與彼者然，而忽仇於我兄弟姒娌之前，遍訴而辱罵之，并遷怒於婢僕，無所不至。究其故，不過欲俯仰公私之事，概置不問。任其意所欲爲者則爲之，因不能如願，遂至此耳，豈非咄咄怪事乎？所以再四躊躇，而不得其解也。自乙卯（康熙十四年）以迄於今，已十五年矣。此十五年之中，真可以一籌莫展，萬事都非。今其家尚存，猶不至潰敗決裂者，若非余老人早作夜思，因物付物，則門户田疇，其尚有瓦全之望耶？此中甘苦，兒女不知，更有誰知之者哉？此余家道凋殘之大略也。

丙戌（順治三年）年分析後，大人特命王恕尚督五房事，恕隨大人最早，其人亦持重老成，兼通文義，洵足稱紀綱之僕，但微嫌其古貌古心，不適於用耳，年八十八而終。王秀頗有才能，與之熟識者甚衆，主僕倘有缺乏，必挪移曲揩以應急需，至於經營資本，製買貨物，尤其所長。惜我無餘財，試之以展其用也。任事二十餘年，亦毫無虧負，謂之干僕，可以無忝。年甫逾六十而歿，尚留一子，相繼驟然。今竟爲若敖，一棺尚爾暴露，誠爲可憫。陳應明誠實而短於才，然有責之，不諾則已，諾則一一如命。其任事更久，三十餘年，大綱無誤，縱有見小及推諉處，則略之可耳。今稍稍有家，大抵從心計中來，未必盡由簡任也，何祉小心謹慎，而才力不及，約略與應明等，而書算不如矣。王福事我最晚，乙未（順治十二年）冬，始進役，見機不快，慮事不周，輕信人之語言，不辨人之神氣，是其所短也。獨是彼本無過，逢我之怒，而呵責之，絕無慍色，彼所經與之事，事成倘有分潤，反被他人攫去，亦絕不介懷。不問家中有無，雖室人交讁而弗顧。此三者，人情之所難也。至如錢財不苟，嫌怨不避，所云公爾忘私，不謂於小人中得之。余長在窮鄉，不能有所照拂，惟於人前稱述，聊以報之而已。其餘任錢穀效奔走者，正不乏人，豈能悉數，然大約庸碌者居多，求其實有益於主人者固少，求其大過者亦不數見也。通計前後老少，惟汪氏之滕僕陳俊，真一無善狀耳，此時若尚在供役，自當悉數其過端，明正其罪狀，使天下咸知之矣，幸乙卯（康熙十四年）冬，以賄敗而去。今其人已衰老，置諸不論不議之列可也。早晚服食起居，多在內室，所以僕婦侍女輩，亦不無關係，歷來止有兩人，一爲王三之妻滿奴，一爲屈五之女觀奴。日在左右，不敢暫離。侵晨即到榻前，余夫婦就寢後方出，進酒食，必有其候；整衣被，必有其方。兩人皆可云稱意。而觀奴尤爲機警，托之以事，纖悉不忘，教之以言，絲毫無誤。目前之紛紛食粟者，豈能望其肩背，惜乎其兩人俱不壽也。今觀奴有一女，亦小心可供使令，然較之其母，未免巧拙懸殊矣。此婢僕優劣之大略也。

人生天地間，不過顯晦兩途而已。炫耀一時者，則有禄位功名。流傳千古者，則有文章道德。余既不能致身通顯，自問又無寸長，真草木同腐之人。而追溯生平，甚覺無謂。余一生處事接物，大約以情意爲重，錢財爲輕，從未敢因錢財而有傷情誼也；大約以親朋爲重，童僕爲輕，從未敢庇童僕而不顧親朋也；餽送宴會，分内所應爲者則爲之，從未敢借此以有所干求，有所希冀也；他人於富貴之所，則争欲近之；余獨於富貴之所，則專欲遠之；有垂情於我者，初未嘗堅首陽之節，但從未肯摇尾乞憐，由人笑罵也。彼相者，或以我爲輕佻之人，而不知其此中甚板；或以我爲浮動之人，而不知其此中甚靜。此數端者，實無慚於衾影，未見信於鄉閭，雖不敢儕附於昔賢，亦稍能自别於流俗。非欲求天下稱之，亦須使後人知之，乃自述非自譽也，則余之追溯其生平，亦不爲過矣。雖然余之所處，亦何堪自問哉？桑榆遲暮，蘭桂凋殘，竇氏之靈椿，于門之駟馬，固已久不作此想矣。即以堂構猶存，琴書無恙，將來爲托付計，而擾擾於胸中，恐亦非達觀之士也。獨是碌碌因人，既不能邀尺寸以榮親，而於立德、立功、立言三者，又無一可以自鳴，則是罔極之恩，此生涓埃未報，其何以見先人於地下哉？所以痛惜嘆恨，求速朽而又不敢者，惟此耳。兹檃括梗概寫一通，藏之篋中，後有見者，使知我心事如此，且尚在强飯之時，不得謂之亂命云爾。康熙二十八年己巳蒲節後二日，題於巢松書室。"

《（嘉慶）直隸太倉州志》卷三十六《人物》："王抃……抃字鶴尹，時敏第五子，天姿英邁，神采斐然，爲詩善樂府體，卒年七十五。"

盛敬（寒溪）撰《太學巢松王君傳》："王君諱抃，字懌民，後改鶴尹，別號巢松，奉常公之第五子也。穎灼酷似諸兄，而警健過之。自少至長，從陸子世儀、江子士韶、陳子瑚受業。一了端方博雅，君得其帥承，人文俱俊。幼入郡庠，試南闈不利，循例游太學，勁翩圖南，輒復不遂，志弗挫也。間以其暇，漁獵郡書，飫古人之膏澤，名籍籍鄉國間。四方名士多願與之游，而同里之才望過人者皆稱莫逆。君持善，與人交即傾心嚮往。家居北關，定省太公，每阻風雨，棄其宅移入鶴來堂，得以晨昏膝下。事出願詢，間用直陳，通理達情，無弗當，太公甚倚之。君見事最先，處躬最晢，外似露而内實渾厚。與物極周詳，而平居實淡忘，故門户事，仲兄必與君協力籌畫，要歸於當。譬如兩儀，真缺一不可也。君摯性過人，舅氏老而失所，君以給膳金未安，倡議迎養，偕仲兄、叔弟同膳之。母夫人徐，違侍已久，每念輒作孺子泣。事太公，先事迎旨，已無不至。顧念春秋高，更思所以娱之。搜求古人，謂惟李文饒文章才略堪擬太公，遂於丙辰（康熙十五年）初夏，著《籌邊樓》傳奇，以博高堂歡。演之日，觀者如堵,無不嘖嘖稱孝。以君之才識,若得昂首伸眉,必大有補於人心風俗,惜乎其搖落也。詩律清新雋雅,略見婁東十子集中,又有《北游草堂集》問世,其未付梓者,滿案盈箱,尚有待也。所著《樂府》不讓元人,《籌邊樓》外,前有《舜華莊》《玉階怨》《戴花劉》,後有《鷟峰緣》諸種,寄托寫懷,爲詞家所推重。"

康熙元年,王昊《碩園詩稿》卷十六《九子篇·王懌民抃》:"懌民天縱豪,當今泂國器。神理本軒朗,風骨自英鷟。結駟走京都,篇章動燕冀。歸來北郭居,吟嘯有深致。冥心事窮搜,下語輒新異。縱橫子墨林,千秋乃其志。咄哉第五名,何必減驃騎。"

王兆新,字商銘。王抃長子。順治十八年七月生。

《王巢松年譜》"辛丑三十四歲":"七月十二日,大兒生。余連年弄瓦,始得此子,舉家忻喜。無似三歲之冬,能誦唐詩。四歲與之講日記故事,即稍知理會。父母及祖父母皆極愛之。不意後來忽得惡疾,雖時發時愈,病根究不能除,竟成廢人。"

《山水正宗》下卷第484頁王抃《信劄》:"別來又半月餘矣,無刻不念豚兒病狀,直至初六日略有醒意,五日之內漸就平復,至十一日豁然明白,今已起居言笑如常,擬於明早釋其縛。內子暨兒婦輩俱深以爲喜,弟獨以爲不然,料其性情必不能改,病根必不能除。目前暫愈,不遇火燒眉毛且塗眼下而已。屢承垂念,深感關切,故持走筆謝復。三兄困頓稍解,然欲霍然而起,恐正未能也。二兄愁慮愈多,日瘦一日,大爲可憂,如何如何。潘二翁已歸,云九弟於新正十一日到,幼芬於十七日途遇,約抵京尚有六七日。茂京定於初四日出都矣。清明左右兩兄可暫歸否?種種統容面盡,望日功弟抃頓首。"

王兆建,王抃次子。順治二十年生。

《巢松集》卷三《訓新建兩兒》:"辛丑始生男,長者年十七。……幼者少兩齡。"

王兆封,王抃三子。早卒。

按:王抃好爲山水游,與海內名流多有交游,間倚聲度曲,有雜劇《玉階怨》、傳奇《浩氣吟》等作品。王原祁《王麓臺司農詩集》第78首爲《題五叔傳奇絶句六首》。王攄《盧中集》有《觀鶴尹兄〈玉階怨〉〈戴花劉〉新劇》。

麓臺六叔父王扶,字匡令,號砥庵。明崇禎七年生,清康熙十八年貢生,康熙十九年卒,年四十七。王時敏側室姚孺人出。王扶性孤介,擅園林設計。子:王遵宬等。後以王遵宬贈文林郎。

《奉常公年譜》卷二"七年甲戌四十三歲":"十二月二十日,第六子扶生。"

《太倉州儒學志》卷二《貢士》:"王扶,匡令,己未(康熙十八年)貢。"

《王巢松年譜》"庚申五十三歲"："六弟久患脾疾，三月初七日，竟爾長逝。六弟賦性硜硜，絕不干與戶外，真濁世之佳公子也。獨一生命蹇，真少陵所謂'坎壈終其身'，更爲可痛耳。"

《奉常公年譜》卷四"十九年庚申八十九歲"："子扶賦性廉潔，不與戶外事。又素甘淡薄，每自嘆命蹇福薄，堅持齋素。兩經喪偶，誓不復娶，并不置婢妾。云：'我必不永年，奈何悮（誤）人子女。'自去歲患脾疾，入春加劇，二月杪，病勢益重，遂以三月初七日卒。"

王遵宬，字箴六，號秋崖，一號問狂。康熙七年生，康熙三十五年貢生，康熙五十一年進士，改庶吉士，雍正十二年卒，年六十七。王遵宬書學董其昌，亦善畫。

《太倉州儒學志》卷二《貢士》："王遵宬，箴六，府學，丙子（康熙三十五年）附貢。"

《太倉州儒學志》卷二《科名》："五十年辛卯。王遵宬，晚青。府學貢，衡曾孫。壬辰（五十一年）王世琛榜進士，授翰林院庶吉士。"

《（民國）太倉州志》卷二十八《雜記下》："王秋崖遵宬，書法瓣香董華亭，一生臨摹，幾忘寢食。虛舟老人（王）澍戲目爲董家愚。"

沈起元《敬亭文稿》卷三《翰林院檢討王秋崖先生家傳（丙辰）》："先生諱遵宬，字箴六，號秋崖。……公少孤，力學，補州學生。縱觀群書，通古今治亂之故，下及詩歌、書畫、技術之源流，靡所不究。……所交必才俊，先後惟族兄恪、族叔時翔、顧行人陳埒數人，晨夕宴叙。辛卯舉於鄉，壬辰成進士，改翰林院庶吉士，時年四十有五。相國西田公於子姓中獨深器先生。自先生爲諸生，時西田公暨兩子俱在朝，里中族大勢盛，童奴千指，慮不戢則悉委之先生。先生力持大體、申約束，間有以家事聞於西田公者，必寓書問箴六云何，則如其所復行。於是諸伯叔父、從兄弟咸以先生言爲重，有事必先質先生，发一二語，輒盡本末而饜衆心。間有族難，慮大於小，規遠於近，當時衆或未喻，後率如先生言，西田公用是無內顧憂。及先生登朝之歲，西田公由尚書拜新命，參閩務，深以得先生在左右爲喜。先生居相邸，不事造請，慎接納，惟與嘉定張徵士雲章、桐城方閣學苞、寶應喬徵士崇修、同郡楊編修繩武、金壇王吏部澍交最契。客求謁相國者，爭欲謁先生，常不獲，然洞燭億事輒中，人莫測其所由。癸巳冬，授職檢討，未一月引疾歸里。閱一載，相國奉命總裁纂修《春秋》，因薦先生。先生至京，益罕所酬接。當是時，先生從兄原祁官戶部侍郎，奕清官詹事，從弟奕鴻官戶部郎中，從子暮官編修，族叔祖時憲官檢討，一門冠蓋輝耀日下，而先生獨蕭然無宦情。相國受聖主仁皇帝知遇，日被親信，圖所以報國者甚摯，其密所陳奏，言人所不能言、不敢言，雖子弟多不與聞，獨以先生遠識，蓋常與密議。先生與人言，口不及閣務片語。《春秋》纂成，相國將疏薦先生，先生既不欲仕，力辭疏薦，而身留邸第十年，至雍正甲辰（雍正二年）始歸。歸時相國贈以詩有云：'國是資高見,家艱仗遠圖。'此固外人不及知也。相國於康熙六十年春密疏請建國本也,幾致不測,賴聖祖鑒其忠誠,旋予寬貸。明年相國以老乞致政,蒙世宗恩旨,留京備顧問。是時,侍郎公已謝世,編修曁視學陝西,相國長子宮詹奕清、次子湖南參議道奕鴻先後奉命赴臺站。相國杜門謝客,朝士亦無復起居故相者,門生故吏烟銷雨散,戶庭闃然,相國左右,惟先生一人而已。先生歸里,長孫痘殤,次子繼夭,未幾相國薨問旋至,先生俯仰盛衰,悲慟愴惻,意氣遂爲之盡。次子俊弱冠登賢書,三試禮部不第,就薦得河南閿鄉縣,以圖祿養。先生貽書戒之,有云:'不問地方難易、大小,總以全副精神爲之,不可悖於今,亦必不戾於古。水旱災傷,大利大害所在,不可留一毫避難就易之意。'俊奉教爲治,日有聲,顧無以爲先生養計者。先生家居日益困,向嗜書畫、古磁、玉器,善別真贋,至是則悉棄以給,甚惜之。又每念相國爲太平宰相十年,歿後孤櫬在堂,未就窆窆;宮詹昆弟,垂老滯邊無歸期,時時獨飲泣。而群從子姓,又無復循循如舊時太常家法,私爲嘆息不樂,然終無可告語。比得微疾,遂頻年不出戶限,所居晚清軒,前一老梅屈曲如蓋,後枯其半,至甲寅餘一枝復萎,先生指之曰:'此樹生意盡矣,我能久於世耶?'未幾以疾卒,遺命不用浮屠,不鼓樂,斂以布衣,勿治喪受弔,勿乞文人哀挽,勿刻行述。俊才而孝,與其弟倬克成先生志云。太史氏曰:'余年十七即從先生游,爲忘年交。余游京師,亦客相國門下,後與俊同舉於順天,先生於余乃爲同年父。比先生歸里,未幾而余亦罷官歸,故先生平生,余能詳之。'"

按:王俊,字松叔,號古巖,又號晚香。《太原世次事略續撰二卷‧同州知府晚香公事略》稱,王俊乃王遵宬第三子,康熙五十九年順天舉人,後考取中書。雍正六年以御使沈芝光薦,授閿鄉知縣。乾隆二年赴選得山左歷城。乾隆八年移臨清知州。乾隆十六年遷湖北荊州府同知,乾隆十九年擢陝西同州,次年引疾歸。乾隆四十年卒,年七十九。

《王烟客先生集‧奉常公遺訓‧手書先哲格言訓六房》後跋:"吾祖砥庵公,廩貢生也。與減庵、隨庵諸伯祖齊名。績學砥行,孤介特絕,不事交游,人罕識其面。所著制藝幾二百首,盛寒溪先生評點。詩數十首,則伯祖隨庵叙之,皆未及梓。閉戶清修,賫志以歿。毗陵南田先生扁舟見訪,而吾祖已厭塵世。甫百日而奉常公亦捐賓客。南田哭之以詩云:'瑤臺月落不聞簫,春去人間玉樹凋。東山終爲多情死,絮酒從君哭海潮。'先生自注云:'與砥庵未相識面,遙相愛重,有如夙契'二十八字。而吾祖之學行,奉常之情深,皆於此見之。此卷乃奉常手書以授吾祖者,皆先哲格言。……吾祖詩文,秘不示人。……乙酉六月,侄孫蓬心見此卷於吳門友人家,遂購之以歸余。吾父檢討公十三而孤,此卷必是吾祖常置座右……丙午清和奉常曾孫俊藹記。"

《(民國)太倉州志》卷二十《人物四》:"王俊字叔彥,遵宬子。康熙五十九年順天舉人,考取中書,雍正六年以薦授閿鄉知縣,閿鄉民鑿渠引泉,潼關軍欲奪之,俊爭於大府,卒還民。會大旱,穀騰貴,俊不俟請,遽開倉減糶,以憂去,閿鄉人爲位祀之。服除,補阜平,改歷城滕縣令。李鯉忤郡守,誣以事,俊會勘得白,擢臨清州。繕學宮,修州志,雪臨清副將劉屏藩之冤,遷荆州同知,臨清人爲立去思碑,旋升同州知府,署潼商道移。疾歸,家居修祖祠,纂譜系,拓祀田,年七十八卒。"

麓臺七叔父王攄,字虹友,號汲園。太學生。王時敏側室徐碩人出。明崇禎八年生,清康熙三十八年卒,年六十三。少游陳瑚之門,爲入室弟子;長而師事錢謙益、吳偉業,詩文益進。著有《步簷集》《蘆中集》《據青集》,亦爲"婁東十子"之一。子四:王昭復、王昭被、王昭溥、王昭駿。

《奉常公年譜》卷二"明崇禎八年乙亥四十四歲":"正月初一,第七子攄生。"

《(嘉慶)直隸太倉州志》卷三十六《人物》:"王揆……攄字虹友,時敏第七子,善屬文,最工詩,好獎勵後學,鼓吹風雅,與兄撰、抃皆監生。"

康熙元年,王昊《碩園詩稿》卷十六《九子篇·王虹友攄》:"虹友甫英齡,藝苑欻高步。突兀來奇思,鏗鏘響佳句。奮筆追古人,綽乎有餘裕。正如渥水駒,千里恣馳騖。又如虎豹生,食牛氣全露。我每對斯人,靦焉愧遲暮。寄語諸阿兄,火攻亦可懼。"

《王巢松年譜·總述》:"七弟窮愁與余等,而內助後,無事不在規矩繩墨中,人則又相去天壤。人文傑出,爲名流所推。余最下,少時稚氣未除,意見偶或相左,輒爲色變。究竟上殿相爭如虎,下殿不失和氣。至晚年,友愛彌篤,追念慈恩,愈覺難得者兄弟,惜乎其來日苦短也。"

王攄《蘆中集》卷六《寄示昭復、昭被用昌黎符讀書城南韻》:"幼學而壯行,吾聞之子輿。人生能樹立,所恃詩與書。詩書有明訓,佩服始不虛。苟不琢成器,無乃迷厥初。憶當初牛口,伴氣嘗充閭。二十名上下,成就今何如。不煅則必落,變化分龍魚。至老而傷悲,惜哉計已疏。劉向富文藝,秘書校石渠。開閣公孫弘,其先嘗牧豬。婆娑月中桂,入月爲蟾蜍。其如自淪棄,焉免背生蛆。白駒去何疾,黽勉事稽居。焚膏以繼晷,慎毋少忽歟。兄弟拙生計,家無擔石儲。便便富腹笥,紅朽致有餘。此中勤與惰,非由父母且。古人橫經暇,兼亦親耰鋤。兩者俱觝滯,技恐窮黔驢。農夫無咎歲,請自勤菑畬。講學以爲耨,榛草從芟除。挾持倘無具,難曳王門裾。惟懷席上珍,籍籍多名譽。方今炙手者,再過皆爲墟。戴仁而抱義,可卷亦可舒。倦游吾將返,漁樵老孟諸。作詩以助勖,努力無躕躇。"

按:《寄示昭復、昭被用昌黎符讀書城南韻》詩題顯示,昭復爲兄,昭被爲弟。顧陳塤《洗桐軒文集》卷六《王耕石七十壽序》中稱王昭被爲王攄仲子,則王昭復爲長子。

王昭復，後改名旦復，字廣旦。康熙五十三年，與子王掆同成舉人。自文肅公以後，太倉王氏子弟多業《春秋》，昭復尤精《三傳》，著有《續春明夢餘錄》。作爲富於才華的長子，昭復深受王攄喜愛。康熙十三年，耿精忠叛亂，王攄《蘆中集》卷二《昭復避兵浦東，用袁海叟浦上寓所韻懷之》云："江鄉索賦誅求急，海嶠徵兵戰伐深。亂恐離家無樂土，窮思愛子有愁吟。"子：王掆等。後以子王掆封承德郎。

王掆，字天游，號甘泉。康熙十七年生，康熙五十三年舉人，乾隆十四年卒，年七十二。王掆工詩文，精勾股，善花鳥。子二：王學義、王學璧。王學義，太學生，先卒。王學璧，直隸保定府清苑縣縣丞。

《（嘉慶）直隸太倉州志》卷二十八《人物》："王掆，字天游，幼工詩文，兼精勾股。以太學生充算法館修書，與父旦復同中康熙五十三年順天舉人。館書成，議叙授刑部主事，巡視船廠，升員外郎，擢貴州道御史，巡察保定、真定、河間三府。外艱，服闋，補浙江道，巡視西城，旋掌京畿道，查河南賑，晋工科，巡視南漕，再巡西城，兼查萬安倉，轉刑科給事中。命按山西報滿留任，以失察墩臺廢址，謫監大西倉大通橋運，再補工部員外，充《律吕正義》纂修官，轉郎中，提督窑廠，管理街道事，授臨江府知府，未任，移疾歸，旋卒。掆通達，治體多建白，在廠一年工作，以時匠役不能舞弊，嘗條對十事，爲軍民永久利多。如請行巡西城時，錢價昂甚，請發户工二部錢以平市價。上稱爲好御史。在刑科論直省刑具率逾部式，奏請畫一，得旨允行。巡晋省入境，知驛丞餵養馬匹累民，奏請悉歸州縣。問民疾苦，體恤吏隱，有聲臺垣中。子學璧，字繹古，監生。考取吏目，由束鹿主簿升故城令，終河間府通判，稱練習吏事。"

沈起元《敬亭文稿》卷三《故工部虞衡清吏司郎中王君行狀（己巳）》："王掆，字天游，號甘泉，太倉州鎮洋縣人。……生康熙戊午，卒乾隆己巳。……祖攄，父旦復，甲午舉人……奉常公九子，汲園先生（王攄）行七，特以詩名爲風雅宗。君資稟挺秀，好爲歌詩，酷似其祖，故汲園先生尤愛之。長游京師，從祖西田公方當國，留之邸第。聖祖開算法館，詔取士纂修，君素習勾股，乃應詔投牒，廷試中選。甲午，君與父耕石先生同舉京兆試。康熙六十年館書告成，議叙授刑部主事，有能聲。雍正二年，司寇公薦巡視船廠。船廠爲我朝發祥地，前直朝鮮，後接寧古塔，故滿洲旗人地，商賈百工所輻輳，無民牧，歲遣滿、漢司官各一員，巡視其地，有事會同寧古塔將軍治之。君往，具悉積弊，謂此非大爲更張措置不可，擬摺陳機宜十事，爲船廠兵民萬世利……世宗於是以君可大用。明年，擢貴州道試監察御史，巡察畿輔、保正、河三府。旋以憂去，服闋，補浙江道試監察御史，巡視西城。錢價昂，請開官廠，發户、工二部錢以平市價，公私稱便。糾彈摘發，不避勛戚豪宦，有鐵面之目，升京畿道監察御史……蓋君自部曹以至臺諫，遇所當言則言，雖觸忌諱、嬰謗讟，不顧也。

遇所不必言則不言,雖違時尚、蒙詬病,弗恤也。報滿,有旨留任,中外謂旦夕且柄用。未幾,竟以失察墩臺廢址免官,發倉場效力。君處之夷然。已監大西倉,復監大通橋運二年。倉場侍郎塞公、呂公極器之。任滿補刑部山西司員外郎,充《律呂正義》館纂修官,升工部虞衡司郎中,提督窰廠,管理街道事,時年七十,勤練不恤勞苦。堂上官以君久歷中外,事輒倚之,而君之精力已耗矣。乾隆十三年春,外轉得江西臨江府知府,邃有衰狀,憮然曰:'吾老矣,不復能治吏事矣。'遂移疾歸,十四年七月二十八日卒,君年七十有二。……子二,長學義,太學生,先卒。次學璧,直隸保定府清苑縣縣丞。孫男八,長巖,鎮洋縣學生,次昱、曛,皆先卒。次璇,太學生。次基琮、璋。曾孫一,廷佐。學璧仕直隸,曾爲余屬吏,聞訃奔歸,率承重孫踵門稽顙乞爲行狀。"

王昭被,字葆光、見山,號鶴道人、耕石。王攄次子。康熙四十五年進士,任福建龍巖縣知縣、湖南邵陽知縣,善畫。

《墨香居畫識》"王昭被"條稱,王昭被,字葆光,又字見山,號鶴道人、耕石。善畫墨梅。康熙四十五年進士,授龍巖知縣。汪曾武《婁東書畫見聞錄》卷三《太原》稱:"王昭被,字見山,號鶴道人,虹友次子。"顧陳垿《洗桐軒文集》卷六《王耕石七十壽序》(代黃昆甫作):"先生之尊甫汲園公……先生其仲子也。"

《(嘉慶)直隸太倉州志》卷三十六《人物》:"王旦復,字賡旦……弟昭被,字葆光,康熙四十五年進士,任福建龍巖縣知縣,有政聲,以卓異行取入都,旋移疾歸,貧婁如諸生。"

《東江詩鈔》卷十二《送王葆光縣宰之官邵陽》:"槐鼎家聲尺五天,暫分百里試鳴弦。春風帆引雙飛槳,秋雨人收再熟田(吳都賦國稅再熟之稻,今湖南田皆再熟)。杏苑才高輕俗吏,桃源路近即神仙(武陵桃源在邵陽)。高門自昔無卑宦,轉瞬騫騰□□遷。"

《白漊集》卷十二《送王葆光之任邵陽》:"莫倚父兄門閥盛,看君官自擢循良。"

王昭溥,順治十年生。府學生。

《奉常公年譜》卷三"十年癸巳六十二歲":"七房孫昭溥生。"《王母徐夫人墓誌銘》稱王昭溥爲"府學生"。

王昭駿是王氏"族人麗逆案"的主要成員之一,康熙四十七年被斬首。

《(民國)太倉州志》卷十二《名宦·倅貳》:"商弈銓……康熙四十六年,奸僧一念倡亂,糾陸申、錢保、王昭駿等內應,約是夜五更,放爆竹開城。知州李颺廷聞變,倉皇失措,弈銓申嚴守備,密飭銜鼓,以四爲節,部署甫定,會天將署,急率壯士扣巨魁門,時凶黨已嚴裝待。揮兵掩捕,悉就範,一念逸去。獲其簿籍、僞劄,按擒四十八人,餘悉不問。事聞,魁黨伏誅。明年,一念亦就擒。"

《顥庵府君行述》:"五月,族人麗逆案,聖祖以先大夫故,特諭司法:'太倉王氏素稱顯族……但將王昭駿本身及妻子定罪,其伯叔兄弟,俱不必議。"

麓臺八叔父王掞,字藻儒,號顓庵,別號退軒。順治二年生,雍正六年卒,年八十四。王時敏側室沈氏出。王掞自幼穎異不凡,先後受經於王西水、王聞炳,专攻《春秋》。年十七,補博士弟子員。康熙九年進士,選庶吉士,歷官經筵講官、文淵閣大學士兼禮部尚書,位至相國。子三:王奕清、王奕鴻、王奕澍。

《顓庵府君行述》:"先大夫生於順治二年乙酉正月初七日辰時,卒於雍正六年戊申三月初六日亥時,享年八十有四歲,歷官經筵講官、文淵閣大學士兼禮部尚書加七級,叠遇覃恩誥授光禄大夫,配吾母宋夫人,明山東巡按大理寺卿旭初公孫女,誥贈光禄大夫太子太傅吏部尚書文華殿大學士諡文恪公女,累誥封安人,誥贈一品夫人。子男子三,長不孝奕清,吾母宋夫人出。……女子四,長適廣東樂安縣知縣繆宗儀,翰林院檢討釣聞公諱錦宣子;次適中書舍人錢瀧,兵部科掌印給事中曼修公諱增孫,候補内閣中書舍人瞿亭公諱廷銑子;次許字河南魯山縣知縣孫學行,内閣學士兼禮部侍郎原任工部右侍郎協理下河圯瞻公諱在豐子,未嫁卒,俱宋夫人出;次適丙午舉人蔣櫚,總督雲貴等處地方提督軍務兼理糧餉兵部右侍郎兼都察院右副都御史雨亭公諱陳錫孫,長蘆都轉鹽運使司鹽運使慎齋公諱澍子,庶母朱氏出。恩撫女六:一甥女沈氏適候選州同知張日瑞;一甥孫女周氏適户部員外郎錢必達;一侄孫女適河南魯山縣知縣孫學行;一侄女適太學曹理暢;一侄孫女適原任河南衛輝縣知府吴柯;一侄女適原任福建延平府知府張道沛。孫男三:長申,早殤;次懷,蔭生,候補員外郎,娶蔡氏,經筵講官禮部尚書方麓公諱升元女;次慜,太學生,娶孔氏,太子少師襲封衍聖公諡恭愨翊宸公諱毓圻孫女,五經博士西銘公諱傳誌女,俱奕清出。孫女四:長適乙卯舉人工部虞衡司主事陳邦懷,太學生贈主政辰山公諱依仁子;次未字卒;次適歲貢生張卿雲,兵部右侍郎曼園公諱集孫,廣西桂林府知府候補副使加御太僕寺少卿南映公諱棠子,俱奕清出;次早殤,奕鴻出;一適癸巳舉人現任雲南普洱府同知徐修仁,刑部尚書健庵公諱乾學孫,直隸巡道章仲公諱炯子,係北直學政張天門公諱逸少之女,直隸布政使叔度公諱適之姊,奕清恩撫爲女。曾孫男女各九人。"

按:《太原賢媛事略續輯一卷·陳太恭人事略》:"太恭人陳氏,益江公配,海寧人,工部主事栖霞公邦懷女,大學士文簡公元龍侄孫女也。"

《顓庵府君行述》:"不孝兄弟至今日而始得狀述先大夫行事耶!不孝奕清自聖祖皇帝六十年奉命出塞,世宗皇帝三年,不孝奕鴻復奉軍前效力之旨,并違侍先大夫膝下。今上即位,詔撤大軍,不孝兄弟循例還朝,而先大夫之薨已十年矣。病不獲奉湯藥，歿不及視含殮，罪通於天，萬死莫贖。……先大夫諱揆，字藻儒，號顓庵，別號退軒，著有《西田集》，人稱'西田先生'。世望太原，後從宋南渡，徙吳居嘉定之北鄉墅溝，已割隸太倉州，遂爲州人。明初有諱謹者，爲莆田縣縣丞，以廉惠著。莆田公生侃，侃生自然公詵，詵仲子友荆公涌，生愛荆公夢祥，官鴻臚寺序班。愛荆公子則我高王父文肅公也，諱錫爵，字元馭，號荆石。嘉靖壬戌會試第一人，廷試及第第二，歷官光禄大夫、少保兼太子太保吏部尚書建極殿大學士，贈太傅。……先王父諱時敏，字遜之，號烟客，以文肅公蔭，歷官太常寺少卿……奉常公生九子，長先世父諱挺，官内閣中書舍人，次諱揆，順治乙未進士，候補司理。次諱撰、諱持、諱抃、諱扶、諱攄，皆太學廩貢生。叔諱抑，康熙丁巳科舉人，官太原府西路同知，皆以文章翰墨推重於世，人人有集。先大夫行居第八，尤穎異不凡，奉常公最所鍾愛。……六歲就外傅，精勤力學，不事嬉戲，塾師皆愛異之，九歲《六經》《八家》皆能成誦。時先大夫受經於族伯父銘非先生，先生饒經濟，重然諾，守正不阿，講學課藝外，教先大夫以立身處事、居官治世之要。先大夫皆謹誌之。自此學業日進，志氣識見，度越輩流。奉常公嘗謂人曰：'是兒必復興吾宗。'先達有識者見之，咸謂異時公輔之器也。年十七，補博士弟子，學使者胡念嵩先生，公明廉慎，有起衰之功，所識拔多知名士，先大夫年最少，最荷獎許。"

《顓庵府君行述·鎮洋王文貞公遺書室記》："先師自幼爲學聰穎邁倫，嘗自謂：'吾讀書雖不能一目十行，亦能一目五六行。'其居本邑，時雖日間應酬紛繁，而嚮晦讀書至少以一册爲度。……平生痛惡功利之習，於君子小人之界辨別綦嚴，游其門者靡不束身自好。自癸未通籍，壬辰散館，後出任河南湯陰中牟……晚年主講徐州、宿遷、崇明、瀛洲及本邑婁東尊道、安道各書院，受業者不下二三千人……己卯春正受業唐文治拜手謹書。"

《(嘉慶)直隸太倉州志》卷二十八《人物》："王揆，字藻如(儒)，錫爵曾孫，時敏第八子。康熙九年進士，改庶吉士，授編修。丁内外艱，服除，由左贊善補右，充日講起居注。提學浙江，校《劉宗周全集》，刊之表章啟禎忠節，立六賢講院。又以三沁山黃尊素祠已廢，修復之。期滿歷講讀，累升内閣學士，轉户部侍郎，充經筵講官。三十七年調吏部右侍郎，轉左。時吏道龐雜，奸胥得上下其手，揆悉心條列，定爲章程，銓政一清。命督河工，省帑金六十六萬。四十二年升刑部尚書，尋調工部，轉兵部、禮部。在刑部時，往例録囚，止録清書口供，漢司官不能通曉。揆請兼録漢稿，著爲令。又疏争香山令張令憲死事之宜蔭，絀御史陳惟孜散遣太學諸生之非體，抑功加之冒濫，禁考工之陋規，皆總持綱紀，務存大體，及爲大學士，益恪謹。五十六年冬，會有御史八人以建儲請，上下其疏，并出揆五月間摺，外廷始知揆已先之矣。翌日，閣臣擬票，具奏。上諭：'王揆所奏，具見悃誠，亦言所當言，爾等票擬殊不合揆等所奏，著留閣中。'時揆以折本故(留中者謂之折本)，不敢同諸閣臣進，上召同入，將出，獨留掞，造膝密語移時，人莫得聞。六十年春，復具疏力申前請，同時請者又有御史十二人。上疑出掞意，乃嚴旨切責，命掞子奕清代往西陲效力。時掞未解閣務，以待罪不視事。明年春，仍命入閣，任遇如故。世宗即位，掞以衰病請告，溫旨留京備顧問。越六年卒，年八十四。乾隆初年，奕清還京，爲父請卹，奉旨：'王掞身居政府，爲國本起見，亦屬分所當言，予祭葬。'掞好汲引善類，不植私人，屢主鄉會試事，均稱得士。立朝從容，風議不爲崖異，及臨大事，風節凜然。孝惠皇太后之升祔，掞闢衆議，請躋於孝康皇太后之上，其合禮多類此。卒後廿餘年，其孫懷經營卜地，始克舉葬。子奕清、奕鴻。奕清字幼芬。掞娶長洲宋文恪公女，婚夕，夢有緋箋署其卧閨曰：'詹事府掌詹事。'既而生奕清，康熙三十年成進士，授庶吉士，歷官詹事府詹事。奕清文章翰墨，濡染胚胎，筮仕後，屢興試視學。凡朝廷編修校譬之役，多與焉。六十年春，奉命代父赴烏里雅素臺軍效力，腰弓躍馬，慷慨首塗。北出萬里，抵大營屯，分駐地曰忒斯，曰阿達拖羅海，窮荒大漠，風景慘裂。奕清素羸善病，居六年，宴然安之。雍正四年，再命在阿爾泰坐臺，例應出貲贍蒙古人等，盡斥家產以給。又十年，乾隆元年始召還都，仍以詹事管少詹事。奕清更事久，益練達，條奏三上，切中時弊。明年春，請父卹典，給假營葬，不及就道，疾卒，年七十三。位終詹事，竟與夢符。奕鴻，字樹先，康熙四十八年進士，授户部主事，歷升員外郎中，典四川鄉試，有公明稱。出爲湖南驛鹽糧儲道，革除陋例，諸務肅清。兄奕清先有代父前往北路之命，奕鴻斥其產，捐軍需銀五萬兩，請送軍前，奉旨詣烏里雅素臺效力。臺在蒙古外喀爾喀地，與俄羅斯壤接。蓋盟長超勇親王建牙之所也。乾隆元年，恩命還朝，發四川，以道用。初攝松茂道，適小金川土司相仇殺，奕鴻奉檄前往，曉以禍福，各帖服。尋補川東巡道，引疾歸，又十五年卒於家，年八十二。奕鴻質樸有至性，在軍臺時聞父訃，慟絶不能言者七日。平生寡嗜欲，履亨，歷險不改其度，人以此重之。"

《外家紀聞》："奉常公子孫多而有才，顥庵、麓臺尤著。康熙庚戌（康熙九年）俱以弱冠捷南宫。泥金之報疊至。適吳梅村在座，戲謂奉常曰：'彼蒼者天，當是君家門下清客耶？'太常駭問何故，梅村曰：'善揣主人所欲而巧於趨承事事如意者門客也。今日之天無乃近是。'太常莞爾。"

《（嘉慶）直隸太倉州志》卷五十九《雜綴》："王相國掞有古瓷，直不貲。一日，李相國光地索觀，命奴捧之，歷階而上，忽失足，傾跌而碎。李不覺失聲，而王怡然不動。李每舉以稱王之量。"

王奕清，字幼芬，號拙園。宋夫人出，王掞長子。康熙四年生，乾隆二年卒，年七十三。康熙三十年成進士，授庶吉士，歷官詹事府詹事。康熙六十年春，奉命代父赴烏里雅素臺軍效力，居六年。雍正四年，再命在阿爾泰坐臺。乾隆元年，召還都，仍以詹事管少詹事。王奕清娶錢晉錫女，續娶徐氏、張氏。子三：長子某早殤；

次子王懷，娶方升元（麓公）女，以祖王掞蔭員外郎，官惠州知府；三子王憬，娶孔傳詰（西銘）女，孔毓圻（宦公）孫女。

《王巢松年譜》"乙巳三十八歲"："元夕前，大人到虞山觀燈歸，時八弟已得幼芬姪，大人甚喜。"

《顓庵府君行述》："子男子三：長不孝奕清，吾母宋夫人出。康熙辛未進士，詹事府詹事管少詹事。娶錢氏，順天府府尹再亭公諱晋錫女；繼娶徐氏，胡廣布政使司布政使子星公諱應查孫女，歲貢生燕斯公諱惺女；光祿大夫文華殿大學士戶部尚書贈太子太保諡文貞公諱玉書恩撫女。"

王奕鴻，字樹先，號勛齋。王掞第二子，側室高氏出，娶文淵閣大學士陳元龍女。康熙九年生，乾隆十六年卒，年八十二。康熙四十四年舉人。康熙四十八年成進士。授部曹，由主事歷轉員外郎郎中。康熙五十三年典試四川，出為湖南驛監糧儲道。雍正元年，奉旨親賚軍前效力，乾隆元年始還。奕鴻無子，以王憬為嗣。

《顓庵府君行述》："次不孝奕鴻，誥封恭人，高氏出。康熙乙酉（康熙四十四年）進士，奉旨發往四川以道員用，原任胡廣南糧驛鹽僉事道晉副使加一級。娶陳氏，經筵講官光祿大夫文淵閣大學士禮部尚書諡文簡公諱元龍女。"

沈起元《敬亭文稿》卷九《川東道勛齋王公家傳》："川東道勛齋王公諱奕鴻，字樹宣，號勛齋，大學士西田公諱掞次子。祖奉常公諱時敏，曾祖太史公諱衡，高祖明大學士文肅公諱錫爵。西田公生二子，長諱奕清，詹事府詹事。公生家門鼎盛時，性醇謹斂約，望之不知為貴介公子。乙酉（康熙四十四年）舉於鄉，己丑（康熙四十八年）成進士。授部曹，由主事歷轉員外郎郎中，皆在戶部。西田公方柄國，公不安交一客，晨入西出，惟循職自盡。甲午（康熙五十三年）典試四川，出為湖南驛監糧儲道，政務清肅。巡撫定州王公，公座主也，不敢恃師門故誼少自懈，尤斤斤引嫌。每入見公事外無一私語，同僚咸服其守。康熙六十年，相國以摺請建儲，奉聖祖嚴旨譴責，旋奉王奕清代父前往西陲之命，相國待罪不視閣事。公聞震懼憂惕，屢欲請假省視，相國不許而止。癸卯（雍正元年），世宗登極，時西陲用兵，公承相國命，具呈請捐五萬兩，奉旨親賚軍前效力。於是解任西行，事竣回京。復奉旨命與兄奕清阿勒泰坐臺，將發，復以湖南撫臣題減則一案，請公對簿，遂改北轅而南。先後往返過都門，得一省視相國以為幸，然皆一宿而別。當是時，相國年高善病，膝下無一人，公為之心摧骨折。然念國事重，不遑恤也。暨楚案結，急赴臺站，與宮詹所坐臺相去猶數百里。越三年，相國薨於京邸，公聞訃慟絶，不能言者七日。然在戎行，無奔喪理，茹痛苟生者八載。恭逢皇上纘緒，公兄弟皆蒙恩召還。兄奕清授詹事府，公發往四川以道員用，於是數年來不敢冀幸生還者，得重沐君恩，再馳皇路。公每語客，不禁感而涕下也。入川攝松茂道，適小金川土司相仇殺，公奉檄往諭。嚴冬，崗巒雪積三、四尺，公以氈裹體，縋而上下入其境，曉以禍福，各帖服釋怨和好，邊界以寧。題補川東道，居官益廉靜。年六十有七，引疾歸。公寡嗜欲，無玩好，不衣華服，不治美膳，不喜絲竹，儉若寒士。遇物抑抑如不及，履亨歷險，不改其度。公家自奉常公生九子，大半登科第。康熙、雍正間，西田公爲太平宰相者十年，群從躋卿貳陞翰院臺省，外秉節鉞司民牧者，落落布中外，蓋綦盛矣。及公致政時，顯位者凋謝殆盡。子姓間有一二仕途登賢書者，率復屯蹇淹滯，門庭蕭寂。公於是俯仰盛衰之變，時爲之欷歔感嘆。……凡家居十有餘年，屹然爲鄉邦之望，卒年八十二。無子，以宫詹次子璟爲嗣。沈子曰：'昔相國與先君子交若異姓昆弟，余至京師，辱以故人子，遇特厚，客其邸，因獲與勤齋公晨夕。公觀察湖南，延余掌書記，交益親。余庚子舉於順天，出編修四川謝公鳳崗之門。謝爲公甲午所取士，余乃爲公門下士。追先後歸田，兩人俱已白首，里閈間數十往還，遂成隔世。'"

沈起元《敬亭文稿》卷二《川東道致仕勤齋王公七十壽序(辛未)》："……公伯兄宫詹有臺站之役，公時爲湖南糧儲道，亦解職坐臺……以至西田公棄世，弗獲一執星奔之禮。蓋不得代者十有三年。……公復有四川觀察之命，六年川東而歸。歸三年，而公壽七十。"

王奕澍，康熙十九年卒。王揆第三子，側室石氏出。

《頔庵府君行述》："次奕澍，庶母石氏出，早殤。"

王揆《西田集》卷一《哭澍兒四首》，其四："只今一椁吳門路，垂絶還憐待我歸。"

按：《(民國)太倉州志》卷二十七《雜記上》："太原王氏自文肅公後，以《春秋》爲世學，而其源出於潘子祿(更名德，元字子懋，見選舉)。子祿居崑山，徙太倉，精《春秋》，中嘉靖甲午(嘉靖十三年)鄉試，一時治《春秋》者爭師之，文肅其入室弟子。"

麓臺九叔父王抑，字誦侯，號南湖。順治三年生，康熙四十三年卒，年五十九。康熙十六年舉人，官山西太原府西路同知。子三：王願、王雙鵷、王某。後以子王願贈奉政大夫。

《(嘉慶)直隸太倉州志》卷三十《人物》："王抑，字誦侯，時敏第九子。康熙三十六年舉人，例補中書，改太原府同知。屢決疑獄，上官以爲能。攝忻州事，有遺尸在棄灰中，地當衝，故多逆旅。主人抑拘數十輩列跪堂下，徐察一人，面色稍異，即往勘其家，有血迹，一訊具服，乃謀劫財而殺害者，衆以爲神明。三十八年以憂歸。病卒。"

曹煜《綉虎軒尺牘》二集卷六《與王誦侯》云："丈夫落落千古，視天下無可我與者，天下亦遂無一人與我，而風塵落莫之外，另有肝膽相映，足令知己生、知己死者，我輩數人而已。……吾年翁偏能相遇於行迹之外，臨行雅誼，更見諄切。"

按：《與王誦侯》寫於康熙二十二年。時離太倉學博任曹煜離開太倉，前往山東莘縣爲令。

王愿,字皋聞。康熙五十年貢生。選涪州州判,升授保寧府同知。

《(嘉慶)直隸太倉州志》卷三十《人物》:"王抑,字誦侯……子愿,字皋聞,五十年順天副榜,循例選涪州州判。攝巴縣,升授保寧府同知,有紳某恃勢奪民田,愿廉得實,斷歸民。雍正七年功令丈量田畝,愿親涖四郊,纖毫無隱。又委丈中州墊江,不苛不漏,上官稱之。生平重意氣,厚親族,如其父風。"

王雙鶵,字瞻御,號松溪,太倉州學生。卒年六十。子四:王邦瑞、王殿琛、王廷珪、王晉珏。

沈起元《敬亭文稿》卷三《王瞻御小傳(庚午)》:"……時敏太常公生九子,南湖先生抑最少。抑生三子,次曰雙鶵,字瞻御,號松谿,太倉州學生員。少慧能文,爲人專靜,無紈綺習,課誦無間寒暑,遂精通制藝,於有明三百年來名家稿,研玩評騭,嘗擇其尤者數十篇……梓行。……然屢試於鄉,同考官薦者三,卒不遇,以歲貢生老。當聖祖朝,君伯父西田先生爲相,從兄麓臺爲少司農,拙園(王奕清)爲宮詹、晚清(王遵棨)爲翰林、勖齋(王奕鴻)爲湖南糧儲道,從侄穀詒(王曇)爲翰林,而君之尊甫(王抑)同知太原府事,伯兄知涪州。冠蓋簪笏,中外輝映,里中甲第輿從,雲連風從,聲華焕奕,子弟取科第如拾芥,而君獨閉户咕嗶,苦寒士之所苦,欣然樂之。……既而諸公相繼殂謝,或以事解退,仕宦者如晨星。雍正間,有司急逋賦,家破十九,而君業亦爲之蕩盡,遂成寒士。……卒年六十,有子四,曰邦瑞、曰殿琛、曰廷珪、曰晉珏,皆君所自課,能世其家學。"

年　譜

明思宗崇禎十五年壬午（1642年）一歲

八月

十八日，麓臺生於江蘇太倉鎮洋。

　　唐孫華《王原祁墓誌銘》："公生於明崇禎十五年八月十八日。"

　　《王巢松年譜》"壬午十五歲"："八月十八日，茂京生。秋冬之交，二兄、三兄各悅一女優，迷蕩幾不能自持，此少年常事，無足深怪。吾母知之甚怒，即聞於父親，僕輩大有一番處分。其事已將五十年，思之猶如昨日也。"

十二月

清兵至濟南，新城陷落。

　　《曝書亭集》卷七十二《文林郎湖廣道監察御史王公墓表》："（崇禎）十五年十二月，城再破。"

本年

王氏家族賠賄漕糧至萬金。

　　《奉常公年譜》卷二"十五年壬午五十一歲"："是歲賠賄漕糧遂及萬金。田既不售，衣飾、酒器盡歸質庫。眉燒肘露，不可言喻。"

祖父王時敏五十歲，父王揆二十四歲。王鑑、項聖謨四十五歲，馮班四十一歲，吳偉業三十四歲，黃宗羲、曹溶三十三歲，杜濬、李漁、冒辟疆三十二歲，周亮工三十一歲，顧炎武三十歲，龔鼎孳、宋琬二十九歲，魏象樞二十六歲,侯方域、施閏章、尤侗二十五歲,梁清標二十三歲,王弘撰二十一歲,毛奇齡二十歲,劉體仁、汪琬、笪重光十九歲,陳維崧十八歲,王澤弘十七歲,葉燮十六歲,姜宸英十五歲,梁佩蘭、朱彝尊十四歲,屈大均十三歲,徐乾學、李因篤十二歲,宋犖、曹貞吉九歲,王翬、吳歷十一歲,石濤一歲。

崇禎十六年癸未(1643年)二歲

春

麓臺五叔王抃補博士弟子員。

　　《王巢松年譜·總述》:"余十六歲補博士弟子員。"
　　《奉常公年譜》卷二"十六年癸未五十二歲":"子抃補博士弟子員。"
　　按:當時補博士弟子員考試在春季。以下所見"補博士弟子員者"的時間皆定爲春季,不另出注。

夏間

麓臺父王揆公車北上。姚文然、梁清標、王崇簡、高珩、陳丹衷進士及第。

　　《奉常公年譜》卷二"十六年癸未五十二歲":"是年會試改期八月。夏間,子揆北上。十月抵家。"
　　《進士題名碑録》。

十月

王揆南歸抵家。

　　《奉常公年譜》卷二"十六年癸未五十二歲"。

本年

王抃執經於王吉武之父王發祥(長源)。是時天下大亂,而吴人猶處堂如故。

　　《奉常公年譜》卷二"十六年癸未五十二歲":"是時天下大亂,而吴人猶處堂如故。"
　　《巢松集》卷五《寄家憲尹治郡山陰》:"叔父吾宗望,諸昆侍絳帷。雞窗承面命(余於癸未、甲申執經二載),雁塔幸肩隨(芝麓兄與長源同榜)。族大源流合,交深夢寐知。方欣同相系,又見長孫枝。"
　　按:《(嘉慶)直隸太倉州志》卷二十八《人物》:"王發祥,字登善,父曰新,見《隱逸傳》。發祥弱冠有文名,明崇禎九年舉人,國朝順治十二年成進士,除刑部廣西司主事,轉員外。時上慎選學臣,臨軒親試,取發祥第一,奉命視學湖北。詳列規條,董率士子,尤以表揚忠孝貞節爲急。各邑志乘皆經論定,又刊《全楚詩文》,一時人文興起,巡按李廷松首列薦剡。十七年兼攝湖南學政,時鄉試期,近百日中試六郡,甄拔得人,以事牽連解任。尋還原職,赴都候補,卒年五十三。"

《(民國)太倉州志》卷二十七《雜記上》:"婁族極重主僕。一爲人奴,累世不能脱籍,有富厚者即以多金贖之,然里中終不屑與周旋也。鼎革之際,奴之黠者趁亂創爲索契之説。自城中及諸鎮各村,在在蜂起,衆聚千百,擁至主家,立索身契,主人捧契以待,稍或後時,焚殺劫掠,無所不至。即平日受恩最深者,至此亦虎狼矣。城中首事者爲俞伯祥,故王氏家奴。一呼響應,世家巨族惴惴懼不測,會浦君舒等捽伯祥父子斬於市,而巡撫吴某至州復斬一人以徇,事始定。"

太倉大旱。

《碩園詩稿》卷一《大雨行》:"君不見,去年苦旱無菽麥。……今年大雨卒未休。……幾多逃死避兵人。"

清世祖順治元年甲申（1644年）三歲

正月

十八，麓臺友人沈受宏生。

沈起元《敬亭文稿》卷三《鄉貢士候補儒學教諭待贈翰林院庶吉士顯考白漊府君行述（壬寅）》："府君諱受宏，字台臣，號白漊，世居太倉。……吳門侍講繆念齋先生、同里今相國王公爭致賓館，爲筆硯交。時東南四郡知名士爲慎交文社，松江有春藻堂之會，蘇州有芳草堂之會，才俊雲集，以必得府君爲重。……後受知學使者吉水李公振裕，試第一，食餼。卒困於省試，十上不遇。……府君年十六，授徒以供朝夕。……府君嘗南游浙、閩、粵，東北走山左，再游長安……辛未、壬申客今相國王公邸……府君生於順治元年乙酉正月十八日巳時，卒於康熙六十一年壬寅三月二十日午時，享年七十有八歲，貢生，候補儒學教諭，待贈翰林院庶吉士。"

三月

十九日，崇禎帝自縊。

《清史稿》卷三。

四月

王時敏得三月十九日確耗，五内摧裂。

《奉常公年譜》卷三"國朝順治元年甲申五十三歲"："公抱病里居。四月杪，得三月十九日確耗，五内摧裂，不自意生，哀慟欲絶者數次。"

按：《王巢松年譜》"甲申十七歲"稱，王抃等聞國變確音在五月初。

五月十五，多爾袞進入北京城。同日，明福王朱由崧由馬士英等擁至南京謁陵，越二日稱監國，又十一日乃即皇帝位，改明年元爲弘光，是爲安宗簡皇帝，命史可法督師揚州。

冬

麓臺四叔王持娶婦曹氏，住東宅。

《王巢松年譜》"甲申十七歲"："四兄與曹氏完姻，歸三兄東宅上。"

本年

南明部院諸公擁立福藩,起太常寺少卿王時敏升太常寺正卿。王時敏見爾時朝政混亂、黨論紛争,遂引疾疏辭。

《奉常公年譜》卷三"國朝順治元年甲申五十三歲":"會南明部院諸公擁立福藩,起升任太常寺正卿,公……見爾時朝政混濁,黨論分(紛)争,自分無可報稱,遂引疾疏辭。"

蘇松境内,盜賊群起。

《翁鐵庵年譜》"十七年甲申叔元十二歲":"是歲流寇陷北京,中外騷動,福王即位南京。蘇松盜賊群起。"

順治二年乙酉(1645年)四歲

正月

初七,麓臺八叔王掞生。

王奕清、王奕鴻撰《顓庵府君行述》:"先大夫諱掞,字藻儒,號顓庵,別號退軒,著有《西田集》,人稱'西田先生'。"

《王巢松年譜》"乙酉十八歲":"人日,八弟生。"

三月

麓臺伯父王挺題補南都中書舍人,不久便乞假,歸太倉。

《王巢松年譜》"乙酉十八歲":"伯兄補蔭授中翰,三月奉差歸。"

四月

二十五日,清兵破揚州,屠城十日。史可法殉國,年四十四。

《史可法集》附録,羅振常輯《史可法別傳》。

五月

南京失守。

《王巢松年譜》"乙酉十八歲":"五月初,留都失守。"

清兵下江南,蘇松諸郡皆望風納款,惟江陰、崑山、常熟三縣未下。

《翁鐵庵年譜》"國朝順治二年乙酉叔元十二歲":"五月,王帥卜江南,蘇松諸郡皆望風納款,惟江陰、崑山、常熟三縣未下,城内洶洶,争揭竿爲拒守計,訛言誠意伯劉孔昭、總兵胡龍光擁義陽王恢復南京。"

六月

清朝下薙髮之令。時張、孟兩將軍鎮守婁東,鄰邑俱遭屠戮之慘,處處"不見炊烟,但見白骨"。王時敏家族骨肉安全,堂構無恙。

《王巢松年譜》"乙酉十八歲":"六月中,新朝下薙髮之令。張、孟兩將軍鎮守吾婁,鄉城隔絶,鄰邑俱遭屠戮之慘,獨吾家骨肉安全,堂構無恙。"

本年

石濤喪父,遭家難,爲宫中僕臣負出,逃至武昌,薙發爲僧。

李驎《虬峰文集》。

周亮工以御史招撫兩淮,授兩淮鹽運使。

姜宸英《湛園未定稿》卷五《櫟園周公墓誌銘》。

按:《賴古堂集·附録·年譜》稱,順治元年三月,周亮工三十三歲,授浙江道試御史,未十日,京師爲李自成破,歸南京。弘光朝錦衣馮可宗誣其"從賊",下獄,訊無左驗,馬、阮又欲其劾劉宗周,始肯復其官。亮工謝之,後隱牛首、棲霞間。入清後,以御史招撫兩淮,授兩淮監運使。

王時敏再辭南都召。太倉百姓忙於避兵,田園荒蕪。

《奉常公年譜》卷三"二年乙酉五十四歲":"去秋被召,已得請,復爲臺中疏薦起原官,仍不赴。"

《碩園詩稿》卷一《大雨行》:"今年大雨卒未休……幾多逃死避兵人……鋒鏑所及皆無辜……所知今歲田園蕪。"

順治三年丙戌(1646年)五歲

二月

魏象樞、李蔚、魏裔介等成進士。

《魏敏果公年譜》"丙戌公三十歲":"榜發,中三百七十五名。大座師剛公諱林、祁公諱崇格、范公諱文程號現斗、馮公諱詮號琢庵,房師魏申之先生諱天賞、岳明海先生諱映斗。是科殿試後,選擇年貌一百餘人,內院復行考試,亦如殿試例,題目、奏疏、律詩各一篇,俱出欽定。余得與選,授内翰林國史院庶吉士,教習師則蔡先生諱不害、蔣先生諱元恒、胡菊潭先生諱世安、陳生洲先生諱具慶。"

《魏貞庵先生年譜》"丙戌公三十一歲":"會試公中第十二名,房考杜月湖先生。……殿試三甲前列,狀元爲聊城傅以漸。考詞林,取中第二十名,奉旨入館教習讀書,試多高等。"

三月

麓臺五叔王抃娶錢中諧女。時内兄錢右文纔兩歲。

《奉常公年譜》卷三"三年丙戌五十五歲":"三月,爲子抃娶婦錢氏。"

《王巢松年譜》"丙戌十九歲":"余三月中畢姻,内室借二兄後堂,内父錢漫翁方壯盛,右文僅兩歲。"

春

南園梅花盛開,時通州白在湄及其子或如俱善琵琶,流落婁東,王時敏延之園中。

《奉常公年譜》卷三"三年丙戌五十五歲":"南園梅花盛開,時通州白在湄及其子或如俱善琵琶,流落吾州,延之園中,爲度新聲。適梅村至,置酒白生,朗彈一曲,敘述亂離,豪嘈淒切……梅村因作《琵琶行》以紀其事。"

《吳梅村全集》卷三《琵琶行》:"去梅村一里,爲王太常烟客南園。……問向誰彈,則通州白在湄子或如,父子善琵琶,好爲新聲。"

笪重光作《遠山庭樹圖軸》。

《虛齋名畫録》卷十《笪江上遠山庭樹圖軸》。

王時敏析産諸子,各授田兩千五百畝、房租一百八十金,童僕亦皆分屬。

《王巢松年譜·總述》:"丙戌之春,大人授産田二千五百畝、房租一百八十金。"

《奉常公年譜》卷三"三年丙戌五十五歲":"是春析産諸子,各授田兩千五百畝、房租一百八十金,童僕亦皆分屬。"

秋

王時敏築西田於歸涇之上。歸涇去城西十二里,王時敏先後構農慶堂、語稼軒、飯犢軒、逢渠處、巢安等室。吳梅村爲其作《歸村躬耕記》。

《王巢松年譜》"丙戌十九歲":"秋間興築始起……如是者三十餘年,今已分授八弟矣。"

《奉常公年譜》卷三"三年丙戌五十五歲":"是秋,始築西田於歸涇之上,去城西十有二里,構農慶堂、語稼軒、飯犢軒、逢渠處、巢安等室次第告成。吳梅村爲作《歸村躬耕記》。"

按:《王巢松年譜》載,鼎革時,十四都(歸涇)曾爲王時敏家族的避難之所。修築西田累費四五千金,後歸麓臺八叔王掞。

十月

初六日,麓臺九叔王抑生。

《奉常公年譜》卷三"三年丙戌五十五歲":"十月初六日,第九子抑生。"

《王巢松年譜》"丙戌十九歲":"十月初六日,九弟生。"

本年

裁定入泮額,大縣不過四十名,中縣三十名,小二十名。松郡爲大縣,四十名。

葉夢珠《閱世編》卷二《學校一》。

時江南新定,盜賊蜂起。

《翁鐵庵年譜》"三年丙戌叔元十四歲":"時江南新定,盜賊所在蜂起,皆以白布圍腰間,名'白腰兵'。常熟之西鄉尤甚。"

順治四年丁亥(1647年)六歲

二月

麓臺伯父王挺婦吳氏卒,佛事幾無虛日。

《王巢松年譜》"丁亥二十歲":"二月中,大嫂辭世,佛事幾無虛日。"

按:《奉常公年譜》卷三稱,時在三月。

三月

蔣超、宋琬、李敬、張九徵、杜濬、方亨咸等成進士。

《進士題名碑錄》。

春

王揆未赴公車,寄居申氏胥莊者兩月。

《王巢松年譜》"丁亥二十歲":"仲兄不赴公車,寄居申氏胥莊者兩月。"

按:《頡庵府君行述》稱王揆爲"候補司理"。

六月

王時敏作《王奉常真迹册》,許縉、王翬跋。

《吳越所見書畫錄》卷六《王奉常真迹册》。

王翬跋:"奉常真迹,耕烟散人鑒定。"

王時敏題:"丁亥長夏,避暑漁莊,一日竟此十幅,烟客。"

許縉跋:"書家以氣韻生動爲第一,然卅苦川筆墨,得心應手者不能。此元季四家所以擅美於前,國朝文、沈以後,惟董詹(宗)伯慧心秀腕,陵轢四家,直超董、巨,而用筆、用墨之妙,令人瞻望彌深彌遠,有不可思議者。烟翁先生比肩競爽,向稱伯仲。漁莊十幅,空翠欲流,簡遠雋逸,筆筆生動,較之宋、元諸大家,匪特出藍,所謂'翩翩欲度驊騮前'矣,'摩詰前身是畫師'定非虛語。丁亥(順治四年)六月晦,獲觀於菉斐軒敬題。"

王翬又跋:"畫學至華亭董公極矣。蓋於黄、王、倪、吳四家爲能集其大成也,繼之者惟太原奉常公。憶壯歲趨侍硯席,親見其匠心運筆,巧力均到,衰老懷舊,恍在目前。今觀漁莊避暑十幀,深遠高雅中蒼潤欲滴,真得華亭之神韻者,元人之法其備矣乎?夏疇先生什襲固其宜也。甲午(康熙五十三年)九秋,耕烟老人王翬題。"

秋

翰林院庶吉士散館，魏象樞授刑科給事中，魏裔介授工科給事中。

《魏敏果公年譜》"丁亥三十一歲"："是年散館，授刑科給事中，具有《剔蠹》《蠲荒》等疏。"

《魏貞庵先生年譜》"丁亥公三十二歲"："是秋，散館，授工科給事中，慷慨言天下事。"

西田農慶堂菊花盛開，王遺民（瑞國）、吳梅村（偉業）、朱昭芑（明鎬）、黃攝六（翼聖）、李爾公（可衛）、賓侯（可汧）同過王時敏宅中夜飲。逾月，蒼雪法師亦至。

《王烟客先生集》《西廬詩草》上卷《農慶堂菊花盛開，王遺民、吳梅村、朱昭芑、黃攝六、内侄李爾公、賓侯，同過夜飲》。

吳偉業《吳梅村全集》卷五《丁亥之秋王烟客招予西田賞菊，踰月蒼雪法師亦至，今年予既臥病，同游者多以事阻，追敘舊約爲之慨然，因賦此詩》。

按：《蒼雪大師行年考略》載："師名讀徹，初字見曉，後更蒼雪，別號南來，雲南呈貢人，俗姓趙氏。"蒼雪自幼從鷄足山寂光寺水月儒全爲沙彌。年十九，慨然遠游，遍參諸方大德，依一雨（通潤）法師於鐵山，爲雪浪禪師再傳弟子，晚年主講蘇州中峰山。順治元年春初，蒼雪曾往婁東海印庵講《法華經》。

黃翼聖，字子羽，號攝六，王時敏姊丈，素爲烟客蓮社中勝友，以薦辟宰蜀之新都，治民以慈惠。歸田後堅修淨業，順治十六年十月卒。《（嘉慶）直隸太倉州志》卷五十九《雜綴》："黃子羽翼聖，狀如婦人好女，嘗攜妻王[氏]登莫里峰，游天台，度石橋，巾車道裝，宛然神仙中人。後爲新都縣令，城守之日，乃矯屬卓犖爲奇男子，王[氏]亦慷慨致死，親爲子羽畫死守策，率媼婢、蒼頭，周呼淬厲，躬爲饗以食守者，城得全無害，抑亦可謂奇女子也，王編修衡之女。"

李爾公（可衛）、賓侯（可汧）皆崑山人，爲王時敏之内侄。

冬

新令丈量蘆洲，有凌姓者從中爲祟，更兼胥吏表裹爲奸，王氏家族重糧賠累。

《王巢松年譜》"丁亥二十歲"："冬間，爲新令丈量蘆洲，有凌姓者從中爲祟，更兼胥吏表裹爲奸，重糧賠累，所不待言。"

按：王氏家族重糧賠累，至辛卯（順治八年）江南巡撫秦世禎蒞婁，方得改善。

本年

吳克孝、趙自新牽及顧咸正案,逮繫白門,其事不久得白,旋即放還。不久,趙自新卒於家。

《王巢松年譜》"丁亥二十歲":"吳魯岡、趙我完兩先生俱牽及顧端木一案,逮繫白門,幸其事不久得白,旋即放還。"

毛師柱《端峰詩選‧七言律》有《奉贈舅氏吳觀察魯岡先生》稱:"曾將鐵骨履嚴霜,解紱歸來髩髮蒼。"

按:江慶柏《清代人物生卒年表》:"趙自新,字我完,江南太倉人。生於萬曆二十三年,卒於順治四年。"《江南通志》卷一百三十《選舉志‧舉人六》:"趙自新,崇禎十二年舉人。"明亡後,趙自新於順治二年取得僧牒,避居松江。順治四年牽連顧咸正案,被械至南京,釋出後病卒。著《左氏贊論》。《國朝王烟客山水卷》吳克孝跋文中有"魯岡氏"印。

《太倉十子詩選‧芝麈集‧贈如皋吳白耳三首》其三:"此地堪重過,河汾事竟遙(曾受業我完師)。"康熙三十八年,太倉王吉武跋王原祁《仿黃大癡秋山立軸》:"河汾門下記從師,同學相看兩鬢絲。我詩君畫賴陶寫,甘苦其中各自知。"由此可知,王揆、王原祁、吳白耳、王吉武同受業於趙自新。

王昊詩贈王挺、王撰兄弟納姬。王揆未納姬,吳聖符納姬吳門而不得歸,王昊以詩調笑之。

《碩園詩稿》卷二《贈周臣納姬詩次尤展成韻》、同卷《贈異公納姬即用前韻》、同卷《調端士,太原兄弟後先納姬,獨端士側室尚虛,再用前韻調之》、同卷《吳聖符納姬吳門,不得歸而自嘲,輒次其韻》。

按:《贈周臣納姬詩次尤展成韻》自注"周臣新失偶",《吳聖符納姬吳門,不得歸而自嘲,輒次其韻》自注"聖符門,尤有一姬"。許旭《秋水集》卷八《友人納姬戲成》。

宋犖以大臣子入朝侍衛。

《西陂類稿》卷四十七《漫堂年譜》。

按:宋犖(1634年—1713年),字牧仲,號漫堂、西坡、綿津山人,晚號西陂老人,河南商丘人。歷官山東按察使、江蘇布政使、江蘇巡撫、吏部尚書等。著有《西陂類稿》《漫堂說詩》等。

僧覺浪道盛文字獄成。一年後被釋。

《天界覺浪盛禪師全錄》卷十七《傳洞上正宗二十八世攝山栖霞覺浪大禪

師塔銘》。

周亮工授福建按察使,入閩,先在光澤,繼至邵武。
　　《賴古堂集·附錄·年譜》。

順治五年戊子(1648年)七歲

春

王挺被點充機戶,主之者爲織造工部陳公,富室無一得免。王挺與董聞京之父定兒女親。

《王巢松年譜》"戊子二十一歲":"春間,伯兄點充機戶,主之者爲工部陳公,富室無一得免。諸兄弟各有所助。據身歷者云,此役原有官價,若善於經營,亦無大患。如以膏粱子弟爲之,則未有不傾家而受辱者,在伯兄誠大堪事也。後乃借此爲名,扁舟不時到郡,每去必經旬,尋反觀劇,反以此爲樂境。然未免爲僕輩所欺,其中不無侵蝕,家道從此而愈落矣。"

《奉常公年譜》卷三"五年戊子五十七歲":"織造陳工部點富室爲機戶,江南著姓無得免者,長子與焉。賠累不支,諸子皆捐資助之。"

按:董聞京《復園文集》卷六《上王烟客太常内祖書》稱"京方十齡",王挺與董聞京之父同被點爲機戶,結爲姻親。由此可推知,董聞京生於崇禎十一年。

王挺、王揆兄弟邀王昊、吳聖符、王宗衍、何際五、吳德藻、王曜升等集王氏南園看梅。王昊和黄與堅、王撰等作初春感懷詩。

《碩園詩稿》卷三《同王宗衍、何際五、吳聖符、德藻、家次谷集周臣、端士南園看梅五十韻》,同卷《和黄庭表、王異公初春感懷詩次韻十首》。

按:《(嘉慶)太倉州志》卷二十八《人物》:"黄與堅,字庭表,幼從吕雲孚學,張溥見而才之,以諸生拔貢入成均,廷試第一,順治十六年成進士,授推官,旋以奏銷註誤。康熙十七年應博學鴻詞,徵試授翰林編修,擢贊善,典貴州鄉試,時睢州湯斌以禮部尚書掌詹事,并有輔導皇太子之命,上難其副,大臣群推與堅,遂以原銜充講官。既有忌斌者,嗾廷臣交章會劾,與堅獨不署名,以葬親乞歸。與堅工詩,以性情勝,嘗輯《太倉州志》,未及梓行。居鄉稱厚德,年八十三卒。"

九月

十四日,張雲章生。

《方望溪全集》卷十《張樸村墓誌銘》。

十七日,孔尚任生。

《孔尚任年譜》。

本年

王時敏授王抃大橋兩宅。王抃將其一典他姓,另一久借與徽商,遂得王所植兄弟北門住宅。不久即經營北宅。王抃延顧士璉爲館師,坐含譽樓。

《王巢松年譜·總述》:"丙戌之春,大人授産田二千五百畝,房租一百八十金,兩年後,即經營北宅。爾時奢年盛氣,絶不知有艱難,興造頗萌侈心,又不能親自監督,止一二童僕董其事,破冒物料,所不待言矣。"

按:《(嘉慶)直隸太倉州志》卷三十六《人物》:"顧士璉,字殷重,號樊村,州諸生,練達時務。劉河淤,三吴連困於水,當事議浚,以費繁阻。知州白登明用起圩法,先疏朱涇,繼疏劉河,用士璉議也。後吴中潦,撫藩復議疏劉河淤段,延士璉問策,士璉請仿海瑞折漕例,約以四萬兩浚淤段五千丈,建閘天妃鎮,以利蓄洩,至今賴之。康熙四十三年大旱,民無以完漕,士璉與何寧國、陸世儀、江士韶、曹周紛、王發祥等叩閽請折州民糶千金爲費,既得請費,悉散還之。生平以澤物爲念,拯難濟急,有國士風。爲文善條晰事情,又講求性命之學,至老不倦,年八十有四卒。"

《(嘉慶)直隸太倉州志》卷五十一《古迹》稱,是時顧士璉居樊村涇之東,盛敬及王御居樊村涇之西,號稱"樊村三隱"。盛敬居寒溪清耳亭,在王氏南園北。

《王巢松年譜》稱,因"借栖二兄内室終非了局",遂決計將"原分大橋,以其一換與七弟"。未幾,徽人所居遭火厄,僅存茶廳、大廳兩進。

宋廣業生。

《蘭皋詩鈔》卷十八《北行草·渡揚子江》。

按:《渡揚子江》有"老夫今年六十五",時康熙五十二年夏。由此可知,宋廣業生於順治五年。

順治六年己丑(1649年)八歲

二月

會試，魏象樞分校詩，自稱"願得理學任吾道"，以"循理、守法、安命"爲六字箴。

《魏敏果公年譜》"己丑三十三歲"："二月會試，分校詩，五房取成性等二十三人。……余曰：'願得理學任吾道足矣。'……余無一日不以六字箴相勖。六字者，'循理、守法、安命'也。"

五月

王揆赴公車後抵家，歸即大病，兩月後方愈。王揆北上前，王時敏詩以紀之。歸後，王昊讀王揆《燕游草》，慨然有作。

《王烟客先生集·西廬詩草》上卷《揆兒北上》。《碩園詩稿》卷五《讀端士燕游草感賦》。

《王巢松年譜》"己丑二十二歲"："仲兄公車不遇，因歸途從水，於五月中始抵家。歸即大病，兩月後方愈。"

按：《讀端士燕游草感賦》有"三千里外重來日，二十旬中半老身"，可知王揆於順治五年冬北上。

十月

王抃經營北門宅，十月中遷居北門。

《王巢松年譜》"己丑二十二歲"。"夏秋之間，經營北宅。初意不過稍稍修葺，繼而漸欲匠心，甚至拆毀改造，所費不貲。真少年稚氣所爲。今日思之，能無追悔。十月始遷。兩親及諸兄皆送。"

王持改造新居，歲暮遷居高橋新宅。

《王巢松年譜》"己丑二十二歲"："四兄亦於是冬移居高橋宅上。"

十二月

初三日，王撰長子曰表生。

《奉常公年譜》卷三"六年己丑五十八歲"："十二月初三日，三房孫曰表生，是夕夢獅舞庭中,以獅威能攝百獸,因命乳名曰威。"

《王巢松年譜》"己丑二十二歲":"臘月,三兄得與齊侄。"

本年

王氏家族發生"琅琊延陵"一事,變幻百出。

《王巢松年譜》"己丑二十二歲":"家門不幸,忽有'琅琊延陵'一事,變幻百出。"

尤侗、汪琬、宋實穎、顧殖、彭瓏、吳兆寬、吳兆宫、吳兆騫、計東、趙沄、周肇、王抃、顧湄、唐孫華、侯玄涵、陸圻等結慎交社。

《社事始末》。

程正揆至京,任職光禄寺丞,始創《江山卧游圖》。

《江山卧游圖》程正揆跋。

順治七年庚寅(1650年)九歲

正月

初三日,王抃婦曹氏卒。王抒婦錢氏送其棺,歸即病。

《奉常公年譜》卷三"七年庚寅五十九歲":"正月初三日,子持婦曹氏卒。"

《王巢松年譜》"庚寅二十三歲":"正月,四嫂病亡。先室往送入棺,到家即大病,亟延郡醫鄭三山到婁,投藥即愈。二月中生子,父親命名裘官。產後復病,再請鄭三老來,便不能見效矣。幾日即別去。一夏一秋,專用徐子久調治。陸太太長住我家,曼翁亦時來省視。蔣虎臣初贅彭城,年少巍科,里中傾動,意欲歸母家一看,恨不奮飛,無奈病不能也。州中有一富翁久疾,特延雲間喬山宇到家。子久知之,力薦一看,乃用溫補之劑,病復大劇。又約崑山鄭纘芣過舍,以和解救之,一冬稍安。數月以來,延醫祀神,總無虛日。雖爾時物力尚裕,稍可支持,然未免焦頭爛額矣。"

按:錢中諧,字宮聲,號曼翁,為王抒岳父,順治十五年二月卒。同年九月初四,其女錢氏亦卒,年二十四。

五月

七日,查嗣璉生,後改名慎行。

《查他山先生年譜》。

夏

歲試,王抒為一等前列,與王撰寓張蓋敷家。

《王巢松年譜》"庚寅二十三歲":"文宗李葂嵒歲試,余二等前列,同三兄寓張蓋敷家。"

九月

文社在許漢章堂中大會。

《王巢松年譜》"庚寅二十三歲":"文社初起,九月中,在許漢章堂中大會。"

陳瑚《確庵文稿·同學會藝序》。

王時敏請卞文瑜至綠畫閣等樂郊新宅繪壁。時招王書城、吳梅村、黃翼聖諸公觴咏其中。

《王烟客先生集·西廬詩草》上卷《潤甫卞翁爲余茅庵畫壁,高妙直追董、巨,歌以紀之》:"西田九月鯉魚風……中有二丈雪色壁,細滑好并鵝溪織。勝致欲將妙繪傳,靜對晨昏時拂拭。吳門卞叟適來游,老筆蒼秀甲九州。見之欣然發元賞,許我潑墨圖丹丘。……畫成脉正神氣完,北苑釋巨還舊觀。紛紛時輩咸愧伏,流汗低頭不敢看。"

　　陳瑚《確庵文稿》。

　　按:《奉常公年譜》卷三稱繪壁事在正月,誤。

余懷過婁,王昊、朱明鎬、周肇、許旭、吳聖符、王挺、王撰、王撰同集吳偉業梅花庵。不久,吳氏又招太史蔣虎臣、中翰徐子星、文學徐州來、王昊同飲。

《碩園詩稿》卷六《白門余澹心來婁,同昭芑、子俶、九日、聖符、周臣、端士、異公集梅村先生梅花庵》、同卷《吳梅村先生席招同蔣太史虎臣、徐中翰子星、徐文學州來即事》。

十月

十六日,楊曰補過訪王時敏。

《王烟客先生集·西廬詩草》上卷《庚寅十月既望,楊曰補見訪,余適有虞山之行,兒輩留止拙修堂累日,歸集菊下,喜得佳什次韻和之》。

秋冬間

王時敏五女適沈受宜,六女適周曦。

《王巢松年譜》"庚寅二十三歲":"妹適沈荷百,六姊適周旦文。俱在是歲秋冬。"

順治八年辛卯(1651年)十歲

春

王扶、王撼同補博士弟子員。王撼師從陸翼王。

《王巢松年譜》"辛卯二十四歲":"仲春,文宗李嵩陽録科,仍同三兄寓張蓋敷家,(徐)五衣亦在,三兄不得意,余幸列優等。"

《奉常公年譜》卷三"八年辛卯六十歲":"子扶、撼同補博士弟子員。"

《王烟客先生集·西廬詩草》上卷《翼王授經撼兒,三易寒暑,與余相得甚歡,明春將赴研德吴門之約,惜別賦贈》。

按:王時敏此詩寫於順治十一年或其後。見陳瑚《確庵文稿·挽侯研德二首》。

王時敏以樂郊園區畫爲四,分授王挺、王揆、王撰、王抃,令其各自管領。

《王烟客先生集·奉常公遺訓·樂郊園分業記》。

《奉常公年譜》卷三"八年辛卯六十歲":"是春,以樂郊園區畫爲四,分授子挺、揆、撰、抃,令其各自管領,有《樂郊園分業記》。"

八月

十三日,王時敏六十,王昊、蒼雪等以詩賀之。

《碩園詩稿》卷七《西田歌壽王烟客奉常六十》。

《蒼雪大師行年考略》"順治八年辛卯六十四歲"。

王士禎應鄉試,考卷爲座主杜篤祐、房師夏人佺所賞,已定爲解元,爲丘縣令李應軫托請,改滕國相爲元,王氏移爲第六名。

《香祖筆記》卷七:"予以順治八年辛卯中鄉試,闈牘爲座主蒲阪御史大夫杜公(篤祐,字振門)、房師壽春侍御夏公(人佺,字敬孚)所賞異,已定解元三日矣。有丘縣令李應軫者,高郵人,與夏公爲淮南鄉里,年七十矣,私於夏公曰:'某老矣,日暮途遠,使元出本房,差慰遲暮。公能相讓,則奕世之感也。'請至再三,夏公乃許之。其首薦即昌樂滕國相(字和梅)也,已擬第六,與予皆習《毛詩》。杜公甚難之,而李請益堅,杜憐其意,遂改予第六,而滕得元。時滕年近六十,予年始十八耳。榜後旅謁,杜公頗悔之,間語予以前事,且曰:'子文合作元,此亦命也。'

予初不以屑意。"

  按：《漁洋山人自撰年譜》卷上亦見相關記載。

九月

榜發，王士禛中第六名舉人。主考户科左給事中杜篤祐、楊時薦，同考夏津知縣夏人佺。

  《漁洋山人自撰年譜》卷上。

  按：杜篤祐，蒲州人，明崇禎九年舉人，歷官都察院左都御史、兵部員外郎。楊時薦，鉅鹿人，順治三年進士，歷官兵部督捕右侍郎。同考夏津知縣夏人佺，壽州人，順治六年進士，歷官監察御史。

本年

王掞六歲，就外傳。

  《顓庵府君行述》："六歲就外傳。精勤力學，不事嬉戲。九歲六經八家皆成誦。……受經於族伯父銘非先生。"

王抃婦錢氏卒。王持繼娶卜氏。

  《奉常公年譜》卷三"八年辛卯六十歲"："子抃婦錢氏卒。子持繼娶卜氏。"

時江南巡按秦世禎蒞吳，王時敏爲蘆洲事跪門具呈，控告楊琪芳等，後沈碧江、邵昇斯等俱斃之於獄。

  《王巢松年譜》"辛卯二十四歲"："是年吾父周甲……正值秦瑞寰蒞吳，大人爲蘆洲事，跪門具呈，控告蘆蠹楊琪芳等，即蒙收准。……巨憝沈碧江、邵昇斯，秦公俱斃之於獄。"

  《奉常公年譜》卷三"八年辛卯六十歲"："時秦瑞寰侍御世禎方按吳郡，乃率諸子跪門，控告蘆蠹楊琪芳等，准拘提，蓋覆盆見天之幸矣。吳中巨蠹肆橫，狐鼠相依，沈碧江、邵昇斯實爲巨惡，秦公皆斃之於獄，爲地方造福不淺。"

  按：秦世禎，字瑞寰，廣寧人。順治八年以御使按吳。《(同治)蘇州府志》卷六十八稱，沈碧江等依附巡撫土國寶之勢，爲虎作倀。

王鐸罷官歸里。

  《歷代名人年譜》卷十《清》第 64 頁："王鐸罷官歸里，時年六十。"

約本年,麓臺作小幅山水粘壁上,王時敏見而訝之:"此子業必出吾右。"

《王原祁墓誌銘》:"(公)占畢之暇,尤喜點染繪畫。大父奉常公畫入神品,寸縑尺素,人皆奉爲異寶。偶見公所畫竹石粘壁間,即驚嘆曰:'後當過我。'"

按:《(民國)太倉州志》卷二十八《雜記下》:"王麓臺原祁幼時,偶作山水小幅粘壁上,祖奉常見之訝曰:'吾何時爲此耶?'詢知乃大奇之,曰:'此子業必出吾右。'琅琊元照見之,謂奉常曰:'吾兩人當讓出一頭地也。'後官京師,每歲初冬輒贈門人幕客輩畫,人各一幅以爲制裘之需。好事者欲得之,往往織金以俟焉。"

順治九年壬辰(1652年)十一歲

二月

王時敏爲吳聖符作《仿古山水册》十二幀。

《虛齋名畫錄》卷十四《王烟客仿古山水十二幀》。第一幀設色,"仿董北苑"。第二幀水墨,"仿巨然"。第三幀水墨,"仿小米筆"。第四幀青绿,"江亭秋色,仿趙伯駒"。第五幀水墨,"仿黄子久"。第六幀淡青绿,"仿趙令穰江鄉清夏圖"。第七幀水墨,"仿吴仲圭"。第八幀青绿,"趙文敏團扇小幀,布景閎偉,有尋丈之勢,因仿其意爲作此圖"。第九幀水墨,"仿黄鶴山樵"。第十幀淺絳,"仿大痴筆"。第十一幀水墨,"仿倪高士"。第十二幀水墨,"仿梅道人溪山圖。壬辰首春,爲聖符賢甥寫此十二幀博笑。王時敏。"

鈐印:"王時敏印"(白文正方)、"王遜之書畫記"(白文長方)、"歸村老農"(朱文正方)。

按:上有王時敏八子王掞"顥庵"(朱文圓)、"掞"(朱文正方)收藏印。

王時敏又跋:"余於畫道雖有癖嗜,未游其藩。比年愁累紛遝,益與筆硯諸緣落落。聖符以巨册索畫,因無興會,且苦難,竟庋閣者年餘。新正,偶見玄炤(圓照)郡伯一册,備宋元諸家體,精能而兼神逸,反覆展玩,悦目賞心,不覺根觸技癢,適風日融和,明窗和墨,率意盤礴,遂得十二幅,於董巨、三趙、元四大家無所不仿,亦猶見獵生喜、聞樂起舞之意,聊以强名,非謂果得其形模也。然畫雖小技,亦必所見者廣,日以古法浸灌心胸,而又專精熟習,乃臻工妙。如董文敏公骨帶烟霞,學深淵海,近代罕二。憶余曩時每侍燕閒,見其揮翰之餘,評論書畫,遇几上有殘牋斷束,輒弄筆墨作樹石,紛披滿紙,心手耽習,至老不衰,故宜其筆墨韻致,妙絶古今如此。若余資本鈍劣,又經年不一執筆,頹墮自廢,詎能有成。今且衰病日侵,目力無及,歲月蹉跎,徒有惋嘆。聖符正當盛年,又深畫學,願益淬厲制舉業,整爾天莙,然後研精肆力,直造古人之室,一振時習之衰,爲文敏傳衣,差不負老人期許。如此册軟甜疥癩不足爲法,竟當屏置弗觀,勿使惡習熏染,貽桓祖恭似舅之譏也。壬辰花朝,西廬老人王時敏識。"

鈐印:"王時敏印"(朱文正方)、"西廬老人"(白文正方)、"西田"(葫蘆形朱文)。

王抃續娶汪氏。

《王巢松年譜》"壬辰二十五歲":"二月中,與汪氏議禮,六禮并行,聘金俱現銀。"

三月

榜發。一甲進士沈荃等,二三甲進士曹爾堪、范承謨、楊紹先、張應桂、顧大申、湯斌等四十四人。滿洲麻勒吉、折庫納、巴海等九人。本年滿漢分榜。

《歷代名人年譜》卷十《清》第64頁:"是年翰林滿漢分榜,一甲沈荃,二三甲曹爾堪、范承謨、楊紹先、張應桂等四十四人,滿洲麻勒吉、折庫納、巴海等九人。"

王抃、黃與堅、周肇、王曜升、王撰、周雲駿、沈荷百、郁禾、王昊、王時泰等有十八人之訂。

《王巢松年譜》"壬辰二十五歲":"三月中,在子俶齊頭,有十八人之訂。"
按:郁禾,字計登。周雲駿,字孝咸。王時泰,字鴻調。王曜升,字次谷。

春

王揆母徐氏病。

《王巢松年譜》"壬辰二十五歲":"吾母一春病甚,係脾虛發瘇之症。延劉默生來診視,兩日即返,殊不見效。後伍紫帆常到曼翁家煎丸方,皆用其調治,不久旋即平復。"

四月

直指秦世禎駐婁東,處分鳳里、汝南一事,沉冤得雪。時方亢旱,即沛甘霖。

《王巢松年譜》"壬辰二十五歲"。

秋

王攄就婚崑山李氏。

《王巢松年譜》"壬辰二十五歲"。

本年

王持子維卜生。維卜即聿參。

《王巢松年譜》"壬辰二十五歲":"四兄得聿參侄。"

王扶娶婦金氏。

　　《奉常公年譜》卷三"九年壬辰六十一歲"："爲子扶娶婦金氏。子攄亦於是秋就婚崑山李氏。"

初舉隸斐堂，專爲琅琊昆仲攻擊陸桴亭。自此以後，社局紛紜。

　　《王巢松年譜》"壬辰二十五歲"："初舉隸斐堂，專爲琅琊昆仲攻擊桴亭師故也。自此以後，社局紛紜，無一刻得寧矣。"

　　按：相關資料見本年譜順治六年"琅琊延陵"事件。

太倉朱明鎬（昭芑）卒。

　　江慶柏《清代人物生卒年表》。

王鐸卒。

　　《歷代名人年譜》卷十《清》："王覺斯卒（年六十一）。"

順治十年癸巳(1653年)十二歲

二月

魏裔介內轉工科左給事中,疏請四事:崇節儉、勤聖學、度兵事、省刑獄。

《魏貞庵先生年譜》"癸巳公三十八歲":"二月,內轉工科左給事中,有上諭,令言官直諫無隱。……謹條四款:一崇節儉,一勤聖學,一度兵勢,一省刑獄。"

三月

吳中兩社并兩郡名流大會於虎丘。慎交設席在舟中,同聲設席在五賢祠內,奉梅村爲宗主。次日,復於兩社中拔其尤者,集半塘寺訂盟。

《王巢松年譜》"癸巳二十六歲":"是年上巳,郡中兩社俱大會於虎丘,慎交設席在舟中,同聲設席在五賢祠內。次日,復於兩社中拔其尤者,集半塘寺訂盟。"

《奉常公年譜》卷三"十年癸巳六十二歲":"上巳,吳中兩社并兩郡名流,大會於虎丘,設席舟中,奉梅村爲宗主。梅村賦《禊飲社集》四首。畫舫鱗集,冠蓋如雲,爲一時勝舉,諸子與焉。梅村即於是秋被召入都。"

春

計東、王昊、侯研德、吳漢槎、章湘御飲酒於宋疇三家,議論文會去異同之事。

《碩園詩稿》計甫草序稱:"癸巳春,三吳友人方以文會之事,欲盡去異同之見。余與惟夏暨嘉定侯研德、吾邑吳漢槎、郡城章湘御,共飲酒於宋疇三家。"

四月

慎交社、同聲社復會於鴛湖,歸途中,王抃等於弘人齋中宴飲達曙。兩社此後稍得安寧。侯研德、周肇專爲兩社和合之局,事與願違。

《王巢松年譜》"癸巳二十六歲":"四月中,復會於鴛湖,歸途在弘人齋中,宴飲達曙。此後,始稍得寧息。兩社俱推戴梅村夫子。從中傳達者,研德、子俶兩君,專爲和合之局,大費周旋,豈知欲和而愈不和,欲合而愈不合,始信友朋聲氣之事,真屬無益,有識者斷不爲也。"

五月

王時敏作《王烟客端午景》。

《虛齋名畫錄》卷九《王烟客端午景》:"癸巳端陽戲墨。西廬老人。"

鈐印:"王時敏"(朱文正方)、"西廬老人"(白文正方)。

按:上有"金籋廷瘦仙氏收藏"(朱文長方)收藏印。康熙五十四年王抃跋:"此先大夫真迹,於兹六十餘年矣。吳中人攜入長安,雲岡倕愛而展玩,彌日不置。余特購遺之,并識歲時於幀首。康熙丙申清和既望,西田抃題。"鈐印:"抃"(白文龍虎邊正方)、"西田居士"(朱文正方)、"含譽樓"(朱文長方)。康熙五十九年王頊齡跋:"婁東奉常公以名德世其家,游神翰墨乃餘事也。山水固集宋元之成,至其點染花卉,世未盡知。觀此娟秀古雅,縱橫中自分條理,有非專門名家所能彷彿者,片紙尺幅珍逾拱璧矣。康熙庚子清和下浣,頊齡題。"鈐印:"頊齡"(朱文長方)、"瑁湖"(白文長方)、"畫舫齋"(白文長方)。

九月

初二,王時敏重孫源慶生。

《奉常公年譜》卷三"十年癸巳六十二歲":"九月初二日,冢孫源慶生。"

按:《太倉州儒學志》卷二《貢士》:"王源慶,潛長,戊辰(康熙二十七年)貢,寧國府訓導。"

吳偉業被召入都,王抃送至吳門。

《王巢松年譜》"癸巳二十六歲":"九月中,梅村夫子出山北上,余送至吳門。"

按:《歷代名人年譜》卷十《清》第64頁:"四月,梅村徵爲國子祭酒。"

秋

州守白林九偶傳註誤,里中諸公相約入郡保留。王時敏有贈白氏詩多首。

《奉常公年譜》卷三"十年癸巳六十二歲"。《王烟客先生集》。

按:白林九字登明,遼東蓋平人,隸漢軍鑲白旗,順治二年貢生。州守白林九蒞任未久,政績卓然,《王巢松年譜》稱其爲"歷來賢父母之冠"。

冬

黃與堅在張佩將館中,聞王抃長子裘官卒,以詩相慰。

《王巢松年譜》"癸巳二十六歲":"長兒裘官方四歲,聰慧殊常,相貌亦極其秀發，祖父母皆愛之如掌珠。冬間，忽染寒疾，遂至不治。……庭表在佩將館中，貽詩相慰。"

魏裔介讀《易》《性理大全》及二程諸儒等書，有所得則錄之書，成《約言錄》內外兩篇，內篇多言性命之理，外篇多言經濟之略。

《魏貞庵先生年譜》"癸巳公三十八歲"："是冬，公讀《易》《性理大全》及二程諸儒等書，有所得則錄之，書成名曰《約言錄》，分爲內外二篇，其內篇多言性命之理，其外篇多言經濟之略。"

本年
王攄子昭溥生。

《奉常公年譜》卷三"十年癸巳六十二歲"："七房孫昭溥生。"

太倉水災，米價騰貴。木棉僅存霜帶。

《奉常公年譜》卷三"十年癸巳六十二歲"。

孫承澤致仕。築室西山，自號退翁。

《歷代名人年譜》卷十《清》第64頁："孫退谷致仕，始築西山，自號退翁。"

翁叔元從太倉陳瑚受業，每日記所行事及敬怠分數，五日一告天。

《翁鐵庵年譜》"十年癸巳叔元二十一歲"："是歲，從太倉陳確庵先生受業。予大學課程每日記所行事及敬怠分數，五日一告天。"

順治十一年甲午（1654 年）十三歲

六月
魏裔介升兵科都給事中。
　　《魏貞庵先生年譜》"甲午公三十九歲"："六月，升兵科都給事中。"

王挺繼婦徐氏卒。
　　《王巢松年譜》"甲午二十七歲"。

十月
王揆北上。
　　《奉常公年譜》卷三"十一年甲午六十三歲"。

冬
王時敏病目已兩年多。重修東郊藻野堂，旁構一軒名"疏快"。海氛復起。
　　《奉常公年譜》卷三"十一年甲午六十三歲"。

除夕
太倉州中巨惡陸憲吾逸而復獲，王時敏以詩誌喜。
　　《王烟客先生集・西廬詩草》上卷《甲午除夕，名捕巨惡，既逸旋獲，詩以誌喜》。
　　《王巢松年譜》"甲午二十七歲"："臘底奇寒，河流凍斷，舟楫不能行。撫公捕州中巨憝陸憲吾，逸而復獲，大人有詩誌喜。"
　　按：順治四年冬間，新令丈量蘆洲，有凌姓者從中爲祟，更兼胥吏表裏爲奸，重糧賠累。巨惡陸憲吾或與此類事有關。順治十二年元夕，張學曾爲蘇州郡伯，與烟客有舊誼，王時敏父子抵閶迎之。後陸憲吾、張執之被枷斃於金閶。張學曾，字爾唯，號約庵。

本年
麓臺五叔王抃入太學，成國子生。
　　《王巢松年譜・總述》。

王抃延請江虞九爲館師,江氏携子位初同至。

《王巢松年譜》"甲午二十七歲":"復延江師,并絜位初來同坐。晨夕聚首,文義相商,甚樂。"

太倉天灾嚴重,境内盜賊充斥,人心惶惶。

《奉常公年譜》卷三"十一年甲午六十三歲"。

按:《奉常公年譜》卷三稱,四月,高區旱灾;黃梅淫雨,低處禾苗盡被淹没;七月初,颶風挾怒潮,以至發屋拔木,平地水涌數尺。

魏象樞認爲,吏垣職掌當以"條陳、參劾"兩條爲主。

《魏敏果公年譜》"甲午三十八歲":"余自掌吏垣以來,凡垣中新任者問職掌何在?余曰:'條陳、參劾'二者而已。"

學使改用詞林,江南爲侍讀石公申。

《奉常公年譜》卷三"十一年甲午六十三歲"。

《王巢松年譜》"甲午二十七歲":"時學使改用詞林。江南爲侍讀石公申科試,與荷百同寓,俱列優等。"

順治十二年乙未(1655年)十四歲

正月

元夕,張學曾蒞任太倉郡伯,張氏與王時敏有舊誼,王氏父子抵關迎之。張氏斃太倉巨惡陸憲吾、張執之於金閶。

《王巢松年譜》"乙未二十八歲":"張爾唯爲吾蘇郡伯,元夕後蒞任,與大人有舊誼,余父子抵關迎之。適巨憝陸憲吾、張執之枷斃於金閶。其時張相亦被拿,尚未解到,自意決無生理,後因未有實款,杖懲即行釋放。撫軍爲張公諱中元者,人本剛正,都門不無囑托,即伯兄亦隱然與有力焉。"

王摅子昭復生。

《王巢松年譜》"乙未二十八歲":"元夕……七弟亦於是月得麛旦侄。"

二月

王昊讀書學山園,偶檢舊詩稿,不覺詩興大發,携酒獨酌而醉。詩送黃與堅之燕。

《碩園詩稿》卷十《予自癸巳歲讀書學山園,刻意揣摩舉業,以吟咏爲戒者幾兩閱歲矣,乙未花朝,偶檢舊稿,呼酒獨酌,不覺大醉,口號是律》、同卷《送黃庭表之燕》。

三月

榜發,王士禎、王士禄、王澤弘、丘象升、劉體仁、汪琬、王揆、顧景錫等成進士。主考官爲大學士吴之俊、内閣學士胡兆龍,同考翰林編修陳彩。本年滿漢分榜。

《漁洋山人自撰年譜》卷上。《明清進士題名碑録》。《(民國)太倉州志》卷十《選舉》。

《歷代名人年譜》卷十《清》第65頁:"是年翰林滿漢分榜。一甲史大成、戴王綸、秦鉽,二三甲王益朋、王命岳、宋德宜、嚴沆、孫光祀、周震藻、王澤宏、劉芳躅、徐元燦、田逢吉、丘象升等三十人,滿洲圖爾宸、索泰等九人。"

《蒼雪大師行年考略》"順治十二年乙未六十八歲":"王端士揆舉進士,集有送王孝廉北上詩。"

按：吴之俊，江蘇吴江人，明萬曆四十七年進士。胡兆龍，浙江山陰人，順治三年進士，歷官吏部右侍郎。陳彩，廣東順德人，順治九年進士，歷官江南常鎮道參政。

五月

王鑑與張學曾聯舟南下，途中兩月，得縱觀張氏所藏江貫道長卷。

《虛齋名畫録》卷九《王圓照仿古山水軸》之第四，王鑑跋："余乙未年與張約庵使君聯舟南下，出其所藏江貫道長卷見示，妙有幽微澹遠之致，得縱觀兩月。忽忽將二十寒暑矣。此圖仿之，不免邯鄲學步之誚，何如何如。湘碧鑑。"

八月

王揆歸太倉。

《王巢松年譜》"乙未二十八歲"："……聞二兄捷音，親朋釀分稱賀，特致金府班到婁，開筵六七日。繼接家報，知已選庶常，得而復失。於八月始抵家，天氣酷熱，甚至夜不能寐。……（九月中）二兄兩日申氏中班演《葛衣》《七國》。金君佐方在壯盛時，真使人洞心駭目。"

按：溫肇桐《王原祁·王原祁年譜》稱此年"王揆候補司理"。

約九月

王昊從京城歸太倉，游西田，詩贈王時敏。

《碩園詩稿》卷十《游王烟客奉常西田有述四首》。

按：《游王烟客奉常西田有述四首》前《九日即事書感四首》爲九月，故推定此事在九月間。

十一月

陸元輔丁艱，王抃等兄弟前往練川作吊。

《王巢松年譜》"乙未二十八歲"："十一月中，陸翼王丁内艱，余兄弟往練川作吊，宴集連宵。坐間有一紅裙名沈青者，余見而悦之，即托老友顧雲臣約之過婁。兩日後，即載以至。里中有一蓮生，亦擅時名，爲七弟所賞。兩生必同席，一冬宴會，殆無虛日。余是年始飲酒，然尚不能滿數盃。大約達曙之時居多，少年腸肥腦滿，殊不覺其疲也。"

按：陸元輔（1617年—1691年），字翼王，號菊隱。江蘇嘉定人。

本年

太倉州濬劉河。

《(嘉慶)直隸太倉州志》卷五十九《雜綴》:"順治十二年濬瀏(劉)河工將半,日在申酉,忽有白雲三股從東南來,彌漫蔽日……數日後,直指李公森先被逮。"

魏裔介升都察院左副都御史。

《魏貞庵先生年譜》"乙未公四十歲":"上遽升公爲都察院左副都御史。"

順治十三年丙申（1656年）十五歲

三月

王鑑在定慧禪寺作《王廉州仿王叔明立軸》。

《吳越所見書畫録》卷六《王廉州仿王叔明立軸》：“丙申春初，仿叔明筆於定慧禪寺。王鑑。”

鈐印：“玄照”（朱文正方）。

張學曾跋：“曩在都門，王廉州時爲比部郎，余與孫伯觀中翰、陸叔度明經、王志石司農晨夕往還，共論琴畫。別來廿載，廉州挂冠歸婁東，余承乏吳郡。先是廉州游濟上，歸時余將解組矣，會晤甚難，動閱旬月，欲如曩日過從無間，好友追攀，豈可復得也。廉州罷郡在强仕之年，顧盼林泉，肆力畫苑，筆墨之妙，海内推爲冠冕。吳自沈、文後，兹道久已荒榛，得廉州而復振。予獲觀其盛大爲吳門吐氣，故樂得而稱道焉。客有持此畫來索題，知爲得意之作，余不暇論，惟有深服其畫品之高，并叙其俯仰今昔之情如此。丙申中（仲）春，會稽張學曾。”

鈐印：“爾唯”（白文長方）、“張學曾”（朱文正方）、“廣漢”（朱文長方）。

按：《虛齋名畫録》卷九《王圓照仿叔明山水》著録，“志石”誤爲“志不”。此圖有畢瀧（“畢瀧鑒賞”，朱文正方）、梁章鉅（“茝林審定”，朱文正方），另有“畫卷長留天地間”（白文正方）、“高香亭珍藏”（朱文長方）等收藏印。

春

麓臺補博士弟子員。

《奉常公年譜》卷三“十三年丙申六十五歲”。

五月

十五日，麓臺弟王原博生。

《王巢松年譜》“丙申二十九歲”：“二兄得迪文侄、七妹適張穆文，皆是年夏秋間事。”

《奉常公年譜》卷三“十三年丙申六十五歲”：“五月十五日，次房孫原博生。”

二十二日，蒼雪圓寂。

《蒼雪大師南來堂詩集》附陳乃乾《蒼雪大師行年考略》。

八月

王時敏七女適張熙。

《王巢松年譜》"丙申二十九歲":"二兄得迪文侄、七妹適張穆文,皆是年夏秋間事。"

《綉虎軒尺牘》卷七《與張穆文》:"足下素以豪爽聞,與弟同城而居。"

按:《與張穆文》寫於康熙庚申(康熙十九年)四月。

十月

十五日,白州守林九宴請鄉老人同爲鄉飲,大賓設宴於明倫堂。參與者爲婁中七老:王時敏煙客、方伯顧松霞燕詒、封翁吳約叟琨、僉憲吳魯岡克孝、憲副凌約庵必正、大尹曹梅梁有武、州牧黃攝六翼聖。

《王巢松年譜》"丙申二十九歲":"十月朔,白林九請鄉老人同爲鄉飲,大賓設宴於明倫堂。"

按:吳琨,吳偉業父。凌必正,字蒙平,號約庵。《無聲詩史》卷四稱其善畫,畫類宋人。

施閏章赴山東提學使任,抵濟南,王士禎有詩贈之。

《施愚山先生集》文集卷十二《獨樹軒記》。《阮亭詩選》卷二《歷下奉贈愚山學憲十五韻》。

按:施閏章(1618年—1683年),字尚白,號愚山,又號蠖齋。安徽宣城人。順治六年進士,授主事,因試高等,擢山東提學使。

冬

麓臺叔父王撰輯王時敏詩爲《偶諧草》《西廬草》,乞序於嘉定陸元輔。

《奉常公年譜》卷三"十三年丙申六十五歲"。

約是年冬,周肇仍滯留京城,與王昊已別三年。王昊飲酒從兄王鑑齋中。

《碩園詩稿》卷十一《知子俶尚留燕京有懷却寄》、同卷《飲玄照從兄齋》。

《知子俶尚留燕京有懷却寄》:"一別三年久,難逢消息真。那知秦地客,仍是薊門人。"

本年

魏裔介與鉅鹿楊猶龍、永年申鳧盟、内丘喬文衣、太倉吳梅村、合肥龔芝麓唱和,四方詩人酬答之,公於是有《觀始集》之選。

《魏貞庵先生年譜》"丙申公四十一歲":"公與鉅鹿楊猶龍、永年申甝盟、内丘喬文衣、太倉吳梅村、合肥龔芝麓唱和,四方詩人多酬答之,公於是有《觀始集》之選。"

按:《歷代名人年譜》卷十《清》第 65 頁:"梅村丁母憂歸。"

郁法築靜觀樓,與陸世儀、陳瑚、盛敬等講學其中,屬王時敏書額。

《(民國)太倉州志》卷二《封域下》:"此樓取明道先生之詩,名之曰'靜觀',而屬烟客王公爲隸書於其額。"

《(嘉慶)直隸太倉州志》卷五十一《古迹》:"靜觀樓,郁法與學正文祖堯及陸世儀、陳瑚講學處。在太倉衛南,陳瑚有記。"

按:尚小明編著《清代士人游幕表》第 42 頁:"陸世儀(1611 年—1672 年),字道威,號桴亭,江蘇太倉人。講學里中,參與地方事務。順治十四年冬至順治十五年春,應江蘇巡撫張能鱗聘。順治十八年秋至康熙二年秋,客江西安義令毛如石幕。康熙十年冬至康熙十一年初客江蘇巡撫瑪祜幕。"

王時敏迎堂妹(崑山魏氏)歸養。

《奉常公年譜》卷三"十三年丙申六十五歲"。

約本年,王時敏作《訓持兒》。

《王烟客先生集·西廬詩草》上卷補《訓持兒》:"六載方垂髫,挾策就家塾。皋比延明師,晝考夕習復。課以六時程,書亦等身讀。豈意爾冥頑,初不求蘊蓄。過眼即遺忘,枵然刺空腹。舉趾迷東西,辨物昏麥菽。廣坐談古今,低頭汗如沐。長大益愚憃,粗獷等獐鹿。忩憶揮老拳,沉湎耽糟麴。昂藏七尺軀,空白蝗黍穀。勉强襲巾裾,狙猴周公服。鄙悖見詞,陋劣形面目。觸類羞面墻,何論繼書馥。兄弟六七人,森森似立竹。長幼爭濯磨,爲章歌械樸。惟爾獨臃腫,甘作不材木。胡顔對妻子,何以臨童僕。人而不知學,猶如車折軸。"

按:《奉常公年譜》卷三稱時在順治十四年,《訓持兒》詩後有《丙申九月之望,西田積潦與月光交映,混瀁空明,一碧千頃,余與客泛舟其中,笛聲縹渺,怳在天際,樂飲忘疲,漫占一律以紀其勝》,似在順治十三年。

常熟學使張能鱗按部試士,拔翁叔元一等三名,補廩膳生。

《翁鐵庵年譜》"十三年丙申叔元二十四歲":"學使者張西山先生按部試士,拔叔元一等三名,補廩膳生。"

按:張能鱗(1617 年—1703 年),號西山,直隸大興人。

順治十四年丁酉（1657年）十六歲

三月

王抃偕館師江喬梓北上應試。

《王巢松年譜·總述》："丁酉（順治十四年）春，爲躁急心熱所誤，一時傾囊浪擲幾千金，化爲烏有，止易郡田六百餘畝，後雖波浪掀天，未必非塞翁之失馬，親知皆爲慶幸，然譬如一病人，元氣大耗，皮肉豈能再生乎？於三四年内，尚可支吾，至壬寅（康熙元年）又值歲事大無，遂不免於喚奈何矣。自此以後，日窘一日。"

《王巢松年譜》"丁酉三十歲"："三月中，乃束裝北上，江師偕行，路費與内叔錢美瞻均任。……一路同行者惟沈夫人，匡來、伏庵三舟而已。……五月下旬，方抵都，寓報國寺。晨夕相晤，惟子儼、庭表兩君。……七夕前……兼聞姚母慘變，驚悼不已。……臨場進内城，與庭老（表）、美瞻同寓。闈作不得意，榜前即理裝南下，同舟者江師之外，尚有顧五玉，留王福在京候信，諸家又不與之説明，舟至衛河，已知不遇。抵臨清，值顧蒨老（來）欽假歸里，出北榜見示，始知眼前諸公，無一不售。余此番入闈，豈無囑托，但是歲四方名流畢集，兼多大力者。自料必不能幸獲，失意之後，未免懊喪。後見科場禍發，酷烈至此，則未始非福也。但自此以後，竟歸無成，且其中不無浪擲，深爲可恨耳。於十月望間抵家。"

按：《蘭皋詩鈔》卷二《荇水吟下·内父錢美瞻先生招婁東諸同人宴集世錫堂》稱，錢美瞻爲其内父，可知宋廣業與王抃爲姻親。范必英，號伏庵。

春

石公和尚在隆福寺講《法華經》，王時敏率三子設齋聽講。

《奉常公年譜》卷三"十四年丁酉六十六歲"。

六月

二十四日，王撰、王揆、王抃生母姚孺人卒，年五十有八。

《奉常公年譜》卷三"十四年丁酉六十六歲"。

宋犖上京應會試。

《西陂類稿》卷四十七《漫堂年譜》。

八月

初九日,陸隴其在武林寓中抒發試士貢院後之感慨。

《陸清獻公日記》卷首:"念功名雖屬身外,然丈夫生世,豈應落落,攬轡澄清非異人任。古人云:'志不在溫飽。'今日之憂,豈爲溫飽哉?況內顧蕭然,菽水無藉,即溫飽亦非可度外。……是日試士貢院。"

按:是年,陸隴其二十八歲。

王士禛集諸名士於大明湖畔,舉秋柳社,王士禛賦詩送楊氏兄弟歸濟寧。王士禛賦《秋柳》四章,傳誦四方,和者數百家,後刻爲《秋柳社詩》。

《漁洋山人自撰年譜》卷上惠棟注稱,陳允衡、嚴沆等給予王士禛《秋柳》詩以很高評價。

按:陳允衡(?—1673年),字伯璣,江西建昌人。明末避亂,流寓金陵。編《詩慰》《國雅》《徐世溥遺文》等。著有《愛琴館集》。《感舊集》選其詩。嚴沆(?—1678年),字子餐,號灝亭。浙江餘杭人。順治十二年進士,官至戶部侍郎。能詩善畫,著有《古秋堂集》。

魏象樞入都補官,公四十一歲生子學誠。

《魏敏果公年譜》"丁酉四十一歲":"八月,復入都門補官。九月二十六日大兒學誠生。"

按:《魏敏果公年譜》"乙未三十九歲"稱,順治十二年,魏象樞居家讀書,求躬行實踐之學,把明諸儒分爲大儒、醇儒、名儒、通儒四類。

九月

錢中諧、范必英成舉人。後兩公皆遭詿誤。

《巢松集》卷五《哭錢庸亭、范伏庵兩太史》:"伏庵與余交最久,記在甲午秋闈後,次年即許定姻盟,時得追陪共文酒。秋風聯轡向燕臺,旅館征途頻聚首。羽觴上巳會南皮,初識庸亭在虎阜。後因獻賦客京華,晨夕論心歲丁酉。兩公折桂我飄蓬,獨驅羸馬江關走。庸亭一戰捷南宮,歸來金印懸於肘。我與高平本世親,彭城兒輩稱甥舅。……忽遭挂誤共閑居,衡泌栖遲一編守。……猶幸高門後克昌,荀龍薛鳳堪爲友。憐余更有最傷心,小范東床今在否。"

按:錢中諧,字宮聲,號庸亭,生於崇禎八年,吳縣人。順治十五年進士,康熙己未舉博學鴻詞,授編修。范必英,字秀實,號伏庵,江蘇蘇州人。范允臨子,好收藏書畫。崇禎四年生,卒於康熙三十一年。順治十四年舉人,康熙十八年舉博學鴻詞,授檢討,纂修《明史》,謝病歸。范必英行狀見韓菼《有懷堂文稿》卷十八。

十月
王抃抵家。

《奉常公年譜》卷三"十四年丁酉六十六歲"。

十一月
丁酉科場案發。

《清世祖章皇帝實錄》卷一百二十一戊戌十一月辛酉、《奉常公年譜》卷三"十四年丁酉六十六歲"。

本年
王挺婿董聞京過婁東。

董聞京《復園文集》卷六《祭王周臣中翰舅父文》:"京年十七始婚,十九過婁,舅父延婁江英俊十餘人,會於德藻之堂。"

王掞執經於王聞炳。

《王巢松年譜》"丁酉三十歲":"兩年,八弟受經於西水兄,因忽然暴亡,病中力薦蔚儀,大人即延之以代西水之席。余是年始識蔚儀。"

按:《(嘉慶)直隸太倉州志》卷三十六《人物》:"王聞炳,字蔚儀,先以許文炳名,爲蘇州府學生,後復今名。生時有彩鸞入夢之祥,聰穎過人,孝友誠慤。及長,績學能文。王掞其受業弟子也,卒年六十有三。"

順治十五年戊戌(1658年)十七歲

三月

王士禎將赴京師殿試,與張禹定別。王抃岳父錢中諧成進士。

《漁洋詩集》卷四《送張子歸松江,時余將赴京師》。

《巢松集》卷五《哭錢庸亭、范伏庵兩太史》:"初識庸亭在虎阜。後因獻賦客京華,晨夕論心歲丁酉。兩公折桂我飄蓬,獨驅羸馬江關走。庸亭一戰捷南宮,歸來金印懸於肘。"

春

費經虞、費密父子由沔漢抵揚州,與東南名士游。

《費氏遺書・費氏家傳》。

按:費經虞(? —1671年),四川新繁人,崇禎十二年舉人。授昆明知縣,以治行卓異升昆明府同知,遷廣西知府。費密(1626年—1699年),字此度,號燕峰。明末在滇、川一帶策畫拒張獻忠,後入道。有才名,與丘履程、傅光昭并稱三子。

四月

新進士太和殿引見。

許虬《萬山樓詩集》卷九《太和殿引見》題下注:"戊戌四月朔日。"

吳兆騫、方拱乾等因進士復試不合格,被流放東北寧古塔(今黑龍江寧安)。

徐釚《南州草堂集》卷二十九《孝廉漢槎吳君墓誌銘》。

王撼《蘆中集》卷一《和吳漢槎就訊刑部口占韻・聞漢槎謫戍寧古塔》。

按:順治十六年閏三月,吳兆騫自京師出塞,以詩相贈者甚多。

五月

王士禎應殿試,以二甲第三十六名進士及第。王揆、吳國對、王曰高、蕭惟豫、張一鵠、李念慈、毛際可、鄒祗謨、李天馥、鄭重等以同榜登進士第。王士禎滯留京師。

《明清進士題名碑錄》。

《漁洋山人自撰年譜》卷上："赴殿試，居二甲。館選不得與。故事：進士二甲前列授部主事，是科以給事中言改外任。二甲前十人爲知州，餘及三甲如千人以前爲推官，餘皆知縣。庶吉士外無京職，自是科始。館選罷，不得歸，觀政兵部。"

按：張一鵠，字友鴻，一字忍齋，江蘇華亭人。順治十五年進士，授雲南推官。工詩，善畫山水，有《野廬三集》《河存草》。

《清世祖章皇帝實錄》卷一百十七："進士觀政，原以習學正務。"因此，所謂"觀政兵部"，就是在兵部謄寫學士上呈皇帝的文稿。黃與堅《願學齋文集》卷八《明銓選志略上》稱，洪武二十一年始，著例一甲授翰林官，二甲、三甲撥各衙門辦事。

王士禛移居慈仁寺，與汪琬、程可則、鄒祗謨以詩相唱和。

《阮亭詩選》卷五《戊戌詩》自序。許玭《鐵堂詩草》卷下《訪王貽上於慈仁寺雙松下同作歌》序："於是晨夕過從，摩掌掀眉，與苕文、曰緝、周量、訏士、屺瞻相切劘爲古文辭。"

按：汪琬（1624年—1690年），字苕文，號堯峰，又號鈍翁。江蘇蘇州人。順治十二年進士，康熙十八年舉博學鴻詞，授翰林編修。以古文名，有《鈍翁前後類稿》《堯峰文鈔》。程可則（1624年—1673年），字周量，一字彥揆，號湟溱，又號石臞。廣東南海人。順治九年進士，官內閣中書、戶部主事、兵部郎中，出任桂林知府。有《海日堂集》。鄒祗謨（1633年—1670年），字訏士，一字聖培，號程村。江蘇武進人。順治十五年進士，未出仕。工詩古文詞，有《遠志齋集》《麗農詞》。李念慈，字屺瞻，號劬庵。陝西涇陽人。順治十五年進士，官天門知縣。康熙十八年應博學鴻詞不第，隱居峪口山。詩畫皆有名，著《谷口山房詩》《過嶺吟》。

六月

王時敏作《王烟客山水軸》贈伯叙。

《虛齋名畫錄》卷九《王烟客山水軸》："戊戌長夏，畫似伯叙先生正。王時敏。"
鈐印："王時敏印"（白文正方）。

約八月

王撰偕江喬梓謁選入都，因爾時有怔忡之症，神思恍惚，不肯就職而歸。

《王巢松年譜》"戊戌三十一歲"："延周端成同研席。朝至暮回，不設榻。……端節後，仲兄偕江師謁選入都，因爾時有怔忡之症，神思恍惚，不肯就職而歸。"

按：《王烟客先生集·西廬詩草》下卷《送撰兒北行，至楓橋歸棹，不勝悽惋，漫占四律以寄勖》其三有"世路迷陽自可驚，故知性拙簡逢迎。客程莫憚三千遠，宦迹應看四十成。"

　　周端成與周樟成或爲兄弟。

九月
李蔚改爲内院大學士。

　　《清史稿》卷五《世祖本紀二》。
　　《王漁洋事迹徵略》第35頁:"本年九月(李蔚)改爲東閣大學士。後漁洋得入翰林,皆李蔚一言定鼎也。"

十月
王時敏家族楓橋展墓,途遇王揆南歸。

　　《王巢松年譜》"戊戌三十一歲":"端節後,仲兄偕江師謁選入都,因爾時有怔忡之症,神思恍惚,不肯就職而歸。十月朔,展墓時相遇於楓橋丙舍,大人及諸兄弟皆在。長途往返,徒多此一番勞費也。"

王持溺水卒。

　　《王巢松年譜》"戊戌三十一歲":"十月中,四兄又有溺水之變。究不知其何故。是年骨肉死亡最多,又皆極其關切者。"
　　按:《奉常公年譜》卷三"十四年丁酉六十六歲"稱,王持卒於十一月初七日。

十一月
陳維崧往如皋訪冒辟疆,館於小三吾亭讀書,日與賦詩飲酒,有《小三吾亭唱和詩》。

　　冒辟疆輯《同人集》卷一陳維崧《小三吾唱和詩序》。

髡殘爲正新禪師作山水。

　　《虛齋名畫錄》卷六《釋石溪書畫合璧卷》:"千巖萬壑落眼奇,何必策杖臨嶮巇。秋風入户几席静,縱吾秃筆揮灑撐空发業之峨嵋。蜀道難兮人不到,莫要髣髴吾鄉武陵源上桃花谿。秦人成仙久不老,赤松王喬相與期。世人碌碌有底事,虛教老却商山芝。向平志大轉難齊,白髮屢與青山違。少文卧游益潦倒,四壁琴操知音稀。旦復旦兮唤奈何,白雲爲我迴山阿。偶與正心禪師塗此,褙成復綴此歌,聊博一笑。庚子冬仲,石道人。"
　　鈐印:"石溪"(白文正方)。

冬

王鑑作《王圓照仿大痴山水》。同年,王時敏跋其後。

《虛齋名畫錄》卷九《王圓照仿大痴山水》:"庚子冬日,仿大痴笔意。王鑑。"

鈐印:"王鑑之印"(朱文正方)、"玄照"(白文正方)。

王時敏跋:"元四大家風格各殊,其源流要皆出於董、巨。玄照郡伯於董、巨有專詣,所作往往亂真。此圖復仿子久,而用筆、皴法仍師北苑,有董、巨之功力,又有子久之逸韻,瓶盤、釵釧熔成一金,即使子久復生,神妙亦不過如此,真古今絶藝也。余老鈍無成,時亦欲仿子久,而粗率、疥癩相去愈遠。今見此傑作,珠玉在側,益慚形穢,遂欲焚棄筆硯矣。嘆絶愧絶。庚子仲冬,王時敏題。"

本年

汪琬得授户部主事,王士禛有詩賀之。

《阮亭詩選》卷六《苕文得民部尚書郎奉贈一首》。

王挺四十初度,王時敏口占示之。

《奉常公年譜》卷三"十五年戊戌六十七歲":"長子四十初度。"

按:據此可知,王挺生於萬曆四十七年。

南闈科場案發,主考、分房俱置重典。

《王巢松年譜》"戊戌三十一歲":"南闈科場事亦發。主考、分房俱置重典,松陵、兩吴一莊流關外。"

順治十六年己亥(1659年)十八歲

三月

月初,王時敏游武林,捐資雲棲,建水陸道場七晝夜。從者爲子王挺、王撰、王掞。先訪許焕於嘉興府署,後至湖上,遍訪名勝,禮具德和尚於靈隱、豁堂和尚於净慈,最後入雲棲謁石公大師。觀其殿宇卑陋,器用儉樸。雖蓮大師辭世已久,而僧衆守其遺訓,規範肅然。

《王巢松年譜》"己亥三十二歲":"三月初,大人爲武林之行。伯兄、三兄、八弟、從母亦同往。"

《奉常公年譜》卷三"十六年己亥六十八歲"。

按:許焕字堯文,太倉人。

榜發,一甲爲徐元文、葉方藹等,二三甲有蘇宣化、周之麟等。黄與堅、王又旦等亦成進士。

《王巢松年譜》"己亥三十二歲":"三月……南闈覆試,葉訒庵先生爲榜首。"

《歷代名人年譜》卷十《清》第66頁。《明清進士題名碑録》稱時在五月。

按:《願學齋文集序附録》徐元文《澹庵文集·黄與堅文集序》稱,黄與堅成進士前,與徐氏同時貢入太學。

玄燁加魏裔介太子太保,表彰其知無不言、言無不盡。

《魏貞庵先生年譜》"己亥公四十四歲":"上諭加公太子太保,蓋以公自服官以來,知無不言、言無不盡。"

四月

王時敏邀州守白林九游東園,時白氏新奉調用之命。

《奉常公年譜》卷三"十六年己亥六十八歲"。

五月

初,江上寇警,管提督效忠全軍覆没,人心惶恐無措。幸梁帥化鳳戰捷,逆氛即退,海隅得以漸安。然調餉徵兵,誅求無已,民不堪命。杜于皇阻於兵,淹留婺中。

《王煙客先生集·西廬詩草》下卷《亥秋書事》其四:"鼙鼓無時息,輸將苦四應。戍兵終日至,田税疊年徵。竈冷虛晨釜,機殘暗夜燈。閭□貧到骨,何以佐軍興。"

《王巢松年譜》"己亥三十二歲":"五月初,忽聞江上之警,京口將軍全軍覆没,江左皆爲震動。有雲間梁帥捷戰一番,海氛始息,吾鄉旋即安然。杜于皇淹留不歸,有象棋之癖,頻到吾家下棋,自晨至暮,不肯片刻少停,殊可發一笑也。"

王昊《碩園集·鹿城吏》:"軍興急秋糧,千家盡鞭捶"。《碩園集·己亥之六月,予里兵戈絡繹,鼠伏無常,東西鄰負老挈幼作風雨散去,予母病不獲行,蔽廬孑影,聞馬足聲則心忡忡若春,如是者凡兩匝月,漫性口占得五言近體二首》。《碩園詩稿》卷十三《黄州杜于皇阻兵久客婺中,賦贈二律慰之》。

《翁鐵庵年譜》"十六年己亥叔元二十七歲":"海寇犯金陵,江以南騷動。"

王士禛抵京師後,寓斜街。常與汪琬、程周量、劉體仁、梁熙、葉方藹、彭孫遹、陳廷敬唱和。王士禛、陳廷敬被汪琬視爲異才。

《漁洋山人自撰年譜》卷上。《池北偶談》卷十一。

鄧之誠《骨董瑣記》卷三:"王阮亭通籍觀政時所居在斜街,彭羨門《夜過斜街別西樵禮吉貽上》詩有'朔冬集冬杪'句,時順治己亥十月也。"

陳廷敬《午亭文編》卷四十四《翰林編修汪鈍翁墓誌銘》:"順治中,廷敬在翰林,大宗伯端毅龔公以能詩接後進。先生與今宰相合肥李公天馥、今户部侍郎新城王公士正、吏部郎中潁州劉公體仁、監察御史長洲董公文驥及海内名能詩之士,後先來會。顧予亦以詩受知龔公,日與諸子相見於詞場。先生初見予詩,大驚,語新城曰:'此公異人也。'"

按:葉方藹(1629年—1682年),字子吉,江蘇崑山人。順治十六年進士,授翰林編修,官至禮部尚書、翰林院掌院學士,諡文敏。有《讀書齋偶存稿》《獨賞集》等。

彭孫遹(1631年—1700年),字駿孫,號羨門,又號金粟山人,浙江海鹽人。順治十六年進士,康熙十八年舉博學鴻詞第一,授翰林編修。官至吏部右侍郎,兼翰林院掌院學士。有《松桂堂集》《延露詞》等。

陳廷敬(1639年—1712年),字子端,號午亭,山西澤州人。順治進士,官至户部尚書、翰林院掌院學士。有《午亭文編》。

七月

劉體仁訪孫承澤蘇門隱居之所,作《蘇門百泉圖》。王士禛與程可則過訪汪琬,聽劉體仁談蘇門之勝,爲題詩圖上。

　　劉體仁《七頌堂詩集》卷四《秋夜宿苕文宅談百泉之勝次周量韻》。《阮亭詩選》卷八《己亥詩》自序:"比部酒後於嗜退軒中作《蘇門百泉圖》,汪、程與予皆題詩其上。"程可則《海日堂集》卷四《廣陵宿王貽上官閣有懷汪苕文令兄西樵》:"三年不共秋燈宿,今夕何如比部廬。"自注:"亥秋京師與貽上數宿苕文邸中。"卷三《過汪苕文聽劉公勇談蘇門之勝同王貽上作》《遥題孫北海先生退谷山房》爲同時所作。

　　按:孫承澤,字耳北,號北海,又號退谷。山東益都人。崇禎進士,官給事中。富收藏,精鑒賞。著有《庚子消夏記》。

秋
王鑑作《王廉州仿北苑溪山圖立軸》。

　　《吴越所見書畫録》卷六《王廉州仿北苑溪山圖立軸》:"余向在長安,見北苑《溪山》卷,妙有幽微澹遠之致,曾一臨之,爲孫少宰取去。秋光爽人,戲弄筆墨,漫師其法,不求形似也。友人索贈石倩詞丈壽。己亥秋仲。王鑑。"

　　鈐印:"寶翰樓""王鑑之印""玄照"。

十一月
王士禎謁選得揚州府推官,時彭孫遹留宿王士禎斜街宅中。

　　《漁洋山人自撰年譜》卷上。

　　汪琬《鈍翁前後類稿》卷二十四《贈王貽上序》:"新城王子居京師,與其友倡和爲詩甚樂也。已就吏部選人爲推官有日矣,王子愀然有憂色。客或謂予曰:'王子之憂也,憂夫以吏治之故而廢其詩也。'……王子可以無憂矣,使誠能以清靜治之,吾見王子之才必加優,其簿牒必加少,國中之盜賊亦必加衰止,如是而曰不能爲詩,吾不信也。"

　　彭孫遹《松桂堂全集》卷六《月夜宿貽上邸中聯句》自注:"時貽上將就官廣陵。"

王時敏作《自述》一通,歷叙平生居官、居鄉及慎終崇本、交游好尚、始腴終悴之大略,凡三千餘言。

　　《奉常公年譜》卷三"十六年己亥六十八歲。"

本年
王士禎爲梁清標題《水心精舍圖》。

　　《阮亭詩選》卷十《水心精舍圖爲大司馬梁公賦》。

按:梁清標(1620年—1691年),字玉立,一字蒼巖,號棠村。河北真定人。崇禎癸未進士,入清授翰林編修,官至保和殿大學士兼兵部尚書。有《蕉林詩文集》《棠村詞》。

順治十七年庚子(1660年)十九歲

三月

王士禛到揚州推官任,時揚州知府爲雷應元。

《王考功年譜》。

按:《江南通志》卷一百八《職官志・揚州知府》:"雷應元,奉天人,蔭生。順治十七年任。"

四月

王昊坐嘉定事株累被逮,自夏及秋間,繫獄者凡五日。

《碩園詩稿》卷十四《游三寺詩,予以牽染北上,自夏迄秋,行期未定,中間繫獄者凡五日,歸家不及半月,其餘則皆在郡邸時也,邸苦湫隘,幸近邸有三古刹,晨昏無事,輒往步焉,徘徊久之,感其興廢之迹,因各繫以五律一首用誌游概云》。

《碩園詩稿》卷十四《遭難詩九首,順治庚子年四月,坐嘉定事株累被逮》:"端居且寡歡,而況文網牽。……自我羈郡邸,夏來倏復秋。……陶然盡數盞,不知身爲囚。但恐無酒時,何以銷百憂。"

五月

王抃束裝北上。

《王巢松年譜》"庚子三十三歲":"五月中,束裝北上,獨坐朱君宣所贈之舟。一主四僕,起居頗適。七夕前抵京,寓保安街,與李爾公、章素文同寓。場中第一、第二題,僅於窗下做過,見者俱爲許可,而經義中犯主司諱,出闈即自知不偶。總之命中未曾帶來,觸處皆窒礙也。場後即與素文、爾公同舟南下。"

夏

王鑑染香庵築成。

《虛齋名畫錄》卷十四《王圓照七帖圖首合册》之第七幀:"仿倪高士溪亭山色。鑑。余庚子夏築室二楹於弇山之北,僅可容膝。窗外悉栽花竹,聊以盤礴。奉常烟翁過而顔之曰:'染香'。蓋取《楞嚴經》中語也。從此閉關,日坐蒲團,焚柏子一爐而已。……辛丑孟春哉生明,小弟鑑識。"

八月

初九日開場,同考官有安慶府推官晋江黃熙纘。王士禎臨試分較《易》二房,得盛符升、郭士琦、王立極、吳之頤、王朱玉、孫謙、朱廷獻、謝廷爵、崔華、黃裳等九人。

《漁洋山人自撰年譜》卷上。《居易録》卷十八。

按:清制:鄉試定於八月初九試第一場,十二日試第二場,十五試第三場。盛符升(1615年—1700年),字珍示,號誠齋。江蘇崑山人。康熙進士。康熙二十四年以御史權贛江關,因事罷歸。有《誠齋詩集》《崑山志》。王士禎詩多爲其編刻。崔華(1632年—1693年),字不凋,又字蘊玉、連生。江蘇太倉人。性孤高寡合,工書畫。中舉後不仕。詩有"黃葉聲多酒不辭"之句,時號"崔黃葉"。有《櫻桃軒集》。《感舊集》選其詩。王朱玉,字元式,後官至國子博士,亦工詩。

上旬,王士禎與王晫充江南鄉試同考官,舟下金陵,晚達燕子磯。王士禎登臨燕子磯賦詩,盡興而返。

《漁洋山人自撰年譜》卷上。《鈍翁前後類稿》卷二十九《王貽上白門詩集序》。

王晫《今世説》卷六:"王阮亭爲同考至白門,夜鼓柂行大江中,漏下將盡始抵燕子磯。王興發,欲登,會天雨新霽,林木蕭颯,江濤噴涌,與山谷相應答。從者顧視色動,王徑呼束苣以往,題數詩於石壁,從容屣步而還。翼日詩傳白下,和者凡數十家。"

九月

王士禎歸揚州。

《漁洋山人自撰年譜》卷上。

十月

上旬,王抃南歸抵閶關,遇王揆、王撼等,知太倉十子詩刻成。

《王巢松年譜》"庚子三十三歲":"十月上旬,抵閶關,遇二兄、七弟云,吾輩爲展墓在郡,大人已先歸矣。……余東窗事發。十子詩已刻成,全是伊人爲政。"

十一月

十四日,王士禎與程康莊同游焦山,尋《瘞鶴銘》,訪僧古樵。

王晫輯《今世説》卷三:"程崐崙登焦山,披草搜《瘞鶴銘》遺迹,爲冲波撼擊,缺蝕不完,別購善本,磨懸崖而刻之。拉阮亭同游,相視叫絶,憑高吊古,各賦一章紀其事。江干之人艷稱之。"
《阮亭詩選》卷十三《尋瘞鶴銘》、同卷《贈古樵大師》、同卷《晚登焦山》。

張大風醉後作畫。
《虛齋名畫録》卷十《張大風觀瀑脚軸》:"有筆有墨,以此幅紙甚佳,楮先生原居文房第一。庚子嘉平上元老人醉後。"

本年
因天下大旱,世祖下罪己之詔,令群臣自陳。魏裔介痛陳己罪,求罷斥。詔革其太子太保并加一級。魏裔介又上疏請行發憑之例、省有司之費。
《魏貞庵先生年譜》"庚子公四十五歲",魏裔介上疏請行發憑之例、省有司之費云:"謁選京師,近者已費數十金,遠者二三百金。遲者守候二三年,速者一年半年。投供畫憑、賃房屋、覓長班、見官長、赴宴會,其費不貲。未任揭取京債,到任必須償還,是以有司雖欲清廉而不能。"

陳瑚與弟子翁叔元、毛師柱等客湖廣學政王長源幕,歷時一年多,至順治十八年因王長源被中傷,逮至江漢書院,翁叔元閏月而歸。
《翁鐵庵年譜》"十七年庚子叔元二十八歲":"試省門被擯,從確庵師赴楚學使王長源先生幕。"
按:尚小明編著《清代士人游幕表》第42頁:"陳瑚(1613年—1675年),字言夏,號確庵,江蘇太倉人。1643年舉人。1660年客湖廣學政王長源幕。"毛亦史亦師從陳確庵。

黃鼎牛。
《歷代名人年譜》卷十《清》第66頁:"黃尊古鼎生。"
按:黃鼎(1660年—1730年),字尊古,號閑圃、獨往客,江蘇常熟人。王原祁弟子。

孝子黃端木萬里尋親至滇南歸。翌年,尋親事被編成新劇《萬里圓》。
《巢松集》卷一《贈黃孝子端木》:"漢有王原稱孝子,萬里尋親載青史。誰知後此二千年,端木黃君亦如此。"
《蘆中集》卷一《贈黃孝子端木》:"蕭蕭襆被出吳關,遥訪庭闈鬢已斑。故國十年征戰裏,衰親萬里夢魂間。瘴雲路繞盤江去,蜑雨人浮洱海還。正是萊衣歡笑日,不堪回首碧雞山。"

順治十八年辛丑(1661年)二十歲

正月

初七,順治薨,遺命以第三子玄燁爲皇太子,嗣帝位。

　　《清史稿》卷五《世祖本紀二》。

　　　　按:《魏貞庵先生年譜》"辛丑公四十六歲":"世祖皇帝崩時正月初八日也。"

初九,皇太子玄燁即位,頒詔大赦,以明年爲康熙元年。

　　《大清聖祖仁皇帝實録》。

中旬,王時敏召申府中班到家,張樂數日。

　　《王巢松年譜》"辛丑三十四歲":"是年大人七十,於正月中旬豫慶。召申府中班到家,張樂數日。第一本演《萬里圓》,時人黄孝子事,見者快心悦目,真千古絶調也。稱觴之日,大人涕泗滂沱,專爲吴姑母不在也。其篤於姊妹如此。"

魏裔介仍掌都察院事。上初即位,未親政事,皆決於四輔臣。

　　《魏貞庵先生年譜》"辛丑公四十六歲":"旨仍掌都察院事。上初即位,未親政事,皆決於四輔臣。"

毛師柱與翁叔元雪中同登黄鶴樓,時兩人皆在王發祥宜城署中。

　　《端峰詩續選》卷四《讀翁鐵庵尚書年譜感嘆有作》:"往事追尋四十春,江山如舊客愁新。同游黄鶴書名姓(辛丑元日,雪中偕余登黄鶴樓,譜中猶載其事),知是胸中有故人。"

　　　　按:王發祥時爲宜城令。八月後,毛師柱等楚歸,王發祥殞卒於舟次。

　　《(嘉慶)直隸太倉州志》卷三十六《人物》:"毛師柱,字亦史,澄從孫,州諸生。工詩,客游四方,會奏銷註誤,棄舉子業,益精於詩。如皋冒襄闢水繪園,招致四方名士,師柱與焉。時王士正(禎)爲揚州推官來修禊,觴咏酬和,相得恨晚也。晚歲倦游杜門,吟咏益富。族弟師彬,字魯封,詩齊名,兼能繪事。"

春

王掞補博士弟子員,學使者胡念嵩以公年最少而最荷獎許。王扶移居長街新宅。

《頵庵府君行述》。

《王巢松年譜》"辛丑三十四歲"："秋間，六弟喪偶，八弟入泮。"

四月

殿試一甲馬世俊、李仙根等，二三甲張玉書、葉映榴、劉芳喆等十人。

《歷代名人年譜》卷十《清》第66頁："是年翰林榜，一甲馬世俊、李仙根、吳光，二三甲張玉書、劉芳喆、葉映榴……等十人。"

王士禛返揚州，後有海陵之行，晤冒辟疆、無譽兄弟，得辟疆爲畫屏障，復求其小楷書扇。

《阮亭詩選》卷十五《自海陵歸邗上舟中小飲醉呈諸公》。冒辟疆輯《同人集》卷四載王士禛辛丑初夏書云："大筆數幅水苔足矣，重煩作屏障……再求書垂和諸詩，細楷尤妙也。"

按：無譽，名褎，辟疆仲弟。縣學生，有《鑄錯軒詩草》。事迹見陳維崧《迦陵文集》卷五《中憲大夫嵩少冒公墓誌銘》。

五月

錢謙益甥歸吳，王士禛托其呈書，并附詩集求序。錢謙益報書，但未應承作序。

《錢牧齋先生尺牘》卷一《與王貽上》之三。

六月

罷進士觀政例。

《大清聖祖仁皇帝實錄》卷三："六月癸卯，罷進士觀政例。"

《大明太宗文皇帝實錄》卷二十九："今年所取進士，諸司無缺銓注。各王府教授伴讀多缺，擬於弟（第）三甲內選用，仍令食進士八品之祿。弟（第）二甲、弟（第）三甲進士擬量有七十員，分隸諸司觀政。遇缺取用，餘悉遣歸。"

湖廣學政王長源（發祥）被中傷，逮至江漢書院。

《翁鐵庵年譜》"十八年辛丑叔元二十九歲"："六月，主人中蜚語，逮繫江漢書院，叔元晨夕往視無虛日。閏月辭歸，抵家而奏銷案起，除名學籍。"

閏七月

十二日,王抃長子兆新生。

《王巢松年譜》"辛丑三十四歲":"七月十二日,大兒生。余連年弄瓦,始得此子。舉家忻喜。無似三歲之冬,能誦唐詩,四歲與之講日記故事,即稍知理會。父母及祖父母皆極愛之。不意後來忽得惡疾,雖時發時愈,病根究不能除,竟成廢人。可嘆亦可恨也。"

《巢松集》卷三《訓新、建兩兒》:"辛丑始生男,長者年十七。稚氣貪宴安,語言多躁率。……幼者少兩齡,資性更不及。握管同面墻,誦讀難記憶。"

上旬,王時敏析産於九子,授田各二百畝,時"以富貴相戒,寸壤不收"。

《奉常公年譜》卷三"十八年辛丑七十歲"。《奉常公遺訓·分田完賦志》。

《王巢松年譜》"辛丑三十四歲":"夏間亢旱,七十日不雨,秋成大壞。然比之壬寅、庚申、丁卯三年,猶爲較勝。其時追呼甚迫,每當臨限,籤票交馳。大人以衰年不堪苦累,於三千畝中擇其上者,留千二百自瞻,九分各授田二百,收其租入,以輸三千畝之賦,作《分田完糧記》,各列一册。"

按:錢泳《履園叢話·舊聞·田價》稱,前明中葉田價甚昂,每畝值五十兩至百兩,然亦視其田之肥瘠。崇禎末年,盜賊四起,年穀屢荒,咸以無田爲幸,每畝只值一二兩,或田之稍下,送人亦無有受諾者。至本朝順治初,良田不過二、三兩。康熙年間,漲至四五兩不等。

湖廣學政王長源幕僚翁叔元歸常熟,歸而"奏銷案起,除名學籍"。

《翁鐵庵年譜》"十八年辛丑叔元二十九歲":"六月,主人中蜚語……閏月辭歸,抵家而奏銷案起,除名學籍。"

按:《端峰詩選》陸桴亭序和《碩園詩稿》計東甫草序稱,毛師柱、計東、王昊亦爲奏銷案誣誤者。《履園叢話》卷一《舊聞·欠糧》:"順治十八年春,巡撫朱國治奏銷十七年分條銀,計江南紳士以逋欠除名者一萬四千餘人,常熟一縣計七百餘人,宮墻爲之一空。"

王士禎舟抵儀徵,與友人吳國對、冒辟疆、冒青若諸人唱和。

《阮亭詩選》卷十六《新秋十二夜,吳玉隨編修附余舟歸廣陵,玉隨醉後題詩素版壁上,作字斗大,鳳跂龍拏。余卷袖濡筆,起題其後曰:"此復何異吾家右軍書門生棐几時耶?"因和其韻,兼寄二冒子》。

按:"二冒子"即冒辟疆二子:長禾書,字穀梁,一字嘉穗,有《珠山詩選》;次丹書,字青若,有《枕烟堂集》。

八月

烟客七十,吴偉業、陳瑚、錢謙益以詩相贈。

《吴梅村全集》卷三十七《王奉常烟客七十序》:"先朝論畫,取元大四家爲宗,繇石田山人後,宗伯爲集其成,而奉常略與相亞。……余每傷近時風習,士大夫相遇,惟飲酒、六博爲娱。"

陳瑚《確庵文稿·王烟客太常七十壽序》:"先生謙以持己,而厚以待物。其教子也有禮,而其治家也有法。"

錢謙益《王奉常烟客七十壽序》:"辛丑歲,奉常年七十,門人歸子玄恭、周子孝逸輩請余爲祝嘏之文。"

九月

二十六日,錢謙益八十壽辰,丁繼之自金陵往賀,爲言王士禛客金陵館其家時眷念牧齋,思以文事相商榷之情。牧齋乃爲撰《漁洋詩集序》,有"與君代興"之語。又贈王士禛五古一首書扇,附書托丁繼之交付。

《漁洋山人自撰年譜》卷上。

《居易録》卷十:"牧翁於予有知己之感,順治辛丑序予漁洋詩集,有代興之語。"

王鑑作《王圓照危石青松圖》。

《虚齋名畫録》卷九《王圓照危石青松圖》。王鑑跋:"泉聲咽危石,日色冷青松。辛丑九秋寫似珮宜詞兄。王鑑。"

秋

王扶婦卒。

《王巢松年譜》"辛丑三十四歲":"秋間,六弟喪偶。"

十月

王鑑爲松寰作《王圓照仿古山水册》。

《虚齋名畫録》卷十四《王圓照仿古山水册》十二幀。第一幀水墨,"摹大痴筆"。第二幀水墨,"米家山"。第三幀青綠,"仿趙文敏"。第四幀水墨,"學梅花庵主"。第五幀水墨,"仿元人筆意"。第六幀淡青綠,"仿趙文敏"。第七幀水墨,"仿陳惟允"。第八幀水墨,"臨子久《秋山圖》"。第九幀水墨,"仿梅道人筆"。第十幀水墨,

"師董文敏筆法"。第十一幀淺絳,"仿黃鶴山樵"。第十二幀水墨,"辛丑小春,仿古十二幀於祇園蘭若。王鑑。"

十一月

王挺大病,病痊即失明。

《王巢松年譜》"辛丑三十四歲":"伯兄於仲冬大病。病痊即失明。"

本年

王抃郡城庠友爲吳縣尹哭廟,遂興大獄,十八人俱受慘禍。顧松交亦從中牽累,危而復安。

《王巢松年譜》"辛丑三十四歲":"郡城庠友爲吳縣尹哭廟,遂興大獄,十八人俱受慘禍。顧松交亦從中牽累,幾危而復安,當事者怒猶未平。"

按:金聖嘆參與哭廟案。哭廟案、通海案與江南奏銷案合稱"江南三大案"。

江南奏銷案發。朱撫軍將民間零欠錢糧造册上聞,縉袍衿士里毫挂欠者無一得免,江南四郡共一萬三千五百一十七人。王時敏、王揆、王昊等俱在欠册中。王扶因金漢廣户亦以零欠賠累。

《王巢松年譜》"辛丑三十四歲":"隨有奏銷一案,紳衿一網打盡,從來所未見也。後復有請兵圍城之事。"

《綉虎軒尺牘》卷二《復王惟夏》。《奉常公年譜》卷三"十八年辛丑七十歲"。

按:葉夢珠《閲世編》卷二《學校》稱,合蘇、松、常、鎮四府并溧陽一縣,共黜諸生史順哲等一萬一千三百四十六名。

王挺、王揆評周雲驤康熙十八年所作《顧碩輔六十壽序》稱:"古文字貴得立言之旨。"

周雲驤《逸園文稿》。

康熙元年壬寅(1662年)二十一歲

二月

王翬在常州爲唐宇昭甥子唐作《王石谷仿趙大年水村圖》。

《虛齋名畫錄》卷九《王石谷仿趙大年水村圖》。王翬跋:"壬寅二月,虞山石谷王翬爲子唐先生仿趙大年《水村圖》於毗陵唐氏之半園。"唐宇昭跋:"江湖滿眼絶風波,那得移家畫裏過。暫借老慵終日看,卧游寧止勝情多。外生子唐待石谷作是圖畢,便擬携去平陵,余留玩竟日因題。半園昭。"

三月

十五日,錢遵王招集馮定遠、錢夕公、鄧肯堂、許旭、王昊、王曜升、顧湄、王揆、王撰、王抃至錢謙益拂水山莊,分韻賦詩。

《蘆中集》卷二《三月望日錢遵王招集拂水山莊同馮定遠、錢夕公、鄧肯堂、許九日、王惟夏、次谷、顧伊人、兄芝廛、隨庵、巢松即席分得一東》。

《巢松集》卷二《春季謁牧翁錢夫子同朱長孺、錢遵王、許九日、琅琊惟夏、次谷、家端士、異公、虹友集胎仙閣,出新題先文肅公南宮墨卷,夫子即席首倡,敬和原韻四律存二首》。

《碩園詩稿》卷十六《虞山即事,偕端士、九日、異公、懌民、伊人、虹友及舍弟次谷二首》,同卷《三月望日錢遵王招同端士諸子拂水山莊社集,分韻得十三元》。

《王巢松年譜》"壬寅三十五歲":"三月初,虞山錢遵王托伊人道意,折柬相招,余兄弟暨琅琊昆仲、九日俱赴其約,惟子俶、庭表兩公以遠游不與。初到第一夕,集拂水山莊。第二夕,集述古堂,馮定遠、錢夕公、鄧肯堂皆在座。第三日集梅(錢)翁夫子胎仙閣,出新題先文肅南宮墨卷,夫子即席首唱七律四章。一代鉅公,得登龍望見顏色,真非常幸事也。"

十六日,王揆兄弟、王昊兄弟、錢遵王等集錢謙益胎仙閣飲酒,夕集錢遵王述古堂。王撼聞程嘉燧卒,作詩弔之。

《蘆中集》卷二《十六日牧翁夫子招同朱長孺、錢遵王、許九日、王惟夏、次谷、顧伊人、家兄弟集胎仙閣,是日夫子題先文肅南宮墨卷首倡四律,敬和原韻》,同卷《吊松圓詩老》。

《碩園詩稿》卷十六《三月十六日宗伯錢牧齋先生留飲胎仙閣,偕朱長儒、錢遵王、趙微仲及端士諸子，是日牧齋出所題太原文肅相公南宮墨卷，傳玩贊嘆，因成首唱，敢次原韻四首》，同卷《是夕與錢夕公、馮定遠、鄧肯堂及端士諸子再集遵王述古堂，分韻得十一尤》。

按：程嘉燧，字孟陽，號松圓。休寧人，僑居嘉定。

《（嘉慶）直隸太倉州志》卷三十六《人物》："王昊，字維（惟）夏，世懋曾孫。父瑞璋，孝廉，以心疾廢。昊弱歲能古文詞，與四方名士爲文社，交游幾遍海内。後以奏銷案廢，一意讀書，丹黃甲乙無虛晷，所撰《當恕軒偶筆》，時稱博洽。康熙十七年舉博學鴻詞，廷試授內閣中書，命下而昊已先數日卒矣。弟曜升，字次谷，與昊齊名。性豪邁，脫略公卿，跌宕文史，亦奏銷挂誤，悒悒不自得。東南西北，惟意所之，遇酒輒或歌或哭，以消其塊礧，暮年游京師卒。"

春

麓臺九叔王抑補博士弟子員。

《奉常公年譜》卷四"康熙元年壬寅七十一歲"。

秋

王鑑爲薦之大兄作《王圓照七帖圖首合册》，後有八十二歲王撰、八十歲王遵晦爲薦之後人源晟所寫跋文。

《虛齋名畫錄》卷十四《王圓照七帖圖首合册》，第一幀水墨，"湖山如畫，吟眺怡情。庚子嘉平。鑑。"第二幀水墨，"仿巨然。鑑。"第三幀水墨，"仿北苑筆。湘碧鑑。"第四幀設色，"仿白石翁筆。鑑。"第五幀水墨，"仿香光居士筆。鑑。"第六幀水墨，"辛丑元旦試筆。湘碧鑑。"第七幀水墨，"仿倪高士《溪亭山色》。鑑。"

王鑑又跋："余庚子夏築室二楹於弇山之北，僅可容膝。窗外悉栽花竹，聊以盤礴。奉常烟翁過而顏之曰：'染香'。蓋取《楞嚴經》中語也。從此閉關，日坐蒲團，焚柏子一爐而已。臘之既望，薦之大兄携晉、唐墨拓五帙及有明薦紳家遺先司馬手扎（札）一帙相示，屬余每帙仿古一幅以弁其首，欲傳之子孫。於乎近時風俗惟重阿堵，不知以畫爲何物。大兄家徒四壁，不事生産，獨能向冷淡處留心，真不易見也，心服其志，如數應之。辛丑孟春哉生明，小弟鑑識。"

鈐印："圓照"（朱文圓）、"染香庵主"（白文正方）、"湘碧"（朱文長方）。

王鑑再跋："壬寅□秋，會余邁先太恭人之戚，薦之大兄視余，苫塊中出草帖一帙云：'爲前帖之續列。'爲七卷，裝潢成集，別其次序曰：'一天星斗煥文章。'題其編曰：'閑窗清玩。'展卷縱觀，洵美且都，半爲先宮保所題咏，語具集中，故不多贅。往歲庚子嘉平，予各爲圖繫之簡端，今仍屬畫於余，不敢弗其雅好，敬仿倪高士《溪亭山色》以應之。信手塗抹,未能夢見古人,徒污此集,雖欲爲閑窗清玩,恐不免佛頭著之誚矣。擲筆惘然。小弟鑑識。"

王撰跋:"江左畫學,淵源明季,文、沈諸公可稱極盛。迨華亭董宗伯靈秀天成,神韻獨超千古,迄今流傳,片紙價等連城。嗣後,先奉常公與湘碧郡伯先後繼起,同以畫道提唱後學,臨摹古人名迹,一樹、一石,悉宗正派,掃盡世俗衰謬之習,一時聲價并重,四方推善畫者,有婁東二王之稱。然先君以世務牽掣,晚年愁冗紛集,兼多向平之累,興會所至,時一渲染,未遑朝夕從事於斯,而湘翁則蕭然一身,屏去塵事,得以餘力專意盤礴。明窗潑墨,遍仿宋元諸家無不逼肖,而於董、巨,尤得三昧,殘練斷楮,得之者如獲拱璧。此册雖僅七幀,而拈毫布景,每幅中別有一境界,筆筆摹擬古法,參以變化神明,故能脫盡窠臼,超逸出塵,實爲生平得意之作,使人玩味不能釋手。今其小阮源晟世兄念係先人所珍愛,不啻髻珠,裝潢什襲,永爲世寶。非獨志趣可嘉,而其孝思亦非時流可及矣。余本不知畫,幸得展觀附綴數言於後。甲申六月望前三日,太原八十二叟隨庵撰題於霄雲閣。"

鈐印:"太原異撰"(白文正方)、"隨庵"(朱文正方)、"揖山居士"(白文正方)、"□目愛三餘"(朱文圓)。

王遵晦跋:"此先從兄圓照之真迹也。先兄筆墨妙天下,全師法宋、元諸名家,而別有一種自然神韻,秀出天表,覺烟雲山水拂拂從十指間搖曳而出,所謂'滿堂動色嗟神妙,世人那得知其故'也。此册凡七幀,爲庚子、辛丑間初構染香堂時作。老筆紛披,姿致溢溢,雖尺幅中而具有千巖萬壑、深遠不測之勢,尤妙入神品。薦之大兄鄭重請乞而得者,再傳至源晟侄,更加裝潢,遂成巨帙。縹錦爲飾,觸手如新。捧閱再四,不勝歎羨有加。因憶吾家自先奉常公以來,博綜藝苑,法書、名畫,收藏頗多,滄桑而後,遭逢患難,蕩然烏有。無論其他,即先兄繪事巨幅、小條、長卷、方册無一存者。予常(嘗)有句云:'萬卷樓頭尋舊夢,縹緗零落倍傷情。'言之可爲流涕。今觀源晟能保守故物,若此可謂子孫之賢者矣。聞其諸郎君皆彬彬可喜,最少者亦能從事丹青,所繪花頭特妙。此册之留傳正未有艾,足可重也。古光片羽,庶幾不朽天地間乎?豈獨薦兄之式憑亦大,堪爲吾宗之佳話矣,故特題數語於後而歸之。康熙甲申長夏,隱屏八十老人遵晦題於屈壽堂寓次。"

鈐印:"臣遵晦印"(白文正方)、"梅隱"(朱文正方)、"又損道人"(朱白相間正方)、"咏洲"(朱文橢圓)。

按:畢瀧在跋文中指出,"隱屏老人"乃王世懋麟洲之後,跋中稱"先奉常"爲麟洲先生。康熙甲申,即康熙四十三年。

冬

王揆就婚宋氏,麓臺同時娶婦李氏。是冬奇寒,迎親舟楫冰凍不能行。

《奉常公年譜》卷四"康熙元年壬寅七十一歲":"是冬奇寒,子揆就婚宋氏,長孫亦同時娶婦李氏。迎親舟楫,冰凍不能行。"

本年
歲事大無。王時敏將田産盡授諸子,規定不論歲收豐歉,每子出銀二十兩、米二十石以養親。

《王巢松年譜》"壬寅三十五歲":"分田完糧之説甫行一年,因管理乏人,徵租不能如法,大人復將存田千二百畝盡授諸子,每月輪膳,不論歲事豐歉,每分出銀二十兩、米二十石,王瑛兄弟月送供應銀千兩,又作《分田就養記》。如此永爲定法。至大人見背時,已將二十年矣。……秋間……歲事大壞,木棉如掃。鼎革以來,奇荒以是年爲最。"

沈受宏與周翼微交往,一年後識郁植、毛師柱。
《白漊先生文集》卷一《贈王弘道憲尹序》:"(予)後二年壬寅,乃識周子翼微,又一年癸卯,識郁子東堂,既又識毛子亦史。"

王摅作《題王石谷仿黄子久富春山圖》。
《蘆中集》卷二《題王石谷仿黄子久富春山圖》:"王生丹青天下無,開緘示我富春圖。富春山色何縈紆,尺幅似有群龍趨。此圖相傳自子久,變化縱横無不有。真迹幾隨劫火飛,臨摹乃出王生手。王生寫此心神開,置身如在嚴陵臺。琉璃萬頃蕩空碧,江天瑩净無纖埃。一峰突起一峰伏,忽爲巉巖忽平陸。時有白雲相吐吞,遠勢盤挐駭心目。夕陽紫翠明中流,蘆花捲起空江秋。望來紅樹不知數,掩映其間雙白鷗。灘水粼粼清見底,諸復岡重秀莫比。山坳路盡漁舟來,游人如入桃源裏。方干墓下草芊芊,戴顒仙處千峰連。山水不殊人代改,使我坐對心茫然。嗟哉生平游未得,此景新從畫中識。明日篷窗縱目觀,毫端方信無差忒。我父繇來嗜大痴,謂其意匠無人知。王生師古妙入髓,獨與此老争神奇。此老當年尚湖住,王生生長亦同處。豈是前身與後身,大都得自山川助。聲價不獨重此圖,絹素久已馳名都。真於斯道開榛蕪,嗚呼,王生丹青天下無。"

約本年,太倉學博文祖堯卒。文氏與陳瑚、陸世儀等設教太倉,嘉惠後學。
《巢松集》卷一《呈文介石先生(先生滇南人太倉學博,以兵阻不得歸)》。《蘆中集》卷二《送文介石先生歸滇南》。

俞天俸撰《太倉州儒學志》卷一《列傳·文祖堯傳》："文祖堯，字心傳，號介石，雲南呈貢人。幼岐嶷，寡言笑，弱冠學成有聲，累試不遇，以貢士授名山訓導。崇禎癸未(崇禎十六年)遷州學正，時綱紀廢，師道壞，學宮頹圮，祀典荒率。先生至，興廢舉墮，躬自拮据。不憚勞瘁。脯贄有無不問也。頒諸生日，程書善過，月朔稽其進退，諄諄以古先聖賢之道相勸勉。國變棄官，屏居蕭寺。婁人無少長男女智愚賢不肖，皆知滇南先生爲今之聖人，得延致一飯爲幸，先生亦不固却也。寓婁十七年，歸卒於途。婁人私諡貞道先生，即寓庵爲思賢廬，以祀春秋。"

按：順治十七年，黃孝子端木萬里尋親至雲南歸後，文介石知有路可通，遂生歸鄉之意。歸而卒於途。《蘆中集》卷二收錄康熙元年二月至康熙十四年間詩，此詩在康熙元年三月之後，故推定約是年文介石卒。

康熙二年癸卯(1663年)二十二歲

二月

魏裔介循例考滿,著加太子太保,補授吏部尚書。

《魏貞庵先生年譜》"癸卯四十八歲":"二月,公循例考滿,上云魏裔介才猷敏練,勞績素著,著加太子太保……復補授吏部尚書。"

春

西田土木未息。王時敏約張南垣抹山種樹,又修葺後園、改築亭榭爲衰年憩息之所。

《奉常公年譜》卷四"二年癸卯七十二歲"。

五月

初三,王抃子兆建生。

《奉常公年譜》卷四"二年癸卯七十二歲"。

中旬,王抃携《曹娥碑》偕周肇、朱耆清北上。後與王紫崖等同舟南歸。

《王巢松年譜》"癸卯三十六歲":"奇荒後,車馬措辦萬難,斷無北行之理。因此心未死,勉力拮据,於五月中旬,同子俶、朱耆清北上。丁酉之春,梅翁奔喪歸里,余始執經於其門,繼而極承許可。是年初夏,時與子俶密語云:'太原諸昆中,懌民爲有用之才,必宜使之一遇,然任天豈必得,烟翁雖患貧,而墨迹、玩器豈盡無之?'遂特到拙修堂,請之於大人。大人頗爲首肯,即以《曹娥碑》付余,命携往京師,口云覓售,未始無意也。而家庭間以爲有所私,遂不能嘿嘿。闈中因經旨模糊,最不得意,究竟完璧以歸,徒多此一番口語。方知吾母於臨行時,命我力辭,真不謬也。徐五衣爲廷試,先在都門,暫住旭咸寓所。余到後,即約過天壇。榜後別五衣、子俶。從水南旋,與旭咸結伴,王紫崖亦同舟。抵家後,知白露節中,淫雨連綿,而木棉絲毫無損,亦奇事也。"

按:旭咸與王抃爲姻親。

九月

石溪過幽閑精舍,寫《釋石溪層巒叠壑圖軸》。

《虛齋名畫録》卷十《釋石溪層巒叠壑圖軸》:"層巒與叠壑,雲深萬木稠。驚泉飛嶺外,猿鶴靜無儔。中有幽人居,傍溪而臨流。日夕譚佳語,願隨鹿豕游。大江天一綫,來往賈人舟。何如道人意,無欲自優游。癸卯秋九月,過幽閑精舍寫此,以誌其懷焉。天壤石溪殘道者。"

十月

麓臺作《王麓臺晴山滴翠圖》。

《自怡悦齋書畫錄》卷四《王麓臺晴山滴翠圖》:"緑溪雲木鬱相参,的的晴山滴翠嵐。疏豁小堂無一事,秋光明瑟似江南。癸卯冬十月,王原祁。"

鈐印:"王原祁印""麓臺"。

按:後跋:"溪山好處足忘機,秋入亭臯葉未稀。誰遣松風牽旅夢,水南雲北夜頻飛。戴絨。"鈐印"無垢生"。清人張大鏞著錄此畫時補充:"余生平見麓臺畫最多,其用筆無難,一望而辨真贋",稱"'晴'字、'滴'字意寫得十分酣足,確係經營慘澹之作"。

魏象樞居家養母,講學蔚州願學堂。

《魏敏果公年譜》"壬寅四十六歲":"州守鄭公諱牧民,三韓人,雅有移風易俗之志,於明倫堂西,捐俸建講堂一所,曰願學堂,造閭敦請甚懇,余辭之至再,不獲已,乃與郡紳士月一會,講明敦倫、盡性之學,自四書、五經始。每講畢,録而存之,曰願學堂講書。……自是文風漸起,士習漸端。"

按:《魏敏果公年譜》"癸卯四十七歲":"余家居養母……惟理學諸書,則嗜慕不忍釋手,有一嘉言懿行,則手自抄録,心焉識之,即返而自思曰:'能躬行否?'知一字行一字,知一句行一句,余之願也。積久成書,曰《知言録》。"

冬

王時敏九女歸郁煒爲養媳。

《王巢松年譜》"癸卯三十六歲":"冬間,九妹歸郁氏爲養媳。"

按:《太倉州儒學志》卷二稱,郁煒字弘初,康熙二十六年舉人,與王原博、王奕清同成舉人。

王時敏始延蘇崑生教家僮崑曲爲娛老計。王抃下第後,吳梅村爲其客中所作詩書題詞。

《奉常公年譜》卷四"二年癸卯七十二歲"。

《巢松集》王抃自序:"癸卯冬下第南還,出客中所作呈教,面閲後,(梅村夫子)即書題詞。"

　　按:蘇崑生,中州人。精音律,吳中善歌舞者罕及。《巢松集》卷六《題顧子惠小像》稱,其弟子顧子惠年甫十三歲即游於王時敏之門,與王氏兄弟皆善,後久留都下,約康熙三十六年左右從王掞邸中歸。

本年
吳暻生。
　　《白漊先生文集》卷一《送吳元朗北上序》:"(梅村)先生之舉子也晚。先生歿時,元朗財(纔)十歲。"

康熙三年甲辰(1664年)二十三歲

春

春闈功令廢八股,以策論取士。錢謙益卒。

《王巢松年譜》"甲辰三十七歲":"是年春闈,始以策論取士,吾州脫科。虞山先生辭世。"

按:《奉常公年譜》卷四稱時在"秋闈後",《白漊先生文集》卷一《姜西溟時論序》稱在康熙二年,"今天子即位之二年,詔禮部,更定制藝,以古策論取士,斥去八股舊習,於是操觚家競起爲文。"

五月

王鑑作《王廉州仿梅道人烟江叠嶂圖》。

《吳越所見書畫錄》卷六《王廉州仿梅道人烟江叠嶂圖》:"梅道人《烟江叠嶂》真迹爲太原奉嘗(常)公所藏。純師巨然,妙有澹遠之致。晴窗蕭寂,戲弄筆墨,漫仿其意,愧不能夢見也。甲辰夏五月,王鑑識。"

九月

王鑑作《王圓照溪山無盡圖軸》。

《虛齋名畫錄》卷九《王圓照溪山無盡圖軸》:"余在長安見孫少宰所藏梅道人《溪山無盡》,純師巨然,紗有幽微澹遠之致。因擬其意,愧不能彷彿萬一也。甲辰九秋,王鑑。"

鈐印:"員照"(朱文圓)、"染香庵主"(白文正方)、"雨新齋"(朱文長方)。

十一月

魏裔介補授内秘書院大學士。

《魏貞庵先生年譜》"甲辰公四十九歲":"十一月,公補授内秘書院大學士。"

婁諸生周雲驤欲將州守陳國楨之惡行白於當道。陳氏疑王時敏長子爲輔佐者,致書烟客,烟客復書辨之。

《奉常公年譜》卷四"三年甲辰七十三歲":"州守浙人陳國楨莅任數載,婁民膏髓爲之吸盡。最可恨者,以鞭撻子衿爲能事,有一老儒竟斃杖下,甚至登世閥之門笞其子弟,真怪事也。時與胥吏比而虐民,增加無名之賦凡三四十款。十一月,諸生周雲驤持經承加撮一端,將白當道,邑紳佐之。先是周嘗館公家,疑公長子有力焉,致書於公。公復書辨之。"

《(民國)太倉州志》卷二十七《雜記下》:"《婁東耆舊傳》云,康熙年知州陳國珍(幀)與胥吏比而虐民,增無名之賦,嚴刑勒之。諸生周雲驤持其罪端,將白當道,邑紳佐之。先是周嘗館太常王公家,國珍(幀)疑周臣有力焉,致書諭意。太常復書曰:'辱諭周生訟經承加撮,忽波及寒家,不勝駭愕。不肖某一生株守固陋,有子數人,皆教之醇謹,恪循家法。周生固世交,曾延之家塾,辭去已兩年。其訟端絕未之聞。近因里巷喧傳,頌其高義,始知其略。蓋因婁土災歉頻仍,賦調嚴急,民困已極,而加撮與正供并征,又無印票可憑,款項繁多,椎膚剝髓之餘,實不堪命。雖父臺迫於袗肘,人可共諒,奈何胥吏緣爲奸利,奈何周生因衆情之洶洶,投袂而起,一往似不反顧,然里人尚疑信參焉,則人心之公可知矣。若長兒者盲廢已久,世事多捐,足迹不出房幃,未嘗接對賓客,何因而有聲,吏罵詈之事,是必有往年他事遷怒,乘機造蜚語中之者,惟是以通國公論,突指爲出於一人一家,其意何居?豈以寒家衰懦,豚兒殘廢,獨可供魚肉耶?周生交游頗廣,其舌尚存,斷非區區一手所能掩。而寒家之與諸經承既無嫌怨,又非交通,似亦無可和盤托出也。適巡按以視海過州,國珍(幀)大恐,自詣城隍廟,泣誓改過,苛徵稍緩,民命得延焉。雲驤字孝逸,是舉也,或有以名不勝實譏之。"

冬

吏部尚書魏裔介與大學士衛周祚爲大主考,取武進士一百餘人。

《魏貞庵先生年譜》"甲辰公四十九歲":"冬,武會試,上以大學士衛周祚及公爲大主考,取武進士一百餘人。"

本年

石濤東下途中,游廬山,住開先寺。

《石濤詩錄·石濤東下後的藝術活動年表》。

王時敏作《王奉常仿古山水册》。

《吳越所見書畫録》卷六《王奉常仿古山水册》:"吾郡王文恪公家藏有宋、元諸大家合册,雲間董文敏亟稱其爲希世之寶,適從毗陵返棹,舟中清暇,追憶臨摹,然口能言而筆不隨,曾未得其脚汗氣,正米老所謂慚惶煞人也。烟客時年七十有三。"

高士奇北上京城。

《中國古代書畫圖目 22》京 1—4660，高士奇跋高層雲《江村草堂圖》云：" 康熙甲辰予走都下，辛亥（康熙十年）邀天子之知，壬子（康熙十一年）秋閏七月蒙召對，乙卯（康熙十四年）授詹事府錄事，丁巳（康熙十六年）冬擢爲中書舍人，直大內，自此夙夜奉職，無少休暇，歷官翰林侍講庶子學士及少詹事，爲時十有二年，而江村之思不少衰。每屬能事者繪爲圖。……康熙己巳（康熙二十八年）秋七月，江村高士奇記并書。"

沈受宏始受教於盛敬門下。

《白漊先生文集》卷一《盛寒溪師六十壽序》："宏少聞吾婁有四先生云。四先生者，一爲陸桴亭先生，一爲陳確庵先生，一爲江愚庵先生，其一則爲吾師盛寒溪先生。一時振興理學，海內之士，奔走響慕。"

王戩客漢上，以《太倉十子集》寄王戩。

王戩《突星閣詩鈔》卷一《王端士先生客漢上，枉書問訊家大人，頗念余文章有異，因成一首》。

按：王戩，字夢穀，一作孟穀，湖廣漢陽人，康熙四十七年副貢生。稱王士禎爲家叔。

《突星閣詩鈔》卷一《校行》自注"以下甲辰"，即康熙三年間所作。《王端士先生客漢上，枉書問訊家大人，頗念余文章有異，因成一首》自注"寄《太倉十子集》"。

康熙四年乙巳（1665年）二十四歲

正月
元夕，王時敏往虞山觀燈歸，王揆長子王奕清生。

《王巢松年譜》"乙巳三十八歲"："元夕前，大人到虞山觀燈歸，時八弟已得幼芬侄，大人甚喜。"

二月
王時敏於九子王抑齋中見四十年前所作畫册，慨筆墨之功視壯時略不少進，因題數行於首。

《奉常公年譜》卷四"四年乙巳七十四歲"："仲春，於子抑几頭瞥見畫册，乃崇禎辛未赴補時舟中所作，忽忽將四十年，中間陵谷滄桑，變遷多故，俯仰今昔，不勝惕嘆。且謂筆墨之功，視壯時略不少進，小藝尚爾，何況其他？因題數行於首。"

三月
初三，王士禎、邵潛夫、冒襄父子、陳其年、許山濤、毛師柱等修禊水繪園。

《端峰詩選・五言律・渭城上巳有懷東皋舊游》："勝事傳修禊，名園上日開（乙巳上巳修禊水繪園）。"

《端峰詩選・七言律・乙巳三月三日水繪園修禊，同王阮亭、邵潛夫、冒巢民先生暨陳其年、許山濤、冒穀梁、青若》。

夏
王時敏作《王烟客仿北苑山水軸》。

《虛齋名畫錄》卷九《王烟客仿北苑山水軸》："乙巳夏日，仿北苑筆。王時敏。"
鈐印："王時敏"（白文正方）。
按：上有"坦齋"（朱文正方）、"東林"（白文正方）等收藏印。

九月
十五，王時敏邀吴偉業諸公郊游小集。陳麋涇、許旭以詩贈烟客。

《奉常公年譜》卷四"四年乙巳七十四歲"。

十月

王時敏作《太倉州重濬朱涇碑記》,後刻入顧士璉《新劉河志》。

  《奉常公年譜》卷四"四年乙巳七十四歲"。

  按:疏濬朱涇、戚浦之事始於康熙四年四月二十日,卒事於同年五月二十六日。

王時敏作《王烟客仿山樵山水軸》。

  《虚齋名畫録》卷九《王烟客仿山樵山水軸》:"乙巳小春,晴窗融暖,展閲山樵迹,欣然會心,戲作此圖,自喜略得其意。王時敏。"

  鈐印:"王時敏"(白文正方)、"西田"(朱文葫蘆)。

冬

王抑娶婦周氏。

  《王巢松年譜》"乙巳三十八歲":"連年困於行役,又兼歲事歉收,家道漸落。意欲棄維亭産,到郡遍覓售主,寓一李姓家,係王秀所熟識者云,蒭關陳氏欲得此田,從中傳説幾次,而竟不果。冬間,九弟娶元配周氏。"

  按:《奉常公年譜》卷四"四年乙巳七十四歲"稱,時在三月。

本年

王掞子王奕清、王摅子王昭被生。

  《奉常公年譜》卷四"四年乙巳七十四歲":"八房孫奕清、七房孫昭被生。"

歸允肅序歸禹平詩文,強調作詩在"浩然有得於心而寄於詠歌",且能"不詭於性情之正"。

  歸允肅《歸宫詹集》卷二《族兄禹平詩序(乙巳)》:"詩之爲道,夫豈有涯哉?能不惟其窮達顯晦,浩然有得於心而寄於詠歌,以不詭於性情之正,斯已矣。"

内秘書院大學士魏裔介著《聖學知統録》。陸世儀令其四徒從魏氏就學。

  《魏貞庵先生年譜》"乙巳公五十歲":"江南大儒陸世儀字桴亭,令其徒四子沙一卿、周鼎新、郁植、曹禾來從學。沙一卿讀《知統録》而大有悟。"

釋本月始住持松江崑山泗州禪院,石濤皈依本月之門,在康熙四年或康熙五年。

  汪世清《石濤詩録·石濤東下後的藝術活動年表》。

周翼微始游京師。

《白漊先生文集》卷一《贈王弘道憲尹序》。

王士禎以揚州司李擢禮部，冒襄父子、陳其年、吳山濤等追送之，四方諸名士集蜀岡上方寺餞別，盛況空前。

《端峰詩選‧七言古‧憶舊游，寄懷東皋諸同學》："余自庚子後，數往來維揚間，而流連最久，無過乙巳七月。是年，王阮亭先生以揚州司李擢禮部主客司主事，如皋冒巢民先生邀同陳子其年、許子山濤暨其兩郎君穀梁、青若，方舟追送，僑寓城東水閣者浹月。四方諸名士，集蜀岡上方寺餞別，一時賓客之盛，近年以來未嘗有也。時余客館如皋，至丁亥秋乃始還里，計此三年中，招邀宴賞，殆無虛日，而良辰觴咏，集水繪園者居多，皋中英俊靡不過從，講道論文，樂可知也。迄今二十年，巢民既老病杜門，而曹文虎、郭仁昭、李延公、許端伯、石月川諸子早已相繼下世，惟山濤成進士，官詞林，其年則以布衣膺薦得授檢討，尋即病死京邸。昔年游好，不啻駒影之過隙，晨露之易晞也。乙丑春，余以作客梁園，道經隋苑，偶思前事，因感昔游，且以因人遠行，不及放舟水繪，一話疇昔，而淒愴纏綿有不能自遣於懷者，聊成長句，以志感傷，庶幾他日相見出以示之，或亦不必寄元耳。"

康熙五年丙午(1666年)二十五歲

一月

內秘書院大學士魏裔介爲嚴我斯《尺五堂詩刪初刻》寫序,提出詩文應求風雅之正,去僻艷之奇。

《尺五堂詩刪初刻·初刻舊序》:"夫詩以言志,發舒性情,故作者代興,論述不一。要之,協於三百之義,斯爲正耳。……言必歸於忠孝,意則趨於和平,此自得其性情之正,兼有古人之長,而不必拘拘學古人者也。……丙午春正柏鄉魏裔介題於京邸之素心齋。"末有康熙二十九年嚴我斯跋:"憶自甲辰寄廡都門,去柏鄉夫子邸舍僅數十武,日夕過從,析疑問字,酌酒賦詩,每至夜分。……撫今追昔,木壞山頹,感慨交集。"嚴我斯在初刻自序中稱:"廟堂之詩,取其肅以雍;山林之詩,取其深以邃;閨閫之詩,取其麗以則;交游贈答之詩,取其溫以遠;羈旅哀悼之詩,取其婉至以悠長。作者輩出,各有擅長。夫以一人之心力,而欲兼數家之長,誠憂乎難之矣。古之善畫者,當其解衣磅礴,意在筆先,神周象外,然後淋漓點染,無不如意。夫詩亦然。"

按:此年,李漁游京師,爲保和殿大學士魏裔介上客。見《清代士人游幕表》第42頁。"甲辰"即康熙三年。

春

王抃北上,留京一載,欲考教習。

《王巢松年譜》"丙午三十九歲":"三月中,偕徐五衣北行,黃家營登陸。四月下旬,抵京,寓按符寺。江位初館蘇水湄家,遣人聞之,即出城來會。如石、長源俱因謁選在都,石已掣襄城,長源候補無期,晨夕晤談甚快。念出門時,汇師在家,一日忽然到寓中相聚甚久。五衣於內城覓得一館,即別去。聖符、旭咸寓琉璃廠,入闈與余同寓。是年始用策論,余五策頗匠心,終歸畫餅。此番榜後,較前更覺不樂。重九後一日,張青琱遣人來詢云:'南榜太倉中王掞,可是貴府相公否?'尚未及答,而旭咸已敲門來報矣。聞之忻慰異常。余長途跋涉,往返多次,諸相知皆力勸不應即歸,當暫留以待機緣。青琱主中翰之説,葉學亭、章素文又云,不如教習一途爲便。……(兩月後)又遷至聖符寓中……除夕勉赴汪遁庵之招……教習事,十一月曾與滿堂師有成約,至歲底尚未考滿。臘月諮部,因宋老師爲少司成,所費甚廉。"

四月

吴历爲興福寺僧默公作《吴漁山仿古山水册》，後有康熙六年徐增、康熙十四年許之漸、方亨咸、史爾祉、錢載跋。

《虚齋名畫録》卷十四《吴漁山仿古山水册》。

第一幀吴歷題："予從苕霅歸，過吴門訪默公，默公留於興福精舍，不覺兩月。以去春索畫素册，早晚戲弄筆墨，遂得十幀，顧資鈍腕拙，未能夢見古人，聊供啞噱耳。丙午清和上浣，吴子歷。"

鈐印："吴歷"（朱文正方）。

第七幀吴歷題："吾禪友默容從余繪事，有志於詩學，使其早得三昧，當以弘秀名聞。不幸挂履高巖，其命矣夫。壬子年來，每過興福，輒爲隕涕。其徒聖予喜其復修家學，一燈耿然，默容爲不亡矣。此册往予爲默容所作，今潤色并及之。乙卯年九月十七日，延陵吴歷又識。"

後有康熙六年徐增跋："余幼喜藏畫，因得交文彦可先生，先生精於賞鑒。復得顧禹功，禹功筆墨蒼老，由是始知古人意趣之所在。近歲得史漢谷畫而悦之。漢谷極口吴漁山畫，因與定交。漁山爲虞山人，名家子，行履高潔，超然物表，能書與詩，爲陳確庵先生高足。性好畫，胸中既藏萬卷，所交游皆賢士大夫，家多藏古迹者，而漁山一一揣摹，每到佳山水處，則累日忘返，宜其畫之獨絶也。嘗爲余畫《桃源圖》，妙極。兹又爲默公寫此册，每一幅仿古一人，無不得其神髓，使宋元諸名家從紙上躍出。夫古人止擅一人之長，而漁山則兼衆人而有之，倘所稱畫之大成者乎？默公亦善畫，與漁山有水乳之合，故畫妙至此。寄語默公須寶藏之，勿輕示人也。丁未孟秋，而庵徐增識。"

鈐印："徐子能"（朱文正方）、"十足道人"（白文長方）。

康熙十四年許之漸跋："虞山吴子漁山以筆墨妙天下，直入古人堂奧無多讓也，每有所得，正如山中白雲自堪怡悦，間亦持贈二三知己。若侯門大家，氊薝所集，往往去之如遺，不復隨群趨走，高炫聲價以熾日中。知者服其藝，益尊其品，故其所作亦不墮能事家蹊徑。然天真爛熳，又非矯然畸行以表表標異於人。其過吴門，必止興福默容精舍，閉户簡出，一日之迹頗有流傳。默容既逝，漁山人琴之痛如過西州門者。且經三歲，其徒聖予能繼厥師之志，恒復致之，予之至止亦輒相同。聖予出其所藏，欲裝潢成册以志不朽。漁山畫在天壤，默公一點靈光，亦與此册并借天光雲影，亘古如存。聖予其寶之以光常住可乎？康熙乙卯嘉平臘日，绣衣衲子許之漸識。"

鈐印："許之漸印"（白文正方）、"青嶼"（朱文正方）、"侍御之章"（白文正方）、"香山南雪山北"（朱文長方）。

方亨咸跋："畫難言也。余從事於茲有年矣。今之能手執螯弧而建壇坫者，余皆得事之。即未見其人，未嘗不見其所爲也。大江南北太倉兩王先生而外，則指首屈漁山矣。雖未得縱觀其所爲，即此帙體備諸家，妙兼六法，胷開天地氣蓋，古今真，傑作也。覺余二十年來之從事，空費力氣，不禁悄然。試問之兩王先生，當不易吾言也。亨咸觀因題。"

鈐印："方亨咸印"（白文正方）、"龎古"（白文長方）。

史爾祉跋："虞山山水之秀，真圖畫也。造化又以其不盡之秀，多生異人，使山川靈氣還歸筆端。吳子漁山亦間（近）代一奇也。漁山之畫入前人之室，掃近代之靡，人盡知之，然余所推重者，則不止是。每見人之工畫者，無不以其所工者自詡。因以其所工者驕人，且又多爲贗本以欺世而射利。噫，真可鄙也。漁山之畫足上人而意每自下，技足亂真而志取無僞。其澹宕自然之致，蓋有道者流也。漁山之畫固傳，漁山之人將不獨以畫傳，而漁山之畫殆以其人而益傳矣。興福默上人常懸榻以相待，以是得漁山筆墨獨多。余每過訪，輒索其所存畫一再展觀，見其畫如見其人。其畫可思，其人更可思也。默公重其人兼師其畫，默公之能自得師并可賀。霽庵史爾祉題。"

鈐印："史子"（白文正方）、"爾祉"（白文正方）、"谷香"（朱文長方）。

乾隆五十五年錢載跋："曩在都中，與董文恪論次諸家畫法，文恪首舉吳虞山，云'寓荒率於沉酣之中，斂神奇於細縝之表'，所以密而不滯，疏而不佻。南田之秀骨天成，西廬、石谷之渾融高雅，實兼有之。此册筆墨精妙，氣逸神腴，尤平生傑作。默公不知何人，其能爲先生所契重，定非尋常緇流，殆與此畫并不朽矣。乾隆五十五年六月十日，秀水八十三老人錢載題。"

鈐印："錢載"（白文正方）、"萬松居士"（兩朱兩白文正方）。

按：吳歷《虛齋名畫錄》卷十四《吳漁山老年墨戲册》第三幀跋："若枯若濃，游戲而成。晚年之筆乃爾，不覺慚愧。墨井。"第九幀跋："畫之游戲枯淡，乃士夫一脉。游戲者不遺法度；枯淡者一樹、一石無不腴潤。墨道人。"同卷《吳漁山仿古山水册》第八幀跋："寫元人畫，太拙累閒澹趣多，曲折有韻。五月小盡日，墨井歷。"

"丙午"即康熙五年。"壬子"康熙十一年。"乙卯"即康熙十四年。"丁未"即康熙六年。"陳確庵"即陳瑚。

六月

十五，太倉陳嘉序《碩園詩稿》。

《碩園詩稿》陳嘉靜孚序。

按：陳嘉序稱，錢謙益指斥王弇州、李于鱗爲僞體，而陳嘉認爲，山林之詩、臺閣之詩兩者不容偏廢。

夏

麓臺作《仿梅道人山水圖》扇,故宫博物院藏。

劉九庵《宋元明清書畫家傳世真迹年表》第445頁。

毛師柱再游如皋。

《白溇先生文集》卷一《贈王弘道憲尹序》。

八月

内秘書院大學士魏裔介請假省視墳墓出京。

《魏貞庵先生年譜》"丙午公五十一歲":"公請假省視墳墓,八月出京。"

王掞中式舉人。未報前,王時敏夢家僮捧硯於壁上書一大"奏"字,初不解,乃爲《春秋》房第二人。

《顓庵府君行述》:"丙午舉鄉薦,主司爲武林儀曹郎徐敬庵先生,江右刑曹郎鄭信從先生,房考則金壇縣令山左高鶴林先生也。"

《奉常公年譜》卷四"五年丙午七十五歲":"子掞中式舉人。未報以前,公夢家僮捧硯於壁上書一大'奏'字,初不解,乃爲《春秋》房第二人。可謂奇驗。"

按:《太倉州儒學志》卷二《科名》:"康熙五年丙午,王掞,藻儒,號顓庵,衡孫。九年庚戌蔡啓傳榜進士,選庶吉士,現任刑部尚書。"

九月

九日,王翬作《山窗讀書圖》賀王掞獲秋薦之喜。

《四王畫集》第176頁圖録《山窗讀書圖》:"山窗讀書圖。奉賀藻儒先生秋薦之喜。時丙午九月九日。虞山王翬。"

秋

王翬爲乃昭索王時敏畫。

《虛齋名畫録》卷九《王烟客爲石谷索贈乃昭畫軸》。王鑑跋:"乃昭先生雅有筆墨之癖。小阮石谷今秋館於烟翁所,因索此畫以贈。先生法眼,非此不足以當其鑒賞,山水靈通得所歸矣。王鑑。"

十一月

八日,麓臺祖母徐氏(王揆、王抃、王攄母)卒,年六十有六。時王抃闈後考教習未歸。

《王巢松年譜》"丁未四十歲":"新正……初九日,八弟到,陳俊亦隨至。出大人手諭,始知吾母果於十一月初八日長逝。"

十二月
王揆公車北上。

《奉常公年譜》卷四"五年丙午七十五歲":"十二月,子揆北上。"

冬
王抃續娶錢氏。

《王巢松年譜》"丙午三十九歲":"(臘月)偶得一信,知六弟於冬續弦。"

本年
顧湄爲愚一畫《月澗圖》。

《澄蘭室古緣萃錄》卷八《名畫合璧·月澗圖》:"庚申十月九日爲愚一先生正,維亭顧在湄苻文。"後竹朋跋:"顧湄字苻文,號伊人,名載。……今觀此幅,意境幽深,與石谷諸君子并列應無愧色。"李佐賢又跋:"知當時善畫者爲石谷所掩多矣。"

石濤初到宣城,交宣城諸子,入詩畫社,相與唱和。

《石濤詩錄·石濤東下後的藝術活動年表》。

慈湖姜宸英客婁。王揆常招姜氏游西田,飲酒東園,并請其爲《揚州唱和詩》。是時,沈受宏始識姜宸英。

《白溇先生文集》卷一《姜西溟時論序》:"今天子即位之二年,詔禮部,更定制藝,以古策論取士,斥去八股舊習,於是操觚家競起爲文。……今年春,姜子客婁,予訪於梅村之梅花庵。"

姜宸英《葦間詩集》卷一《寄王端士進士,值余爲其揚州唱和詩序》。

王揆有江西之行。

《巢松集》卷二《哭母十首》第一首自注:"時余就試北上,仲兄亦有江右之行。"

康熙六年丁未（1667年）二十六歲

正月

初九，王掞抵京，告知王抃徐母之變。三日後，王抃南歸。

　　《王巢松年譜》"丁未四十歲"："新正……初九日，八弟到，陳俊亦隨至。出大人手諭，始知吾母果於十一月初八日長逝。一時悲痛欲絕，急料理歸裝，十二日早即出都。自朝至暮，三千里内，涕泗未嘗一刻乾也。二月初九日，抵家撫棺一慟，真不欲生。"

　　按：《巢松集》卷二《哭母十首》第一首自注"時余就試北上，仲兄亦有江右之行"，第二首："少弟公車入帝京，訃音初到已春正。"

内秘書院大學士魏裔介至京師，即入院辦事。

　　《魏貞庵先生年譜》"丁未公五十二歲"："春正月，至京師，即入院辦事。"

二月

初九，王抃抵家，撫徐母之棺痛哭。王抃後於東郊建竹屋讀書處，王鑑爲之寫圖，黃與堅爲之記。

　　《願學齋文集》卷十九《竹屋讀書記》。

　　《王巢松年譜》"丁未四十歲"："二月初九日，抵家撫棺一慟，真不欲生。守墓五十日。二兄、七弟，晨夕相聚。追念吾母生前，不禁五内迸裂。"

春

周翼微、郁東堂植復游京師。

　　《白漊先生文集》卷一《贈王弘道憲尹序》。

四月

王鑑爲悔庵作《王圓照仿叔明長松仙館圖軸》，賀其五十初度。

　　《虛齋名畫錄》卷九《王圓照仿叔明長松仙館圖軸》。

翰林榜一甲繆彤、董訥等，二三甲張英、儲振玉等。

　　《歷代名人年譜》卷十《清》第67頁："是年翰林榜，一甲繆彤、張玉裁、董訥，二三甲夏沆、張英……儲振玉等十二人。"

　　按：儲振玉，字玉依，號退庵，宜興人。康熙九年爲進士同考官。

九月

内秘書院大學士魏裔介與冢宰杜立德主考武會試。

　　《魏貞庵先生年譜》"丁未公五十二歲"："九月，命公同冢宰杜立德主考武會試。"

吴偉業在獅林精舍爲舜工寫《吴梅村山水軸》。

　　《虚齋名畫録》卷十《吴梅村山水軸》。

蕭雲從七十二歲游金陵，爲八十四歲老友胡曰從作山水。

　　《虚齋名畫録》卷十《蕭尺木山水軸》："胡公九十好林居，三十年前老秘書。螺匾心潛羲頡學，凌雲大字光椒除。即今高卧紫峰閣，天下何人不式廬。氣卷靈春太液潤，道漾夢縕青陽舒。燒蘭舊賜宮中燭，倚褥仍安下澤車。淇水洋洋數竿竹，頤期衛武歌璠璵。文章善後延松鶴，敬爲胡公賦遂初。曰從先生長余十二歲，別三十年，偶來金陵，拜瞻几杖，年開九裘，人景千秋，猶鐫小印，篆成蠅頭，神明不隔，真壽徵也。丁未九月，區湖七十二弟蕭雲從詩畫呈教。"

　　鈐印："雲從"（朱文長方）、"前丙申生"（白文正方）、"華古堂"（朱文正方）、"中心藏之何日忘之"（朱文正方）。

　　按：有"定岺曹氏珍藏"（白文長方）收藏印。

除夕

王時敏爲祖父文肅公忌辰守歲。

　　《王烟客先生集·西廬詩草》下卷《丁未除夕小盡爲文肅公忌辰》。

本年

麓臺四叔王持母子棄高橋住宅，欲卜居東城。麓臺三叔王撰以廳堂議典與居。

　　《奉常公年譜》卷四"六年丁未七十六歲"："四房母子棄高橋住宅，欲卜居東城。三子以廳堂議典與居。"

麓臺姻親程啓生。

汪世清《石濤詩録・石濤東下後的藝術活動年表》。

　　按：汪世清《石濤詩録・石濤東下後的藝術活動年表》稱，康熙三十五年，程浚仲子啓，字衣聞，號鶴岑，年三十，故可知其生於康熙六年。程啓與石濤爲友，其弟程鳴學畫於石濤，後亦以畫名。

康熙七年戊申（1668年）二十七歲

正月

王鑑作《王圓照仿古山水册》十幀，沈白、汪琬跋。

《虛齋名畫錄》卷十四《王圓照仿古山水册》十幀，第一幀淡設色，"仿燕文貴"。第二幀水墨，"仿江貫道"。第三幀青綠，"仿趙文敏"。第四幀水墨，"仿叔明"。第五幀設色，"擬子久"。第六幀水墨，"仿倪高士"。第七幀水墨，"仿梅道人"。第八幀淡設色，"仿陳惟允"。第九幀水墨，"擬馬文璧"。第十幀設色，"仿李營丘"。後跋："歲在戊申春王正月，庭前綠萼初華，暗香入簾，案頭筆硯精良，頗覺清適。偶得宋元畫册，遂染成此十幀。雖不能彷彿古人萬一，但余衰暮尚爾懇習，較之好博弈者聊勝一籌耳。婁水王鑑。"

按：第五幀"擬子久"上有沈白跋："世之仿一峰道人者，稍加勾勒，不事皴染，往往以蒼硬、老辣爲能事。此或其晚年游戲則然，非專詣也。吾郡董文敏、朱太常兩家所藏真迹，溫潤妍秀，氣厚而神遠，余猶及見之。廉州工於摹古，是幅深得《浮嵐暖翠》三昧。損公携過離垢園，靜對展閱，巖桂弄香，秋日澄霽，何減少文撫琴動操時？庚戌秋八月廿有五日，雲間沈白貢園氏書於水木清華之室。"

第七幀"仿梅道人"上有汪琬跋："廉州寫出仲圭神，幾筆山林造化真。我向武塘曾吊古，稜稜石塔幻中人。梅道人石塔在嘉善梅花庵中，過之者咸以爲高僧，必致敬禮。夫出格道人，迥無凡相，與高僧何殊。廉州王公又爲之重開生面，仲圭在焉，呼之或出矣。古吳汪琬。"

三月

上旬楚游，訪李元伏。經邗上，冒襄招飲紅橋。

《王巢松年譜》"戊申四十一歲"："三月中，二兄有楚游，爲訪李元伏也。"

按：冒襄《同人集》卷七收錄王揆《戊申客邗上巢民先生招飲紅橋賦謝》稱："余於役楚江，道經邗上。適逢冒子來自吳門，數秦淮握別之期，記雉皋遺書之日，三十載，故人無恙。"

春

王鑑作《王圓照仿子久陡壑密林圖》。

《虛齋名畫錄》卷九《王圓照仿子久陡壑密林圖軸》："元季四大家推黃子久爲第

一,《陡壑密林圖》乃其生平得意之作,向爲太原奉常公所藏,今已歸之山左友人,不可復見矣。余時形夢寐,晴窗閒適,追思其法成此幀,愧不能彷彿萬一,擲筆爲之憮然。戊申春日,畫於染香庵之梅花窗下。王鑑。"

鈐印:"員照"(朱文圓)、"染香庵"(朱文長方)。

沈受宏作《贈王弘道憲尹序》,記其與毛亦史、郁東堂、王吉武數子之間的交友經歷。

《白漊先生文集》卷一《贈王弘道憲尹序》。《白漊集》王吉武序。

五月

王時敏買舟渡江,赴額駙王長安之邀,經旬而返。

《王巢松年譜》"戊申四十一歲":"額駙王長安渴慕大人已非一日。五月初,特遣使持書幣相迎,情不能却,遂買舟渡江款洽,經旬而返。"

六月

王翬爲逸園作《王石谷仿江貫道夏木垂陰圖》。

《吳越所見書畫錄》卷六《王石谷仿江貫道夏木垂陰圖》。本年除夕王時敏跋:"江貫道專師巨然,其皴法不甚用筆,而以墨氣濃淡,洇(渲)運爲主。鄧公壽作《畫繼》,在岩穴上士之列,爲南宋第一名家。石谷此圖,林麓映帶,峰嶺紆迴,皴染位置,悉得巨然三昧,雖規摹貫道,而取精去粗,遠出於藍,自非於逸園有殉知之合,何以得此。嘆羨,嘆羨。戊申除夕前一日,西廬老人王時敏題。"

七月

下旬,麓臺五叔王抃棄北宅,遷至鶴來堂。

《王巢松年譜》"戊申四十一歲":"六月初,余將北宅售閔雲繼,初意欲住賣秧橋王□□舊宅,其中不無窒礙,大人亦以爲不可,乃典鶴來堂一帶,連契面修理及門面二間,家人屋三間,共約四百金。後又加借一百兩。伯兄失明之後,足跡罕至,墻垣棟宇,半就傾頹,所以葺治甚費。於七月下旬遷入。"

《巢松集》卷二《將遷鶴來堂呈家大人》:"黃閣家聲衆所尊,百年堂構至今存。棟梁總藉先人澤,松菊猶留故園恩。倏度滄桑悲往事,每思源本念諸昆。愁多獨喜親闈近,重得晨昏侍寢門。"同卷《移居後柬周臣伯兄二首》,其一:"二十年前事若風,梨園絲竹夜燈紅。豈知童稚嬉游處,老大重來憩此中。"其二:"曾栖北郭一枝安,瞥眼流光感百端。不是敝廬難更守,恐閑姜被夜深寒。"

按：王抃此時"書畫金珠、酒鎗玩器，凡先世所遺者，已蕩然無復存"。

八月
王鑑作《王圓照溪山雪霽圖軸》。

《虛齋名畫錄》卷九《王圓照溪山雪霽圖軸》："戊申秋仲，仿李營丘《溪山雪霽》。王鑑。"

鈐印："員照"（朱文圓）、"染香庵主"（白文正方）、"松下清參"（朱文長方）。

冬
王時敏游杭州西泠，王抃往江西吉州，看望姻親吉州司馬許堯老。父子聯舟曉發，於武林舟次拜別。王抃在吉州與汪琬晤對，時汪氏奉尊甫僑居吉州。後王抃又登青原山禮無可大師。

《王巢松年譜》"戊申四十一歲"："許堯老爲吉州司馬，前曾相約，尚在猶豫。因是秋歲事不佳，始決計一往。爾時大人亦有湖上之游，遂奉之而出，於武林舟次，拜別渡江。先到紹興，訪孫沂水，情義雖甚懇懃，而毫無實惠，即覓舟竟抵吉安。堯老一見甚歡，五階暨希濤皆在。……此番堯老相遇不薄，郡尊郭廬陵于，各有所贈。又持孫沂水扎（札），游於萬安。……重返吉安，已臘月初十後矣，急束裝從大江歸。……在毗陵舟中度歲。"

《巢松集》卷二《奉家大人游湖上，時余有吉水之行，舟次拜別》："趁曉聯舟發，臨歧各黯然。"同卷《渡錢塘》："幾度驅車涉揚子，追數流光疾如矢。……我來今日渡錢塘，奔流倒景何蒼茫。……前程欲買章江棹，挂帆直上廬陵道。"同卷《贈汪舟次（時舟次奉尊甫僑居吉州）》《登青原山禮無可大師》。

按：《奉常公年譜》卷四"七年戊申七十七歲"稱，父子出游時在九月。

除夕
王抃在舟中度歲。

《巢松集》卷二《除夕舟次毗陵同邵履貞作》："明星漸落兩年分，此夕孤舟我共君。爆竹聲中良夜酒，女墻影裏異鄉雲。兼程尚隔趨庭路，殘橐空留送鬼文。猶幸樽前知己在，天涯何必嘆離群。"

本年
王抃子遵辰生。

《王巢松年譜》"戊申四十一歲"："是年，六弟得箴六姪。"

王撰以住宅售王據。

《王巢松年譜》"戊申四十一歲":"三兄住宅售七弟。"

因長子王挺廢病且貧,王時敏囑咐諸子分銀資助其家祠設饗。

《奉常公年譜》卷四"七年戊申七十七歲":"有再囑一則,謂家禮尊祖敬宗,人倫慎終追遠,惟祭祀爲最重。我生平於此最爲注心,以長子廢病且貧,而家祠設饗一次,約費數金,恐或致闕略,命諸分各助資費,先期出單遍約,每分若干,收取備辦。篇中兼及薦新至清明十月朝展墓之例。"

翁叔元欲謀入籍大興。

《翁鐵庵年譜》"七年戊申叔元三十六歲":"謀入籍大興,應試例必由府庠生之廩生保結以進。有張生劭者,貪而怯。余囊中所有,盡爲其迫索,惟餘一被,逼令質典,中得數百錢,攫而去。少不遂,即疾言遽色,加罵詈焉。"

湯斌遇黃與堅於錫山,爲其《忍庵集》作序。至康熙二十二年,湯斌之序乃成。

《願學齋文集》湯斌序:"(黃與堅)操履端靜,雖出入禁林,官稱侍從,而所居委巷販門,竟日無剥啄聲。"

康熙八年己酉（1669年）二十八歲

正月

初三，王抃抵家，時王時敏及諸子俱集王扶齋中。

《王巢松年譜》"己酉四十二歲"："新正三日抵家，恰遇迎春，大人及諸兄弟俱集六弟齋。大人見余歸，甚喜。"

《巢松集》卷二《舟中元旦》："菱花青鬢馬蹄塵，荏苒頻驚歲序新。閱世豈知明日事，到家已是隔年人。"

二月

常熟籍翁叔元入大興永平參加鄉試得第二名，主考爲金壇蔣虎臣。八月試京兆不售。

《翁鐵庵年譜》"八年己酉叔元三十七歲"："正月策蹇赴永平。二月，學使者金壇蔣虎臣先生按永。試日，永人士環集轅門，排擊異籍者。叔元雜軍牢中，以入日未午草四議以出，案發，叔元名第二。覆試日，文宗命至案前，屏左右密語曰：'子何許人？'叔元無以應。曰：'子知我不首錄之意乎？'……次日，賜《四書》《尚書舌存》各一部，文宗之尊人楚珍先生所著述也。……八月試京兆不售。"

按：蔣鳴玉，字楚珍，號中完，江蘇金壇人。崇禎十年進士，官台州推官，著《尚書舌存》等。

三月

六日，王翬作《王石谷贈石門先生山水軸》，王時敏、王鑑、吳偉業分別題跋。康熙十年，王翬以此畫贈石門先生。

《虛齋名畫錄》卷九《王石谷贈石門先生山水軸》："歲在己酉三月六日，虞山石谷子王翬畫。"

鈐印："王翬之印"（朱白相間正方）、"字石谷"（白文正方）、"烏目山樵"（朱文橢圓）。

又跋："辛亥秋九月八日，承石門先生枉顧山齋，盤桓信宿，臨行出此以贈。王翬又識。"

鈐印："王翬之印"（白文正方）。

王時敏跋："十里溪塘水亂流，晴沙細草卧江鷗。試看一片春山色，雙燕差池逼枝頭。康熙己酉立秋後三日,西廬老人王時敏題,時年七十有八。"

钤印:"王時敏"(白文正方)、"烟客"(朱文正方)、"西田"(朱文葫蘆)。

王鑑跋:"參差林影忽聞樵,松底茆庵隔澗橋。閑策短筇溪上立,不知塵世有喧囂。庚戌嘉平廿四日,題於染香庵。王鑑。"

钤印:"王鑑之印"(白文正方)、"湘碧"(朱文正方)。

吳偉業跋:"老去支筇已不勝,興來猶上最高層。長松落落微陰裏,只少斜陽掃葉僧。吳偉業。"

钤印:"吳偉業印"(白文正方)、"梅村"(朱文正方)。

按:上有"姚氏少英平生真賞"(朱文長方)、"泉唐姚氏少英父鑒藏金石書畫之印章"(朱文長方)收藏印。庚戌,即康熙九年。

王時敏楓橋掃墓畢,渡太湖至洞庭席氏吊喪。次日登莫里峰,游翠峰寺諸勝,并游席氏家園。

《奉常公年譜》卷四"八年己酉七十八歲"。

春

惲南田作《惲南田曾(層)巒幽溪圖軸》。

《虛齋名畫録》卷九《惲南田曾(層)巒幽溪圖軸》:"學趙善長曾(層)巒幽溪。澗户盤紆,蒼翠在目,筆致蕭散,自謂得離披荒落之趣,非時俗所能夢見也。己酉春日東園惲壽平。"

钤印:"正叔"(朱文正方)、"壽平"(白文正方)。

按:上有"鷗天閣"(白文長方)、"父子鼎甲兄弟翰林"(白文正方)收藏印。

四月

王抃同張佩將北上應試。王發祥從中州入京候補,九月中旬卒。

《王巢松年譜》"己酉四十二歲":"初夏同佩將北上……七月望前,忽聞叩門聲,啟户視之,乃旭咸也。云因附糧艘,故爾到遲。……余抵京時,長源從中州初返,見其形容憔悴,心竊憂之,然尚未委頓也。場後漸劇,至九月中旬,遂至不起。貧無以殮,余爲此淹留不能出都,遍謁諸大佬求助,并爲之經理治喪。幸爾時黄敬瞻亦在。敬瞻,長源兒女親家也。"

《端峰詩續選》卷二《王長源暨師母安葬,走送有述》:"往事依稀四十年……零落歸魂楚水邊(師以己酉病殁都門,師母則辛丑楚歸卒於舟次)。"

約五月

毛師柱與晉陵張時叔、劉典一、周六皆、澄江鄧獻誠、翼曾等同舟渡江北游。七十多日後抵京。

《端峰詩選·五言律·己酉北游渡江作》、《端峰詩選·七言律·己酉夏五將適都門雨中晚泊京口》。

《端峰詩選·七言律·將至都門賦柬同學諸子》："親闈渺渺白雲邊，江月曾經兩度圓。七十日來鄉信杳，三千里外客心懸。"

八月

麓臺中式舉人，時功令仍復八股。同時中舉者有錢三錫、王黃立、徐秉義等。

《王巢松年譜》"己酉四十二歲"："重九後一日，余方擁被熟睡，成博忽敲門來報，直至榻前云：'汝家茂京又中矣。'聞之不覺驚喜交集。"

俞天倬《太倉州儒學志》卷二《科名》："八年己酉。王原祁，茂京，號麓臺，撰子。庚戌（康熙九年）聯捷蔡啓僔榜，任縣知縣，行取刑科，改授翰林院，現任侍讀學士。"

《（民國）太倉州志》卷十《選舉》。

按：錢三錫，字宸安，號葭湄。徐秉義，字彥和，號果亭。《太倉州儒學志》刊刻於康熙四十七年。

王翬爲新安寓居虞山商人張以韜作《王石谷來鶴圖卷》，後游白門。

《吳越所見書畫錄》卷六《王石谷來鶴圖卷》。

按：《王石谷來鶴圖卷》後有王時敏（康熙九年六月）、吳偉業、王鑑、金俊明（康熙十一年仲春）、歸莊、鄭敷教（康熙十四年）、徐乾學（康熙十七年）跋。

麓臺與徐乾學同爲康熙九年進士，徐氏比麓臺大九歲，但兩人的詩文交往并不多，《罨畫集》卷一有《別同年徐健庵先生留飲二首》，其一："華國文章信少雙，故應砥柱壓驚瀧。著英年恰齊司馬，風度人還擬曲江。身列台星懸北極，家分藜火照西窗。匆匆欲別難爲別，小戶因君倒玉缸。"其二："憶自陳辭出禁林，高懷知不計升沉。即看柱史千秋業，已盡江潭三載心。梅雨尊憐鄉夢遠，桃花水記別情深。玉山山下分襟去，何處黃鸝聽好音。"

徐乾學，字原一，號健庵，江蘇崑山人。崇禎四年生，康熙三十三年卒。康熙二十九年至康熙三十一年間，邀姜宸英、查慎行等同至洞庭東山修撰《大清一統志》。

九月

毛師柱與周翼微、郁東堂、沙定峰、阮疇生、顧仲光、黃天濤輩數十人，集琉璃廠登高，共爲金臺唱和之什。

《端峰詩選》趙貞序："丁未歲余游京師，毛子亦以酉年秋來會邸舍。當是時，同里周子翼微、郁子東堂、澄江沙子定峰、輪山阮子疇生、雉皋顧子仲光、吳陵黃子天濤輩十人，共爲金臺唱和之什。"

《端峰詩選·七言律·九日集琉璃廠登高得十灰韻》。

《端峰詩選·七言絕·己未九日維揚舟中雜興》，其二："總教人老客途中（戊午客游魏博，追隨家如石叔，集魏臺爲登高之會）。"其三："此日重傷旅客情（乙卯九日，王顓庵太史招同桑雨嵐比部暨王衛仲、沈台臣宴集山左試院，今春桑復視學東省，相邀前往）。"其四："故使帆遲一日來（己酉客都門，偕黃天濤諸子集琉璃廠登高，茲過吳陵訪黃天濤，計次日方得相晤）。"其五："十年前事猶如昨，皁帽西風白下游（丁未偕曹九咸孝廉客游白下，九日泊舟梁溪）。"其六："不得停橈訪華門（乙巳九日，如皋冒巢民司李招集水繪賞菊旬日）。"

秋

王鑑爲公濟作《王圓照仿古山水軸》。

《虛齋名畫錄》卷九《王圓照仿古山水軸》。

第一幀淡設色，"行人返深巷，積雪帶餘暉。此右丞詩中畫也，不識此畫中有詩否。湘碧鑑"。

第二幀水墨，"北苑畫變化莫測，思翁所謂畫中之龍，信不虛也。此圖欲仿其意，愧未能夢見。王鑑"。

第三幀青綠，"壇高紅樹遶，遠院白雲封。仿馬文璧。王鑑"。

第四幀淡設色，"余乙未年與張約庵使君聯舟南下，出其所藏江貫道長卷見示，妙有幽微澹遠之致，得縱觀兩月，忽忽將二十寒暑矣。此圖仿之，不免邯鄲學步之誚，何如何如。湘碧鑑"。

第五幀水墨，"溪雲初起日沉閣，山雨欲來風滿樓。仿李唐筆意。鑑"。

第六幀青綠，"柳塘春水漫，花塢夕陽遲。以三趙筆法合爲之，未識得似一二否？染香庵主"。

第七幀水墨，"范寬筆法原與董、巨相似，但雄壯過之。此圖爲吾婁王奉常所藏，聞已爲人易去。今擬其意，不求形似也。鑑"。

第八幀青綠，"仿趙文敏雲壑松陰"。

第九幀淺絳，"叔明《關山蕭寺圖》向爲王文恪公家珍藏，乃其生平得意之作。今秋得觀於拙政園中，遂仿此法。湘碧鑑"。

第十幀淺絳兼青綠，"子久《秋山圖》爲京口張氏收藏，董文敏謂此大痴一生傑作,此圖擬之。鑑"。

第十一幀水墨,"黄鶴山樵《雲壑松陰》,余曾見於長安孫少宰齋,已二十餘年矣,時形之夢寐。追思其意爲之,不知合作否?湘碧鑑"。

第十二幀淡設色,"己酉新秋,寓半塘精舍,大千道兄過訪,以尊翁公濟先生六十華誕在癸丑小春,預出絹素,索余拙筆,爲是歲華封之祝,特仿古十二幀以應之。婁東王鑑"。

按:《歸石軒畫談》卷五載,"虞山石谷王郎者與王奉常稱筆墨交。奉常咨論古今名迹,王郎爲述《沙磧》、《富春》諸圖云云,奉常勿愛也,却呼石谷:'君知《秋山圖》耶?'因爲備述此圖。蓋奉常當時寓目間如鑒洞形,毛髮不隔,聞所説怳如懸一圖於人目前。其時董宗伯棄世久,藏圖之家已更三世,奉常亦閲滄桑且五十年,未知此圖存否何如,與王郎相對嘆息而已。石谷將之維揚,奉常云:'能一訪秋山否?'以手札屬石谷,石谷攜書往來吴興間,對客言之。客索書觀奉常語,奇之,立袖書言於貴戚王長安氏。王氏果欲言之,王氏果欲得之,并命客渡江物色之。於是張之孫某悉取所藏彝鼎法書,并持一峰《秋山圖》來。王氏大悦,延置上座,出家姬合樂享之。盡獲張氏彝鼎法書,以千金爲壽。一時群稱《秋山》妙迹已歸王氏。王氏挾圖趨金閶,遣使招婁東二王公來會。時石谷先生便詣貴戚,揖未畢,大笑樂曰:'《秋山圖》已在囊中。'立呼侍史於座取圖觀之。展半,貴戚與諸食客皆睨視石谷辭色,謂當狂叫驚絶。比圖窮,惝怳若有所未快。貴戚心動,指圖謂石谷曰:'得毋有疑?'石谷唯唯曰:'信神物何疑。'須臾,傳王奉常來。奉常舟中先呼石谷與語,驚問:'王氏已得《秋山》乎?'石谷詫曰:'未也。'奉常曰:'贗耶?'曰:'是亦一峰也。'曰:'得矣,何詫爲?'曰:'昔者先生所説歷歷不忘,今否否焉。睹所謂《秋山》哉?雖然,願先生勿遽語王氏以所疑也。'奉常既見,貴戚展圖,奉常辭色一如王郎,氣索強爲嘆美。貴戚愈益疑。又頃,王圓照郡伯亦至,大呼《秋山圖》來,披指靈妙灑灑不絶口,戲謂王氏非厚福不能得奇寶,於是王氏釋然安之。嗟夫,奉常曩所觀者豈夢耶?神物變化耶?抑尚押藏耶?咸有籧玉之毁耶?其家無他本,人間無流傳,天下事顛錯不可知。以爲昔奉常捐千金而不得,今貴戚一彈指而取之,可怪已。豈知既得之而復有淆訛舛誤,而王氏諸人至今不窹,不亦更可怪耶。王郎爲予述此,且訂異日同訪《秋山》真本,或當有如蕭翼之遇辨才者。南田壽平燈下書與王山人發笑。"

王掞公車北上。

《顓庵府君行述》:"乙酉秋……先大夫乃受命行,抵都,館文恪公邸第,鍵户讀書,日課數藝,不交一客。文恪公益心重先大夫。"

按:《奉常公年譜》卷四"八年己酉七十八歲":"冬初,子抃抵家。子掞及長孫原祁公車北上。"

十月
王時敏祭掃後詣靈巖山。麓臺五叔王抃北歸抵家。

《奉常公年譜》卷四"八年己酉七十八歲":"十月,祭掃後,詣靈巖山。冬初,子抃抵家。"

十一月
陸隴其北上赴考。

《陸清獻公日記》卷二,康熙八年、九年《公車記》。

按:十一月十一日陸隴其從家中出發,途經嘉興、蘇州、常州、鎮江、揚州、高郵、寶應、淮安等地,行至清江浦閘口遇趙申喬。

冬
麓臺七叔王攄東遷,三叔王撰移居東偏小宅。

《奉常公年譜》卷四"八年己酉七十八歲":"是冬,子攄東遷,子撰乃移居東偏小宅。"

除夕
王抃次王時敏韻,時爲文肅公忌辰。

《巢松集》卷二《除夕小盡爲文肅公忌辰,敬次大人原韻》:"身賤親恩無可報,家貧世事總難支。"

本年
王抃延王聞炳訓兆新、兆建兩兒。

《王巢松年譜》"己酉四十二歲":"是年,兩兒俱從蔚儀。"

內史院大學士魏裔介修《知統續錄》。時吏部疏言,直隸道府應盡用滿洲官,魏裔介建議兼通滿漢者乃可。

《魏貞庵先生年譜》"己酉公五十四歲":"修《知統續錄》。……時吏部疏言,直隸道府應盡用滿洲官。是日,同金公巴泰在瀛台啓奏,上詢:'可不可?'公對曰:'何爲不可,但各府州縣文皆漢字,未便翻譯,須用兼通滿漢者乃可。'"

王翬與惲壽平在揚州,合作臨摹江貫道《江山無盡圖》,成《惲南田與王石谷合臨江貫道江山無盡圖》。

《吳越所見書畫録》卷六《惲南田與王石谷合臨江貫道江山無盡圖》。

王玠（衛仲叔）下交王抃。

《王巢松年譜·總述》:"衛仲叔祖亦於是年下交,頻頻過晤,每有相聞,無不立至,意況殊寂寞也。七八年中,無事不真實相爲,至於口中推許,幾於逢人説項,心甚感之。壬子（康熙十一年）秋,爲募建梵鐘,小試行道,次年即門庭如市,與漸覺冷落後,復有一二瑣事相左,遂不無嫌疑,交好迥非昔日矣。夫翻雲覆雨,暮楚朝秦,此千古炎凉常態也。泛交者,何足深計,乃有不在泛交之列,以我爲無益於彼,而棄之如敝履者矣,亦有以余不肯堕其術中,而視爲厭物者矣。當此亦惟反躬自愧而已,豈可以之責人哉？"

康熙九年庚戌(1670年)二十九歲

正月

陸隴其至京師，準備參加禮部考試。

《陸清獻公日記》卷二："庚戌正月十六過堂，二月初七進内城，小寓，十六復至外城寓，廿八揭曉。長班至鴻臚寺報名，廿九黎明進朝謝恩於午門外，行三跪九叩頭禮。閏二月三十日至禮部領殿試卷。"

按：《陸清獻公日記》卷三稱，陸隴其於康熙十四年二月二十八日再次進入彰義門，"進寓接待寺（寺僧號耐如）"。

二月（閏月）

初六日，魏裔介入闈，公矢慎誓之於神，嚴搜細討，力求積學老成之士。

《魏貞庵先生年譜》"庚戌公五十五歲"："二月初六日，入闈公矢。公矢慎誓之於神，進呈題之後，公即擬作三篇。卷至晝夜閱視，無一字不經目。有文可頡頏而難以定去取者，必合前後場比較以定其去取。又諭諸同考官曰：'考試官好取青年門生，故擇文字秀嫩者入選，殊不知積學之士困苦一生，其文必出經入史，命意高遠，修詞古奥，若不加意搜索，則彼終無出頭之日矣，切不可也。'"

上命内閣秘書院大學士魏裔介、吏部尚書龔鼎孳爲會試正考官，刑部左侍郎王清、内國史院學士田逢吉爲副考官。徐乾學、李光地、張鵬翮、郭琇、趙申喬、王掞、王原祁、李振裕、陸隴其等同成進士。

《大清聖祖仁皇帝實錄》卷一百二十九。

《魏貞庵先生年譜》"庚戌公五十五歲"："是科文最典雅高古，得人最盛。以宮夢仁爲首榜，如李公諱光地、張公諱鵬翮、郭公諱琇、徐公諱乾學、趙公諱申喬、王公諱掞、李公諱振裕、陸公諱隴其、邵公諱嗣堯，皆榜中士也。江南選文家如盛珍示、蔡九霞、王惟夏、許燕及等皆以爲起數十年之衰。"

三月

初一，王原祁、王掞、陸隴其、張爲焕等在京參加殿試。

《陸清獻公日記》卷二："三月初一，殿試。黎明，進至太和殿前行三跪九叩頭禮畢，殿上傳策問，下皆跪受。起就位，单東雙西，皆立書。初三，至禮部領三枝九葉頂。初四,傳臚至太和殿前,俟讀卷官朝畢,鴻臚寺引諸進士分班跪下。傳臚畢,行三跪九叩頭禮。隨榜出至東長安門外看榜。初六,至禮部喫恩榮宴。初十領賞,黎明至午門外跪受畢,行三跪九叩頭禮。隨穿便服至闕左門候内院選庶吉士。十五黎明至午門外謝恩,行三跪九叩頭禮。十六辰刻,至國子監謁先師廟,先行二拜禮,皆鵠立,俟三鼎甲至殿上獻酒,二、三甲首名至兩廡分獻畢,復行二拜禮而退廟門,鼓吹彩旗迎至彝倫堂,見祭酒在監者,行四拜禮,餘行二拜禮祭酒坐受,臺上設酒肴,拜畢拈花易服而出,是爲釋褐。時漢祭酒李仙根。十七,遣長班至禮部繳頂。廿二,會館迎賀宴於報國寺。……五月十三日至蘇州,會趙申喬父(兵部主事趙繼鼎)。"

按:《頫庵府君行述》:"庚戌,成進士。座主爲相國柏鄉魏公(裔介)、大宗伯合肥龔公(鼎孳)、少宰海豐王公(清)、學士高平田公(逢吉)。本房則陽羨檢討儲玉依先生。"儲振玉,字玉依,號退庵。崇禎十五年生,康熙二十九年卒(見儲欣《在陸草堂文集》卷四)。

《江南通志》卷一百二十四《選舉志進士》稱,王原祁與葉燮、八叔王揆、張爲焕等同登庚戌科蔡啓僔榜進士。王揆、王原祁叔侄同榜,科目中傳爲盛事。《頫庵府君行述》:"時少司農麓臺兄原祁亦舉進士,叔侄同榜,科目中傳爲盛事。"麓臺爲二甲第二十名。

麓臺在京期間,與陸隴其等討論《述而》義理,主張與古人心意相通,去"妄"。

陸隴其《四書講義困勉錄》卷十。

按:這些論述顯示了麓臺以及陸隴其等人的"復古"思想。何謂"復古"?述而不作,與古人心意相通,維持道統之正,防止産生異端。陸隴其與王原祁同爲康熙九年進士,康熙十八年魏象樞以清廉官薦舉陸氏,其"國家用人,不必分其門而黜其違;貫政惠民,不必格成議而循迂見者"觀點,針對的是康熙三十年間輸錢買官,是以保舉法針對捐納縣令之舉。康熙三十一年,陸隴其卒於家。陳廷敬《陸隴其墓誌銘》稱,"余薦君以廉吏,而君以學術爲政事。"陸隴其《四書講義困勉錄》卷十載:"庚戌(康熙九年)王原祁講竊比句云作者之聖,固不敢以妄居,即述者之明亦何容以輕擬。"

毛師柱將歸江南,謝別大宗伯龔鼎孳、大宗伯王崇簡、大司空王熙、學士宋公德宜諸先生。後江寧紀伯紫、同安、阮疇生、江陰沙定峰、武林鄭有章、吳六平、黃天濤、田太虛、華亭徐合素、宜雲、如皋顧仲光、冒穀梁、石宜卿、丹徒劉長康、江都鄭宗遠、同邑周子俶、周翼微、郁東堂、趙松一、顧商尹、曹鄭興、陳緯、曹九咸、郁尹衡、徐扶九諸同人攜樽餞送。

《端峰詩選·五言律·庚戌春暮將歸江南，謝別大宗伯龔公芝麓、大宗伯王公敬哉、大司空王公胥庭、少司農嚴公絜庵、學士宋公蓼天諸先生》》《端峰詩選·七言律·將歸江南，諸同人攜樽餞送，即席分得衣字，同集爲江寧紀伯紫、同安阮疇生、江陰沙定峰、武林鄭有章、吳六平、海陵黃天濤、田太虛、華亭徐合素、宜興陳緯雲、如皋顧仲光、冒穀梁、石宜卿、丹徒劉長康、江都鄭宗遠、同邑周子俶、周翼微、郁東堂、趙松一、顧商尹、曹九咸、郁尹衡、徐扶九》。

按：《庚戌春暮將歸江南，謝別大宗伯龔公芝麓、大宗伯王公敬哉、大司空王公胥庭、少司農嚴公絜庵、學士宋公蓼天諸先生》詩中有："幸得頻懸榻，何曾一掃門。賞音簪紱貴，養拙布衣尊"，可知毛師柱以館師身份滯留京師。

春

麓臺弟王原博、七叔王攄子昭復（後改名旦復）同補博士弟子員。

《奉常公年譜》卷四"九年庚戌七十九歲"："子掞及長孫原祁同榜成進士，掞選庶吉士。次房孫原博、七房孫昭復（後改名旦復）同補博士弟子員。時三房孫試而見遺，公卜關聖籤有'巍巍獨步向雲間'之句，乃令俟校松郡，時借名再考，遂借吳日（曰）表名，列入府庠。"

王掞游浙中一帶，頗有所獲。與許旭、王攄等同游拙政園。

《王巢松年譜·總述》："新遷幾年間，春屬俱安，定省較便。庚戌春，游於浙中，又頗有所獲。"

《巢松集》卷二《同許九日、范羽玄、楊星源、家虹友游拙政園》："頻年寂寞臥蒿萊，金谷同游亦快哉。"

四月

榜發。一甲孫在豐、徐乾學等，二三甲李光地、王掞、陳夢雷等二十七人。

《歷代名人年譜》卷十《清》第 68 頁："是年翰林榜，一甲蔡啟僔、孫在豐、徐乾學，二三甲李光地……王掞……陳夢雷……等二十七人。"

按：王昶《春融堂集》卷六十五《王原祁傳》稱，麓臺於康熙九年"成進士，觀政吏部"。

麓臺與王掞叔侄同榜的消息傳至太倉，王氏家族欣喜異常。

《王巢松年譜》"庚戌四十三歲"："三月初四晚，諸兄弟俱集鶴來堂，方在小飲，而八弟、茂京之捷音至矣。蒲月中,又得八弟庶常信。"

五月
麓臺歸里。

《王巢松年譜》"庚戌四十三歲":"茂京於端節後錦旋。"
《奉常公年譜》卷四"九年庚戌七十九歲":"長孫於五月中歸里。"
按:汪曾武《外家紀聞》稱麓臺此時候補中書。汪琬《堯峰文鈔》卷十九《誌銘》九《王母徐夫人墓誌銘》:"原祁,康熙庚戌科進士,候補內閣中書舍人。"

十三日,麓臺長子王暮生。

《奉常公年譜》卷四"九年庚戌七十九歲":"五月十三日,始得曾孫,名之曰暮。長孫原祁所出也。"

得王掞館選庶吉士之信,王時敏宅中賀客滿堂,汪琬寄詩相賀。烟客作家訓一篇五則,首先敦睦、省察功過、敬恭桑梓、慎收童僕、早完國課。

《王巢松年譜》"庚戌四十三歲":"蒲月中,又得八弟庶常信。大人毫無喜色,遍告親知,嚴諭童僕,惟'持盈保泰'四字而已。"
《奉常公年譜》卷四"九年庚戌七十九歲":"三月初四晚得春闈捷音,五月又得子掞館選信,賀客滿堂,稱盛事。公不色喜,常憂滿溢,家中防閑愈嚴。作《家訓》一篇,厘爲五則,一首先敦睦,一省察功過,一敬恭桑梓,一慎收童僕,一早完國課。字字皆格言,至論統二千數百言。"
《奉常公年譜》卷四"九年庚戌七十九歲":"郵書寄子掞,其略云,世間最難到手者甲第,幸而得之。又有幾年閒歲月,本分切己事所應做者甚多,其最上,遍讀群書,覃思著述,留心經世之學,務期以博洽有聞於世。其次,諳習世故,交游名俊,聯合氣誼,亦可自振於流俗。乃觀近科新貴一從京師歸,出游日多,家居日少,冲寒涉險,苦覓蠅頭,皆以迫於困乏,心之所思,口之所言,惟此一事,孜孜汲汲,勞於夏畦,反不如做秀才時猶得自在,似已遂成風氣。此則前輩極庸者不若是,究竟并無實益,世家子徒失家風,寒素者亦損名節,吾深爲之惜耳。"
宋琬《安雅堂未刻稿》卷三《東園歌爲王烟客先生作,時公子藻儒、令孫茂京同舉進士》:"海內於今推甲第,太原家世誰能儷?相國當年相定陵,百年魚水君臣契。伯仲堪居伊呂間,昇平再見唐虞際。池上鵷雛五色文,世掌絲綸參內制。相國文孫有奉常,官秩清華尚璽郎。由來獨抱烟霞癖,早賦初衣笠澤旁。尚有平泉餘薜荔,更開別業闢池塘。斜置小橋通鳥路,直從離檻繫漁榔。韓陵一片石堪友,窈窕岭岈出林藪。鑿險搜奇遍洞庭,靈威丈人復何有?手種青藤松際懸,蛟瘦龍蟠紋左紐。紫幔交垂白鷺眠,綠陰冪䍥蒼鼯走。君不見,會稽內史右將軍,千載人傳修禊文。又不見,藍田主人王給事,摩詰前身畫師是。逸少諸郎尤絕倫,衣冠累葉何詵詵。文采風流兼福慧,奉常得之爲一身。游戲丹青過北宋,莊嚴篆籀學先秦。絳雪堂前珠作樹,青羊車裏璧爲人。綵筆憑陵掣雷電,承恩同賜紅綾宴。家有名駒羨阿戎,人如國寶誇王儉。上苑驊騮風骨殊,北堂龍馬精神健。連鑣共向曲江游,即看視草蓬萊殿。東園紅藥正芳芬,千樹鶯聲出亂雲。鷲嶺僧供鄭國笏,虎丘松老令公墳。叨陪杖履娛清晝,坐遣壺觴到夜分。羨翁久擅五湖長,更署新銜萬石君。"

秋

宋廣業至太倉,王時敏與諸子招同婁東陸翼王、周子俶、王昊、葉九來等集拙修堂賞菊分賦。又訪內父錢美瞻,作《贈同學唐實君先生》。

宋廣業《蘭皋詩鈔》卷二《䔫水吟下·王奉常烟客先生招同陸翼王、周子俶、王維(惟)夏、葉九來諸前輩集拙修堂賞菊分賦,兼呈端士年伯、繹(懌)民、鴻(虹)友、誦侯諸昆季》自注:"時藻儒姊丈館選庶常。"

《蘭皋詩鈔》卷二《䔫水吟下·贈同學唐實君先生》自注:"先生有學山園文選,膾炙海內。"

按:《(嘉慶)直隸太倉州志》卷三十六《人物》:"唐孫華,字實君,幼有神童之目。游京師,名公卿爭延禮之。康熙二十七年成進士,選陝西朝邑知縣,會上問博古之士,閣臣舉以對,招試詩賦稱旨,遷禮部主事,調吏部考功司。三十五年充浙江主考官,嗣以挂誤歸。孫華體貌清癯,博聞強記,言論風采傾一時,尤熟於史事,人有叩,則口竟原委數十行如注。爲詩、古文,引筆灑灑,千言不竭。年既耄,窮經,日有課程。居鄉,遇事輒昌言得失。嘗謂蘇松民力宜恤,官司虧空宜寬,州縣城隍宜修浚,欲寓書於大學士朱軾,會疾作不果。卒年九十。"

唐孫華,字實君,號東江。崇禎七年生,雍正元年卒,江蘇太倉人。傳見顧陳垿《抱桐軒文集》卷二。

冬

王時敏在拙修堂早膳後,手持素珠念佛,忽然暈去,頭面俱冷。時王翬在座,少頃即平復如常。

《王巢松年譜》"庚戌四十三歲":"余爲吳子干事未結,臘月望後,尚留嘉禾。下旬抵家,始知大人在拙修堂中,早膳後,手持素珠念佛,忽然暈去,頭面俱冷。石谷正在婁,所親見者。少頃即平復如常。此後壽算又添十載。真爲人子者非常幸事也。"

本年

麓臺請吳偉業作《王茂京稿序》。

《吳梅村全集》卷第三十四《王茂京稿序》："吾里以《春秋》舉者，是科得二人。其一則通家王子茂京也。初，余早歲忝太常公執友，而端士從余問道，以此交於王氏者最深。今端士成進士十餘年，又見其子貴，方與太常少子藻儒同計偕，而太常期頤克壯自如也。蓋世家之不振者，江南比比相望，王氏父子兄弟獨且日顯重。而余頹然衰以老矣。

《茂京稿行》，端士取首簡屬余。余將何以長茂京哉？端士之意不在乎叙門第之盛、交游之雅，謂余老於文學，庶幾讀書、行誼，有以相毘勉也。夫文，有文有質。質以原本經術，根極理要；文以發皇當世之人才。是道也，孰有大於《春秋》者乎？自《易》之精微，《詩》之溫厚，《書》之渾噩，《禮》之廣博，至《春秋》一變爲記事之書。其爲言也，簡矣而不詳，直矣而不肆，可以謂之質矣。然而董仲舒、賈誼、劉向皆以閎覽博物之才，從而推演其説，各自名家，務折中於孔子，不徒規規焉守章句而已。豈《春秋》之質者，即其所爲文歟？今天下之文日趨於質矣，其爲教，總不離乎傳注。吾以爲，宋人傳注之學，其稱詞也約，其取義也遠。非夫篤學深思、確乎有得者，不足以求之。乃觀今之論文者若是乎？悉其才智，運機軸於毫芒，而六藝博洽之言，先儒平實之論，概而絕之，弗使得入。吾不知其冲虛淡漠，果有得於中，抑猥隨流俗爲風尚也。然則，學者將安從，亦求其不謬於聖人，不悖於先正，如是足矣。

王氏自文肅公以經術至宰相，緱山先生相繼擢上第、負重名。其於《春秋》，父子各有所講貫。凡以推崇醇正，抑退浮華，風厲一世之人文，而表章絕學，上者施於訏謨政事之間，次者見諸館閣之論著，誠所謂經世大儒，彬彬質有其文者哉。余向從故老竊聞相公謝政里居，猶以制舉藝爲人論説。諸生以文字贄者，鑒別其窾却十不爽一，而課孫諸作，盛爲海內所傳誦。蓋大臣心争，嘉惠俊學，尤思以經術世其子孫。王氏淵源弗替，高曾規矩寫寐在前，不待取諸外而足也。太常好藏其先公之手迹，經史鉤貫，庋置如新。而百年闈墨，得諸兵火散佚之餘，人皆以爲王氏之祥，其後當有興者。不數年而藻儒、茂京後先鵲起。噫嘻！詎偶然哉？藻儒秀外惠中，標舉儁異；茂京雄駿閎達，二者望而識其遠者。

余老矣，無以長茂京。盍舉舊聞於王氏者，還以告之。夫以茂京之才，出其餘技，詩歌翰墨，卓絕出乎流輩。他年讀書行誼，定有過於所期。是編也，揣摩匠心，卒根本乎家學，其以度越當世之君子，則已遠矣。此余所以重茂京，而序之之意也。"

按："今端士成進士十餘年，又見其子貴，方與太常少子藻儒同計偕"可知，時在康熙九年。

麓臺通籍後里居。奉常公時時指引教誨,勉勵他揣摩黃公望之神。由是其業大進,意在筆墨之外,遂以畫名天下。
  《王原祁墓誌銘》。

周亮工夜起彷徨,盡毀其生平所撰稿。
  姜宸英《湛園未定稿》卷五《櫟園周公墓誌銘》。

本年至康熙十二年冬,許旭客浙江巡撫范承謨幕,康熙十二年隨范氏至福建總督幕。康熙十三年,許旭病歸太倉。
  《清代士人游幕表》第46頁。
  按:《(嘉慶)直隸太倉州志》卷三十六《人物》:"許旭,字九日,國榮孫。年十二應童子試,時學使盡絀幼童,得旭卷奇之,補庠生。鼎革後一意爲詩、古文詞,與周肇、黃與堅等齊名。范承謨巡撫浙江,聘入幕,章奏皆出其手。及承謨以總督入閩,耿精忠將爲變,諸所贊畫,多天下大計。難作,承謨殉節,精忠怒旭等,甚執諸在幕者,遍鞫之,必欲得旭而甘焉,旭以先歸不及於難。"

康熙十年辛亥(1671年)三十歲

正月

元夕,吳偉業招集吳苑、余懷、王鑑、王昊、王曜升、許旭、顧湄、沈受宏集樂志堂即席分韻。

《端峰詩選·七言律·辛亥元夕,吳梅村師招集樂志堂即席分韻同吳薗次、余澹心、王湘碧、惟夏、次谷、許九日、顧伊人、沈台臣》。

臨仿各家融匯一體,成爲當時畫壇的一種時尚。

《穰梨館過眼録》卷三十二《王興庵摩元人逸秀丘壑卷》。

王概《王興庵摩元人逸秀丘壑卷》跋:"今項雲麓家所藏臧望衡圖《芝蘭室圖》,皆諸子聯筆,各仿唐宋大家一段以爲通景長卷,集腋成裘,如出一人之手,後人披對,嘆爲能事畢矣。興庵主人乃以一手仿四大家,以四大家鎔成一片,旁見側出,自成一家。"一個月後,吳晋跋:"乃或議其一幅中不當作三四家筆。"

石溪跋程青溪於沚園舊居所作山水。

《虛齋名畫録》卷十《程青溪山水軸》,石溪跋:"書家之折釵股、屋漏痕、錐畫沙、印印泥、飛鳥出林、驚蛇入草、銀鈎蠆尾,同是一筆,與畫家皴法同一關紐,觀者雷同賞之,是安知老斲輪有不傳之妙耶。青溪翁曰:'饒舌饒舌。'辛亥正月,同友人觀於幽栖之大歇堂。石道人識。"

翁叔元館於京城申梅江寓所,教授其子申含吉。含吉年十三,聰穎絶倫。

《翁鐵庵年譜》"十年辛亥叔元三十九歲":"正月,偕陸子胥仲至京,館申梅汇先生所。梅江之子含吉年甫十三,聰穎絶倫。初學文,爽爽有異致。余自辛卯爲蒙師,凡二十年,所受業無慮數十人,而天資俊邁無如含吉者。主賓師弟相視莫逆。"

按:申穟,字叔旆,號梅江,吳縣人,明大學士申時行曾孫。其子申珂(改名可貞),字含吉,康熙丁巳(康熙十六年)舉人,官瀏陽知縣。

二月

十二日(花朝),麓臺作《爲三叔父畫山水》。

《山水正宗》上卷第153頁圖録《爲三叔父畫山水》:"辛亥花朝,三叔父大人命畫呈教政。侄原祁。"

鈐印:"原祁"(朱文正方)、"茂京氏"(白文正方)。

設色紙本扇頁,16.3×52.3cm,上海博物館藏。

按:王撰,麓臺三叔父。

王撰北行。

《王巢松年譜》"辛亥四十四歲":"三兄因家食無聊,欲入都一看八弟,大人亦以爲可。於仲春時就道。"

《奉常公年譜》卷四"十年辛亥八十歲":"子撰於二月北行。"

内史院大學士魏裔介出京,一時縉紳送行者達數百人。

《魏貞庵先生年譜》"辛亥公五十六歲":"春,公有疾,辭歸。……一時縉紳餞送者數百人,詩章多有可述,至里彙而刻之,名曰《青門集》。"

春

麓臺作《仿子久山水圖扇》。

《中國繪畫全集27》第1頁圖録《仿子久山水圖扇》:"辛亥春日,仿子久筆意,似集老道世兄正。婁水弟王原祁。"

鈐印:起首鈐"蒼潤"(朱文葫蘆),下鈐"王原祁印"(白文正方)、"茂京"(朱文正方)。

紙本墨筆扇頁,尺寸不詳,上海博物館藏。

按:此扇有"嵩山草堂收藏名筆"(朱文長方)等收藏印。

程邃爲鄉友孫思遠作書畫合卷。

《虛齋名畫録》卷六《程穆倩書畫合璧卷》:"雨後低巒晚放晴,遥峰青露一尖明。村村徑合迷芳草,樹樹陰濃唤早鶯。花氣暗隨書幌入,漲波新向釣磯平。江鄉觸處成消受,雖有留題不署名。程邃。"

鈐印:"程邃"(白文正方)、"岱觀"(白文正方)、"一莊水竹數房書"(朱文正方)等。

又跋:"余之父執孫于王先生諱國賓,生於萬曆甲申,卒於崇禎癸未。其尊公惺常先生諱明心,世德相承,源源本本,不俻遡愛。先生之子思遠氏正芳,今變名曰翼于,余異體同心交也。自癸未以來,陸沈翻覆,福禍乘除,幻化萬狀。思遠守父遺教,不履危機,獨往獨來於混俗之表,三十年如一日也。席門促膝,清夜討論,互舉先訓,涕泗嗚咽,以不勝情云。而(爾)祖而(爾)父,余祖余父,比義同時。自開闢循環,古今極盛,隆萬莫并。巖穴箕穎,魚鹽莘渭,真隱而不見於唐虞、殷周者,凡幾何人如先生之若浮若沉,彝倫是務。天下習尚,闊略紛華,凝然泊然,秉恭溫而培篤之,立身中乎禮經,行誼標乎野史,排解迎刃,左右逢源,以視王烈之化竊徒,高鳳之勸牛鬭,日用乎其有常,烏容一端一節載筆焉。生者式維義方,身教純備。身之教之之不足董之,負笈諸學者門,集五金冶鑄之。思遠所學既成,亦既爲人師矣,既而於僻壤村塾見一矯矯老儒,却其同硯結駟金者,謂:'彼物非彼民膏脂耶?寧敢爲諍友,不敢爲君分過。'持此片言進末路,結駟者載拜以謝。乃跽延致爲思遠師。先生晝夜論難,與章子蓮先生推襟送抱,如風動清流,影隨明鏡,爲日日深已。于王先生夙興夜寐,永懷惺常先生;思遠氏一息一飯,永懷于王先生。余亦有懷,靡休靡極,豈不曰爾祖余祖、爾父余父。思遠之爲子孫,視余爲子孫。北徙洛者二程,南徙閩者考亭,甸(洵)百代之道統。今兹空國咸徙,思遠偕余迄無定所,年來入燕,始以異授藥物著伯休不二,名動京師。卿相虛左,饒有買山貲矣。揮手盡散,垂橐還藪澤,家益貧。諸卿相皆當世擅知人之鑒,獨注思於思遠,遲之愈切而莫能赴。乃從洪水中勸人行賑,家無大小,悉應聲樂從,履冰躡雪,肩荷厥任,當路嘆其不可及,全活甚衆。滿前溝壑若已推之,每從余掩泣曰:'我學先人不能得先人之萬一,何以爲人乎?'余曰:'爲人子,秉阿父之實心,奚能必有阿父之實事,亦奚貴求全耶?'辛亥春,將更負藥裹詣京師,爲先生營墓石,余立傳紀。先生之生於盛時,卒於盛時,懸時命於人心、天心之際。人將私諡先生,宜配鄉賢之祀,卜門食報,是以名利污仲連矣。余何取何取,通家子程遂拜手。"

鈐印:"程遂"(白文正方)、"穆倩"(朱文正方)。

五月

王時敏作《王烟客仿子久山水筆意軸》。

《虛齋名畫錄》卷九《王烟客仿子久筆意軸》。

七月

五日,康熙召見高士奇於懋勤殿。

高士奇《城北集》卷四《初夏院中書事(時蒙恩初留翰林供奉)》,同卷《紫虛(閏七月廿五日蒙召見懋勤殿,問籍貫、年齒,命作大小字賦,五言七言、近體詩應制,明日獻〈東巡賦〉稱旨,賜茶)》。

按:《中國古代書畫圖目 22》京 1—4660,高士奇跋高層雲《江村草堂圖》云:"辛亥(康熙十年)邀天子之知。"

八月

十三日,王時敏舉八十觴,同里及四方來稱祝者開宴累日。王撰、王掞在京偏徵都門諸大老及詞場名宿壽言以累百計,彙集郵寄。王翬作《王石谷松溪高士圖立軸》恭祝尊師八十壽。其間,陸世儀有詩贈王掞、麓臺。

《奉常公年譜》卷四"十年辛亥八十歲":"八月,舉八十觴。同里及四方來稱祝者,開宴累日。子撰、掞遍徵都門諸大老及詞場名宿,壽言以累百計,彙集郵寄。"

《吳越所見書畫錄》卷六《王石谷松溪高士圖立軸》:"康熙辛亥中秋前二日,仿鷗波老人松溪高士,恭祝烟翁奉常有道尊先生八十榮壽。虞山後學王翬。"

《王巢松年譜》"辛亥四十四歲":"八月中,吾父八十大慶。一應酒席慶賀等項,余與二兄董其事。同里及四方來稱祝者,俱井井有條,幸不失禮。但每事制節謹度,婢僕輩殊不得意耳。王長安祝大人壽,携小優來演劇,里中頗為傾動。爾時梅村夫子亦與集,豈知於冬底,兩公同時並去,真可駭也。梅翁易簣前一日,召余至榻前,執手流涕,兼多囑托之語。梅翁晚年頗不以眾人遇我,無奈終於窮困,不能稍有以報之,深為自愧也。"

《桴亭先生詩文集》詩集卷九《贈王藻儒庶常掞》:"萬石深仁裕後昆,紫衣朱紱滿高門。謝家子弟名皆貴,荀氏人才後特尊(藻儒行第八)。池上鳳毛原故物,禁中貂錦是新恩。鄉閭莫漫相驚訝,射策曾推玉殿元(藻儒先擬鼎元)。"

《桴亭先生詩文集》詩集卷九《贈王茂京進士原祁》:"猶記牽衣索馬騎,驊騮千里竟飛馳。五朝遺老几方授(祖太常公時年八十),一代孫枝佩又垂。兩宋科名天子重(茂京與叔藻儒同年),三槐陰德路人知。年華才力俱方壯,正是蒼生仰望時。"

十二月

二十四日,吳偉業卒。王抃以詩哭之。

顧師軾《吳梅村先生年譜》。《巢松集》卷二《哭吳梅村夫子》。

按:吳偉業,字駿公,號梅村,萬曆三十七年生,康熙十年卒,江蘇太倉人。

劉獻廷《廣陽雜記》稱,吳偉業卒於康熙十一年八月二十二日。《廣陽雜記》卷一載:"太原王茂京言,吳梅村於壬子(康熙十一年)元旦,夢兩青衣來呼曰:'先帝召汝。'梅村以為章帝也,急往。乃見烈皇帝,伏哭不能起。烈皇帝曰:'何傷?當日不止汝一人也。'語畢,命之退。至午門,見懸白牌一面,大書'限吳偉業於八月二十二日到此'。遂驚覺,後果以是年月日病卒云。"

本年

周亮工與姜宸英相遇於西陵佛寺。

  姜宸英《湛園未定稿》卷五《櫟園周公墓誌銘》。

王時敏作《族勸》一則。

  《奉常公年譜》卷四"十年辛亥八十歲"："作《族勸》一則,大旨謂凡我尊長及兄弟姪輩,累世聚族而居,漸漬文肅公懿訓有年,無論讀書者勵行好修,即力田者亦循分守理,惟族蕃人衆,恐心志未能齊一,此後更望互相勖勉,倍加砥厲,每事必主退讓,同宗切毋鬮爭,毋與户外,毋比匪人,務使禮儀敦睦之風洽聞遠近,庶幾條葉發祥,更益昌大,爲太原盛事佳話。"

王扶婦錢氏、王抑婦周氏、常熟大姑父沈受宜(荷百)等俱於是年病亡。

  《王巢松年譜》"辛亥四十四歲"："常熟長姊荷百、六弟婦錢氏、九弟婦周氏,俱於是歲病亡。"

  《奉常公年譜》卷四"十年辛亥八十歲"："子扶婦錢氏,子抑婦周氏,常熟長女沈婿受宜,俱於是年病亡。"

康熙十一年壬子（1672年）三十一歲

正月

周亮工寄書冒襄。

《同人集》卷四《尺牘》。

春

王鑑爲式臣親翁作《廉州虞山十景册》。

《虛齋名畫錄》卷十四《廉州虞山十景册》，分別爲："大海迴瀾""桃源春潤""拂水層巒""昭明書臺""西城樓閣""湖橋夜月""維摩寶樹""吾谷丹楓""雲護龍祠""藤溪積雪。右虞山十景爲式臣年親翁畫。壬子春，王鑑。"

在王聞炳齋中，王抃與友人有六人之訂，繼而在宸安齋中，有十人之訂。

《王巢松年譜》"壬子四十五歲"："三春中，始而有六人之訂，在蔚兄齋中。繼而有十人之訂，在宸安齋中。"

《巢松集》王攄序："太倉舊有十子之刻。十子者，爲周新淦東岡、黄宫贊忍庵、許子九日、顧子伊人、家芝麓、隨庵、惟夏、次谷以及兄與予。"

按：此十人分別爲：周新淦、黄與堅、許旭、顧湄、王揆、王撰、王昊、王曜升、王抃、王攄。

四月

王撰自都中歸太倉。

《王巢松年譜》"壬子四十五歲"："清和下旬，三兄從都門歸。"

七月（閏月）

王抃偕張佩將北上應試。在京期間，送吳羽三之任豐城、錢右文下第南歸。王抃九月從水路南歸，十一月抵家，心生隱居之志。

《王巢松年譜》"壬子四十五歲"："是年乃閏七月。余在家度夏。前七月上旬，始同佩將北行，從黄家營登陸，於後七夕抵都。八弟寓所，略談片刻，而成博、項傳亦至，此時項傳已病甚矣。次日，承八弟懇留，余細思不便，同佩將另覓一寓，相去僅數武，與八弟晨夕晤對。闈事曾托東海先生，口雖唯唯，一則平日交誼平常，二則挟持甚微,豈能有濟,此亦必然之勢也。項傳力疾完場,抵寓已委頓之極,到第七日,竟爾長逝,殯殮諸費,皆八弟任之。在八弟寓中,即知與齊車副之信,抵家後方悉已上榜而復失,真可恨也。余於重九後從水南歸,臨清登陸,到魏縣一訪如石,位初、亦史皆在署,王天全亦游於如老,不時進晤,留四五日而別。過黄河,以潦淺不能行,復策蹇至清浦,兩易舟始到維揚。當晚泊瓜州,四鼓乘月色渡江,即於是日傍晚過滸關。因風順帆滿,而把舵者又酒醉睡去,以致有覆舟之危,幸鄰舟力救無恙,而行李無一不在水中矣。時已仲冬,到家知八弟老堂之變。"

《巢松集》卷二《送吳羽三之任豐城二首》、同卷《送錢右文下第南還》、同卷《留別藻儒弟》。

《巢松集》卷二《壬子秋盡出都感懷并序》:"蓋聞君子知幾,全性命於斯世,達人行樂須富貴以何時,故韓非孤憤之書,終譏其躁急,而阮籍窮途之哭,未免於倡狂。余也裔出名家,身居下里,采芹泮水,方當舞象之年,獻賦龍門,甫越棄繻之歲,傳家清白,郭外有田賦,性疏慵,袖中無刺,談言偶中,敢誇一座之皆傾,文史非工。竊願三冬之足用,繼而驅車燕世,鼓篋橋門。稚子牽衣,先下思歸之淚;故人置酒,頻貽贈別之章。經泰岱而渡黄河,心傷羈旅,對靈椿而睹萱草;念切庭闈,偕羸僕以遄行,望故園而不見。旅店則茅床土壁,風雨連宵;征途則馬鐸牛車,塵沙撲面。舍舟從騎,水陸之險阻,俱經自夏徂冬,寒暑之艱辛盡歷,亦可謂極勞人之况,瘁備逐客之離憂矣,至於京華在望,面目都非,寧惟僕困而馬瘏,亦且筆枯而袠敝。曉眠客館,聽轔轔過關之車;夜踏天街,見熒熒歸院之燭。鯉鴻頻斷,祇望書來;珠桂難支,惟憂金盡。入平津之閣,不免趑趄;吊昭王之臺,能無感慨。筆難盡述,情則何堪。豈知卞璞之三投,難博孫陽之一顧。因直言而下第,愧難比於劉蕡;附新法以登科,幸未同於祖洽。馮唐易老,驚歲序之如流;范叔終寒,悟交情之似夢。從此永辭帝里,長侍親闈,綵服堂前,惟獻南山之頌,紫荆花下,同傾北海之觴。先世剩有田廬,勉矣早輸國稅。兒郎未好紙筆,教之母讀父書。佳節尋花,僅可攜囊而嘯咏;良宵顧曲,何妨秉燭以嬉游。况杜老之風流,猶悲摇落,且虞卿之著述,正仕窮愁,雖舌尚在乎寧堪再誤,乃身將隱矣。更復何求?爰寫篇章,用抒胸臆,聊當傷心之賦,非關憤世之吟。韋莊獻先輩詩,誰不讀之而隕涕;李願歸盤谷序,吾將誦之以終身云爾。",其一:"躑躅名場三十秋,懷書幾向帝京游。天家結網慚麟鳳,世路懸機任馬牛。志比袁閎將築室,才非王粲亦登樓。回思往事都成夢,只有緇塵滿素裘。"其二:"臺號黄金敢自媒,幾番蹭蹬只空回。故人未易憐窮路,明主原應棄不才。夢裏雲山魚信杳,愁邊風月雁聲哀。休言一遇尋常事,鐵硯磨穿換不來。"其三:"棘闈四面燭三條,挾策重來獻聖朝。把腹先愁更漏短,舉頭惟覺帝閽遥。硯因沙積書難就,簾被風摇蠟易銷。多少文人空皓首,莫將投筆笑班超。"其四:"雙袖龍鐘强據鞍,西風刮面馬嘶寒。講臺松影來蕭寺,饗殿鈴聲過泰壇。萬井烟中開九市,六街塵裏擁千官。只因此別游難再,到處停鞭著意看。"其五:"只見京華不見春,年年空自踏征塵。苦將砥礪酬知己,幸借平安慰老親。繫馬未能聊贈策,歌魚無用轉思尊。世人白眼相看我,我亦由他世上人。"其六:"髀肉空消白髮侵,焦桐何日遇知音。伏生尚有窮經志,楊(揚)子應無獻賦心。蕭瑟江關詩思少,蹉跎菽水淚痕深。夢中不覺身猶賤,又逐香風到上林。"其七:"何須別淚灑離樽,書劍蕭蕭已斷魂。本擬乘槎隨漢使,豈堪鼓瑟滯齊門。烟迷遠樹青山隱,風卷寒沙白日昏。此去淮陰城下過,不知若箇念王孫。"其八:"半載金臺滯客踪,悠悠鄉夢白雲重。酒因興減銜杯懶,鬢爲愁多覽鏡慵。轅下秋風嘶苜蓿,江邊夜雨泣芙蓉。何堪更翦書窗燭,收拾殘編付祖龍。"

康熙召見高士奇。

《中國古代書畫圖目22》京1—4660,高士奇跋高層雲《江村草堂圖》云:"壬子秋閏七月蒙召對。"

江南蝗灾。蝗入蘇州。有民畏之爲神,不敢捕,沈受宏遂作《捕蝗説》。

《白漊先生文集》卷一《捕蝗説》:"康熙十一年,江南大蝗。七月,入蘇州。民懼將飢,於法宜捕。有以蝗爲神,不敢捕者。"

八月

二十日,馮溥疏舉賢才,稱魏象樞"清能矯俗,才堪任事"。魏象樞奉旨入京引見,旨以科員用。初,困於資斧,不欲就選,妻兄李雲華助公三百金,歲以爲常。魏象樞遂得嚴絕交際,恪守清白。

《魏敏果公年譜》"壬子五十六歲":"是年,因居母喪,憂思傷脾,患怔忡之症,正調理間,大學士馮公諱溥一疏爲薦舉賢才等事,内稱魏象樞'清能矯俗,才堪任事,用之於内,必能爲朝廷振飭綱紀;用之於外,必能爲朝廷愛養百姓'等語。部議奉旨魏象樞著來京引見。……旨以科員用。……妻兄李恒岳先生諱雲華者,仁義君子也,見余問曰:'公知召,不俟駕之義而故遲者,得毋慮及資斧乎?'余曰:'然。長安米珠薪桂之地,俸薪而外,所需甚多,若妄有所取,是青年守節而白頭改嫁,吾恥之不爲也。若安我硜執,如費用何?'公笑曰:'吾爲公籌之熟矣。吾當助公三百金,歲以爲常。'余辭曰:'公意甚盛,但將安償?'公曰:'宰相薦賢之章,天子召賢之典,久不聞矣。吾今上助天子,下助宰相,非助公也,又何償焉。'余感其大義,遂束裝應召……自是,歲贈三百金,十二年無倦色。余遂得嚴絕交際。……余之能守清白,諸親之力也。"

翁叔元成舉人。

《翁鐵庵年譜》"十一年壬子叔元四十歲":"八月,應京兆試,叔元幸售第二十四名,出江陰曹公峨嵋之門。主考則德清蔡公昆陽、崑山徐公健庵也。"

十月

麓臺八叔王掞生母沈夫人卒,年五十有七。是時王掞散館授編修。館師熊賜履目王掞、孫在豐爲館中雙珠。王掞既授職,遂決意歸省,將出國門而母卒,遂丁母憂。

《奉常公年譜》卷四"十一年壬子八十一歲":"子掞生母沈夫人以是年十月十七日卒,年五十有七。"

《顓庵府君行述》:"選庶吉士,奉旨考試,閣臣擬七十人進呈,先大夫與焉。尋引見,得蒙拔補,館課輒前列。館師熊文端公尤器重之,目先大夫與孫屺瞻先生爲館中雙珠。壬子散館,授職編修。……既授職,遂決意歸省,將出國門而沈太夫人病復發,尋卒。"

王翬爲笪重光《笪江上仿元人筆意軸》題跋,後有惲壽平跋。

《虛齋名畫録》卷十《笪江上仿元人筆意軸》。笪重光跋:"石谷此圖仿元人筆意,余變其法,戲臨一過,爲燕穀年世兄博笑。笪在辛。"王翬跋:"余偶仿元人高逸一種,爲江上御史所賞,戲臨此幅。筆致飄瀟,矯然出群,視余圖何止十倍勝也,贊嘆因題。壬子十月晦日,烏目山下人王翬。"惲壽平跋:"元人粉本不可見,游戲臨摹有此圖。王郎筆墨高天下,御史風流絶代無。王山人與江上翁以筆墨稱忘形交,觀此游戲仿學,真能得元人三昧,筆不到處,致有高韻,正非近日庸史所能夢見。壽平題。"

十一月

魏象樞入都門,奉旨巡視北城,時見都門風俗奢靡,人心蕩軼,大異於十四年前,遂有行教化疏。見河工靡費錢糧,又有治河疏。

《魏敏果公年譜》"壬子五十六歲":"十一月,奉旨巡視北城……十四年不入都門,見都門風俗奢靡,人心蕩軼,大異於平昔,皆由於教化不行之故,具有教化係國家根本之圖一疏。又見河工靡費錢糧,總理不得其人,具有治河係國家根本之圖一疏。"

王抃北歸後,連嫁三女。因久困征車,精力、物力盡耗於其中,王抃從此無意進取,乃戲爲樂府。

《王巢松年譜·總述》:"壬子(康熙十一年)年後,因久困征車,精力物力盡耗於其中，從此無意進取，乃戲爲樂府雜劇，則有《玉階怨》《戴花劉》二種，全本則有《舜華莊》《籌邊樓》《鷲峰緣》《浩氣吟》四種，於數年内譜成，皆不無寄托也。曲文不用重韻，亦不強葉，但自愧無才，未有驚人句耳。獨説白頗爲當行，無一嫩句，亦無一冗筆，每爲識者所稱，然此皆不得志於時之所爲，豈欲以之擅長當世也哉？"

《奉常公年譜》卷四"十一年壬子八十一歲"："十一月，子抃歸。"

十二月

二十四日始，王翬作《王石谷仿古山水卷》，後陸續成之，共四段。

《虛齋名畫録》卷五《王石谷仿古山水卷》。

第一段："浦樹冥冥緑未齊，雨晴泥滑鷓鴣啼。相思不見江南客，一曲竹枝春日西。仿莊麐畫。壬子十二月廿四日，崑山舟中并書白石翁絶句。"

鈐印："王翬私印"（朱文正方）。

史鑑宗跋："此石谷先生無字禪也。從集大成後一一現出化境，超妙入神，令人更從何處參起。癸丑且月金沙史鑑宗觀於罨畫草堂并題。"

鈐印："遠公"（朱文正方）、"史鑑宗印"（白文正方）、"海岳閑身"（朱文長方）。

惲壽平跋："筆貴超曠，皴染不到處，雖古人至此束手矣。癸丑六月四日，惲壽平在荆溪道中題。"

鈐印："壽平"（朱文正方）、"未子"（朱文正方）。

第二段："偶見邢子願用擬痴翁筆作幽澗虛亭，楊龍友學迂叟補平岡亂石，合作成圖。二公皆盡古法，簡淡荒率，不入時人蹊徑。癸丑五月，避暑西山之拂水巖下。石谷。"

鈐印："石谷"（朱文正方）、"王翬私印"（白文正方）。

周衍、史鑑宗跋略。

惲壽平跋："余見石谷畫凡數變，每變愈奇。此本爲今春所作，觀其荒率處，與客秋取境較異，似又一變也。變而至於登峰，翻引邢、楊兩公以爲合古。雖土壤增高，然亦安平君置卒上座，謬爲恭敬也。壽平又識。"

鈐印："未子"（朱文扁方）。

第三段："董元（源）《五株烟樹圖》名著海内，未得寓目。今年春在婁東王奉常齋中見仲圭臨本。枝如屈鐵，勢若張弩，蒼莽遒勁，如書家篆籀法。令人洞心駭目，正非時人所能窺測。余此幅不能得仲圭形似，安敢望北苑神韻耶？石谷。"

鈐印："王翬之印"（朱白相間正方）。

惲壽平跋："觀仲圭臨北苑，猶未免爲北苑神氣所壓，石谷得法外之意而神明之，視仲圭真後來居上矣。玩此驚嘆，因題。惲壽平。"

鈐印：“園客”(朱文正方)、“壽平”(白文正方)。

王翬跋：“凡作畫，遇興到時即運筆潑墨，頃刻間烟雲變化，峰巒萬重，蒼莽淋漓，諸法畢具，真若有神助者，此爲天真。得天真而成逸品。逸品在神品之上。所謂‘神品者’，人力所能至也。所謂‘逸品者’，在興會時偶合也。癸丑六月三日，荆溪道中書。石谷子。”

鈐印：“王翬之印”(朱白相間正方)。

王翬跋：“一山一水，一草一木，必互相映發，位置天然，雖尺幅間而有千尋之勢者，惟吳仲圭能之。烏目山人王翬再識。”

鈐印：“石谷子”(朱文正方)、“王翬之印”(白文正方)、“烏目山人”(朱文長方)。

第四段：“宋仲溫寫竹溪，王孟端補遠山一角，殊有天趣，因仿之。石谷子。”

鈐印：“王翬之印”(白文正方)、“烏目山人”(朱文長方)。

周衍跋略。

王翬跋：“每下筆，當思古人玄妙處，意在筆外。悟此，自能盡善。所謂‘筆簡意到者’是也。今人刻意繁密，而於切要處絕不經意，則去古人遠矣。七月既望，同金陵陳孚薦、金沙周己山觀又書。時在維揚李氏之仁安堂。劍門樵客。”

鈐印：“石谷子”(朱文正方)。

按：後有馮金伯跋：“古人作畫有極得意處……石谷子天資本高，幸遇奉常、廉州兩公提挈，既親承其緒論，又盡發其秘藏，擷拾英華，酬酌繁簡，學古而不泥於古，宜其藝之超凡入聖如此。是卷之妙，不特史、惲諸人能抉精蘊，即觀其自識，亦時露金針。”

本年

王掞在都諸事悉托王聞炳照管。

《王巢松年譜》“壬子四十五歲”：“八弟在都諸事悉托廚見照管，幾無片晷之暇。”

沈受宏館於修撰繆彤家中。

《白漊先生文集》卷二《白石公記》：“康熙壬子，予承修撰繆公念齋之約，讀書於其雙泉之園。”

宋廣業與同年宴集金陵。

《蘭皋詩鈔》卷二《葑水吟下·壬子同年金陵宴集》。

陸桴亭應都察院右副都御史馬如龍之請，入爲賓客。數日後，許旭亦入浙江巡撫范公之幕。不久，陸氏一病不起。

《王巢松年譜》"壬子四十五歲"："桴亭師一病不起，爾時正在撫軍幕中，馬公極其賞識。無論其人文爲當世人物，即桑梓亦方爲倚仗，而一旦捐館，可痛亦可恨也。"

《白漊先生文集》卷一《送許九日赴浙撫幕序》："撫江南而賢者曰馬公，求士於幕下，得其才者曰陸先生桴亭。撫浙江而賢者曰范公，求士於幕下，得其才者曰許先生九日。二先生者，皆婁人，而九日以能詩名一時。走重使，具厚幣，迎以爲客。於是桴亭先行數日，九日亦行。"

按：《白漊先生文集》卷一《送陸桴亭先生赴撫院馬公幕序》："都察院右副都御史馬公巡撫江南之三年，聞太倉陸桴亭先生之賢，具禮幣，肅使者，迎於丹陽之館舍。先生拜受命，反及家，載書趣裝，召故人告行。……國家定鼎三十年，海內宴安。"從"國家定鼎三十年"可知，時在康熙十二年。

康熙十二年癸丑(1673年)三十二歲

正月

王翬在蘇州作《王石谷仿江貫道天台採芝、李晞古江渚秋晴圖卷》。

《吳越所見書畫錄》卷六《王石谷仿江貫道天台採芝、李晞古江渚秋晴圖卷》。

卷後有乾隆三十九年陸時化跋:"畫法至宋、元而大備,然各標一格,或擅平遠,或事渾厚,或精刻畫工整,或長潑墨渲染,惟國朝王山人石谷集衆美於一身,能變化於頃刻。始游吾鄉廉州、奉常二王先生之門,即已入室,後二園卑禮厚幣請摹舊迹,乃得大成。繼而入都,王公貴戚不惜重貲構求,户外之履滿矣。二園者,周櫟園、唐半園也。王司寇阮亭迄先大父侍御公輩更重其品,詩酒留連,不獨畫矣。是卷一水墨紙本,一設色絹素,一師貫道,一宗晞古,所謂集衆美於一身,能變化於頃刻,觀此已見一斑矣。"

二月

王掞以生母(沈氏)憂歸,在拙修堂爲母氏開吊。後延沈受宏讀書於德隅齋,相與究論古人詩法。

《王巢松年譜》"癸丑四十六歲":"二月中,八弟歸,在拙修堂,爲母氏開吊。"

《白漊集》王掞序。

按:《白漊集》王掞序稱,沈受宏從祖沈荷百爲王掞女兄夫。王掞往返京師、典試山左、視學浙江及中間家居侍先君子迄於奉諱閒薄游吳門、金陵、武林、閩粵,無不與沈受宏偕行。

翁叔元試禮部,不售。

《翁鐵庵年譜》"十二年癸丑叔元四十一歲":"二月,試禮部,以首篇用'起教微茫'四字,爲同考官黜落。三月,應蔡昭素先生聘爲其子左才授經……因偕含吉赴蔡館。十二月,假歸。"

三月

王抃婿許希濤來太倉就婚。未滿一月,小夫婦即同其父許堯老偕到任所,時許堯老爲興化郡伯。王抃送至吳門而別。

《王巢松年譜》"癸丑四十六歲":"三月中,希濤就婚吾家,未滿一月,小夫婦即同其尊人偕到任所。爾時堯老爲興化郡伯,余送至吳門而別。陳俊隨到閩中,七月方歸。"

春
王抑移居小北門。
　　《奉常公年譜》卷四"十二年癸丑八十二歲":"春,子抑移居小北門。"

宋廣業初入都,進廣寧門,遇同鄉前輩迎賀新鼎甲韓菼、徐秉義、王鴻緒,宋氏亦以詩賀之。不久,宋氏上書大司成徐元文、大宗伯王崇簡、少宰孫承澤、高陽相國李霨、大司馬龔鼎孳,并赴仲父宋德宜、大司空王熙、大司農梁清標宴席。
　　《蘭皋詩鈔》卷三《都下偶編·癸丑春日,余初入都,進廣寧門,遇同鄉前輩迎賀新鼎甲韓元少、徐彥和、王季友三先生喜賦》,同卷《上大司成徐立齋夫子》,同卷《上大宗伯王敬哉先生》,同卷《大司空王胥庭先生招集豐臺賞芍藥》,同卷《上少宰孫北海先生》、《上高陽相國李太夫子》,同卷《上大司馬龔芝麓先生》,同卷《仲父設席祖園侍飲》,同卷《大司農梁玉立先生招飲賦謝》。

六月
王翬在荊溪道中作仿古山水之第三段。
　　《虛齋名畫録》卷五《王石谷仿古山水卷》。

夏秋間
副憲錢大可廣居、王時敏、黃與堅等倡議,在太倉城東南修建鐘樓,請法印禪師住持。
　　《奉常公年譜》卷四"十二年癸丑八十二歲":"公倡議修建鐘樓,請法印禪師住持。"
　　黃與堅《願學齋文集》卷十八《鐘樓記》。
　　按:《鐘樓記》稱,鐘樓之建始於順治十一年十一月,終於順治十二年。

八月
十六日,王時敏作《祭問》一篇,思立祭田若干,使諸子各分共輪經理祭祀事。
　　《奉常公年譜》卷四"十二年癸丑八十二歲":"八月十六日,作《祭問》一篇。先是預囑再囑,時議歲時祭饗,諸子均出公分,衆擎易舉,似簡便可行。後又恐房分衆多,事難畫一,復議挨年輪值,而傳之久遠,萬一或有參差,因思立祭田若干,使各分共輪,經理其事。"

王翬在揚州作《王石谷古澗疏林圖軸》。

《虛齋名畫録》卷九《王石谷古澗疏林圖軸》。王翬跋:"營丘、道寧寫寒林,多作俯枝橫亞,常含怒氣。垂垂交錯,筆力勁拔,曲若屈鐵,挺若張弩,即是其法。稍變爲郭河陽,再變爲倪元鎮,皆宗此家筆趣爾。癸丑八月,石谷題於維揚客舍。"

按:王翬此處指出了李營丘、許道寧、至郭熙,再至倪雲林之間的畫法傳承和發展脈絡。

臺員例應内升外轉開列姓名,魏象樞名居最後,奉旨内升居最前且不令離任,以四品頂戴食俸,仍管貴州道事。魏象樞上疏請改罰俸爲紀過,兼請量加俸薪。又請禁京師戲館、梨園及坊刻淫詞艷曲。

《魏敏果公年譜》"癸丑五十七歲":"八月,臺員例應内升外轉開列姓名,余居最後,奉旨内升叨居最前,實出特恩,又且不令離任,以四品頂戴食俸,仍管貴州道事,敢不益加策勵以副。……又有制禄爲養廉之具等事一疏,因罰俸太密,人無養廉欲,改爲紀過,兼請量加俸薪也。又有教化首戒淫巧等事一疏,請禁京師戲館、梨園及坊刻淫詞艷曲,以正人心也。"

九月

二十八日,王時敏集諸子,族中王玠、王聞炳及顧士璉、盛敬公議開列設祭田。

《奉常公年譜》卷四"十二年癸丑八十二歲":"九月二十八日,諸子集族中衛重(名玠)、蔚儀(名文炳)及公執友顧卿重、盛聖傅議開列設田。"

按:王玠,字衛仲。王聞炳,字蔚儀。顧士璉,字殷重。盛敬,字聖傅。《奉常公年譜》中"衛重"當爲"衛仲";"文炳"當爲"聞炳"。

王時敏爲孔贊侯作七十壽序。

《奉常公年譜》卷四"十二年癸丑八十二歲":"九月爲孔贊侯作七十壽序。贊侯係諸生,爲臬憲盛天虞婿,而窮約自如,居平易孝友稱善。"

龔鼎孳卒。王摅作《輓龔宗伯芝麓先生》。

王摅《蘆中集》卷二《輓龔宗伯芝麓先生》:"弟佇師門慚未報,感恩中夜欲摧肝。"

按：龔鼎孳(1615年—1673年)，字孝升，號芝麓，安徽合肥人。與吳偉業、錢謙益并稱"江左三大家"。吏部尚書龔鼎孳曾任康熙九年會試正考官，故詩中稱"弟、侄師門慚未報"。"弟侄"指八弟王掞和長侄麓臺。

十月

十五，王時敏作《西田囑兼答祭田公義》一篇，欲將西田授八子王掞。

《奉常公年譜》卷四"十二年癸丑八十二歲"："十月望日，有《西田囑兼答祭田公義》一篇，諸子集族友會聚一堂。……將以西田讓付子掞。"

王翬在維揚之秘園摹巨然《夏山清曉圖卷》。

《虛齋名畫錄》卷五《王石谷摹巨然夏山清曉圖卷》："巨然夏山清曉圖。康熙癸丑初冬，模於維揚之秘園。烏目山中人石谷子王翬。"

冬

田茂遇序王頊齡《世恩堂詩集》，反對以律求詩。

《世恩堂詩集》田茂遇序："今之所為詩非古之詩也。古之詩者，必先有茁然不可遏之意，鬱於中，於是在天爲寒暑，爲晴晦；在地爲高深，爲燥濕；在物爲卉木……感於中焉，觸於外，而有得焉。夫然後以我窈渺無窮之隱，揮寫天地日新富有善變之繁，發乎情，止乎禮義。……今之人，忘其所以爲志，而專有事於研求聲而闡律。律合矣，而我志反莫能名，兼不克喻諸物，猶弗合也。原其流弊，亦風會使然。"他反對以律求詩的理由是"律非古"，"唐所指爲律者，非虞廷和聲之律也。天地間有自然之景色，亦有自然之節奏，而唐律多尚屬對、排比，則或失之牽，又或失之儷。……善說詩者，寓《三百篇》《騷》《選》之旨，於律體否者，從律體而歸撫《騷》《選》《三百篇》。"

本年

王時敏作《後友恭訓》。

《奉常公年譜》卷四"十二年癸丑八十二歲"："作《後友恭訓》。先是甲辰歲(康熙三年)曾作《友恭訓》示諸子，至是，恐各分家人輩口語間微有抵牾，更曉切示之。"

康熙十三年甲寅(1674年)三十三歲

正月

元夕,王抃延李元伏爲館師,撤舊館師李止公。

《王巢松年譜》"甲寅四十七歲":"兩兒仍從李先生。元夕後,元伏到州始撤。"

《王巢松年譜》"癸丑四十六歲":"李止公爲蔚兄舊賓主,詢知其可交,遂延之爲西席。"

有滇南之變。

《翁鐵庵年譜》"十三年甲寅叔元四十二歲":"正月,聞滇南吳逆之變。"

《奉常公年譜》卷四"十三年甲寅八十三歲":"時詔撤三藩,平西中途變叛。自滇蜀以至湖南,干戈鼎沸,西南半壁,擾攘不安。楚蜀、閩浙、豫章,一時騷動,徵兵調餉,警報日聞。吳地剥膚,民不堪命,如是者四五載。"

《魏敏果公年譜》"甲寅五十八歲":"因閩省變亂,王師盡駐浙省。"

二月

初二日,魏象樞補順天府尹。二十日,升補大理寺卿。

《魏敏果公年譜》"甲寅五十八歲":"二月初二日,奉旨升補順天府尹。……是月二十日,奉旨升補大理寺卿。七月二十日,奉旨升補户部右侍郎。十一月初五,奉旨轉補户部左侍郎。一歲五遷。"

王鑑重題舊作《王廉州仿趙文敏〈溪山仙館圖〉立軸》。

《吳越所見書畫録》卷六《王廉州仿趙文敏〈溪山仙館圖〉立軸》:"癸丑春日,仿趙文敏畫似玉臣年詞兄政。王鑑。"又跋:"趙文敏畫在元時已尊貴之極,因其位高望重,人不敢輕以筆墨相求,故傳世最少。余一生所見不滿數幀,然尚有人物、花卉居其半,惟《溪山仙館圖》爲王奉常烟翁所藏,尤稱傑作,幸得時時縱觀。此擬其意,愧未能彷彿萬一,不禁悵怏。玉臣年翁雅好拙筆,遂以此贈之,豈堪懸之清秘閣中,乞覆醬瓿可耳。甲寅春二月,重題於染香庵緑梅花下。王鑑。"鈐印:"來雲館""王鑑""弇山後人"。

王翬、楊晋爲王鑑畫小影立軸。

《吴越所見書畫録》卷六《王石谷師弟合繪王廉州小影立軸》。

按：王鑑跋："董文敏嘗論：天下有似易而實難者，莫如筆墨一事。近時畫者如雲，海内獨推石谷，益信此言之確。今春石谷同其高足楊子鶴兄過訪，見其寫照入神，運筆飛動，乃知山水、人物原非兩道。昔顧長康欲爲殷浩傳真，自嫌目疾。余抱風病，備諸醜態，子鶴隱其惡陋，曲貌形外之神，今之作者豈能夢見耶？甲寅春二月王鑑題。"

三月

靖南王耿精忠起兵反清，浙東西、三吴俱騷動。

《翁鐵庵年譜》"十三年甲寅叔元四十二歲"："三月，耿逆繼反，浙東西、三吴俱騷動，人心皇皇（惶惶），競欲爲亂。"

王撰《蘆中集》卷二《昭復避兵浦東，用袁海叟浦上寓所韻懷之》。

《奉常公年譜》卷四"十三年甲寅八十三歲"："時詔撤三藩，平西中途變叛。自滇、蜀以至湖南，干戈鼎沸，西南半壁擾攘不安。楚、蜀、閩、浙、豫章一時騷動，徵兵調餉，警報日聞。吴地剥膚，民不堪命。如是者四、五載。"

約三月

王揆游覽西湖。

《蘆中集》卷二《雲間歸舟讀藻儒弟湖上近詩》："草長平堤花亂飄……恍惚西湖柳萬條。"

按：此詩後有《昭復避兵浦東，用袁海叟浦上寓所韻懷之》《哭宋荔裳觀察》。

春

宋琬卒。王撰在京城聞之，作《哭宋荔裳觀察》。

《蘆中集》卷二《哭宋荔裳觀察》："嚴裝新遣赴鼉叢，又到京華踏軟紅。……杜鵑聲裏哭詩翁。"

按：由"杜鵑聲裏"可知時在春日。

八月

九日，麓臺父子、宋廣業、宋駿業諸兄弟與七郡同仁集玉壺堂，爲宋父、宋母捧觴稱祝五十雙壽。

《蘭皐詩鈔》卷三《都下偶編·甲寅教習官學，乞假南歸，爲兩大人壽》、同卷《兩大人五十雙壽，江浙二省蘇、松、常、鎮、嘉、湖、杭七郡同人捧觴稱祝，中秋宴集虎丘山塘，家君用吳梅村先生癸巳修禊原韻，賦詩唱和，廣業敬成四首》。

《蘭皋詩鈔》卷十八《北行草·陶然亭宴集詩并序》："甲寅秋，值兩大人五十初度，前後輩稱觴爲壽，遠近畢集。婁東則有唐寶君、王繹民、鴻友、誦侯、茂京、賡旦、迪文、張覲文、穆文、欽文、星若、彤友、允文、錢右尊、來琛、方來、宸安、新水、宗苣、藻文、王弘道、憲尹、姚襄周、曹九咸、周懸著、沈台臣、曾耳黃、鄒乾一、周祚名、吳省初、元朗、黃右文、朱儀臣、徐左庚、張壽民、郁弘初，玉峰則有陳孝純、孝則、柴際思、王在茲、次賡、次劉、固生、函山、醇叔、徐藝初、實均、章仲、去衿、葛方修、揆需、葉子肇、廷玉、淵發、李東序、南禾、西屏、張過其、周方宣、柴雲章、周彥、介闓、瞻仲，虞山則有翁寶林、蘇苞九、沈秋輪、項松心、張岳貢、曾貽孫、譚陽仲、戴敏功、葉素臣、嚴麟洲、寶成、王赤崖、趙聖傳、安臣、馬恭士、單漢符、歸孝儀、程文次、周泞雷、何天植、張文貽、瞿春雷、錢介皇、陸然叔、陶子師、龔倉書，松陵則有陳穎長、霜赤、起雷、葉惠游、元禮、學山、景弘、董方南、方千、朱漢直、吳聞瑋、屆遠、謙六、山年、綉虎、雲奕、大馮、殿維、名鄴、宗少汝、定一、計希深、徐武恭、鈕書城、潘次耕、徐電發、張弘遽、包自根、人能、錢貢南、上沐、丁希濂、宗韓肇、周大年、趙書年、李道武、寧希文、沈丹山、費綉公、巽來、王翼蒼、黃震生、龐佩玉、王鳴墀、顧友山，練川則有侯大年、孫愷似、王服尹、張漢瞻、李秋森、時全五、申枚臣、歸孟游、趙文饒、陸維水、趙安期、張原雅、儼思、施玉符、周晉裴、董屺瞻、李扶九、周天來、鄭樊圃，崇沙則有吳錦霞、沈爾彥、譽斯、黃先齊、羽岡、施繽虞，雲間則有杜九皋、潘枚音、周鷹垂、廣庵、王頨士、子武、季友、亦城、維士、衡士、高二鮑、董德中、戴蘿軒、朱德遠、葉硯孫、芥舟、錢越江、徐安士、西崖、彭孝緒、萼峴、顧霍南、楊雙鶴、趙承哉、吳曾傳、廖越荃、潘襄臣、沈聲垂、程大猷，毗陵則有徐竹逸、陳緯雲、秦暎碧、吳衛公、長房、杜凌霄、盧遠侯、潘在新、任葵尊、黃庭源，京口則有張躍千、何石崖、包二尤、于君實，浙中則有祝斗山、陳幼孜、胡孟綸、汪東川、晉賢、查聲山、德音、李補山、約山、俞大文、沈原博、原蘅，閩中則有謝朗玉、陳中欽、王文人、程翼仲，此皆一時俊彥，挐舟駕車，絡繹而至，金箱玉軸照耀於屏扆之間。方之五星聚井，百里賢人何多讓焉。前輩吳門諸先生暨婁東上端士、惟夏、黃庭表、周子儁、玉峰徐乾庵、果亭暨立齋夫子、葉訒庵、盛誠齋、葉九來、張聞大、虞山孫子長、錢棗谷、三峰、湘靈、嚴武伯、蔣莘田、孫赤崖、鄧肯堂、松陵吳羽三、小修、弘人、聞夏、海序、顧茂倫、偉南、張九齡、朱長孺、冠南、金跂宋、計甫草、趙山子、沈舞功、文人，練川陸翼王、周義扶、侯記原、許子位、吳定遠、王翰臣、龔得和、蘇眉聲、鄭西求、金治文、崇沙、黃繼武，雲間王農山、許鶴沙、周宿來、顧見山、施硯山、張硯銘、王印周、張越九、洮侯、葉蒼巖、田髯淵、董蒼舒，毗陵莊靜庵、秦對巖、劉震修、陳其年、任青際，京口張素存、賀瞻度諸先生，有至者有未至者，各以詩文介壽。時八月九日，諸同人集玉壺堂，余與諸弟定業、駿業、敬業布席留賓。越二日，再集虎阜舟次，良宵明月，文酒流連。先大人謂諸同人曰："昔癸巳(順治十年)修禊，吳梅村先生主持壇坫，七郡人文會集虎阜,曾賦詩以紀其勝。今日之會何以異是。"遂依梅翁原韻首唱四律,同人競和,援筆立就者數十人,於是有山塘唱和之集。吳中稱爲勝事。自是四方相率舉行文會。虞山集吾谷,玉峰集冠山堂,雲間集春藻堂,浙中始集鶩湖,繼集西湖。名流碩彦,濟濟蹌蹌,共以文章道義相勖。寧嚴毋濫,寧儉毋奢,以故聲氣益廣,情誼益真。十年一日,千里同心,迄今猶弗渝也。但四十年來,出處不同,存亡不一,茲復遇是會,撫今追昔,不勝感慨,爰賦詩以誌其事。"

《白漊先生文集》卷二《太學宋君遜修哀辭》:"宋君遜修,諱敬業,蘇州長洲人。……今吏部侍郎兼翰林院學士吾師蓼天公之季子也。君生於京師。年六歲,從父歸蘇州。年九歲,復從之京師。年十一,喪母王恭人。年十六歲,與其兄聲求奉母喪,歸蘇州。年十七,補國子監生。年十八,娶婦汪氏,廣州知府顓木公之女。年十九,康熙十五年夏六月二十九日,卒於南倉里。……康熙十三年,余從君舅氏王咸中家始識君。是秋八月,余偕同郡諸人士,爲君伯氏谷臣公壽。君與從兄性存、義存,兄聲求觴之於虎丘,再觴之於吳山,留連文酒,極爲歡愉。冬十月,余偕君姊夫王太史藻儒,客於君之百花里寓居。……去年夏五月,余偕藻儒入京師,告行於君,君以疾不得見。秋九月,余在山東,聞君且婚。……君卒後五十日,聲求自京師歸,爲治其喪。遠近吊而哭者數百人。太倉之至者,唐實君孫華、張觀文爲光、王虹友攄、曾耳黄金吉、黄又文潞、曹九咸延懿、徐霆發舒、周樟成世樟、錢方來晋錫、李西屏吳澥、錢右文廷銳、王誦侯抑、王茂京原祁、王弘道會斌、吳省初曉,及余沈台臣受宏也。"

按:秋初,宋廣業從京城歸,爲雙親做壽。祝壽者近兩百人再集虎丘山塘舟次。

王申荀,字咸中,號真山,蘇州人,明戶部尚書大學士王鏊(1450年—1524年)六世孫。

九月

王翬作《王石谷仿古山水册》。

《虛齋名畫錄》卷十四《王石谷仿古山水册》十二幀。

秋

麓臺遇顧苓於虎丘,留宿塔影園一日,爲顧苓畫便面。

《麓臺題畫稿·仿大癡》:"猶憶甲寅秋,步月虎丘,與雲美相遇,談心甚洽,囑留塔影園一日,以二章易余便面。"

按:《江南通志》卷一百六十八《人物志隱逸》:"顧苓,字雲美,吳縣人。少篤學,尤潛心篆隸,凡碑版及鼎彝、刀尺款識、魚虫蝌蚪之書,皆能誦之,臨摹秦漢銅章玉印,見者以爲不減吾衍云。"顧苓與吳綺、施閏章等交善。施閏章《學餘堂詩集》卷四十九有《塔影園尋顧雲美不值》。顧苓,字雲美,吳縣人。萬曆三十七年生,卒年不詳。工書法、篆刻。

十月

王掞將北上,携館師沈台臣前往蘇州百花里,向妻弟宋德宜季子敬業告行。

《白漊先生文集》卷二《太學宋君遜修哀辭》。

六月至初冬,王抃新劇《舜華莊》成,王昊惟夏時至商榷。

《王巢松年譜》"甲寅四十七歲":"余是年作《舜華莊》,六月起至初冬始成。惟夏常到吾家商酌,篝燈夜話,必盡醉乃別矣。"

本年

王時敏有訓王挺、王撰一則。

《奉常公年譜》卷四"十三年甲寅八十三歲":"有訓大、三兩房一則,凡八百餘言。其略謂,諸子雖皆極貧,而長子、三子顛連尤甚。大房關係非眇,即今所居之宅乃文肅公故第,相沿已逾百年,風雨侵凌,漸多侵圮,每歲修葺之費皆我任之。今大兒以赤身窮漢住城中,第一大宅賠糧既所不堪,葺費從何設處。況我身後各房往來稀簡,宅中益復寂寥。一分不能獨任,恐其未必能守,特此先囑諸兒,萬一有此,須協力涕泣諫止。縱未能終使常留,但遲一日,可令存歿安妥一日,亦子孫之大孝。倘汝等有仕途得意者,或借或買,分割同居,更爲兩便。至讀書爲善,斡旋厄運,凡各分子孫皆當專心着力,更不獨大房、三房宜然。子孫但能深體我意,奉四字爲養身秘寶,奮勵力行,交相勗勉,以慰我心,則我將含笑入地矣。"

王時敏、王摅等觀看王抃(鶴尹)所作新劇《玉階怨》《戴花劉》。

《盧中集》卷三《觀鶴尹兄玉階怨、戴花劉新劇》。

《王巢松年譜》"甲寅四十七歲":"是時,大人偶查者英會故事,見劉兒簪花暢飲,心甚悅之,命余作一雜劇。於數日內草成呈覽,名之曰《戴花劉》。"

按:《王巢松年譜》:"癸丑四十六歲康熙十二年……余是年冬,始作樂府。有《侯夫人》《玉階怨》一折矣。"

王抃大兒兆新發狂疾,三子齊兒種痘不治。

《王巢松年譜·總述》。

康熙十四年乙卯（1675年）三十四歲

正月

王抃在九弟王抑堂中演新劇《舜華莊》。

《王巢松年譜》"乙卯四十八歲"："元宵後，在九弟堂中，演《舜華莊》。"

王攄、王揆、王掞、周肇、周雲駿、王昊、王曜升等集王抑齋中，分韻賦詩。

王攄《蘆中集》卷二《元夕後三日同周子儼、孝威、王惟夏、次谷、家兄弟集誦侯弟齋分得晴字》。

《西田集》卷一《元夕後三日同周子儼、公咸、家惟夏、次谷暨諸兄集誦侯弟齋分得初字》。

按：王攄《蘆中集》卷二收錄康熙元年至康熙十四年四月間詩，《除夕起用杜句》中有"四十明朝過"句，可知時在康熙十三年（王攄生於崇禎八年元旦），後接《元夕後三日同周子儼、孝威、王惟夏、次谷、家兄弟集誦侯弟齋分得晴字》，又可知時在康熙十四年。

三月

王攄、王抃同讀姜埰給諫詩，各有懷詩。

《蘆中集》卷二《讀易簣歌哭姜如農先生》。《巢松集》卷二《讀姜如農給諫易簣歌》。

按：姜埰，字如農，生於萬曆三十五年，卒於康熙十二年。

春

王衛仲北上，王攄以詩送之。

《蘆中集》卷二《送衛仲叔祖北行》。

按：《送衛仲叔祖北行》："未是悠悠者，蹉跎乃至今。千金傾俠客，一諾重儒林。天地枯魚泣，風塵老驥心。無媒不須嘆，前路有知音。"

四月

王時敏作《仿子久山水軸》。

《虛齋名畫錄》卷九《王烟客仿子久山水軸》。

下旬，王抃長媳忽得奇疾，變幻百出，至七夕前始得平復。

《王巢松年譜》"乙卯四十八歲"："四月下旬，兒婦忽得奇疾，變幻百出，直至七夕前，始得平復。"

王抃欲將李文饒事譜一傳奇爲任子吐氣。王鑑知之，特約其至染香庵，同惟次及老優林星巖商酌，初定間架。因王抃長媳之病，時作時輟，至次年始成。

《王巢松年譜》"乙卯四十八歲"："清和之初，余欲將李文饒事譜一傳奇，蓋專爲任子吐氣也。湘碧知之，特約余至染香庵，同惟次并老優林星巖商酌，間架已定。因家中爲病魔所纏，幾及半載，遂至不能握管，束之高閣，直待次年始成。"

毛師柱再過東皋訪冒襄。

《端峰詩選·七言律》有《乙卯初夏再過東皋，奉訪巢民先生，次其年舊韻》、《端峰詩選·七言絕》、《乙卯再過東皋，集穀梁書樓限韻》。

閏五月

毛師柱於清江浦別王揆。時王揆偕王玠從陸，毛師柱、錢晉錫、沈受宏從水分途北發。

《端峰詩選·五言律·乙卯閏夏，清江浦別王太史顓庵，時顓庵偕衛仲從陸，余與錢方來、沈台臣從水，分途北發）》："千里江淮路，征帆喜其君。關河方自遠，水陸又重分。"

按：陸隴其《陸清獻公日記》卷三載，是年五月爲閏月，故閏夏即閏五月。

在岳父文恪公（宋德宜）貽書催促和王時敏的督命下，王揆北上，途中作懷親詩。王攄賦詩送別，同行者有徐乾學，王攄分別以詩相贈。王揆館師沈受宏亦同行。王揆抵都不久，奉命典試山東，刑曹員外郎。

《顓庵府君行述》："乙卯七月服闋，意不欲復出，文恪公貽書招之，奉常公亦曰：'吾年雖老，然強飯無恙。方今逆藩煽亂，軍書旁午，豈人臣優游林泉日耶？'先大夫不敢違，抵都，遂奉典試山左之命。刑曹員外郎桑君雨嵐副之。"

《奉常公年譜》卷四："十四年乙卯八十四歲"："五月，子揆服闋還朝。"

《王巢松年譜》"乙卯四十八歲"："八弟服闋，於端節後還朝，正值兒婦病劇，不及餞送。補後即差山東典試，使畢回京。"

《蘆中集》卷二《送藻儒弟還朝》："高堂置酒話離別，結束征車待明發。馳驅豈厭走黃塵，間闊終愁違白髮。白髮衰親八十餘，牽衣執手重欷歔。未應許國思迴馭，須爲離家念倚閭。遙遥車馬之京國，赤日炎蒸困行役。歸夢江淮兩地心，客程齊魯千山色。長安爲別已多時，到日鳴珂返鳳池。鈴索聲從風外轉，花磚影向日間移。直廬夜色秋將近，前席知應時召問。上苑游將羽獵誇，後宮宴草清平進。秋風奉使棘闈開，奇士都收藥籠回。歐冶鑄皆成利器，孫陽顧豈屬凡材。迴翔禁闥聲華重，海內風塵驚潁洞。已見江湘戰壘橫，更聞關隴軍麾動。索米艱難正憶君，金戈鐵馬日紛紛。捷書屢望平淮信，邊徼空馳喻蜀文。君王宵旰緣何事，此際乞身良不易。膝下雖深負米情，江東且緩思蓴計。獨憐憔悴一衰翁，藥裹書籤淚眼中。四海烽烟憂汛梗，三秋消息問來鴻。況今門閥雖無改，兄弟窮愁幾人在。君念萊衣未得還，我嗟姜被空相待。雪裏蘆溝一騎飛，傳柑時節望南歸。東園烟樹西田月，暫解朝簪共釣磯。"

《蘆中集》卷三《送徐健庵太史還朝八十韻》："太史聲華重，南州族望傳。鳳生丹穴畔，驥産渥洼邊。蕊榜收才子，金門有謫仙。致身非偶爾，遇主豈徒然。凋瘝民生最，經綸國是偏。普天安衽席，率土止戈鋋。水闊蛟龍雨，風高鵬鶚天。殷憂常耿耿，此志久拳拳。賤子傷牢落，明公忍棄捐。嬉游曾總角，壇坫每隨肩。虎阜春宵月，鴛湖雨夜船。笙歌殊雜沓，車馬更騈闐。勝事南皮會，名流曲水筵。雷陳道自合，嵇呂契彌堅。不覺雲泥隔，俄驚歲月遷。我方咏團扇，公已賦甘泉。人地諸昆并，飛鳴叔氏先。策名雙闕下，臚唱五雲前。鵬翶登高第，龍頭屬少年。成均煩造就，密勿賴周旋。久自操冰鑑，今將秉化權。我公尤挺拔，與仲并勝騫。甲第無高下，詞曹正接聯。爐烟凝袖紫，扇月向人圓。鰲禁紆新綬，螢窗泠舊氈。簪纓今日遇，鉛槧夙生緣。弟後蓬池宴，兄先杏苑韉。恩深前席在，句好奪袍鮮。入院翻紅藥，移舟汎白蓮。選場司校閱，多士荷陶甄。蔓草看除矣，狂瀾實障焉。起衰文體正，擢秀物情平。秋至思蓴切，歸來戲綵便。堂開晝錦麗，花映板輿妍。築室依山麓，爲園損俸錢。觀魚疏曲沼，養鶴浴平川。入座青當戶，開扉綠滿□。松間雲淦淦，竹外水涓涓。國步何多難，鄉園未穩眠。重圍城屢陷，苦戰敵仍猙。殺氣盈秦楚，軍書達薊燕。血流裹岸曲，屍積隴山巔。將少當關固，兵多棄甲遄。請纓情已迫，擊楫志逾專。短髮鬖鬖指，回腸寸寸煎。戒途行恐後，趨闕敢遷延。驛路新秋雁，關門落日蟬。寧辭穿虎豹，竊願效鷹鸇。指畫情形中，敷陳涕泗漣。槐檐猶作虐，帝座許相纏。潰卒收重整，行師賀凱還。事宜師景谷，功必繼澶淵。綸閣輿情協，沙堤物望懸。一身兼將相，四海息烽烟。列戟同王濬，傳刀自呂虔。漫期公跌躞，轉念我迍邅。老大儒冠誤，紛紜世網牽。蓬蒿生滿徑，風雨守殘編。日到催租吏，頻荒負郭田。賣絲情莫告，剮肉病難痊。門大堵尤困，家貧賦偶躅。承歡艱菽水，垂老歷憂愆。同氣看俱瘁，謀生計孰全。兒啼賣書劍，婦泣鬻釵鈿。靜對生塵甑，閑吟逐鬼篇。飢寒雖偪側，騷雅足流連。訪友朝聯句，尋僧夜問禪。祇緣耽宿好,豈謂悟真詮。潦倒吾何拙,扶攜世有賢。豎儒勞見憶,當路幸垂憐。謬賞知吟苦,能容恕語顛。平津方朔米,流水伯牙弦。噓植心恒切,恩施感欲鐫。固知慚駿骨,差喜潤蝸涎。魚目驪珠混,珊瑚鐵網搴。論交心慘愴,爲別淚潺湲。邈矣陳蕃榻,雄哉祖逖鞭。干戈塵黯黯,道里草芊芊。圭華聊從素,雲霄各勉旃。路長情自邇,莫恨隔三千。"

王掞《西田集》卷一〈途中作〉:"我父雖矍鑠,形神漸憔悴。兒孫繞膝前,老懷差足慰。豈圖王程迫,敦促理征轡。……千里走風塵,炎蒸汗沾背。"

《白漊先生文集》卷二《太學宋君遜修哀辭》。

按:《奉常公年譜》卷四稱,王掞服闋還朝時在五月,并載王掞典試山東得士四十六人。沈受宏《白漊先生文集》卷二《太學宋君遜修哀辭》中也稱,沈受宏五月間與王掞偕入京師。《頤庵府君行述》稱王掞母憂服闋在七月。

夏

麓臺作《仿大癡設色小景》。

《山水正宗》上卷第98—99頁圖録《仿大癡設色小景》:"乙卯夏日,寫大癡設色小景。王原祁。"

鈐印:"王原祁印"(白文正方)。

設色紙本扇頁,16.6×50.4cm,故宫博物院藏。

太倉有丈量蘆田之舉,王氏家族頗受其累。

《奉常公年譜》卷四"十四年乙卯八十四歲":"夏間,有丈量蘆田之舉。遲糧道日巽臨州,丈勘用小步弓,以漲灘侵隱爲言,大有騷擾,排年頗受其累。"

八月

王時敏始患頭眩舌强,形神漸衰。

《奉常公年譜》卷四"十四年乙卯八十四歲":"中秋始患頭眩舌强,歷三四年,形神漸衰。"

九月

王時敏將三王合卷寄贈冒襄爲壽。

冒襄《同人集》卷三《跋》。

王時敏跋《王烟客、元照兩先生、茂京黄門書畫合卷跋》:"乙卯重陽後二日,王時敏識。"

孙在豐後跋：“余與顓庵宮坊、茂京給諫為同年友，忝猶子之列。向在都門，時欲乞一水一石，顓庵雖許之，而未獲也。……及閱茂京後幅，可謂無忝爾祖矣。”

冒襄跋：“己未陽月，余建草亭於水繪庵……四年前烟客先生寄三王合畫。”

按：王揆與孫在豐為兒女姻親。

《王時敏集·題自畫寄冒辟疆》：“惟揆兒草木臭吐，幸爾訢合，而敝親亦史從珂里歸，備述先生肆力於詞賦……既小孫邂逅邢關，復得奉教長者，且承以盤礡小技孜孜下問。……聊致案頭，用博都盧一笑，庶幾少寄心期，工拙且不暇計耳。”毛師柱，字亦史。

王揆典試山東，招同比部桑雨嵐、王玠、沈受宏、毛師柱宴集山左試院。

《端峰詩選·七言絕·己未九日維揚舟中雜興》其三：“此日重傷旅客情（乙卯九日，王顓庵太史招同桑雨嵐比部暨王衛仲、沈台臣宴集山左試院，今春桑復視學東省，相邀前往）。”

《白漊先生文集》卷二《太學宋君遜修哀辭》。

按：約康熙十六年秋，毛師柱《端峰詩選·五言律·柬王二衛仲》：“潭影軒前樹，清陰有百層。此時溪閣友，應對草堂燈。秋色老方好，桂花香未曾。題詩兼賭酒，幽事果誰能。”

《白漊集》卷二《九日王顓庵太史試院同桑雨嵐比部、王衛仲、毛亦史小飲》。此卷起康熙甲寅（康熙十三年）三月，盡康熙丁巳（康熙十六年）十二月。

冬

初增設詹事府、坊局等官，設滿漢詹事二人，漢少詹事二人。一年後，全設滿漢各官，并於理藩院撤回詹事衙門。

《顓庵府君行述》：“乙卯……是冬增設詹事府、坊局等官。”

納蘭性德《通志堂集》卷十四《康熙十五年月日臣等恭遇皇上冊立東宮特設詹事府、左右春坊、司經局等官以資輔導臣等謹奉表稱謝》、陳廷敬《午亭文編》卷三十《遵例自陳疏》。

《願學齋文集》卷十八《詹事府題名記》稱，康熙十五年後，“編檢升除必由中贊，而坊局特為詞臣晉階之始。凡為翰林者，自庶常迄編檢，必淬礪數年，循途躒次，得以名進”。

按：陳廷敬《遵例自陳疏》自稱“十四年升詹事府詹事兼翰林院侍讀學士，十五年以冊立東宮奉使祭告北鎮”。《中國古代書畫圖目22》京1—4660，高士奇跋高層雲《江村草堂圖》云：“乙卯（康熙十四年）授詹事府錄事。”

王摅送别徐秉义,時徐氏典試浙江後還朝。

《蘆中集》卷三《贈徐果亭太史典試浙歸》。

按:徐秉義(1633年—1711年),字彦和,號果亭,江蘇崑山人,顧炎武之甥,與兄徐乾學(健庵)、徐元文(公肅)稱"崑山三徐"。

麓臺作《仿倪黄山水圖》軸。

《木扉藏畫考評》圖録鄭德坤藏《仿倪黄山水圖》軸,落款爲"乙卯冬日"。

按:程曦評論此畫云:"以章法論,近倪爲多;以筆墨論,近黄爲甚。"又曰:"若此幅章法,用倪迂之平遠,中横平坡淺草,上加奇峰列岫,已能變倪之簡爲繁,而幽深處仍是倪迂面目,足稱抉其神髓也矣。"程曦稱此圖應是現存麓臺最早的學倪之作。

本年
魏裔介鄉居,以歷代古文無善本,編撰《欣賞集》,意在使學者"因文以見道,由古文以進於五經"。

《魏貞庵先生年譜》"乙卯公六十歲":"是年,公以歷代古文無善本,選定本題曰《欣賞集》。……學者倘因文以見道,由古文以進於五經,即聖人之意可得而求也。"

麓臺弟王原博原配顧氏暴亡。

《王巢松年譜》"乙卯四十八歲"。

惲壽平客湖濱,作《惲南田仿劉寀游魚圖》。

《虛齋名畫録》卷九《惲南田仿劉寀游魚圖》。

笪重光作《笪江上舟過生風圖軸》。

《虛齋名畫録》卷十《笪江上舟過生風圖軸》。

陳瑚爲王抃家館師,於是年卒。

《王巢松年譜》"乙卯四十八歲":"確庵師偶感寒疾,已愈而復來,遂至不治。"

【本年存疑作品】
四月
麓臺作《仿子久山水圖扇》,存疑。

《清王原祁畫山水畫軸特展》第113頁圖録《仿子久山水圖扇》:"乙卯清和,仿子久山水筆呈銘翁大叔教正。侄原祁。"

【理由】此圖筆法散亂。

康熙十五年丙辰（1676年）三十五歲

正月

王翬爲東令作《王石谷漁莊烟雨圖卷》，後有多家題跋。

《虛齋名畫録》卷五《王石谷漁莊烟雨圖卷》。

王翬跋："漁莊烟雨圖。丙辰正月既望，爲東令先生。虞山王翬。"

其後分別有檇李吴夢白（華崖）、虞山本芝孫朝讓（光甫）、太倉王時敏（烟客）、三山陳驌（伯駒）、武進吴見思（齊賢）、黄與堅（忍庵）、交蘆錢朝鼎（黍谷）、王揆（芝廛）、蒙谷陳帆（南浦）、王撰（異公）、下邳張斌、何畋（學山）、婁東許旭（九日）、吴門宋實穎（既庭）、崑山葉奕苞（二泉）、柏廬朱用純（致一）、古虞丘園（鶴巢）、荇溪吴藹（虞升）、處安黄晋良（處庵）、毗陵許之漸（青嶼）、錫山劉雷恒（震修）、崑山馬鳴鑾（殿聞）、嚪水金獻士（臣可）、醒庵曹基（德培）、京口寓人潘鏐（雙南）、松陵潘耒（次耕）、陽羡陳維崧（其年）、荆水史惟圓（蜷庵）、錫山嚴繩孫（秋水）、梁溪錢肅潤（楚明）、錫山秦保寅（樂天）、高菖生（節培）、錫山華長發（商原）、婁水錢廣居（大可）、悔庵尤侗（展成）、毗陵趙燨（天醒）、餘水金榮（榮筆）、汝陽吴之振（孟輿）、臨溪金漸雖（西崖）、鹿床俞南史（無殊）、休陽汪森（晋賢）、長水岳淮、筤公陸之垓、石莊曹林（雲材）、雪井唐瑀、汪琬（鈍翁）、非庵陳匡國（均寧）、竹里彭行先（鶴羨）、德園高簡（澹游）、虔州曾燦（青藜）、西陵丁澎（葯園）、南園張季琪（漁闇）、荆南潘崇禮（元履）、婁水周聚（翼敖）、中川李仙根（子静）、松陵顧樵（樵水）、唐景宋（默齋）、吴江徐崧、雲間吴戀謙（六益）、松陵吴應辰（友汪）跋。

按：陳帆跋於"丙辰九月"，許旭跋於"丙辰陽月"，丘園跋於"丙辰十月"，陳維崧跋於"丁巳正月"，尤侗跋於"丁巳三月"。

二月

王掞升左春坊左贊善兼翰林院檢討。上年冬始設詹事府、坊局等官。

《顓庵府君行述》："二月，升左春坊左贊善兼翰林院檢討。"

《奉常公年譜》卷四"十五年丙辰八十五歲"："二月，子掞升左春坊左贊善兼翰林院檢討。時新設詹事府、坊局等官（上年冬始設）。"

翁叔元四十四歲試禮部，出桐城吴五霞之門，座主爲大學士高陽李蔚。

《翁鐵庵年譜》"十五年丙辰叔元四十四歲":"二月,試禮部,榜發,余名在第六。出桐城吳五霞先生之門,座主則大學士高陽李公、大宗伯漢陽吳公、少宰長洲宋公、副憲陽城田公。"

王鑑作《王廉州仿董文敏遺意立軸》,推崇董其昌。

《吳越所見書畫錄》卷六《王廉州仿董文敏遺意立軸》跋:"近代畫家首推文、沈,雖屬神品,然未免過熟,尚不離丹青習氣,獨華亭董文敏脫盡縱橫氣味,真如天駿騰空、絳雲出岫,乃所謂士大夫畫,非具仙骨,豈能夢見其萬一。此圖漫師遺意,終似嫫母、王嬙,徒令人捧腹耳。時丙辰仲春,於來雲館之水邊林下。湘碧王鑑。"

三月

王扶捐納歲貢,入都廷試,事畢即歸。鄒裕來登第,時王攄在京,與之相識。

《奉常公年譜》卷四"十五年丙辰八十五歲":"子扶捐納歲貢。三月初入都廷試,事畢即歸。"

《蘆中集》卷十《贈臨江李述齋太守二首》。

春

程鸜(昭黃)仿李成畫法。

《澄蘭室古緣萃錄》卷八《名家名人山水册》。

麓臺爲叔父王攄作山水畫。

《蘆中集》卷三《茂京侄畫山水見貽賦以作答》:"危峰倚天如削成,下有萬壑流泉鳴。秋林雨洗眾青出,遠空澹澹修眉橫。攜向高堂挂素壁,有若身在丹崖行。問誰作圖吾小阮,筆精墨妙由天生。我父生平雅善此,購求名迹珍連城。乾坤萬怪羅筆底,搜抉古人無遁情。變化未肯受羈束,尤於古法神而明。今復有爾紹家學,祖孫同擅千秋名。慘澹經營妙入髓,古來作者誰可擬。大都子久其專師,清曠并學營丘李。體勢深渾北苑如,皴染新奇叔明似。灑脫雅麗無不兼,又類吳興趙公子。十日五日一水石,我欲於焉究其理。得之屏障生光輝,後來好手無逾此。嗟我跼處如樊籠,足迹未與名山逢。願畢婚嫁游五岳,先從圖畫開心胸。明年襆被經岱宗,振衣上登日觀峰。下視紫翠紛且重,展觀庶幾氣象同。我將此圖貯懷袖,東西南北長相從。"

按：《蘆中集》卷三收録康熙十四年七月至康熙十五年八月間詩。《茂京佺畫山水見貽賦以作答》前詩《游靈隱寺》有"霜楓夾路筍輿來",據後詩《平山堂》有"城北橫岡翠鬱盤……禪房花木隱雕欄"可知,《茂京佺畫山水見貽賦以作答》約寫於康熙十五年春間。

黄百家隨父黄宗羲至海昌,授經於張元岵家。
　　黄百家《學箕初稿》卷二《送查夏重游燕京序》。

四月

王時敏爲渭翁作山水祝壽。
　　《虚齋名畫録》卷九《王烟客山水爲渭翁壽軸》:"丙辰清和,仿子久筆,奉祝渭翁老門年臺,兼祈教正。婁水弟王時敏,時年八十有五。"

王掞念奉常公家居且年老,請假歸。
　　《顓庵府君行述》:"四月,先大夫念奉常公家居,違侍日久,遂請假歸養。"

翁叔元授翰林院庶吉士,以翰林學士滿洲喇公、崑山徐公爲教習師。月有課,旬有試。
　　《翁鐵庵年譜》"十五年丙辰叔元四十四歲":"四月,授翰林院編修,以翰林學士滿洲喇公、崑山徐公爲教習師。月有課,旬有試。"

六月

王士禎爲王摅《蘆中集》作序。在京期間,徐元文招王摅飲,摅以詩相贈。王摅詩送趙貞之修武,并上書八弟下揆之岳父宋德宜。
　　王摅《蘆中集》序:"康熙丙辰六月,濟南愚兄士禎序。"
　　《蘆中集》卷三《别憲尹侄》、同卷《送趙松一之修武》、同卷《徐立齋學士招飲席上口占奉别》、同卷《上宋蓼天少宰》。
　　按:王士禎序中稱,是年夏,遇王摅於京師,握手極歡。
　　宋德宜(1626年—1687年),字右之,號蓼天,蘇州人。
　　《白漊先生文集》卷一《兩邑陳詞序》:"予友趙子松一,歸自修武。修武之令宋君中郎,其所主也。宋君令修武,慈惠潔清,有善政於民。……宋君之賢也,宋君令修武,修武大治;嘗從修武攝令武陟,武陟復大治。……宋君之爲政,其大者如平賦斂、清獄訟、興學校、勸農桑、理商鹽之弊,恤郵傳之苦,不避難,不憚勞,悉其心力,以爲民計長久。"

夏,麓臺與王惟夏、王掞、王衛仲等集沈受宏齋中分韻賦詩。

《白漊集》卷二《夏日,王衛仲、次谷、鶴尹、顓庵、麓臺、張佩將、唐實君、顧商尹、曹九咸、徐霆發、李西屛、吳省初小集草堂分韻》:"一尊好卜三更樂,六博聊偷半日閑。"

按:此卷起康熙甲寅(康熙十三年)三月,盡康熙丁巳(康熙十六年)十二月,前有《寄王顓庵宮詹四首》,其四:"同里三人在(指東堂、弘導、方來),風塵滿客衣。"由此可知,時約在康熙十五年夏。此時,王掞從京歸,麓臺閑居太倉。

七月

麓臺、王抑、王撼、唐實君、沈受宏等分別前往蘇州南倉里,吊唁吏部侍郎兼翰林院學士宋德宜季子宋敬業之喪。

《白漊先生文集》卷二《太學宋君遜修哀辭》:"宋君遜修,諱敬業,蘇州長洲人。……今吏部侍郎兼翰林院學士吾師蓼天公之季子也。君生於京師。年六歲,從父歸蘇州。年九歲,復從之京師。年十一,喪母王恭人。年十六歲,與其兄聲求奉母喪,歸蘇州。年十七,補國子監生。年十八,娶婦汪氏,廣州知府顓木公之女。年十九,康熙十五年夏六月二十九日,卒於南倉里。……康熙十三年,余從君舅氏王咸中家始識君。是年秋八月,余偕同郡諸人士,爲君伯氏谷臣公壽。君與從兄性存、義存,兄聲求觴之於虎丘,再觴之於吳山,留連文酒,極爲歡愉。冬十月,余偕君姊夫王太史藻儒,客於君之百花里寓居。……去年夏五月,余偕藻儒入京師,告行於君,君以疾不得見。秋九月,余在山東,聞君且婚。……君卒後五十日,聲求自京師歸,爲治其喪。遠近聞而哭者數百人。太倉之至者,唐實君孫華、張觀文爲光、王虹友撼、曾耳黃金吉、黃又文潞、曹九咸延懿、徐霆發舒、周樟成世樟、錢方來晉錫、李西屛吳汧、錢右文廷銃、王誦侯抑、王茂京原祁、王弘道會斌、吳省初曉,及余沈台臣受宏也。"

按:宋敬業卒於康熙十五年六月二十九日,據"君卒後五十日,聲求自京師歸,爲治其喪。遠近吊而哭者數百人"可知,麓臺前往吊唁時間當爲七月。

宋德宜長子宋駿業字聲求,號堅齋、堅甫。生年不詳,康熙五十二年五月卒。

八月

王抃開演《籌邊樓》新傳奇,以博王時敏的歡心。

《王巢松年譜》"丙辰四十九歲":"八月中,八弟請告歸里,諸兄第公宴於鶴來堂,演新劇《籌邊樓》。"

九月
宋廣業父與宋曹同觀競渡,以詩倡和。

《蘭皋詩鈔》卷六《出關草‧寄祝鹽城射陵伯暨伯母八十雙壽》。

冬
王抃長子發病,王揆率其共見王抃,切責一番。

《王巢松年譜》"丙辰四十九歲"。

本年
册立東宫。

納蘭性德《通志堂集》卷十四《康熙十五年月日臣等恭遇皇上册立東宫特設詹事府、左右春坊、司經局等官以資輔導臣等謹奉表稱謝》。

按:陳廷敬《午亭文編》卷三十《遵例自陳疏》稱:"十四年升詹事府詹事兼翰林院侍讀學士,十五年以册立東宫奉使祭告北鎮。"

陳奕禧與查慎行等友人歡聚金陵。

陳奕禧《綠陰亭集》卷下《題姜西溟臨十七帖》:"康熙十五年,西溟到寧,歸聚拙閒堂,與查夏重、德尹酒談。"

王吉武成進士未歸,王攄南歸。

按:王吉武,字憲尹,號冰庵,順治二年生,雍正三年卒,江蘇太倉人。《王吉武傳》見顧陳垿《洗桐軒文集》卷七。

約於本年,李念慈與何雲塾、方邵村、鄧孝威、程穆倩、宗鶴問、惲正叔等夜集,并以詩贈程穆倩。

李念慈《谷口山房詩集》卷十五《從軍集二》、同卷《何雲塾招同方邵村、鄧孝威、程穆倩、宗鶴問、惲正叔及令侄仲發夜集》以及《諫程穆倩》。

按:《谷口山房詩集》卷十五《從軍集二》收錄康熙十四年至康熙十六年間詩歌。前兩首詩當寫於康熙十五年,因爲詩前有《廣陵送孫懷豐趨省江右,兼呈令尊孫豹人》寫於康熙四十年除夕,且本詩集按年編排。

康熙十六年丁巳（1677 年）三十六歲

二月

慕天顔彈劾嘉定知縣陸隴其，"操守稱絶塵，才幹實非四應"，稱其德有餘而才不足。

慕天顔《撫吴封事》卷一。

《愛日吟廬書畫別録》卷四《各種楹聯·陸隴其行楷七言》："從大學修身爲本，法中庸素位而行。稼書陸隴其。"

《履園叢話》卷一《陸清獻公》："陸稼書先生宰嘉定，日坐堂上課子讀書，夫人在後堂紡績。民有事控縣者，即出票交原告，喚被告，如抗出差。其聽訟也，以理喻，以情恕，如家人父子調停家事，漸成無訟之風。有兄弟争訟不休，公謂之曰：'弟兄不睦，倫常大變，予爲斯民父母，皆予教訓無方之過也。'遂自跪烈日中，訟者感泣，自此式好無尤。嗚呼！若先生者，誠聖人所謂'道之以德，齊之以禮，有恥且格'者也。公生辰，貧不能備壽筵，夫人笑之，公曰：'汝且出堂視之，較壽筵何如？'但見堂上下，香燭如林，斯民敬之若神明焉。"

三月

初三，王抃五十誕辰，作《五十自壽四首》，家宴兩日。

《王巢松年譜》"丁巳五十歲"："余是年五十，修禊日爲誕辰，止家宴兩宵。其餘設席，俱在冬底。"

《巢松集》卷三《五十自壽四首》，其一："蒼蒼鬢髮視茫茫，顧影迴腸祇自傷。禾稼總難寧婦子，琴書豈易付兒郎。北堂萱草慈顔杳，東閣槐陰舊業荒。獨喜嚴親方矍鑠，長筵頻誦九如章。"其二："懶僻由來稱索居，侯門何處曳長裾。四愁未賦張衡句，一哭頻回阮籍車。已悟浮名焚筆硯，勉支舊閥廢田廬。此身自分蓬蒿老，只合庭前草不除。"其三："欲報親恩與願違，趨庭何忍對春暉。修爲未卜他生好，閱歷方知向日非。青眼人情隨歲减，黄金世路覺身微。翟公門巷猶羅雀，莫怪蓬廬車馬稀。"其四："一度花開一度看，清絲白雪嘆無端。賦成莫解江郎恨，裘敝誰憐季子寒。姜被影孤方拆雁（伯兄於仲春永訣），秦簫聲咽久乘鸞（亡妾辭世已十九年矣）。老來觸景添惆悵，只恐重經少壯難。"

初九日，王挺卒。

《王巢松年譜》"丁巳五十歲"："大兄失明雖久，猶能飲啖如常。三月初八早，忽聞疾作，次日即長逝。"

《巢松集》卷二《哭周臣伯兄》："兄行居第一，長余止數歲。自幼共肩隨，仲叔稱難弟。餘皆年齒殊，行藏各自異。兄才迥不群，吾家千里驥。下筆輒驚人，讀書明大意。東澗與梅村，賞識深相契。鎖闈獻策三，數奇艱一第。時命既不猶，強求亦無裨。丈夫能自強，資格何須泥。豈必試有司，家聲始弗替。因此棄儒冠，蚤歲游中秘。誰知朝市遷，舉目堪流涕。堂構幸安全，家國飄搖際。不幸生其時，逃禪空一切。祖德恐難酬，文行益砥礪。橫經榻欲穿，學道關常閉。著述富等身，體勢廬陵類。知己兩三人，歲寒敦氣誼。其如性太剛，憤激難自制。嫉惡視如讎，禍患俱不避。胥吏正縱橫，言之辭色厲。直指下江南，諤諤陳利弊。秦鏡幸高懸，巨憝皆立斃。時會適澄清，吾兄非好事。未免爲直言，因招群小忌。從此堅杜門，寄托在聲伎。酒熟進高堂，萊彩階前戲。傾橐選梨園，亦爲娛親致。落魄本性成，生產總不計。況兼歲不登，旱潦頻相繼。所以比年來，田廬日就廢。人或爲君憂，兄獨安於義。痼疾所難堪，亦不傷其志。顧曲辨宮商，遣興有深嗜。飲興老不衰，酒人洵無愧。家宴列長筵，大戶爲最。每集必狂歌，狂歌必盡醉。兄常向余言，浮名甚無謂。行樂在及時，何須求富貴。劉伶荷鍤埋，浮生安足繫。此語常聞之，退而竊自議。逆境能曠懷，遐齡端可冀。豈知舊疾侵，奄然忽長逝。驚疑足不前，悲痛心如刺。點檢篋中書，手錄蠅頭字。數領敝衣裳，無物堪典質。白髮兩衰親，含殮不忍視。猶幸有佳兒，至性偏沈摯。擗踴無時休，呼號血成淚。重泉如有知，兄當聊自慰。時事眼倦看，豈復戀塵世。胸中有不平，料得請於帝。須記放翁言，無忘告家祭。"

春

麓臺從太倉舟往雲間，途中作《仿元六家山水》。

《山水正宗》卷中第261頁、《王原祁精品集》第20—31頁圖錄《仿元六家山水》。

册前王時敏隸書題："靈心自悟。西廬八十七老人題。"

鈐印："西廬老人"（白文正方）、"農慶堂"（朱文長方）。

第一幀（水墨）："仿大痴。"

鈐印："茂京"（朱文橢圓）。

第二幀（水墨）："仿黃鶴山樵。"

鈐印："麓臺"（白文正方帶框）。

第三幀（設色）："仿趙承旨。"

鈐印："茂京"（朱文正方）。

第四幀（水墨）："仿梅道人。"

鈐印："原祁茂京"（兩白兩朱文正方）。

第五幀（設色）："仿高尚書。"

鈐印：起首鈐"蒼潤"（朱文葫蘆形），下鈐"茂京"（朱文正方）、"別號麓臺"（兩朱兩白文正方）。

第六幀（水墨）："仿雲林。"

鈐印："麓臺"（朱文正方）。

冊後跋："此余丁巳（康熙十六年）春間往雲間筆也，先奉常見之，謂余爲可教，題識四字。今閱十五年矣，於古人筆墨終未夢見，殊愧先大父指授，爲之泫然。康熙庚午（康熙二十九年）長夏觀於毗陵舟次謹題，原祁。"

鈐印：起首鈐"興與烟霞會"（白文長方），下鈐"原祁之印"（兩白兩朱文正方）、"麓臺"（朱文正方）。

設色/水墨紙本，21×27cm，故宮博物院藏。

按：有龐萊臣（"虛齋至精之品"，朱文長方；"龐萊臣珍賞印"，朱文長方）、"金繡廷瘦仙氏收藏"（朱文長方）等收藏印。

王武以汪琬"學古而不泥其迹"的論文之法論畫法。

《中國古代書畫圖目22》京1—4527，王武《花竹栖禽圖》跋："學古而不泥其迹，汪鈍翁論文之一法也。溪窗對雨寫此，自謂無畫工習氣，未審少有合於前人否。丁巳春杪，忘庵武記。"

按：汪琬號鈍翁。

四月

六日，王時敏成《仿諸名家冊》，因麓臺謁選入都，貽贈陳鼔永。

《吳越所見書畫錄》卷六《王奉常仿諸名家冊》。冊頁分別爲："蕭寺晚晴，仿鷗波老人""仿梅道人""仿趙令穰《春郊散牧圖》""仿黃鶴山樵《竹趣圖》""仿荊關筆意""澗水空山道，柴門老樹村。用巨然筆寫少陵詩""仿高尚書《山川出雲》""仿李咸熙《寒林》""晴巒晚色。仿子久""仿倪《高士溪山亭子》""仿大癡《砂磧圖》意""仿趙承旨《夏木垂陰》"。後跋："此冊仿諸名家筆，經始於甲寅秋仲，作輟者再四，凡三易歲而後成，共計十二幅，蓋丁巳清和之六日也。王時敏識。"

王時敏又跋："余自精力向衰，囊筆櫝硯久盤礴，比更病目昏眵，益與無緣。偶逢風日清美，適乘興會，戲仿諸家小景，積久成冊，頗用自喜。茲因小孫原祁謁選入都，因學翁老年臺累世至誼，揆兒苦索之，以爲孺子利見之資，遂以畀之。仰祁（祈）大方鄧政，聊當親承指誨，知醜惡不堪獻笑也。康熙丁巳夏五，時敏再題，時年八十有六。"

按：《王時敏集·題自畫冊贈陳學山大司空》著錄"余自精力向衰……知醜惡不堪獻笑也"。陳敱永，字雍期，號學山，浙江海寧人。康熙十六年，以都察院左都御史升工部尚書。

王時敏貽麓臺《小中見大》冊，供其臨摹。

《王司農題畫錄》卷上《仿設色大痴巨幅李匡吉求贈》："先奉常於丁巳夏初，忽以授余，其屬望也深矣。余是年三十有五，拜藏之後將四十年，手摹心追。庚寅（康熙四十九年）冬間，方悟'小中見大'之故，亦可以'大中見小'也。"

王撼北上京城，滯京兩月。

《（民國）太倉州志》卷十《薦舉》。《吳越所見書畫錄》卷六《王奉常仿諸名家冊》跋。

王撼《蘆中集》卷四收錄康熙十七年正月所作《人日招同錢梅仙、費天來、江位初、顧伊人、周懸著、毛亦史、張慶餘、周翼微、吳綿祖、顧商尹、曹九咸、沈台臣小集，兼懷趙松一、家弘導》："憶昨飢驅向京國……兩月皇都無所遇，一鞭穩卧還江邊。……傾情倒意趙元叔，吾家小阮今仲宣。安得歸來共吟嘯，竹林盛事千秋傳。"

按：《蘆中集》未收康熙十六年王撼在京期間所作詩歌。康熙十五年《茂京任畫山水見貽賦以作答》有"問誰作圖吾小阮"，詩中"小阮"指麓臺。從"吾家小阮今仲宣，安得歸來共吟嘯"可知麓臺在京城。

《（嘉慶）直隸太倉州志》卷三十六《人物》："周象明，字懸著，康熙十一年舉人，幼工制舉業，尤精性理，家貧以脯修自給。人挾貲求聯族，曰：'是亂宗也。'不納。有從弟以遺糧自鬻，象明積貲贖之，既而復然，卒歸之，終身贍給焉。臺司聞其名，飭州牧延象明登明倫堂講《尚書》《洪範》及昔賢主敬之學，聽者感服，沒（歿）祀鄉賢祠。"

五月

王抃婿許希濤携家自閩歸太倉。

《王巢松年譜》"丁巳五十歲"："五月中，閽人并未傳進，忽有一少年突入内室，余見之甚駭,諦視良久,終不能辨。少年曰:'我乃許家婿也。'始知其爲希濤,不覺驚喜交集。是晚即下榻齋中。爾時堯老在閩未歸,吾女及其全家眷屬,尚留武林。五六日後,希濤重到,彼始挈之同抵家,借栖顧松翁住宅,休息半月後,乃修歸寧之禮。烽火連天,音書隔斷,重得聚首一堂,真出望外,所謂'猶恐相逢是夢中'者,真此日之景況矣。"

六月

王時敏將長子王挺所遺田産令諸子等公議爲兩孫分家。

《奉常公年譜》卷四"十六年丁巳八十六歲":"是年六月,將長子所遺田産令諸子等公議,爲兩孫分析,公申論之。"

夏

朱君實守婁一載而罷去,太倉州學博曹煜等將其長生禄位迎入公廨。

《白漊先生文集》卷四《州太守雲陽朱侯去思碑記》:"甚矣哉!賢吏治難爲也。康熙十六年夏,雲陽朱侯君實來守吾婁,一年而罷去。朱侯,賢吏也。……朱侯之治婁也,勸農桑、省刑罰、緩征稅、禮賢敬老、恤罪哀窮。"

《綉虎軒尺牘》卷三《復朱君實太守》,同卷《與王次谷》。

按:俞天倬撰《太倉州儒學志》卷一《列傳·李煜》:"李煜復姓曹,號凝庵,金壇人。少負不羈之才,客游於邘,李翁異之,延爲師,隨以女妻之。繼而李氏子就童子試,適病,凝庵冒之,得售。次年丁酉舉於鄉,復試稱旨,連上公車,就選學正。涖任首嚴月課,嘗請輪貢生假公服坐二門點名,自坐堂上,散卷咸受約束,肅如場規。平日投窗稿會課者絡繹,批答如流,廣交游,暇即著書。有《綉虎軒》諸集,理學、經濟爲時欽服。凡學中廢墮,悉力修復,乙卯(康熙十四年)浙江同考,升山東莘縣令。臨行,諸生以謙不受賀,裒金蓋生祠於學宮,塑像立石,每誕辰諸生集祠遥祝,後或以非典禮,移奉於文昌祠旁,春秋私祀。"

七月

吴歷自梁溪歸。

《澄蘭室古緣萃録》卷八《吴墨井鳳阿山房圖軸》。

九月

太倉王抑、唐泓、楊崘、婁縣宋志梁中式舉人。王攄落第歸。

《王巢松年譜》"丁巳五十歲":"是年特設一科,專考太學。闈期在九月。九弟以第七名中式,與星源同遇。父親聞報,即到北闈。"

《奉常公年譜》卷四"十六年丁巳八十六歲":"子抑於是年中式舉人。"《隨庵年譜》云,是年特設一科,專試太學諸生,闈期在九月。《貢舉考略》載,是歲因軍興開科,有鄉試無會試。

《綉虎軒尺牘》二集卷六《與王誦侯》。《江南通志》卷一百三十二。《蘭皋詩鈔》卷三《都下偶編・丁巳家大人秋闈報捷喜賦》。

按:楊崏,字星源。宋廣業《幸魯盛典》卷三十六《聖駕幸魯恭頌》中有内閣中書舍人宋志梁所撰四首。

重陽日,王曜升爲主人,周肇、周雲駿、王時泰、王昊、王撰、王抃、王攄八人同集準提庵,快聚竟日。

《王巢松年譜》"丁巳五十歲"。

秋
王武爲竹里先生作《王忘庵浦邊立鶴圖軸》。

《虛齋名畫錄》卷十《王忘庵浦邊立鶴圖軸》。

十一月
儲方慶訪傅山。

儲方慶《儲遁庵文集・與傅青主書》。

王抃爲長子草草成婚,長子復發狂病。

《王巢松年譜》"丁巳五十歲":"十一月中,草草爲大兒成婚,而心緒之惡,不可告人,所謂亂如麻、愁似海者,正余此日之謂矣。雖二嫂極力周旋,而毫無效驗。……(長子)打壞夏五家一厨粗碗,又縛銀杯在腰間,走到城頭上,住周家姊家幾日。二兄率來見我。"

十二月
二十四日,冒辟疆爲避家難,移家江南。

冒襄《同人集》卷八。

按:王翬跋《題重臨趙松雪移家圖》:"冒巢民老先生移家渡揚子,流寓姑蘇,肯堂囑臨爲贈。"鄧林梓(肯堂)又跋:"今臺憲丁公秉江南節鉞,清惠政美不勝書,乃爲巢民老伯移家渡江,此千旌盛事。"

冬

冒襄游玉山,訪徐乾學,憶顧湄,以未得見爲憾。

冒襄《同人集》卷三中有《過玉山訪徐健庵太史感贈二首》,其中《題半雲齋》云:"弱冠與顧麟士、楊子常兩先生定交,乙酉(順治二年)後三十餘年不通聞問。丁巳殘臘,令子伊人見存,適游玉山未得把晤。"

按:《(嘉慶)直隸太倉州志》卷三十六《人物》:"顧湄,字伊人,本程姓,父新,令惠安,與顧夢麟善。夢麟無子,幼鞠湄,遂姓顧氏。早通經義,十二歲作'爲上者與民爭利論',宿老異之。師事陳瑚爲高弟,慎交、同聲社興皆以得湄爲重。值奏銷挂誤,絕意進取,專力詩古文。徐乾學慕其名,延館於家,時爲納蘭成德刻《通志堂經解》,其較正爲多。"

高士奇擢中書舍人,直大內。

《中國古代書畫圖目 22》京 1—4660,高士奇跋高層雲《江村草堂圖》云:"康熙甲辰(康熙三年)予走都下……丁巳(康熙十六年)冬擢爲中書舍人,直大內。"

本年

歸允肅認爲,好文章的標準是"理欲其明,氣欲其厚,法欲其正,詞欲其醇"。

歸允肅《歸宮詹集》卷二《王子靜制藝序(丁巳)》:"文章之有制義,所以覃精聖言,發揮義蘊,而暢其中之所自得也。……文無定體,在其人之自得何如耳。理欲其明,氣欲其厚,法欲其正,詞欲其醇。傳注以會之,經史以貫之,返之身心,以致其功,參之秦漢唐宋以博其趣,求之先正大家以正其體,斯制義文極則也。"

是年開科特舉貢監憲文取教官。

《綉虎軒尺牘》卷二《與鄒乾一》。

康熙十七年戊午（1678年）三十七歲

正月

王攄首倡文酒之會，同集者費天來、錢嘏、江位初、顧湄、顧商伊、周翼微、張慶餘（衍德）、曹延懿、徐扶令、沈受宏、毛師柱共十一人。

《蘆中集》卷四《人日招同錢梅仙、費天來、江位初、顧伊人、周懸著、毛亦史、張慶餘、周翼微、吳綿祖、顧商尹、曹九咸、沈台臣小集，兼懷趙松一、家弘導》。

《婁東詩派》卷二十一曹延懿《戊午人日同錢梅仙、江位初、周翼微、毛亦史、顧伊人、張慶餘、徐扶令、沈台臣集王七虹友齋話舊有作，兼懷趙松一、王弘導》。

毛師柱《端峰詩選·五言古·錢葭湄侍御書至，知錢梅仙、曹九咸秋間已出都旋里，夜坐有懷兼寄王虹友諸同學》。

《端峰詩選·七言古·人日寄懷王虹友諸同學（有序）》："戊午人日，王子虹友首倡文酒之會，同集爲費天來、錢梅仙、江位初、顧伊人、周翼微、張慶餘、顧商尹、曹九咸、沈台臣及余，共十一人。時趙松一客修武，王弘導客都門，即事寄懷，各成七古一首。後七年乙丑，余與松一同客商尹滎陽署齋，曾有人日憶舊游之作。今辛未人日，余復客商尹咸陽幕中，慶餘亦客隴州，而虹友、弘導、九咸皆在都下，松一且將入燕。回首昔游，欻逾一紀，真不啻如雪中鴻爪，散而未易聚也。適際靈辰，復成長句，傷離思遠，情見乎詞。"

二月

上諭薦舉博學鴻詞之士以備顧問著作之選，魏象樞薦湯斌、畢振姬、馮雲驤、白夢鼎、王紫綬五人。陝西道御史焦榮薦舉魏裔介，時總憲友魏象樞曰："邇來第一篇大文字也。"

《魏敏果公年譜》"戊午六十二歲"："上諭薦舉博學（鴻）詞之士以備顧問著作之選，余薦五人：湯斌、畢振姬、馮雲驤、白夢鼎、王紫綬。"

《魏貞庵先生年譜》"戊午公六十三歲"："上命在廷諸臣及各巡撫舉薦舉博學（鴻）詞之臣，有陝西道御史焦榮以公應……總憲魏環溪曰：'邇來第一篇大文字也。'魏環溪自丙戌（順治三年）通籍以來，與公志同道合三十餘年矣，未嘗不以學問相切磋也。"

三月

初五，王抃長子忽發狂疾，半月餘始愈。王抃作《訓新、建兩兒》。

《王巢松年譜》"戊午五十一歲"：："仲冬，於八弟處挪移百金，爲大兒援納長沙例。……三月初，大兒忽抱疾不出，一晚狂叫。"

《巢松集》卷三《訓新、建兩兒》："我聞王福時，昔有譽兒癖。陶氏有五男，總不好紙筆。……辛丑始生男，長者年十七。稚氣貪宴安，語言多躁率。……幼者少兩齡，資性更不及。握管同面墙，誦讀難記憶。……但願繼書香，顯榮豈能必。"

王翬爲弟子楊晋作《王石谷墙角種梅圖册》。

《虛齋名畫錄》卷十四《王石谷墙角種梅圖册》。

按：康熙十六年八月，楊晋在新居墙角移種古梅一株，翌年三月，王翬爲其作畫以記此事。《王石谷墙角種梅圖册》後有楊晋（碩果）、惲壽平（南田）、龔翔麟（冷真）、王武（忘庵）、老易軒宋實穎（既庭）、溪麋陳浣（伯熊）、豐南吴綺（園次）、趙燡（天醒）、嚴熊（武伯）、凌竹（南樓）、竹里彭行先（貽令）、覯庵陸貽典、陳濤、宗渭、吴趨金侃（亦陶）、晋陵趙鷹（去邪）、莆陽余懷（恨恨先生、浣花東堂）、東里吴德裕、雪坡顧淵（玉山）、桃鄉農李符、南村衛用弘、棠庵陵等題跋。

春

麓臺作《王司農仿古畫册》。

《吴越所見書畫錄》卷六《王司農仿古畫册》。

第一幀（設色）："蕭寺秋晴。仿歐波筆。"
鈐印："王原祁印""茂京"。
第二幀（水墨）："大癡《陡壑密林》。麓臺。"
鈐印："王原祁印"。
第三幀（水墨）："倪高士筆。"
鈐印："王原祁印"。
第三幀（水墨）："米元暉小景。"
鈐印："茂京"。
第四幀（設色）："趙令穰《江鄉春曉》。"
鈐印："麓臺"。
第五幀（水墨）："竹趣。昔子久、叔明合作此圖，余略師其意。原祁。"
鈐印："茂京"。
第六幀（設色）："水村圖。茂京。"

钤印："王原祁印"。
第七幀(水墨)："溪山無盡。用梅道人筆。"
钤印："王原祁印""茂京"。
第八幀(設色)："江亭秋晚。寫荊關遺意。"
钤印："王原祁印""茂京""麓臺"。
第九幀(水墨)："李營丘雪圖。戊午春日,仿宋元諸家,似仲翁老年臺并政。婁水弟王原祁。"
钤印："王原祁印"。
按：陸時化稱："此畫册始於李氏,繼在其外大父潘大中丞處,今在金涵齋家。"此圖有"寒翠山房""李氏定齋真賞"收藏印。

四月

五日,婁東地震。

劉獻廷《廣陽雜記》卷一。

十九日,陸隴其接薦舉令。

陸隴其《陸清獻公日記》卷四。

約四月間

王撼游宣城,至廣教寺,訪石濤,題梅清《黃海浮嵐圖》。游黃山後入郡,游問政山。歸太倉,向王掞述黃山之勝,兼示新詩。

《西田集》卷一《虹友兄歸述黃山諸勝兼讀新詩》。

《廬中集》卷四《許左黃招同程蝕庵山尊、正路吳勇公游問政山》,同卷《廣教寺訪喝公、石公二大師》："飛錫來何處,空山共隱淪。詩魔禪自伏,祖席道重新。泉涌諸天護,燈傳一塔真。偹然方丈室,滿壁畫龍鱗(石公善畫松)。"

《廬中集》卷四《題梅瞿山黃海浮嵐圖》："吾聞黃山三十有六峰,插天朵朵青芙蓉。噴雲泄霧俄頃變,雖有絶景焉能窮。問誰好手善圖畫,面目畫與真山同。近客雙溪攬名勝,風流快遇瞿山翁。文采彪炳照江表,驚人詩句今謝公。尤於丹青有癖嗜,松窗潑墨心神融。壯哉放筆貌黃海,淋漓元氣真宰通。玉壺珠函此中在,林巒洞壑窮神功。睹茲奇景繪奇筆,五丁奮力開蠶叢。鵝溪之絹僅盈尺,恍惚海蜃浮青紅。我父畫作最殊絶,惜未到此尋仙蹤。若使縱眼天都頂,濡毫未審誰雌雄。前年偶作東蒙客,擬觀磨崖登岱宗。緣慳風雨阻攀陟,盪胸決眥無由逢。敬亭而南折入歙,征驂止此將梯空。預得先生示墨妙,卧游一一如扶筇。明朝蠟屐詣其上,方知意匠超凡庸。山行倘遇浮丘叟,告以此圖奪化工。叟聞斯言必嗟嘆,恐即謁帝叩九重。異物不可久流落,帝命亟取藏天宮。須臾滿城鬼神下,龍光跳擲騰空中。遥見浮丘手攜此,行騎白鶴随青童。"

按:喝公、石公即喝濤、石濤,梅瞿山即梅清。

七月

二十四日,魏象樞升補都察院左都御史。

《魏敏果公年譜》"戊午六十二歲":"七月……是月二十四日,奉旨升補都察院左都御史。"

八月

六日,翁叔元隨同户部主事高龍光典山左試。從四千餘人中拔畢世持等五十三人。其中畢世持、趙執信、馮延櫆、汪灝、潘應賓、李楨等皆從落卷中搜得。

《翁鐵庵年譜》"十七年戊午叔元四十六歲":"欽定叔元爲漢書第一人,旋奉命同户部主事高君龍光典山左試……試士四千餘人,拔畢世持等五十三人,皆知名士,如畢子世持、趙子執信、馮子延櫆、汪子灝、潘子應賓、李子楨輩皆從落卷搜得。"

王抃父子應舉。王抃因進呈太早,反致不録,子兆新發病進場。月杪知太倉州僅曾耳黄一人中式舉人。宋廣業亦落第。

《王巢松年譜》"戊午五十一歲"。

按:《蘭皋詩鈔》卷三《都下偶編·戊午下第感賦》。宋廣業稱,是年落第,因有人藏匿其考卷。

十一月

麓臺作《王麓臺畫山水軸》。

《藤花亭書畫跋》卷四《王麓臺畫山水軸》:"碧樹懸泉。戊午嘉平,似□老年學兄。王原祁。"

按:《藤花亭書畫跋》稱此畫"大開大合,一水中懸,兩壁千仞有聲,其力重千鈞亦可想見矣"。

錢遵王過訪,王抃諸兄弟邀飲鶴來堂。

《王巢松年譜》"戊午五十一歲"。

《巢松集》卷三《錢遵王過婁,同許九日、顧伊人、家惟夏、次谷暨諸兄弟集鶴來堂得辰字》。

王抃子眉兒生。家宴之日,王時敏命演《戴花劉》。
《王巢松年譜》"戊午五十一歲"。

繆彤爲曹煜《綉虎軒尺牘》作序。
《綉虎軒尺牘》序。

十二月

高士其被賜居苑西。兩個月後,自城北移家苑西。
高士奇《苑西集》卷一《賜居苑西二月望後一日,自城北移家偶述》。
按:《苑西集》卷一收錄康熙十七年二月至十八年九月間詩。

冬

麓臺與毛師柱相遇於京師,聚首三日。毛氏在都門重晤曹峨嵋舍人,時峨嵋爲三相國薦舉博學鴻詞。應祥符會侯先生之招,毛氏與宋懼聞、方雪岷、孫豹人、宋既庭、陳其年集寓園分韻賦詩。

《端峰詩選·五言律·癸亥春次韻奉送王芝廛先生赴渚陽,兼柬茂京明府》,其一:"一紙來花縣,扁舟去故鄉。喜當春漸暖,及此路方長。"其二:"遥想蓮花幕,賓徒足往還(謂陸石渠、周章成)。"
《端峰詩選·七言律·喜曹峨嵋舍人重晤都門賦贈》:"才華自合傾黄閣(時峨嵋爲三相國薦舉博學弘(鴻)詞)。"
《端峰詩選·七言律·承祥符會侯先生招集寓園分韻(同越州宋懼聞、嚴江方雪岷、關中孫豹人、吳門宋既庭、陽羨陳其年,時諸公皆以薦舉集闕下)》。

本年

麓臺在京師,辭中秘官,需次邑宰。
《澄蘭室古緣萃錄》卷七《王圓照仿趙大年山水卷》陳奕禧跋:"予十四、五時見家世父簡齋求太守畫屏十二扇,扇摹一家,家造其極。廿年來薄游四方,戊午(康熙十七年)在京師,太常之孫茂京閣老携太守水墨山水長卷《仿大痴作》,蒼秀古淡。太常有跋其上……茂京告余曰:'此太守絶筆也。'是時,茂京辭中秘官,需次邑宰,予亦爲選人。茂京山水得太常之秘,名聞輦下,然矜貴,不肯多自捉筆,賞予知音,親製扇册數件爲贈。予來安邑,留滯不調。茂京授任縣去,擢諫官。十年回憶共閱太守佳迹時真如前塵昨夢也。己巳夏(康熙二十八年)視篆桑泉,孝伯先輩示予此圖,仿趙防禦法米元(暉),謂大年小軸甚清麗。沈存中詩'小景惠崇烟漠漠',要知防禦原本惠公,其取法有自來,而宋賢撰著畫人未嘗言其所出,太守題署必有依據。鄧公壽曰:'防禦每畫一圖,必出新意,人或戲之曰,此必朝陵一番回矣。'蓋譏其所見止京洛間景,而太守各毫運思,柔嫵潤秀,亦不失江南巒嶂。然其回換變態,脉絡清楚、落墨飾色,烘暈深遠。山川動吾佳趣,烟霞生於意外。掃除凡障,追躡前修,此非代流所易幾及者。獨念予江南人也,爲貧居卑,久淹北,戒意忽忽不樂,展玩此卷……歸思矣。……陳奕禧題於臨晉攝署。"鈐印:"鹽州陳禧之印。"

按:中秘書爲新進士落選庶吉士者的學習場所。見張雲章《樸村文集》卷二十一《家匠門太史制藝序》:"天子熟識其人(張大受),以爲是舊讀中秘書者,宜在翰林養成德器。"

從王攄《蘆中集》卷四《人日招同錢梅仙、費天來、江位初、顧伊人、周懸著、毛亦史、張慶餘、周翼徵、吳綿祖、顧商尹、曹九咸、沈台臣小集,兼懷趙松一、家弘導》中"吾家小阮今仲宣,安得歸來共吟嘯"可知,麓臺不在太倉家中。

王抃兩子及婿許希濤從盛寒溪講經閱文。

《王巢松年譜》"戊午五十一歲":"是年兩兒相從寒溪,希濤婿亦同坐。"

盛珍、熊開先爲王時敏卜吉壤,營建方興,有五鶴盤旋之瑞。

《王巢松年譜》"戊午五十一歲"。

州守舉鄉飲大賓,邀沈受宏外父王育等參加。

《白漊先生文集》卷二《外王父莊溪先生石隱王公行狀》。

康熙十八年己未(1679年)三十八歲

正月

元夕後二日,王抃兄弟、周雲駿、徐舒、王昊、王曜升等集王抑齋中宴飲。

《巢松集》卷三《元夕後二日,同周孝威、徐霆發、家惟夏、次谷暨諸兄弟集誦侯弟齋,有張校書在座,分得花字》。

清廷始定越州,收全楚。

《願學齋文集》卷十一《平楚賦》。

二月

十二日,魏象樞上疏彈劾浙江督撫保舉程汝璞之事。上召魏氏於懋勤殿,問其籍貫、中式甲第名數,賜以御書唐詩卷等物。

《魏敏果公年譜》"己未六十三歲":"二月十二日,因浙江督撫將學道程汝璞保舉公明尤著,應升京堂,是非倒置,公論難容,遂有直糾浙江學道之疏。……蒙召入懋勤殿啓奏,皇上覽疏畢,因問臣籍貫、中式甲第名數甚悉,退立殿階下,侍讀學士臣張英、中書舍人臣高士奇捧御書唐詩一卷,墨拓'清慎勤''格物'大字各一副賜樞。"

三月

毛師柱在京師復與徐孝持聚首。桑風雨復視學東省,邀毛師柱同往。毛氏遂與周翼微、翁叔元、黃與堅、士安、曹倬雲、曹延懿、吳上游、周翼微、顧商尹、王吉武等都門相別,并以詩留別繆彤、方玉昭。

《端峰詩選·五言律·舟中上巳有懷燕臺故人(己未上巳余從都門將之濟南,爲同里黃庭表、士安、曹倬雲、九咸、吳上游、周翼微、顧商尹、王弘導、憲尹餞飲觀劇》。《端峰詩選·七言律·竟陵官舍喜遇華亭徐孝持》。《端峰詩選·五言古·壬戌二月同繆仲華、鈞聞、虞良諸公西山探梅,踰真如嶺,由鄧尉抵竹山,念齋先生留飲,暮歸西庵作》。

《端峰詩選·七言絶·己未九日維揚舟中雜興》。《端峰詩選·七言絶·翼微客死秦中,蒼頭負骨歸里,讀其絶筆斷句,依其韻哭之》。《端峰詩選·七言絶·都門春暮,將之山左,口占留別繆太史暨方玉昭》。

《端峰詩續選》卷四《讀翁鐵庵尚書年譜感嘆有作》："往事追尋四十傳,江山如舊客愁新。同游黄鶴書名姓(辛丑元日,雪中偕余登黄鶴樓,譜中猶載其事),知是胸中有故人。"

按:《(嘉慶)直隸太倉州志》卷三十《人物》:"顧梅,字商尹,母娠夢鶴步梅坡,因以梅名。工詩詞,兼好擊劍,精騎射。康熙二年舉人,六年楊雍建巡撫貴州,進剿吴三桂,以梅有文武才,題薦軍前效用。始署黄平州綏,靖苗犵并理軍需,奉旨加級,賜蟒袍,授印江知縣,旋丁内艱,起補河南榮陽。不二載,又丁外艱,起補陝西咸陽。值歲祲,梅晝夜賑撫,嗣被註誤。時上司廉,察得情,題請開復,尋補工部主事,將入都驟卒,所著詳藝文類。"

《太倉州儒學志》卷二《科名》:"康熙二年癸卯,顧梅,商尹。印江、榮陽、咸陽知縣。"

春

麓臺作《仿黄公望山水》。

《中國古代書畫圖目 22》京 1—4832 圖録《仿黄公望山水》:"己未春日,游邢州百泉,仿大癡筆於竹林精舍。婁東王原祁。"

鈐印:"王原祁印"(白文正方)"麓臺"(朱文正方)。

水墨紙本立軸,130×58.2cm,故宫博物院藏。

石濤在金陵。

汪世清《石濤詩録·石濤東下後的藝術活動年表》。

按:五月,石濤避暑西天寺懷謝樓。

四月

魏象樞升刑部尚書。

《魏敏果公年譜》"己未六十三歲":"四月……是月二十三日,奉旨補授刑部尚書。……(五月)初七日,上賜魚二尾,即於瀛臺謝恩捧出,烹薦祖考畢,邀陳編修諱錫嘏父年七十歲、彭編修諱會洪父年六十八歲、楊編修諱作禎父年六十歲,三老同食魚膾。"

六月

初一,準吏部咨爲遵例自陳。

慕天顏《撫吴封事》卷五。

王抃新劇《鷲峰緣》成。

《王巢松年譜》"己未五十二歲"。

夏

詔舉博學鴻詞入史館。王抃錢、范兩姻親皆與選。江蘇巡撫慕天顏薦黃與堅。王昊應薦，不久歿於京師。

《王巢松年譜》"己未五十二歲"："夏間，薦舉諸公，以博學宏(鴻)詞入史館。吾郡最盛。錢、範兩親家皆與選。中多布衣簡(薦)用者。惟夏應薦不得，歿於京師，身後授官中翰。"

《巢松集》卷三《寄賀同里故人以博學宏(鴻)詞入史館》。

按：《寄賀同里故人以博學宏(鴻)詞入史館》分別贈錢庸亭、黃與堅、范伏庵。《巢松集》王攄序："惟夏被薦之京師，死於酒。既歿，贈官中翰。"《江南通志文苑傳》稱，應薦博學鴻詞後，黃與堅授翰林院編修，康熙二十四年典試黔中，尋遷詹事府贊善，卒年八十二。

《巢松集》卷三《哭惟夏》稱，順治乙酉年王昊年十九。據此可知，王昊生於天啓七年，卒於康熙十八年，年五十三。王昊善填詞，精音律。《(乾隆)江南通志》卷一百六十六《人物志》："王昊，字惟夏，太倉人。世懋曾孫生，有異稟，詩古文并如宿習。嘗論歷科應舉之文，海內翕然奉爲準的，後以薦舉，授中書舍人卒。"

王時敏邀顧樊村、盛寒溪諸公同賞芍藥。

《奉常公年譜》卷四"十八年己未八十八歲"："是夏，邀顧樊村、盛寒溪諸公同賞芍藥。"

翁叔元充《明史》纂修官。

《翁鐵庵年譜》"十八年己未叔元四十七歲"："上命史館修明史。叔元充纂修官。"

蘇崑生卒於惠山僧舍。

汪鶴孫《春星堂詩集》卷六《延芬堂集上·哀蘇崑生》。

按：《哀蘇崑生》自注："崑生以清曲擅名，久游先大父之門，後爲梅村先生賞識，年七十餘，寄寓惠山僧舍，己未夏，竟卧疾死，詩以悼之。"

順治十七年，王昊《碩園詩稿》卷十四《虎丘席上贈歌者蘇崑生，故寧南侯幕中客也》有"一闋清商度未終，暗令征夫淚雙落。由來妙藝須精思，驪珠徐吐忘竹絲"。

七月或八月間

京師地震。

《翁鐵庵年譜》"十八年己未叔元四十七歲":"七月,京師地震。"

慕天顏《撫吳封事》卷五:"八月二十八,京師地震。因地震,奉諭自陳。"

八月

王原博、許昉鄉試副榜爲鄉貢生。

《(民國)太倉州志》卷十《選舉》。

九月

陸石渠在太倉,因王抃長子發狂病,議請朱卧庵爲其子驅邪。

《王巢松年譜》"己未五十二歲":"重九日,適陸石渠在州,云朱卧庵得范法官真傳,驅邪極其靈異,乃修書懇之。"

秋

麓臺作《仿大痴山水圖軸》。

陳履生、李十老編《王原祁畫集》圖版二十四:"己未秋日,古期齋□憲仿大痴筆。王原祁。"

十月

玄燁詢問魏象樞關於性、理關係,強調"誠",稱"誠者,物之始終"。

《魏敏果公年譜》"己未六十三歲":"皇諭上云:'天命謂性,性即是理。人性本善,但意是心之所發,有善有惡。若不用存誠功夫,豈能一蹴而至?行遠自邇,登高自卑。'"

約十月,麓臺在京候補。

《西田集》卷一《月夜懷茂京侄》。

按:《月夜懷茂京侄》:"見月思君月正明,天涯飄泊旅愁生。三春花柳江南夢,十月風霜冀北情。索米衣從寒夜典,積薪官待選途清。消閒客舍憑何事,萬壑千峰筆底成。"此詩前後分別有《虹友兄歸述黃山諸勝兼讀新詩》(時在康熙十七年四月)、《哭匡令兄二首》(時在康熙十九年三月),此詩約寫於康熙十七年十月或康熙十八年十月。

《月夜懷茂京侄》後接《陸石渠客任縣睆宜施君幕中,睆宜亡後,官事牽累,石渠聞訃,星馳爲經紀其喪,詩以送之》,《王巢松年譜》稱九月陸石渠在太倉,所以,此詩或在康熙十八年冬。

約冬間
陸石渠北上任縣,經營施畹宜葬事。

《西田集》卷二《陸石渠客任縣畹宜施君幕中,畹宜亡後,官事牽累,石渠聞訃,星馳爲經紀其喪,詩以送之》。

按:此詩前後分別有《虹友兄歸述黃山諸勝兼讀新詩》(時在康熙十七年四月)、《哭匡令兄二首》(時在康熙十九年三月),因此此詩約寫於康熙十七年或康熙十八年冬,詩中有"關門馬踏霜"。又據《王巢松年譜》稱九月陸石渠在太倉,所以,此詩當在康熙十八年冬。

本年
慕天顏疏舉博學鴻詞,被薦者有黃與堅等。

《(民國)太倉州志》卷十二《名宦》,同書卷二十《人物四》。

按:《(民國)太倉州志》卷十《選舉》稱王揆被薦未試,同書卷二十《人物四》稱康熙十七年,布政史慕天顏疏薦王揆,但慕天顏《撫吳封事》薦舉人中無王揆之名。《(民國)太倉州志》卷十二《名宦》慕天顏傳:"慕天顏,字鶴鳴,靜海人。康熙十五年任布政史。"

《蘇州志》稱,慕天顏任布政史時在康熙十九年。

黃百家在海昌詩送查慎行游京師。

黃百家《學箕初稿》卷二之十八《送查夏重游燕京序》。

約是年,工肇以畫贈太倉州學博曹煜。

《綉虎軒尺牘》卷四《與許九日》。

約年末,屈翁山在婁,與王摅等初次相識。

《蘆中集》卷九《屈翁山招同薛孝穆飲古丈夫洞草堂》。

康熙十九年庚申（1680年）三十九歲

正月

中旬，屈翁山在婁，王摅招集善學齋，翁山賦詩見貽，王抃兄弟依韻答之。

《王巢松年譜》"庚申五十三歲"："正月中旬，番禺屈翁山在婁。七弟招集善學齋，翁山賦詩見贈，余兄弟依韻答之。"

《巢松集》卷三《屈翁山過婁上，集虹友弟齋賦詩相贈次韻答之》。

二月

麓臺將送弟王原博入陝西就婚，在太倉境內與毛師柱相遇。毛師柱偕徐東白楚游，在吳門與王掞、沈台臣等相別。

《端峰詩選·七言古·王茂京中翰偕弟迪文入秦，相遇山塘口占志別》："東風二月吹征塵，王家兄弟西入秦。"

《端峰詩選·七言古·庚申二月將爲楚游，吳閶賦別王顓庵宮贊兼東沈台臣同學》。《端峰詩選·五言律·庚申二月將偕東白楚游，雨夜賦東》。《端峰詩選·七言律·庚申二月楚游，留別里中知舊》。《端峰詩選·七言律·舟中對月有懷東白（庚申歲與東白往還楚中）》。

按："中翰"即"內閣中書"。從《端峰詩選·七言絕·乙丑春仲將適中州，山塘別送行諸親故》可知，山塘在太倉境內。

三月

初七，王扶卒。

《王巢松年譜》"庚申五十三歲"："六弟久患脾疾，三月初七日，竟爾長逝。六弟賦性硜硜，絕不干與戶外，真濁世之佳公子也。獨一生命蹇，真少陵所謂'坎壈終其身'，更爲可痛耳。"

《奉常公年譜》卷四"十九年庚申八十九歲"："子扶賦性廉潔，不與戶外事。又素甘淡薄，每自嘆命蹇福薄，堅持齋素。兩經喪偶，誓不復娶，并不置婢妾。云：'我必不永年，奈何悞（誤）人子女。'自去歲患脾疾，入春加劇，二月杪，病勢益重，遂以三月初七日卒。"

《西田集》卷一《哭匡令兄二首》有："九十高堂慟哭聲。"

按：王扶，字匡令，號砥庵。

十五,王時敏家祠不戒於火,祖先木主盡爲灰燼。

《王巢松年譜》"庚申五十三歲":"(三月)望日,先祠不戒於火,木主盡爲灰燼。"

春

石濤在宣城。

汪世清《石濤詩録・石濤東下後的藝術活動年表》。

四月

石濤在金陵,仍寓西天懷謝樓。

汪世清《石濤詩録・石濤東下後的藝術活動年表》。

麓臺送弟王原博至陝西就婚後,由陝西上京待選。

王原祁《罨畫集》卷三《登華六首(有序)》:"余自庚申四月同弟迪文至秦謁華廟見老子遺迹,時以水漲不果游。癸酉秋,奉命典試關中,回至華陰,同行者爲曾耳黃、徐東白、金明吉偕往登焉。新孝廉郭、雷二子候於莎蘿坪,至青柯坪上回心石,以日晡道險未得窮歷,悵然久之,撫今追昔,爰得六章以紀其勝。"

《王原祁札》:"前承台駕過婁枉顧,匆匆發棹,未及爲信宿之留。榮行時,勿獲趨送吴閶,迄今抱耿。近知年兄榮選花封,分符百里。以名勝之邦,展製錦之績。寒山流水,風雅與治術兼施。佇望奏最還朝,飛鳧仙吏不是過矣,可勝健羨。弟一官壅滯,躑躅經年。今以送舍弟就婚至秦,即從秦入都,援例與改選,尚無定局。而遠道空囊,間關跋涉之苦,已付之無可如何矣。至弟兩番出門,家中搜索已盡,貧罄戛骨,即朝夕饔飧之計亦頗不給。惟内顧之憂甚切,所恃與吾年兄同譜中向來投分最深。今吴山越水兩地極密邇,不得不爲將伯之呼。極知年兄初任清况,不敢多求,乞暫分俸幾拾金,以濟燃眉。俟弟一有税駕之地,當即圖報。想年兄知我愛我,必不見訝也。小价隨次叔來,泥首扣稟,即前都門同寓時老僕,尚記憶之否?弟臨行時,先至尊府道賀,未及晤老年伯。特此留筆肅候。戔戔侑緘,統希茹納。臨風布懇,不盡瞻馳。弟名正肅。慎余。"

按:此札藏故宫博物院。爲故宫博物院藏清初四王繪畫特展"四王尺牘"之一。信札前右上方鈐"原祁"朱文長方印,後鈐"博山所藏尺牘"朱文長方印。"弟一官壅滯,躑躅經年"當指中秘官。康熙十七年,麓臺辭中秘官,需次邑宰(《澄蘭室古緣萃録》卷七《王圓照仿趙大年山水卷》陳奕禧跋)。

五月

黃與堅游無錫，會吏部顧松交，後游錫山秦對巖寄暢園。

《願學齋文集》卷十九《錫山秦氏寄暢園記》。

《蘭皋詩鈔》卷二《蒱水吟下·錫山游秦對巖先生寄暢園》。

按：宋廣業游寄暢園在康熙十一年間。

六月

十七日前，王翬致書王時敏，擬來年春初與惲壽平過婁。

《王翬手札》："春初即擬過婁，候老先生萬安。因與正叔相期上春同過高齋，爲十日盤桓。待至二月中，曹府尊相促甚切，不得不去。一入署便一月有餘，飲食起居皆與南人迥異，甚不相宜，而作畫又欲工致一路。此中人又無可相語者，用是枯悶之極，遂急欲經營竣事出署。既費精神思，未免焦勞，以致疾作。亟辭歸，而正叔亦到虞，便留在舍，俟賤體稍平復，同來叩謁，以慰十年瞻仰之私。不意痰嗽火炎，眩暈不止，一卧半月。因聞六先生之變，未及躬唁，日夜在心追思。晚與六先生情好，有如骨肉。乃不永年，言之摧裂。但老先生高年，萬勿過爲傷痛，以運數多方自解譬，加意珍攝，是所至望。廿日已覓舟束裝同正老偕行，忽劉道尊遣役相招，停舟走謁，一見即苦留在署，再四辭以婁歸赴約，必不允，且并拉正老同過署齋。晚自恨草茅不敢重違當途之召，以致疏失老先生候問之禮。真有不得自由者，亦大可悲矣。雖知老先生或能見諒，不加督責，然內省無以自解也。正老亦恨不能飛至快聚，艤舟河乾三日而仍滯留，相見之難，乃至於此。大約入署以兩旬爲期，過此星赴婁東，更無他阻。恐老先生垂念，特遣信奉聞，并達至情，臨穎瞻切，尚容嗣布。各位公郎先生，不及另候，均此致拳切。正老因相晤在邇，未及致書通候，命筆先致馳仰。賤名另具。左慎。"

按：康熙十九年三月初七，王時敏第六子王扶卒（《王巢松年譜》"庚申五十三歲"、《奉常公年譜》卷四"十九年庚申八十九歲"）"六先生之變"指王扶之卒。惲壽平，字正叔。康熙十九年六月十七日，王時敏卒。因此，此札在六月十七日前。

十七日，王時敏卒，年八十九。王掞丁父憂。

《王巢松年譜》"庚申五十三歲"："六月中，吾父見背。……毗陵惲正叔，平日渴仰吾父，頻年有約不來，恰於吾父得病之晚，與王石谷同到。余知之，即攜其卧具到鶴來，留之住東學堂，候大人病起也。豈料至望間轉劇，不能寧居，遷至水雲亭，正叔懊恨不已，云：'我與烟客先生無緣至此。'石谷尚留水雲。余兄弟於出殯後，約過大上，分析所遺，其時情形，筆難盡述，然一一猶能記憶也。"

《頵庵府君行述》:"既歸,事奉常公,甘旨所設,都非常厨,百計娛樂之。先大夫既薄官,家無長物,而奉常公多子,分授亦有限,以是悉傾其資。庚申六月,遭奉常公諱,備物盡志,哀毀骨立。冬,合葬奉常公、李太夫人於東鄉墅溝。"

《奉常公年譜》卷四"十九年庚申八十九歲":"六月七日,猶手書徑尺榜額。是夕,諸子侍側,坐談娓娓,神氣朗然。次晚,忽夢西方三聖人現丈六金身,垂手相接曰:'我來引度汝。'翼日而寒疾陡作矣。毗陵惲南田壽平慕公已久,時適與石谷同至,來謁病榻,一見而別。至十七日酉時,薨於寢。病中數云,欲歸舊宅,喃喃不休,又稱雪老師者再。蓋徑嶠老人,公向所皈依者也。"

按:"雪老師"乃徑嶠老人,王時敏向所皈依者。越月而副室吳氏亦卒。吳氏無子而撫育長子者。

二十二日,太倉王育卒,年八十八。

《白漊先生文集》卷二《外王父莊溪先生石隱王公行狀》。

按:王育,字子春,號石隱,晚號莊溪老人。《外王父莊溪先生石隱王公行狀》稱,江士韶、周輯實爲其門人。江士韶與王抃友善,嘗館於其家。

惲壽平爲王翬《王石谷仿趙大年兼李晞古水村圖卷》寫跋。

《吳越所見書畫錄》卷六《王石谷仿趙大年兼李晞古水村圖卷》。

惲壽平跋:"昔唐解元贈石田翁小卷,作水村平遠,深柳漁梁,菰蒲曲岸,竹樹最深處,柴旺臨溪,彷彿有詠歌弦琴之聲出於草堂烟翠間,與時禽水鳥相爲應和,蓋寫白石翁高隱處也。其畫柳師趙大年,坡石骨法兼李晞古,筆墨之外有高人逸韻。石谷子曾仿此意爲笪江上御史作長卷,余爲題咏甚暢。此卷微有異同,皆生平合作。鑒者珍之。庚申長夏南田惲壽平觀并題。"

查士標游鎮江,留宿金山慈雲閣,雨中爲德潤禪師畫《查梅壑南山雲樹圖卷》。

《虛齋名畫錄》卷六《查梅壑南山雲樹圖卷》查士標跋:"康熙庚申六月,余客潤州,再登金山,留宿慈雲閣,雨中爲德潤禪兄畫《南山雲樹》,仿米家筆意,累日乃竣事。偶憶石田先生有題畫絶句云:'看雲疑是青山動,雲自忙時山自閑。我看雲山亦忘我,朝來洗研(硯)寫雲山。'因漫續一偈,并發潤師一喝:'動靜無心雲出山,山雲何處有忙閑。要知心住因無住,忙處看雲閑看山。'白岳查士標。"

宋實穎爲曹煜《繡虎軒尺牘》作序。

《繡虎軒尺牘》二集卷一《復宋既庭徵君》。

按：宋實穎（1621年—1705年），字既庭，號湘尹，江蘇蘇州人。

閏八月
九日，王翬在吳門百花里作《王石谷茂林仙館圖立軸》。
  《吳越所見書畫錄》卷六《王石谷茂林仙館圖立軸》。
  按：王掞岳父宋蓼天家在蘇州百花里。

石濤在金陵一枝閣中作詩七首以抒懷。
  《虛齋名畫錄》卷六《釋石濤山水書畫卷》，石濤跋，其一："得少一枝足，半間無所藏。孤雲夜宿去，破被晚餘涼。敢擇餘生計，難尋明日方。山禽應笑我，猶是住山忙。"其二："身既同雲水，名山信有枝。籬疏星護野，堂靜月來期。半榻懸空穩，孤鐺就地支。辛勤謝餘事，或可息憨痴。"其三："清趣初消受，寒宵月滿園。一貧從到骨，太寂敢招魂。句冷辭烟火，腸枯斷菜根。何人知此意，欲笑且聲吞。"其四："樓閣崢嶸遍，黿伸一草拳。路窮行迹外，山近卧游邊。松何年折，籬從昨夜編。放憨憑枕石，目極小乘禪。"其五："倦客投茅補，枯延病後身。文辭非所任，壁立是何人。秋冷雲中樹，霜明砌外筠。法堂塵不掃，無處覓疏親。"其六："門有秋高樹，扶籬出草根。老烏巢夾子，頭白歲添孫。淮水東流止，鐘山當檻蹲。月明人靜後，孤影歷霜痕。"其七："多少南朝寺，還留夜半鐘。曉風難倚榻，寒月好扶笻。夢定隨孤鶴，心親見毒龍。君能解禪悦，何地不高峰。庚申閏八月，初得長竿一枝七首。清湘石濤濟山僧又畫。"

十月
十日，葉湄初從太倉出發去萊蕪。
  周雲驤《逸園文稿·送葉湄初之任萊蕪序》："崑山葉子湄初，戊戌（順治十五年）進士，康熙五年九月奉命理刑貴陽。新令裁天下刑官改縣令，初授山東萊陽。庚申十月十日發里門……兄弟濟美，湄初繼之，令弟訒庵，又及弟爲史官……甲第江右。"

麓臺作《山溪水榭圖》。
  《中國古代書畫圖目15》遼2—178圖錄《山溪水榭圖》："余得交於相如都掌科年長兄者二十餘年矣。相翁與余性情相似，出處皆同。自鄉薦以迄今，無往不追從後塵。近又同垣其事，謂非天作之合也。邵相翁於拙筆有嗜痂之好，余心許亦數年始作此圖，雖筆墨疥癩不足供清秘之藏，聊以誌吾兩人相遇之奇，相知之久，不復計其工拙也。時康熙庚午小春，婁東弟王原祁畫并識。"

鈐印：起首鈐印不辨。下鈐"王原祁印"（白文正方）、"麓臺"（朱文正方）。
設色紙本立軸，113×63cm，瀋陽故宮博物院藏。

十二月
十二日，王揆、王撰等奉王時敏及李夫人柩合葬於太倉鎮洋祖塋。
《奉常公年譜》卷四"十九年庚申八十九歲"："十二月十二日，諸子奉公及李夫人柩合葬，而以徐夫人、姚孺人、沈夫人附焉。"

冬
梅清至金陵訪石濤，有詩題一枝閣。
汪世清《石濤詩錄·石濤東下後的藝術活動年表》。

王翬與弟子楊晋下榻笪重光齋中，寫《王石谷溪風山霧圖立軸》相贈。
《吳越所見書畫錄》卷六《王石谷溪風山霧圖立軸》。

王士禎遷國子監祭酒。詩壇盟主地位得到鞏固。以王士禎、朱彝尊等爲首，查慎行兄弟、梅庚等人在京組織"吟社"。
《蘆中集》卷十《吟社言懷》："生平無寸長，所事惟雕蟲。少壯忽已過，衰頹成老翁。往者樹赤幟，實惟祭酒公。蔚村與之匹，兩師藉磨礱。石交有許子，尤以窮而工。飢驅出門去，彳亍京華中。新城感說項（拙詩爲家阮亭所賞），大雅欽吾宗。未幾之嶺表，三子才力同（謂藥亭、翁山、元孝也）。各各臻閫奥，要皆出群雄。倦游時已甚，垂橐還墻東。暫得勞筋歇，蕭條四壁空。稍喜求羊侶，竹簡時過從。招我文字飲，故人有文通（位初）。奇兵方厚集，獨出偏師攻。自哂不自量，何殊筳撞鏞。世多市道交，雅會不常有。詩學日榛蕪，雷鳴在瓦缶。……世事如浮雲，須臾變蒼狗。長安十丈塵，能使素衣垢。"

年末，曹煜寄信錢梅仙，感嘆未能爲惲壽平謀"三舍之資"。惲氏明年將有大吉慶事。
《綉虎軒尺牘》二集卷二《復錢梅仙》。

本年
陳奕禧離京。
陳奕禧《春藹堂集》卷一《辛未（康熙三十年）八月朔，真定相國卒於位，禧辱公年家子接引,情誼素厚,痛悼四章》。其一:"予遷官深澤,公於一年中五致書垂念。"其二:"別記庚申歲易過"後自注,"予以庚申歲從京邸別公,遂成永訣。"其四"收藏海內圖書府(公精鑒古物,唐宋名迹充物几案),著作中朝翰墨林。……棠村,公別業也。"

王撰開拓東郊花圃。

王撰《三餘集·東郊芍藥歌》:"憶自庚申拓花圃,十載經營憶良苦。"

歸允肅強調"文以理爲主,理足則氣昌,氣昌則神完,神完則養到,養到故法備"。

歸允肅《歸宮詹集》卷二《復蔣慎齋論文書(庚申)》:"文章之源流正變,及轉移風氣之機……(允肅)誦眉山氏之言,謂絢爛之極乃造平淡。昌黎謂文必醇而後肆。妄意二者各有指趣,必合觀之,而文章之道乃備。蓋文以理爲主,理足則氣昌,氣昌則神完,神完則養到,養到故法備。文必崢嶸排宕,奇氣橫溢,然後能發揮義蘊,漸造平淡。……若夫以湛深經術之學,源本性情,發皇幽眇,運以唐宋大家之矩度,即成宏正嘉之風不難再見。"

彭孫遹認爲,詞以自然爲宗。自然之美來自雕琢,是絢爛之極之後的平淡。

彭孫遹《金粟詞話》第一條:"詞以自然爲宗,但自然不從追琢中來,便率意無味。如所云絢爛之極乃造平淡耳。若使語意淡遠者稍加刻畫;鏤金錯綉者漸進天然,則駸駸乎絕唱矣。"

王掞第三子王奕澍卒。奕澍庶母石氏出。

《顒庵府君行述》。《西田集》卷一《哭澍兒四首》。

王戩次韻繆虞良留別之作,後寄詩呈王士禎。

王戩《突星閣詩鈔》卷三《答繆虞良留別之作次韻》、同卷《寄呈新城太史公》。

按:《答繆虞良留別之作次韻》前《游白岳》自注"以下庚申"。

吳歷、惲壽平等以詩哭王時敏。

吳歷《輓王烟客夫子》:"光摇四壁古畫在,依舊華亭畫對懸(壁間宋元真迹,每與華亭對懸)。"

惲格《哭王奉常烟客先生》:"見時尚説前宵夢,客自秦川泛棹來(先生於到日疾作,却後三日與石谷見先生於床第,云:'前夜剛夢君過我。')"

按:《輓王烟客夫子》《哭王奉常烟客先生》見《王時敏集》第 527—529 頁。

太倉水災,歲事大無。

《王巢松年譜》"庚申五十三歲":"自六月中旬起,百日之内,淫雨不休。是年歲事大無,而報災又不及,幾不免於凍餒。"

康熙二十年辛酉（1681年）四十歲

正月至二月

孫在豐、湯斌、秦松齡、曹禾、朱彝尊、嚴繩孫、徐乾學、王頊齡、潘耒等充日講起居注。直隸巡撫爲于成龍，升李仙根爲右侍郎，李天馥爲左侍郎。

《大清聖祖仁皇帝實錄》卷一百二十九。

二月

十八日，玄燁賜巡撫于成龍白金一千兩、鞍馬一匹，御製詩及序一篇，褒獎其"操守清介"。

《康熙起居注》第一册第657—668頁。

按：時于成龍有二：一爲巡撫于成龍，一爲通州知州于成龍。《康熙起居注》第一册第709頁載，通州知州于成龍居官亦善。

徐枋於澗上草堂作《徐俟齋山水軸》。

《虛齋名畫録》卷十《徐俟齋山水軸》。

君臣送皇后梓宫奉安陵位，三月初八安葬。

歸允肅《歸宫詹集》卷一。

三月

玄燁駐蹕馬蘭山谷，召扈從諸臣（漢文官十九人）賜觀湯泉。

《歸宫詹集》卷一。

三月至四月

侍講張玉書轉内閣學士兼禮部侍郎。

《大清聖祖仁皇帝實錄》卷一百二十九。

四月

十五日，江寧田林有古詩爲石濤題畫册。此時石濤在金陵。

汪世清《石濤詩錄·石濤東下後的藝術活動年表》。

麓臺作《山水圖扇》。

《中國繪畫全集27》第1頁圖錄《山水圖扇》："晴巒積翠。辛酉清和,仿大癡筆,似老道長正。王原祁。"

鈐印:"王原祁印"(白文正方)、"茂京"(朱文正方)。

設色紙本扇頁,18.5×53cm,天津博物館藏。

按:扇中有王肇、惲壽平題跋。《中國古代書畫圖目10》津7—0928名之爲《山水》。

麓臺作《仿惠崇山水》贈周象明。

《山水正宗》上卷第138—139頁圖錄《仿惠崇山水》："楊柳鳴蜩綠暗,荷花落日紅稀。辛酉清和,懸著長兄屬筆仿惠崇寫詩意。弟王原祁。"

鈐印:起首鈐"蒼潤"(朱文葫蘆),下鈐"王原祁印"(白文正方)、"茂京"(朱文正方)。

設色紙本扇頁,18×56cm,上海博物館藏。

按:周象明,字懸著,太倉人。生於崇禎七年,卒於康熙三十年。爲王抃二子館師。

此圖有龐元濟("虛齋藏扇",朱文正方)收藏印。

麓臺作《富春大嶺圖》。

《王原祁精品集》第11頁、《山水正宗》上卷第49頁圖錄《富春大嶺圖》："辛酉清和,仿大癡《富春大嶺》似東嶼老長兄正。婁水弟王原祁。"

鈐印:"王原祁印"(白文正方)、"麓臺"(朱文正方)。

水墨紙本立軸,100×36cm,故宫博物院藏。

按:《虛齋名畫錄》卷九《王麓臺富春大嶺圖軸》著錄。

五月

麓臺在太倉爲王玠作《王司農仿大癡筆立軸》。

《吳越所見書畫錄》卷六《王司農仿大癡筆立軸》："衛翁叔祖卜廬南園,有山林泉石之思。三年前新構樂成,出側理見付,索余一圖。余南北驅馳,客春於役闕中,歸又爲塵冗糾牽,未遑應命。近余復入都話別,適叔祖靜攝軒中,倚榻晤對,笑謂余曰:'子又將行矣,能踐三年之約,令吾卧游以當《七發》乎?'余承命濡毫,爰作此圖請正。時康熙辛酉夏五上浣,侄孫原祁仿大癡筆於南園潭影軒。"

鈐印:"趣古""原祁之印""麓臺"。

王玠病卒,年未滿五十。

《王巢松年譜》"辛酉五十四歲":"衛仲叔祖於五月中病故,年未滿五十,而一朝竟死,彼蒼何奪之速耶。初與余甚善,雖不能始終,若論其生平,畢竟功過相半,未可一筆抹煞也。"

《王巢松年譜·總述》:"衛仲叔祖亦於是年(康熙八年)下交,頻頻過晤,每有相聞,無不立至,意況殊寂寞也。七八年中,無事不真實相爲,至於口中推許,幾於逢人説項,心甚感之。壬子(康熙十一年)秋,爲募建梵鐘,小試行道,次年即門庭如市,與漸覺冷落後,復有一二瑣事相左,遂不無嫌疑,交好迥非昔日矣。夫翻雲覆雨,暮楚朝秦,此千古炎涼常態也。泛交者,何足深計,乃有不在泛交之列,以我爲無益於彼,而棄之如敝履者矣,亦有以余不肯墮其術中,而視爲厭物者矣。當此亦惟反躬自愧而已,豈可以之責人哉?"

按:沈受宏《白漊集》卷三《哭王衛仲四首》,其一:"河汾門下早同師,晨夕比鄰來往။。"其三:"怪殺荒唐姑布子,無端咒死隔年人(去夏相者言君將死,果驗)。"其四:"今日南園人去後,秋風依舊桂花開(君所居南園香濤閣,有桂極盛)。"

六月

十一日,大學士、學士等上《爲禮部覆科臣莫大勛正文體疏》,要求"議第一場文字以六百五十字爲限,其文體宜遵傳注"。玄燁認爲,八股文章之美惡原不在長短,當以明理爲主。

《康熙起居注·康熙二十年六月十一日》:"《爲禮部覆科臣莫大勛正文體疏》,議第一場文字以六百五十字爲限,其文體宜遵傳注,及申飭正、副主考、學道,俱如條例行。上曰:'八股文字,朕亦知其大概,長短全無關系,在所作何如爾。爾等云何?'大學士李霨奏曰:'文章美惡,原不系乎長短。但太冗長,則不合格。'學士李光地奏曰:'近來文章風氣大覺冗雜。書義過長,經義過短,亦非文體之正。'張玉書奏曰:'部議限六百五十字,不爲不多。若論作文之道,但當以明理爲主。'上頷之。"

七月

二十一日,滿漢大臣同翰林科道及部寺五品以上官,賜宴西苑。

《願學齋文集》卷十一《瀛臺賜宴記》。

二十五日，魏裔介六十六歲生辰，京師公卿大夫多有贈詩，其長子魏勷以長安贈詩裝屏，請高陽李蔚作序，寄回柏鄉故里。

《魏貞庵先生年譜》"辛酉公六十六歲"："七月，值公懸弧之辰，公長子郎中勷以長安公卿大夫贈詩裝屏寄至里，大學士高陽李坦園先生爲之序，辭曰：……宰相行其道，諫官行其言。……諫官雖卑，與宰相等。……今屈指公在仕版，由中秘居諫垣者十年，爲御史大夫者十年，由冢宰即入秉政府者七年。三十年中，不爲諫官，即爲宰相。……若公者，出則爲國家之碩輔，處則爲作述之大儒。……心即性兮性即神，此真之外更無真。若云無惡并無善，一點良知更何因。"

曹煜從門生錢梅仙處知惲壽平近況不佳，遂餽贈禮物。時惲壽平在婁。

《綉虎軒尺牘》二集卷二《與惲正叔》、同卷《復錢梅仙》。

八月

初七，順天鄉試正考官翰林編修歸允肅、副考官編修沈荃、同考官吏部候選進士王原祁等全體誓詞。初八，擬就題目恭請聖裁。此次考試各考官"竭志奉公，勿通關節"，被譽爲"得士"。當時有勢力而落選者欲鬧事，在魏象樞的果斷處理下得以平息。

《大清聖祖仁皇帝實錄》卷一百二十九。歸允肅《歸宮詹集》卷一《辛酉八月初六日奉命典試入闈紀事》、同卷《闈中誓詞》、同卷《初八夜聚奎堂擬經書題，拈就繕寫恭捧進呈御覽紀事》。

《歸宮詹集》卷一《順天辛酉策問三道》載試題如下：問帝王之道、問農道、問君子之道。康熙二十五年五月，慕天顏《撫吳封事》歸允肅序自稱"賜進士及第詹事府少詹事兼翰林院侍講學士、日講官起居注、纂修明史方略、翰林院講讀學士、左春坊左中允、辛酉順天鄉試正考、翰林院修撰"，又云："辛酉秋，公（慕天顏）仲子嘉玉北闈報雋。"

按：從史料看，是年順天鄉試稱"得士"。翰林院修撰歸允肅爲正考、編修沈荃爲副考，各經房考官爲：户部湖廣司員外黄雲企、刑部湖廣司主事畢忠吉、行人司行人胡永亨、中書科中書劉楷、大理寺右評事孟繼祖、内閣典籍廳魏麟徵、内閣辦事中書許日琮、林麟焻、顧焯、沈曾頤、河間府任丘縣知縣姚原瀗、順天府房山縣知縣吴天璧、吏部候選進士王原祁、陸士炳、周士皇、王貫三。能"得士"，在於此次考官一心秉公，歸允肅《歸宮詹集》卷一《順天辛酉科鄉試全録序》稱，"入闈必撰文爲程式，榜發刊録全題及舉子姓名、并内外簾官、籍貫，主司者謹序之。……其學欲醇，其品欲正，其識欲精邃，其心欲和平，其氣欲疏豁"。

王昶《王原祁傳》及《民國太倉縣志》卷二十《人物四》記載，歸允肅"竭志奉公，勿通關節"的做法，一洗當時有錢無才人囂張之風，當時有落選士子欲鬧事，魏象樞立即步行至署衙，贊賞歸允肅取士清正，此時得以平息。他後來以"辛酉順天鄉試正主考"的署名法，也意在強調自己的清正取士之舉。魏象樞《孝儀先以己未及第，辛酉主試北闈，力持公道，一洗囂風，得人最盛，都士翕然，余登堂大拜，慶幸不已，賦詩紀之》後有跋："宮詹憑文取士，守正不阿，榜發下第者，嘩然肆起，冀興大獄。"

九月

九日，石濤與程邃、黃雲、周京等宴集，登周處臺賦詩。

汪世清《石濤詩錄·石濤東下後的藝術活動年表》。

王翬為會翁作仿元四家山水。

《虛齋名畫錄》卷五《王石谷仿元四家山水卷》。

王翬跋其四云："一峰老人為雲林畫《江山勝覽》，十年而後成。余曾借摹，為友人作一峰長卷即用是本。以痴翁墨妙為雲林構圖，其用意布置又非《富春》一種，真繪苑風流，正未敢以凡馬步驟，妄希天驥，聯志鑽仰苦心爾。辛酉九秋，請正會翁先生，海虞王翬。"

秋

宋廣業父信促子北上謁選。

《蘭皋詩鈔》卷三《都下偶編·辛酉省試後得家大人手信，趣赴都謁選感賦》。

十一月

笪重光、王概、王翬、惲壽平、楊晉等合繪《國朝諸名賢合寫歲寒圖軸》，一年後王蓍補菊花。

《虛齋名畫錄》卷九《國朝諸名賢合寫歲寒圖軸》。笪重光跋："辛酉仲冬十日，石谷王子從金陵過我松子閣，信宿話舊，因及衡圃老年翁為當代藝苑宗工，不禁神往。石谷索余寫墨梅奉贈，并屬同人補雜卉數種，共訂歲寒之雅意云。潤州笪重光。"王概跋："久要相訂未能忘，冷韻天生伴冷香。真是西湖風月地，孤山遙配水仙王。花本列仙居水上，意同好友集尊前。小邾座位無爭得，却與喬松立比肩。為衡圃年翁先生寫水仙一枝，耐久朋中殊可兄梅友竹，小詩并政，繡水弟王概。"王蓍跋："花枝歷亂集生綃，霜後秋容對寫描。莫訝晚香開更晚，相看好共歲寒交。壬戌秋暮，繡水王蓍補菊。"王翬跋："寫管夫人飛白竹枝，石谷王翬。"惲壽平跋："南田惲壽平畫松。"楊晋跋:"虞山楊晋寫山茶一本。"

　　按:龔翔麟,號蘅圃。

十二月

惲壽平回贈曹煜《歲寒三友圖》,時惲壽平將歸毗陵。

　　《綉虎軒尺牘》二集卷三《與惲正叔》、同卷《與錢梅仙》。

冬

王掞招諸友宴集拙修堂,分賦齋中器玩。王抃巢松書齋落成。王抑與優人合成,因尚在丁憂中,不免遮遮掩掩。

　　《王巢松年譜》"辛酉五十四歲":"冬間,八弟招諸友宴集,分賦齋中器玩。余巢松書室落成,諸同人亦分韻題贈。九弟優人於是年合成,因尚在服中,不免遮遮掩掩也。"

　　《巢松集》卷三《巢松落成,集友人暨家兄弟小飲》。《端峰詩選·七言律·臺几(集王顓庵宮贊拙修堂分賦)》。

　　按:此優人或爲歌伎三寶,或爲雪兒。康熙三十年,王摅《蘆中集》卷六載《誦侯弟家歌兒三寶聲技絶佳,自主人之出,不知所往,感賦三首》。《東江詩鈔》卷一《送王誦侯之官成都》有"雪兒玉頰善歌舞,當筵一曲飄紅裙。"

本年

錢晋錫在富陽知縣任上,修富陽縣城池、富陽縣儒學大成殿,建明倫堂幷爲之記。

　　《敕修浙江通志(雍正)》卷二十三《城池》、同書卷二十五《學校》。

吴歷在粤。

　　《澄蘭室古緣萃録》卷八《吴墨井白傅溢浦圖卷》。

清廷一統海内,都察院黄與堅請定郊廟樂章以賀之。

　　黄與堅《願學齋文集》卷六《定樂章議》。

康熙二十一年壬戌（1682年）四十一歲

二月

八日，康熙將董其昌書法作品制爲屛障，列諸座右，晨夕瀏覽。屛風空處，令詹事府詹事沈銓續書。

《聖祖仁皇帝御製文集》卷二十八《雜著・跋董其昌書》："董其昌書《畫錦堂記》，字體遒媚，於晋、唐人之中獨出新意。制以爲屛，列諸座右，晨夕瀏覽，遠勝鏤金錯彩者。"又跋："此屛裝潢既成，尚餘縑素，詹事沈荃亦華亭人，素學其昌筆法，題跋數語，命之續書，以志朕意。時康熙壬戌二月八日書。"

王撰六十，作自壽詩，王掞、王抃、王據、麓臺等各有詩爲賀。

《西田集》卷二《壽隨庵兄六十二首》。《蘆中集》卷四《醉歌行贈隨庵兄》。

《巢松集》卷三《贈異公六十》："少壯無多時，兄年已六十。日月雖如流，一一猶能悉。伯仲年相如，早歲才名匹。三鳳擬河東，論交盡僑盼。余方在髫齡，未知好紙筆。繼而齒漸加，升沈遂不一。仲兄隽兩闈，伯兄就世秩。兄也處其間，猶然事呫嗶。余亦列諸生，追隨迹更密。余自愧駑駘，何敢怨得失。以兄卓犖才，致身亦無術。十踏省門霜，有司終見黜。從此厭浮名，長吟獨抱膝。子敬愛揮毫，虞卿耽著述。覓句必驚人，染翰盈緗袠。鄉里稱善人，少游今復出。雖生閥閱家，簞瓢等陋室。壯志殊未申，猶賴有吾侄。阿咸千里駒，佇看飛騰日。余雖有兩兒，長者嬰奇疾。頻年輒廢書，安否未可必。少者庸下資，焉能望成立。窮困與兄同，後人迥不及，願兄進一觴，且莫嘆蕭瑟。"

《罨畫集》卷二《和隨庵叔自壽六首》，其一："德星中朗少微星，上壽添籌卜鶴齡。世重老成常問禮，身爲猶子久觀型。論交蔣詡開三徑，稽古桓榮守一經。更喜嚴親共晨夕，花前小酌醉還醒。"其二："讀易窗前嘆遇屯，劉蕡屢躓困風塵。三年不作窺園客，一枕方爲卧雪人。白璧每羞輕自玷，青山終老竟甘貧。分明被放江潭上，漁父相親願卜鄰。"其三："門封函谷一泥丸，盡却塵嚻肯耐寒。老去精神如鶴健，愁來風味帶梅酸。園荒掃徑留僧住，窗冷攤書對酒歡。附郭雖抛心自樂，獻椒人喜坐團圞。"其四："詩律能將愁思攻，高懷那復計途窮。崇情淡遠宗陶令，鍊句精嚴擬放翁。興到樓頭邀嶺月，吟成紙上落松風。當今若重輶軒採，隱逸明徵亦至公。"其五："翰墨源流世莫知，菁華採擷是吾師。規摹虞褚書能瘦，出入倪黄筆不痴。登閣解衣塵事遠，尋山躞屧古人期。勝情寄托誰堪比，摩詰風流或在茲。"其六:"不慕聲華不博名,翛然到老薄肥輕。飲醇座上人皆醉,樂道庭前草自生。剩有清貧安故轍,惟將書卷對寒檠。盡忘巧拙随時命,杖國猶高月旦評。"

按:《醉歌行贈隨庵兄》中有"是時梅花凍未拆",可知時在初春。

魏象樞六十六歲,子學誠成進士。

《魏敏果公年譜》"壬戌六十六歲":"二月,大儿學誠成進士。"

毛師柱同繆仲華、其兄繆鈞聞、其弟繆虞良諸公西山探梅。後繆彤留飲,毛氏暮歸西庵。

《端峰詩選·五言古·壬戌二月同繆仲華、鈞聞、虞良諸公西山探梅,踰真如嶺,由鄧尉抵竹山,念齋先生留飲,暮歸西庵作》。

《端峰詩選·七言律·吳門別繆鈞聞先生,喜遇方子玉昭》:"湖山依舊梅花放,辜負登臨二月春(壬戌二月過訪,邀同看梅西山)。"

按:繆彤,字歌起,號念齋,天啓七年生,康熙三十六年卒,江蘇吳縣人。見《疑年錄匯編》卷九。

春

惲壽平作《古松雲岳圖軸》。

《虛齋名畫錄》卷九《惲南田古松雲岳圖軸》:"古松雲岳圖。壬戌春仿北苑太守。南田園客惲壽平。"

七月

王抃新劇《浩氣吟》,因在服中,延至九月杪,王抑家班始演於鶴來堂。全蘇班又補《鶩峰緣》,諸優摹寫盡致,頗得王抃之意。

《王巢松年譜》"壬戌五十五歲":"是年余作《浩氣吟》,林星巖不時過商。七月初,已經脫稿,因服尚未除,直待九月杪,九弟班始演於鶴來堂。全蘇班又補《鶩峰緣》,諸優摹寫盡致,頗得作者之意,亦一時快事也。"

八月

翁叔元升右春坊右贊善兼翰林院檢討。

《翁鐵庵年譜》"二十一年壬戌叔元五十歲":"八月,升右春坊右贊善兼翰林院檢討。"

九月

王掞、王撼、王抃等過錢右文天藻堂，時錢氏喪偶。

《西田集》卷二《和錢右文舍人天藻堂中秋玩月，用許鄆州鶴林寺韻》。《蘆中集》卷四《過錢右文舍人山園，時錢有鼓盆之戚，次九日韻慰之》。《巢松集》卷三《過天藻堂，時右文有鼓盆之戚，次九日韻慰之》。

玄燁以古文辭問黃與堅、汪琬。

《願學齋文集》卷八《一廣文説》。

約本年秋

余不遠、惲壽平、胡汝舟、毛師柱、周允夔、許旭、王曜升、朱鷟、周修闇、沈受宏等詩送山禪師東歸。

《端峰詩選·五言律·山禪師東歸韻（同將樂余不遠、毗陵惲正叔、新安胡汝舟、同里周允夔、許九日、王次谷、朱璜師、周修闇、沈台臣）》。

十月

王掞、王撼、王抃等兄弟前往楓橋，爲王時敏展墓。事畢，集飲王聞炳齋。

《蘆中集》卷八《十月朔展先公墓，即飲諤亭兄齋賦以志感》。《巢松集》卷三《十月朔展先大人墓畢，集蔚儀兄齋中賦以志感》。《西田集》卷二《十月朔展先大人墓，同諸兄弟飲諤亭師齋賦以志感》。

王揆招王撼、王撰、王抃、惲正叔、許九日、沈台臣、郁弘初、吳省初、王次谷等集古期齋看菊。

《蘆中集》卷四《芝塵兄招集古期齋看菊分得四豪》。《西田集》卷二《芝塵兄招同惲正叔、許九日、沈台臣、郁弘初、吳省初、家次谷兄暨諸兄弟集古期齋看菊分得六麻》。《巢松集》卷三《仲兄招集古期齋看菊得缸字》。

《蘆中集》卷四《醉歌行贈隨庵兄》："吾兄老作文章伯，自壽詩詞好風格。是時梅花凍未拆，素萼紅苞映岩石。招邀勝侶爲歡娛，觥斝交飛宴終夕。吾兄酒聖兼詩豪，酒壘詩壇群辟易。自言讀經幷讀史，少小功名志所喜。豈意終如馬少游，善人僅得稱鄉里。貧老蕭然屋數間，有似洛城玉川子。古來盛名坎壈纏，我則胡爲亦至此。我聞兄言還語兄，人生所貴不朽耳。我父平山三絶兼，追想風流能者幾。如兄纔弗墜弓裘，謝氏超宗衆稱美。臨池揮灑千人驚，上法鐘王下蘇米。詩格開元大曆間，意取清真裁僞體。有時乘興畫滄洲，宋元諸家供驅使。文章憎命古有云，兄胡抱才恥不仕。維時客座興未闌,舉頭仰視白玉盤。望舒三五光團團,吟成險語鬼膽寒。盛筵樂事不常有,有酒且盡今宵歡。洗盞更酌明星殘,毛錐三寸自足樂。何必峨峨進賢冠,嗚呼此意知者難。"

按:《醉歌行贈隨庵兄》前有《十月朔展先公墓即飲諤亭兄齋賦以志感》,後有《喜吳漢槎南還次徐健庵宮贊韻》,故推定為康熙二十一年十月間事。

十一月

吳兆騫從寧古塔放歸至京城。徐乾學設宴洗塵,作《喜吳漢槎南還》。

《蘆中集》卷四《喜吳漢槎南還,次徐健庵宮贊韻》。

按:康熙二十年十二月吳兆騫省親吳江。王摅《蘆中集》卷四《喜吳漢槎南還,次徐健庵宮贊韻》中有"未易別離重會面"。王摅當時在京城,康熙二十三年二月離京。

王奕清娶錢晉錫女。合巹之夕,王抃在儒齋大醉。

《王巢松年譜》"壬戌五十五歲":"幼芬於十一月畢姻,合巹之夕,余在儒齋盡醉。"

《顓庵府君行述》:"子男子三:長不孝奕清,吾母宋夫人出,康熙辛未進士,詹事府詹事管少詹事,娶錢氏,順天府府尹再亭公諱晉錫女,繼娶徐氏,胡廣布政使司布政使子星公諱應查孫女,歲貢生燕斯公諱悝女,光祿大夫文華殿大學士戶部尚書贈太子太保諡文貞公諱玉書恩撫女。"

按:康熙二十四年,王奕清續弦,娶徐氏。

《(嘉慶)直隸太倉州志》卷二十八《人物》:"錢晉錫,字方來,以選貢入成均,考教習第一,謁選得富陽令。時閩逆初平,滿漢兵道富陽者,船夫供頓,調治得宜,民不知擾。復請蠲正賦,興水利,除磺癘,省差恤民,善政悉舉。以薦擢禮科給事中,疏兩廣鼓鑄之弊,及浙省造船之累,論止鹽筴增引,悉見施行。升通政使參議,轉督捕理事官,痛抑投旗陷主之僕。歷右通政遷太僕寺卿,尋為順天府尹,裁抑豪蠹,畿甸肅清,立金魚池義學,上為親書'廣育群才'區額,復疏請廣順天解額。會山左飢,流民走集京師,晉錫煮糜,日食數千人,醫藥殮埋無算,又設舟車津遣之費。自冬徂春,日與飢民接,感疾,卒於官。晉錫性行慈和,家居孝友。諸生時嘗受里人侮,既貴,終身不校,人稱長者。"

冬

石濤在金陵的一枝閣中用點染法寫《雲山圖》。

《石濤詩録・石濤東下後的藝術活動年表》。

張佩將邀王掞、王抃兄弟游蘺薋園爲文酒之會。園爲王世貞、王世懋兩先生故墅。

《巢松集》卷三《蘺薋園感舊(園爲麟洲先生讀書處)》:"此日軒裳會,當年翰墨場。門高堂構古,世遠典型亡。燕去謝公第,花殘裴相坊。空留後人在,辛苦憶滄桑。"

《西田集》卷二《蘺資(薋)園感舊二首》序:"園爲琅琊、鳳麟兩先生故墅,今歸張子佩鏘,招同人爲文酒之會,各賦二律。"

太倉州學正李亮采重修太倉州學成。時黄與堅官京師。

《願學齋文集》卷十六《重修太倉州學記》。

按:康熙十三年,李亮采至州任學正。

汪鶴孫過訪冒襄水繪庵。

汪鶴孫《春星堂詩集》卷六《延芬堂集上・壬戌冬日,過東皋訪冒辟疆司李水繪庵中,得詩十首,和秋岳司農原韻》。

本年

麓臺在任縣知縣任上,邀陸石渠、周章成等爲渚陽幕客。是年任縣被災。

《端峰詩選・五言律・癸亥春,次韻奉送王芝廛先生赴渚陽,兼柬茂京明府》,其二:"遥想蓮花幕,賓徒足往還(謂陸石渠、周章成)。"

唐孫華《王原祁墓誌銘》:"公之令任縣也,任爲九河下流,即古之大陸,其塔圪臺、北劉寨、雙蓬頭等處,歲被水災,官民賠累無算。"

王抃《巢松集》卷六《偶感貽周章成》:"往事思如昨,何期遂到今。世情多白眼,仕路只黄金。年去歡娱少,門高責望深。非君晨夕共,誰與更論心。"

按:《(嘉慶)直隸太倉州志》卷三十六《人物》:"周世樟,字章成,州諸生,醇謹好學,明天文、禮樂,窮居教授,著《五經類編》,王掞序之。年七十餘,自知化期,索紙筆書日時,召親故話別,至期果無疾卒。"

羅牧自真州來金陵會龔賢。

《澄蘭室古緣萃録》卷八《龔半千江村圖卷》。

禹之鼎於古香齋中作《雙孩戲棗圖軸》。

《虛齋名畫錄》卷十《禹慎齋雙孩戲棗圖軸》。

余國柱(大冶)巡撫江南,延請陸元輔爲二子師。

《樸村文集》卷十四《菊隱陸先生墓誌銘》:"先生念已於前朝未有禄仕,出亦無害。"

按:陸元輔(1617年—1691年),字翼王,號菊隱,江蘇嘉定人。陸元輔另曾設館於太倉太原王氏、崑山東海徐乾學、徐元文、常州廣平宋德宜等名門巨室。

王奕鴻生。

沈起元《敬亭文稿》卷二《川東道致仕勖齋王公七十壽序(辛未)》:"……公伯兄宫詹有臺站之役,公時爲湖南糧儲道,亦解職坐臺……以至西田公棄世,弗獲一執星奔之禮。蓋不得代者十有三年。……公復有四川觀察之命,六年川東而歸。歸三年,而公壽七十。"

按:"辛未"即乾隆十六年。由此可知,王奕鴻生於康熙二十一年。

繆曰藻生。

《白漊先生文集》卷二《與王司寇書》。

按:康熙四十四年,繆曰藻與王奕鴻等同成舉人,時年二十四,由此可知,繆氏生於康熙二十一年。

康熙二十二年癸亥(1683年)四十二歲

正月

十七日,吳暻招集王攄、王抃等於真想齋分韻賦詩。

《蘆中集》卷四《元夕後二日吳元朗招集真想齋分七虞》。《巢松集》卷三《元夕後二日集吳元朗真想齋觀燈分得五微》。

二十二日,王時敏祀鄉賢祠,學者私諡爲"恭孝先生",後以子王掞貴,累贈公爲光禄大夫文淵閣大學士兼禮部尚書。

《奉常公年譜》卷四"十九年庚申八十九歲":"二十二年正月二十二日,祀鄉賢祠。學者私諡爲'恭孝先生',後以子掞貴,累贈公爲光禄大夫文淵閣大學士兼禮部尚書。"

《王巢松年譜》"癸亥五十六歲":"元夕後,大人崇祀鄉賢,各邑諸老畢集。是晚,老宅光大堂俱張筵宴客。"

二月

十五,王抃游江右,欲訪姻親周肇。王抃先至富陽,留方來署中四日。時王掞有閩粤之游,尚未出門。

《王巢松年譜》"癸亥五十六歲":"余於二月望間有遠行,欲到江右一看子俶也。往別時,曾於内室一晤,爾時八弟亦有閩粤之游,尚未出門。余先到富陽,留方來署中四日,極承其款洽,臨行又唤漁船送至常山。"

《西田集》卷二《送鶴尹兄之江右》有"我將游海嶠,君已渡潯陽。兄弟三春別,關山萬里長"。

曹煜抵莘縣。莘縣城小、舊、窮(縣治僅三百餘里)。曹煜在任,未及五月,已貸金六百。

《綉虎軒尺牘》二集卷六《寄陸伯達》、同書三集卷一《與董豹庭父母(諱爾弘,慈溪進士)》。

王掞在王攄齋中,與吳兆騫話舊。

《西田集》卷二《虹友兄齋同吳漢槎夜話》。《蘆中集》卷四《漢槎歸自塞外見訪》。

按:《虹友兄齋同吳漢槎夜話》在《送鶴尹兄之江右》《送芝廬兄之茂京任任所三首》之間,兩詩分別寫於康熙二十二年二月、四月,因此,《虹友兄齋同吳漢槎夜話》當寫於同年二月至四月間。《蘆中集》卷四收錄康熙十七年至康熙二十二年三月間詩,《漢槎歸自塞外見訪》前有《元夕後二日吳元朗招集真想齋分七虞》,後有《三月二十日集江位初齋用杜賓至客至韻二首》,可知吳兆騫與王摅、王揆兄弟話舊在康熙二十二年二月至三月間。

三月

二十日,王摅等集江位初齋中,分韻賦詩。

《蘆中集》卷四《三月二十日集江位初齋,用杜賓至客至韻二首》。

王翬在太倉拙修堂中,爲王揆長子王奕清作《王石谷仿一峰石壁浮巒意立軸》。

《吳越所見書畫錄》卷六《王石谷仿一峰石壁浮巒意立軸》。

王抃抵新淦,新淦廣文周肇已病不能支,將謝事。不久,王抃取道浙東歸,武林途遇王揆。

《王巢松年譜》"癸亥五十六歲":"三月中,抵新淦,子俶已病不能支,將謝事矣。其時董丹鳴爲吉安別駕,高渭師視學豫章,方在吉安考畢,持八弟扎(札)謁之,微有所贈。余此行專爲子俶,吾婿用嘉雖極力周旋,而主人病狀如此,久留何益。亟覓歸櫂,仍取道於浙東,到武林,恰與八弟相遇。偕入闈者舄次公、台臣。孝咸欲往富陽,三兄欲往汀右,俱在寓中,聚首四日。余先別歸。"

王摅《巢松集》序稱,周肇"以老舉子作教青溪,所謂廣文先生,官獨冷者是也。甫知臨江之新淦,隨卒於官"。

按:《王巢松年譜》載,周肇卒於此年中元時,其婿周肇子用嘉亦於本年十一月卒於黃疸之症。王昶等纂修《(嘉慶)直隸太倉州志》卷三十六《人物》:"周肇,字子俶,五歲識奇字,至十歲爲文,師嗟異之。張溥舉復社,肇以總角爲高弟,貢入太學。順治十四年順天鄉試舉人,時科場事起,同考官論死,肇親爲治殮,兼以橐饘濟其家。四經御試,久之,得青浦教諭,舉卓異,升授新淦縣令。時肇已病,力疾之官,以除弊恤民爲政,亡何,卒,年六十九。肇盛有詩名,吳偉業常(嘗)選同邑諸人詩,名'婁東十子'。十子者,肇及王揆、許旭、黃與堅、王撰、王昊、王抃、王曜升、顧湄、王摅也。"

四月

王揆夫婦往任縣就養,毛師柱以詩之。時王撰游江右,王掞游閩、粵未歸。

《王巢松年譜》"癸亥五十六歲":"五月初抵家……二兄於一月前,先往任縣矣。"

《端峰詩選·五言律·癸亥春次韻奉送王芝廛先生赴渚陽,兼柬茂京明府》四首,其一:"一紙來花縣,扁舟去故鄉。喜當春漸暖,及此路方長。櫻笋經時熟,雲峰到處蒼。江帆瓜渚渡,晴翠入垂楊。"其二:"郵亭南北路,廿載舊題名。應更添游稿,知原少宦情。日邊琴鶴地,花裏鹿車行。入手波瀾闊,新詩倍老成。"其三:"到時家慶罷,憂樂正相關。但得弦歌遍,從教旅夢閑。追歡逢故舊,游歷説江山。遥想蓮花幕,賓徒足往還(謂陸石渠、周章成)。"其四:"此地吾頻到,傳聞政一新。幾曾臨事易,只似在家貧。縣僻科條簡,官閑翰墨親。古來惟禄養,堪慰白頭人(往曾三過渚陽,戊午冬遇茂兄,聚首三宿)。"

《巢松集》卷六《偶感貽周章成》:"往事思如昨,何期遂到今。世情多白眼,仕路只黄金。年去歡娛少,門高責望深。非君晨夕共,誰與更論心。"

《西田集》卷二《送芝廛兄之茂京侄任所三首》,其一:"鹿車同載逐征塵,領略關河四月春。到日渚陽傳盛事,錦衣拜迎白頭人。"其二:"紅紫三春錦作堆,臨行駐馬幾徘徊。河陽種得花千樹,不羨江南爛漫開。"其三:"堪憐蹤迹雪泥鴻,兄弟今看西復東。料得君歸余又出,春風秋月別愁中。"

《王巢松年譜》"己未五十二歲":"癸亥年,余游於江右,便道一訪,再亭在富陽署中,晤其幕客陳年翁,亦杭人也。"

按:據《南宗正脉》第250頁王撰《山水册》(六開)跋文可知,王撰此時游江西吉州,會見了王挺長子王濬長,時王濬長已在江西吉州兩年,將歸太倉。

王翬在太倉王氏拙修堂作《叠嶂嵐陰圖立軸》。

《吴越所見書畫録》卷六《王石谷叠嶂嵐陰圖立軸》。

王掞於拙修堂爲周世樟《五經類編》寫序。

周世樟《五經類編》王掞序。

五月

十五日,王抃抵家。

《王巢松年譜》"癸亥五十六歲":"五月朔抵家,詢知出門後,家中甚安。二兄於一月前，先往任縣矣。"

翁叔元由右春坊右贊善兼翰林院檢討，充起居注日講官。

《翁鐵庵年譜》"二十二年癸亥叔元五十一歲"："五月，充起居注日講官。"

六月
查慎行過禾城，探訪從域外放歸的吳兆騫（漢槎）。

查慎行《敬業堂詩集》卷四《逭歸集·過吳漢槎禾城寓樓》。

按：《逭歸集》"起壬戌五月，盡癸亥九月"。《過吳漢槎禾城寓樓》之前有《送別二首》，下注"以下癸亥作"，則查氏此詩作於康熙二十二年九月前。

七月
十五，王時敏妻吳氏卒，年八十有三。

《王巢松年譜》"癸亥五十六歲"："七月望日，吳母卒。時年八十有三。幸溍長已到家中。此一事，痴兒蠢僕，咎固無辭，而親情友誼，秋後即有七九之禮。二兄久住任邑，三兄又在江右，八弟閩游未歸，獨余一人在家，傳述甚難，惟有竭力調劑，主於無欺。至於知我罪我，聽之可也。……十月中，八弟從閩歸，亦深苦此事。"

九月前
查慎行爲卓次厚賦傳經堂詩。

查慎行《敬業堂詩集》卷四《逭歸集·傳經堂歌卓次厚屬賦》有："塘西卓氏本望族，遜國名臣侍郎後……百年欀桷尚如新，別築祠堂寬十畝。"

按：《傳經堂歌卓次厚屬賦》在《過吳漢槎禾城寓樓》之前，此事發生在康熙二十二年九月前。

麓臺《卷畫集》卷二《題卓火傳傳經堂二首》，其一："文章尊一代，俎豆祀千年。宅是高人住，經隨後裔傳。琴樽存手澤，禮樂載芸編。此地臨秋水，門前好泊船。"其二："儒術榛蕪久，斯文萃一門。孤忠推遠祖，純孝得文孫。賓從人千里，讀書日萬言。請看劫火後，堂構幾家存。"

關於卓氏傳經堂，吳綺《林蕙堂全集·林蕙堂文集續刻》卷三《卓子任近青堂序》："火傳操持月旦，標舉風流似棋墅之謝安。"卓爾堪，字子任，號鹿墟，江蘇江都人。同書卷七《送卓火傳歸隱計籌山升元觀序》："予與同年火傳卓君聯半世之交，於戊辰（康熙二十七年）之冬相見邗江之上。"另外，張玉書《張文貞公集》卷六《書卓氏傳經堂集後》："卓子火傳建祠於塘栖里第，奉其先人齋、左車、珂月三先生而名其堂曰傳經。海內文章之士皆以卓之子孫世守侍郎忠貞公之教,以克紹其先烈爲能,不愧於傳經之義,爭爲詩文以紀之,越數年裒成一帙。"卓天寅,字火傳,號亮庵,順治十一年舉人,著《靜鏡詩集》等書。其家有三世藏書,父卓人月早喪,寡母撫養成人,及長,建藏書樓曰"傳經堂""月波樓",廣邀名士如朱彝尊、王士禎、孔尚任、查慎行、李鄴嗣、吳綺、陳廷敬、姜宸英等撰寫序跋、碑記、詩詞等,編成《傳經堂集》十卷出版。

九月

玄燁巡幸五台山,臨城知縣宋廣業等修御路迎駕。

《蘭皋詩鈔》卷首《紀恩詩·康熙二十二年九月》。

十月

王掞閩游歸。王抃等在鶴來堂觀演《浩氣吟》新劇,其長子再次發狂病。王攄家大樓被火,房屋毀爲灰燼。

《王巢松年譜》"癸亥五十六歲":"十月中,八弟從閩歸,亦深苦此事。有晚在鶴來堂演《浩氣吟》,大兒即於席間沉醉。散後,又毀壞什物,其爲病發無疑矣。……十月中,七弟家大樓被火,未辨色時。有家人來報,余尚在疑信之間,亟披衣往視,餘燼未減,已爲一片瓦礫場矣。……有一日,與迪文相對言之,不覺淚垂。"

冬

周翼微卒。周翼微、毛師柱、唐孫華等爲朱明鎬弟子。

《端峰詩選·七言律·題朱祖義遺像詩册》:"祖義,昭芑先生長君也。戊午四月爲五十覽揆之辰,同人贈有詩章,裝潢成帙,余以入都致虛,題咏兹集紺溪書閣。紫綸携示此册,披圖瞻對,不覺歿已五年,因憶甲午冬,學詩於桴亭,先師偕祖義、宗程、翼微,聯床此閣者兩月。今三子俱相繼下世,而同門諸子亦零落如晨星,人琴之痛,不獨朱子一人已也,感嘆舊游,泫然書此:知非曾不讓遽賢……二十九年真一夢,重過溪閣淚潸然。"

《東江詩鈔》卷四《敬題先師朱昭芑先生遺像二十六韻(先生名明鎬,爲復社名宿)》。

按:《題朱祖義遺像詩册有序》序中"甲午"爲順治十一年,二十九年後,當爲康熙二十二年。且其後有康熙二十三年詩,可知周翼微卒於康熙二十二年。周翼微絕筆詩有"走嚮黃泉看打春"句,可知時在冬日。

本年

任縣水灾,麓臺力請巡撫于成龍,得免徵糧。

《王原祁墓誌銘》:"公莅任之明年,秋潦大作。旁近州縣皆被水灾。部使者按視民田,他邑皆得免徵,獨任縣一望彌漫,不辨阡陌,疑爲川澤。公據縣志力争,始得蠲免。公念邑小民貧,今雖暫免,後患無已,力請巡撫于公,疏請得允,永免歲供三千餘金。民困得紓,至今尸祝焉。"

錢晋錫時在富陽知縣任上,重浚陽陂湖。

《敕修浙江通志(雍正)》卷五十三《水利》。

湯斌應黃與堅康熙七年之請,爲其《願學齋文集》作序。同序者有熊賜履、陳廷敬。

《願學齋文集》黃與堅跋。

康熙二十三年甲子(1684年)四十三歲

正月

七日,王撼等集吳振西齋分韻賦詩。

《蘆中集》卷五《人日集吳振西齋,起韻用草堂二字》。

十六日,王撼等集張大復齋分韻賦詩。

《蘆中集》卷五《十六日集張大復齋分得三江》。

二月

麓臺在渚陽官署之蔭碧軒,爲陸鎖作《溪山高隱圖》。

《山水正宗》上卷第180—185頁、《王原祁精品集》第33—47頁圖録《溪山高隱圖》:"溪山高隱圖。時甲子仲春,爲雲壑道兄寫於渚陽官署之蔭碧軒。王原祁。"

鈐印:"王原祁印"(白文正方)、"麓臺"(朱文正方)。

麓臺又跋:"是卷與雲壑有夙約,戍、亥二載相聚渚陽,公餘即出此遣興,吏事鞅掌,時復作輟。今雲壑壽母南歸,爲之盡晷窮膏,半月告竣。中間未免多荒率之筆,或以古法繩之者,取其意,不泥其迹可也。麓臺又識。"

鈐印:"茂京"(朱文正方)。

後接雲壑跋:"戊午(康熙十七年)秋日渚陽署中寄懷王麓臺。舊鼎雖蕉没,相系表婁東。近代多挺達,玄孫才更雄。往時赴長安,獻賦甘泉宫。少年擢高第,十載猶固窮。高談絶今古,安知囊橐空。興酣或揮毫,染出匡崖峰。壁間飛瀑布,屋裏生古松。當窗起烟霧,滿座皆清風。伏日炎威逼,征途火雲紅。憐君趨京臺,觸熱如轉蓬。然不憚劳苦,仕迹實迷濛。誰云禁籞深,豈無複道通。君懷涇渭明,進退嚴始終。白露下鳳闕,當蕭落梧桐。楓冷邯鄲道,甫甫見飛鴻。客子悲清秋,爾我將無同。故不勝歸來,酌酒披心胸。題麓臺畫卷。我欲謀歸隱,君先爲寫圖。峰巒恣揮掃,沙水自縈紆。樵径穿風壑,漁濟逐渚蒲。無錢買山去,對卷一長吁。六十賤辰麓臺兄以詩畫見遺,次韻奉酬。有酒須痛飲,焉用他人勸。不才甘自棄,無術爲時獻。所歷畏拘牽,山林適吾願。忘形喜對君,揮灑增氣岸。溪山萬里圖,松柏霜雪幹。苟非相迫促,何由得珍玩。携歸張素壁,烟雲蕩書館。唯恐神鬼移,金璧不可換。貧無下酒物,獨酌的常對看。繪事已絶奇,新詩復華翰。篝燈成古風,寸燭燒未半。風格韓蘇敵,一字價無算。昔者忝幕賓,回思尚顏汗。渚陽莽荆榛,洪波日淫潦。君以寬治民,不興古法叛。曠達浩無憂,心安若禪觀。老夫性多愁,旁觀實心懾。誦君災告文,筆力殊雄健。辭感廟堂尊,蠲租農有飯。於今已十年,黎元徹愁困。如何居掖垣,未由展尺寸。君有丘壑懷,慎莫違左券(贈詩有山林後約之語)。古來賢達士,道否恒隱遁。況有垂白親,乞身免遺恨。己卯(康熙三十八年)仲夏,雲壑布衣録於沙溪之占閒草堂。"

鈐印:起首鈐"半畦"(朱文橢圓)、"雲壑石渠"(白文正方)、"陸鎖之印"(白文正方)。

水墨紙本手卷,31.8×817cm,故宮博物院藏。

按:以康熙二十三年雲壑六十虛歲計,其生於明天啓五年(1625)。此圖有"徐溝王氏家藏"(白文正方)、"瑞臣平生珍賞"(朱文長方)、"王啓恩鑒定書畫□□"(朱文正方)收藏印。

莘縣令曹煜致書麓臺,告知莘縣諸況。曹煜延錢梅仙等爲幕客。

《綉虎軒尺牘》二集卷六《復王茂京(諱原祁,庚戌進士,太倉人,見任任縣)》:"十載婁江,荷承鼎誼,而尊翁年伯尤極提撕之雅。暌教以來,江東雲樹縈迴,寧有已時。今幸密邇花封,深慰闊念。方擬尚人馳悃,忽接好音,不啻坐空谷而聞鈞天之響也。況承厚貺,下頒榮慶無似。雖藉使拜璧,而謹領尊誼,永勒五中矣。謝謝。弟十五日走馬到邑,陸在老(陸王在)至止時,纔隔一宵耳。梅老(錢梅仙)及舍弟舟行頗遲,尚未入境,俟到日當達尊意也。拙刻一種附呈台教,尊翁年伯不敢瑣瀆,叱名是荷。"

同卷《再復王茂京明府》:"落落寒氈,久依槐蔭,一行作吏,更邇花封,真天假之緣,得長奉教於左右也。昨捧德音,式慰□渴,簿書紛雜,應接爲疲,金錯見投,瓊瑶未報,負歉可知矣。弟素性愚戇,未嫻吏事。莘俗誇詐,撫御較難。冀叩君家治譜爲玉律金科,老年臺垂愛有素,諒不惜諄諄提詢也。不腆將忱,伏希鑒茹。梅老一札附啓,九咸舍弟偶往歷下,歸當趨造。肅泐馳候,臨緘曷勝瞻切。"

翁叔元由起居注日講官升翰林院侍講。

《翁鐵庵年譜》"二十三年甲子叔元五十二歲":"二月,升翰林院侍講。三月,轉翰林院侍讀。"

三月

王掞服闋還朝,諸兄第於楓橋餞別,選名優演劇,送至出關而返。王攄、王奕清與之同行。在維揚,王攄作詩送王曜升兄歸太倉,過清流關次周雲駿韻。

《王巢松年譜》"甲子五十七歲":"三月中,八弟服闋還朝,諸兄弟於楓橋餞別,選名優演劇,送至出關而返。余年已遲暮,且久棄舉子業,豈有復作痴想之理。因無所事事,何妨游戲,再一爲之。春夏略爲究心,七月上旬先至楓莊靜坐半月,二十日前,三兄同與齋、蔚兄同鄰姚曁佩將、大兒俱到……闈作,余頗成文,大兒雖三場勉畢,然不肯習靜,總之,應故事而已。"

《顓庵府君行述》:"甲子夏,赴補入都。初先大夫宦京邸,先妣宋夫人俱以留家侍養,不獲隨行,至是,外大父文恪公自太宰入相,先妣亦以久違文恪公定省,乃挈不孝兄弟輩,從水路入都。"

《蘆中集》卷五《維揚送次谷兄歸里》、同卷《過清流關次周孝威韻》。

沈受宏《白溇集》卷五《奉簡王顓庵宮贊還朝兼賀四十生日》。

春

唐孫華以明經充賦至京師。

《東江詩鈔》卷四《過郯城(予於甲子春以明經充賦至京師,道過郯城,聞縣令方君之賢,至丙子歲予官吏部,奉使浙中,復過郯城,則方君尚爲邑令,迎予於郊外,及就邸來謁詢之,其爲郯令已十四年矣,爲之慨然而作)》。

四月

周世樟在渚陽官舍。

周世樟《五經類編》之《自序》:"康熙甲子(康熙二十三年)孟春,婁東周世樟章成氏題於渚陽官舍。"

按:周世樟《五經類編》之《自序》後鈐印:"息圃"。

查慎行途經揚州,過查士標(二瞻)寓齋。

查慎行《敬業堂詩集》卷五《踰淮集·過二瞻兄維揚寓齋,兄有贈行詩,次韻酬別》:"征衫初換且停橈,一日江程兩信潮。欲去郵亭塵滾滾,乍來歧路馬蕭蕭。詩文價定人爭購,書畫船輕客待邀。劈紙風流看好在,緑楊回首記紅橋。"

五月

王掞、王攄北上途經渚陽,訪麓臺父子。

《西田集》卷三《渚陽署中留別芝麓兄、茂京侄》。

《蘆中集》卷五《過渚陽留別芝麓兄》:"別來歲序苦匆匆,兩見榴花炙眼紅。治行羨君真有子,吟髭怪我已成翁。清樽蟻泛衙齋月,羸馬塵冲驛路風。愁被飢驅難久住,老年兄弟各西東。"

按:《西田集》卷三《渚陽署中留別芝麓兄、茂京任》:"萍蹤暫止駐征輪,灼灼葵榴滿院新。兩世弟兄千里合(時迪文任亦從南至),三年琴鶴一官貧。銜杯異地愁能豁,坐月蕭齋語獨真。惆悵不堪明月別,火雲如炙又風塵。"王揆《渚陽署中留別芝麓兄、茂京任》詩中"三年",指康熙二十一年、康熙二十二年、康熙二十三年。

《蘆中集》卷五收錄康熙二十三年正月至二十六年六月間詩,此詩在卷首第五首,且詩中有"兩見榴花炙眼紅",王揆於康熙二十二年四月去渚陽,故推定為康熙二十三年夏間五月事。王揆等三月從太倉出發,途徑揚州一路逗留,五月或可至渚陽。《過渚陽留別芝麓兄》後有《出都作》等詩,可知王擴途經渚陽,將北上京城。

查慎行入京師太學。

《皇清文穎》卷八十查慎行《文廟釋褐》:"曾陪鼓篋三千士,重到橋門二十年。"自注云:"臣自甲子(康熙二十三年)五月入國學肄業。"

按:查慎行《敬業堂詩集》卷五《踰淮集》。此集"起甲子四月,盡一年……甲子夏游學京師"。

張雲章獲事王士禎於太學。

張雲章《樸村文集》卷十二《題所書送新城王先生序後》:"雲章自甲子夏獲事先生於太學"。

六月

王揆妻宋氏、長子王奕清等北上,王抃送至郡中。

《王巢松年譜》"甲子五十七歲":"六月中,八弟婦、幼芬北上。公分在鶴來堂餞行。金君佐演《望鄉臺》《汝州春店》。余亦送至郡中。"

《頊庵府君行述》:"甲子夏,(先大夫)赴補入都。初先大夫宦京邸,先妣宋夫人俱以留家侍養,不獲隨行。至是,外大父文恪公自太宰入相,先妣亦以久違文恪公定省,乃挈不孝兄輩從水路入都。"

按:《頊庵府君行述》爲追憶之作,記憶或有誤:至秋間,宋蓼天入相。

七月

上旬,王抃父子、王撰、與齊、江喬梓、鄰姚、張佩將等乘舟至丹陽。王抃父子從水路至金陵水西門,再次應試。

《王巢松年譜》"甲子五十七歲"。

七夕,宋德宜招王掞等飲迎紫閣。
《西田集》卷三《七夕外舅宋蓼天先生招飲迎紫閣》。

吳震伯過金陵,携漸江山水册至一枝閣相訪,石濤爲之題跋,并爲作山水一册以贈。
《石濤詩録·石濤東下後的藝術活動年表》。
石濤畫跋:"董太史云:'畫與字各有門庭,字可生,畫不可熟。字須熟後生,畫須熟外熟。'余曰:'書與畫亦等,書時用畫法,畫時用書法。生與熟各有時節因緣也。學者自悟自證,不必嚮外尋取也。'又誰肯信山僧之言?古人立一法,即如宗師之示一機,看他如何會耳。"

八月
黄與堅充貴州鄉試正考官。經三試,從一千六百多人中得二十三人。時副都御史楊雍建爲貴州巡撫。
《願學齋文集》卷十《貴州鄉試録序》。
按:《願學齋文集》卷八《一字説》中有"乙丑余自衡州抵郴州。"

九月
曹煜分别致書王掞、王攄、王奕清,稱王掞等舟車過郡,曹煜因事外出,深愧未能盡地主之誼,感謝在太倉時王掞的緩急之濟,表示今冬或來春將遣人入京致謝。
《綉虎軒尺牘》二集卷七《復王顓庵太史》、同卷《復王虹友》、同卷《復王幼芬》。

秋
宋德宜入相。《西田集》卷三《外舅宋公入相喜而有作》、《蘆中集》卷五《賀長洲相公四首》。

十月
三日,王翬爲梅溪作《王石谷樂志論圖卷》。
《虚齋名畫録》卷五《王石谷樂志論圖卷》。

王翬跋："倪元鎮與趙善長商榷作《師子林圖》，自題云：'深得荆關遺意，非王蒙輩所能夢見。'蓋其筆意高簡，一洗縱橫謬習，超然象表，頗自矜許也。梅溪先生夙具烟霞，愛畫入骨髓，與雲林氣韻相合，因用其意圖仲長統《樂志論》爲贈，兼訂異日結莊、惠之侣，吟嘯溪山，游心物外，先生果許我乎？甲子十月三日，石谷王翬識。"

二十六日，康熙第一次南巡。是年太倉歲豐，漕蠲免三分。

《王巢松年譜》"甲子五十七歲"："十月，聖駕南巡，至蘇城而返。……是年西成豐稔，漕蠲免三分，又得均沾浩蕩。"

《履園叢話》卷一《康熙六巡江浙》："十月二十六日，御舟抵滸墅關，先於二十四日過揚州，將由儀徵幸江寧府。忽遇順風，可以速達京口，遂乘沙船順流而下，次早上金山，晚而登舟揚帆過丹陽、常州、無錫，俱未及泊，一晝夜行三百六十餘里。時湯文正公斌正爲巡撫，務儉約，戒紛華。御舟已入邑境，縣令猶坐堂皇決事也。上騎馬進閶門，士庶夾道，至闌塞不得前。上輒緩轡，命勿跪，訪求民間疾苦，藹然若家人父子。至接駕橋南，行幸瑞光寺。巡撫前導，由盤門登城，窮簷蔀屋，極目無際，上爲眷念者久之。遂從齊門而下，幸拙政園，晚達葑門，駐蹕織造府。"

十一月

王撼飲山東臨城宋廣業署中，歸途中游相國寺。

《蘆中集》卷五《長至飲臨城宋性存署中》、同書卷八《相國寺大殿火》。

查夏重、姜西溟等招同諸友雅集，王戩未能赴約。

王戩《突星閣詩鈔》卷四《甲子仲冬，查夏重置酒招同姜西溟諸君雅集，是日移具張園，余初不知，及訊得之欲往已薄暮矣，諸君拈張字韻，各成古詩一章，余亦繼作，愛而不見，情見乎詞，聊用補遺，不復能計工拙也》。

十二月

王掞改授右春坊右贊善。當時浙江學政改用翰林官，康熙命九卿保舉人品學問兼優者，公舉王掞與吉水李振裕。李振裕得江南，王掞視兩浙。

《顓庵府君行述》："甲子夏……十一月，先大夫改授右春坊右贊善。十二月，充日講官起居注。會浙江學政改用翰林官，命九卿保舉人品學問兼優者，公舉先大夫與吉水李公振裕。李公得江南，而先大夫視兩浙。"

《西田集》卷三《奉視學兩浙之命口占二首》。

按：李振裕，字維饒，號醒齋，江西吉水人。崇禎十五年生，康熙四十八年卒。

墓誌銘見許汝霖《德星堂文集》。

年末，莘縣令曹煜致書麓臺，告知其所緝拿案犯不在莘縣。

《綉虎軒尺牘》二集卷七《復王茂京》："介弟南來，愧乏供應，展疚至今，不知何時已返斾也。弟以菲質忽作勞人，同病之憐，想不甚遙。但敝治今年幸薄收，各色款項，俱已報完耳。然所負累累，誠恐日重一日，其奈之何。見尊示，即刻差人同貴役遍索四闕，絕無其人。年暮歲迫，先此闕覆。弟差役尚未銷票，倘得其踪，即尚差解送，不煩掛念也。梅老近況頗可，但縈思京洛，未免悵悵。家九咸候楊星源，一到便行，特此附聞，馳切不盡。"

本年
任縣再遭水災。

《畿輔通志（同治）》卷六十九《名宦》："王原祁，字茂京，太倉人。康熙庚戌（康熙九年）進士，知任縣。地當九河下流，滏、漳諸水復久壅塞，腴田變爲污渚。塔圪臺、劉累泊等處，即古大陸澤，爲患尤甚。甲子（康熙二十三年）、乙丑（康熙二十四年）秋雨連旬，水勢陡發，堤岸盡壞，田萊俱成巨浸。原祁請照准揚例，永免水荒田賦三千餘金，民困以蘇。其餘如築堤以防水患，建橋以通水道，弭盜賊以安民命，明僎介以昭典禮，發倉儲以救羸，著迹難以枚舉。"

王士禎爲劉廷璣《葛莊分體詩鈔》作序，強調"詩本於性情，其才其情一本乎品與識"，重視學問。姜宸英認爲，劉廷璣所作的不是分體，是分類。

劉廷璣《葛莊分體詩鈔》序。

錢晉錫升禮科給事中。

《八旗通志》卷二百《人物志》八十。

沈荃卒，年六十二。沈荃以書法深受康熙賞識。

王頊齡《世恩堂詩集》卷八《壽宮詹沈繹堂先生六袠》："中貴堵墻求雙字，至尊含笑對揮毫。"

歸允肅《歸宮詹集》卷四《壽沈繹堂六十》："風烟歸翰墨，江海曠襟懷。"

王概畫《深山讀書圖》。

《澄蘭室古緣萃錄》卷八《王安節深山讀書圖卷》。

張雲章爲侯開國(大年)作《鳳阿山房記》。

《樸村文集》卷十一《鳳阿山房記》："吾友侯子大年倦游京師，嘗欲葺屋數楹，歸而燕休讀書其中，名以鳳阿山房，然實未暇作也，而山房之名已傳於四方矣。甲子冬出都門，諸君子贈詩滿囊，無不以山房爲言者。大年屬余爲之記，余久而未有以應，大年請至六七而不厭。……今之荒言，蓋以塞一時之請，非所以爲之記者也。"同書卷二十二《鳳阿先生傳》亦有相關記載稱，侯開國與孫致彌爲中表親戚，皆師陸元輔(菊隱)，曾"入太學，試京闈，又試吏部，當得通判州事，非其好也，久之不自得，慨然有歸隱志。思築室於家園之葉池……將列樹梧竹，以數椽居其間，名以鳳阿山房，請友繪爲圖，一時名勝咸歌咏之。朱檢討彝尊有詩云：'張筆孫詩陸經義，孰居南北孰中央。'京師傳誦其語所謂陸孫者，蓋指徵君學士，而余亦濫數及之者也。先生又自爲文以道其名鳳阿之意而特以屬余，余曾爲之作鳳阿山房記者，以此先生之自言曰：'大雅有卷者，阿飄風自南，鄭箋謂大陵卷然而曲迴風從，長養之方入之喻王者屈體待賢，賢者猥來就之，如飄風之入曲阿也。其曰：鳳皇鳴矣，於彼高岡，言鳳皇鳴於山脊之上，居高視下，觀可集止，喻賢者待禮而行，翔而後集也。'先生之意蓋以國家隆禮賢士。乃祖以文章黼黻之，以諫諍匡弼之，以德澤及民而長養之，不啻飄風之入曲阿，鳳皇之鳴高岡也，故以之自號，寓其思先業、述祖德之意焉。……今雖山房未成，而克復仍貽堂而世守之。……先生之館於席工部也，工部二子學於先生，非惟終工部之世，抑命二子終身卒業焉。工部又嘗延禮陸御史稼書先生於其家。陸先生之道，程朱以來相授受之道也，先生與之晨夕居，稽首前後十餘年，講誦切磨無非儒先之要旨。陸先生卒，先生纂輯其遺書，俾二席生爲之刊版而流布焉。……先生頗嗜酒，酒酣氣振，慷慨論天下事……亦頗能分青白眼以對人……年七十有一。"

王揆以詩贈別魏象樞。

《西田集》卷三《送大司寇魏環溪先生予告歸里二首》。

按：《西田集》卷三《甲子除夕》前詩皆爲康熙二十三年間所作。

康熙二十四年乙丑(1685年)四十四歲

正月

元日,毛師柱、王撰以詩相和。

《端峰詩選·七言律·乙丑元日立春和王隨庵先生韻》。

初十,王抃與王撰、江喬梓宴於鶴來堂。

《王巢松年譜》"乙丑五十八歲"。

王掞視學江浙,別館中諸同年後出都,前往浙江台州。

《西田集》卷三《出都別館中諸同年》。

毛師柱、袁書年、趙貞等將適中州顧商尹幕,於山塘別諸親友。途中作客梁園。

《端峰詩選·七言絕·乙丑春仲將適中州,山塘別送行諸親故》。《端峰詩選·七言律·春仲偕書年、松一客游中州,瀕行感賦》,《端峰詩選·七言律·秋仲入秦,婁江發棹,賦示書年、慶餘》。

《端峰詩選·七言古·憶舊游,寄懷東皋諸同學》:"余自庚子後,數往來維揚間,而流連最久,無過乙巳七月。是年,王阮亭先生以揚州司李擢禮部主客司主事,如皋冒巢民先生邀同陳子其年、許子山濤暨其兩郎君穀梁、青若,方舟追送,僑寓城東水閣者浹月。四方諸名士,集蜀岡上方寺餞別,一時賓客之盛,近年以來未嘗有也。時余客館如皋,至丁亥秋乃始還里,計此三年中,招邀宴賞,殆無虛日,而良辰觸詠,集水繪園者居多,皋中英俊靡不過從,講道論文,樂可知也。迄今二十年,巢民既老病杜門,而曹文虎、郭仁昭、李延公、許端伯、石月川諸子早已相繼下世,惟山濤成進士,官詞林,其年則以布衣膺薦得授檢討,尋即病死京邸。昔年游好,不啻駒影之過隙,晨露之易晞也。乙丑春,余以作客梁園,道經隋苑,偶思前事,因感昔游,且以因人遠行,不及放舟水繪,一話疇昔,而凄愴纏綿有不能自遣於懷者,聊成長句,以志感傷,庶幾他日相見出以示之,或亦不必寄元耳。"

翁叔元由翰林院侍讀升國子監祭酒,時滿洲祭酒爲阿里瑚。翁氏革國子生入監及期滿諸吏部皆有饋遺之舊例。

《翁鐵庵年譜》"二十四年乙丑叔元五十三歲"："二月,升國子監祭酒,舊例國子生入監及期滿諮吏部皆有餽遺,叔元謂滿祭酒阿公里瑚曰：'生徒執贄於國子師,礼也,然昔之國子生皆富室子弟,今之入雍者,强半贫士。……不如因而革除之。'"

三月

王翬爲藝初作《王石谷風雨重泉圖立軸》。

《吳越所見書畫録》卷六《王石谷風雨重泉圖立軸》。

王翬惲壽平同游無錫。舟中,王翬在爲書宣戲寫錫山一帶風景,成《王石谷山水册》。

《虛齋名畫録》卷十四《王石谷山水册》："乙丑暮春,梁溪道上與南田子同舟篷窗,風日妍好,娛弄筆墨,遂成十幀,正米海岳所謂'一片江南也',即屬南田題咏,以志一時興會云。王翬。"

汪鶴孫與惲壽平友善。

汪鶴孫《春星堂詩集》卷七《延芬堂集下·寄懷毗陵惲正叔》："茉莄灣上匆匆别,貽我寒江風雪圖。"

兩浙學差王掞便道還太倉,不久即赴任。王抑、王奕清、王撰等同往任所。王掞前往浙江台州署中,途遇充東道李仙庵,詩送余不遠歸閩。甌江道中次周公咸韻,後與王撰擬游雁蕩山,以雨不果。

《西田集》卷三《河間道中遇李仙庵僉事》、同卷《大末送余不遠歸閩》、同卷《甌江道中次公咸韻》、同卷《擬游雁蕩以雨不果次隨庵兄韻》、同卷《台州署中望小子山》。

《王巢松年譜》"乙丑五十八歲"："八弟因兩浙學差,於三月中到家,王命不能久稽,數日即赴任。諸兄弟同到吳門,在舟中餞行,平坐不張樂,送至過松陵而返。抵家後,次谷頻頻見過。爾時八弟已之任所,九弟爲投供未歸,一夏得與次谷晤對甚密者,真所謂乘乏也。"

春

麓臺作《仿大痴山水》。

《中國古代書畫圖目11》浙3—26 圖録《仿大痴山水》："乙丑春日,仿大痴筆,似赤翁先生詞宗正。婁水王原祁。"

鈐印:起首鈐"趨古"(朱文橢圓),下鈐"王原祁印"(白文正方)、"麓臺"(朱文正方)。水墨紙本立軸,56.5×29.5cm,中國美術學院藏。

按:《中國古代書畫圖目11》浙3—28《仿倪黃山水》異名而跋文、圖像以及收藏印位置俱同。"趨古"印僅此一見。

六月

莘縣令曹煜致書麓臺,告知緝獲任縣一案犯。

《綉虎軒尺牘》二集卷八《與任縣王明府茂京》。

按:《與任縣王明府茂京》:"勞人役役,繩度芳春。復值煎景,炎炎世界,洵可畏哉。老年臺敷政之餘,優游槐影,詩瓢畫筒,兀坐鳴琴,真仙吏哉。弟舊負難償,新逋易積,如貧人害腹病,麥飯不飽,而解褪待洗,稍或刻遲,渾身俱癢矣。元氣去盡,將何以生。年臺亦有如此病否,可慨亦可笑也。尊大人先生安養尊榮,一堂晤對,天倫之樂,使人欽美。衙內諸公強半舊識,幸各叱名,不敢另瀆。茲獲貴治一人,手有扭迹,訊之則人命干連耳,恐或非然,則重煩台慮矣。特差押送,祈即錄收,臨墨神往。"

七月

魏裔介七十壽,門生徐乾學、孫在豐、嚴我斯、李振裕、王掞等製屏祝壽,宋犖、陳廷敬等寫詩遥祝,備極一時之盛。公皆有答謝。

《魏貞庵先生年譜》"乙丑公七十歲":"長安門生徐公乾學、孫公在豐、嚴公我斯、李公振裕、王公掞等亦製屏祝公七袠壽,王宛平、宋長洲、梁真定、吴漢陽、徐崑山、李合肥、陳澤州諸相國、杜秀水、董平原諸公俱有詩遥祝,備極一時之盛。公皆以楮翰答謝。"

王掞長子王奕清妻卒,遣人從浙江署中歸太倉問禮與王抃。

《王巢松年譜》"乙丑五十八歲":"七月中,幼芬斷弦,作於杭州衙署。八弟方按臨紹興,幼芬遣人問禮於我。隨詳作一札答之。中秋前,八弟貽書次谷,約之去。其時三兄未行,七弟先已進署矣。臘月中,七弟……買棹先歸,次谷歲底亦歸,三兄留署中度歲。幾月以來,浙人來覓徑寶,問津於余者,一概謝絶之。今歲支吾甚難,承蔚兄極力周旋,歲終先有百金之惠。"

按:同年,奕清續娶徐氏。

約八月

莘縣令曹煜致書麓臺,贈所刻文集,并告知錢梅仙上京之事。

《綉虎軒尺牘》二集卷八《與王任縣》:"秋颷蕭瑟,陰雲慘悽,低眉側窺,何處有天日也。弟以菲材,謬叨民牧,其所著雜錄皆從堂上執筆,使吏讀示兩造者居多,乃自不知恥,妄災及木。年翁欲以作笑柄耶?抑以覆醬瓿乎?敢不呈教。錢梅翁之京情切,不可復留,臨別黯然,不知所云。花封伊邇,幸時教之。"

秋
戴本孝過訪石濤,作詩以贈。

《石濤詩錄·石濤東下後的藝術活動年表》。

十一月
康熙南巡至金陵,初二日詣明孝陵。石濤在長干寺接駕。

汪世清《石濤詩錄·石濤東下後的藝術活動年表》。

二十三日,盛敬卒於太倉,年七十六。

《白漊先生文集》卷二《寒溪先生墓誌銘》:"(盛敬)嘗製一襜衣,書'謹言慎行'四字於紳。是時桴亭陸先生、確庵陳先生、藥園江先生相約爲體用之學,先生見而悦之,請與同事。乃以元旦,焚香拜告天地祖宗,矢進道德,而日與諸子爲講會。其要以'存誠主敬'爲本,以'窮理致知'爲功。設考德、課業二錄以相勉勵。……同里及四方之士聞而慕之,先後過從者日益衆,先生於是創舉三簋約,每同志相過從,設肉菜三簋,飯一餐,酒數行。自晨至暮,娓娓談論不倦,賓主歡然,歸則各賦詩一章,以誌是日時地景物,率以爲常,題曰'山齋紀事'。……先生生前明萬曆庚戌正月初七日,卒清康熙乙丑十一月二十三日,年七十有六。……先生之道,主於躬行;先生之學曰敬曰誠,不謀其利,不要其名。"

冬
龔賢作《龔半千木葉丹黄圖軸》。

《虛齋名畫錄》卷十《龔半千木葉丹黄圖軸》:"木葉丹黄何處邊,樓頭高望即神仙。玉京咫尺纔相問,天末風生泛管弦。乙丑霜寒日,半畝龔賢畫并題。"

按:後有康熙三十七年高士奇跋:"石骨崚嶒雨後山,秋溪寒溜響潺潺。竹松三徑嫌多事,愛此疏林屋兩間。康熙戊寅九月題半千畫,江村高士奇。"

麓臺爲君祥作《仿大痴山水圖扇》。

劉九庵《宋元明清書畫家傳世真迹年表》第509頁。扇藏上海博物館。

莘縣縣令曹煜誕辰，麓臺贈畫。後曹煜致書麓臺，盡道爲令"三不如"（不如人奴、娼女、盜賊）之嘆。

《綉虎軒尺牘》二集卷八《復王茂京明府》："花封蜜邇，仁聲振聞，高山之望，不自今日始矣。太翁年伯納福無量，甚慰鄙懷。弟鹿鹿粗質，待罪於莘，捉襟露肘，景況不堪自問。今年漸入深潭，沉溺有期，昂首無日，知老年臺青雲不遠。不知振衣霄漢之日，尚能回憶我輩苦海否？弟常有三不如之嘆。一不如人奴。人奴一主耳，我輩有十餘主，處處奴顔婢膝，一不當，則呵叱隨之矣。二不如娼女。娼女媚客以取客錢，我輩則以錢媚人，不能媚則怒；媚之不以財，猶不媚也；媚之以財，而不及人則又怒；媚之財及於人，而後時則又怒，直是置身無地，即憂死，猶云樂死也。三不如盜賊。盜賊偷劫財物，與窩主平分，事敗則窩主同死。我輩不能分文入己，事敗則窩主先爲捕役，功令嚴於與受，至死不敢一言。嗟乎！何其至此極也。作令一年，授俸不過四十五兩，即一介不取，予仍須令全家盡化鳴蟬，餐風吸露。除陰檄取餽外，有昭昭之檄。今日命設法修城，明日令設法修廟；今日命補藩庫，明日命送部費。立限森森，如雷如電。不知四十五兩外，從何設法，而紛紛徵取也。弟嘗自憤云：'莫道銀錢即是蛆蟲，亦須人死肉爛方取蛆出。我未死未爛，蛆從何來？'九月十六夜，幾不復在人間。世作奴、作娼、作賊，不意家人救醒，則西樓戲文所謂'孽障未完，魔君不肯饒我耳'。嗟哉！老年臺明年豹尾懸車，珥筆承明之日，敢以弟言爲皂囊之料否？不則弟擲此鷄肋，當叩九閽而鳴雷鼓爾。承賜大墨，已珍十襲矣。年伯偶爾違和，節近不能尚候。燈後或以一价問花徑也。蒲柳之辰，重荷台誼，勒謝不宣。"

按：此文在《綉虎軒尺牘》二集卷八，起自康熙二十四年六月至康熙二十五年五月前，據文中"燈後"可定爲康熙二十五年正月前。有《復王茂京明府》後《復王芝廛先生》中有"去冬茂翁惠佳箋"可知，時在康熙二十四年冬。

同卷《復錢梅仙》稱，"茂翁來歲便爾出汙泥……芝廛年伯惠錫佳韻"可知，麓臺父子在任縣與曹煜詩文往來密切。

曹煜分別致書王揆、麓臺，謝其爲長子所作奠文，并請麓臺上京後能將爲縣令之苦鳴於當道。

《綉虎軒尺牘》二集卷八《復王芝廛先生》、同卷《復王茂京》三書、同書三集卷一《與持原兄》。

《復王茂京》之一："賤日承厚儀，馬齒增輝，至今勒感。弟去歲大難之後，又遭大變。大難人所同也，大變弟所獨也。言之痛心，不忍向知己泣道之。來翰謹如教，弟前書有云，俟年臺珥筆承明之日，爲吾輩稍陳切膚之苦。行看振衣雲漢，勿忘糞窖中有人諄諄也。不盡。"

《復王茂京》之二："賤日承厚儀，馬齒增輝，至今勒感。弟去歲大難之後，又遭大變。大難人所同也，大變弟所獨也。言之痛心，不忍嚮知己泣道之。來翰謹如教，弟前書有云，俟年臺珥筆承明之日，爲吾輩稍陳，弟爲道之。非弟叨作曹丘也，行旌卜於何日。弟翹首雲天，遥申拜候，毋懈初心，强飯努力。臨楮瞻切不盡。"

《復王茂京》之三："讀來翰，并讀年伯暨年臺所賜奠章，真使存殁均感。某敢不拜，謹叩首叩首謝。至於殷殷誨慰，字字金玉，自當奮推山之力，推此一腔心血耳。緩急人所恒有，交友何爲而敢窃比古人耶？弟滋愧矣。年伯大人不另瀆，謹復。"

按：《綉虎軒尺牘》三集卷一收錄康熙二十五年五月以後作品，從第一首《與持原兄（譚鐘浩，乙未進士）》中"去冬弟亡其子"可知，曹煜喪子在康熙二十四年冬。《綉虎軒尺牘》二集收錄康熙二十四年六月至康熙二十五年五月前的書信，從《復錢梅仙》知，曹煜是時長子喪，王摓與麓臺分別以文相吊。又據文《復王芝麐先生》中有"去歲茂翁惠佳箋""來惠元宵佳韻"可知，康熙二十四年與康熙二十五年間，王摓父子與曹煜書信往來密切。

任縣災情嚴重。麓臺有"一官四載嘆時難"句。

《畿輔通志（同治）》卷一百一十九《秋日歷台南諸村觀水有感》。

查慎行、姜宸英、張雲章等集京城之張園。

《敬業堂詩集》卷五《踰淮集·冬日張園雅集，同姜西溟、彭椒岳、顧九恒、惠研谿、錢玉友、魏禹平、蔣聿修、王孟穀、張漢瞻、汪寓昭、陳叔毅、湯西厓、馮文子、談震方、家荆州、聲山限韻》。

大司寇公魏象樞將歸蔚州，查慎行作詩贈别。

查慎行《敬業堂詩集》卷五《踰淮集·送大司寇魏環極先生予告還蔚州二首》，其一："曳履星辰二十年，尚書襆被故蕭然。勇能自斷天難奪，清畏人知世已傳。白社竟成娱老地，黄金不貯買山錢。閑雲一片秋寥廓，何限風光倚杖前。"其二："岳岳寒松表御書（寒松堂，公臨行時御書賜額也），新堂歸到好懸車。身名似此真無愧，進退何人綽有餘。報國文章傳後起（謂無僞中翰），立朝風骨想當初。不因祖帳東門道，太息方煩比二疏。"

查愼行爲汪陛交小影《秋林讀書圖》題詩。

查愼行《敬業堂詩集》卷五《踰淮集·汪東川宮贊屬題秋林讀書圖,時汪給假將歸》:"似曾依樣買林皋,只愛攤書不蓋茅。幹老從添鴉點葉,影疏初見鵲成巢。好風開卷聲相遞,古墨分香手借抄。怪得先生官況懶,畫中光景十年抛。"

本年
康熙爲《古文淵鑒》作序。

《古文淵鑒序》:"著作既富,篇什遂繁,不有所裒輯,慮無以觀其備也;不有所銓擇,慮無以得其精也。……朕留心典籍,因取古人之文,自春秋以迄於宋,擇其辭義精純可以鼓吹六經者,匯爲正集;即間有瑰麗之篇,要皆歸於古雅,其綺章秀制弗能盡載者,則列之別集;傍採諸子,録其要論以爲外集。"

太倉吳暻、吳江松陵張尚瑗、吳門何焯、青溪王原、松江翁謙吉等同貢入太學。

《白漊先生文集》卷一《送吳元朗北上序》。

按:張尚瑗,字宏(弘)籧。何焯,字屹瞻。王原,字令怡。翁謙吉,字軼凡。

王抃延請周象明(懸著)爲館師教訓二子。

《王巢松年譜》"乙丑五十八歲"。

約本年,直隸臨城令宋廣業治水後建亭,僉憲李基和書額、少參葉映榴作記。

《蘭皋詩鈔》卷四《房子小草·大水》。

按:康熙二十一年,宋廣業由拔貢知直隸臨城縣,《大水》詩中有"我來房子已三載"可知,時在康熙二十四年。

李基和,字協万,號梅崖、梅江,萬曆二十四年生,康熙四十三年卒。奉天鑲紅旗漢軍人。康熙十二年進士,選庶常散館,授部職,出爲雁平參藩。康熙三十五年八月任分守冀寧道,康熙三十八年正月任山東提刑按察使,康熙四十一年轉湖北布政使,康熙四十三年二月升江西巡撫。時方大侵,基和在武昌聞命,先偵知之,貸銀若干,過湖口,賈艘方載粟下江,即官買之,或更邀之轉左蠡入南昌,米價頓平,而自買之穀,則遍發諸郡爲粥,以賑飢,全省慶更生,於是革陋規,禁火耗,平鹽價,數月之中,善政畢舉。

葉映榴,字丙霞,號蒼巖。上海人。崇禎十一年生,康熙二十七年卒。順治十八年進士,選庶吉士。康熙十一年主試關中,康熙十五年任贛關監督,康熙十八年官陝西提學道,夏,較士綏州。康熙二十一年知縣葉章重修三原縣學,提學葉映榴有記。康熙二十七年任湖廣督糧參議,同年八月,武昌夏逢龍叛,葉映榴守義不屈,罵賊自刎,賊大驚,入拜而去。事聞,贈工部右侍郎。御書"忠節"二字謚之。

康熙二十五年丙寅（1686年）四十五歲

正月

查慎行爲宋犖作《寄題宋漫堂觀察園亭六絕句》。

《敬業堂詩集》卷七《假館集下·寄題宋漫堂觀察園亭六絕句》。

王抃、王攄、王抑同舟至浙江台州（禾中）。時王撰在禾中度歲，兄弟相聚甚歡。

《王巢松年譜》"丙寅五十九歲"："（新正）初二日擾過，傍晚落舟，同九弟到禾中。三兄在彼度歲，相聚甚歡。九弟欲至座師處賀節，先往武林。余又留一日，亦即解維。"

《蘆中集》卷五《將之甌江次隨庵兄留別韻二首》、同卷《春盡日途中書懷示藻儒弟三十韻》。

按：《春盡日途中書懷示藻儒弟三十韻》有"飢驅常道路，今在浙江隅。正月鄉園別，多時朋好俱"。

三月

王攄在浙，後游杭州、婺源等地。

《蘆中集》卷五《春盡日途中書懷示藻儒弟三十韻》，同卷《婺州開府行》。

按：《春盡日途中書懷示藻儒弟三十韻》有"飢驅常道路，今在浙江隅。……曾挈燕臺去，仍令儉府趨。殘編終晚歲，粗飯保微軀"。

王翬摘宋元名句成小景册頁，王撰題跋。

《吳越所見書畫錄》卷六《王石谷摘前賢名句成小景册》王翬跋：其一"元人筆意瀟灑，脫去畦町，工整之習，洵稱逸品，非磅礴家所能彷彿者"；其二"半崖縈棧游秦路，疊嶂生雲入剡山。初擬叔明《園居》，及破墨乃構巨壑大川，山重水復，具江山深遠之勢，彷彿關仝《剡山圖意》"；其四"痴翁《姚山雨霽圖》，莽蒼渾古，一洗廉纖刻畫之迹，其筆力神韻全似北苑《夏山》潑墨法，華亭董文敏常師之"；其七"倪雲林題子久畫云：'雖不能夢見房山，特有筆思，以痴翁之精奇學房山超逸，猶不爲元鎮所許，況時流哉"；其九"石林含雨氣，山塢帶寒溪。剪取富春一角，以慰賞心之人"；其十"九華秀色可攬結，吾將此地巢雲松。山館岑寂，摘前賢名句，彙成小景十幀。雖未神肖其機趣,然靜會經營,覺指腕間冲和自在,亦翰墨之樂事也。康熙丙寅清明後三日。耕烟散人王翬識。"

康熙二十八年,王撰跋其四云:"俗韻凡情一點無,開元以上立規模。鏡湖老監空揮淚,想見《楚江清曉圖》。己巳初冬,山齋展觀,因錄放翁題畫一首。"

春

惲壽平作《惲南田仿丹丘樹石圖軸》。

《虛齋名畫錄》卷九《惲南田仿丹丘樹石圖軸》。

按:初夏,王翬復補竹石,點苔數筆。

王抃爲浙中一歸生與管氏之訟,致書八弟王掞,請其從寬批釋。

《王巢松年譜》"丙寅五十九歲":"春間,浙中有一歸生,爲倫理事與管姓者大訟,奉學院嚴批,其宗人歸薪傳、歸溶瞻兩君,過婁求救於我。適蔚兄在家,詢知可行,隨致書八弟,承即從寬批釋。"

四月

初八,石濤錄程元鳳黃山詩作《黃山形勝圖》:"程元鳳所撰《黃山詩》,余讀之,取其前截以圖黃山之形勝,借詩以傳不朽云。"

《石濤詩錄·石濤東下後的藝術活動年表》。

初九,魏裔介正襟危坐而逝,年七十一。

《魏貞庵先生年譜》"丙寅公七十一歲":"四月初五日,公病大作。至初九日丑時,正襟危坐而逝。"

直隸臨城大旱,宋廣業至臨城郡廟唐槐下禱雨有驗。不久,宋氏詩送葉映榴官楚中。

《蘭皋詩鈔》卷四《房子小草·唐槐紀異》:"臨城郡廟有古槐,乃唐物也,丙寅大旱,余禱於郡神,夜半聞震雷,從槐樹中出,風雨隨之,甘霖大沛,四野霑足,賦以紀異》。"同卷《蒼巖先生之任楚中,賦詩留別次答二首》。

五月

皇太子允礽出閣。皇太子經廷講官滿漢用六人:滿官正詹事尹泰、少詹事舒恕;漢官用禮部尚書湯斌、正詹事郭棻、中允閆世繩、贊善黃與堅。

出閣後,每日講官於毓慶宮設講。

《願學齋文集》卷十二《皇太子出閣頌》載,皇太子出閣時,大臣次集保和殿,參與者爲滿漢大學士五人,六部尚書十二人,都察院左都御史二人,通政使大理寺卿各二人,翰林院掌院學士二人,侍儀者科道各一人,詹事府講官六人,詹事三人,共三十八人。

《願學齋文集》卷十六《宮寮紀事》稱,時詹事府詹事爲江蘇巡撫湯斌,胡士著爲右春坊庶子,明珠爲大學士,閆世繩、高裔、米漢雯、李鎧爲漢官中允,黃與堅爲詹事府贊善。

《願學齋文集》卷十六《御賜如松堂記》稱,黃與堅初入翰林院,爲當路所阻,掌院學士陳廷敬、大學士王熙力薦,得以獲知於玄燁。其後黃氏典黔試,升任宮贊。

麓臺在任縣訪查災情,并在任縣東南八里處重建大宋橋。江喬梓此時或爲麓臺幕客。其間,曹煜在給錢梅仙的信中稱,麓臺所贈畫與王翬畫相比,"雅俗之分,不啻天淵"。時錢梅仙在京。

《綉虎軒尺牘》三集卷一《與錢梅仙》。

《畿輔通志(同治)》卷一百一十二《大陸澤圖說》:"丙寅五月,余放棹澤中,周行細訪。"

從《畿輔通志(同治)》卷九十九《記‧重建大宋橋碑記》"去冬(康熙二十四年)即乃議撤石橋以達其流於大陸……今正月始捐俸興工……五閱月而告竣"可知,《重建大宋橋碑記》作於康熙二十五年五月。

七月前
相國王熙薦麓臺於臺章。

《罨畫集》卷二《上宛平相公二十四韻》:"元老千官表,天工一柱擎。青箱推世業,黃閣擅家聲。曳履詒謀遠,垂裳倚毗榮。廿年尊德位,四國仰忠貞。帝念深彌注,臣心寵若驚。枌榆頻賜沐,鼎鉉遂調羹。猶憶三方動,曾調九伐征。廟謨銷宇彗,文德掃槐槍。重譯共球集,中朝藻鑒清。絲綸同閫閾,門第獨崢嶸。道積心逾下,功高眷不輕。經邦添素發,報國盡丹誠。幃幄兼師傳,訏謨重老更。星辰依黼座,霖雨慰蒼生。壽域期方永,洪鈞化更宏。涼風吹玉律,湛露挹金莖。座對西山迴,台連北斗橫。露桃千歲熟,畫錦五雲晴。事業書金管,謳謠滿碧城。樗材叨世講,蘭譜仰宗盟。奕世交尤渥,頻年意轉傾。祇緣蒙獎借,遂使竊微名。獻納廻清鑒,高深冀曲成。南山行獻頌,長見泰階平。"

按:"宛平相公"乃王熙。王熙,字子雍,宛平人。尚書王崇簡(敬哉)長子,順治四年進士。康熙二十一年，王熙任兵部尚書，康熙四十年以病致仕。從《上宛平相公二十四韻》"衹緣蒙獎借，遂使竊微名"可知，康熙二十六年，麓臺能"舉卓異"、進京任諫官之職，與王熙的推薦有很大關係。《畫圖留與人看：由王原祁的仕途與畫業看清初宮廷山水畫風的奠立》稱，薦麓臺於臺章者爲巡撫于成龍。

《王時敏集》第376頁《題自畫寄贈王敬哉學士》有："敬翁學士曩歲邸舍比鄰"句。

夏

王抃爲周壽、周瑞訟事留郡半月。時王挺長子王濬長亦在王掞處。

《王巢松年譜》"丙寅五十九歲"："夏間，爲周壽、周瑞訟事，留郡半月。壽家生婿之子也，漏網在外，余父母來始正其名分。逆奴不服屮斷，乃奔控臬臺批發，金督糧以僕告主，非常大變，問官反有袒叛之意。後官老從中力爲剖析覆審，大翻前案，一杖一徒。周壽重懲發配，周瑞、黃牧生率至登門泥首，亦可謂桑榆之收矣。濬長隨八弟在浙。"

七月

十九日，麓臺離開任縣，作詩惜別任縣民眾。

《南宗正脈》第268頁王揆等《清人手札册（七開）》之第一開："祁兒於七月十九日克任，曾八月初六日進京，初七日吏部聽到矣。"

王原祁《罨畫集》卷一《別任邑士民二首》，其一："袛被趨程拜命初，郊原父老擁行車。離情轉恨徵書急，謝事猶慚製錦疏。半綬五年勞繾綣，一祠雙愛藉吹噓。臨分尚有低徊處，大陸沉淪賦未除。"其二："征衣旋著淚痕斑，回首琴堂隔万山。相送依然同子弟，臨行渾似別鄉關。柳添離恨何須折，轅轉羈心莫再攀。此去舊游難恝置，耕桑願爾各閒閒。"

約七月

曹煜書貽王揆，賀其子麓臺舉卓異。時錢梅仙爲曹煜幕客，不久將北上京師。

《綉虎軒尺牘》三集卷一《與吳匪庵（諱涵，榜眼翰林）》。

《綉虎軒尺牘》三集卷一《復王芝廛先生》："在婁時每承先生大教，至莘來，簿書俗吏，未能一觀道範，曷勝耿耿。聞茂翁喜音，爲之雀躍，但苦新逋舊負，種種不一，則轉貸爲難，而四月完半之限，又那移無術，所以向梅翁付之長嘆也。倘秋期台旌北指，梅翁過我，切有私約。第（弟）不知貧兒瓢鉢中，彼時有餘飯否也。區區之惻，梅翁能悉。

伏祈合照不宣。"

按：《復王芝廛先生(諱揆,太倉進士)》中有"倘秋期台旌北指"以及其後《復錢梅仙》"別來又初秋矣"可知,《復王芝廛先生》約寫於初秋七月。

石濤爲吳承夏作《山水軸》寫跋："清湘道人於此不敢立一法而又何能舍一法。即此一法,開通萬法。筆之所到,墨亦隨之。宜雨宜雲,非烟非霧,豈可以一丘一壑淺之乎視之也。"

《石濤詩録·石濤東下後的藝術活動年表》。

按：吳承夏,字禹聲,號閑谷,吳震伯子。

八月

七日,麓臺至吏部聽到。

《山水正宗》下卷第 482 頁王揆《致銘老賢弟信劄》："違闊四載,懷思若渴,祁兒兩次蒙賢弟於八弟處從臾玉成,提携緩急,感非筆罄。祁兒於七月十九日克任,曾八月初六日進京,初七日吏部聽到矣。"

《歷代名人年譜》卷十《清》第 72 頁："十月,茂京補授刑科給事中。聞母訃歸里。"

九月

初二,王揆夫婦從任縣歸,王抃父子入郡迎之。

《王巢松年譜》"丙寅五十九歲"："九月初二,二兄、二嫂從任縣歸。余父子入郡迎之,到家即與七弟同作主人,適全蘇班到婁,在鶴來堂演雜劇。"

《山水正宗》下卷第 482 頁王揆《致銘老賢弟信劄》、《南宗正脉》第 268 頁王揆等《清人手札册(七開)》："祁兒……聽到矣。愚夫婦同兩孫即於中秋後由陸登舟,至菊月杪始平安抵家,知八弟已蒞考寧臺兼□。"

王翬與惲壽平、吳修翁過朱暎千山園觴飲。

《吳越所見書畫録》卷六《王石谷山園觴飲圖立軸》,惲南田跋："元人園亭小景,只用樹石、坡池隨意點置,以亭臺、籬徑映帶曲折,天趣蕭閑,使人游賞無盡。"

王抑、王翬、惲壽平過訪毛師柱。

《端峰詩選·七言律·次和王誦侯,喜王石谷、惲正叔秋杪偕過之作》："巖壑雲深閟又開,花枝裊裊照青苔。圖成各擅千秋勝,徑闢齊看二仲來。歡劇定知狂脱帽,話長應共笑銜杯。相逢醉把當筵菊,絕勝相思寄隴梅。"

十月
麓臺作《仿黄公望山水扇》。

《中國古代書畫圖目5》滬1—3242圖録《仿黄公望山水扇》:"丙寅小春,仿大癡筆,似君祥詞兄。王原祁。"

鈐印:"王原祁印"(白文正方),"茂京"(朱文正方)。

設色紙本扇頁,尺寸不詳,上海博物館藏。

十一月
王抃在澄江寓中得知麓臺"擢垣中"(擢刑科給事中),作《寄賀茂京侄擢垣中》。重刻木和尚《北游集》,檗公囑王抃作序。

《王巢松年譜》"丙寅五十九歲":"在澄江寓中,得茂京垣中信。重刻木和尚《北游集》告成,檗公命余作序。"

《巢松集》卷四《寄賀茂京侄擢垣中》:"雁行居第一,群從盡呼兄。祖德知非易,家聲任豈輕。童年稱夙慧,早歲盛時名。抱膝依穿榻,攤書對短檠。曹家推子建,荀氏數慈明。筆陣千人掃,談言滿座傾。揮毫追董巨,潑墨奪關荆。問世傳三絶,驚人在一鳴。看花先折桂,奪錦早登瀛。擁卷無塵事,談禪少宦情。十年閑驥足,萬里奮鵬程。花縣飛鳧影,琴堂流水聲。賓留塵榻下,親到板輿迎。月入懷中朗,風生袖底清。循聲聞異地,治行達神京。褒詔從天降,輿歌到處盈。禁池清瑣望,密啓皂囊盛。聖世尊良吏,言官并列卿。朝廷思李勉,諫議重陽城。半部資匡贊,三篇佐治平。雲霄當自勵,草野願相成。目斷關山隔,心驚歲月更。君方光世業,我已學躬耕。尺素憑雙鯉,相思涕泱橫。"

按:《王巢松年譜》稱,"十一月望前,文宗錄科,余同次兒往滑江,再一往肩……月抄試畢,歸途復經关門"。由此可知,澄江寓得麓臺信當在十一月,《寄賀茂京侄擢垣中》亦在同月。《寄賀茂京侄擢垣中》後有《白門紀游》寫於康熙二十六年,時王抃携子赴金陵應省試。汪曾武《外家紀聞》稱,麓臺以行取擢刑科給事中。

查慎行入明珠府中爲塾師。喬石林罷官,查慎行以詩贈行。又爲趙執信《并門集》題詞。

查慎行《敬業堂詩集》卷八《人海集》自注:"故人吴漢槎殁後,有以不肖姓名達於明相國左右者,遂延置門館,令子若孫受業焉。下榻府西偏,去南城十里而遥,人事罕接,間有吟咏,率出傳題酬應。自丙寅仲冬迄戊辰初春,凡十五月,所得詩不滿百篇,合爲一卷,即用《人海集》之名以名集。"

按:喬石林、趙執信事見《人海集》之《題喬石林侍讀梅花莊圖兼送其罷官南歸》以及《趙秋谷編修見示并門集輒題其後》。

徐尚書乾學以收召後進爲己任。海内之士有爲尚書所可者,其名輒重於太學;有爲太學所推者,則舉京兆進於禮部。猶歷階而升,鮮有不至者。

方苞《望溪集》卷八《四君子傳》:"劉齊,字言潔,無錫人。康熙丙寅以選貢入太學。方是時,崑山徐尚書乾學方以收召後進爲己任。而爲祭酒司業者,多出其門。海内之士有爲尚書所可者,其名輒重於太學;有爲太學所推者,則舉京兆進於禮部。猶歷階而升,鮮有不至者。惟齊與其友三數人,閉門修業,孤立行己意,躓而不悔。其後石門吳涵爲司業,重其學,延教於家,聲譽赫然公卿間。太學嘗取高第,教習官學生,齊與焉。期滿,例録叙於吏部,授縣令者十之八,爲正途;授州佐者十之二,爲冗雜,且底滯無選期。自徐尚書罷歸,公卿多欲以收召後進爲名者。而某爲少宰,自謂起荒陬至大僚,尤欲擅風雅之譽,使人禮先於齊曰:'吾久知君,可來見,必爲選首。'齊謝不往,某銜之。系籍州佐,某由是叢詬訕,而齊望益高。"

按:"康熙丙寅"爲康熙二十五年。

二十四日,王翬泊舟金陵,用營丘筆寫迂翁詩意。

《吳越所見書畫録》卷六《王石谷夕陽秋影圖立軸》:"丙寅十一月廿四日,泊舟石頭城下,用營丘筆寫迂翁詩意。"

年末,王吉武在國子監博士任上,曹煜致書請其關照次子出監事宜。按例,滿監後便可考職。

《綉虎軒尺牘》三集卷一《與董豹庭父母(諱爾弘,慈溪進士)》、同卷《與持原兄》、同卷《與王國博憲尹先生(諱吉武,武進進士)》。

本年
約年末或翌年年初,史岵思、徐天被等爲莘縣縣令曹煜幕客。

《綉虎軒尺牘》三集卷一《與錢高士梅仙》。

黄與堅參與重撰《太倉州志》。

《願學齋文集》卷七《太倉三大疑考》。

【本年存疑作品】

二月

麓臺作《清王麓臺雲峰叠瀑立軸》，疑僞。

《壯陶閣書畫録》卷十六《清王麓臺雲峰叠瀑立軸》："雲峰叠瀑。康熙丙寅春仲作於暢春園。麓臺王原祁。"

鈐印："王原祁印"（白文正方）。

【理由】此時麓臺當在任縣任職。

康熙二十六年丁卯（1687年）四十六歲

正月

上旬，王揆往王掞浙江署中，賀其誕辰。

《王巢松年譜》"丁卯六十歲"："新正上旬，二兄即到嘉禾。八弟托人口傳，約余過署。余不欲往，止賀其誕辰，作一扎（札），遣王福持去。"

按：王掞誕辰在正月初七。

上元節後，太學祭酒翁叔元與司業彭定求（訪濂）出其不意，以四書題三、經題四，考拔教習。

《翁鐵庵年譜》"二十六年丁卯叔元五十五歲"："時候試教習者，雲集闕下，多請托。余佯言考試當在夏初，諸生以期遠，奔競稍息，乃密與司業彭君訪濂約於開印之次日，携襆被突入署，時滿祭酒常公以祀祈穀齋宿於東厢，見而愕然。余謂曰：'將試教習。吾兩人今夕宿致齋，所乞鍵其户，勿許一人入。'滿公欣然，命披甲者二十人環守於門外。明日，出示。請托者畢來，及門而反。又明日，諸生魚貫入，肅然就坐。試四書題三，經題二。余與訪濂窮日夜校閱，拔其尤者，得張尚瑗等六十人，衆論翕然，謂成均試士未有得人如此之盛者也。訪濂名定求，以會狀冠丙辰榜。"

麓臺爲牧翁作《仿黄子久層巒叠翠圖》，故宮博物院藏。

劉九庵《宋元明清書畫家傳世真迹年表》第511頁。

二月

中旬，江喬梓病卒。

《王巢松年譜》"丁卯六十歲"。

按：江喬梓坐館於王抃家多年，與王氏兄弟皆友善。

祭酒翁叔元轉詹事府少詹事兼翰林院侍講學士，充日講起居注官。

《翁鐵庵年譜》"二十六年丁卯叔元五十五歲"："二月，奉特旨授叔元爲詹事府少詹事兼翰林院侍講學士，復充日講起居注官。"

查慎行上翁叔元《上大司成翁鐵庵先生》。

查慎行《敬業堂詩集》卷七《假館集下·上大司成翁鐵庵先生》中有："新城轉官去,士氣孰聯絡。公來一震聳,造就指不各。外貌謙以和,中懷嚴且恪。從公日於邁,人有執經樂。……憐才出至性,此意感非薄。賤子望塵來,三年客京洛。門墻雖濫廁,鞭策稍知懼。公於汲引塗,取予必斟酌。"

按:《上大司成翁鐵庵先生》後有《清明日同玉友、荊州出右安門就旗亭買醉,晚至朱大司空花莊復留劇飲即事四首》,可見此詩寫於清明節前。

正月至三月

康熙與靳輔、湯斌等討論高家堰之壩的治理問題。康熙認爲,可以暫塞一年,挑濬下河,因爲這種方案花錢少。靳輔主張修理正河,但費錢多。

《大清聖祖仁皇帝實錄》卷一百二十九。

按:戴名世、李光地等主張治河修堰,反對堤築。戴名世《憂庵集·九十三》云:"後世之治水,惟鯀是師,致使河身日高,城郭人民反在其下,百萬生靈,其性命全繫於一綫之堤。使淫雨不終作,洪水而不終至,則自可常保以無事矣。"李光地《榕村續語錄》卷十八《治道》稱,愚民以爲堤築可恃,不復修堰。又云,治水莫要與水争。

三月

玄燁賜董訥"存誠"匾額。

董訥《柳村詩集》卷一《御賜存誠扁書》:"康熙二十六年歲在丁卯三月,臣訥由都察院左都御史受皇上簡命,晋秩兵部尚書,總督江南、江西事……賜存誠扁書者,訓臣以兢兢任事,不忘恭敬意也。……夫誠之用大矣,毋欺之學,剛柔協應,流行之理,體物不遺。參天地,贊化育,不思而得,不勉而中。"

石濤渡江北上。至清江浦即返揚州。

《石濤詩録·石濤東下後的藝術活動年表》。

王原祁作《醉作山水圖》。

《山水正宗》上卷第50頁、《王原祁精品集》第32頁圖録《醉作山水圖》:"丁卯初春,邢氏寓所多暇,偶撿篋中廢紙乘薄醉作此圖。紙澀拒筆,竟未得大癡腳汗氣。存之,以博識者一笑可也。麓臺。"

鈐印:"麓臺"(朱文正方)。

水墨紙本立軸,100.5×54.5cm,故宮博物院藏。

按:有清代收藏家章綬銜(1804年—1875年)的"章綬銜章"(白文正方)、"讀騷如齋鑒賞之印"(朱文正方)收藏印,以及"荻溪章朝伯珍藏"(朱文正方)等收藏印。

春

錢梅仙在京,曹煜書信問候并賀麓臺入垣(爲工科給諫)之喜。

《綉虎軒尺牘》三集卷一《與錢高士梅仙》、同卷《復王茂京(諱原祁,工科給諫)》。

《綉虎軒尺牘》三集卷一《復王茂京(諱原祁,工科給諫)》:"年臺騰驤皇路,拔迹泥塗,自此作天際真人矣。可羡孰甚。重蒙錫我鵝溪,仙仙佳氣。今人有其肉者無其骨,有其貌者鮮其神,自當於宋元之際求之,敢不拜嘉十襲。至於其他多儀,不幾稍贅耶,統謝勒五中矣。作令之苦,年臺共之,而弟尤難之難者,來時多負,到後多故耳。今年秋冬錢糧之在民者僅存五千有奇,而紛紜之事,應答俱在七月之後。此固年臺之所洞悉者也。輕諾寡信,弟罪何辭。薄具小賀,自知不腆,尤望年臺諒有勿叱,爲光多矣。尊約附壁,尊大人年伯并煩道此欵欵,神京在望,所幸信使往來,此緣未絶也。臨楮不盡惶愧。"

按:《與錢高士梅仙》後接《與吴編修匪庵》爲康熙二十六年春,而康熙二十五年十一月,麓臺擢刑科给事中。因此,可推定曹煜賀麓臺入垣之喜在康熙二十五年春。

曹煜致書御史錢三錫,道初入西臺,當以得君爲第,得君則可以行志。錢梅仙在京或館於其家,曹煜力陳梅仙人品學問十倍於己。曹煜亦致書庶常宋大業、明經唐孫華、給諫錢晋錫。錢晋錫或亦爲以縣令擢給諫者。

《綉虎軒尺牘》三集卷一《復錢御史葭湄(諱三錫,字宸安,太倉人)》、同卷《與宋庶常念功(諱大業,長洲人)》、同卷《與唐明經實君》、同卷《與錢給諫再亭(諱晋錫,太倉人)》。

《復錢御史葭湄(諱三錫,字宸安,太倉人)》:"承諭時務,某以庸愚,何敢忘陳。第台臺初入西臺,先以得君爲第一務。得君則可以行吾志,而濟世澤民,知無不言矣。然得君亦必以陳説爲資,則今日之陳説,有未可頓用切直者,莫若先以崇節儉以杜賄賂之原,輕描淡寫言之,爲他日切直之本。至於嚴察大吏,以端表率;開通水利,以致豐亨,此皆經綸學術所關。然水利易言而難行,察吏難言而易行,故事君之道,不愷切不足以有爲而□疏遠之臣。初近天顔,則亦不無次第者。"

《與錢給諫再亭(諱晋錫,太倉人)》中有"不知台臺拔宅飛昇之後,尚念泥塗鷄犬否?恭獻一芹,聊申賀私"。

麓臺致書曹煜,囑其佐宋廣業繼治任縣,時任縣水災仍重。宋廣業復告於大中丞於振甲,於氏特疏蠲賦。

《綉虎軒尺牘》三集卷一《復王給諫茂京》。《蘭皋詩鈔》卷四《房子小草·攝理滋陽,水泊爲害,余先請蠲賦,隨溶漳、滏二河以疏下流,不兩月而水歸故道,奉旨蠲免荒糧,人民樂業喜賦》。

《復王給諫茂京》:"春色漸深,風光欲媚,恭承台臺垂盼下吏,不勝榮感。所諭之事,莘邑彈丸,人情樸鄙,爲之者少而力亦甚綿,臨期自當竭力於鄰封,斷不負台囑也。厚貺拜登其一,以志光寵。勒謝不盡。"

按:《復王給諫茂京》中"臨期自當竭力於鄰封,斷不負台囑"者,當指麓臺囑曹煜佐宋廣業繼治任縣之事。《蘭皋詩鈔》卷四《攝理滋陽,水泊爲害,余先請蠲賦,隨溶漳、滏二河以疏下流,不兩月而水歸故道,奉旨蠲免荒糧,人民樂業喜賦》自注:"前任令尹今少司農王麓臺先生請之於上,委余攝篆。"

約春間
麓臺作《壽冒巢氏八十》贈冒襄。

《罨畫集》卷一《壽冒巢氏八十》:"昂藏海鶴見精神,鬢角光生四座春。手盡萬金終好客,胸餘千卷不知貧。詞高黃絹無前輩,業續青箱有後人。此日漢廷崇憲乞,徵書應得載蒲輪。"

按:冒襄《同人集》卷十二《八十壽贈言》收錄了孫在豐《丁卯(康熙二十六年)春日壽巢翁先生》,未收麓臺所贈《壽冒巢氏八十》,不知何故。

四月
石濤在揚州,應春江社友之招,赴秘園雅集。

《石濤詩錄·石濤東下後的藝術活動年表》。

孔尚任《湖海集》卷二《停帆邗上,春江社友王學臣、望文、卓子任、李玉峰、張築夫、彝功、友一招同杜於皇、龔半千、吳園次、丘柯村、蔣前民、查二瞻、閔賓連、義行、陳叔霞、張諧石、倪永清、李若谷、徐丙文、陳鶴山、錢錦樹、僧石濤集秘園即席分賦》。

尚書陳廷敬、湯斌、侍郎徐乾學、少詹事耿介、侍讀高士奇、侍講學士孟亮揆、徐元夢等至乾清宫內考試。

《大清聖祖仁皇帝實錄》卷一百二十九。

六月

詹事府少詹事兼翰林院侍講學士充日講起居注官翁叔元於暢春苑西内無逸齋，爲皇太子講學。同侍者禮部尚書掌詹事府事湯斌、翰林院侍講博濟。

《翁鐵庵年譜》"二十六年丁卯叔元五十五歲"："六月，皇太子讀書於暢春苑西内無逸齋，叔元入侍，賜坐於几案右……同入侍者，禮部尚書掌詹事府事湯公斌、翰林院侍講博公濟也。"

忽有貢監錄科之敕，王扑長子與館師占非同往澄江應考。

《王巢松年譜》"丁卯六十歲"："六月中，忽有貢監錄科之敕，余大兒與占非同到澄江，考過即歸，時已七夕後矣。"

夏

石濤客三槐堂，應謂老道翁以"千山紅到樹，一水碧依人"句作《秋山圖》。

《石濤詩錄·石濤東下後的藝術活動年表》。

七月

上浣，麓臺在京城作《王司農西窗消永圖立軸》。

《吳越所見書畫錄》卷六《王司農西窗消永圖立軸》："幾年夢裏江南月，一片相思寄碧雲。此日西窗消永畫，青山筆底落秋旻。余與瞿亭道長兄相別七載，近於長安客舍樽酒言歡，晨夕風雨無間，大快離索之思矣。出繭紙索畫，仿大痴筆意以應其請，情見乎辭。康熙丁卯七月上浣。王原祁。"

鈐印："王原祁印""麓臺"。

又跋："昔大痴道人自題《陡壑密林》爲生平合作，云非筆之工、墨之妙，乃溉之善耳。此紙甚佳，而筆墨不足以副之，未知何時得少分相應也，并識。"

鈐印："茂京"。

按：徐邦達先生名之爲《西窗消永圖立軸》。麓臺第二跋後接陳元龍、孫岳頒詩作。此跋與康熙三十二年麓臺爲明珠之子揆敘所作《富春山圖軸》後兩人的題跋完全相同。陸時化按稱，錢瞿亭名廷鈗，字右文，增貢生，候補中書，誥贈員外中丞之曾孫。

三十日，魏象樞卒，年七十一。

《魏敏果公年譜》"丁卯七十一歲"："三十日午時以前，猶言笑自若，倚枕而坐，午時色忽變,誠等急請治命,但語以'代全其美'四字,再問不答矣,未時殁於正寢。"

下浣,麓臺在京作《爲六吉兄作山水圖扇》。

《中國繪畫全集27》第2頁、《山水正宗》上卷第134—135頁圖錄《爲六吉兄作山水圖扇》:"六吉兄少有俊思,於畫道酷嗜古法。今來游京師,與之商確,娓娓無倦色。於其行也,仿山樵筆以贈之。時康熙丁卯七月下浣。王原祁。"

鈐印:起首鈐"蒼潤"(朱文葫蘆),下鈐"王原祁印"(白文正方)、"茂京"(朱文正方)。

水墨紙本扇頁,17.8×53.4cm,上海博物館藏。

按:有龐萊臣("虛齋藏扇",朱文正方)收藏印。

望後,王抃陪同兩子及玉書、濬長、與齊,赴江寧應省試。王抃未應試,期間游覽金陵名勝,有《白門草》四十餘首。

《王巢松年譜》"丁卯六十歲":"(七夕)望後,即赴省。兩兒與玉書、濬長、與齊共事,余亦同舟。舟寓五分均出。……余既不入闈,縱游名勝,有《白門草》四十餘首。"

按:《(嘉慶)直隸太倉州志》卷三十六《人物》:"王麟來,字玉書,在晉孫。年十六,補府庠生,試輒高等。康熙五十六年中副榜,充鑲紅旗官學教習,需次縣令,疾歸道卒。詩文別有奇氣。"

九月

初一,王抃始聞報王奕清、王原博、郁煒等俱中式舉人。

《王巢松年譜》"丁卯六十歲":"九月朔日,始聞報,幼芬哀然正魁,宏初、迪文俱售。先人在日,常以老地皮不能生發爲慮,今如此連翩而起,又何必慮及於此哉?"

《綉虎軒尺牘》卷三《與郁弘初孝廉(諱煒)》、同卷《與王幼芬孝廉(諱奕清)》。

《民國太倉府志》卷十《選舉》。

《頣庵府君行述》:"丁卯,不孝奕清登賢書,先大夫誡之曰:'少年登科,當益積學敦行,以期大成。'"

按:王原博任武清知縣,郁煒任海豐知縣。

三日,麓臺作《仿吳鎮山水圖軸》。

《王原祁集》第268頁《仿吳鎮山水圖軸》:"丁卯九月三日,爲梅老道長先生生辰,余愧無以壽之。梅翁云:'昔人有好石者,有好酒者,有好琴與棋者。余所好者,子之畫也。子以爲壽，可乎？'余欣然應之，援筆作此圖請正。弟王原祁。"

按：康熙二十三年，莘縣知縣曹煜致書任縣縣令王原祁，告知到任諸況（《綉虎軒尺牘》二集卷六《復王茂京（譚原祁，庚戌進士，太倉人，見任任縣）》）："今幸密邇花封，深慰闊念。……弟十五日走馬到邑，陸在老至時，才隔一宵耳。梅老及舍弟舟行頗遲，尚未入境，俟到日當達尊意也。"康熙二十五年，王原祁離開任縣北上京城。曹煜信中提及的"梅老"即太倉友人錢梅仙。錢氏與王原祁及其族人關係密切。

十六日，麓臺爲陸王在作《王司農爲在陸策懶立軸》。

《吳越所見書畫録》卷六《王司農爲在陸（陸王在）策懶立軸》："余本不善畫，又性成懶僻，友人屬筆者，每經年庋閣之。此圖在渚陽時已諾王在陸道兄，而久未踐約。今秋相遇都門，晨夕幾半載，酒酣耳熱，必命握管，始獲告竣。少陵云：'能事不受相促迫，王宰始肯留真迹。'王在兄之索余畫，無乃太促乎？然數年成約不爲不久，因暇而索筆墨，亦所以策余之懶也。識之畫端，以博一粲。時康熙丁卯十月既望，畫於京師邸舍。弟王原祁。"

鈐印："古期齋""王原祁印""麓臺"。

按：徐邦達先生稱此畫爲《爲在陸策懶立軸》。朱逢泰《書石軒臥游隨録》著録此跋有多處筆誤：少"余與"二字，前句"落"字用了□；"瞿亭道長兄"少"長"字；"樽酒"改爲"尊"，大"快"離索；"未知何時得"中"時得"二字爲□□。

從王原祁《罨畫集》卷三《鞠振飛入都見訪，隨同陸王在赴平陽送之三首》詩題看，"王在陸道兄"是指陸王在。因此《爲在陸策懶立軸》當改爲《爲陸王在策懶立軸》。陸王在或爲莘縣縣令曹煜幕僚。見《綉虎軒尺牘》二集卷六《復王茂京（譚原祁，庚戌進士，太倉人，見任任縣）》。

詹事府少詹事兼翰林院侍講學士充日講起居注官翁叔元，升内閣學士兼禮部侍郎。

《翁鐵庵年譜》"二十六年丁卯叔元五十五歲"："九月，升内閣學士兼禮部侍郎。"

秋

查慎行詩贈沈銓歸故里。

查慎行《敬業堂詩集》卷七《假館集下·當湖王復園索贈，次沈繹堂先生原韻即送其歸》："寂寞名山業，蹉跎始自憐。長途添白髮，老眼望青天。夜雨新豐市，秋風下溮田。夢中歸路近,帆卸郭東船。"

麓臺爲錢三錫作《仿子久山水圖》。

《王原祁集》第 276 頁圖録《仿子久山水圖》:"論畫必宗董巨,而董巨三昧,惟元季四家得之,大痴則尤和盤托出者。故欲法董巨,先師子久。少分得力,便於畫道探驪得珠矣。余近於子久筆法頗有管窺蠡測之見,已爲再亭、瞿亭各作一圖,都未愜意。兹葭翁年長兄復命屬筆,極力揣摩半月而成。經營位置非不苦心出之,其如渾厚脱化,未能夢見。識之,以博大方之教。時康熙丁卯秋前三日。王原祁畫并題。"

大英博物館藏。

按:曹煜《绣虎軒尺牘》三集卷一《復錢御史葭湄(諱三錫,字宸安,太倉人)》、同卷《與錢給諫再亭(諱晉錫,太倉人)》等資料顯示:錢三錫,字宸安,號葭湄。錢晉錫,字方來,號再亭。康熙二十六年,錢三錫任御史,錢晉錫任給諫。兩人皆在京城。此時麓臺以任縣知縣"舉卓異"在京候補。不久將任給諫之職。陸時化《吳越所見書畫録》卷六《王司農西窗消永圖立軸》稱,錢瞿亭名廷鈗,字右文,增貢生,候補中書。從康熙二十一年王掞、王摅、王抃等贈詩看,此時錢廷鈗已爲中書舍人(相關資料見《西田集》卷二《和錢右文舍人天藻堂中秋玩月,用許鄆州鶴林寺韻》。《蘆中集》卷四《過錢右文舍人山園,時錢有鼓盆之戚,次九日韻慰之》。《巢松集》卷三《過天藻堂,時右文有鼓盆之戚次九日韻慰之》),至康熙三十二年仍是中書身份(《端峰詩選·七言律·小春五日,錢瞿亭中翰招集西園,分韻得九青(同集爲隨庵、鶴尹、九日、次谷諸公曁瞿亭、韶三、飛瀾、橋梓,賓主共二十四人)》)。因此,康熙二十六年,錢瞿亭三十一歲(《王巢松年譜》"丙戌十九歲"),以候補中書或中書身份在京。

錢瞿亭爲王原祁七叔王摅妻弟。錢晉錫是王原祁八叔長子王奕清之岳父。

十月

十二日,麓臺母卒。

《王巢松年譜》"丁卯六十歲":"二嫂患脾疾,兼冒風寒,十月十二日長逝。吾嫂内助,非泛然中饋可比。二兄如失左右手。平時性本善憂,自此無一刻舒眉矣。如此凶年,且仲兄家又有喪事,本當輟樂殺禮。"

按:是年太倉木棉大壞。

十一月

長至日,王掞爲沈受宏《白漊集》寫序。

《白漊集》王掞序。

按：王掞序中稱，近年中，王掞"往返京師、典試山左、視學浙江及中間家居侍先君子，迄於奉諱間薄游吳門、金陵、武林、閩越……無不與沈子偕。"沈受宏"久困童子場，後補諸生試嘗冠軍。入鎖闈，既收復落"。

王抃接邸報，知恩蠲二十七年地丁錢糧，并蠲二十六年未完正賦。

《王巢松年譜》"丁卯六十歲"："（十一月）望後，接邸報，知皇恩蠲二十七年地丁錢糧，并蠲二十六年未完正賦。奇荒至此，大小戶皮肉俱盡，若無此一蠲，真不知死所矣。"

十二月

二十五日，太皇太后薨。因喪期張樂，趙執信、吳暻（元朗）、洪昇等被議去職。

《願學齋文集》卷十八《十槐記》。

陳廷敬《午亭文編》卷三十七《吳元朗詩集序》："先是予在內閣，元朗以曹郎考選科道官。上顧問廷敬：'此數人中有素知者否？'廷敬奏言：'吳暻有文，詩名最甚。'是日試奏議，元朗果第一，授給事中，進都給事中。亡何，以宴會細故落職。上惜其才，命修書於殿廷。及分書得書畫譜，予在內廷，又復得典勘其文。同時被命者侍郎孫君樹峰、中丞宋君堅齋、學士王君麓臺、給諫王君耳溪皆雅重元朗。"

王掞升侍講。

《顓庵府君行述》："丁卯……十二月，升侍講。"

冬

明珠延請唐孫華為揆方館師。時揆敘受經於查慎行。

揆敘《東江詩鈔序》："丁卯之冬，家君延迎至舍，訓家弟揆芳。時予方受經海寧查先生。及戊辰春，查先生南歸，家君遂命從先生受業焉。"

年末

曹煜致書麓臺，再賀其榮補諫垣。

《繡虎軒尺牘》三集卷二《與王茂京給諫》："台臺榮補諫垣，朝野想望丰采久矣。某忝列舊知，惟有朝夕虔祝。以上不負君，下不負民，中不負平生之學，為一時偉人千秋名臣而後快。想台臺皂囊中廣備參苓,爲今天下補元益氣也。薄具一芹,爲朝廷得人慶,伏祈鑒茹是禱。"

王掞贈王抃百金,助其度歲。檗和尚勸王抃留心華嚴,及早修持。

《王巢松年譜》"丁卯六十歲":"歲底八弟又有百金之惠,兩兒俱各贈三十金。賤降本不足齒及,承檗和尚賜教大文,力勸余留心《華嚴》,諄諄相告之語云:'功名不就,歲月如馳,宜及早修持,不可優優忽忽也。'"

本年
凡新考選給事到任後,三日不出門。待諸先輩來拜,行交拜禮也。交拜起坐禮,禮後連叩首。凡曾任給諫者,皆來交拜。三日後,始出門答拜諸客,不敢爲客以僭先輩之故也。

劉獻廷《廣陽雜記》卷一。

宋德宜卒,年六十二。帝命祭葬。

《大清聖祖仁皇帝實錄》卷一百二十九。
按:宋德宜,字右之,號蓼天,天啓六年生,卒於康熙二十六年,江蘇吳縣人。宋德宜行狀見徐乾學《憺園全集》卷三十三。

查慎行應禹之鼎邀,爲其《水村圖小照》題詩。

查慎行《敬業堂詩集》卷八《人海集·禹尚基屬題水村圖小照二首》。

宋廣業再游西湖,時姊丈王掞視學浙江,與中丞金冶公、杭州守巡撫馬見五號稱三賢。

《蘭皋詩鈔》卷十六《暎綵集下·重過西泠感賦》。

【本年存疑作品】
麓臺爲海翁都掌科作《仿黃子久山水》,疑僞。

《清王原祁畫山水畫軸特展》第85頁圖錄《仿黃子久山水》:"丁卯秋日,仿黃子久似海翁老都掌科先生教正。婁水王原祁。"
鈐印:"古期齋""王原祁印""茂京"。
尺寸、藏地不詳。
【理由】此圖與麓壹同期作品相比,樹木、山石等的畫法差異較大。

康熙二十七年戊辰(1688年)四十七歲

正月

明珠相府盆梅初開,查慎行、唐君實、揆敘同賦詩。

　　查慎行《敬業堂詩集》卷八《人海集·盆梅同唐實君、揆愷功賦》:"不借東風力,全憑火候催。……物性違移植,人情惜早開。"

　　按:《盆梅同唐寶君、揆愷功賦》詩題後注"以下戊辰初春作"。康熙二十六年冬,唐君實上京,入住相府。

太皇太后喪已逾月,各衙門大臣宋即山、徐浩軒、閆寶詒、熊遜修、李木庵、胡南苕、李公凱、徐勝力、汪東川、黃與堅始從露宿轉入室內安寢。

　　《願學齋文集》卷十八《十槐記》:"太皇太后之喪……皇上大孝,超軼千古,哀感踰常。群臣惶悚,不敢即安,并於各衙門露宿久之,始得移襆被寢戶內。前輩宋即山、徐浩軒、閆寶詒、熊遜修、李木庵、胡南苕諸先生及李公凱、徐勝力、汪東川諸同年偕余先後至詹事府共十人,雜處廊廡間。"

二月

大學士明珠、余國柱、李之芳、勒德洪等同日去位,漢學士盧琦亦以舉張汧挂吏議。閣中惟剩王熙與翁叔元兩漢官。

　　《翁鐵庵年譜》"二十七年戊辰叔元五十六歲":"二月,臺省臣交章劾政府。……次日,命內閣草上諭,時滿漢大學士勒德洪、明珠、余國柱、李之芳同日去位。漢學士盧琦亦以舉張汧挂吏議。閣中惟宛平相公與翁叔元兩漢官而已。"

　　《陸清獻公日記》卷十:"戊辰……二月初四,太皇太后服滿。……十七閱小報,知郭華野有劾明珠、余國柱之疏。"

王武和宋犖作行書《牡丹詩》。

　　《中國古代書畫圖目22》京1—4536 王武《行書錄牡丹詩二首》跋。

三月

二十二日,翁叔元與同事詣乾清宮東廂呈卷十冊,海寧查嗣韓得第二,華亭張豫章得第三。太倉唐孫華、陸毅、楊崙、吳暻,以及沈宗敬、孫致彌、湯右曾等皆成進士。

《翁鐵庵年譜》"二十七年戊辰叔元五十六歲"："二月……特旨授叔元吏部右侍郎，尋兼翰林院學士，充經筵講官。……三月，殿試進士，叔元充讀卷官。二十二日抵暮，偕同事十三人詣乾清宮東廂呈卷十册。"

查慎行《敬業堂詩集》卷九《春帆集•聞荆州兄、聲山姪南宮捷音却寄一首》。

按：唐孫華是年五十四歲。

《（嘉慶）直隸太倉州志》卷三十《人物》："陸毅，字士迪，榮子。幼孤力學，工帖括。康熙二十七年成進士，除新建知縣。爲政精勤，修水利，舉義學，捕劇盜，察冤獄，以卓異擢户部主事，尋授陝西道監察御史。奉命巡城，疏免琉璃廠磚遁租，多所建白。未幾移疾歸，居鄉二十餘年，好施樂義，里黨稱之。卒年七十三。"

《（嘉慶）直隸太倉州志》卷三十《人物》："楊崙，字星源，康熙二十七年進士，授洵陽知縣。洵多虎患，崙製文禱山神，患遂息。葺學舍，集士子講論，洵人始知學。善決訟，洞中民隱，興利劃弊，不遺餘力。官舍隘陋，土壁藜床，菜羹麥飯，稱貸自給。居三年，以卓異升户部主事。四十一年擢河南道試監察御史，以疾卒。同年醵錢殮之。"

王士禎撰《唐賢三昧集》，"欲令海内作者識取開元、天寶本來面目"。

《漁洋山人自撰年譜》卷下。

春
曹煜致書郁煒、王奕清，賀其南闈克捷。時麓臺仍在京，錢葭湄已轉侍御。

《綉虎軒尺牘》三集卷三《與郁弘初孝廉（諱煒）》、同卷《與王幼芬孝廉（諱奕清）》、同卷《復錢侍御葭湄》、同卷《復錢梅仙》。

《復錢梅仙》："入春以來，雲霞變幻。……前小僕入京，不知戊翁尚在都門，竟失代贐之禮，至今爲愧。四月間再圖申悃，幸致此意何如？"

揆叙師查慎行南歸，揆方、揆叙遂同受業於唐孫華。

揆叙《東江詩鈔》序："吾師東江先生……丁卯之冬，家君延迎至舍訓家弟揆方，時予方受經海寧查先生。及戊辰春，查先生南歸，家君遂命從先生受業焉。"

四月
新進士恩榮宴，各賜白金二十兩。

《翁鐵庵年譜》"二十七年戊辰叔元五十六歲"："四月，與恩榮宴，賜白金二十兩。"

二十五日,曹煜接楊星源書,知其已成進士。從錢梅仙書中知楊氏拮據長安,故贈金奉和。

《綉虎軒尺牘》三集卷三《與楊星源進士》。

五月

三日,吴暻詩贈禹之鼎,贊其畫藝高超。

吴暻《西齋集》卷二《廣陵禹生王會圖歌有序》:"康熙丙寅(康熙二十五年)、丁卯(康熙二十六年)……時東海公方官禮部侍郎,公之客廣陵禹生之鼎善人物,公陪宴,日輒命生橐筆以隨,生從旁端視,疊小方紙粗寫大概,退而圖之絹素。凡其衣冠、劍履、毛髮、神骨之屬,無不畢肖。……時戊辰(康熙二十七年)之夏五三日。"

部試期滿,監生定例試,監生以州同、州判、縣丞、主簿、吏目爲五等。公行囑托無顧忌。

《翁鐵庵年譜》"二十七年戊辰叔元五十六歲":"五月,部試期滿,監生定例試,監生以州同、州判、縣丞、主簿、吏目爲五等。公行囑托無顧忌。"

六月

吏部右侍郎翰林院經筵講官翁叔元轉左侍郎,次日升工部尚書。

《翁鐵庵年譜》"二十七年戊辰叔元五十六歲":"六月,轉本部左侍郎。次日,升工部尚書。"

《敬業堂詩集》卷十《獨吟集·次韻奉送大司空翁公請假歸虞山二首》。

按:《翁鐵庵年譜》"二十七年戊辰叔元五十六歲":"數年來,京朝官皆以工部爲畏途,朝受命,夕即望轉調,故視其官如傳舍,惟苟且旦夕,以貽禍後人。"康熙二十八年六月二十五日,翁叔元援"定例京官歷俸五年許告假遷葬",告假歸,閱兩月抵家常熟。

查慎行《敬業堂詩集》卷十《獨吟集·次韻奉送大司空翁公請假歸虞山二首》中:"布衣重上退賓堂,多愧南豐一瓣香。……不覺臨歧成雪涕,車輪那得比迴腸(公爲國子祭酒,余受知最深)。"

夏

湖廣裁兵,夏逢龍等叛。

王戩《突星閣詩鈔》卷十一《奉別宋中丞》自注:"戊辰夏,江右奸黨與楚叛卒夏逢龍相勾結,公甫蒞任,以計擒首惡二人,立斬之,事遂定。"

毛師柱、陸王在等赴楚學使鄭公之招,適以武昌兵變,行至皖城而返。時毛氏婿陸以載爲於公幕客。黃與堅曾與毛氏相定楚歸入秦。

《端峰詩選·五言古·懷陸婿以載楚游(時客方伯於公幕下)》:"年時惜分携,記鼓荆江枻(戊辰夏,余赴楚學使鄭公之招,適以武昌兵變,行至皖城而返)。"

《端峰詩選·五言律·遲黃宮贊忍庵先生不至》:"別思縈秦樹,離心入楚雲(去秋先生曾訂楚歸入秦)。"

《端峰詩選·七言律·皖城感舊》:"十里人烟一望開……昔夢未成之楚計,此行誰料自秦來。同舟佳侶如何在,憶到當年首重回(戊辰夏,偕默音、王在、天佚、奏公諸子赴楚,適至皖城而還)。"

《端峰詩選·五言律·真州早發(戊辰赴楚,與陸王在、天佚同此泊舟)》、《端峰詩選·七言律·己巳春,禾中訪曹敬勝鐵舟次酬見投原韻》。

約夏間

查慎行、朱彝尊、朱茂晭、姜宸英、徐善、王原、黄虞稷、萬斯同、張遠、譚瑄、李澄中、魏坤、龔翔麟、釋净憲、湯右曾、朱儼、鄭觐衮、錢光夔集槐樹斜街同賦詩。

查慎行《敬業堂詩集》卷十《獨吟集·集槐樹斜街苦熱聯句》。

七月

十九日,熊賜履敬修、徐元文立齋被起用。

《陸清獻公日記》卷十:"七月十九,聞熊敬修、徐立齋起用之信。"

石濤跋陳良璧《羅漢圖》。

《中國古代書畫圖目3》滬1—1218圖錄《羅漢圖》,石涛跋:"此卷……有元宋意味。山石古柯之蒼削,水草、衣折之圓轉……於命意淺深。喜其潑辣悠秀,入灑墨之奥,出烏斯之澹宕者。……余常論,寫羅漢、佛道之像……總是我超凡成聖之心性,出現於紙墨間。下筆時,使其各具一種非常之福報,非常之喜捨。……山水、林木皆以篆、隸法成之……前人立一法,余即於此捨一法;前人於此未立一法,余即於此出一法。一取一捨,神形飛動,相隨二十餘載。……戊辰七月,清湘石濤清跋。"

八月

武昌夏逢龍兵變，葉映榴守義不屈，罵賊自刎。

《大清一統志》卷五十六《葉映榴傳》。

王攄在善學齋爲毛師柱作序，稱時己兩至京師。

《端峰詩選》王攄序："毛子亦史爲陸桴亭先生高弟……余兩至京師，見家阮亭宮詹，必以毛生爲問。……戊辰仲秋前十日，撰於善學齋。"

秋

龔賢在自作山水中稱，畫爲衆技之末，畫中山水雖曰幻境，理同實境。

《虛齋名畫錄》卷六《龔半千山水卷》，龔賢跋："畫於衆技中最末，及讀杜老詩有云：'劉侯天機精，好畫入骨髓。'世固有好畫而入骨髓者矣。余能畫，似不好畫。非不好畫也，無可好之畫也。曾見唐、宋元、明初諸家真迹，亦何嘗不坐卧其下、寢食其中乎？聞之好畫者曰：'士生天地間，學道爲上，養氣、讀書次之，即游名山川，出交賢豪長者皆不可少，餘力則工詞賦、書畫、棋琴。'夫天生萬物，惟人獨秀，人之所以異於草木、瓦礫者，以有性情。有性情，便有嗜好。一無嗜好，惟恣飲飲，何以（異）馬牛而襟裾也。不能追禽而之蹤，便當居一小樓如宗少文，張圖繪於四壁，撫弦動操，則衆山皆響。前賢之好畫，往往如是，烏能悉數。余此卷，皆從心中肇述，雲物、丘壑、屋宇、舟船、梯磴、蹊徑，要不背理，使後之玩者可登、可涉、可止、可安。雖曰幻境，然自有道觀之，同一實境也。引人着勝地，豈獨酒哉？戊辰秋杪，半畝龔賢畫并題。"

十月

麓臺與趙貞同游武林，在杭州昭慶寺，爲趙氏作《仿大癡富春圖》。

《中國繪畫全集27》第3頁、《王原祁精品集》第48頁圖錄《仿大癡富春圖》："余少於畫道有癖嗜，松一兄同學時每索余筆，余辭以未能，如是者數年。松兄遠館四方，余亦鞅掌瘠邑，兩不相值，如是者又數年。今戊辰冬初，同爲武林之行，僦舍昭慶寺。湖光山色，映徹心目。偶思大癡富春長卷，遂作此圖。然筆癡腕弱，未能夢見，今猶昔也，因書之以志愧。弟王原祁。"

鈐印：起首鈐"古期齋"（朱文長方），下鈐"王原祁印"（白文正方）、"麓臺"（朱文正方）。

水墨紙本立軸，100.6×51.8cm，浙江省博物館藏。

按：此圖有"孫沅""曾藏武林孫氏"等收藏印，爲王原祁中年典型作品。

毛師柱《端峰詩選·七言律·懷王麓臺黃門客游湖上》："兩峰環合水平鋪,客到身疑入畫圖。遠近有山皆北苑,雨晴何日不西湖。探幽定得詩千首,對景真宜酒百壺。雀舫揮毫兼潑墨,老坡風格似還無。"同卷《寄懷松一武林》有"好與風流王給事,綵毫題就畫烟鬟"。陳夔麟《寶迂閣書畫錄》卷二《王原祁仿高尚書雲山軸》："余與松兄清江言別作長卷後,忽忽數年。今相晤便促握管作高尚書雲山,昌歊之嗜,猶昨歲也。識之以發一粲。麓臺祁。"

《(嘉慶)直隸太倉州志》卷三十六《人物》："趙貞,字松一,工詩文,當道爭羅致之。性清澹,工言詞,饒晋人風致。"

冬

麓臺作《小孤山圖》。

《王原祁精品集》第80頁、《中國繪畫全集27》第18頁圖錄《小孤山圖》："江行小孤山舟次寫大痴筆,時戊寅冬日。庚辰小春,京邸偶檢出題之。麓臺祁。"

鈐印:起首鈐"掃花庵"(朱文橢圓),下鈐"王原祁印"(白文正方)、"麓臺"(朱文正方),圖右下鈐"西廬後人"(朱文正方)。

水墨紙本立軸,97×46cm,常州市博物館藏。

按:有"國鈞秘玩"(朱文正方)等收藏印。

庚辰春,麓臺在太倉丁憂,不可能在京。或為麓臺記憶有誤,或偽作。從圖片看,前者的可能性較大。庚辰春,麓臺在太倉丁憂,不可能在京。或為麓臺記憶有誤,或偽作。從圖片看,前者的可能性較大。"戊寅"即康熙三十七年。"庚辰"即康熙三十九年。

沈受宏客嘉定積善寺,作《送來苣燕歸蕭山序》。

《白漊先生文集》卷《送來苣燕歸蕭山序》。

曹煜致書禮垣錢給諫,稱因為上官所惡,是冬欲謀歸鄉之計。張慶餘過訪曹煜。

《綉虎軒尺牘》三集卷五《與禮垣錢給諫》、同卷《與錢梅仙》、同卷《與九咸》。

本年

冒襄八十歲,海陵孫在豐贈《丁卯春日壽巢翁先生》,麓臺贈《壽冒巢氏八十》。

冒襄《同人集》卷十二《八十贈言》收錄了孫在豐《丁卯春日壽巢翁先生》,未收錄麓臺所贈《壽冒巢氏八十》。

《罨畫集》卷一《壽冒巢民八十》："昂藏海鶴見精神，鬢角光生四座春。手盡萬金終好客，胸餘千卷不知貧。詞高黃絹無前輩，業繼青箱有後人。此日漢庭崇憲乞，徵書應得載蒲輪。"

徐倬《修吉堂文稿》卷一《司空孫屺瞻遵道堂詩集序》稱，孫在豐開府於海陵，徐倬與吳之赤入其幕。

梁清標入相。

《歷代名人年譜》卷十《清》第73頁："梁清標入相。"

都憲徐乾學過訪王士禎，齋中見王戩，視其爲故人子，王戩感而賦長句。

王戩《突星閣詩鈔》卷五《將出都門赴山左，承都憲徐健庵先生過訪阮亭家叔寓齋中見存，每念戩爲故人之子，感賦長句（以下戊辰）》。

約本年
宋廣業始宰商邑，後兼洛。宋氏治商、洛或有十年之久。

《蘭皋詩鈔》卷十二《西征集下·山行三十首》："余昔宰商於兼攝洛篆，迄今一十五載矣，頃者重過商洛道中，感民物之依依，睹山川之歷歷，農賈工商各安生業，昆蟲草木共樂天真，念規模之甫具，望修整之奚窮，爰成俚句，用志予懷。"《冒雨出山，士民攀送一二百里外猶戀戀不去，書以慰之》。

按：此詩約作於康熙四十二年，據序中"迄今一十五載"可知，約康熙二十七年宋廣業始爲商邑令。據《冒雨出山，士民攀送一二百里外猶戀戀不去，書以慰之》中"多君猶有十年情"可知，宋氏掌商邑約十年。

顧士璉招同華天御、王戒庵、朱仇池、王元初、鄭籛亭、王孝移、黃纘儒、龔敬立、王恪諸子賞梅。

《端峰詩選·七言古·顧樊村先生招集看梅，用秦太虛浮香亭韻（同華天御、王戒庵、朱仇池、王紫崖、鄭籛亭、家禹、黃叔祖諸先生暨王孝移、黃纘儒、龔敬立、王若干諸子）》。

按：《顧樊村先生招集看梅，用秦太虛浮香亭韻（同華天御、王戒庵、朱仇池、王紫崖、鄭籛亭、家禹、黃叔祖諸先生，暨王孝移、黃纘儒、龔敬立、王若千諸子）》中有"先生八十顏未槁"可知，時在康熙二十七年或康熙二十八年早春。

《明清江蘇文人年表》載，顧士璉，字殷重，號樊村，生於萬曆三十六年，卒於康熙三十年。江蘇太倉人。

康熙二十八年己巳(1689年)四十八歲

正月

初八,玄燁第二次南巡,扈從三百餘人。

　　《康熙起居注》第三冊第1824頁、第1830頁。

二十四日,清河縣知縣管鉅、原任學士韓菼、原任少詹事歸允肅、江南按察使李國亮、揚州府知府高承爵、淮安府知府單務孜等在清口接駕。是日麓臺作《王麓臺仿黄鶴山樵山水軸》。

　　《康熙起居注》第三冊第1829頁。

　　《穰梨館過眼録》卷三十九《王麓臺仿黄鶴山樵山水軸》:"余在湖上昭慶爲九轉老舅仿黄鶴山樵筆未竟,今續成之。時康熙己巳正月廿四日識,王原祁。"

　　按:徐邦達先生名之爲《爲九轉仿黄鶴山樵山水軸》。

二十五日,玄燁駐蹕山陽縣京河。是日下旨蠲除江南正項錢糧、江南全省積年民欠一應地丁錢糧、屯糧、蘆課、米麥豆等雜税。

　　《康熙起居注》第三冊第1830頁。

二十八日,石濤在揚州平山堂第二次見駕。

　　《石濤詩録・石濤東下後的藝術活動年表》。

　　玄燁抵揚州爲正月二十七日,在揚州僅三天。汪世清先生考證後認爲,石濤平山堂見駕在正月二十八日。

　　錢泳《履園叢話》卷一《康熙六巡江浙》:"二月初三日,御舟抵滸墅關,蘇州在籍諸臣汪琬、韓菼、歸允肅、繆彤等接駕。日晡時,上入城,衢巷始結燈綵。次日,幸虎丘,登萬歲樓。時樓前有玉蝶梅一株盛開,芳香襲人。上注目良久,以手撫之。出至二山門,有蘇州士民劉廷棟、松江士民張三才等伏地進疏,請減蘇、松浮糧。上命侍衛收進,諭九卿科道會議。至十九日,車駕自浙江回蘇,合郡士庶進萬民宴,上領之,命近侍取米一撮,曰:'願百姓有飯喫。'士民復請,上又取福橘一枚擲下,曰:'願爾等有福也。'"

三月

麓臺作《春山積翠》。

温肇桐《王原祁》圖版十五《春山積翠》："己巳仲春,仿趙承旨筆意,似青來。侄王原祁。"

鈐印:"王原祁印"。

春

王掞兩浙學使離任,暫還太倉。

《西田集》卷三《使竣去浙漫成四首》、同卷《暫返里門》。

《使竣去浙漫成四首》有:"剩來羞澀三年橐……瀲灩春江一棹還。"

按:王掞在浙抄錄秘本甚多。

因未能館選,唐孫華南歸。

揆叙《東江詩鈔》序:"(先生)戊辰成進士,不得與館選,家君爲之嘆息。"

六月

錢晉錫在禮科給事中任上。

《八旗通志》卷二百《人物志》:"禮科給事中錢晉錫、御史王君詔疏核興祚鼓鑄浮冒,部議降三級調用。"

王掞由侍讀學士轉侍講學士。

《顓庵府君行述》:"己巳,轉侍讀。六月,升侍講學士。"

七月

初,佟皇后喪期,梁清標、趙執信、洪昇等觀演《長生殿》獲罪。

蔣寅《王漁洋事迹徵略》第 348—349 頁。

七月初九日,立佟貴妃爲皇后。翌日,佟皇后崩。梁清標於生公園演《長生殿》,趙執信具柬請客,名流畢集。禮科給事中黃六鴻因私憤劾之,謂皇后忌辰設宴張樂爲大不敬,請按律治罪。同時被議者五十餘人。趙執信詣考功,獨承其責,以是削籍罷官。洪昇亦被革國子監生籍。

張爾公在東郡月餘,爲之同事者,言其大有所獲。

《綉虎軒尺牘》三集卷五《復九咸》。

按:《復九咸》後評語:"張君爲吾世兄幕人,而心術、人品每不可問。"此張爾公或爲張慶餘。

八月

三日,王摅序《巢松集》稱,麓臺爲令畿南有聲,擢居諫垣。

《巢松集》王摅序:"予兄芝廛,雖淹蹇一第,終於不仕,而兄子茂京,爲令畿南有聲,擢居諫垣。"

王掞與李木庵侍讀等在署齋唱和,後王掞督夫孝懿皇后梓宮赴山陵,宿通州。

《西田集》卷四《己巳孟秋宿署齋經月,同志數人流連觴詠,李木庵侍讀首唱紀事,次韻和之》、同卷《通州夜泊》。

九月

十五日,玄燁降旨:"高士奇、王鴻緒、陳元龍、何楷、王頊齡俱著休致回籍。"

郭琇《華野疏稿》卷一。

按:陳元龍,字廣陵,號乾齋。

十月

麓臺爲許台臣作山水。

《退庵金石書畫跋》卷十八《王麓臺仿古四軸》之三:"己巳小春,爲許台臣作。"

按:王原祁友人中,沈受宏字台臣。

趙執信離都。

查慎行《敬業堂詩集》卷十一《竿木集·送趙秋谷宮坊罷官歸益都四首》(時秋谷與余同被吏議)。

按:《竿木集》:"起己巳(康熙二十八年)十月,盡庚午(康熙二十九年)二月。"

十一月

麓臺作《仿黄公望山水》。

《山水正宗》上卷第54—56頁圖録《仿黄公望山水》。

黄與堅引首:"筆參三昧。麓臺能於畫理伐毛洗髓,得其神奇。至摹仿大癡,傳自家學而更加超詣。此卷磊落不群,睥睨千古,筆墨間又能以蕭散之致相爲變化,非得畫家三昧未易臻此妙境也。紫崖年翁精於繪事,故麓臺作此贈之。余展玩再三,深爲嘆絶,因題於首。忍庵黄與堅。"

鈐印:"黄與堅印"(白文正方)、"忍庵"(朱文正方)。

卷末麓臺自書"麓臺仿古"。

鈐印:"王原祁印"(朱文正方)。

卷後接第一紙,麓臺又跋:"余讀《詩》至《抑》之篇,衛武公耄而好學,年至期頤,人稱睿聖,始知學無止境,好之者未有不臻絕詣者也。紫崖先生年八十矣,而好學不厭,畫道尤爲精深,獨於余有嗜痂之癖,晨夕過談,彌日忘倦。至於古人妙境,尤寤寐羹墻,所云'切磋琢磨',庶幾有焉。以年如此,以學如此,豈非六法中之衛武耶?此卷側理頗佳,先生索余筆,藏弄篋中三年,今值大壽之辰,寫此進祝岡陵,并引衛武以廣先生之畫。先生見之當亦輾然一笑乎?謹識。時康熙己巳暢月長至後五日,王原祁畫并題。"

鈐印:起首鈐"掃花庵"(朱文長方),下鈐"原祁之印"(兩朱兩白文正方)、"麓臺"(朱文正方)。

卷後接第二紙,王撰跋:"古人論畫以氣韻爲主,氣韻勝者自有一種天趣,超乎筆墨之外。若徒規摹往迹,專尚精能,雖工力甚深,終類作家,殊少士氣,非善畫者所尚也。家侄茂京素工繪事,其高逸之致,原從神骨中帶來,而於宋元諸家冥心默契,遂能得其三昧。此卷爲紫崖先生作,運筆蒼莽,灑墨淋漓,濃淡疏密之間,奕奕生動,似不拘繩尺而自然合法,似不經模擬而意外出奇,極空闊處益見渾厚,極稠密處益見疏朗,縱橫變化,固非丹青家所知。蓋以紫翁畫學精邃,耄耋之年沉酣於此,茂京日夕講論,實有水乳之合,故不惜全力寫成此卷,以質識者,宜其珍愛不忍釋手也。余不知畫,漫題數語,以識嘆賞云爾。辛未九秋下浣。隨庵王撰書。"

鈐印:起首鈐"字余曰大年"(朱文圓形),下鈐"王撰私印"(白文正方)、"隨庵"(朱文正方)。

水墨紙本手卷,31.5×328.2cm,故宫博物院藏。

按:《虚齋名畫録》卷五《王麓臺仿古山水卷》著録,後有光緒三年顧雲彬書於過雲樓之畫跋。此圖有"王麓臺收藏書畫記"(朱文長方)、"顧子山秘笈印"(朱文長方)、"子山平生真賞"(朱文正方)、"心柏氏"(朱文正方)。

康熙二年五月,王抃與王紫崖等同舟南歸。"辛未"即康熙三十年。

麓臺作《虞山圖軸》。

《虞山圖軸》:"懸老道世長兄,移家就館虞山,與余相別。己巳長至日扁舟過訪,雨窗剪燭,談心慶快,得未曾有。欲余寫虞山大意,遂仿子久筆作此圖。"

按:徐邦達先生稱此畫無著録。

康熙二十八年己巳(1689年)四十八歲

冬

劉坊交萬斯同於徐乾學相國齋初京邸,同晤者爲劉繼莊。

  萬斯同《石園文集》劉坊《萬季野行狀》。

  按:萬斯同,字季野,號石園,浙江鄞縣人。崇禎十一年正月廿四日生,康熙四十一年四月初八日卒。康熙十七年薦博學宏詞,力辭。此年修《明史》,史局徵士,例食七品俸,稱撰修官,萬斯同請以布衣參局,不署銜,不支俸,力輔徐元文、張玉書、陳廷敬、王鴻緒等修《明史》近二十年,《明史》稿五百卷,皆其手定。王氏爲人方正,淡於榮利,年六十卒於史局。

王戩以《列朝詩集》送友正山。

  王戩《突星閣詩鈔》卷五《送列朝詩集與正山作(以下己巳)》。

約本年冬,詹事府宮贊黃與堅以改卜先人域兆南歸。

  《願學齋文集》卷十六《御賜如松堂記‧願學齋文集序附錄》。徐元文《澹庵文集‧黃與堅文集序》。

康熙二十九年庚午(1690年)四十九歲

正月

玄燁升李振裕爲吏部左侍郎,趙士麟爲右侍郎。

《大清聖祖仁皇帝實録》卷一百二十九。

工部尚書翁叔元携弟子申含吉探梅蘇州鄧尉山。

《翁鐵庵年譜》"二十九年庚午叔元五十八歲":"正月,探梅鄧尉,偕申子含吉登萬峰臺下。"

查慎行與朱彝尊同飲槐樹斜街。

查慎行《敬業堂詩集》卷十一《竿木集・夜飲槐樹斜街花下酬別竹垞水村》有"懊惱鶯啼時節,相思多在春殘(時余將南歸)"。

二月

十五,黄與堅爲王抃《巢松集》作序,稱其所著樂府"靚深妍婉"有之,"激昂慷慨""蕭散超脱"皆有之。

《巢松集》黄與堅序:"王子生長華胄,有軼群之才,所如不偶,將悒鬱以終老。其牢落之概,具見於詩而又措思於樂府。所著《舜華莊》諸本,靚深妍婉則麗人之含情也;激卯(昂)慷慨則老臣之捥策也;蕭散超脱則異僧之説法也;悲憤凄凉則義士之捐軀也;困窮錯愕則薄夫之蹇遭也。才情所至,波詭雲譎,烏能規規墨墨以測之。顧其載事也,直而不肆,怨而不傷,温柔敦厚,有詩教焉。此以樂府合於詩,巢松之所以特勝也。……庚午仲春既望。"

徐乾學領一統志書局將南歸,查慎行、姜宸英等與之同歸。王抃以詩贈之諸先生。黄與堅亦參修《大清一統志》,浙江郡縣皆其所裁定。

查慎行《敬業堂詩集》卷十一《題壁集》。王抃《西田集》卷四《纂脩一統志上總裁諸先生》,同卷《送孟繹來學士南歸次徐健庵司寇韻二首》。徐元文《澹庵文集・黄與堅文集序》。

按:《題壁集》稱,"(此集)起庚午二月,終六月。玉峰大司寇徐公予告南歸,奉旨仍領書局。出都時邀姜西溟及余偕行。兩人日有唱和,旗亭堠館,汙壁書墻,率多口占之作"。

三月
王掞典順天鄉試,山左編修魏子相爲之副。

《顒庵府君行述》:"庚午,典北闈試,山左編修魏子相爲之副。魏君嚴氣正性,以里剔自任。先大夫謂之曰:'京師首善之地,四方英才所集。若論文不能別白雅鄭,而專事搜摘,遂可謂弊絶風清乎?凡文章深厚篤實者,必宿學攻苦之士也;尖新圓媚者,必初學紈綺也。去取當以是爲斷。'榜發,果多單寒名宿。是年冬,轉侍讀學士。"

按:《愛日吟廬書畫别録》卷二《清名人尺牘彙編上册·王掞行楷一通》:"近因京堂缺員,言路欲乘機内擢,多方布置……深念詞林壅滯,令開列借補。弟適當侍直,親聆天語。首及大名且以老先生文章翰墨向政府極口襃揚……其次乃及觀諫匡薛四公。"《愛日吟廬書畫别録》卷二《清名人尺牘彙編上册·朱彝尊行楷一通》:"近來各省開監生納銀考職之例,所費不過六十金。若納同州,不過竟納百六十金,納州判不過竟用百廿。"

麓臺作《城南山水軸》。

《寶迂閣書畫録》卷二《城南山水軸》:"城南爲州中勝地,緣溪築圃,花木蕭疏,尤爲絶勝。春日晴和,余偶同客閑步,值牡丹盛開,顧而樂之,流連竟日,遂作此圖。時康熙庚午三月下瀚,王原祁。"

鈐印:"掃花庵""王原祁""麓臺"。

按:此圖有"庚拜所藏""仲尊審定"收藏印。

春
麓臺作《仿黄鶴山樵山水圖扇》。

《中國繪畫全集 27》第 6 頁圖録《仿黄鶴山樵山水圖扇》:"庚午春日,爲衣聞年親翁仿黄鶴山樵筆并正。王原祁。"

鈐印:起首鈐"蒼潤"(朱文葫蘆),下鈐"王原祁印"(白文正方)、"茂京"(朱文正方)。設色紙本扇頁,尺寸不詳,上海博物館藏。

按:程啓,字衣聞,號鶴岑。

石濤由水路北上。

《石濤詩録·石濤東下後的藝術活動年表》。

李述修編修出守臨江,王掞、麓臺分別以詩贈行。

王掞《西田集》卷四《送李述修編修出守臨江》。《王麓臺司農詩集·寄臨江李》。

麓臺《王麓臺司農詩集·寄臨江李》:"宵衣深念借恂難,特簡欣彈頁禹冠。坐使玉堂揮翰手,遠爲江表牧民官。雲橫碧嶂春偏靜,水接章江夜不瀾。聞有昭明遺廟在,更將文教輓凋殘。"

按:王掞《西田集》卷一《李述修編修書至招予入都賦答》(在康熙十七年元旦詩後),可知兩者相識較早。據《送李述修編修出守臨江》後之《纂修一統志上總裁諸先生》和《送孟繹來學士南歸次徐健庵司寇二首》(時在康熙二十九年二月),可知約在康熙二十九年春,李述修出守臨江。

毛師柱得周元恭都門信,次錢再亭通政、錢三錫太常韻。

《端峰詩選·七言律·答寄周元恭都門,兼柬錢再亭通政》、同卷《次韻寄題錢葭湄太常(半舫京邸齋名)》。

暮春,麓臺丁憂服闋,作《釋服述哀四首》。

《罨畫集》卷一《釋服述哀四首》。其一:"幽憂三載恨終天,慟哭晨昏對几筵。風木無端乖夙願,劬勞未報痛餘年。總帷又見宵來撤,翟茀空教晝裏傳。無限傷心追往事,淚枯還向北堂懸。"其二:"薄宦迎親到渚陽,三年事事斷人腸。愁顏不爲看花破,征檝偏當戲綵忙。冷署關心纏藥裹,長河放艇歷風霜。可堪回首牽衣日,送我登車淚幾行。"其三:"深秋繞入裌垣扉,爲探平安遣訊歸。闕下遲回瞻日近,雲邊消息望鴻稀。風寒江路人初到,月冷泉臺事已非。尤痛哀哀垂白叟,開緘呼搶淚沾衣。"其四:"楚雨淒風入暮春,憶將歸淚灑江津。漫看松菊如前日,欲拜椿萱少一人。去國豈知天漸遠,還家翻與死爲鄰。流光回首成駒隙,泣血三年剩此身。"

按:清代丁憂守制二十七個月。據"楚雨淒風入暮春"可知,《釋服述哀四首》作於康熙二十九年暮春。

五月

行取知縣陸隴其、邵嗣光、彭鵬。此三人爲李光地推薦。

《大清聖祖仁皇帝實錄》卷一二九。

六月

中旬,毛師柱由滎陽抵咸陽,黃與堅於咸陽署中爲其《端峰詩選》作序。

康熙二十九年庚午(1690年)四十九歲 223

《端峰詩選》黃與堅序:"毛子亦史少以其詩見稱於世,壯而遠游,諷咏逾多,比從滎陽更抵咸陽……庚午六月既望,題於咸陽署中。"

麓臺於毗陵舟次,跋康熙十六年所作《仿元六家山水》。

《山水正宗》卷中第260—261頁、《王原祁精品集》第20—31頁圖録《仿元六家山水》。

京江張玉書以大宗伯拜大學士之命,入閣辦事。

《白漊先生文集》卷四《京江張相國五十壽序》。

七月

初一,麓臺作《山水》。

《中國古代書畫圖目22》京1—4837《山水》:"余至維揚,客於延陵之館,識友竹兄,篤於氣誼之君子也。歲之十月,爲尊甫孟白先生八袠壽,預作此圖奉祝。時康熙庚午七月朔日。婁東王原祁□。"

鈐印:起首鈐"掃花庵"(朱文長方),下鈐"王原祁印"(朱文正方)、"麓臺"(白文正方帶框)。

水墨紙本立軸,96×47cm,故宫博物院藏。

按:《虚齋名畫録》卷九《王麓臺山水爲孟白先生壽軸》著録。此圖有"秀水唐氏"(朱文正方)、"緑溪山莊收藏印"(朱文長方)收藏印。

十七日,麓臺作《王司農清江道中仿子久筆卷》。

《南宗正脉》第152—153頁、《山水正宗》上卷第58—63頁圖録《王司農清江道中仿子久筆卷》:"庚午初秋,爲松一道長兄仿黄子久筆。王原祁。"

鈐印:"原祁茂京"(兩朱兩白文正方)、"麓臺書畫"(白文長方)、"對此融心神知君重毫素"(朱文正方)。

後跋:"古人有云:'一日相思,千里命駕。'此交道之厚也。余與松一趙兄交甚厚,於余之入都也,渡江涉淮送余及清江浦而返,此亦古人千里命駕之意也夫。余無以爲情,舟次作長卷以贈之。凡耳目所見聞,胸懷之鬱曠,皆得之心而寓之筆也。余往矣,松一倘念余,携此卷而爲長安之游,不無後望焉。是卷始於五月十八日,成於七月十七日,凡兩閱月。麓臺祁再識。"

鈐印:起首鈐"掃花庵"(朱文長方),下鈐"王原祁印"(朱文正方)、"麓臺"(白文正方帶框)。

又有跋:"道光三十年八月既望,海昌許槤觀於南沙糧署之實事求是齋。"

鈐印:"珊林眼福"(朱白文長方)、"許槤"(朱文正方)。

後跋:"題王麓臺畫卷後。昔鄉先生吳遁庵之守叙州也,沈石田先生爲作《京江送遠圖》以贈之,延陵世寶,至今傳爲美談,尚矣。王麓臺給諫與予爲研席交,於其入都也,自愧拙劣無以贈其行,千里追送及清淮而返,聊以盡吾情也。麓臺乃爲搜篋出二丈箋,圖山水長幅以贈余,取古人之意而反之,情滋厚矣。麓臺曰:'余畫矣,子不可以無詩,亦異時之美談也。'因賦此而書諸卷後:長江之水清瀰瀰,畫鷁橫飛渡江水。太原給諫去朝天,風騷吹響碧霄裏。故人追送邗江湄,火雲照路征塵飛。欲別未別重携手,爲寫青山贈別離。麓臺山水妙天下,肯與時人競聲價? 人徒肖古不肖心,靈奇那得標神化。唯君染翰見心裁,嬉笑潑墨烟雲開。平沙漠漠渺無際,千峰劈面如飛來。天池石壁縱奇險,石磴盤紆蒼點點。下瞰烟蕪失遠村,迴巒勢壓松雲颭。長嶺橫陂陡絶看,山山縹緲隔雲端。此中亦有逃名者,不嚮人歌行路難。羡君愛畫得畫髓,下筆真能見山水。倪迂秀潔大痴豪,君兩得之兼兩美。曩時鄉達去吾鄉,石田長卷生輝光。慚余送別難爲贈,把君圖畫情何長。山嶙峋兮水滄㳽,入手江山氣爲爽。畫意交情兩足珍,風流遺作千秋賞。庚午仲冬,趙貞松一題。"

鈐印:起首鈐"觴詠"(朱文橢圓),下鈐"趙貞之印"(白文正方)、"松一"(朱文正方)。

水墨紙本手卷,30.5×383.8cm,上海博物館藏。

按:《自怡悦齋書畫録》卷十著録,卷前有顧文彬題籤:"王麓臺爲趙松一仿子久山水。過雲樓鑒藏。"卷後亦有顧文彬等跋。顧氏稱:"司農好寫縝密之境,用墨或過凝重,轉不免失之重滯。獨此卷勾勒皴染於渾穆之中,饒曠逸之趣,神明變化,自出機杼,真欲與大痴并驅。"此圖有趙貞("貞字松一",白文正方;"蘭懷堂藏",白文正方)、吳雲("吳雲平齋曾過眼",白文正方;"吳平齋審定真迹",白文正方)、顧文彬("顧子山秘篋印",朱文長方)收藏印。

趙貞,字松一。康熙四十三年或康熙四十四年,趙貞卒。毛師柱《端峰詩續選》卷五《哭趙松一》,卷五收録康熙四十三年、康熙四十四年作品。

二十二日,唐夢賚對陸隴其稱,朝局當以調和滿漢爲急。

《陸清獻公日記》卷十:"庚午……(七月)廿二,會山東唐夢賚言,目前朝局當以調和滿漢爲急。……廿六,丘象隨來言……喬石林等《浚海口議》既上,上命二滿臣會湯巡撫、徐總漕問民情。滿人與湯、徐議不合,滿臣復命竟隱而不言。直至湯升詹事,皇上面問,始知滿臣之欺。"

查慎行初識麓臺。

查慎行《查悔餘文集·祭王麓臺少司農文》:"己巳仲夏識公京師。余未釋褐,公官拾遺。用介吳子因緣致辭,余乞公畫。公徵余詩,詩往畫來。"

按:當爲查氏誤記。"己巳"即康熙二十八年。此時麓臺在太倉丁憂。康熙二十九年仲夏,麓臺以"給諫"身份在京候補。"吳子"乃吳偉業之子吳璟。康熙三十四年,麓臺與查慎行之間以詩換畫。

八月

上旬,麓臺抵都。候補多暇,每與宋駿業以筆墨相商。時宋駿業受命主持《南巡圖》,麓臺嚮其推薦王翬,并貽書相邀。

《清暉閣贈貽尺牘》卷下《致王翬札》:"金閶承道駕遠送,舟次匆匆言別,未盡欲言。弟冒暑遠行,水程多阻,舍舟登陸,八月初旬,方得抵都。每懷雅範,不置停雲落月之思,想彼此同之。弟候補多暇,邇日與宋聲老日從事於筆墨。聲老天資秀挺,再一精進,可入董宗伯之室。而在京頗苦應酬,且兼有應制諸作。弟與相商,非得師承如先生,則與古法難合。聲兄聞之踴躍,特托弟一言爲介。弟欲與長兄晨夕,向有素心,今得聲老同事,吾道可以不孤。特遣使奉迎,每歲以《毛詩》爲壽。先具一數辦做裝之需,至途中行李,已付來价,百凡不必費心。見字後希即命駕,不必遍別貴相知。倘有未完應酬,携至小寓,陸續圖成,寄歸何如?子鶴兄處并有所致。即訂之同來?十月望間,顒望快聚矣。禱切禱切。"

《虛齋名畫錄》卷九《王麓臺山水爲石谷壽軸》:"石谷先生長余十載,於六法中精研貫穿,獨闢蠶叢。余弱冠時,其詣已臻上乘矣。先奉常延至拙修堂數載,余時共晨夕,竊聞緒論。辛未後,在京邸相往來,每晤必較論竟日。余於此道中雖係家學,然一知半解,皆他山之助也。辛巳爲先生七十袠大壽,余作此圖,恐以荒陋見笑大方,遲迴者久之。今閱二載,養痾休沐,復加點染,就正之念甚切。不敢自匿其醜,兹特奉塵左右,惟先生爲正其疵謬,庶如倉箝刮翳耳。康熙癸未初秋,士原祁畫并題。"

按:"八月初旬,方得抵都。……見字後希即命駕……十月望間,顒望快聚矣"可知,當時從太倉至京城約須一個月的時間。

九月

麓臺補户科給事中。

《歷代名人年譜》卷十《清》第 73 頁:"茂京服闋。九月,補户科給事中。"

按:王士禎《居易錄》卷十《添設》:"盛京兵部調兵部左侍郎舜拜爲盛京兵部侍郎。盛京舊止設户、禮、刑、工四部侍郎及郎中等官,至是奉旨添設。户科給事中王原祁因疏請仿明南京例,并添設漢侍郎。"

王攄舟發維揚,北上京師。
  《蘆中集》卷六《發維揚》、同卷《逢故鄉南歸者》。

黃與堅爲《願學齋文集》作序。
  《願學齋文集》序。

秋
麓臺作《王原祁仿巨師萬山雲起圖軸》。
  《甌鉢羅室書畫過目考》卷二《王原祁仿巨師萬山雲起圖軸》:"仿巨師萬山雲起圖。康熙庚午秋日。"

沈受宏落榜,文已入彀,復爲主司所抑。
  《端峰詩選‧七言律‧喜台臣都門寓書却寄》:"雄文終合薦相如(去秋台臣文已入彀,復爲主司所抑)。"
  按:《白漊先生文集》卷二《寄吳縣張公書》載,此事係從王咸中口中得知。從沈受宏《白漊集》卷七《題渭陽圖送王咸中南歸(圖爲咸中甥宋聲求待詔送行之作,惠元龍進士以渭陽名之)》可知,王咸中爲宋聲求之舅。
  《白漊集》卷七《上薦主張宗岳先生(吳縣令,庚午入闈,力薦拙卷,卒爲主司所斥)》。

石濤爲燕老道翁作《醉吟圖軸》。
  《石濤詩錄‧石濤東下後的藝術活動年表》。

徐乾學領《大清一統志》書局至蘇州洞庭東山。參與者有:查慎行、姜宸英、黃虞稷、顧祖禹、胡渭、徐善、黃儀、韓炎、邵長蘅、裘璉等。
  查慎行《敬業堂詩集》卷十二《橘社集》:"起庚午秋,終十二月。橘社在洞庭東山之麓,劉氏取以名園。秋冬間假館於此,與書局諸同人唱酬不少。"
  《清史列傳》卷七十一《姜宸英》。《清文匯甲集》卷十九黃虞稷《閩小記序》。

冬
石濤爲人翁先生作《長安雪霽圖》。
  《石濤詩錄‧石濤東下後的藝術活動年表》。

毛師柱書寄麓臺給諫。時麓臺在京已有畫名。

《端峰詩選・七言律・懷王麓臺給諫》："一出東山便拜官,夕垣聲望重長安。筆花落處青箱貴,諫草焚來白簡寒。臺閣絲綸知繼美,鄉園樽酒憶追歡。千峰雪色終南在,猶似年時畫裏看。"

按:此詩當作於康熙二十九年年末,後有《小除慶餘書至兼寄新詩》。

湯右曾《懷清堂集》卷四《題王茂京給諫仿荊關青柯坪圖》:"洪谷天成氣態殊,關種(仝)古淡足工夫。出藍標格無差別,一樣秋山樓觀圖。"戴熙《習苦齋畫絮》卷六:"王茂京爲湯西崖作立軸,色墨融洽,氣象渾成,蓋其傑筆。試擬之。"

除夕

沈受宏入都。此年除夕至康熙三十二年冬,沈受宏客內閣學士王掞府邸。

《西田集》卷四《除夜喜沈台臣入都》。

本年

廷尉錢三錫招同麓臺、王掞等飲半舫。

《罨畫集》卷一《半舫和同年錢廷尉葭湄韻》。《西田集》卷四《和錢葭湄奉常半舫詩次原韻》。

按:"半舫"乃"半雲舫"簡稱,主人錢三錫。《(民國)太倉州志》卷二十《人物四》:"錢三錫,字宸安,號葭湄。康熙十五年進士……升戶部侍郎。"

《半舫和同年錢廷尉葭湄韻》:"宛然畫鷁水中橫,占盡幽閒勝閬瀛。不見白鷗眠渚晚,尚疑紅蓼傍簷清。浮家只在長安住,載石如從百粵行。蝦菜五湖雖可美,功成未許拂衣輕。"

《和錢葭湄奉常半舫詩次原韻》:"烟波逸興自縱橫,一室居然泛八瀛。從此濟舟蘭楫穩,傳來載石杜江清。閒憑便作臨流想,安坐渾如鼓枻行。不見署齋名畫舫,知君師此意非輕。"從韻腳看,與王原祁這首和詩作於同一次宴會現場,當時參加者有錢三錫、王原祁、王掞等人。而且,《和錢葭湄奉常半舫詩次原韻》後接《除夜喜沈台臣入都》(寫於康熙二十九年),可知麓臺此詩亦寫於康熙二十九年。

《(嘉慶)直隸太倉州志》卷二十八《人物》:"錢三錫,字宸安,康熙十五年進士,授羅池令。邑多奸民,潛結洞獠爲害。三錫以計擒巨魁,戮之,遞譽服,終其任,無讙釦者。繕學舍,集士子親爲講授,人始知學。二十四年充同考,以治行擢江西道監察御史,巡視東西城,掌江南浙江道事皆稱職,累升太常寺少卿,主粵東鄉試。歷大理寺左右卿。明法不阿,多所平反。陞光祿及太常卿、宗人府府丞,晉都察院左副都御史，旋升户部右侍郎，轉左。嚴核積弊，奸吏患之，構譽連染，會將對簿，三錫慨然引大臣不辱之義，遂自縊，事亦尋解。"

毛師柱客關隴官舍，得楚信，知學使鄭公幕下群賢畢集，不再赴者僅毛氏一人。

《端峰詩選·七言古·讀王阮亭先生蜀道集兼追悼西樵先生》、《端峰詩選·七言律·偶得楚信，知學使鄭公幕下群賢畢集，不再赴者僅余一人，感而有賦》："猶憶年時甘拙守，旁人多謂不應然。"

康熙三十年辛未(1691年)五十歲

正月

初七,毛師柱在咸陽顧商尹幕中。時張慶餘客隴州,王攄、王吉武、曹延懿皆在都下,趙貞將入燕。沈受宏在都,書寄毛氏。

《端峰詩選・七言古・人日寄懷王虹友諸同學》:"戊午人日,王子虹友首倡文酒之會,同集爲費天來、錢梅仙、江位初、顧伊人、周翼微、張慶餘、顧商尹、曹九咸、沈台臣及余,共十一人。時趙松一客修武,王弘導客都門,即事寄懷,各成七古一首。後七年乙丑,余與松一同客商尹滎陽署齋,曾有人日憶舊游之作。今辛未人日,余復客商尹咸陽幕中,慶餘亦客隴州,而虹友、弘導、九咸皆在都下,松一且將入燕。回首昔游,歘逾一紀,真不啻如雪中鴻爪,散而未易聚也。適際靈辰,復成長句,傷離思遠,情見乎詞。"《端峰詩選・五言古・立春,辛未正月六日》、《端峰詩選・七言律・喜台臣都門寓書却寄》:"雄文終合薦相如(去秋台臣文已入彀,復爲主司所抑)。"《端峰詩選・七言律・中秋夜有感(庚午客咸陽,去歲歸途阻風湖口)》。

按:《中秋夜有感(庚午客咸陽,去歲歸途阻風湖口)》寫於康熙三十一年,"庚午"爲康熙二十九年,則"去歲"爲康熙三十年。

十五,查慎行與顧湄、張昆詒集徐敬思齋,飲酒賦詩。

查慎行《敬業堂詩集》卷十三《勸酬集・元夕同顧伊人、張昆詒集徐敬思宅分得燈字》。

二月

石濤客且憨齋,爲慎庵先生作《搜盡奇峰打草稿圖卷》。

《搜盡奇峰打草稿圖卷》跋:"郭河陽論畫,山有可望者、可游者、可居者。……不立一法,是吾宗也;不舍一法,是吾旨也。……將南還。"

麓臺與石濤爲博爾都合作《蘭竹》,石濤畫竹,麓臺補坡石。

《清王原祁畫山水畫軸特展》第102頁圖録《蘭竹》。石濤畫蘭竹并跋:"風姿雪艷之中隨意點綴,何物不成清賞所。既有寒木,又發春花,新尚書亦應笑而首可。時辛未二月,寄上問翁老維摩。清湘石濤濟道人。"

麓臺跋:"麓臺補坡石"。鈐"王原祁"印。

按:《石渠寶笈》卷十六《僧元(原)濟王原祁合作》著録。《甌畫集》卷二《題晴雲書屋》:"爲愛平津邱第閒,蕭齋結構喜功成。人來坐石停雙屐,客到烹泉沸一鐺。閣外煙浮芳樹色,溪邊風襯落花聲。留連莫惜歸鞭晚,坐待仙郎出鳳城。"

京江張玉書五十初度。王掞與大司空澤州陳廷敬、少司馬晋江李公、新城王士禎、諸進士之新授史職以及選庶常者三十六人,謀相與具壺觴稱賀。

《白漊先生文集》卷四《京江張相國五十壽序(代)》:"皇上御極之二十九年六月,京江張公以大宗伯拜大學士之命,入閣辦事。越明年六月,爲公五十攬揆之辰。先是二月,公與大司空澤州陳公、少司馬晋江李公、新城王公主南宫試事,於時,諸進士之新授史職及選庶常者三十六人,謀相與具壺觴、陳羔幣登堂上壽,而乞余爲祝嘏之辭。余辱與公同朝三十年,近同在政府,誼不可以辭也。"

三月

王澤弘招石濤至八里莊看杏花。石濤歸來賦詩作畫,爲王氏作《古木垂陰圖》。

《古木垂陰圖軸》石涛跋:"畫有至理,不存膚廓。萃天雲於一室,縮長江於寸流,收萬仞於拳石。其危峰駐日,古木垂陰,皆於纖細中作卷舒派,不使此理了然於心,終成鼓粥飯氣耳。然而委金玉於草莽者有矣。若昊翁先生,風雅畢擅,且爲一時文物之權衡,循乎重望也。而山僧亦邀下交之誼,原作此紙,雖累累筆墨不足當其一睨,而要之烟霞投契間,别有一種風致云。辛未三月清湘石濤濟,并請教正。"

石涛又跋一:"東風飄渺故園同,客路何期遇上公。濯眼不須臨大海,對君疑是仰高嵩。庭疏夜寐勤王事,心有餘閑近道空。落落幽情自忘分,倦尋携我入花叢。"跋二:"春深準擬杏花殘,山外猶逢此大觀。聞道東風能解事,却從昨夜盡爲攤。攀援無字酬風雅,圖寫多文作盛歡。知己二三傾日夕,濛濛歸路悉烟瀾。辛未三月王宗伯見招,同唔翁修先生、修歸來翁先生及再子八里莊看杏花,歸來各賦二律,畫進博教。"

按:《石濤詩録·石濤東下後的藝術活動年表》汪世清先生稱,王澤弘,字涓來,號昊廬,湖廣黃岡人,順治乙未進士,是年官禮部右侍郎,故以宗伯稱之。

王奕清、曹延懿成進士。曹延懿成進士前,先已謁選得程鄉令,毛師柱詩以志喜。

《(民國)太倉州志》卷十《選舉》。

《顧庵府君行述》:"是歲(辛未),不孝奕清成進士,選館職,先大夫教之曰:'吾既備館閣,今汝復叨是選,國恩之重,勉之勉之。'"

《端峰詩選·七言律·曹九咸進士獲雋南宮,先已謁選得程鄉令,聞而志喜》。

按:《(嘉慶)直隸太倉州志》卷三十《人物》:"曹延懿,字九咸,明副使遠裔孫。康熙三十年進士,選程鄉令。嚴保甲,練鄉壯,訪訟師,置之法,復增設義學,教其秀良。程鄉故水陸冲,供億浩繁,前令按畝倍科,民不堪命。延懿條其弊於上司,節費寬征,力反積習,以母憂歸。立宗祠,置祭田,越四年卒。延懿未第時,佐浙江總督李之芳幕,駐衢州,剪平耿逆多所贊畫。子儀,字亮疇,康熙五十三年進士,授中書舍人。雍正四年典湖北鄉試,出署安吉州,旋補嚴州府同知,廉易有父風。"

春

王摅在京城題《渭陽圖》送王咸中南還,送湯斌歸。

《蘆中集》卷六《題渭陽圖送王咸中南還》、同卷《送湯公牧歸用昌黎送湖南李正字韻》。

四月

王摅與曾金吉都門相別。

《蘆中集》卷六《喜曾耳黃至》:"四月都門別,相逢復此辰。已多知己在,特為故鄉親。"

王奕清邀唐孫華等同里諸公集飲大定庵花下。

《東江詩鈔》卷一《同年王拙園太史招陪同里諸公飲大定庵花下》。

按:《同年王拙園太史招陪同里諸公飲大定庵花下》後《夏日園居雜咏十四首》有"三載重來榻未移",可知時在康熙三十年春。是年王奕清成進士,可稱"大史"。

六月

麓臺作《扇面》。

陳履生、李十老編《王原祁畫集》圖版二十六《扇面》:"辛未長夏,仿大痴水村圖筆意,似□□。王原祁。"

夏

麓臺跋《王鑑仿巨然溪山無盡圖》。

《王鑑仿巨然溪山無盡圖》麓臺跋:"巨然畫法離奇變化,莫可端倪,所以獨絕千古。《江山無盡圖》本爲萬卷樓寶藏之物,今歸天府。隨珠和璧,人間不可復見矣。此卷爲家廉州所摹,筆墨精到,直可奪真。蓋其披玩既久,神融心會,深窺秘奧,故另有一種氣韻,出人意表,展閱間如見其興致磅礴,筆歌墨舞之妙,令我不忍釋手。因綴數語於後。康熙辛未夏日,婁東王原祁題。"

按:《欽定石渠寶笈續編》藏乾清宫。後有康熙二十年益都趙執信跋,時間倒置。

七月

十二日,李光地對熊賜履進京入住徐乾學宅邸表示憤慨。

《陸清獻公日記》卷十:"(七月)十二,會厚庵言,孝感之學非誠。其罷官之時與大冶爲婚,而與東海爲腹心。入京住東海之宅,是誠何心?"

按:李光地,字晉卿,號厚庵。孝感,熊賜履。"東海"即徐乾學。

石濤客慈源寺,作《山水册》寄且憨齋,自稱"吾昔時見'我用我法'四字,心甚喜之"。

《石濤詩録·石濤東下後的藝術活動年表》。

麓臺作《仿大痴山水》。

《山水正宗》上卷第100—101頁圖録《仿大痴山水》:"辛未初秋,仿大痴筆,似聖老年翁先生正。王原祁。"

鈐印:起首鈐"蒼潤"(朱文葫蘆),下鈐"王原祁"(一朱兩白文正方)、"麓臺"(白文正方帶框)。

設色紙本扇頁,18.6×54.6cm,上海博物館藏。

按:有龐元濟("虛齋藏扇",朱文正方)收藏印。

六月至七月十八日間

毛師柱由咸陽歸里。此前,毛氏曾飲宋廣業商南署齋,於武昌遇學士孟繹來,應徐子星方伯之邀,過訪高觀山寓齋話舊并志別。時毛師柱已在秦二載。

《端峰詩選·七言律》之《七月十八日渭橋別商尹》、同卷《豐水橋別送行親故》、同卷《商南雨夜,性存招集城樓酣飲達旦》、同卷《武昌遇孟學士繹來先生用己未都門贈行韻》、同卷《徐方伯子星先生招集高觀山寓齋話舊志別》、同卷《寄禾中諸同學書》、同卷《七月十八日感興寄顧商尹咸陽》。

按：《豐水橋別送行親故》"豈惜千山問楚荊"自注："時余將由楚中歸里。"康熙十八年二月,毛師柱將之濟南,宮允孟縡來以詩贈行。見《端峰詩選・七言律・己未春仲將之濟南,孟宮允縡來先生柱詩贈行,依韻酬謝》。《七月十八日感興寄顧商尹咸陽》寫於康熙三十一年,詩中有"去年今日離咸陽"。《寄禾中諸同學書》有"遠客秦川二載餘,別來消息竟成虛。……頭白祇宜尋故舊,菊黃且喜到鄉間"。康熙二十八年秋,毛師柱往秦中。見《端峰詩選・五言律・己巳秋之秦中,留別里門知舊》。

八月

梁清標卒,陳奕禧作詩悼之。

陳奕禧《春藹堂集》卷一《辛未八月朔真定相國卒於位,禧辱公年家子接引情誼素厚,痛悼四章》。

王攄在趙州。時或為侍講顧藻幕客。

《蘆中集》卷六《九月十五夜》："前月今宵宿趙州。"

《西田集》卷四《送虹友兄赴顧觀廬侍講幕》。

按：顧藻,字懿樸,號觀廬,順治三年生,康熙四十年卒,江蘇無錫人。顧藻神道碑見朱彝尊《曝書亭集》卷七十。《蘆中集》卷六《九日署中登高次顧觀廬侍講韻》。

沈受宏《白漊集》卷七《送王虹友赴顧侍講學幕》："長安客舍一春同,翦燭連床夜夜中。却向關河還折柳,相看書劍各飄蓬。思家我對京華月,投幕君冲驛路風。記取他年歸隱約,好聯吟社五湖東。"

《白漊集》卷七《虹友至自學幕賦贈四首》其二："趙北燕南匹馬馳,登臨遙想放歌時。"其三："千里風塵出薊門,昭王墓畔獨銷魂。怪君白肖青衫客,常向關河哭舊恩。"此詩約寫於康熙三十六年,如此則王攄入顧藻幕,前後有三年之久。

約本年秋

博爾都詩送石濤南還。

《問亭詩集》之《白燕栖詩草》卷六《送苦瓜和尚南還》："涼雲日夕生,寒風逗秋雨。"

按：《白燕栖詩草》卷五有《寄懷王麓臺》《索王麓臺畫》《題王烟客畫》《題王麓臺仿倪高士畫》。

十月

笪重光跋《元方方壺携琴訪友圖軸》,稱其"山光明滅,樹石隱見,有一望無際之致"。

《虛齋名畫録》卷七《元方方壺携琴訪友圖軸》。

十一月

王掞升内閣學士兼禮部侍郎,毛師柱以詩爲賀。

《顓庵府君行述》:"辛未十一月,升内閣學士兼禮部侍郎。"

《端峰詩選·七言律·奉寄王閣學顓庵先生》:"絲綸世掌尋常事,紹得貽謀是令名(時幼芬進士已選館)。"

十二月

王翬在京城客舍作《王石谷山莊雨霽圖立軸》。

《吳越所見書畫録》卷六《王石谷山莊雨霽圖立軸》。

王撼、麓臺在京作和東坡詩。

王撼《蘆中集》卷六《和東坡饋歲、别歲、守歲韻三首》。

《王麓臺司農詩集·饋歲和東坡》:"辛盤有饋遺,筐筥榛栗佐。交道貴悃誠,而乃重食貨。蓬户與朱門,往來隨小大。囊無一物獻,差澀掩門卧。乾餱禮數悠,難廁親朋座。雜沓紛交衢,渾如蟻附磨。嗟此真薄俗,較量多責過。歲暮偶感懷坡詩勉爲和。"

《王麓臺司農詩集·别歲》:"嚴冬趨闕下,待旦日出遲。駒隙忽除夕,羲馭不可追。念彼貧賤者,飢驅走天涯。我今非落魄,云胡不趨時。肉食藉攀附,乘策何堅肥。閉門咏《伐檀》,局促良可悲。送窮當今夜,爲我前致辭。三陽啓泰運,勿使世道衰。"

《王麓臺司農詩集·守歲》:"秋冬臏準疾,過時縱虺蛇。春日照萬物,莫令雲霧遮。明辰履端始,晞光竟若何。夜半天街静,騶從尚不譁。濁酒聊自酌,羯鼓且復摘。爆竹聲未歇,星斗已西斜。從此欲奮翮,失足恐蹉跎。英才早致主,迂拙豈敢誇。"

按:《蘆中集》卷六收録康熙二十九年六月至康熙三十年十二月詩,此詩在卷末,故推定此詩寫於康熙三十年十二月。由第二首"京華旅食艱"可知王撼在京城。

冬

麓臺爲陸王在作《仿大痴山水圖軸》。

《王原祁精品集》第49頁圖錄《仿大痴山水圖軸》:"畫道與年俱進,非苦心探索,不能得古人之法,亦不能知古人之意也。余丁卯(康熙二十六年)歲王在道兄在寓作一圖,今閱四載矣。客歲王在兄入都,復共晨夕者年餘,將理歸裝,余以前圖未爲合作,復寫此請正。體裁僅能形似,而筆甜墨滯,未能夢見大痴,所謂年進而學未進也。披閱能無慚愧?時康熙辛未冬日,婁東弟王原祁。"

鈐印:起首鈐"掃花庵"(朱文長方),下鈐"王原祁印"(朱文正方)、"麓臺"(白文正方)。

設色紙本立軸,144×71.5cm,南京博物院藏。

按:據《端峰詩選·五言律·真州早發,戊辰赴楚,與陸王在、天佚同此泊舟》以及《端峰詩選·五言古·懷陸婿以載楚游,時客方伯於公幕下》詩題可知,"王在"道兄乃陸王在,或爲毛師柱女婿(陸以載)。

王掞由翰林院侍讀學士遷內閣學士兼禮部侍郎,時沈受宏館於王掞府邸。

《白漊先生文集》卷一《刺字說》:"康熙三十年冬,王公顓庵由翰林院侍讀學士遷內閣學士兼禮部侍郎,班居三品而官制三品至一品。……俗亦謂之八座學士。今遷內閣,位始尊矣。受宏在學士邸舍……自學士入翰林,晉宮坊,二十年來,相與晨夕。其居則同里,其生則同庚,其交則同學,受宏嚮之自稱者曰弟。"

王摅歸至太倉,以詩懷王誦侯歌姬寶兒。得周懸著凶問,以詩哭之。以詩寄懷吳暻。王摅妻卒。

《蘆中集》卷六《誦侯弟家歌兒三寶聲技絶佳,自主人之出,不知所往,感賦三首》、同卷《得周懸著凶問哭之》、同卷《寄懷吳元朗進士,用東坡送顏復兼寄王鞏韻》、同卷《追哭亡室用杜新婚別、垂老別二韻》。

應明珠之邀,唐孫華北上,再次入住其府邸。

揆叙《東江詩鈔》序:"己巳春先生辭歸……辛未冬,家君復迎請至京師,仍留家塾。"

《東江詩鈔》卷一《重過相國郊園》有:"一鞭蹇衛指郊原,三載仍過獨樂園。"

本年

石濤客天津喜晤長源先生,作《溪山小景卷》以贈。石濤與天津張氏兄弟交好。

汪世清《石濤詩録・石濤東下後的藝術活動年表》。

按：張霖，字汝作，號魯庵。弟張霆，字帆史，號苯山。張氏兄弟家住天津，有園林之勝。

宋駿業因主持繪《南巡圖》，邀王石谷上京，館於家，畫學遂大進。

《清代傳記叢刊》79《清畫傳輯佚三種》以及《讀畫輯略》"宋駿業"條。

按：王翬上京前，也曾接受納蘭性德的邀請。《吳越所見書畫録》卷六《國朝王石谷爲王奉常仿古册》陸時化跋："侍中成顒若以明相國（明珠）子起家甲第，好書畫，折簡延至京而侍中已没，三事大夫争發使遮逆，以石谷先後至爲榮辱。及歸，供張祖道，漢陽赓庵相國、崑山健庵學士詩先成，屬而和者纍百，本朝四十年來餞送之盛，未之有也。"此外，王翬還收到了麓臺的邀請信。

朱彝尊集張雲章等吳中數十人於最木之居，或抗談經義，或尚論傳記百家，或考析詩文之源流正變，皆不無争雄長之心。

《樸村文集》卷九《小南村詩集序》："歲辛未，秀水朱竹垞先生集我吳中之士於最木之居，其時同輩數十人，或抗談經義，或尚論傳記百家，或考析詩文之源流正變，皆不無争雄長之心。"

康熙三十年、三十一年，唐實君再應明珠相國之請，舍館京師，沈受宏亦客王掞府邸。

《白漊先生文集》卷一《唐實君詩序》。

約本年，王抑官成都，唐孫華以詩送之。

《東江詩鈔》卷一《送王誦侯之官成都》。

按：《東江詩鈔》收録康熙二十七年唐孫華成進士後詩。卷二第四首《喜查子夏重至京師》爲康熙三十一年秋冬間事，如果卷二第一首《春日漫成》寫於康熙三十一年春，則卷一收録康熙二十七年至康熙三十年間詩，由此《送王誦侯之官成都》可推定寫於康熙三十年。《送王誦侯之官成都》有"君作中書不中書……板輿奉母方閑居。雪兒玉頰善歌舞，當筵一曲飄紅裙"。

沈受宏書寄吳縣張公。時王掞官侍讀學士，麓臺官給諫。

《白漊先生文集》卷二《寄吳縣張公書》："受宏自入都，同里侍讀學士王顓庵、給事中王麓臺，以故人見留，薄有脯資，以恤其家。獨念老親稚子，遠隔三千里，其中有不舍然者。……願夫子……推引,或任教授,或管書記,一爲圖之。"

錢汝馳成附貢。

《太倉州儒學志》卷二《貢士》:"錢汝馳,長黄,辛未(康熙三十年)附貢,教諭卓異,升鳳陽教授,候補知縣。"

康熙三十一年壬申(1692年)五十一歲

正月

元日,石濤在京觀日食。王摅和許用晦韻。時方議賑荒直省,各建常平。

《石濤詩録·石濤東下後的藝術活動年表·壬申元日日食,狂風呼天,飛沙走石,慘淡之色,午刻至未末申初始復。林下野人,客居籬下,不能敲鑼打鼓,我且滌硯賦詩,以助日消遣,記一時之事》:"日遠月近交偶食,歲善測驗準微通。物情理合故如是,無礙於心展大雄。"

《蘆中集》卷七《元旦和許用晦韻》自注:"是日日食。"

二月

工部尚書翁叔元至杭州寓昭慶寺,參靈隱石葵禪師、净慈舜渠禪師。

《翁鐵庵年譜》"三十一年壬申叔元六十歲":"二月,至杭州寓昭慶寺……參靈隱石葵禪師、净慈舜渠禪師。"

約二月

王撰七十,王抃、毛師柱、唐孫華等以詩賀之。

《端峰詩選·七言律·次和王隨庵先生七十自述韻》。《東江詩鈔》卷一《次王隨庵七十自壽詩原韻》。

《巢松集》卷五《次韻隨庵兄七十》,其一:"海邦高照少微星,盛德原宜享大齡。身隱墻東耽著述,門高江左見儀型。陶家松菊荒三徑,魯壁灰埃守一經。試與世人相較却,不知誰醉復誰醒。"其二:"生長烏衣命獨屯,有誰物色到埃塵。銜杯興劇非狂客,奪錦才高竟散人。蝴蝶已醒莊叟悟,鷦鷯慣典馬卿貧。一枝栖處稱仁里,遠邇聞風願卜鄰。"其三:"彈指流光似跳丸,誰知范叔一生寒。貂裘屢敝形俱悴,狗監難逢意獨酸。舉案糟糠聊共隱,趨庭菽水且承歡。晋卿奢汰何能保,肯效當年郤與欒。"其四:"長城詩疊孰能攻,閉户閑吟久固窮。硯席友朋多作客,塤篪兄弟各成翁。姜肱夢冷燈前被,向秀心傷笛裏風。已幸有人光舊閥,虔刀何必羨三公。"其五:"平生孤潔歲寒知,豈獨詩豪與畫師。作客每多王粲感,耽書休笑竇威痴。黄金靈藥何須致,白石蒼松自可期。任爾雨雲翻覆盡,蓬門烟月只如兹。"其六:"文壇早歲久知名,此日山林繫重輕。去後正文稱佛子(用尹正文事),歸來元亮號先生。籠鵝蕭寺携枯筆,吐鳳雲窗對短檠。聊獻俚言非頌禱,多君懿行待鄉評。"

按:《次和王隨庵先生七十自述韻》後接《壬申人日感興》,故推定爲康熙三十一年初春間詩。

三月

三日,石濤在海潮閣爲伯昌作《垂釣聽泉圖》。

《垂釣聽泉圖》石濤跋:"古人未立法之先,不知古人法何法;古人既立法之後,不容今人出古法。千百年來遂使今之人不能一出頭地也。師古人之迹,而不師古人之心,宜其不能一出頭地也。冤哉。上伯昌先生吟壇一笑。清湘原濟苦瓜和尚長安之海潮閣下,壬申三月三日。"

按:《石濤題畫錄‧垂釣聽泉小幅聖品》,見汪世清《石濤詩錄‧石濤東下後的藝術活動年表》。

王翬、楊晋、宋駿業於荆門客舍合作小景。

《澄蘭室古緣萃録》卷九《王石谷四家合作山水軸》:"此圖雲間顧子若周畫樹,楊子子鶴寫竹,宋内翰堅齋位置遠山、坡石,余補短籬、茆屋,合爲小景,殊有元人高逸之致。……壬申暮春望前三日,石谷王翬題於荆門客舍。"

王攄在京,沈受宏南歸,作詩送之,并念故鄉兄弟。不久,老友唐孫華至京,作詩喜之。聞玉峰相公凶問,作詩哭之。

《蘆中集》卷七《次韻答沈台臣贈行》、同卷《寄故園諸兄弟用杜送舍弟穎赴齊州韻》、同卷《喜唐實君進士入都用杜送程録事韻》、同卷《哭玉峰相公用杜故僕射相國張公九齡韻》。

按:《次韻沈台臣贈行》詩中有"車馬過殘春",故定時在暮春,沈受宏南歸,王攄即念兩人聯床一月之情。

四月

王攄與吳商志等出京游關外。

《蘆中集》卷七《與潘雙南、吳商志别》:"寂寂鶯花春漸闌,馬蹄分遣入長安。三人别淚樽前滿,四月征裘塞上寒。"

五月

王翬在京爲宋駿業作《王石谷泰岳松風圖》。

《虛齋名畫録》卷九《王石谷泰岳松風圖》："泰岳松風。巨然有此圖,峰巒樹石筆法嚴重,不用細皴,全是摹仿董源。其鬱然深秀,具有太古之色。不以姿致取妍,愈見昔人構思精密,非後學所能擬議也。壬申夏五寫,正堅翁先生,時值四十初度,并申九如之祝。虞山王翬。"

按:宋駿業,號堅齋。據此條資料可知,宋駿業生於順治九年。

六月

王翬作《王石谷仿黄公望富春、江山兩意卷》贈辱谷。

《吴越所見書畫録》卷六《王石谷仿黄公望富春、江山兩意卷》："大痴道人長卷,人間流傳者少,惟《富春圖》與《江山勝覽》爲墨苑魯靈光,後學所不易覯。大約《富春》氣韻莽蒼,《江山》工秀。余合兩意作此卷,粗具優孟衣冠,但擬議神明,猶愧於古人也。壬申夏六月……奉贈辱翁先生正,石谷王翬又識。"

按:本年立冬日,周斯盛離京前曾觀此畫并跋。

毛師柱詩送麓臺姊丈徐東白之京城。

《端峰詩選・七言律・初夏送表弟徐東白之燕臺》有"聯袂嬰游記小年,外家兄弟恰隨肩。"

王撼於居庸關附近遇沈受宏。

《蘆中集》卷七《遇台臣》："連日征輪犯塞塵,居庸山翠接嶙岣。南來一騎關門下,驚喜相看是故人。"

七月

王撼由關外回京。

《蘆中集》卷七《將入都喜作》："將入王城隱,還隨使節留。別來魂已斷,至此病應瘳。"

八月

麓臺作《王司農仿黄大痴富春山圖立軸》。

《吴越所見書畫録》卷六《王司農仿黄大痴富春山圖立軸》："壬申中秋,仿黄大痴富春山筆意,奉送憲老二弟榮任并正。原祁。"

鈐印:"原祁之印""麓臺""掃花庵"。

按:徐邦達先生稱之爲《仿黄大痴富春山圖立軸》。王吉武,字憲尹,"憲老二弟"當爲王吉武。

《罨畫集》卷二《送憲尹弟出守紹興二首》其一:"銜恩新守越州城,秋水之官一棹輕。屏障舊爲才子地,琴書今喜使君清。雨來秦望雙旌入,潮送錢塘五馬行。此去知君能卧理,訟庭簾卷翠峰橫。"其二:"河橋疏柳尚垂陰,南浦依依話別心。童叟江頭争望歲,弟兄輦下惜分襟。蘭亭修禊觴頻泛,剡曲移舟雪正深。勝地吾家多勝事,風流太守重追尋。"

《(民國)太倉州志》卷二十《人物四》"王吉武"條稱:王吉武,字憲尹,發祥次子。康熙十五年成進士,由中書舍人遷國子博士,擢工部主事,升員外郎,尋以户部郎中出守紹興。忤大吏意,甫二歲歸,卒年八十一。與唐孫華合稱"唐王"。

《白漊集》卷七《贈紹興王憲尹使君三十韻》:"吾黨論友交,如君號俊良。……八年參冑教,三載歷曹郎。……通門兼二宋(聲求、念功),盛族共諸王(虹友、頵庵、麓臺、幼芬)……已滿中臺秩,還分太守章。"此詩寫於康熙三十一年。

翁叔元轉刑部尚書,與同僚濟南田雯(綸霞)交善。

《翁鐵庵年譜》"三十一年壬申叔元六十歲":"八月,方就道,遽聞刑部尚書之命,遂疾馳至京。十月朔日,詣後左門請安。"

九月

麓臺補禮科掌印。

《歷代名人年譜》卷十《清》第74頁:"九月,茂京轉補禮科掌印。"

王摅游王士禎西城別墅,作詩十三首。

《蘆中集》卷八《題家侍郎阮亭西城別墅十三首》。其一《石帆亭》有"空亭風葉秋,寒色映石壁"。

秋

麓臺作《王麓臺松溪仙館圖軸》。

《虛齋名畫録》卷九《王麓臺松溪仙館圖軸》:"壬申秋日,蓀服年翁爲雲襄先生稱祝南歸,仿黃鶴山樵寫松溪仙館請正。婁東王原祁。"

鈐印:"王原祁印"(朱文正方)、"麓臺"(白文正方)、"掃花庵"(朱文長方)。

按:徐邦達先生稱之爲《仿黃鶴山樵》。莊令輿(1162年—1740年),字蓀服,號阮尊,江蘇武進人。此圖有"顧駿叔鑒藏印"(朱文長方)收藏印。

石濤離開北京南還,歸前賦詩與京城諸友別。

《清湘書畫稿·南歸賦別金臺諸公》:"三年無反顧,一日起歸舟。"

按:朱良志《石濤研究》第271頁稱,在京近三年時間内,石濤接觸了博爾都、岳端等皇室成員以及大司空圖納、大司農王騭、吏部尚書王澤弘等朝中高官,也與圖月坡等一批北方畫家結識。這三年的生活是豐富的,也是其藝術創作的高峰時期,其生平不朽之作《搜盡奇峰打草稿》作於此時。

約秋間,查慎行辭宋犖入幕之邀。

查慎行《敬業堂詩集》卷十四《滋城集·宋中丞牧仲自江西移撫江蘇邀余入幕投詩辭之》。

按:此詩前有《七月初三夜》《秋暑》兩詩,推定其爲秋間之事。

十月

石濤回到金陵。值田林五十歲生日,以詩畫相贈。

《石濤詩録·石濤東下後的藝術活動年表》。

冬

王翬在京作《王石谷仿松雪青緑山水卷》。麓臺跋贊王翬畫藝高超。

《澄蘭室古緣萃録》卷九《王石谷仿松雪青緑山水卷》。王原祁跋:"丹青家具文秀之質而渾厚未足,得遒勁之力而神韻未全。至如石谷子,衆美畢具。此卷規摹趙承旨,然趙於古法中以高華工麗爲元畫之冠,此尤以秀逸見奇。點染得中,從董巨伐毛洗髓得來,真藝林絶致,古今罕二。如學者知所向往,庶冀東一隅畫道之盛,正未知所止。余展玩服膺,不覺俯首至地。壬申之歲冬日,題於穀詒堂。麓臺祁。"

查慎行入都,時唐孫華亦謁選在京。兩人入住明珠自怡園中,時與揆叙詩文往還。

《敬業堂詩集》卷十六《客船集·次韻酬唐實君喜余入都之作》、同書卷十七《冗寄集》。

按:查慎行《客船集》收録康熙壬申九月至十二月間詩。《冗寄集》有"起癸酉四月,盡十二月。……不到自怡園三年矣,相國明公聞余至都,復下榻見招,時唐實君亦以謁選北來,樂數晨夕。未幾,實君因人遠游,余旋應秋賦,幸舉京兆,遂爾滯留。"

約冬間,曹延懿書招毛師柱入幕,毛氏以事不克行,將於明年春赴約。

《端峰詩選·五言律·曹程鄉九咸枉書見招,以事不克即赴却寄》。

年末

麓臺作《和東坡饋歲、別歲、守歲三首》《壬申除夕》等詩。

《罨畫集》卷一《和東坡饋歲、別歲、守歲三首》,同卷《壬申除夕》。

《和東坡饋歲、別歲、守歲三首》其一:"辛盤有饋遺,筐筐榛栗佐。交道貴悃誠,而乃重食貨。蓬戶與朱門,往來随小大。囊無一物獻,差澀掩門卧。乾糇禮數愆,難厠親朋座。雜沓紛交衢,渾如蟻附磨。嗟此真薄俗,較量多責過。歲暮偶感懷坡詩勉爲和。"

其二:"嚴冬趨闕下,待旦日出遲。駒隙忽除夕,義馭不可追。念彼貧賤者,飢驅走天涯。我今非落魄,云胡不趨時。肉食藉攀附,乘策何堅肥。閉門咏《伐檀》,局促良可悲。送窮當今夜,爲我前致辭。三陽啟泰運,勿使世道衰。"

其三:"秋冬鷹隼疾,過時縱虺蛇。春日煦萬物,莫令雲霧遮。明辰履端始,晞光竟若何。夜半天衢靜,騶從尚不譁。濁酒聊自酌,羯鼓且復檛。爆竹聲未歇,星斗已西斜。從此欲奮翮,失足恐蹉跎。英才早致主,迂拙豈敢誇。"

《壬申除夕》:"臘盡春催淑景舒,素餐自愧負居諸。律回黍谷寒方解,酒醉椒盤歲已除。綵勝又看今夜剪,斑衣還與老親疏。徐聞街鼓頻頻轉,趨向金門待漏初。"

除夕,王掞作次錢三錫廷尉韻。

《西田集》卷四《壬申除夕次錢葭湄廷尉韻》。

本年

陸隴其卒,其學以"居敬窮理"爲主。

王原《西亭文鈔》卷二《陸隴其行狀》。

王抃姻親錢中諧、范必英卒。

《巢松集》卷五《哭錢庸亭、范伏庵兩太史》。

辛未、壬申間,唐孫華應明珠之邀,舍館京師,時沈受宏亦客王掞邸第,兩人聯床剪燭,議論古今。

沈受宏《東江詩鈔》序:"予友唐子實君……辛未、壬申間,再應納蘭相國之請,舍館京師,而予亦客王學士顓庵邸第。唐子嘗過予,聯床剪燭,極論古今,時有吟綴。"

康熙三十二年癸酉(1693年)五十二歲

正月

元旦,麓臺作《癸酉元旦》詩。

《罨畫集》卷三《癸酉元旦》:"螭頭曉立玉繩橫,又見長安節物更。趨闕得瞻天仗近,占年喜值歲朝晴。香閨頌獻椒花暖,丈室禪參柏子清。好寄平安故鄉去,任教華髮鏡中生。"

三月

朱彝尊因帶抄書手入翰林院被劾罷,離京。王翬以畫、王摅以詩贈別。

朱彝尊《曝書亭集》卷十六《出都王山人翬畫山水送別》:"王郎五載一相逢,寫出雲巒別重思。彷彿攝山風月夜,秋窗同聽六朝松。"

《蘆中集》卷八《贈朱竹垞太史》:"問字南行路豈賒,如何頭白遇京華。相門經術仍韋氏,史傳儒林本漢家。退食不言溫室樹,乞身應賜鑑湖花。懸知志在親風雅,翡翠蘭苕未足誇。"

春

查慎行過葉燮二棄草堂,吳門勞在茲爲查氏作畫册。查慎行進士及第。

查慎行《敬業堂詩集》卷十六《并轡集·過葉己畦二棄草堂出新刻見示》、同卷《吳門勞在茲爲余作畫册》。《東江詩鈔》卷二《喜夏重捷北闈》。

按:《并轡集》:"起癸酉正月,盡三月。余以新正束裝北上,德尹初未有出門之約。二月杪忽相遇於淮上,遂偕翁康飴、嚴定隅并轡而北。"

王摅送吳商志之中州,稱將歸太倉。

《蘆中集》卷八《送吳商志之中州》:"問君安往之中州,我亦將歸理耡耰。"

四月

麓臺爲倫叙作《富春山圖》。

《王原祁精品集》第51頁圖録《富春山圖》:"癸酉清和雨窗,余作《觀大癡富春長卷歌》,適倫叙年兄以素紙索畫,遂寫其意請正。王原祁。"

鈐印:起首鈐"古期齋"(朱文長方),下鈐"王原祁印"(白文正方)、"麓臺"(朱文正方)。

　　水墨紙本立軸,98.8×60.1cm,故宮博物院藏。

　　按:《吳越所見書畫錄》卷六《王司農仿子久富春山圖意立軸》著錄,《虛齋名畫錄》卷五著錄,《中國繪畫全集27》第7頁圖錄。上詩塘有陳元龍詩跋:"大癡吹笛車箱去,粉本零殘半有無。好手今推王給事,人間重見富春圖。陳元龍"。鈐"陳元龍印"(白文正方)、"乾齋"(朱文正方)。孫岳頒詩跋:"富春山繪黃公望,生面重開王麓臺。應是長歌歌不盡,畫中詩見右丞才。孫岳頒"。起首鈐"相賞有松石間意"(朱文長方)印,後鈐"孫岳頒印"(白文正方)、"樹峰"(朱文正方)印。胡會恩題詩跋:"詩成潑墨意蕭閒,吞吐烟雲尺幅間。何必按圖尋子久,分明雨後富春山。胡會恩。"鈐"胡會恩印"(白文正方)、"孟綸"(朱文正方)印。此圖另有龐元濟"虛齋鑒定"(朱文正方)、"秀水金蘭坡搜羅金石書畫"(白文正方)等收藏印。

　　倫敘乃明珠之子。

　　《甌畫集》卷一《雲間訪家儼齋總憲觀大癡富春長卷歌》:"桃花水漲春潮急,路指葺城片帆入。槐堂主人春畫閒,觴詠追陪勝流集。示我子久富春圖,風雨能驚鬼神泣。此圖曾經劫火燒,幸不焦爛無門逃(韓詩陸渾山火神焦鬼爛無門逃)。展轉流傳三百載,連城購者東南豪。一朝神物得所適,焦尾來自中郎宅。晴窗展卷白雲生,桐江移入空堂碧。水抱山迴重複重,石邊孤亭立蒼松。浩淼江流環洞壑,漁莊蟹舍蒼茫中。兀然一山又崒嵂,槎枒怪木吹天風。烟嵐吞吐陰晴變,此身疑在嚴灘東。董巨齋驅風格老,取勝不獨在纖巧。平中求奇神骨高,南宋工妍盡排掃。逼塞夷曠兩天然,慘澹經營匠心造。金牛丹嶂開五丁,荒率蒼茫非草草。細探神妙入秋毫,滿堂觀者開懷抱。吾家曾藏石田筆,苦心追摹稱入室。今見元本通真宰,乃知化工莫能匹。歸舟想像不可求,高山流水空悠悠。若得天機入骨髓,便令作述堪同游。"

　　王鴻緒,字季友,號儼齋。

四月至五月間
宋大業典試江西,唐孫華隨行,查慎行以詩贈行。

　　查慎行《敬業堂詩集》卷十七《冗寄集·送唐實君游江西》。《東江詩鈔》卷二《同宋葯洲太史登滕王閣》。

　　按:《送唐實君游江西》:"故人奉詔赴西江,才子持衡推小宋(時宋念功編修典試江右,實君與之同行)。"《敬業堂詩集》卷十七收錄康熙三十二年四月至十二月間詩,此詩後有《題相國永城李公(光地)所藏崔白健翮鷹風圖》有"華堂五月開示客",可知《送唐實君游江西》寫於四月至五月間。

魯璵亦典試癸酉江西鄉試。

春夏間
王撼詩賀王翬六十，麓臺亦有贈詩。

《蘆中集》卷八《壽王石谷六十用杜奉先劉少府新畫山水障歌韻》："吾谷霜楓故鄉樹，錦綉千重裹烟霧。大痴曾此醉河橋，天然畫本留真趣。笛聲吹動華山雲，仙去人間不可遇。四百餘年幻出君，游戲重來拂絹素。三絶滎陽無鄭虔，主家京國依師丹。以君一幅挂素壁，石林雲氣時飛翻。十丈黃塵來客此，得無山中驚曉猿。蘆溝古道驅車急，乃是至尊宣召入。水患江淮地卑濕，南巡下救蒼生泣。畫師如今好手誰，惟君筆飛鸞聳立。賜租所過恩波闊，問民疾苦窮毫末。寫出君王宵旰心，涵濡萬物邦國活。解衣盤礴向松窗，落筆驚看妙入髓。心苦良工誠有然，方之古人應莫比。十二霜縑千尺長，終年繭足王城裏。南歸頻夢故山薇，以俟圖成獻天子。拂水巖、破山寺，其間清絶無泥滓，長歌採芝自此始。"

《罨畫集》卷一《贈王石谷二首》。其一："烏目山頭自曳筇，丹青老去興偏濃。墨飛不數嘉陵壁，筆落猶如洪谷松。仙掌陰晴移一障，鵝溪尺寸削千峰。大痴酒醉河橋後，五百年來訪舊蹤。"其二："摩詰傳來董巨雄，四家伯仲繼宗風。於今此道無知己，當代名人獨與公。妙筆直追唐宋上，苦心將闢霧雲中。回思弱冠論交日，深荷他山玉可攻。"

六月前
麓臺由戶科給事中轉禮科掌印給事中。

《大清聖祖仁皇帝實錄》卷一百五十九："己亥，以翰林院編修汪灝爲陝西鄉試正考官，禮科掌印給事中王原祁爲副考官。"

六月
二十七日，禮科掌印給事中麓臺以陝西鄉試副考官身份偕姊丈徐東白典試秦中。王撼詩送麓臺一行。後王撼訪曹九咸於公署。

《大清聖祖仁皇帝實錄》卷一百五十九："己亥，以翰林院編修汪灝爲陝西鄉試正考官，禮科掌印給事中王原祁爲副考官。詹事府少詹事李錄予爲江南鄉試正考官，戶部郎中強兆統爲副考官。"

《蘆中集》卷八《送茂京倅典試秦中》："三秦文字盛於今，奉使西行愜主心。日暮馬嘶關柳去，天秋人望岳蓮吟。斗間自識張華劍，橐裏非求陸賈金。料得高堂知此意，白頭應慰倚閭深。"

《蘆中集》卷九《中秋夜九咸招同公漪、立雲署中玩月,即以留別用東坡和子由韻》:"有酒且盡今宵樂,自驚身在瑤臺寒。去年此時將之汴,不因南北歡娛變。"

按:從《端峰詩選·五言律·得東白書》,知從麓臺給諫至秦,擬即還里,書到次日旋聞復已入都,感而有寄》可知,徐東白依麓臺在京已有兩年。

麓臺爲侄王奕清作《王司農仿黄子久立軸》。

《吴越所見書畫録》卷六《王司農仿黄子久立軸》:"癸酉長夏,爲幼老弟仿大痴筆於憶山書屋。原祁。"

鈐印:"古期齋""原祁""茂京"。

按:徐邦達先生稱之爲《仿子久立軸》。

九月
麓臺典試秦中,途中作《仿大痴富春大嶺圖》。

《王原祁精品集》第266頁、《中國繪畫全集27》第8頁圖録《仿大痴富春大嶺圖》:"癸酉九秋,華陰道中寫大痴富春大嶺筆意。麓臺祁。"

鈐印:起首鈐"掃花庵"(朱文長方),下鈐"王原祁印"(白文正方)、"麓臺"(朱文正方),圖右下鈐"西廬後人"(白文長方)。

水墨紙本立軸,118.4×55.8cm,蘇州市博物館藏。

按:此圖有清代永瑢("永瑢",朱文葫蘆)收藏,另有"茶山真賞""王氏寶日軒書畫記""紫雲山鑒藏書畫印""箝庵"(朱文長方)"鶴舟所藏""子孫寶之"(朱文正方)、"靖侯鑒賞"(朱文長方)、"雲松館之寶物"(白文長方)等收藏印。

麓臺父王揆亦有"西廬後人"(朱文正方)印,見《山水正宗》下卷第479頁《行書唐裴度五言詩》扇頁。

王據落榜後,作《榜後示昭復》。

《蘆中集》卷八《榜後示昭復》:"王符著潛夫,陶潛咏貧士。試觀達者心,斂退非所耻。擔簦來京師,意在求禄仕。時命既不猶,安其素而已。選舉不以公,有如日中市。柄自錢神操,濫觴斯極矣。蝦蟇飽食月,其罪仍磔死。是必被天刑,言之非妄耳。願人泯怨尤,反躬責諸已。腹中有詩書,富貴無涯涘。不見漢丞相,微時曾牧豕。不見會稽守,亦由負薪始。香草生芳洲,所摯必蘭芷。苟爲枳與棘,鸞鳳豈栖止。當如御駑駘,努力加鞭箠。當如植嘉禾,終日勤耘籽。二鳥羨光榮,每爲識者鄙。裹足不窺園,然後人稱美。家門懼太盛,兢兢薄冰履。祖宗功德深,培養厚厥址。一時遽滿盈,未免杞憂起。吾常爲此言,汝豈昧其理。王城一身藏,靜以命自俟。倘得捧檄歸，九原慰而妣。冠纓久風塵，夢濯滄浪水。不忍菊松荒，行將還梓里。臨別牽衣裾，丁寧盡於此。時一附書回，開緘得狂喜。"

秋

麓臺寄書給老友程鄉令曹延懿。

《罨畫集》卷二《寄答程鄉曹九咸》："多君寄我數行書，喜得開緘慰索居。將母心方寬負米，看花操不改懸魚。檳榔味佐官厨薄，椰葉陰遮講舍虛。聞道天南經指授，韓門弟子復何如。"

按：《（民國）太倉州志》卷二十《人物四》稱：曹延懿，字九咸。康熙三十年進士，授程鄉知縣，嚴保甲練鄉壯，懲訟師增設義學。以母憂歸，越四年卒。

從《端峰詩選·七言律·懷曹蓮園邑令程鄉》可知，曹延懿號蓮園。

王抃在秦淮。

《巢松集》卷五《紀夢四首》："癸酉秋半，偶客秦淮。"

王吉武出守越州，唐孫華、毛師柱等以詩賀之。自康熙十五年成進士後，王吉武需次受職，留京師者十有七年。毛氏有詩奉贈王戒庵八十。趙貞自毗陵暫歸太倉，與毛氏、袁書年等相聚甚歡。

《端峰詩選》王吉武序："亦史長予十有一歲，以弟畜予，而予以兄事亦史。……予自成進士，需次受職，留京師者十有七年。……因斥薄俸以助其役，刻既成，亦史又屬予序之。……甲戌孟冬三日拜撰。"

《端峰詩選·七言律·奉贈王戒庵先生，時年八袠》："三徑蕭然處士家，舊曾游宦向天涯。……文以格高情簡澹，筆由心正勢槎枒。形同野鶴千年健，白髮何妨被領斜。"

《端峰詩選·七言律·寄王憲尹太守越州》、同卷《喜松一暫歸，小集書年齋，次松一韻》。《端峰詩選·五言律·秋杪有懷松一毗陵》。

《東江詩鈔》卷一《送王冰庵出守紹興》："干將仍遇舊張華（浙撫張公即憲尹座主）。"

約秋間

查慎行寫詩送卓次厚南歸。

查慎行《敬業堂詩集》卷十七《冗寄集·送卓次厚南歸》："多才能自愛，失意問誰堪。不作憤時語，轉深吾輩慚。柳條攀欲盡，梅信到應探。鄉思因君觸，心隨候雁南。"

按：十年前，查慎行與之有詩文交往，見《敬業堂詩集》卷四《迨歸集》《傳經堂歌卓次厚屬賦》。吳綺《林蕙堂全集·林蕙堂文集續刻》卷三《卓次厚江上草小序》："夫子與火傳有同年之好，且又與次厚忝一日之知交。"查慎行《敬業堂詩集》卷四《西江集》有《西水宴集留別姚夢虹、宋受谷、張玉士、張介山、邵翼雲、金子由、吳震一、卓次厚、九如》。

十月
中翰錢右文招集毛師柱、王撰、王擴、許旭等集太倉王氏西園飲酒賦詩。
《端峰詩選·七言律·小春五日，錢瞿亭中翰招集西園，分韻得九青，同集爲隨庵、鶴尹、九日、次谷諸公暨瞿亭、韶三、飛瀾、橋梓，賓主共二十四人》。
按：錢右文爲王擴妻弟。

王擴歸太倉。
《蘆中集》卷八《登潞府望京樓》："淒涼潞府已荒丘，歸客天涯值暮秋。"

沈受宏在越州，游稽山韓鳳瞻梅園。
《白漊先生文集》卷二《游稽山韓處士梅園記》。

冬
王擴抵太倉，自稱三年中，往來燕趙地。
《蘆中集》卷八《抵家用杜羌村韻三首》："三載爲飢驅，往來燕趙地。"

麓臺與汪文漪同典陝西試事，充副考官。路經函谷、太華，直至省會，後追憶此景，繪制《題仿范華原》。
汪曾武《外家紀聞》。
按：汪灝，字文漪，有《倚雲閣詩集》一卷。

唐孫華從京師歸，毛師柱適在里門，出其卷見示，請唐孫華爲《端峰詩選》作序。楊星源出任洵陽，以書相招，毛師柱以途遙難赴爲辭。
《端峰詩選》唐孫華序："予與毛子亦史少而同學相善也。……繼以家貧親老，襆被遠游，旅維揚，客京師，所至與名人魁士往復唱酬，旗亭驛壁傳寫殆遍，王公大人纏履到門，爭相賞重，由是亦史之詩名赫然矣。……癸酉冬，予自京師歸，亦史適在里門，握手道故，出詩數卷見示。……夫近世之爲詩者，率皆祧唐而禰宋。……

今之末學小生,挾兔園一册,朝呻夕吟,輒詆沈宋爲輕靡,譏元白爲淺率,而欲與眉山、劍南齊衡接軫,所謂多見其不知量者也。蓋詩必以唐爲宗,亦猶騷之必宗楚,賦之必宗漢,捨是而之焉,猶航斷港絶,潢而求至於海,豈可得乎?故繁會之響,非至音也;鹹酸之美,非至味也。……甲戌春正月上元後三日拜撰。"

《端峰詩選・七言律・楊星源進士由都門之任洵陽,書至相招,途遥難赴,却寄此詩》。

本年

麓臺作《華山秋色圖》。

《故宮藏畫大系十五》第 61 頁、《清王原祁畫山水畫軸特展》第 65 頁圖録《華山秋色圖》:"余癸酉歲游華山,歷娑蘿、青柯二坪,至回心石,日暮而返,作詩六章以紀其勝。此圖就余所登陟者寫其大概。南峰、西峰目力所及也。惜少濟勝之具,攀躋無緣,閣(擱)筆悵然。麓臺祁識。"

鈐印:起首鈐"古期齋"(朱文長方),下鈐"王原祁印"(白文正方)、"麓臺"(朱文正方),圖左下鈐"石師道人"(白文正方)。

設色紙本立軸,115.9×49.7cm,臺北故宮博物院藏。

按:《石渠寶笈》卷十六著録,有"乾隆御覽之寶"等璽印。

麓臺作《山水册》十五幀。

《四王畫集》第 180—195 頁圖録。

第一幀(水墨):"雪景擬李營丘。時康熙癸酉夏五,仿古十六幀。王原祁。"

鈐印:起首鈐"蒼潤"(朱文葫蘆),下鈐"王原祁"(一朱兩白文正方)、"麓臺"(白文正方帶框)。

第二幀(設色):無款。

鈐印:"茂京"(朱文正方)。

另紙款:"含風翠壁孤雲細,背日丹楓万木稠。用趙承旨筆寫少陵詩意。"

第三幀(水墨):"吳仲圭《烟江叠嶂》筆意。"

鈐印:"茂京氏"(白文正方帶框)。

第四幀(設色):"仿高房山。"(見圖一)

鈐印:"王原祁印"(白文正方)。

第五幀(設色):"趙大年《江鄉清夏卷》,追摹一段。"

鈐印:"原祁之印"(白文正方)。

第六幀(水墨):"仿大痴。"

康熙三十二年癸酉(1693年)五十二歲　251

圖一　王原祁《山水册》之《仿高房山》

钤印:"王原祁印"(朱文正方,有界格)。

第七幀(水墨):"梅道人《關山秋霽》剪取一則。"

钤印:"茂京"(朱文正方)。

第八幀(設色):"石田《廬山高》用叔明筆,此圖略師其意。"

钤印:起首钤"墨戲"(朱文長方),下钤"王原祁"(一朱兩白文正方)、"麓臺"(白文正方帶框)。

第九幀(水墨):"倪高士遺意。"

钤印:"麓臺"(朱文正方)。

第十幀(水墨):"黄鶴山樵《丹臺春曉》筆法。"

钤印:起首钤"蒼潤"(朱文葫蘆),下钤"王原祁"(一朱兩白文正方)、"麓臺"(白文正方有框)。

第十一幀(水墨):"萬壑松風筆意。"

钤印:"原祁"(白文正方)。

第十二幀(設色):"寫雲林設色小景。"

钤印:"茂京"(朱文正方)。

第十三幀(水墨):"仿巨然。"

钤印:"王原祁印"(白文正方)。

第十四幀(水墨):"雨窗寫小米雲山。"

钤印:起首钤"墨戲"(朱文長方),下钤"王原祁"(一朱兩白文正方)、"麓臺"(白文正方有框)。

第十五幀(設色):"仿子久夏山。"

钤印:"麓臺"(朱文正方)。

後跋:"此余廿年前之筆也。十六幀始於辛未(康熙三十年),成於癸酉(康熙三十二年),尔時技俩不過如此,磅礴盡於此矣!近柳泉携之而來,不知從何處所得,忽復寓目,如逢故人,不禁有今昔之感。其中取意、取韻處,今之視昔亦猶昔之視今。但筆墨之深入、氣魄之蒼厚,或者與年俱進矣。惜年已頹齡而心法未透,終不足以語乎此也。康熙辛卯(康熙五十年)三月望日,麓臺祁重觀題,時年七十。"

钤印:起首钤"掃花庵"(朱文橢圓),下钤:"王原祁印"(白文正方)、"麓臺"(朱文正方)、"石師道人"(白文正方)。

紙本冊頁,27.1×17cm,故宫博物院藏。

按:康熙四十四年九月初九,麓臺爲外甥李爲憲作《〈液萃〉仿古山水》第三幀中使用了"王原祁印"(朱文正方,有界格)。此圖有"王樹常印"(朱文正方)等收藏印。

麓臺在京與博爾都交往漸頻繁,允爲其作《仿古山水圖册》。

《仿古山水圖册》麓臺跋。

按:《白燕栖詩草》卷五有《寄懷王麓臺》《索王麓臺畫》《題王麓臺仿倪高士畫》,卷六收《送苦瓜和尚南還》。康熙三十二年石濤離開北京。由此可知:康熙三十年至康熙三十二年間,博爾都嚮麓臺索畫,康熙三十五年麓臺贈博爾都《仿古山水圖册》。

《寄懷王麓臺》:"蘊藉如君少,雲山望裏深。政餘人吏散,抱膝但長吟。"

《索王麓臺畫》:"筆墨真磅礴,誰能得似君。殷勤如念我,願寄一溪雲。"

《題王麓臺仿倪高士畫》:"世態輕儒冠,肉眼重紈袴。美君寡交合,杜門無所慕。博山焚罷一揮毫,鵝溪千尺滿烟霧。林疏野曠嵐氣昏,寒深秋老風景暮。不見停驂問津人,依稀空有嚮山路。磯頭一望水悠悠,無數叢篁夾岸幽。有時蕭齋懸素壁,白雲繚繞風颼颼。安得此中結茅宇,不須白眼嘆沉浮。嗟哉吾子勿復愁,他時策杖披鶴氅,共爾閒隨麋鹿游。"

《南巡圖》成,唐孫華在宋駿業齋中觀之。

《東江詩鈔》卷二《宋堅齋刑部齋中觀南巡圖恭紀》:"皇帝二十有七載,鑾輿省俗巡南陲。雲行雷動布闓澤,萬姓鼓舞霑天施。群臣拜手頌盛德,欲傳圖繪流鴻熙。景長事大莫敢任,賦成六合知何時。廣平公子獨首倡,自言丹素臣能爲。退思此事實創舉,豈有粉本供師資。如營天屋起雲構,一夫詎敢揮斤槌。江南畫史多能品,亟走重幣傾金貲。流聞盛事各踴躍,奔走麇集來京師。灑掃華堂具供帳,凝神默坐同揣摩。烏目山人推巨手,群材鵠立聽指麾。先成稿本後朱碧,次第妥帖無差池。始自燕都訖吳越,中間一道通透迤。城郭村墟各鱗次,星旂翟葆紛棽麗。有時放筆寫泰岱,凌空萬仞驚厜㕒。有時縮筆寫人物,頰毛點染窮鬢眉。有時都邑寫浩穰,士女填咽兒童窺。有時春物寫娟麗,柳絲飄颭花枝垂。山或巉以峻,小或墮而卑。水或峻以激,亦或清而漪。如人面目各自別,短長黔晳分妍媸。珠旗雲罕夾鳳輦,恍惚疑有神靈隨。山水人物各師授,兼斯二妙古有誰。收拾提封歸絹素,地媼蹙縮供鑪錘。尚餘空闊筆不到,渺然萬里真無涯。有如聚米成山谷,道塗歷歷備險□。亦如營作新豐市,各辨門户知衢逵。大包岳瀆穿冥涬,細摹絲髮窮毫釐。衆手渾成如一手,萬象融液無瑕疵。明堂告成書大匠,琴川一老今班倕(謂王石谷)。金橋圖畫今再見,吳韋絶筆誠堪追(開元封禪駕至金橋,上命作金橋圖,凡山水、人物等吳道元主之,犬馬、騾驢等韋無忝主之,時稱絶筆,見鄭綮《開元傳信記》)。要知省方爲民事,非因游覽煩驅馳。傳之千秋萬世播景爍,可當豳風屏障卷阿詩。"

【本年存疑作品】

四月

麓臺作《閑圃書屋圖軸》,存疑。

《南宗正脉》第 157 頁圖録《閑圃書屋圖軸》:"閑圃書屋圖。癸酉清和,仿黄鶴山樵筆。婁東王原祁。"

鈐印:起首鈐"掃花庵"(朱文長方),下鈐"王原祁印"(白文正方)、"麓臺"(朱文正方)。

設色紙本立軸,114.0×51.1cm,上海博物館藏。

【理由】此圖皴法柔弱,結體鬆散,跋文位置安排、松針畫法等不類麓臺同期作品,尤其是"閑圃書屋"四字乏骨力。

康熙三十三年甲戌(1694年)五十三歲

正月

立春日,汪鶴孫書寄冒辟疆。

汪鶴孫《春星堂詩集》卷六《延芬堂集上·甲戌立春日寄懷雉皋冒辟疆先生》有"年臻九十顔尚好",詩後自注"壬申除夕先生手書'餞臘酣春'大字於屏門間"。

按:汪鶴孫,字雯遠,號梅坡,浙江錢塘人,崇禎十六年生,康熙五十六年尚在,卒年不詳。康熙十二年進士,選翰林院庶吉士。性好游,與孫枝蔚、冒襄、王士禎、趙執信等相交。

二月

王源成舉人。王氏推重人品之真、肝腸潔白,認爲"才華其餘耳"。

王源《居業堂文集序》:"王源晚歲交蠡縣李塨,相與師事博野顔元。講理學,盡僻程朱、陸王。而述顔元之言曰:'格物者,大學之始事也。程朱之釋格物也,上極於性天,下極於草木鳥獸,非高遠則汗漫。陽明意在良知,其釋格物也,一以爲正事物,一以爲去物欲。非修身之事,則誠意之功總與格物之義無當。物非他,即大司徒教萬民而賓興之三物也。格物非他,即學習六藝以成其德與行也。蓋德行之實事皆在六藝,而六藝總歸一禮,故孔子謂非禮不動,所以修身。'"

王源《居業堂文集》卷七《與朱字録書》:"源所重在品之真、肝腸潔白,才華其餘耳。……今天下之尊程朱詆姚江,侈然一代大儒,自命而不僞者以哉?行符其言者,真也;言不顧行者,僞也。"

王翬作《王石谷盧鴻草堂圖》。

《虛齋名畫録》卷九《王石谷盧鴻草堂圖軸》:"《盧鴻草堂圖》,唐人名迹。余從吳閶借橅,復見黃鶴山樵臨本,因仿其意,請正晉老先生。虞山王翬,時甲戌仲春十日。"

沈受宏爲唐孫華《東江詩鈔》作序。

沈受宏《東江詩鈔》序:"康熙三十三年歲次甲戌二月望日,同學弟沈受宏拜題。"

春

考證之風漸起。

朱彝尊《曝書亭集》卷七十三《翰林院侍讀喬君墓表》:"有旨召君(喬萊)入京師。……嘗辟一峰草堂於宣武門斜街之南,暇與布衣紃履之士詩篇酬和,退朝輒考證史事。同館有持異説者,審其本末而匡正之,不與之争也。河議初出,大學士梁公清標時爲户部尚書,嘆曰:'江淮之間可謂有人。'"

按:查慎行《敬業堂詩集》卷十《獨吟集·三月晦日飲朱十表兄槐樹斜街新寓同梁藥亭、吴霙一作三首》有"槐街舊與一峰鄰(一峰,喬石林侍讀舊寓堂名)"記載,時在康熙二十七年。

五月

十六日,翰林院侍讀張榕端遷國子監祭酒,祭酒吴苑予假歸。命侍讀張榕端等八人教滿洲、漢軍庶吉士詩賦古文。

王士禎《居易録》卷二十三。

十九日,玄燁賜王掞御書臨趙孟頫手卷。

《顓庵府君行述》:"五月十九日,賜御書臨趙孟頫手卷。"

王摅游粤,朱彝同行。

《蘆中集》卷九《渡錢塘》:"舟欣共李膺(謂朱立雲)。"

《端峰詩選·七言絶·題立雲畫梅》,其二:"寒香疏影動春愁,驛騎曾過庾嶺頭。歸卧山齋閑寫得,可無清夢到羅浮(立雲舊冬曾游惠州,歸途復道經庾嶺)。"

六月

二十五日,麓臺爲金明吉作《仿倪瓚山水》。

《中國古代書畫圖目 22》京 1—4842 圖録《仿倪瓚山水》:"倪高士畫專取氣韻,無矜張角勝之意,所謂平中求奇也。此圖擬眎(示)明吉,有少分相應否? 時甲戌六月二十五日,麓臺祁識。"

鈐印:起首鈐"古期齋"(朱文長方),下鈐"王原祁印"(白文正方)、"麓臺"(朱文正方),圖右下鈐"興與烟霞會"(白文長方)。

水墨紙本立軸,78.6×32.8cm,故宫博物院藏。

按:《歸石軒畫談》卷五著録。

康熙三十三年甲戌(1694年)五十三歲

王攄懷念故鄉兄弟,去粵途中作詩寄懷。

《蘆中集》卷九《中途述懷寄故園諸兄弟十六韻》:"爭笑遭逢老益屯,自憐友愛晚逾敦。"

按:《中途述懷寄故園諸兄弟十六韻》中有"入幕或懸徐穉榻",可知王攄入羅浮將爲某公幕客。

王掞升少司農。

《頳庵府君行述》:"六月,升少司農。時都御史員缺,聖祖頗屬意先大夫,啓奏日,注目者再,而宛平王文靖公力薦左少司農蔣弘道,因命蔣弘道缺以王掞升補。"

王掞主持武試,因"卷號不分南北",榜發,南人多北人少,給事中趙心忭具疏劾奏。

《頳庵府君行述》:"癸酉北闈科場議起。給事中彭君鵬特疏劾奏。……六月升少司農。……不數月,主武闈試,武闈人所忽視,閱卷止爲具文。先大夫悉心校閱,一如文闈。由是南人入穀者多。……時忌者嗾給事中趙君心忭具疏參劾。"

麓臺在京作《會心大痴圖軸》。

《中國繪畫全集 27》第 9 頁圖録《會心大痴圖軸》:"作畫出筆便見端的,其中甘苦得失,必須自解。余學大痴久而未得,此圖似有會心處,未知相合否也? 付暮兒存之,以驗後詣。時康熙甲戌長夏,麓臺祁識於燕臺官舍。"

鈐印:起首鈐"掃花庵"(朱文長方),下鈐"王原祁"(朱文正方)、"別號麓臺"(兩朱兩白文正方),圖左下一印不辨。

絹本設色立軸,167×76.5cm,首都博物館藏。

按:畫幅有張微彬題字,收藏印有:"志仁歷史文物館藏""固始張氏鏡菡榭印"等。《中國繪畫全集 27》著録稱,"王原祁"(朱文正方)印爲"王原祁之畫",存疑;"茂京一字麓臺"(白文正方)或爲"別號麓臺"(兩朱兩白文正方)。

七月

五日,玄燁於乾清宫召見唐孫華,特旨襃嘉,遂蒙翰林院留用。

《東江詩鈔》卷三《甲戌七月五日,蒙恩召見乾清宫西暖閣,天顏晬穆,慰問再三,復命内侍引至南書房,試時藝一篇,閏月賦一篇,七言律詩一首,特旨襃嘉,遂蒙留用,感恩紀遇,恭賦二律》。

麓臺作《仿王蒙〈夏日山居圖〉》。

《清王原祁畫山水畫軸特展》第1頁圖錄《仿王蒙〈夏日山居圖〉》:"甲戌初秋,仿黃鶴山樵《夏日山居圖》筆意。王原祁。"

鈐印:起首鈐"古期齋"(朱文長方),下鈐"王原祁印"(白文正方)、"麓臺"(朱文正方),圖左下鈐"興與烟霞會"(白文長方)。

設色紙本立軸,96.5×49cm,臺北故宮博物院藏。

按:《欽定石渠寶笈續編》第二十二册著錄。有乾隆八璽("乾隆御覽之寶")等璽印,另有"晴雲主人珍藏書畫印記"(白文長方)收藏印。

麓臺爲序老表兄作《王麓臺仿大痴山水軸》。

《虛齋名畫錄》卷九《王麓臺仿大痴山水軸》:"甲戌初秋,仿大痴筆似序老表兄正。王原祁。"

鈐印:"古期齋"(朱文長方)、"王原祁印"(白文正方)、"麓臺"(朱文正方)。

按:後有沈延文跋:"嗟余本是餐霞客,七載紅塵誤相隔。歸來便欲訪名山,選勝無虛謝公屐。太原墨妙果不群,寫盡胸中山水文。康樂詩篇柳州記,咨嗟此地真幽邃。……舟次大兄出畫索題,率筆應命。"此"序老表兄"可能是"序璜"或"序皇"表兄。

《罨畫集》卷三《送序璜兄南還葬親》:"多年老弟兄,執手在渚陽。十日便判袂,我北君南翔。我歸讀禮日,君出謀稻梁(粱)。相思不相見,踪迹同參商。庚午來京邑,晤時飛秋霜。辛苦各慰勞,驚視鬢髮蒼。從此罷行役,不復走四方。元瑜工奏記,迁拙資匡襄。三年如一日,塤箎快同堂。日月坐云邁,游子心悲凉。思親吟陟岵,望雲每飛揚。欲別重惜別,方將理歸裝。仲冬家書至,開函摧肝腸。哀毀幾滅性,朝夕惟呼搶。骨肉誼關切,歔欷送奔喪。脱驂無可贈,中夜心彷徨。君行且强飯,勿以哭泣傷。君行須努力,勿憂道路長。還家告祭畢,尺素頻寄將。臨岐再三訂,聚首在大祥。"

"庚午"爲康熙二十九年,據詩中"三年如一日""仲冬家書至"兩句可知,時在康熙三十二年仲冬之後。

《東江詩鈔》卷十二《維揚寓中,喜族弟薪禪待詔、改堂太史、序皇文學、斂時孝廉同過》詩題中稱序皇爲"文學"。

麓臺爲蘅翁作《寫雲林溪山亭子》。

《山水正宗》上卷第116頁圖錄《寫雲林溪山亭子》:"甲戌初秋,偶訪蘅翁老掌科,出蕭尺木畫卷見示并索余筆,寫雲林《溪山亭子》大意請正。王原祁。"

鈐印：起首鈐"蒼潤"（朱文葫蘆），下鈐"王原祁"（一朱兩白文正方）、"麓臺"（白文正方帶框）。

水墨紙本扇頁，19.2×55.5cm，上海博物館藏。

按：《紅豆樹館書畫記》卷七《王茂京水墨山水》著錄，與圖錄相比，"雲林"後多"子"，誤。此圖有龐元濟（"虛齋藏扇"，朱文正方）收藏印。

朱耷偶過卿雲庵，臨王羲之《蘭亭序》，悟得八法與撥鐙法。

《虛齋名畫錄》卷六《釋石濤、八大山人書畫合璧卷》之第三卷："甲戌之處暑，偶過卿雲庵臨此（王羲之《蘭亭序》），悟得八法與撥鐙法。"

七夕，王攄飲程鄉曹九咸署中。

《蘆中集》卷九《七夕飲程鄉曹九咸署中》："忽驚嶺外逢佳節，却喜尊（樽）前共故人。"

八月

曹九咸招同李瞻航、藍公漪、金子翔、杜錦來、張魯戩、朱鯀飲酒湖山之間。

《蘆中集》卷九《曹九咸招同李瞻航、藍公漪、金子翔、杜錦來、張魯戩、朱立雲飲湖山》、同卷《中秋夜九咸招同公漪、立雲署中玩月，即以留別用東坡和子由韻》。

石濤爲黃律作《山水册》。

《石濤詩錄·石濤東下後的藝術活動年表·山水册》跋："此道從門入者，不是家珍而以名振一時，得不難哉。高古之如白禿、青溪、道山諸君輩，清逸之如梅壑、漸江二老，干瘦之如垢道人，淋漓奇古之如南昌八大山人，豪放之如梅瞿山、雪坪子，皆一代之解人也。吾獨不解此意，故其空空洞洞，木木默默之如此。問訊鳴六先生，予之評訂，其旨若斯，具眼者得不絕倒乎？"

按：黃律，字鳴六，歙縣竦塘人，常往來南昌與揚州之間。能詩，與吳嘉紀、方士琯爲友。

九月

王翬在京爲宜翁臨《王石谷山樵修竹遠山圖》。

《虛齋名畫錄》卷九《王石谷臨山樵脩竹遠山圖軸》："昔文湖州有'暮靄橫看'，宋思陵題識卷首。觀其筆力，不在郭熙之下。於樹石間寫叢竹，乃自其肺腑中流出,又不可以筆墨畦徑觀也。子文、廣文出紙求畫脩竹遠山,惜乎僕之筆力不能似郭,又敢彷彿湖州也哉。至若拙樸鄙野,縱意塗抹,聊可以寫一時之趣,姑塞廣文之雅意云。黃鶴山中人王蒙。歲次甲戌九月望後三日,爲宜翁先生臨於長安寓齋。海虞王翬。"

重陽,王撼、薛孝穆、陳端木、湯儀吉、屈翁山、屈天之、劉管分、葉蒼崖、朱彛、吳方來等飲屈氏騷聖樓。後又與屈翁山等飲古丈夫洞草堂。

《蘆中集》卷九《九日薛孝穆招同寧澳公、陳端木、湯儀吉、劉管分、葉蒼崖、朱立雲、吳方來、屈天之飲屈氏騷聖樓,分得歸字》,同卷《屈翁山招同薛孝穆飲古丈夫洞草堂》。

按:《送孝穆赴乳源幕疊前韻》自注稱,薛孝穆向寓屈氏騷聖樓,時所選《明文》已成,將赴乳源幕。

九月、十月間

王原祁拜訪王士禎,爲父王揆《芝廛集》請序。

王士禎《居易錄》卷二十六:"宗侄茂京(原祁),庚戌進士,今爲禮科都給事中,太常烟客先生孫,同年端士兄(揆)長子也。畫品與其祖太常頡頏,爲予雜仿荊關、董巨、倪黃諸大家山水小幅十幀,真元人得意之筆。又自題絕句多工,其二云:'蟹舍漁莊略彴邊,柳絲荷葉鬭清妍。十年零落荒園景,彷彿當時趙大年(西田圖)';'橫岡側面出烟鬟,小樹周遮雲往還。尺幅戀容寫荒率,曉來剪取富春山(《大癡富春山巚》)。'一日秋雨中,茂京携畫見過,因極論畫理,其義皆與詩文相通。大約謂始貴深入,既貴透出,又須沉著痛快。又謂畫家之有董巨,猶禪家之有南宗。董巨後嫡派,元惟黃子久、倪元鎮,明惟董思白耳。予問:'倪、董以閑遠爲工,與沉著痛快之說何居?'曰:'閑遠中沉著痛快,惟解人知之。'又曰:'仇英非士大夫畫,何以聲價在唐、沈之間,徵明之右?'曰:'劉松年、仇英之畫,正如溫、李之詩,彼亦自有沉著痛快處。昔人謂義山善學杜子美,亦此意也。'"

王士禎《帶經堂詩話》卷三:"芝廛先生刻其詩成,自江南寓書,命給事君屬予爲序。給事自携所作雜畫八幀過余,因極論畫理,以爲畫家自董、巨以來謂之南宗,亦如禪教之有南宗,云得其傳者,元人四家而倪、黃爲之冠,明二百七十年,擅名者唐、沈諸人稱具體,而董尚書爲之冠,非是則旁門魔外而已。又曰:'凡爲畫者,始貴能入,繼貴能出,要以沉著痛快爲極致。'予難之曰:'吾子於元推雲林,於明推文敏,彼二家者畫家所謂逸品也。所云沉著痛快者安在?'給事笑曰:'否,否。見以爲,古澹閑遠而中實沉著痛快,此非流俗所能知也。'予曰:'子之論畫至矣,雖然,非獨畫也,古今風騷流別之道固不越此。唐、宋以還,自右丞以逮華原、營丘、洪谷、河陽之流,其詩之陶、謝、沈、宋、射、洪、李、杜乎？董巨其開元之王、孟、高、岑乎？降而倪、黃四家以逮近世董尚書,其大曆元和乎？非是則旁出,其詩家之有嫡子、正宗乎？入之,出之,其詩家之捨筏登岸乎？沉著痛快非唯李杜,昌黎有之,乃陶、謝王、孟而下莫不有之,子之論畫也,而通於詩矣。'"

　　按：蔣寅《王漁洋事迹徵略》考證此事在九月二十二日至十月間。

秋

玄燁召閣學翰林官於瀛台，試理學真僞論、豐澤園賦。

　　《顓庵府君行述》："秋,召閣學翰林官於瀛臺,試理學真僞論、豐澤園賦。薄暮,命泛舟西苑門,賜宴。先大夫卷進呈,最荷獎賞。"

麓臺據弟王原博口述會稽吼山之美，作《吼山圖軸》。

　　溫肇桐《王原祁》附錄《王原祁年譜·吼山圖軸》："春在都門,范友叔以巨幅見寄,囑仿大癡筆,因俗事而輟。秋,迪文弟述會稽吼山之美,遂以山樵筆意寫《吼山勝概圖》。"

徐乾學卒，唐孫華哭之。

　　《東江詩鈔》卷三《哭座主玉峰尚書徐公》："兩年書局幸從游,鶴蓋成陰聚勝流（公開書局於洞庭,與余同事者,姜西溟、黃俞邵、李武曾、胡朏明、查夏重、邵子湘,暨同年沈昭嗣、呂山灂、陶子師、吳元朗）。"

冬

麓臺作《仿倪瓚山水》。

　　《中國古代書畫圖目1》京12—224 圖錄《仿倪瓚山水》："甲戌冬日,呵凍寫雲林筆意。麓臺。"

　　鈐印：起首鈐"古期齋"（白文長方）,下鈐"原祁之印"（白文正方）、"麓臺"（朱文正方）。

　　水墨紙本立軸,57×34.5cm,北京市文物商店藏。

王摅在粵將歸，梁藥亭、屈翁山、陳元孝等以詩送行。

　　《蘆中集》卷九《梁藥亭太史以詩送行賦答》、同卷《留別屈翁山》、同卷《答陳元孝贈別次原韻》、同卷《除夕》。

本年

宮鴻歷與故友華鯤在京相逢。華鯤擬翌年春歸故鄉無錫。

宮鴻歷《甲巳游草》卷一(甲戌)《喜晤華子千》:"廿年車笠重心期,天路紅香望渺迷。聞説名駒辭下澤,便同高隼拂晴霓。一春廟市花如堵,五斗官厨醉似泥。倘使客游能到此,鄉廬誰不悔鷄栖。"後有唐東江選大令事,改授禮曹。同卷康熙三十四年《華子千擬明春歸梁溪,同人贈行之什頗富,次史亦右先生韻二首》有:"慧嶺山泉供論茗,侯家池館罷傳餐。入門細浣緇塵服,飽看梢雲竹數竿。……冰雪三年細細餐。"從"入門細浣緇塵服"句可看出華鯤仍是秀才;"冰雪三年細細餐"可知華鯤在京城滯留三年。本卷中另有《再送子千》,"豐臺花放號將離"句説明華鯤離京時間在春季。不久,詩集中出現《哭子千》詩。因此,康熙三十二年、三十三年、三十四年間華鯤在京,或爲參與《康熙南巡圖》的江南畫家之一。

《王麓臺司農詩集・贈華子千南歸》:"京華寄迹褐衣寬,風雅留心肯自安。愧我塗墙偏好懶,多君立雪竟忘寒。爲山奇筆游堪卧,如水清才秀可餐。此去五湖烟月好,奚囊粉本伴漁竿。"《再和送子千韻》:"京華留滯褐衣寬,驛路凄凉袱被安。春送馬蹄三月暖,風吹花信一江寒。頻年車笠嗟同老,此去烟霞許獨餐。漁隱恰如松雪畫,桃紅岫翠好持竿。"

按:華鯤,字子千,王原祁早年弟子之一。博爾都《白燕栖詩草》(刻於康熙三十五年)卷六有《冬日喜華子千至得浮字》《雪中同麓臺、閑圃、素庵、子千集聽楓軒》《送華子千南歸和元少韻》等。其中,《冬日喜華子千至得浮字》:"久無書札慰離憂,十載重逢尚弊裘。華髮相看驚老大,寒窗兀坐任淹留。梅花帶雪階前舞,竹葉含青酒面浮。世事年來經已慣,高歌痛飲不須愁。"

陳奕禧離開任縣涭陽,赴安邑任。

陳奕禧《春藹堂集》卷二《唐山曉行》:"催唤輿徒出涭陽(任縣也),駸駸北去攬晨光。"同卷《雪浪齋重游三絶句》其三自注:"往自安邑奉差過此,題壁已十四年矣。"又同卷《奉懷淮上張讓三客安平》其二:"淮海論交偏咫尺(余自壬戌知讓三昆仲,今甲戌乃識於安平署中)。琅玡結契訝前緣(王沂庵任安平,予方代篆,氣誼相合)。"

同書卷三《題梅太僕桐蔭小影》其一:"最識宛陵風調古,更聞餘論接歐陽(先生起家大寧,僕時佐安邑,辱附僚采之末,真定相國年伯常爲僕稱道,故有末句)。"

按:"壬戌"即康熙二十一年。"甲戌"即康熙三十二年。《王麓台司農詩集・寄安遠》:"修禊蘭豪家世傳,風流仙令正翩翩。二難舊屬烏衣望,群從今推小阮賢。

花氣侵簾多嶺樹,稻香繞郭半江田。贛東舊有濂溪迹,共道文翁化俗年。"麓臺此詩或贈安邑令陳奕禧。康熙十七年,王原祁在京師,辭中秘官(内閣中書),與陳奕禧同時待選邑宰。《澄蘭室古緣萃錄》卷七《王圓照仿趙大年山水卷》陳奕禧跋:"予十四五時見家世父簡齋求太守(王鑑)畫屏十二扇……戊午(康熙十七年)在京師,太常之孫茂京閣老携太守水墨山水長卷《仿大痴作》,蒼秀古淡。太常有跋其上……茂京告余曰:'此太守絶筆也。'是時,茂京辭中秘官,需次邑宰,予亦爲選人。"由此可知,兩人關係親密。康熙二十五年,王原祁離開任縣,陳奕禧以詩送別。見陳奕禧《春藹堂集》卷一《送任守憲解組歸里》。《題梅太僕桐蔭小影》則顯示,陳奕禧曾任安邑縣令。

博爾都與麓臺有交往,并向麓臺索畫。

麓臺爲博爾都作《仿古山水圖》十幀跋文:"余本不知畫,而問亭先生於余畫有癖嗜。此册已付三年而俗冗紛擾,無暇吮毫撥(潑)墨。"

按:《笔畫集》收録了麓臺游覽博爾都別墅後所作十四首詩歌。

約本年
宋定業罷官後游黄山。不久,其長子長蘆鹽運使宋師會迎養天津,遂北上。

《白溇先生文集》卷一《宋靜溪游黄山詩序》。

按:宋師會,字懷祖,號與亭,貢生。康熙四十八年任河間府知府,後轉直隸巡道。

麓臺上書平原總憲董訥。

《王麓臺司農詩集·呈平原總憲董老師》:"鐵冠當日苦風標,保障東南七載遥。江表至今思節鉞,柏臺重喜傍雲霄。運儲蕭相功應并,開府羊公德自饒。身在朝端方執法,霜威炎暑不能消。"

按:董訥,字兹重,號默庵,平原人。"總憲"即"御史"。由"保障東南七載遥"可知,此詩寫於康熙三十三年後。

【本年存疑作品】

七月
麓臺爲夏翁作《仿大痴山水扇》,存疑。

《中國古代書畫圖目 12》皖 1—448 圖録《仿大痴山水扇》:"甲戌初秋,仿大痴筆,爲夏翁年道長兄壽并正。王原祁。"

鈐印:"王原祁"(一朱兩白文正方)。

【理由】畫風類王肇傳派,存疑。

康熙三十四年乙亥(1695年)五十四歲

正月
王攄游粵之飛來寺,後游南華寺、大庾嶺等地。

《蘆中集》卷十《飛來寺》、同卷《南華寺》、同卷《大庾嶺》。

約正月,毛師柱寄題嘉禾鄒裕來《秋水閣圖》,此圖爲都諫麓臺所畫。

《端峰詩選‧七言律‧次韻寄題嘉禾鄒山樵秋水閣》,其二:"夢裏春帆過舊路,圖中秋水入新題(王麓臺都諫有《秋水閣圖》)。"

按:沈受宏《白漊集》卷六《次韻寄題鄒裕來秋水閣二首(閣在鴛湖上)》:"南湖一別渺風烟,聞説樓居境是仙。"《白漊集》卷五《嘉禾冬夜鄒裕來湖亭對月,同王次谷、徐東白、毛魯公舅氏分韻得天字》。

春
王攄詩贈臨江李述修太守。

《蘆中集》卷十《贈臨江李述齋太守二首》。

按:《贈臨江李述齋太守二首》中有"少日曾充觀國賓,西京文字冠東秦。共欽才筆班揚妙……記別金臺二十春"。自注,"丙辰初登第即晤於京師。"可知此詩寫於康熙三十四年,後一首有"殘春",所以推定時在康熙三十四年春。

四月
麓臺作《仿趙大年江村花柳圖卷》。

《甌鉢羅室書畫過目考》卷二《王原祁‧仿趙大年江村花柳圖卷》:"仿趙大年設色江村花柳圖。丁亥清和。"

按:《甌鉢羅室書畫過目考》著録中另有唐岱跋文十行。

王翬在京作《王石谷茅屋長松圖軸》。

《虛齋名畫録》卷九《王石谷茅屋長松圖軸》:"茅屋全無暑,長松落翠陰。窗中讀書者,須會古人心。乙亥清和,石谷子王翬畫於長安寓齋。"

麓臺作《清王原祁山水軸》。

《陶風樓藏書畫目・清王原祁山水軸》："乙亥清和,仿大痴筆意,似苔村世兄正。王原祁。"

鈐印:"王原祁印"(白文正方)、"麓臺"(朱文正方)。

按:有"畢沅審定"(朱文)、"秋帆珍賞"(白文)、"覃溪審定"(朱文)、"翁方綱經眼記"(白文)、"阮伯元曾觀"(白文)收藏印。

四月至五月間,黃與堅邀王撼等集齋中觀藤花。

《蘆中集》卷十《黃忍庵宮贊齋中藤花盛開,招集同人宴賞次忍庵韻》。

按:《黃忍庵宮贊齋中藤花盛開,招集同人宴賞次忍庵韻》前有《春盡》,其後《食楊梅追恨未得食荔支(枝),用東坡荔支(枝)嘆韻》有"君家家果五月熟"由此可知,王撼觀花詩作於四月至五月間。

五月

石濤應合肥李天馥之請,過鑾江。

《石濤詩録・石濤東下後的藝術活動年表》。

按:李天馥,字湘北,號容齋,合肥人。時以大學士丁憂在籍。六月,石濤從合肥東下。七月在儀徵,偕先著、顧惺等游白沙翠竹江村即氏家園,爲主人鄭肇新題園中十三景。

正月至六月間

查慎行以吳暻爲介求麓臺畫。麓臺允諾以詩易畫。次日,麓臺爲查氏作巨然山水并次韻。王晦館於麓臺宅,見查慎行乞畫詩,附和一首寄查氏。其後,姜宸英仿查慎行例,以詩乞畫。

《敬業堂詩集》卷十九《酒人集・以詩乞王麓臺給諫畫山水》、同卷《次日麓臺爲余作巨然山水,并次昨韻見酬,再叠韻奉謝》、同卷《和姜西溟索畫元韻》。

《以詩乞王麓臺給諫畫山水》:"婁東富文獻,世守鄴侯架。太原老奉常,腕底幹造化。當年書畫迹,貴豈文董亞。至今賢子孫,餘韻足瀟灑。黃門早登第,群從俱方駕。朱紫接烏衣,丹青陋曹霸。朝廷無闕失,邸舍多清暇。坐令拾遺官,風流資醖藉。時時出餘技,落筆妙天下。屏幛滿京華,林泉不吾借。篋中一幅紙,欲乞防見詫。生平山水緣,無厚入有罅。搜奇得餘快,歷險貫不怕。所愧言少文,烟雲經眼乍。如何不自量,見彈求鴞炙。意從良友申,閑請掖垣假。朝來傳好語,命以詩易畫(余以宣德紙從吳元朗轉乞君畫。君語元朗,是不可無夏重詩。詩來,則畫往矣)。我詩頗拙速,敢托不敏謝。古人重踐言,相隨寧論價。君其勿堅壁,致我長避舍。"

《罨畫集》卷三《查夏仲以詩易余畫,次韻答之》:"龍山查先生,讀書窮鄴架。錘鍊爲文辭,等身與古化。瑰奇更清真,韓蘇之流亞。興來爛熳題,珠玉繽紛瀉。余聞心折久,畏友敢并駕。霧豹窺半斑,騷壇戰而霸。欲與共討論,一官苦無暇。遂令鄙吝生,他山何所藉。小技試磅礴,每恥居人下。粉本追宋元,筆墨四家借。腕弱愧癡肥,定爲識者詫。譬彼窺月魄,餘光逗壁罅。慘澹心神疲,甘苦方知怕。變化理無窮,微茫得失乍。乃覺吾祖高,宜為人膾炙。拙筆非許田,奚爲拱璧假。真宰雖難搜,勉力爲君畫。木瓜配瓊瑶,何以云報謝。荒率懼覆瓿,賴公以長價。置君懷袖間,秋風弄上舍。"

《和姜西溟索畫元韻》:"昔年停旆婁江濱,隨珠的爍燕石隕。今朝傾蓋長安道,越水吳山不分眕。先生下筆動風雲,意氣肯爲青衫盡。天禄校書藜火然(燃),出入編摹寓忠藎。星馳電掃張吾軍,老將攻堅敵不寠。學穿天心出月脇,書探二酉傾百囷。誰辨六法計盈絀,我欲作書與平準。嗟哉筆墨少真虎,四顧床頭無善本。欲寫晴江踐祖約,愧不如前竊自哂。漫言皴皺能古人,古人之意不我允。側理光潤倘見貽,不惜拙手誇完縝。瓦礫如何費珠玉,勸君此例且無引。"

《王服尹見和乞畫詩三疊前韻奉答》:"米家書畫船,秋蔭傍藤架。爲君下一榻,四壁烟雲化(服尹時下榻麓臺齋中)。京洛少名園,精廬乃其亞。可無一斗墨,興到供揮灑。君才況如江,袞袞高浪駕。偏師壓小敵,勢欲戰而霸。篇終味深穩,語妙神閑暇。平生績學功,授受有承藉。淵源大可溯,派自震川下。幸生君子鄉,師友不外借。何當謬引重,恐被識者詫。昨日乞畫詩,細聲風出罅。蒲牢懸我前,欲扣呼可怕。強顏托鳧契,結襪交非乍。憶昔隔墙居,淋漓濡酒炙(己巳寓居上斜街,與孫愷似編修近隔一垣,長從服尹飲)。六年一醉夢,歲月不我假。青山憔悴容,此景豈堪畫。君歸約雋孫,吾亦借小謝(來詩及家德尹)。披圖賦招隱,尚可長詩價。忍負好溪山,挑燈鄉客舍。"

姜宸英《葦間詩集》卷四《查夏重以詩乞畫於王麓臺給諫,守數日竟得之。宋木見查詩,亦戲爲長句投王,聊以寄興爾,非真有求也》:"我生遲暮,眼及見前輩風流猶未失。……方今妙手豈無人,少値天機多拘窘。誰能一展書傳香……輞川詩老王給事,象外經營立標準。頗疑水墨爲積習,肯與吳生共粉本。積縑如山邀不顧,興酣落筆風送隼。狂生好事不蓄錢,一詩哪得意便允。舊藏貢餘四尺贏,玉色山光肌理縝。區區效顰毋乃痴,近例如今庶可引。"

按:《酒人集》收錄查慎行康熙三十四年正月至六月間詩。因此,查慎行、姜宸英索畫以及王原祁和詩等事當在康熙正月至六月間。《罨畫集》卷三《查夏仲以詩易余畫,次韻答之》所載此詩與查慎行《敬業堂詩集》卷十九《以詩乞王麓臺給諫畫山水・附次韻》所錄王原祁之詩有異文數處。

王晦(1646年—1719年),字服尹、樹百,號補亭,王際泰孫,王楫汝長子,江蘇太倉人。王晦長子王敬銘爲麓臺弟子。張雲章《樸村文集》卷十八《祭王母須孺人文》:"長君服尹,都邑名噪,高鵬未騫,低鷃相笑。"同書卷二十四《孝廉時君期五墓表》稱,時圯授之子鈞肅,有女三,其一"適國學生王□□(未刻,當爲輔銘),壬辰(康熙五十一年)進士翰林院庶吉士晦之子,萬壽科狀元翰林院修撰敬銘之弟"。

從《查夏重以詩乞畫於王麓臺給諫,守數日竟得之。余未見查詩,亦戲爲長句投王,聊以寄興爾,非真有求也》詩題看,姜宸英似乎并未求得王原祁的畫作。《葦間詩集》卷三《見某給事堆假山》有"要官勝似冷官閑"之語,不知是否諷刺麓臺。麓臺伯父王挺擅築園,他與張南垣(爲王時敏築戲園、南園)也有交往。

六月
宋駿業、王犖、王雲、虞沅、顧昉、楊晋、徐玫合作九秋圖。

《虛齋名畫錄》卷九《國朝諸名賢合寫九秋圖軸》。

按:《國朝諸名賢合寫九秋圖軸》諸跋:"九秋圖。爲東老年翁補芙蓉一枝,長洲宋駿業。""乙亥長夏,烏目山中人王犖補丹桂、翠薇二種。""邘上王雲添雁來紅。""南沙虞沅寫烏桕。""雲間顧昉補秋羅。""野鶴楊晋畫菊花。""松陵吴芷補藍(蘭)菊。""吴趨徐玫寫月季。"

子老先生囑麓臺作《仿大癡筆》《仿山樵筆》。

《過雲樓續書畫記》卷四《四王惲吴合册》。第四幅:"乙亥長夏,子老囑仿大癡筆。王原祁。"

《過雲樓續書畫記》卷四《四王惲吴合册》。第五幅:"數幅溪山萃墨林,虎頭癡絕□知音。拙工也學山樵筆,石骨松姿翠黛深。夏日雨窗又爲子老作并題。麓臺祁。"

夏
孫蕙以詩促畫,麓臺和其原韻并爲之作《仿黄公望山水》。

《故宫藏畫大系十五》第26頁、《清王原祁畫山水畫軸特展》第3頁圖錄《仿黄公望山水》:"感慨風塵内,寄懷常讀詩。願言追正始,風雅兼騷詞。學古愧魯鈍,面墻何所之。以兹通六法,略有會心時。吾宗有樹百,磊落多奇姿。發響吐鐘吕,斑蘚勝雲螭。陽春生絢綵,爽氣動秋颸。負才不得意,牢落同丘爲。扁舟來北訪,執手話别離。高山流水曲,忽起烟戀思。四家兼董巨,令我次第窺。官閒試盤礴,慘澹心神馳。畫理合禪定,南宗衣鉢貽。髻珠各自寶,丰骨秉天彝。師承近茫昧,遂令識者希(稀)。舍學務從人,鈹染徒爾疲。氛霾盡一掃,并剪與哀梨。置之屏障間,咫尺萬里奇。論畫恥形似,坡公意豈私。層樓擬一構,寫出胸中痴。揮灑答君咏,君今且勿嗤。乙亥夏日,樹百弟以詩促畫,余爲仿大痴筆并和原韻。麓臺祁。"

鈐印:起首鈐"古期齋"(朱文長方),下鈐"原祁之印"(白文正方)、"麓臺"(朱文正方),圖右下鈐"對此融心神知君重毫素"(朱文長方)。

設色紙本立軸,122.4×58.1cm,臺北故宮博物院藏。

按:《欽定石渠寶笈續編》(第19冊)著錄。康熙二十一年王士禎序孫蕙《笠山詩選》中稱:"給事中,右隸門下省。上朝謁平尚書,奏事其職。主草制、備顧問。獻納得失,駁正違謬。"孫蕙友廣陵汪季角。汪懋麟序稱,孫蕙(樹百)"舉進士,領縣,侍諫垣。"孫蕙所領何縣?《笠山詩選》卷四有《安宜行》,他可能出爲安宜知縣。《王司農詩集中》有《致安宜》,此詩可能贈孫蕙。

七月

麓臺爲左翁作《仿米襄陽雨山軸》。

《愛日吟廬書畫錄》卷三《王原祁仿米襄陽雨山軸》:"乙亥初秋雨窗,似左翁老年都掌科正。婁東弟王原祁。"

鈐印:起首鈐"古期齋"(朱文長方),下鈐"王原祁印"(白文正方)、"麓臺"(朱文正方)。

八月

麓臺作《王司農仿大痴立軸》。

《吳越所見書畫錄》卷六《王司農仿大痴立軸》:"康熙乙亥中秋,積雨初霽,茶庵老叔過訪,屬仿大痴筆意,作此請正。原祁。"

鈐印:"原祁茂京"。

九月

麓臺爲七叔王攄作《仿一峰山水》。

《山水正宗》上卷第51頁圖錄《仿一峰山水》:"乙亥重陽,仿一峰老人,寄祝七叔父大人兼呈教正。侄原祁。"

鈐印:起首鈐"古期齋"(朱文長方),下鈐"原祁之印"(白文正方)、"麓臺"(朱文正方)。

設色紙本立軸,125×52.5cm,上海博物館藏。

按：《虛齋名畫錄》卷九稱之爲《王麓臺仿一峰山水軸》。此圖曾經李宗翰（"公博鑒藏"，朱文正方）、龐元濟（"虛齋鑒定"，朱文正方），另有"有餘閑室寶藏"印。

麓臺七叔父王摅，與其父王撰爲同母胞弟。王摅字虹友，號汲園，太學稟貢生，康熙三十八年卒。著有《步檐集》《蘆中集》《據青集》。其長子王昭駿是康熙四十六年王氏"族人麗逆案"的主要成員之一。

此作跋文書寫、山體結構缺乏麓臺畫作中常見的力度和古拙味。

麓臺爲七叔作《清王麓臺仿大痴長軸》。

《壯陶閣書畫錄》卷十六《清王麓臺仿大痴長軸》："乙亥重陽，仿一峰老人，寄祝七叔父壽兼呈教正。侄原祁。"

按：《山水正宗》上卷第51頁《仿一峰山水》與此畫相比，跋文有異：《仿一峰山水》跋稱"七叔父大人"，《清王麓臺仿大痴長軸》跋爲"七叔父壽"。

《壯陶閣書畫錄》跋稱，"麓臺立軸無精於此（《清王麓臺仿大痴長軸》）者。滬上有一臨摹紙本，絳色太重，頗爲失真，已獲重價"。

麓臺觀韶九下棋，欣然有會心處，作《仿梅道人山水》。

《美國顧洛阜藏中國歷代書畫名迹精選》第337頁圖錄《仿梅道人山水》："昔吳道子見裴旻舞劍，放筆作畫壁；張旭見擔夫爭道，草書益精進。余觀韶九棋，欣然有會心處，漫作此圖。雖古今人迥不相及，然心得手應，其義一也。贈之以博一笑。康熙乙亥九秋，仿梅道人筆。麓臺祁。"

鈐印：起首鈐"古期齋"（朱文長方），下鈐"王原祁印"（白文正方）、"麓臺"（朱文正方）。

紙本水墨，108.6×51.4cm。顧洛阜藏。

按：此圖有宮本昂（"宮子行同弟玉父寶之"，朱文正方）、"清群籙鑒賞"（朱文正方）、"持健藥"（白文正方），以及當代"馬積祚印"（白文正方）等收藏印。

秋

麓臺作《麓臺仿古山水册》十二幀。

顧夢麟《過雲樓續書畫記》卷四《麓臺仿古山水册》。

第一幀："仿大年筆。"

第二幀："仿雲林。"

第三幀："大痴秋山。"

第四幀："竹密不妨流水過，烟濃直欲擁山移。"

第五幀:"仿北苑意。"
第六幀:"仿荊關寫意。"
第七幀:"仙山樓閣。青綠家每師松雪,余亦用其意。"
第八幀:"萬壑松泉。仿黄鶴山樵。"
第九幀:"仿梅道人。"
第十幀:"烟嵐秋靄。"
第十一幀:"仿高尚書。"
第十二幀:"碧篠挺奇節,空霏散冷露。十年青山游,得此幽貞趣。乙亥秋日,用李營丘筆。"

麓臺作《王司農仿大癡山水》。

《自怡悦齋書畫録》卷四《王司農仿大癡山水》:"乙亥秋日,仿大癡筆。王原祁。"

鈐印:"王原祁印""麓臺"。

按:張大鏞稱"(此畫)渾厚華滋。青、緑、赭和墨,四者摻和筆端,隨意點染。但見烟雲繚繞,而痕迹骨融,崇山密樹中間作紅葉一兩株,尤覺神韻高遠"。

王撼詩賀京江張太夫人八袠壽,詩送徐舒學博之任淮安。王抃亦以詩送之。

《蘆中集》卷十《壽京江張太夫人八袠二首》。

《巢松集》卷五《送徐霆發學博之任淮陰》:"論交三十載,垂老意逾親。……流水桃花岸,汪倫暗愴神。"

按:《蘆中集》卷十《送徐霆發學博之任淮安》有"寂寞才名三十載,芙蓉秋冷無人採。……嗟今廣文飯不足……送君遥上楚江船,一時淮海人文變。……物換星移五十霜……從此金門必通籍。"

十月

二十六,王士禎以時賢詩文摹帖屬張雲章寫跋。

《樸村文集》卷十二《爲新城先生題時賢詩文摹帖卷後》:"新城先生好以詩文寵後輩。後輩之以詩文投先生者,必獎借而扶進之。一篇之合,一句之工,稱之輒不容口。至於臨摹古帖、翰墨游戲,亦喜□覽觀。雖以至鄙陋如雲章者,先生每過許其文之可教。往在甲子,送先生奉使南海,製此序。今年秋入都,先生兩以便面屬書,乃者復委以此卷。"

十一月

二十七,陳廷敬生日,張雲章以《大司農澤州陳公壽序》爲賀。

《樸村文集》卷十《大司農澤州陳公壽序》:"……得賢爲樂。……惟公與濟南王公合詞薦之(陸隴其)上前,遂得入試御史所,有建白,世皆韙其言,以爲舉而布之,皆善政也。"

陳廷敬受業弟子唐紹祖《榕村詩選序》稱,陳氏主張詩歌宗旨爲"情深而禮義不愆者","以温柔敦厚爲本"。

本年

王翬爲吳暻作《王石谷仿董文敏山水》。

《虛齋名畫録》卷九《王石谷仿董文敏山水軸》:"人家在仙掌,雲氣欲生衣。仿董華亭筆意,請正西齋老先生。乙亥九日,耕烟散人王翬。"

王揆爲張毛健《鶴汀集》作序。

張毛健《鶴汀集》王揆序:"予與毛君恬庵己卯同舉於鄉,凡計偕北上,往還必與俱。……乙未歲,予先釋褐,後三年,恬庵亦成進士。……予謁選京師,以疾不果,未幾遭挂誤,遂賦考槃終老焉。榜後雜賦感云:'出豈忘三徑,貞猶念十年。'殆詩讖矣。恬庵則爲賢縣令,三任巖邑皆有聲。……令孫今培具間世才,爲童子時,已出語驚其長老,試輒高等,人皆以青雲之器目之。初不意其能爲詩也。一日,弟虹友婿東白驚相告曰:'亦知今培之爲詩乎?此當今之韓蘇也。'……予有子二,皆不能詩。長兒備員瑣掖,幸聖朝無闕事,得游心於風雅之林。然才之大小不同,未可以候蟲之鳴而方金石之奏。若今培者,自宜在承明著作之廬。……予自幼喜聲韻之學,今年已七十餘矣,未有所成就,兒輩尤不足道。……康熙乙亥陽月,太原年家芝麓老人王揆拜題。"

宫鴻歷、唐孫華、黄鼎、湯右曾、吳暻等常相聚於索芬府邸。索芬喜歡書畫,各地上京的書畫家亦喜與之交往,以求在京發展。

宫鴻歷《甲巳游草》(乙亥)卷二《晴雲書屋食鮮荔枝》稱,宫鴻歷客索芬府邸,與唐東江(揆敘師唐孫華)比鄰而居。《贈王漢藻(王工花鳥、山水)》有"廣陵王生兼其妙"。《山水歌贈黄尊古》:"畫作方今誰第一,虞山黄君老詞客。晴雲書屋乍班荆,此畫此人俱拱璧。"《晴雲書屋名畫六幅各題長句》其一《黄子久》:"晴雲主人有畫癖,一生好畫如好色。"

同書卷二《客京師幾二年,與□忘定交,時時以文酒之事來相對從,嘉平日留榻晴雲書屋,因出家藏王孟端所畫枯木竹石見示。筆墨修遠,直入迂老之室。上舍黃尊古愛之,因爲臨摹一幅,畫成而西厓湯翰編、西齋吳部曹適至,酒酣各題數語,用志一時名流之聚,知己之素爲不多得云,時康熙乙亥除夕前二日也》。

按:張庚《國朝畫徵錄》稱:"(黃鼎)臨摹古人咄咄逼真,而於黃鶴山樵法爲尤長。"

華子千在京與宮鴻歷、史亦右等交往,擬翌年回無錫。

宮鴻歷《甲巳游草》卷一《華子千擬明春歸梁溪,同人贈行之什頗富,次史亦右先生韻二首》,其一:"慧嶺山泉供論茗,侯家池館罷傳餐。入門細浣緇塵服,飽看捎雲竹數竿。"其二:"風霜千里重重別,冰雪三年細細餐。京洛故人多眷戀,不應泉石寄釣竿。"《再送子千》:"豐臺花放號將離,此別何年是見期。"其三:"羸驂短褐走緇塵,話到凉暄懶是真。"

國子監祭酒張榕端遷内閣學士兼禮部侍郎,右春坊右庶子孫岳頒轉國子監祭酒。

王士禛《居易錄》卷二十七。

陳奕禧入京,官郎署。

陳奕禧《隱緑軒題識·題玉版十三行》:"余乙亥到京師。"

按:根據康熙四十一年《陳香泉詩翰册》(《澄蘭室古緣萃錄》卷十)中"八載叨郎署"句可知,康熙三十四年,陳奕禧進入郎署。

麓臺爲吳暻作《倪黄小景》。

吳暻《西齋集》卷七《王給事麓臺爲余作倪黄小景,圖成報以長歌二百八十字》:"黄痴倪迂兩畫師,獨向江山得清淑。筆墨挽回五百年,人間油素殘膏馥。江東好事王謝家,百金一紙收彛軸。吾州之豪老奉常,妙繪浮嵐真面目。風雅流傳給事孫,嘉陵粉本相追逐。退朝花底梧省閑,小窗斜掃冰綃幅。青山一筆雲容淡,蘆花十日烟波足。從君欲乞草堂懸,此願數年中所蓄。偶然市得宣宗紙,瑩膩純堅敵寒玉。請君下筆寫吳山,洗我江南愁萬斛。離離短幅合痴迂,窈窕眉峰間修竹。此中如見一峰老,提壺徒倚虞山麓。又疑身入淨名庵,圖書清閟雙桐緑。蕭齋風雨恐飛去,烟霞變幻山靈哭。真成平地家居仙,結亭置我王官谷。三吳夏潦水半扉,喬木爲薪具饘粥。夢想平生釣游處,白鷗滅没荒江宿。吾曹終是林泉人,野性惟當友麋鹿。髣髴龍眠舊宅圖,幽樓會向衡門卜(李伯時畫其弟亮工舊宅圖)。君不見,東郊零落貰園荒,拋擲雲山兩茅屋(東郊奉常別墅貰園余故山也)。"

按:《西齋集》卷七收錄甲戌(康熙三十三年)、乙亥(康熙三十四年)間詩四十六首。

宋定業扈從西征,玄燁賜"文學侍從"。

《蘭皋詩鈔》卷十《恒曲小集·乙亥大業季弟以儒臣扈從邊庭,上賜"文學侍從"四大字,壬午又賜額曰"凝遠堂",喜賦二律》。

王揆妻宋夫人卒。

《顓庵府君行述》:"乙亥歲,先妣宋夫人即世。先妣相我先大夫三十三載……先夫人主持子女嫁娶,賓客祭享,下馭臧獲,俱井井有法度。"

《西田集》卷四《悼亡雜詩三十首》。

按:康熙元年,王揆與麓臺同時娶妻。

王抑任山西西路同知。

《山西通志(光緒)》卷八十一:"王抑,江南蘇州人,舉人,康熙三十四年任西路同知。"

康熙三十四年夏至康熙三十五年春,麓臺、宋駿業、禹之鼎等輩下諸名人爲安郡王馬爾琿幕僚徐蘭合寫《芝仙書屋圖》。

陳康祺《郎潛紀聞三筆》十二卷:"王原祁、宋駿業、禹之鼎、顧士奇、張振岳、楊晉、顧昉、沈堅、黄鼎、劉石齡、鄭淮、馬是行、孔衍栻、楊豹、方孝維、馬昂、于炎、周兹、許容、姚匡、馮纕、顧[卓]芷、王永、李堅、鄧焕、黄衛、錢石含、翁嵩年、唐岱,而始寫樹石,末復補遠山一角者,石谷子王翬也。詩者六十人,皆余思祖爲之書。姚奎、袁啓旭、費厚藩、黄元治、胡介祉、汪灝、宫鴻歷、李時龍、胡賡昌、錢維夏、江宏文、王奕清、劉允升、朱襄、汪若、顧嗣協、翁必選、錢汝翼、錢元昉、孫致彌、蔣仁錫、馮歷、王源、王澤宏、周彝、朱時鳳、許志進、蔡壆、朱鎬、顧彩、吳麟、顧瑶光、龐塏、姜宸英、王盛益、蔣疇錫、金壁、王時鴻、周清原、馬幾先、孫鋐、葉藩、陳於王、沈用濟、吳世標、孔尚任、曹曰瑛、金肇昌、張霪、金德純、吳[璉]漣、宏㷀、阿金、文昭、博爾都、雪齋占、拙齊珠、兼山端、釋等承、慈[際]視也。題識者孔毓圻,而陳奕禧爲之書。是圖不知今落何許。錄之亦足存國初雅人姓字,并以見皇畿才彥之盛也。"

按:成洪燕《〈芝仙書屋圖〉述考》稱:《清碑類鈔》《大清見聞錄》《清朝野史大觀》等皆抄自《郎潛紀聞》。徐蘭,字芬若,號芝仙,虞山人,流寓天津,曾爲安郡王古香主人馬爾琿幕僚。因爲袁啓旭卒於康熙三十五年春,徐蘭寓居天津,康熙三十四年夏至康熙三十五初在京。因此,《芝仙書屋圖》當作於康熙三十五年夏至康熙三十六年春。圖中王翬"丁丑(康熙三十六年)三月"跋,乃徐蘭出示《芝仙書屋圖》,王翬爲之補圖。其中,拙齋珠即吞珠,努爾哈赤玄孫,字拙齋,號聱翁。雪齋占即吳爾占,岳樂子。岳端,字兼山,號紅蘭主人,岳樂第三子。

【本年存疑作品】

四月

麓臺爲樹百作《山水》,存疑。

《清王原祁畫山水畫軸特展》第 85 頁圖録《山水》:"余丁卯登岱,壬戌冬作詩五十韻,追記游歷之處。近樹百弟至寓齋索閱余詩,堅囑余寫其意。秦岱爲天下鉅觀,豈痴鈍之筆所能摹寫萬一。固辭不已,勉應其請。法宗北苑而腕弱紙澀,恐爲有識者所嗤。如何,如何。時康熙乙亥清和望日麓臺祁識。"

尺寸、藏地不詳。

按:"丁卯"即康熙二十六年。"壬戌"即康熙二十一年。

【理由】康熙三十二年六月至八月間,王原祁以陝西鄉試副考官身份典試秦中,期間作《登岱五十韻》。康熙二十一年,王原祁在任縣。

冬

麓臺爲樹翁作《仿黄公望山水圖》,疑僞。

《中國繪畫全集 27》第 10 頁、《鄧拓捐贈中國古代繪畫珍品特展》第 158 頁圖録《仿黄公望山水圖》:"乙亥嘉平,仿一峰老人筆,奉祝樹翁老先生壽并正。王原祁。"

鈐印:起首鈐"古期齋"(朱文長方),下鈐"王原祁印"(白文正方)、"麓臺"(朱文正方),圖左下鈐"對此融心神知君重毫素"。

絹本設色立軸,126.5×60.5cm,中國美術館藏。

按:此圖有"丹崖審定真迹"(朱文正方)、"崔轂枕秘笈書畫印"(朱文長方)、"轂枕四十年以後所得"(朱文正方)、"家在江南黄葉村"(白文正方)、"竹敦沈氏珍藏"(朱文長方)等收藏印。

【理由】此圖山巒、樹木、坡石等的造型、畫法與麓臺同期作品相比,差異很大。

康熙三十五年丙子（1696年）五十五歲

二十日，黄與堅再次爲王抃《巢松集》作序，稱其樂府高妙，詩亦妙。

《巢松集》黄與堅序："庚午春，以《巢松》諸稿屬余序。余序其樂府，不及詩。以鶴尹詩之工，人盡稔知。"

張雲章嚮京城科考同考官惠元龍提出了"理純而氣昌"的取士標準。

《樸村文集》卷五《與惠元龍(時丙子正月以本年京闈君當爲同考官并此書不致後方令見之)》："吾輩相勗以道義。……制藝，有明三百年，作者頗涉其流，所宗尚惟在理純而氣昌，此外成一家言者甚衆，竊謂皆落第二義。當世大人先生挈持文章之柄者，當廣搜博採，不限以尺度，而品題位置不可以名家。"

約正月

毛師柱、王擴和龔敬立意止齋原韻。

《端峰詩選·七言律·次和龔敬立意止齋原韻》。《蘆中集》卷十《題龔敬立意止齋次原韻二首》。

按：毛師柱《次和龔敬立意止齋原韻》二首，其一："淑石奇懷似子荆，久於詞苑著英聲。每思別墅多攬詠，却喜幽齋近得名。岸柳綠陰連几席，庭花紅艷到杯鐺。疏林日晚看如畫，冉冉村烟隔水輕。"王擴《題龔敬立意止齋次原韻二首》也使用了"荆""聲""名""鐺""輕"等韻脚，可見都是應龔敬立之邀而作，時間相近。

二月

七日，王擴招集杜讓水、毛師柱等集獅子林賞梅。後王擴作《吟社言懷》，登鄒裕來秋水閣，訪錢遵王。

《端峰詩選·七言古·二月七日王汲園招集獅子林觀梅，用東坡和秦太虛韻》。

《蘆中集》卷十《招杜讓水及諸同人集獅子林梅花下，用東坡和秦太虛韻》、同卷《吟社言懷》、同卷《登鄒裕來秋水閣次壁間韻》、同卷《訪錢遵王留飲牡丹花下》。

按：《招杜讓水及諸同人集獅子林梅花下，用東坡和秦太虛韻》中有"去年大庾嶺頭行"可知時在康熙三十五年，康熙三十四年春王擴游大庾嶺。由《二月七日王汲園招集獅子林觀梅，用東坡和秦太虛韻》指王擴等人集獅子林賞梅，當在二月七日。

三十日,顧嗣立至京師,寓宣武門外西上斜街,署其居曰"小秀野"。與麓臺比鄰而居,後麓臺爲其作《秀野草堂圖》。

顧嗣立《閭丘先生自訂年譜》"三十五年丙子":"年三十二。春正月二十五日,自里門北上。……二十九日至京口,二月三日至揚州,三十日抵京師,寓宣武門外西上斜街,署其居曰'小秀野',屬禹鴻臚尚基之鼎繪圖,自題絶句四首……詩傳輦下,一時屬而和者百餘人,王麓臺學士原祁爲余倣董文敏盧鴻草堂圖筆意作《秀野草堂圖》。"

三月

博爾都招集宮鴻歷、姜宸英、查昇、湯右曾、查聲山、馮文子、贊皇諸君陪紅蘭主人東皋雅集,酒行而根師適至。

宮鴻歷《甲已游草》(丙子)卷三宮鴻歷《丙子暮春八日,博問亭先生招同西溟、子文、西厓、聲山、(馮)文子、贊皇諸君陪紅蘭主人東皋雅集,酒行而根師適至,詩限五言律》。

春

石濤在儀徵後轉揚州,與程浚相晤,爲其跋漸江《曉風江便圖》。

汪世清《石濤詩録·石濤東下後的藝術活動年表》。

按:程浚,字葛人,號肅庵,歙縣岑山渡人。在揚州經商,常往來於徽揚之間。

唐孫華奉使浙中典鄉試,同考爲官陳鵬年。榜發,當地落榜士子無不平之色。唐氏曾過淮陰學舍省視徐舒廣文。

《東江詩鈔》卷四《過郯城》:"予於甲子春以明經充賦至京師,道過郯城,聞縣令方君之賢,至丙子歲予官吏部,奉使浙中,復過郯城,則方君尚爲邑令,仰十於郯外,及就邸次謁詢之,其爲郯令已十四年矣,爲之慨然而作。"同書同卷《過淮陰學舍省徐霆發病》、同卷《試院煎茶次東坡韻》、同卷《榜發,浙中才士之未薦者多過予邸舍以所業請益,摳衣肅拜,無幾微不平之色,且有具贄幣願執業門墻者,予深愧之,爲賦詩解嘲且以慰諸君子焉》。

《樸村文集》卷十《考功東江唐先生八十壽序》:"歲丙子,典試兩浙。浙故多才,是科人文尤爲特盛。"

按:康熙三十六年春,毛師柱詩哭徐舒廣文。《端峰詩續選》卷一《哭同學徐霆發廣文》,同年唐孫華《東江詩鈔》卷四收録《輓徐霆發學博》。

朱彝七十,毛師柱、唐孫華等以詩賀之。

《端峰詩選·七言律·贈朱立雲(時年七裘)》。《東江詩鈔》卷四《壽朱立雲七十》。

按:《贈朱立雲(時年七裘)》"渭水垂綸遲十載,玉璜應向帝師求"自注:"立雲亦字璜師,故末句戲及。"由此可知,朱立雲亦字璜師,生於天啓七年,卒於康熙三十八年,年七十三。

四月

麓臺作《仿巨然山水》。

《中國古代書畫圖目16》吉1—173圖錄《仿巨然山水》:"丙子清和,仿巨然筆似思老年親翁正。王原祁。"

麓臺作《仿黄公望山水》。

《故宫藏畫大系十五》第27頁、《清王原祁畫山水畫軸特展》第5頁圖錄《仿黄公望山水》:"丙子清和,仿大痴筆。王原祁。"

鈐印:起首鈐"古期齋"(朱文長方),下鈐"王原祁印"(白文正方)、"麓臺"(朱文正方),圖左下分别鈐"西廬後人"(白文長方)、"賜書毅詒堂"(朱白文龍鳳長方)。

設色紙本立軸,93.5×46.6cm,臺北故宫博物院藏。

王翬爲吴暻作《西齋圖》。吴暻以長歌相贈。

吴暻《西齋集》卷十《長歌贈王山人石谷》:"三吴例出能畫手,大雅百年不復作。華亭尚書王奉常,二老風流去猶昨。山人妙得流傳秘,筆力江山破餘地。追摹直亂宋元間,四海公卿走書贄。殿上承恩宋供奉,妙藝林泉亦飛動。尚方詔寫南巡圖,好手紛紜聚賓從。江東特致山人來,筆端造化生面開。玉帳牙檣自天下,春風柳陌千龍媒。潑墨烟雲十二圖,一幅青山盈十丈。道旁觀者百萬人,指點鬚眉皆在掌。廿載聲名達閣門,至尊玉几親咨賞。白衣更入承光宫,妙翰喧傳鶴禁東。布襪青鞋拜賜歸,蕭散不失山人風。長安姓氏滿華閣,争致黄金换丘壑。廳前老筆將軍乞,月中宫扇才人索。一水值千縑,一石值萬錢。長年閉户謝賓客,籌鐙風雨揮雲烟。東絹家家送一匹,雜請終南兼少室。古鼎奇花價頓輕,自言願得山人筆。萬卷峰巒散幽思,今人無敵古人避。誰看曹霸丹青引,不數中興名畫記。嗟哉同是天涯人,翰墨如君可逐貧。嚴徐揚馬若無遇,不及溪山筆有神。"

按:禹之鼎也曾爲吴暻作《西齋圖》。《虚齋名畫録》卷六《禹慎齋西齋圖卷》:"西齋圖。太倉吴公命寫照,補景師王晋卿《烟江叠嶂圖》筆意。都門客囱(窗),廣陵禹之鼎寫。"

《西齋集》卷第十收錄康熙三十六年間詩,時吳暻在京師。卷中有《題高江村所藏丁南羽洛神圖後四絶句》,而《野航詩集》下卷收《丁南羽洛神圖》,由此可推知,兩者當爲一次聚會,或作詩時間相近。

五月
麓臺作《仿大癡山水圖》。

《中國繪畫全集 27》第 13 頁圖錄《仿大癡山水圖》:"丙子夏五,仿大癡筆於暢春直廬。王原祁。"

鈐印:起首鈐"掃花庵"(朱文長方),"王原祁印"(白文正方)、"麓臺"(朱文正方),圖左下鈐"對此融心神知君重毫素"(朱文正方)。

設色紙本立軸,91.5×48.5cm,中國美術學院藏。

按:此圖有"烟雲堂"(朱文正方)等收藏印。

西平譚瑄、青浦王原、海寧查嗣瑮、湯右曾、錢塘龔翔麟集秀水朱彝尊古藤書屋,分韻吟詩。

《虛齋名畫錄》卷九《國朝諸名賢合寫歲寒圖軸》:"康熙戊辰長至前七日集古藤書屋題畫,西平譚瑄分得山茶。"

孫昶後跋:"予髫時雅慕蘅圃龔先生名,稍長往謁之,蒙訂諸生交。花放月明,時一過從,齋中輒見此圖。未幾先生赴召玉樓,金匱玉屑不可復得矣。越數歲,偶於市中復見此圖,披閱之下,不禁黯然欲淚,因即購歸,懸之座右,如睹先生之丰采焉。"

按:龔翔麟,字天石,號蘅圃。浙江仁和人。工詞,與朱彝尊等合稱"浙西六家",著有《田居詩稿》《紅藕莊詞》。

六月
石濤在歙縣,避暑岑山之松風堂,爲程浚作《書畫卷》。

石濤《書畫卷》跋。

按:汪世清《石濤詩錄‧石濤東下後的藝術活動年表》稱,是年程浚年五十九,程氏四子,伯名喈,字修馭,號梧岡,年四十(順治十四年生);仲子啓,字衣聞,號鶴岑,年三十(康熙六年生);叔名哲,字聖跂,號蓉槎,年二十九(康熙七年生);季子鳴,字友聲,號松門,年二十一(康熙十五年生)。程啓、程哲與石濤爲友。《國朝畫徵錄》云,程鳴學畫於石濤,後亦以畫名。

圖二　王原祁《仿大痴山水圖》

夏

麓臺爲弟子曹培源作《爲浩修仿子久山水卷》。

《爲浩修仿子久山水卷》:"丙子夏雨窗,爲浩修仿子久筆。"

按:韓泰華《玉雨堂書畫記》卷四《王麓臺山水卷》著錄。其評價稱:"余收元人畫惟大癡絕少,得此足以彷彿遇之。先生嘗論云:'筆端金剛杵,成于學力,亦由天授。'又云:'畫宜毛。''毛'之一字可以意會。筆墨之骨端在于是。是卷山樹蒼茫,雲光蕩漾,百讀不厭。國朝盛推'四王,'若云魄力,終當遜先生耳。"韓泰華之前,張庚《國朝畫徵錄》中稱:"'毛'字從來論畫者未之及,蓋'毛'則氣古而味厚,所謂毛須發於骨髓,非可以貌襲也。"

《國朝畫徵錄・王原祁》稱:姚培源字浩修,誤。當爲"曹培源字浩修"。曹氏爲麓臺婿。

七月

十六日,麓臺作《國朝王司農仿黃鶴山樵秋山讀書圖立軸》。

《吳越所見書畫錄》卷六《國朝王司農仿黃鶴山樵秋山讀書圖立軸》:"黃鶴山樵有《秋山蕭寺圖》,先奉常曾見之,云筆墨設色之妙爲山樵平生傑作。惜已歸秦藏,不可復睹矣。甲戌(康熙三十三年)夏,東嶼姊丈瀕行,屬余作《秋山讀書圖》。丹黃點染,亦欲師其大意,恐私智卜度,終未能夢見萬一也。凡閱兩寒暑而成,特令匡甥寄歸,爲我轉質之識者。康熙丙子七月既望,王原祁。"

鈐印:"掃花庵""王原祁印""麓臺""西廬後人"。

按:闞鐸鈞《三秋閣書畫錄》卷下《清王麓臺秋山讀書圖軸》著錄,跋文"亦欲師"爲"亦精師"。《王司農題畫錄》卷下《仿黃鶴山樵秋山讀書圖》著錄。《吳越所見書畫錄》卷六《國朝王司農仿黃鶴山樵秋山讀書圖立軸》著錄。陸時化稱:"(麓臺)體貌環偉,虬髯豐頤。遇物坦易,不設機變。上嘗稱其存心莫及。多髯,人呼麻兒獅子。自號石獅道人。"

《王麓臺司農集》先後有《雪後與東白夜話》《和東白重陽登高》《懷徐東白姊丈》,未見有東嶼姊丈。《雪後與東白夜話》:"今宵且莫恨離群,把酒論詩我共君。積雪影侵孤樹月,濃香篆結半窗雲。推原時代風騷客,商確源流正僞分。瀉竹摧簷聽不盡,孤鴻嗷嗷豈堪聞。"《和東白重陽登高》:"九日登臺秋氣高,晴空一望客心勞。雲開野寺千尋塔,風冷重城一帶濠。親遠未能隨採菊,官閒猶喜漫持螯。"《懷徐東白姊丈》:"蕭蕭深巷掩柴門,契闊多年係夢魂。賦急頓荒三畝宅,詩工甘老一山村。灌畦屐齒粘花片,補屋書窗積雨痕。姊弟睽違看六載,空函慚愧到家園。"

八月

麓臺作《王司農仿倪黃筆意立軸》。

《吳越所見書畫録》卷六《王司農仿倪黃筆意立軸》:"山色向南去,溪聲自北來。幽居可招隱,落葉點蒼苔。康熙丙子中秋,仿倪黃筆意。麓臺祁。"

鈐印:"古期齋""王原祁印""麓臺""石師道人""西廬後人"。

按:徐邦達先生稱之爲《仿倪黃筆意》。

王昭被、毛俊、王礜、王諤成舉人。

《(民國)太倉州志》卷十《選舉》。

九月

麓臺作《仿高克恭雲山圖》。

《王原祁精品集》第77頁、《中國繪畫全集27》第12頁圖録《仿高克恭雲山圖》:"此圖仿高尚書《雲山》,余丙子春雨窗所作。是日諸友俱集寓齋,聯吟手談,爭欲得之,不意歸於礜兒。年來往來南北,遂致庋閣,余亦不復記憶。今辛巳九秋,礜又將南歸,出此請題,余再加點染并識歲月云。麓臺。"

鈐印:起首鈐"御書畫圖留與人看"(朱白文雙龍橢圓),下鈐"麓臺"(朱文正方)、"石師道人"(白文正方),圖左下分別鈐"得失寸心知"(白文長方)、"蒼潤"(朱文長方)。

設色紙本立軸,113.6×54.4cm,上海博物館藏。

按:《虛齋名畫録》卷九《王司農仿高尚書雲山圖立軸》著録。此圖有"虛齋審定"(白文正方)、"畫緣庵"(朱文正方)、"秦逸芬心賞真迹印"(朱文長方)等收藏印。

"丙子"即康熙三十五年。"辛巳"即康熙四十年。

王礜,麓臺長子。汪曾武《外家紀聞》:"少司農充書畫總裁,一日聖主幸南書房,命公畫山水,聖祖憑几而觀,不覺移晷。賜詩有'畫圖留與後人看'之句,旋鎸石章以賜。"

元趙孟頫《松雪齋集》卷五《題孤山放鶴圖》其二:"昔年曾到孤山,蒼藤古木高寒。想見先生風致,畫圖留與人看。"

秋

麓臺爲宋犖作《王司農高風甘雨圖軸》。

李佐賢《書畫鑑影》卷二十四《王司農高風甘雨圖軸》:"高風振岳,甘雨沛川。牧仲大中丞老公祖先生經綸物望,風雅吾師。昔廣平鐵石爲心,梅花作賦,真千載同符矣。余前作令渚陽,曾爲鄰封屬吏,景仰有素。今逢秉鉞吳天,輝光再炙,尤爲幸事。丙子秋,獲晤令嗣於都門,云先生曾齒及末藝。封事之暇,偶事盤礡,爰成此圖,請正大方。婁水王原祁。"

鈐印:"王原祁印""麓臺"。

設色紙本立軸,144×71.5cm,謝稚柳舊藏。

按:徐邦達先生名之爲《爲牧仲作高風甘雨圖軸》。

麓臺爲愚齋作《仿大痴筆意山水》。

《山水正宗》上卷第 52 頁、《王原祁精品集》第 79 頁圖錄《仿大痴筆意山水》:"門外青山筆墨收,天然風韻此中求。學人須會餐霞意,姑射峰前接素秋。丙子秋日,仿大痴筆似愚齋老姑父正。王原祁。"

鈐印:起首鈐"掃花庵"(朱文長方),下鈐"王原祁印"(朱文正方)、"麓臺"(白文正方),圖右中鈐"石師道人"(白文正方),右下鈐"西廬後人"(白文長方)。

水墨紙本立軸,107×52.6cm,故宮博物院藏。

按:有清宗源瀚(?—1897 年)"上元宗氏收藏金石書畫之印"(朱文正方)收藏印。

麓臺爲王奕清作《爲幼芬仿山樵山水軸》。

《宋元明清:中國古代書畫選集三》73 圖錄《爲幼芬仿山樵山水軸》:"丙子秋日,連陰苦雨,仿黄鶴山樵筆撥悶,幼芬大弟見而樂之,遂以持贈。麓臺祁。"

鈐印:"原祁茂京"(兩白兩朱文正方)、"麓臺"(朱文正方),圖左下鈐"西廬後人"(白文長方)。

水墨紙本立軸,93×48cm,徐邦達先生舊藏。

按:此圖曾經"過雲樓"收藏,有"虛靜齋書畫記"(朱文正方)、"桃窗秘笈"(朱文正方)等收藏印。

麓臺爲仁山作仿大痴《白石清溪圖》。

《山水正宗》上卷第 53 頁圖錄《白石清溪圖》:"白石青溪沙水平,深山木落葉飛輕。天臺秋色還同否,擬共高人採藥行。丙子秋日仿大痴筆,寄贈仁山年道翁正。麓臺祁。"

鈐印:起首鈐"掃花庵"(朱文長方),下鈐"王原祁印"(朱文正方)、"麓臺"(白文正方帶框),右下鈐"對此融心神知君重毫素"(朱文正方)。

水墨紙本立軸,124.5×57.6cm,上海博物館藏。

按:《過雲樓書畫續紀》稱之爲《王麓臺仿大痴道人白石清溪軸》。有秦祖永"畫緣庵"（朱文正方）、顧文彬"元和顧子山秘笈之印"（朱文正方）收藏印。

麓臺作《王麓臺溪山無盡圖》。

崇彝《選學齋書畫寓目記》卷上《王麓臺溪山無盡圖》："丙子秋日，舟次洞庭，仿米敷文筆。"

王奕清回太倉。

《顓庵府君行述》："丙子秋，不孝奕清扶先妣旅櫬還鄉，厝於禪燈僧舍。"

十月

十六日，麓臺作《仿大痴山水》。

《中國古代書畫圖目 22》京 1—4838 圖錄《仿大痴山水》："壬申（康熙三十一年）冬，諤兒入都省視，即携此紙來，余爲作圖。癸酉（康熙三十二年）夏間未竟而歸，庋閣者三年餘矣。今秋茲閱南中之信，爲續成之。諤兒初有志於六法，□問大痴畫道於余。余本不知畫，仿大痴有年，每多牽合之迹，方知其中探微窮要，必由心悟，非可以輕於耳食剽竊而得也。諤兒識之。丙子小春既望，西廬後人麓臺祁。"

鈐印：一印不辨。

水墨紙本立軸，100.6×55.7cm，故宮博物院藏。

按：此圖與三年前爲倫叙所作《富春山圖》相比，相形見絀。"西廬後人麓臺祁"的提法僅此一見。

《外家紀聞》稱，王諤，字忠貽，順治十四年生，康熙三十五年舉人，康熙三十七年卒，年四十二。

麓臺作《仿大痴山水圖》。

《王原祁精品集》第 76 頁、《中國繪畫全集 27》第 11 頁圖錄《仿大痴山水圖》："丙子小春，燕臺寓齋寫大痴筆意。麓臺祁。"

鈐印：起首鈐"古期齋"（朱文長方），下鈐"王原祁印"（白文正方）、"麓臺"（朱文正方），圖左下鈐"西廬後人"（白文長方），圖右下鈐"石師道人"（白文正方）。

水墨紙本立軸，95.5×54cm，南京博物院藏。

按：有"澄懷心賞"（朱文正方）、"張氏季子鑒賞"（白文正方）等收藏印。

約十月

陳奕禧入京。

陳奕禧《春靄堂集》卷三中有《十月朔午門頒丙子曆》,其後有《游與勝寺看杏花同諸君子》:"我來京華三四月……楊吳惠狄文章彥,唐趙姜錢才并擅。軼群更羡柯與宮,就中查項吾尤善。"同書卷三《同孔東堂、何屺瞻、汪文升、家叔毅集紅蘭室訂訪菊約,分得十三覃應教》稱,"予與屺瞻論書,上下古今不期而合,立説爲時所怪",後有康熙三十六年詩。

十二月

麓臺爲研翁作《仿倪高士筆意圖扇》。

《山水正宗》上卷第118—119頁圖錄《仿倪高士筆意圖扇》:"丙子嘉平,仿倪高士筆意似研翁老先生教正。麓臺祁。"

鈐印:起首鈐"三昧"(朱文葫蘆),下鈐"王原祁"(一朱兩白文正方)、"麓臺"(白文正方)。

水墨金箋本扇頁,17.5×52.4cm,上海博物館藏。

按:扇頁反面有繆彤書:"青林倚華閣,紫笈秘緹緗。不惜千金購,真誇萬卷藏。芸香朝棟靜,藜火夜窗長。君腹還稱笥,咀含六藝芳。書似研逢年道兄,繆彤。"鈐印:"狀元及第"(白文正方)、"繆彤之印"(朱文正方)。

王揆卒。王抃、王撼各有吊唁詩。

《王原祁仿宋元人山水册》十六幀跋。

按:王揆卒年有康熙三十五年、三十六年有兩種。據《欽定石渠寶笈續編·王原祁仿宋元人山水册》十六幀跋:"余丁丑(康熙三十六年)春讀禮南歸""己卯(康熙三十八年)服闋"以及王抃《巢松集》卷六《哭虹友弟》(作於康熙三十九年)詩"别兄册四載"可知,其卒年爲康熙三十六年。

《蘆中集》卷十《哭芝麈兄》之後爲康熙三十六年間所作《次和怡庵嶮多兀旦韻二首》,以及《巢松集》卷六《忍庵叠前韻見示再和二首》中"新年興在吟芳草,令節心傷戴縞冠"自注"甫遭仲兄之變",可推知王揆卒於康熙三十五年歲末。

王翬在京作《王石谷仿范華原筆》。

《虚齋名畫録》卷九《王石谷仿范華原筆軸》:"芙蓉一朵插天表,勢壓天下羣山雄。康熙歲次丙子臘月廿四日,仿范華原筆。劍門樵客王翬。"

冬

麓臺爲博爾都作《仿古山水圖》十幀。

第一幀(水墨):"子久筆。"

鈐印:"王原祁"(一朱兩白文正方),圖右下鈐"茂京"(朱文橢圓)。

第二幀(水墨):"梅花道人筆。"

鈐印:"王原祁印"(白文正方)。

第三幀(水墨):"黄鶴山樵《夏日山居》筆意。"

鈐印:"王原祁印"(朱文正方)、"茂京氏"(白文正方),圖右中下鈐"麓臺書畫"(白文正方)。

第四幀(水墨):"小米筆法。"

鈐印:"麓臺"(朱文正方),圖左下鈐"輿與烟霞會"(白文長方)。

第五幀(水墨):"倪高士筆意。"

鈐印:"王原祁印"(朱文正方),圖左下鈐"西廬後人"(白文長方)。

第六幀(水墨):"仿趙松雪《水村圖》意。"

鈐印:"麓臺"(朱文正方),圖左下鈐"石師道人"(白文正方)。

第七幀(水墨):"仿巨然。"

鈐印:"王原祁印"(朱文正方),圖左下鈐"輿與烟霞會"(白文長方)。

第八幀(水墨):"董宗伯寫《盧鴻草堂圖》,竊仿其意。"

鈐印:"王原祁印"(白文正方)。

第九幀(水墨):"喬木竹石。"

鈐印:"麓臺"(朱文正方),圖右下鈐"輿與烟霞會"(白文長方)。

第十幀(水墨):"寒林烟岫。丙子嘉平,仿宋元十幀似問翁老先生教正。麓臺祁。"

鈐印:起首鈐"蒼潤"(朱文葫蘆),下鈐"王原祁"(一朱兩白文正方)、"麓臺"(白文正方)。圖左下鈐"石師道人"(白文正方)。

後跋:"畫中山水六法以氣韻生動爲主。晋唐以來,惟王右丞獨闡其秘而備於董巨,故宋元諸大家中推爲畫聖而四家繼之,淵源的派爲南宗正傳。李范、荆關、高米、三趙皆一家眷屬也。位置出入不在奇特而在融洽穩當;點染筆墨不在工力,而在超脱渾厚。古人殫精竭思各開生面,作用雖别,而神理則一,非惟不易學,亦不易知也。余本不知畫,而問亭先生於余畫有癖嗜。此册已付三年,而俗冗紛擾,無暇吮毫撥(潑)墨。所成十幅,或風雨屏門,或養痾習靜,間一探索翰墨流連光景,置身於山巅水涯、荒村古木之間。古人之法學不可期,而心或遇之。若謂余爲知古能學古者,則遜曰:'不敢。'質之先生以爲然否。王原祁題。"

鈐印:"掃花庵"(朱文長方)、"王原祁印"(白文正方)、"麓臺"(朱文正方)。

水墨紙本册頁,29.5×35.5cm,南京博物院藏。

按:《虛齋名畫録》卷十四《王麓臺仿古山水册》著録,册頁先後次序有異。册中有清代博爾都("問亭",朱文正方;"博爾都",白文正方;"問亭鑒賞圖書",白文正方;"東皋漁父",白文正方;"輔國將軍",朱文正方;"博爾都號問亭",白文正方;"朽生",朱文橢圓)、弘旿("醉墨軒主",白文正方;"恕齋珍玩"白文長方;"瑤華道人鑒藏",白文正方;"醉墨軒書畫記",朱文長方);近代龐萊臣("龐萊臣珍賞印",朱文長方;"虛齋秘玩",朱文正方;"虛齋珍玩",白文正方;"虛齋鑒藏",朱文正方;"萊臣審定真迹",朱文正方;"萊臣心賞",朱文正方;"虛齋至精之品",朱文長方)、劉康("劉康曾觀",白文正方)、"澹庵馬氏鑒賞"(朱文長方)收藏印。

麓臺作《仿大痴山水》。

《中國古代書畫圖目22》京1—4846圖録《仿大痴山水》:"大痴畫峰巒渾厚,草木華滋。《浮嵐暖翠》《天池石壁》二圖則尤先生平傑作也。余兼師其意,具眼者鑒之。康熙丙子冬日,麓臺祁呵凍筆。"

鈐印:"王原祁""麓臺"。

按:《澄蘭室古緣萃録》卷十《王麓臺仿大痴天池石壁圖軸》著録,徐邦達先生名之爲《仿浮嵐、天池二圖意軸》。

本年

禹之鼎爲顧嗣立作《秀野草堂圖》。

祁寯藻《馥馚亭集》卷十六古今體詩三十九首《題顧俠君先生(嗣立)小秀野圖追次自題韻四首》詩中自注:"《秀野草堂圖》乃王麓臺臨董文敏盧鴻草堂舊本,此圖則康熙三十五年禹鴻臚之鼎所作。"

丁揆召集周公咸、麓臺、王奕清等月下飲於雲陽三義閣。麓臺延請沈受宏爲館師。

王揆《西田集》卷四《月下飲雲陽三義閣,懷韓慕廬學士,同集者爲周公咸、諤亭師、次谷兄、茂京侄、奕兒也》。

《敬亭公自訂年譜》"丁丑五十三歲":"府君應王麓臺宮詹聘。"

宮鴻歷作《贈黃尊古》。

宮鴻歷《甲巳游草》(丙子)卷三:"公望至今留粉本,乞君畫圖待君閑。"

張榕端視學江南。

《大清一統志》卷二十一《張榕端傳》:"丙子視學江南。衡鑒精審,凡所識拔皆能文之士。官至內閣學士兼禮部侍郎卒。"

【本年存疑作品】

麓臺作《山水冊》十幀，疑僞。

《南宗正脈》第 296—308 頁圖錄《山水冊》。

第一幀（水墨）："仿李成。丙子嘉平仿宋元十幀似阮翁老先生教正。麓臺祁。"

鈐印："王原祁"（一朱兩白文正方）、"麓臺"（白文正方）。

第二幀（水墨）："黃鶴山樵夏日山居意。"

鈐印："王原祁"（一朱兩白文正方）、"麓臺"（白文正方）。

第三幀（水墨）："小米筆法。"

鈐印："麓臺"（白文正方）。

第四幀（水墨）："仿大年。"

鈐印："王原祁"（一朱兩白文正方）。

第五幀（水墨）："子久筆。"

鈐印："麓臺"（白文正方）。

第六幀（水墨）："梅花道人筆。"

鈐印："麓臺"（白文正方）。

第七幀（水墨）："倪高士筆意。"

鈐印："王原祁"（一朱兩白文正方）、"麓臺"（白文正方）。

第八幀（水墨）："大癡筆。"

鈐印："王原祁"（一朱兩白文正方）。

第九幀（水墨）："仿巨然。"

鈐印："王原祁"（一朱兩白文正方）。

第十幀（水墨）："仿范寬。"

鈐印："王原祁"（一朱兩白文正方）。

【理由】單國霖認為，此圖冊筆法細碎，皴染浮滑，樹木無層次，畫面無蒼潤深厚感，應為後人做作。

六月

麓臺作《九如圖卷》，疑僞。

《王原祁精品集》第 84—91 頁圖錄《九如圖卷》："九如圖。康熙丙子長夏，仿黃子久筆。王原祁。"

鈐印：起首鈐"掃花庵"（朱文橢圓），下鈐"王原祁印"（白文正方）、"麓臺"（朱文正方）。

設色紙本手卷,49.7×427cm,遼寧省博物館藏。

【理由】"掃花庵"印及其所鈐位置過低;"麓臺""王原祁印"印章有異,跋文字體、畫風與麓臺同期作品相比差異過大。

麓臺作《仿王蒙山水》,疑偽。

《中國古代書畫圖目 22》京 1—4844 圖錄《仿王蒙山水》:"丙子長夏雨窗,石兄屬余仿山樵筆,寫此傳繁。麓臺祁。"

鈐印:起首鈐"掃花庵"(朱文長方),下鈐"王原祁印"(朱文正方)、"麓臺"(白文正方)。

墨筆紙本立軸,95.5×52.3cm,故宮博物院藏。

【理由】山體結構與同期麓臺作品比:山體結構關係差;"王原祁印"印文字形、排序有異。

麓臺作《仿吳鎮山水圖扇》,疑偽。

《中國古代書畫圖目 22》京 1—4845 圖錄《仿吳鎮山水圖扇》:"丙子長夏,仿梅道人筆。麓臺祁。"

鈐印:起首鈐"蒼潤"(朱文葫蘆),下鈐"王原祁"(朱白文正方)、"麓臺"(白文正方)。

墨筆紙本扇頁,17×52cm,故宮博物院藏。

【理由】與同期麓臺作品比,差異過大。

十月

麓臺作《王麓臺設色山水立軸》,疑偽。

《夢園書畫錄》卷十八《王麓臺設色山水立軸》:"卩然風韻,元季四家中大痴得之最深,另開生面。明季三百年來,董宗伯仙骨天成,入其堂奧。衣鉢正傳,先奉常一人而已。余幼禀家訓,耳濡目染,略有一知半解,未敢自以為是也。悔餘先生同直暢春內苑,情好無間,客春屬余寫《證因圖》長卷。余仿山樵意猶未盡,必欲擬設色子久一幅,今值暫假南歸,寫以贈之并政。康熙丙戌小春畫并題。王原祁。"

鈐印:起首鈐"御書畫圖留與人看",下鈐"王原祁印""麓臺""西廬後人"。

【理由】"悔餘先生"即查慎行,此時兩人不可能"同直暢春內苑"。康熙三十九年後麓臺才入直暢春內院;康熙三十五年歲末,麓臺丁憂南歸,不是"今值暫假南歸";語氣不類麓臺同期跋文。

康熙三十六年丁丑(1697年)五十六歲

正月

梁份在京,與王源、吴商志、宋瑾、黄元治、蔡瞻岷、楊東里、許友、黄叔威、戴田有、孫幼服、錢名世、徐元文等諸友壽萬斯同六十。

《清梁質人份先生年譜》第53頁。

按:梁份,字質人。王源,字昆繩。宋瑾,號豫庵。黄元治,字自先。許友,字介有、不棄,號甌香。錢名世,字亮功。徐元文,字公肅。

《鬯畫集》卷三《送吴商志之大梁》:"自古安危仗出群,奇才世共説參軍。未容姓氏塵中識,先有韜鈐海外聞。上谷馬嘶沿戍草,繁臺人眺隔河雲。信陵好士傳千載,虚左于今又屬君。"

查慎行《敬業堂詩集》卷四十《長告集》有《題亡友吴商志遺像》。姜西溟、吴商志等人都曾是沉浮在江浙官宦周圍的落魄士子。《長告集》收録康熙五十一年間所作詩歌。

王翬、禹之鼎合作《聽松圖卷》。

郭葆昌《觶齋書畫録》。

按:禹之鼎畫人物,王翬布景。此圖有"傳經堂書畫印"收藏印。

毛師柱、王攄、王抃分别次黄與堅元旦除夕原韻。王氏兄弟另有再叠韻、小樓韻、卧疾韻等和詩,往來頻繁。

《端峰詩續選》卷一《次和黄忍庵先生除夕、元旦韻》。《巢松集》卷六《除夕、元旦二首次黄忍翁韻》。《蘆中集》卷十《次和忍翁除夕、元旦韻二首》等。

二月

二十五日,王翬再跋《王石谷仿趙大年水村圖》,此圖爲康熙元年在常州爲唐宇昭外甥子唐所作。

《虚齋名畫録》卷九《王石谷仿趙大年水村圖》。王翬跋:"此余三十五年前在毗陵贈友作也。故人宿草,卷軸零殘,不復記憶,即孚楊子偶於慈仁寺上購以際余,恍如夙世。昔李公擇嗜蘇文忠公詩,即斷稿殘幅,必補綴成帙以示公,公且忘其爲何時作。余畫遠愧蘇詩,而楊子之好事,固不讓公擇矣,因爲題識而歸之。時康熙三十六年歲在丁丑二月二十五日，耕烟散人王翬。"

三月
姜宸英及第，廷試試第三，授編修，時年七十。唐孫華聞之，以詩賀之。
　　《東江詩鈔》卷四《喜姜西溟及第》："姜侯及第初傳信，朝野歡呼更相慶。"

十五日，翁叔元列師友、同年、門人等姓名，如有王掞、汪文漪等。
　　《翁鐵庵年譜》"三十六年丁丑叔元六十五歲"："前輩則李尚書醒齋、王侍郎顓庵（王掞）、徐侍郎浩軒、李侍郎木庵，僚友則彭侍郎羨門、田侍郎綸霞、高宮詹淡人、徐學士勝力，同年則王總憲儼齋、韓學士慕廬、李撫軍寅公、徐侍講方虎、李學士諫臣、張學士子大、顧學士懿樸、汪祭酒東川、彭侍講訪濂（定求）、胡督捕孟綸、彭侍讀箂洲、高廷尉素侯、楊編修玉符、陳侍讀廣陵、鄭檢討珠江、高吏部西白、談選君震方、胡職方潔庵，世兄弟則宋水部聲求、宋編修念功，同館而問業者王廷尉公垂、胡中允修予、王編修文子，東閣所取士則汪贊善文漪、潘贊善雪石、趙中允伸符、馮中書大木、孫編修子未、國子監門人則查編修荊州、湯編修西厓、張庶常宏蘧、吳主事元朗、汪會元文升、劉孝廉大山、馮孝廉文子。"
　　按：前輩：李振裕，字維饒，號醒齋，江西吉水人。王掞，字藻儒，號顓庵，江蘇太倉人。徐潮，字青來，號浩軒，浙江錢塘人。李柟，字倚江，號木庵，江蘇興化人。僚友：彭孫遹，字駿孫，號羨門，浙江海鹽人。田雯，字綸霞，號漪亭，山東德州人。高士奇，字淡人，號江村，浙江紹興人。徐嘉炎，字勝力，號華隱，浙江秀水人。
　　同年：王鴻緒，字季友，號儼齋，江蘇華亭人。韓菼，字元少，號慕廬，江蘇蘇州人。徐倬，字方虎，號蘋村，浙江德清人。李應廌，字諫臣，號柱三，山東日照人。張榕端，字子大，號樸園，直隸磁州人。顧藻，字懿樸，號觀廬，江蘇蘇州人。汪楫，交號東川。彭定求，字訪濂，號南畇，江蘇蘇州人。胡會恩，字孟綸，號苕山，浙江德清人。彭會淇，字四如，號箂洲，江蘇溧陽人。高裔，字素侯，直隸宛平人。楊瑄，字玉符，號楷庵，江蘇華亭人。陳元龍，字廣陵，號乾齋，浙江海寧人。鄭際泰，字德道，號珠江，廣東順德人。高琯，字西白，奉天遼陽人。
　　世兄弟：宋駿業，字聲求，號堅齋，江蘇蘇州人。宋大業，字念功，號箂州，江蘇蘇州人。東閣所取士：汪灝，字文漪，山東臨清人。趙執信，字伸符，號秋谷，山東淄博人。馮廷櫆，字大木，山東德州人。孫勷，字子未，號莪山，誠齋，山東德州人。
　　國子監門人：查嗣韓，字荊州，號墨亭，浙江海寧人。湯右曾，字西厓，浙江仁和人。張尚瑗，字宏蘧，江蘇吳江人。吳璟，字元朗，號西齋，江蘇太倉人。汪士鋐，字文升，號退谷、秋泉居士，江蘇蘇州人。

十八日,唐孫華、舍人錢右文、紹興太守王吉武、程鄉令曹延懿,邀韓州牧集宮贊黃與堅堂中觀伎。

《東江詩鈔》卷四《三月十八日同忍庵宮贊、錢瞿亭舍人、王憲尹太守、曹九咸明府邀韓州牧集忍庵堂中觀伎》。

按:是詩在康熙三十五年之後且閏三月,故推定爲康熙三十六年間事。

春

麓臺讀禮南歸。

《王原祁仿宋元人山水册》十六幀跋。

按:《歷代名人年譜》卷十《清》第75頁:"(丁丑)正月,茂京聞父訃奔喪。"

王攄在太倉,與黃與堅、溪公等來往密切。

《蘆中集》卷十《次和忍翁除夕元旦韻二首・和溪公初春下浣隨庵兄造訪見寄四首》。

約春間

查慎行應相國明珠之邀,同游其海淀新築別業。宋犖提刑山東,查慎行以詩贈行。

查慎行《敬業堂詩集》卷八《人海集・相國明公新築別業於海淀傍,既度地矣,邀余同游,詩以紀之》,同卷《送宋牧仲提刑山東》。

田雯(綸霞)由大鴻臚巡撫江蘇,查慎行以詩贈行。

《敬業堂詩集》卷八《人海集・送田綸霞由大鴻臚巡撫江蘇二首》。

四月

王翬爲吳暻作《西齋圖》。

《虛齋名畫錄》卷五《王石谷西齋圖卷》:"西齋圖,丁丑清和朔,虞山王翬畫。"

姜宸英跋:"西齋深且明,中有六尺床。病夫朝睡足,危坐覺日長。昏昏既非醉,踽踽亦非狂。褰衣竹風下,穆然濯微凉。起行西園中,草木含幽香。榴花開一枝,桑棗沃以光。鳴鳩得美蔭,困立忘飛翔。黃鳥亦自喜,新陰變圓吭。杖藜觀物化,亦以觀我生。萬物各得時,我生日皇皇。西齋先生既取子瞻此詩自號,石谷高士爲之圖,而屬余書其詩於後。當子瞻在黃時,既取樂天所謂東坡者,水耕於其中,又新作南堂,其詩曰:'一聽南堂新雨響,似聞東塢小荷香。'而此詩尤眷眷於桑棗鳴鳩之樂,則其田園之想,無時不情見乎辭也。然子瞻飽經憂患,宜其倦而思返。今西齋方筮仕伊始,亦似有味乎其言者。蓋古今用世之人,未有不輕爵禄而樂肆志,足稱名士者也。余固思買山而不可得者,故因書此以自慨。丁丑閏三月望日,葦間弟姜宸英并識。"

查慎行跋:"何計能消索米愁,一官倉庾也風流。畫圖酷愛王摩詰,詩味澹如蘇密州。世事看來何日了,人生閒處直須偷。竹碕桑泊歸難定,只合從君指釣游。西齋長兄取東坡詩意屬石谷作圖,弟慎行爲題七言長句於後。時西齋方官户部,故有'倉庾'之戲,博和章一轉語也。買書分俸論千卷,種樹成陰待十年。借問膠西富桑棗,何如穎尾長風烟。天生才士定多癖,君與此圖皆可傳。獨有吾詩真被壓,更無一句敵坡仙。庚辰六月望後二日,雨中爲西齋先生題此圖,意有未盡,復成一章。明日會飲於六謙隱綠軒,西齋攜此卷至,并錄請教,弟慎行再志。"

陸時化跋:"西齋圖。吾鄉吳給諫倩石谷王山人作也。蕭疏澹遠,全宗倪高士《十萬圖》畫法。給諫公諱璟,字元朗,號西齋。弱齡穎異,年十四補諸生,以選貢入太學。康熙戊辰與先大父并登進士。好與四方名士縱横詩疊,名傾四海。吳門何焯偕公同貢,每白眼罵人,讀西齋詩乃曰:'公不可罵也。'與先大父居同里又同學,詩酒無虛日,同年中最爲契厚。公又以女妻吾伯父哀山公,故寒家之與延陵通家世誼,非同泛泛也。公由户部主事遷兵科給事中,乙酉以青浦王原、長洲王銓會劾陳汝弼事牽連落職,旋得白,入直武英殿充書畫譜承脩官。一家内外耽學,至侍奴咸通聲律,時爲美談。丁母艱歸,旋卒,年四十六。未竟其志,人咸惜之。延陵詩書之澤,由前而論。公之六世祖名凱,字相虞……約叟生偉業,字駿公,號梅村。崇禎辛未會元,登鼎甲。仕至祭酒,爲一代文宗,實生給諫。由後而論,給諫子彥遵,字思緒,以名孝廉爲縣令。一官蹭蹬,再起再躓,樂樂山令。……祭酒所居之梅村即琅琊之賁園,素爲里中名勝,鞠爲茂草久矣,長留人間者,惟此圖及《梅村》、《西齋》二集。余嘆易消散者,人與業不可磨者今名、文章、墨迹而已。梅村之集久已風行天下,近有程迓亭、靳介人之箋注,流傳更廣。《西齋集》澤州陳柏菴廷敬敘而鐫行,亦可家有其書。惟《西齋圖》天壤止一卷而已,得者其寶藏之。乾隆乙巳十一月朔,平原時化書於紙窗竹屋。"

六月至八月間
高士奇在京,與孫岳頒、王式丹、王翬等交往密切。

高士奇《清吟堂集》卷九有《直廬書樹峰祭酒便面用司農韻》、同卷《將出都門過赤抒(王式丹)話別,因題書石谷唐子畏詩意圖寄意即用子畏韻》。

按:《清吟堂集》卷八收録康熙三十六年六月(當年閏三月)至八月間的詩歌。

十二月

二十日,陳奕禧東視大通橋河堤。

陳奕禧《春藹堂集》卷三《丁丑十二月廿日初被大通橋之命東視河堤有作》。

王翬爲訥翁仿許道寧筆。

《吳越所見書畫録》卷六《王石谷溪山雪霽卷》。

按:此圖後有姜宸英、康熙三十九年陳奕禧爲訥翁所寫題跋。陳奕禧跋中有"太倉畫手數三王,留得耕烟擅獨場"。

本年

麓臺作《仿倪瓚黄公望山水》,第二年秋天"湖上繼成之"。

郭繼生《王原祁研究》第 68 頁稱此畫藏斯德哥爾摩。

姜宸英、張雲章、楊中訥、查慎行、楊守知、俞兆曾、王丹林、宫鴻歷、史申義、徐昂發、錢名世、方辰拱、蔣廷錫、吳暻等十五人結爲詩酒會。

《西齋集》卷九《消寒唱和詩十九首》:"丙子冬,吳子卧疾京師……來自江左,遂益爲十五人,文章相賞……時同會者慈谿姜宸英西溟,嘉定孫致彌松坪、張雲章漢瞻,海寧楊中訥尚木、查慎行夏重、楊守智次也,海鹽俞兆曾大文,錢塘王丹林野航,泰州宫鴻歷友鹿,江都史申義蕉飲,長洲徐昂發大臨,武進錢名世亮功,宛平方辰拱樞,常熟蔣廷錫揚孫及余十五人。"

按:《西齋集》卷九收録丙子康熙三十五年至康熙三十六年間詩四十八首。

姜宸英,字西溟,號湛園、葦間,浙江慈谿人。孫致彌,字愷似、松坪,江蘇嘉定人。張雲章,字漢瞻,號樸村,江蘇嘉定人。楊中訥,字尚木,號晚研,浙江海寧人。查慎行,字夏重,號他山,浙江海寧人。楊守智,字次也,浙江海寧人。俞兆曾,字大文,浙江海鹽人。王丹林,字赤抒,號野航,浙江錢塘人。宫鴻歷,字友鹿,號恕堂,江蘇泰州人。史申義,字叔時,號蕉飲,江蘇揚州人。徐昂發,字大臨,江蘇崑山人。錢名世,字亮功,江蘇武進人。方辰拱,字拱樞,直隸宛平人。蔣廷錫,字揚孫,號西谷、南沙,江蘇常熟人。

田雯爲陳奕禧《春藹堂》作序。

田雯《春藹堂集》序稱,陳六謙爲宋犖州(宋大業)親家。康熙四十六年秋,此書在吳門開雕。

有詔學使者選郡邑諸生之尤者各一人,貢入太學。時太倉州以龔敬立應。

《白漊先生文集》卷四《龔母施太君七十壽序》。

康熙三十七年戊寅(1698年)五十七歲

正月

楊晉作《溪山深秀圖卷》。

《石渠寶笈》(貯乾清宮六)《溪山深秀圖卷》:"戊寅春正月,仿趙文敏《溪山深秀圖》。海虞楊晉。"

按:此圖卷首有"宋氏穉佳書畫庫記"印。

麓臺在青溪作《王麓臺仿倪黃山水精品》。

《夢園書畫録》卷十八《王麓臺仿倪黃山水精品》:"余至青溪,松年表弟留飲,爲寫倪、黃筆意未竟,今春過訪,爲續成之。時戊寅春正。麓臺祁。"

鈐印:"掃花庵""王原祁印""茂京父""西廬後人"。

按:《澄蘭室古緣萃録》卷十著録。此圖有"何瑗玉印""曾藏何蓮庵處"收藏印。徐邦達先生名之爲《爲松年仿倪黃山水軸》。

二月

三十日,高士奇跋數年前所收《元倪雲林竹石霜柯圖軸》,前有笪重光、王翬兩家題跋。

《虛齋名畫録》卷七《元倪雲林竹石霜柯圖軸》。

笪重光跋:"雲林此圖似爲曹雲西作,楊鐵崖先生跋中所云素軒者是也。曲江居士錢惟善與鐵史二詩,其清絶全於高士畫法詩意。每爲展玩吟咏,滌盡胸中百斛塵矣。舊屬婁東王烟客太常家藏,余從其嗣君得之。因憶曩藏有《師子林圖》、《竹樹小山》、《江亭山色》諸卷幅,皆散去無復存,幸獲此幀爲娛老之物,能無珍秘耶?江上外史笪在辛記。"

王翬跋:"元鎮此幅畫竹如楷法,畫石如行押,畫樹如作草書,一種清逸孤迥之氣在筆墨外,宜其元四家中獨步也。兼鐵崖、曲江諸名流相爲唱咏不輟。向得觀於王太常先生處,今復爲江上侍御介得之,以助山林高致,而翬與高士復得結兩重緣矣。謹識以誌快云,虞山王翬。"

高士奇跋:"兩株樹與數竿竹,寫出寒空霜落時。不是此翁迂更懶,當年終是没人知。雲林此幅曾藏王太常、笪侍御家,今爲余所有已數年。春日張之簡靜齋,晨夕相對,愈服其筆力清迥也,不禁遠想其人。康熙戊寅二月三十日,竹窗高士奇。"

龐塏序王頊齡《世恩堂詩集》，重申"文以載道"。

王頊齡《世恩堂詩集》龐塏序："文也者，性情之端，而道之所由托也。古人有其志而行於言，後人因其言以明其道。……人之所貴於學者，謂學其淺深、虛實、開合、賓主、相生、相顧之法耳。……今之爲詩者，不曰學盛唐，則曰學宋元，淺深、虛實不相生，開合、主賓不相顧。……王瑁湖先生資既沉潛，學復淹博，研窮《三百》之義，而沉酣於漢魏唐人之著作。故其爲詩也，詞本諸意而章軌於法。詞本諸意，故精以切也；章軌於法，故條以達也。"

按：龐塏字，霽公，河北任丘人。

王翬在京爲占非先生作《王石谷仿大痴山水》。

《虛齋名畫錄》卷九《王石谷仿大痴山水》："雲多不計山深淺，地僻絶無人往來。莫訝披圖便成句，柴門曾對翠峰開。歲次戊寅春仲，坐雨燕臺邸舍，觀痴翁真迹，戲仿大意，呈占非年先生清鑒。王翬。"

三月

王翬爲王鴻緒作《仿江貫道溪山深秀卷》。

《澄蘭室古緣萃錄》卷九《王石谷仿江貫道溪山深秀卷》："溪山深秀。戊寅春三月望仿江貫道筆意，恭呈儼翁老先生清鑒。虞山王翬。"

麓臺在太倉作《爲范友仿大痴山水軸》。

《清王原祁畫山水畫軸特展》第 85 頁圖錄《爲范友仿大痴山水軸》："細雨簷花春色妍，故人書信白江天。匆匆愧逐塵中馬，寫得青山不論年。甲戌（康熙三十三年）春余在都門，范友妹丈以巨幅見寄，囑仿大痴筆。余即爲點染，塵俗紛糾，每多作輟。范兄酷嗜余筆，不嫌促迫，亦無如何也。近過吳門，携至蔗軒成之，并賦一絶以紀其事。康熙戊寅上巳。麓臺祁。"

鈐印："掃花庵"、（朱文長方）、"王原祁印"（白文正方）、"茂京父"（兩朱一白文）。

設色紙本立軸，90.2×133.7cm，故宮博物院藏。尺寸、藏地不詳。

按：溫肇桐《王原祁》附錄《王原祁年譜》稱，康熙三十六年，麓臺在吳門蔗軒，成《仿黃公望山水》，并賦一絶，贈三年前范友叔之請。

毛師柱游西田。

《端峰詩續選》卷一《春暮放舟西田，追憶昔游，漫成絶句》。

春

王翚在京作《王石谷修竹遠山軸》。

《澄蘭室古緣萃錄》卷九《王石谷修竹遠山軸》:"修竹遠山。歲次戊寅春,仿黄鶴山樵筆意。耕烟散人王翚,時客燕臺寓齋。"

麓臺在太倉爲龔秉直表叔作《王司農意止齋圖卷》,卷後有宋曹、王掞、宮鴻歷、王式丹、陳元龍、陸師、孫岳頒、王時鴻、宋大業、顧圖河、趙廷珂、錢元昌等諸家題跋。

《吴越所見書畫錄》卷六《王司農意止齋圖卷》。

"意止齋圖。戊寅春,爲敬立表叔作。王原祁。"

鈐印:"蒼潤""王原祁""麓臺"。

麓臺跋:"五柳先生愛此眠,蕭齋清寂似林泉。名高自足光時論,意止還能澹物緣。鳥語窗幽真竹徑,花香客到正梅天。前朝祖澤依然在,松下閑吟續舊編。雙橋桃柳映沙墟,可似幽人水竹居。領略風光詩思好,規模粉本墨痕疏。荒庭草沒抽書帶,棐几窗明落蠹魚。且待東籬花發候,送將白墮到君廬。題意止齋二律似敬老表叔并正。王原祁。"

鈐印:"古期齋""王原祁印""麓臺"。

麓臺又跋:"意止齋記。余性不求適,然意之所之,罔不適也。家茜溪之陽,地僻陋,老屋數椽,僅蔽風雨,其爲余讀書、吟嘯之地,才兩楹耳,往往多爲之名。曰'韋齋',以寓園夫子贈歌有云'柔克韋在編'也。曰'餘齋',取三餘意也。齋面東頗疏快,前闢小圃,溪光竹影中老梅數株,兀奡可喜,故取陶杜詩及古樂府句,名之曰'靜寄',曰'頗宜',曰'悟香'。余素有山水癖,披地志得石帆、浮玉之勝,心向往之,曰'石帆山房',又曰'浮玉山房'。余性疏慵,簡酬接,憶'習靜宜秋'之句,曰'宜秋書屋'。余雅好金石之學,擬一名,必刻一印以實之,曰'印齋'。然是數者,皆以意設之,而叩其地僅二楹而已,故統名之曰'意設齋'。今夫爲亭臺、池館之勝者,必度地鳩工、徵材蕫石,閱歲月而後成。或非意所適,則又撤而更者比比也。而予直取材於文史,丹艧於筆墨。心爲之匠而神爲之游,視世之斤斤焉求適其適者,其勞逸相去何如哉?雖然,人役於物,吾役於意,均役也。世侈於財,吾侈於意,均侈也。且天下財與物有窮期,而意無窮期。由余命齋之意極之,將井幹之樓可以意造,凌雲之臺可以意成,穆王化人之宮、黄帝華胥之國并可意而游也。則是,予之所役、予之所侈且有什百於人世者矣。懼入於妄而不知返也,妄豈適之謂乎? 夫意,動機也。《易》曰:'物不可以終動,故受之以止。'改爲意止齋,於道庶有合焉,作意止齋記。"

龔秉直二律:"碧溪如帶繞柴荆,花徑從無剝啄聲。地自愛遍仍小築,室還忘陋命新名。掃除壁落安茶籠,摒擋軒窗置酒鐺。怪底主人翻是客,住來成偶別來輕。飢驅無計可寧居,壁網蠨蛸榻半虛。魂夢幾曾拋客思,畫圖真覺是吾廬。含風疏竹疑同笑,帶月寒梅且罷鋤。何日掩關成活計,菜根麥飯了殘書。茜溪主人龔秉直。"

鈐印:"銀杏""秉直之印""敬立"。

後又有宋曹跋:"題敬立年翁茜溪別業次韻請正。八十老逸史宋曹。"後鈐"中秘舊史""宋曹私印""射陵"。

王掞跋:"意止名齋意不窮,圖成妙手景遍工。……從知大地三千界,要在先生一著中。題意止齋圖請敬老表兄正。王掞。"後鈐"緣畫閣""臣掞""西田"。

宮鴻歷跋:"圖書百軸酒千鐘,棐几匡床一室中。同學弟宮鴻歷。"後鈐"墨華""恕堂""宮鴻歷印"。

王式丹跋:"庚辰秋日(康熙三十九年)與敬老年長兄同寓袁浦,出此卷見示,把神往,漫題此篇錄呈教定。安宜弟王式丹。"後鈐"樓村""王式丹印""方若"。

康熙四十年陳元龍跋并鈐"賜硯齋""元龍之印""陳氏乾齋"。

陸師"壬午仲春(康熙四十一年)京臺客中"時所寫題跋,鈐"學然後知不足""陸師""麟度"。

康熙四十一年,孫岳頒跋:"卜築郊原隱迹遐,槿籬茅屋傍田家。……從來意設雖多幻,知足當前願豈賒。……敬立年兄見示《意止齋圖》,賦拙句博笑,時壬午午月。孫岳頒草。"後鈐"御題墨雲堂""少宗伯大司成""樹峰私印"。

王時鴻跋:"前年燕市憶班荊,共慰嚶嚶出谷聲。枉說高華文有價,不堪奚落榜無名。……何日婁江蕩煙水,只談風月不談書。題石驢學長兄意止齋圖即和原韻。弟王時鴻。"鈐"半樂齋""王時鴻印""雲岳""洗硯魚吞墨烹茶鶴避烟"。

宋大業跋:"康熙壬午(康熙四十一年)臘月爲悟香先生題意止齋圖并正。長洲宋大業"。鈐"竹石山房""大業""藥州""日講官章"。

顧圖河跋并鈐"笨虫別館""圖河""書宣"。

吳暻跋:"寄題意止齋即送敬立同學兄東歸,弟吳暻。"鈐"瘦仙""西齋居士""吳暻"。

趙廷珂跋:"三年落葉向長安,松菊荒蕪舊釣潭。……題意止齋圖,并送敬老學長兄先生南還即政。海虞趙廷珂。"鈐"雲海居""廷珂之印""恒山"。

康熙四十二年錢元昌跋:"癸未(康熙四十二年)四月,敬老學長先生屬題,即送南還錄求教正。武原弟錢元昌。"鈐"宿雲齋""朝采"。

按:《(嘉慶)直隸太倉州志》卷三十六《人物》:"龔秉直,字敬立,州諸生。少負異才,游王掞之門,每歲科試常冠儕偶,詩歌閎博,一時有名士稱。所著《石帆集》,唐孫華序之。"《(民國)太倉州志》卷二十《人物四》:"龔秉直,字敬立,選貢生。學詩於沈受宏,能得其傳。"《太倉州儒學志》卷二《貢士》:"龔秉直,敬立,丁丑(康熙三十

《吳越所見書畫錄》卷六《王司農意止齋圖卷》前按："(此圖)爲龔石帆作。石帆名秉直,字敬立,乃吾鄉之耆舊名宿。修《鎮洋縣志》,《儒林》、《文學耆碩》中俱不載,是何意也。"

宋曹,字彬臣,號射陵,江蘇鹽城人。冒襄《同人集》卷三《跋》顯示,他與冒氏友善。沈受宏《白漊先生文集》卷四《龔母施太君七十壽序》稱,康熙三十六年,龔秉直詔選貢入太學;康熙三十七年貢選人員絡繹至京,而他以祖母將七十奉觴而後行。其爲龔安節十一世孫。

麓臺所作《意止齋記》中的"意設"觀,道出了同時一些文人的心態。如姜宸英《湛園未定稿》卷四《十二硯齋記》載,汪蛟門沒有十二硯,只有一個粗硯;沒有所謂的"齋",借居在大司馬梁公之齋。"硯者,吾之所嗜好也,嘗夢得之其數十二",故以名齋,"聊以寄吾平生之趣而已"。

從《中國繪畫全集27》第23頁《送別詩意圖》跋文可知,康熙三十八年,麓臺游覽江西一帶,當時龔敬立北上,兩人僅於清淮一晤。龔敬立多次索畫。

王攄《蘆中集》卷十《題龔敬立意止齋次原韻二首》亦記載此事,但卷十稱此收錄乙亥(康熙三十四年)至丁丑(康熙三十六年)六月間詩,"丁丑"當爲"戊寅"之誤,戊寅六月,王攄卒。

陸師,字麟度,浙江歸安人。顧圖河,字書宣,江蘇江都人。趙廷珂,字聲佩,號恒山,江蘇常熟人。

五月

王攄從都門歸,抵家,爲己詩集《蘆中集》作序。

《巢松集》卷六《哭虹友弟》:"戊寅秋,七弟爲都門之游。爾時偶患咯血,力疾而行,余亦甫從北歸,於河干相遇,匆匆言別。客歲蒲月朔始抵家,形容雖覺憔悴,然猶言笑如常,眠餐不減夏秋間,似有起色,心竊甚慰。所以有《喜七弟病減》一詩。"

《蘆中集》序:"戊寅夏五,王攄識。"

夏

麓臺爲宋犖作《滄浪亭詩畫》。

《山水正宗》上卷第196—199頁、《王原祁精品集》第82頁圖錄《滄浪亭詩畫》:"康熙戊寅長夏,寫滄浪亭圖意。麓臺。"

鈐印:"原祁茂京"(兩朱兩白文正方),圖左下鈐"對此融心神知君重毫素"(朱文正方)。

跋尾："精舍城南剪廢榛，昔賢遺迹此重新。地幽可是同濠上，亭古依然在澗濱。風月半灣供嘯咏，文章千載仗經綸。分明浩蕩烟波闊，贏得忘機鷗鳥親。餘事經營水石中，高懷逸興總春風。一泓潤自滄濱借，丈室情懷廣廈同。梅崦緑遮芳徑轉，桃溪紅罨畫橋通。舫齋更有觀魚樂，坐對平疇豁遠空。榮戟清嚴意自閑，從容竹裏更花間。居人不隔東西瀼，賓從時携大小山。傍水依依浮畫鷁，鉤簾歷歷數烟鬟。吳歈漸喜歸風雅，採得新詩次第删。勞人南北苦長征，勝地初經眼倍明。觴咏恰宜脩禊事，清冷真稱濯塵纓。飛虹橋掩旌旗色，妙隱庵沉鐘磬聲。獨有斯文堪不朽，千秋俯仰動深情。賦題長句四律，敬呈牧翁老祖臺世先生教正，婁水王原祁拜稿。"

鈐印：起首鈐"掃花庵"（朱文長方），下鈐"王原祁印"（朱文正方）、"麓臺"（白文正方有框），騎縫處鈐"麓臺書畫"（白文長方）。

設色紙本手卷，28.4×240.5cm，上海博物館藏。

按：此圖有"雲松珍賞"（朱文正方）、"雲松審定"（白文正方）、"汪子中"（朱文正方）收藏印。王翬也曾爲宋犖畫滄浪亭圖卷。見《吳越所見書畫録》卷六《王石谷水墨滄浪亭圖爲商丘宋大中丞作》以及《虛齋名畫録》卷五《王石谷爲宋牧仲寫四段錦卷》之第四段《滄浪亭》。

麓臺作《仿大痴設色爲元成表弟》。

《王司農題畫録》卷上《仿大痴設色爲元成表弟》："余戊寅之夏，幽憂里居，杜門謝客。元成表弟自雲間來婁爲一月游。慰余岑寂，晨夕晤對。每以筆墨相促。余爲作大痴一圖，頗覺匠心詎意，得而旋失，不知落於誰氏之手，相距至今閲十五年矣。元成將爲楚行，隆冬促迫較甚於前，余前冗中呵凍强爲捉筆，不能復成合作矣。然筆墨余性所近，對此萬慮俱忘，童而習之，今雖垂暮，始終如一轍也。或於中稍有相應處，識者自能辨之。"

七月

王掞調補吏部右侍郎，特旨仍兼翰林院學士。

《顓庵府君行述》："七月，調補吏部右侍郎，特旨仍兼翰林院學士。"

八月

毛師柱題雲間焦士上人蘭竹卷。

《端峰詩續選》卷一《題雲間焦士上人蘭竹卷》："竹由勁而直，蘭以幽能芳。不同桃李花，榮落隨春陽。上人畫作勝，著眼生清涼。風神本名輩，悟脱歸空王。

一瓢三十載,峰泖烟雲蒼。夫惟品相似,筆乃與頡頏。抑亦自寫照,墨海群鴻翔。枝枝出九畹,葉葉疑三湘。如游賁箐谷,如上芝蘭堂。斯畫始足貴,斯人安可忘。"

月末,王原祁正室李夫人卒。

《王原祁墓誌銘》稱,王原祁正室李夫人"先公十七年而卒"。

九月

王翬在京滯留八年後,持御賜"山水清暉"匾額歸里,王揆寫贈山水扇頁。

《中國古代書畫圖目22》京1—4958 王揆《山水》:"八載常留此,飄然放棹還。關河依舊雨(與家五兄同日登舟),雲樹點蒼山。笑我一官拙,羨君三徑閒。相看俱白髮,珍重別離間。次韻送石谷先生并正。王揆。"

按:《四王畫派研究論文集》稱"山水清暉"匾額爲太子允礽所賜。

約九月

麓臺在太倉,邀毛師柱、沈受宏等諸同學集光大堂看菊。

毛師柱《端峰詩續選》卷一《王麓臺都諫招集光大堂看菊》:"東籬花好及秋晴,移入華堂分外清。紅燭高燒光掩映,素屏斜護態分明。殊堪耐久惟疏澹,却爲禁(經)霜倍老成。絶喜真交敦此意,開尊不減廿年情。"

沈受宏《白漊集》卷八《王麓臺都諫邀諸同學集光大堂看菊,予適往崇沙不赴,遥賦此詩》:"十年南北手頻分,兄弟今宵共樂群。座上車公應憶我,社中白傳自推君。"

按:《王麓臺都諫招集光大堂看菊》前詩《秋仲得東皐冒青若復書,累幅千言,備悉情事,挑燈細讀,却寄此詩》寫於八月,後詩《十月望後一日,喜青若柱訪話舊,四疊前韻》,故推定麓臺招飲事在九月間。

秋

王抃作《留别藻儒弟》,北歸抵里河乾,遇王擴北上,時王擴患肺疾。

《巢松集》卷六《哭虹友弟》:"戊寅秋,七弟爲都門之游,爾時偶患咯血,力疾而行。余亦甫從北歸,於河乾相遇,匆匆言别。"

同卷《北歸歸抵里,河乾遇七弟入都》"衰年偏病體"自注:"時七弟偶患肺疾。"

王戩爲黄硯芝中允題《黄山採芝圖》。

王戬《突星閣詩鈔》卷八《題黃硯芝中允黃山採芝圖》。

按：黃夢麟(1665年—?)字硯芝號匏齋，江蘇溧陽人。

十一月

黃鼎爲博爾都作《漁父圖軸》。

《虛齋名畫錄》卷十《黃尊古漁父圖軸》著錄，《南宗正脉》第238頁圖錄《漁父圖軸》。

按：黃鼎生於順治十七年，是年39歲。

十二月

麓臺出游江西，途中作《王司農仿黃大癡秋山圖立軸》。

《吳越所見書畫錄》卷六《王司農仿黃大癡秋山圖立軸》："余與台兄爲洪都之行，儀真舟次已作《高岫晴烟圖》。既而溯大江至彭蠡，望九華、匡廬諸山，巖巒奇秀，應接不暇。因思先奉常稱大癡《秋山圖》蒼翠丹黃，神逸超絕今古，惜未得一見，若以此景值秋光，必於是圖有吻合也。於此興復不淺，援筆博粲。戊寅嘉平。麓臺祁識。"

鈐印："古期齋""王原祁印""茂京父""興與烟霞會"。

王吉武跋："宋元畫家不可得，世間山水無顏色。董宗伯後王都諫，直接前賢妙筆墨。學畫初學黃大癡，浮巒陡壑參風則。晚年變化無不爲，諸體翻騰有餘力。君家太常畫絕塵，少小擩染塗窗新。高堂一見遽驚詫，謂是子久來前身。天資既高研悅至，遂得其骨兼其神。戚里爭求縑素遍，禁庭且索翰箋頻。君常向我論畫理，細剔毫毛精抉髓。解悟功存心性中，光華氣出詩書裏。俗流迷茫罕探秘，名輩脱略未盡美。平生耽習三十年，始覺古人道在是。昔年贈我草堂圖，展卷今誇氣象殊。適同扁舟千里道，粉本爲我收江湖。秣陵東過拂牛渚，彭蠡西望摩香爐。小艇十日坐磅礴，兩幅丹碧開蓬壺。圖成叫絕咨嗟久，此事流傳真不朽。慘憺須窺巧匠心，淋漓固識能工手。烟雲草木動靈秀，沙石峰巒結深厚。持去如懸蓬蓽間，只愁破壁蛟龍走。河汾門下記從師，同學相看兩鬢絲。我詩君畫賴陶寫，甘苦其中各自知。我詩豈足酬君畫，君畫還應見我詩。慚愧杜老題王宰，驚人佳句千秋垂。家麓臺兄繪事重海內，而台臣兄兄以能詩名。去冬同客洪都舟中，相對索畫，麓臺爲作兩圖，殊得江山之助。台兄賦長歌以張之，老致奇崛，能言其神理，於是畫之精髓益見矣。既歸出付裝潢，欲即以所賦長句題其上而命余書之。余謂兩兄畫詩各臻閫奧如雙璧然，余素不能書而謬爲塗鴉，毋乃爲鄭虔所嗤乎？辭不獲命，因謹錄之而漫記於左。己卯(康熙三十八年)如月上浣。同學弟王吉武拜書。"

鈐印:"王吉武印""憲尹氏"。

按:徐邦達先生稱此畫爲《仿黃大癡秋山立軸》。

《太倉十子詩選·芝廛集·贈如皋吳白耳三首》其三:"此地堪重過,河汾事竟遙(曾受業我完師)"顯示,王揆與吳白耳同受業於"我完師"。"河汾門下記從師,同學相看兩鬢絲。……余謂兩兄畫詩各臻閫奧如雙璧然,余素不能書而謬爲塗鴉"也在說,麓臺與台臣(沈受宏)也曾同受業於"我完師"。江慶柏《清代人物生卒年表》載:"趙自新,字我完,江南太倉人。生於萬曆二十三年,卒於順治四年。"由此可知,王原祁早期發蒙於趙自新。吳山嘉《復社姓氏傳略》中有趙氏傳。

沈受宏《白漊集》卷八《王都諫畫山水行》與王吉武所書內容相比,異文有:"浮巒"爲"浮嵐","濡"爲"攜","高堂"爲"阿翁","遞驚詫"爲"遽驚詫","研悅"爲"研說","翰箋"爲"扇頭","常"爲"嘗","氣象殊"爲"意象殊","蓬壺"爲"崑壺","河汾門下"爲"寒溪門下"。

《白漊集》卷七《贈別王麓臺給諫》:"河汾門下侍先生,同學君先一第成。官本直言宜抗節,朝無闒事莫沽名。興來畫筆攤新卷,閒裏棋經覆舊枰。最是白雲遙望切,釜鐘祿養早陳情。"

冬

彭蠡舟次,麓臺作《疏林遠岫圖軸》。

《王原祁集》第277頁圖錄《疏林遠岫圖軸》:"畫忌筆滑。要觚稜轉折,不爲筆使。所謂轉折者,在斷而不斷、續而不續處著力。董宗伯得於倪、黃甚深,故有是論。余爲西江之行,偶遇熟識附舟,出紙索畫。因思此數語,寫以與之。戊寅冬日彭蠡舟次。麓臺識。"

上海唐雲大石齋舊藏。

按:康熙三十七年十二月,王原祁在太倉丁憂期間出遊江西。從《吳越所見書畫錄》卷六《王司農仿黃大癡秋山立軸》跋文可知,《疏林遠岫圖軸》當作於康熙三十七年十二月。

麓臺出遊江西,始於丹陽,途經儀真、採石磯、滄江、小孤山、彭澤縣、石鐘山、鄱陽湖等地。

《白漊集》卷八《次韻王麓臺丹陽遇雪》:"迢迢千里道,雲木望中平。野雪飄寒色,風江落夜聲。酒微難作夢,苦吟轉生情。明發出京口,離鄉第一程。"

同卷《不寐》:"客臥滄江上,悠悠旅思侵。"

同卷《過關效昌黎體》:"我行溯長江,計程九百里。其中有三關,上下扼江水。

龍江與蕪湖,厥稅則視貨。湖口乃稅船,丈尺量小大。……幸從都諫游,關吏頗畏重。免以常例求,船到即放行。……晚泊鄱陽湖,借問商人侶。"

同卷《鄱陽湖中望廬山》:"舟行五日鄱陽中,水落洲出湖無風。況乃舟大行不得,坐愁寸步登天同。所喜廬山日在眼,九疊雲錦張虛空。……瞻仰不盡玩不足,自朝及暮憑窗篷。畫家仙手麓臺子,對此揮染凝清瞳。爲我圖成秋山幅,遂覺筆墨尤殊工。舟過南康阻風泊,鹿洞鶴觀路可通。籃輿發興擬一到,俄頃風利行匆匆。名山咫尺失攀陟,回首悵恨良無窮。快游他日能遂否,衰晚家累猶兒童。而今也識廬山面,歸去鄉里誇村翁。"

按:《次韻王麓臺丹陽遇雪》後分別爲《儀真守風》《江中望月》《采石磯懷古》《不寐》《望九華》《小孤山》《經彭澤縣》《石鐘山》《登石鐘山寺》《過關效昌黎體》《鄱陽湖中望廬山》《王都諫畫山水行》。

麓臺江行小孤山舟次,以大痴筆意寫《小孤山圖》。

《王原祁精品集》第80頁、《中國繪畫全集27》第18頁圖錄《小孤山圖》:"江行小孤山舟次,寫大痴筆,時戊寅冬日。庚辰小春,京邸偶檢出題之。麓臺祁。"

鈐印:起首鈐"掃花庵"(朱文橢圓),下鈐"王原祁印"(白文正方)、"麓臺"(朱文正方),圖右下鈐"西廬後人"(朱文長方)。

水墨紙本立軸,97×46cm,常州市博物館藏。

按:有"國鈞秘玩"(朱文正方)等收藏印。"戊寅"即康熙三十七年。"庚辰"即康熙三十九年。

查慎行《敬業堂詩集》卷一《慎旃集上·小孤山》:"峨峨百里外,烟鬟望欸瞳。峭帆兩日程,始及抵山脚。連山亘兩岸,千仞排垠堮。不知渾沌來,孤嶼孰開鑿?初從山背望,上下勢相若。兩崖忽中分,老牛角紛昔。向陰棲鷾鵜,石齒白磊硌。其陽峰面銳,鵬嘴高卓卓。青葱起羊蓉,遠景翳林薄。脊骨不貯土,長根白蟠錯。旁觀倚崔嵬,遙勢借恢擴。大哉造物奇,咫尺形體各。中腰神女祠,紺碧架飛閣。藐焉冰雪姿,玉貌坐端愨。小雨夜歸梁,晴雲曉褰幕。神威不在猛,水怪自驚逷。帖然率群醜,俛首受條約。移舟試欲登,夷險費斟酌。聳肩卻步立,窘若被束縛。攀躋雖未成,夜枕夢已噩。起來攬帶坐,波軟風力弱。圓月光吐吞,蛟龍恐驚攫。"

毛師柱《端峰詩選·五言律·小孤山》:"捩柂下澁城,江天一柱擎。遠看方突兀,晴望更分明。壁欲干雲上,根疑插水生。中流孤立穩,滾滾任東傾。"

麓臺從豫章(江西南昌)歸。在真州道中,仿巨然筆作《高岫晴烟圖軸》贈沈受宏。麓臺於章江道中書貽毛師柱。

毛師柱《端峯詩續選》卷一《麓臺於章江道中貽書見憶,弁和余看菊詩,即次來韻却寄》:"霜雪俄看點鬢華,尺書遥寄自天涯。乾坤逆旅誰非客,湖海浮槎也是家。喜接新詩真似錦,幸留老眼未生花。吟餘定寫滄洲趣,想見峰巒整復斜。"

《白漊先生文集》卷二《端峯先生傳》:"先生少聰穎,工文章,弱冠入黌宫,陸桴亭先生講學裏中,先生從受業,與聞程朱之學,亦雅好爲詩,無何遭奏銷之案,註誤削名,遂絶意制舉,益肆力於詩。家貧親老,乃爲客游之計。……先生前後客游者三十年,及老倦游而歸,歸七年而病,病八年而歿。年七十有八矣。……生一子即煜……余自少與先生交,號莫逆,迄今殆五十年矣。先生長於余十一歲。"

按:毛師柱太倉人,父毛雲漢亦力文。"章江道中",當指"從豫章(江西南昌)"歸途中。

沈受宏《白漊集》卷八《王都諫畫山水行》後有《贈新建陸士迪明府二首》("爲君屈指繼王錢"自注"王麓臺、錢萚湄皆以縣令内擢")、《贈鄭方南大參》("南斗今方岳,東臺舊諫臣")、《贈韓敬立僉事》、《贈詹南屏都督》、《滕王閣歌》、《題韓僉事筠齋》、《韓僉事招同王都諫飲錢北闌寺題五首》("此地豫章推絶勝,西山恰對隔江青")、《溪行》、《贈玉山葉芥舟明府》("平生意氣與文章,兄弟名高峰泖鄉(君兄研孫)")、《小除發常山》("行盡江西過玉山,扁舟又下浙西灣。忽經殘臘年將盡,猶阻長途客未還。……此時却憶吾鄉景,竹爆桃符萬户間。")、《老樟行用杜古柏行韻》("在衢州府東二十里,地名樟樹潭。相傳明太祖嘗避追兵於樹上,封大將軍,歲給祭焉")、《舟中除夕》、《至杭州》("爲客新年換舊年,三千里路渺風烟。武林門外家鄉景,喜上吳江鴨嘴船。")

沈受宏《白漊集》卷八《溪行》:"溪行八百里,景色愛瀟灑。扁舟坐一葉,安穩若廣厦。水鳴淺瀨間,石映澄潭下。盡日過連峰,有時得平野。疏林與密樹,濃淡盡圖寫。寒冬值晴和,天氣況相假。詩篇足清吟,書卷任閒把。往來狎沙鷗,知我忘機者。"

本年

王掞由户部右侍郎轉左侍郎,以都察院左副都御史錢三錫爲户部右侍郎。

《居易録》卷三十。

按:錢三錫,太倉人。康熙十五年進士,與麓臺交好。《罨畫集》卷一《半舫和同年錢廷尉葭湄韻》:"宛然畫鷁水中横,占盡幽閒勝閻瀛。不見白鷗眠渚晚,尚疑紅蓼傍簷清。浮家只在長安住,載石如從百粤行。蝦菜五湖雖可美,功成未許拂衣輕。"

"半舫"是"半雲舫"的簡稱,主人錢三錫。《(民國)太倉州志》卷二十《人物四》:"錢三錫,字宸安,號葭湄。康熙十五年進士……升户部侍郎。"王撚《西田集》卷四《和錢葭湄奉常半舫詩次原韻》:"烟波逸興自縱横,一室居然泛八瀛。從此濟川蘭楫穩,傳來載石桂江清。閒憑便作臨流想,安坐渾如鼓枻行。不見署齋名畫舫,知君師此意非輕。"從韻腳看,與王原祁這首和詩作於同一次宴會現場,當時參加者有錢三錫、王原祁、王撚等人。而且《和錢葭湄奉常半舫詩次原韻》後接《除夜喜沈台臣(受宏)入都》和《壬申(康熙三十一年)除夕次錢葭湄廷尉韻》,以此推知此詩不早於康熙三十一年,即康熙三十一年,錢氏爲廷尉。《西田集》詩按時間順序編排。

太僕寺卿勵杜訥升宗人府府丞,左通政錢晋錫升太僕寺卿。

王士禛《居易録》卷三十:"康熙三十七年,以宗人府府丞梅銅爲都察院左副都御史,太僕寺卿勵杜訥爲宗人府府丞,左通政錢晋錫爲太僕寺卿。"

按:勵杜訥,字近公、澹園,直隸静海人。

康熙三十八年己卯(1699年)五十八歲

正月

十四日,郁愚齋招唐孫華、王原祁、王原博、沈受宏、夏疇觀燈。

《東江詩鈔》卷四《元宵前一日同年郁愚齋招同王麓臺、沈台臣、王潞亭、夏疇觀燈》:"畫手看王宰(是日看麓臺畫),清談得沈郎(台臣在坐)。"

按:《元宵前一日同年郁愚齋招王麓臺、沈台臣、王潞亭、夏疇觀燈》詩前有《己卯元旦》。

沈受宏《白漊集》卷八《元夕前一日,郁弘初孝廉招飲園中,次唐寶君吏部韻五首》,其五:"詩畫唐(寶君)王(臺畫)筆,相看各斐然。"

麓臺爲弟子黄鼎作《仿雲林山水》。

陳履生《王原祁》圖録《仿雲林山水》:"己卯初春,爲閑圃道契作。"

按:黄鼎號"閑圃"。

盛敬六十,門人沈受宏奉觴上壽。

《白漊先生文集》卷一《盛寒溪六十壽序》。

三月

玄燁第三次南巡,由蘇州抵浙江。

錢泳《履園叢話》卷一《康熙六巡江浙》:"三月十四日駕抵蘇州,在籍紳士耆老接駕,俱有黄綢幡,幡上標明都貫姓名、恭迎聖駕字樣。自姑蘇驛前,虎丘山麓,凡屬駐蹕之所,皆建錦亭,聯以畫廊,架以燈綵,結以綺羅,備極壯麗,視甲子(康熙二十三年)、己巳(康熙二十八年)逾十倍矣。十八日,恭逢萬壽聖誕,凡百士庶獻康衢謠若干帙,頌聖詩若干帙,萬壽詩若干帙,分天地人和四册,以祝萬年之觴。又於諸山及在城名剎廣列祝聖道場,百姓歡呼塗路。十九日,召蘇州在籍官員翁叔元、繆日藻、顧汧、王原祁、慕琛、徐樹穀、徐升入見,賜賞各有差。又賜彭孫遹、尤侗、盛符升御書扁額。二十日辰刻,御駕出葑門,登舟幸浙江。時兩江總督爲遂寧張鵬翮,江蘇巡撫爲商丘宋犖也。上問云:'聞吴人每日必五餐,得毋以口腹累人乎?'臣鵬翮奏云:'此習俗使然。'上笑云:'此事恐爾等亦未能勸化也。'四月朔日,駕由浙江回蘇。"

"初二日傳旨,明日欲往洞庭東山。初三日早出胥口,行十餘里,漁人獻饌魚、銀魚兩筐。乃命漁人撒網,又親自下網獲大鯉二尾。上色喜,命賞漁人元寶。時巡撫已先到山上,少頃,有獨木船二撥槳前行,御舟到岸,而隨從者未至。巡撫備大竹山轎一頂伺候,上升輿,笑曰:'到也輕巧。'有山中耆老百姓等三百餘人執香跪接,又有比丘尼艷妝跪而奏樂。上云:'可惜太后沒有來。'其時翠峰寺僧超揆步行先驅,引路者倪巡檢、陳千總也。在山士民、老少、婦女觀者雲集,上分付眾百姓:'你們不要踹壞了田中麥子。'是時菜花已經結實成角,上命取一枝細看,問巡撫何用。奏云打油。上曰:'凡事必親見也。'是日有水東民人告菱湖坍田賠糧,收紙付巡撫。上問扈駕守備牛斗云:'太湖廣狹若干?'奏云八百里。上云:'何以《具區志》止稱五百里?'奏云:'積年風浪,冲坍隄岸,故今有八百里。'上云:'去了許多地方,何不奏聞開除糧稅乎。'奏云:'非但水東一處,即如烏程之湖漊、長興之白茅嘴、宜興之東塘、武進之新村、無錫之沙漵口、長洲之貢湖、吳江之七里港,處處有之。'上云:'朕不到江南,民間疾苦利弊焉得而知耶?'初四日,即由蘇起鑾北發。"

按:繆曰藻此時尚未成進士,當爲誤記。

下浣,麓臺爲雲期作《仿高克恭山水》。

《山水正宗》第 140 頁、《王原祁精品集》第 94 頁圖錄《仿高克恭山水》:"客秋雨中,雲期道兄過談竟日,爲作高尚書筆未竟,今復坐索,率爾續成,恐非古人面目矣。時康熙己卯(康熙三十八年)三月下浣,王原祁。"

鈐印:起首鈐"掃花庵"(朱文橢圓),下鈐"王原祁印"(白文正方)、"茂京父"(兩白一朱文正方),圖左下方鈐"興與烟霞會"(白文長方)。

水墨紙本立軸,94×45.7cm,故宮博物院藏。

按:《王原祁精品集》第 94 頁名《雲山圖軸》,《虛齋名畫錄》卷九《王麓臺爲雲期仿高尚書山水軸》著錄。此圖有清代劉恕("劉恕鑒藏",白文正方),近代龐元濟("虛齋審定",朱文正方)收藏印。

春

麓臺爲仲翁作《仿倪瓚、黃公望山水軸》。

《王原祁集》第 275 頁圖錄《仿倪瓚、黃公望山水軸》:"雲林、大痴平淡天真,全以氣韻爲主,設色亦在著意、不著意之間,識者自審之。春日,擬似仲翁老都掌科正。婁東王原祁。"又跋:"此余戊寅春筆也。清風堂作此未竟,己卯秋閏七月再至湖上續成之。麓臺祁又識。"

瑞典斯德哥摩遠東古物館藏。

王翬、楊晉、徐玟合繪《王石谷師弟合繪竹窗勝集圖軸》。

《虛齋名畫錄》卷九《王石谷師弟合繪竹窗勝集圖軸》："竹窗勝集。歲次己卯送春日，爲扶曦同學兄寫意。耕烟散人王翬。"徐玟跋："桃溪徐玟畫茅堂几榻。"楊晉跋："端陽日，水村楊晉補人物仙禽。"蔣廷錫跋："時洞庭勞澂在座，見畫此圖，恍如置身於茂林脩竹之間。喬木琅玕古，茅堂竹几清。聲泉動微籟，人鳥兩忘情。辛巳佛日，蔣西谷觀因題。"

麓臺作《仿李營丘筆意》。

《故宮藏畫大系十五》第28頁、《清王原祁畫山水畫軸特展》第7頁圖錄《仿李營丘筆意》："仿李營丘。己卯春寫於東宅新構書室。原祁。"

鈐印：起首鈐"蒼潤"（朱文橢圓），下鈐"原祁之印"（白文正方）、"麓臺"（白文正方），圖右下鈐"畫圖留與人看"（朱文長方）。

水墨紙本立軸，47.3×66.4cm，臺北故宮博物院藏。

按：《石渠寶笈初編》卷十六《仿李成筆意》著錄。有"乾隆御覽之寶"等璽印。該圖右上有張照書御題詩，有"摩挲象軸認蟲文，喜是麓臺老來筆。麓臺年老筆亦老，洗浄鉛華存秀質"句。

此圖有光綫感，與康熙四十年後作品相比，山石略顯瑣碎。此爲本年譜中第一次出現"畫圖留與人看"（朱文長方）印，而康熙四十年麓臺使用"御書畫圖留與人看"（朱白文雙龍橢圓）印。由此可知，或此印爲後加，或"畫圖留與人看"印在先，"御書畫圖留與人看"在後。

京江道中，麓臺作《仿吳鎮山水圖》。

《王原祁精品集》第93頁、《中國繪畫全集27》第19頁圖錄《仿吳鎮山水圖》："畫至南宋，競宗艷冶，骨格卑糜。梅道人力挽頽風，成大家風味，所謂淡粧不媚時人也。己卯春日京江道中，寫此以質識者。麓臺祁。"

鈐印：起首鈐"古期齋"（朱文橢圓），下鈐"王原祁印"（白文正方）、"茂京父"（兩白一朱文正方），圖左下鈐"興與烟霞會"（白文長方）。

水墨紙本立軸，74.2×40.6cm，上海博物館藏。

按：此圖曾經清代收藏家劉恕（"劉氏寒碧莊印"，朱文長方；"蓉峰秘玩"，朱文橢圓）和近代收藏家龐萊臣（"虛齋審定"，白文正方）收藏，另有"柳門珍賞"（白文正方）等收藏印。

麓臺作《王原祁仿黃公望山水》。

《欽定石渠寶笈續編》第 19 冊《王原祁仿黃公望山水》："己卯春,仿大癡筆意於豫章舟次。麓臺祁。"

鈐印："興與烟霞會""原祁之印""麓臺""石師道人"。

四月

下浣,麓臺爲申珂作《仿王蒙山水》。

《臺北故宮藏畫大系十五》第 31 頁、《清王原祁畫山水畫軸特展》第 11 頁圖錄《仿王蒙山水》："黃鶴山樵遠宗摩詰,近師松雪,而其氣韻天然,渾厚磅礴則全本董巨。余家舊藏《丹臺春曉》及雲間所見《夏日山居》,皆融化諸家而出之。臨摹家未得其意,則與相去什百倍蹝矣。含吉表弟四袠,余寫此意爲祝,欲與二圖少分相應。歷年未成,既成諦觀,全未得山樵腳汗氣也,因書之以志愧。時康熙己卯清和下浣。王原祁。"

鈐印:起首鈐"掃花庵"(朱文橢圓),下鈐"王原祁印"(白文正方)、"茂京父"(兩白一朱文正方),圖左下鈐"興與烟霞會"(白文長方)。

墨筆紙本立軸,97.9×53.2cm,臺北故宮博物院藏。

按:此圖有"石渠寶笈"等璽印,圖右下鈐"申函吉藏畫"(朱文長方)。元代畫家陸廣作《丹臺春曉》,王時敏《唐宋元畫冊》中存有摹本。申珂(改名可貞),字含吉,申穮子,申時行曾孫,吴縣人,翁鐵庵弟子。康熙丁巳(康熙十六年)舉人,官瀏陽知縣。

《王司農題畫錄》卷下《文待詔石湖清勝圖詩畫卷》："文待詔當明季盛時,風流弘長,筆墨流傳得若拱璧。今觀其《石湖圖》一卷,流麗清潤,脱盡凡俗之氣。游湖諸作,寄托閑適,可以想見其襟懷矣。以後諸題咏共垂不朽,含吉表弟宜寶藏之。"

湯西崖召陳奕禧、姜宸英觀唐人雙鈎《蘭亭序》。

陳奕禧《隱緑軒題識·論唐人雙鈎蘭亭序》。

麓臺作《仿子久筆》扇面。

温肇桐《王原祁》附録圖版《仿子久筆》："己卯清和,仿子久筆,呈銘翁大□教正。侄王原祁。"

五月

上浣,麓臺作《王司農仿大癡山水軸》。

《書畫鑑影》卷二十四《王司農仿大癡山水軸》："己卯夏五上浣,仿大癡筆。王原祁。"

麓臺爲黄松巖作《富春山圖》。

《石渠寶笈》卷三十五《富春山圖》："仿黄子久富春長卷筆意,王原祁。"

鈐印:"王原祁印""茂京父""西廬後人"。

拖尾跋:"長卷畫格卑則勢拘,氣促則筆弱。求其開合起伏尚未合法,况於神韻乎？癡翁得力處於董巨、荆關、大小二米,融會而出。故富春一卷,兀奡排蕩,娟秀雅逸。無古無今,爲筆墨巨觀。松巖黄兄博學嗜古,宋元諸家每欲窮其閫奥。以余學大癡有年,特携長卷囑畫,勉應其請。松兄之意,欲余步趨富春,期望甚厚。奈筆痴腕弱,縱横無力,譬之求瓊琚以燕石投賈胡,必將啞然失笑矣。康熙己卯夏五上浣,麓臺祁識。"

鈐印:"別號麓臺""掃花庵"。

按:此圖另有"太原麓""竹烟樹景滿蕭齋"等印。

麓臺作《仿王蒙雲松捧岳圖》。

《中國古代書畫圖目1》京5—428圖録《仿王蒙雲松捧岳圖》："己卯夏五,仿叔明筆作《雲松捧岳圖》。婁東王原祁。"

鈐印:"王原祁印""麓臺"。

水墨紙本立軸,95.8×48.7cm,首都博物館藏。

麓臺友人雲壑於沙溪古閒草堂重觀并跋《溪山高隱圖》。

《溪山高隱圖》雲壑後跋:"古來賢達士,道否恒隱遁。况有垂白親,乞身免遺恨。"

按:此時麓臺父已去世,或消息不通之故。

王撝南歸抵家。

《巢松集》卷六《喜七弟抵家病減》、同卷《哭虹友弟》。

宋廣業出京,往恒曲。不久歸,時禮部尚書杜臻告老還鄉,宋氏以詩贈之。

《蘭皋詩鈔》卷六《出關草・己卯仲夏出長安城作》、同卷《送大宗伯杜肇餘先生予告旋里四首》。《居易録》卷三十二。

按：杜臻(1633年—1703年)，字肇餘，浙江秀水人，順治進士。累遷吏部侍郎轉禮部尚書。

二月至五月間，玄燁携母慈聖太后第三次南巡。
錢泳《履園叢話》卷一《康熙六巡江浙》。

六月
麓臺爲侄王瞻作《仿大痴山水》。
2012年《匡時·古代繪畫專場》第718頁圖録《仿大痴山水》："荆關、董巨爲元四大家祖禰。大痴畫人知爲董巨正宗，不知其得力於荆關之處也。杞望侄問畫於余，以此告之，隨寫其意，當爲識者訕笑矣。時康熙己卯長夏。麓臺祁識。"
鈐印：起首鈐"掃花庵"（朱文橢圓），下鈐"原祁之印"（白文正方）、"麓臺"（朱文正方），圖左下鈐"石師道人"（白文正方）。
水墨紙本立軸，122×55cm。
按：《虛齋名畫録》卷九《王麓臺寫大痴得力荆關軸》著録。此圖有於騰（"飛卿過眼"，朱文正方）、龐元濟（"虛齋珍賞"，朱文正方）、薛華培（"枕經書屋主人次申章"，白文正方），以及"醒齋歡喜"（白文正方）收藏印。

夏
麓臺爲吳玉培作《瀟湘夜雨圖》。
《王司農題畫録》卷上《瀟湘夜雨圖》："畫裏瀟湘雨氣賒，茅堂深閉暗山家。何人却艤滄江棹，一夜篷窗伴葦花。米南宫之《瀟湘夜雨圖》，余未之見。己卯夏日，余愁戚中玉培過訪。借高尚書筆法寫此釋悶，不計工拙也。"

惲壽平臨《宋人豆架草蟲圖軸》，後有紀蔭、匡襄鉅、許璿耀、陳煉、唐宇肩、喬同庚跋。
《虛齋名畫録》卷九《惲南田臨宋人豆架草蟲圖軸》。
惲南田跋："一竹齋中除豆架饌客，有咏次韻博粲，時己卯夏日矣。"後有宙亭紀蔭跋；己卯九日匡襄鉅、許璿耀（在衡）、陳煉（道柔）跋；庚辰許在衡、陳煉、喬同庚跋；戊寅重九後三日匡襄鉅、許璿耀、一竹齋主人唐宇肩、喬同庚跋。
按：紀蔭，字湘雨，號宙亭，江蘇常州人。唐宇肩，字營若，號一竹齋主人，江蘇常州人。

七月

十一日，皇太子允礽謁陵，經大通橋，初次召見戶部員外陳奕禧，命其作大小行書。

> 陳奕禧《春藹堂集》卷五。

> 按：《春藹堂集》卷五《紀恩詩》注云：皇太子聽陳奕禧自報姓名，笑曰："原來是汝在此麼。"即嚮隨侍諸臣曰："此人最善書，我有他的冊頁。"皇太子過通州二十里，命倉場侍郎石文桂速於官署取筆墨紙硯，命陳奕禧作大小行書。當時陳氏家族在京做官者較多，"時丙齋兄、乾齋弟爲左右庶子"。

許旭卒，毛師柱以詩哭之。

> 《端峰詩續選》卷二《秋水許先生輓詩》二首，其一："廿年游好半凋殘，一老淪亡倍慨嘆。秋水繞亭無客過，霜風著雨向人寒。支離病後清言少，潦倒生前濁酒難。惟有愁吟終不廢，尚餘名姓壓詞壇。"其二："書劍頻經萬里游，曳裾搖筆重王侯。江關烽火生還幸，幕府賓僚死別休。夢去懶看塵滿眼，窮來甘守雪盈頭。天涯多少飄零客，不及先生正首丘。"

八月

麓臺作《扇面》。

> 溫肇桐《王原祁》圖版四《扇面》："己卯初秋，仿黃子久筆意。王原祁。"

> 按：圖錄亦見於陳履生、李十老編《王原祁畫集》圖三。

王奕清典試貴州。

> 《頣庵府君行述》："乙卯，不孝奕清奉命典試貴州。先大夫誡之曰：'黔南雖遠在天末，然何地無才，勿以荒陋而忽視之也。'"

九月

麓臺爲徐溶作仿倪瓚山水，有王翬、徐軌、朱彞尊、翁嵩年跋。

> 《歸石軒畫談》卷五："雲滄年道契酷嗜筆墨，於宋元諸家窮年探索，惜未能擺脫窠臼。己卯九秋，扁舟過訪，有問道於盲之意。余何能知畫理，就點染所及，寫倪、黃大意視（示）之，博其噴飯可也。麓臺祁。"

> 王石谷跋："不見雲林三百年，誰將凡骨換神仙。風烟慘淡秋光好，拾得金丹在眼前。麓臺太史此圖筆簡意到，直得元人三昧，倪、黃瓣香，克承之矣，因書檀園句以志心折。王翬題。"

徐軌跋:"倪迂山水如幽人逸士,登高遠攬,境接心會,與之俱化,三百年來罕得其傳。今觀麓臺先生此圖,直欲以金丹相示也。雲滄其善寶藏之。松風老人軌。"

幅旁另紙朱竹垞跋:"麓臺在都亭,恒許爲僕仿雲林小景,過懶未嘗促迫也。雲滄出此挂壁,恨不作三日坐卧,轉悔前失無已。竹垞翁。"

翁嵩年(蘿軒)跋:"學雲林法最難得其清氣,此圖似之。自是君身有仙骨,世人那得知其故。嵩年題。"

按:楊翰案:"徐雲滄,名溶,號杉亭,又號白洋散人。吳江人。畫山水初亦無所宗主,後師石谷遂大變,由其天資高而觀摩者多也。麓臺此幅亦引導之意。諸名人傾倒如是,乃生平合作。純用幹筆濃淡皴擦山石,間用濕筆點木葉便不枯燥,尤得蒼渾之神。對岸山似連仍斷,空闊無際。其用墨之法雖雲仿雲林,却深肖香光老筆。……程氏所藏石谷一幅亦是爲雲滄作,大小相垺,似同乞二幅以備摹仿。"

服闋,麓臺爲弟王原博作《王原祁仿宋元人山水册》成。

《清王原祁畫山水畫軸特展》第94—98頁圖録《王原祁仿宋元人山水册》。

第一幀:"倪高士《春林山影》筆意。"

鈐印:"茂京父"(兩白一朱文正方)。

第二幀:"子久設色在着意不着意間,此圖未知近否?"

鈐印:"王原祁印"(朱文正方)。

第三幀:"宿雨初收,曉烟未泮。戊寅(康熙三十七年)清和,武林道中仿高尚書。"

鈐印:"石師道人"(白文正方)。

第四幀:"己卯暮春,雨窗仿梅道人。"

鈐印:起首鈐"蒼潤"(朱文葫蘆),下鈐"王原祁印"(白文正方)、"麓臺"(朱文正方)。

第五幀:"叠嶂松風。仿叔明筆,時己卯(康熙三十八年)春日。"

鈐印:"麓臺"(朱文正方)。

第六幀:"戊寅嘉平,舟泊盧山,擬南宫筆寫所見。"

鈐印:"茂京"(朱文正方)。

第七幀:"仿大癡《陡壑密林》筆。"

鈐印:"茂京氏"(白文正方帶框)。

第八幀:"黄鶴山樵《林泉清集圖》余家舊藏也,今已失去,因追師其筆。"

鈐印:"石師道人"(白文正方)。

第九幀:"范華原溪山秋色。"

鈐印:起首鈐"陗倩"(朱文長方),下鈐"原祁之印"(白文正方帶框)、"麓臺"(朱文正方)。

第十幀:"漠漠水田飛白鷺,陰陰夏木囀黃鸝。仿趙大年寫右丞詩意。"

鈐印:"王原祁印"(朱文正方)。

第十一幀:"風巖泛艇仿荊關。"

鈐印:"麓臺書畫"(白文正方)。

第十二幀:"仙山樓閣。仿趙承旨。青嶂迎紫氣,丹崖繞白雲。"

鈐印:"別號麓臺"(兩朱兩白文正方)。

第十三幀:"用巨然《賺蘭亭圖》筆法。"

鈐印:"王原祁印"(兩朱兩白文正方帶框)。

第十四幀:"丁丑(康熙三十六年)冬夜,剪燭擬李營丘《寒林烟景》。"

鈐印:"王茂京"(一朱兩白文正方)。

第十五幀:"北苑真迹余曾見《龍宿郊民圖》及《夏景山口待渡》長卷,今參用其筆。"

鈐印:"原祁之印"(白文正方)。

第十六幀:"戊寅冬日,江行舟次,見夾岸殘雪,偶思右丞《山莊雪霽圖》,寫此。"

鈐印:"原祁茂京"(朱文正方)。

後跋:"余丁丑(康熙三十六年)春讀禮南歸,檢先大夫遺篋得一素冊,迪弟謂余曰:'此手澤之所存也,須留之硯席間,以示晨昏不忘之意。'是冬經營葬事,往來鄉城,二弟必携此冊以相隨,拮据荼苦,中夜起坐傍徨,對此命筆,庶幾稍解幽憂,不覺落墨告竣。己卯服闋,方用設色。於宋元諸家相近者題出以弁其首,亦不取其形似也。癸巳(康熙五十二年)之桂月,閱十有七年,迪文弟忽出此以見示,將以驗工力之淺深、學識之厚薄。余再四諦觀,方知筆墨皆由天性,後起之筆不至掩其天性,前後同一轍耳。前作諸圖時純以筆墨用事,未能得其本源。今於諸家雖稍有融會處,而老耄將至,力不從心,未能出一頭地也,隨筆識之,以見今昔之感。康熙癸巳(康熙五十二年)九秋,麓臺祁觀并題。"

鈐印:起首鈐"掃花庵"(朱文橢圓),下鈐"原祁之印"(白文正方)、"麓臺"(朱文正方)。

按:《欽定石渠寶笈續編》著錄,異文有:第四幀"舟泊"爲"舟至";第七幀"擬"爲"仿";第八幀"藏"字後無"也"字;第十二幀"青嶂"爲"千峰",後跋"此冊以相隨"爲"此冊相隨""傍徨"爲"彷徨""幽憂"爲"幽優"等。

徐邦達先生名之爲《爲迪文仿宋元人山水冊》十六幀。此冊爲麓臺丁憂期間所作(即康熙三十六年至康熙三十八年間)。麓臺弟王原博亦善畫。

第一幀倪高士《春林山影》筆意,與《歸石軒畫談》卷五著錄麓臺所作《仿雲林〈春林山影圖〉筆意》名相近,《仿雲林〈春林山影圖〉筆意》麓臺跋:"雲林《春林山影圖》筆墨高簡淡逸,此圖本用其意而醉眼昏花,粗率滿紙,幸尚無俗氣,存之。"後有楊翰案:"樹祇五林饒有春氣,峭石一笏,疏篁數竿,板屋一椽,筆墨高古。不知雲林何如,此則簡筆大癡也。對岸山頭皴如折鐵,遠山似染似皴,用濃墨數筆,愈覺古厚。余收麓臺此最愜意,以其小而攜入行笥,游覽山水日不能離耳。"

秋

麓臺與館師沈受宏赴江西南昌,至鄱陽湖,作《秋山圖》,台臣長歌紀之。

温肇桐《王原祁》附錄《王原祁年譜》。

按:沈受宏,字台臣,江蘇太倉人,歲貢生,性孝友,篤於内行,博學工詩,以杜爲宗。少爲祭酒吴偉業所激賞,與相國王掞爲布衣交。嘗游京師名動公卿間,以介介不苟合謝歸。所著有《白漊集》十卷、《全唐詩選》八十八卷。其子沈起元《敬亭文稿》卷三《鄉貢士候補儒學教諭待贈翰林院庶吉士顯考白漊府君行述(壬寅)》稱沈受宏"詩主盛唐,尤宗少陵","爲古文尚氣格"。

麓臺聘沈受宏爲館師事,見彭紹升《良吏三述》,《二林居集》卷二十一。

麓臺在武林舟次,爲徐司民作《寫趙吴興意山水》。

《山水正宗》上卷第136頁圖錄《寫趙吴興意山水》:"趙吴興《鵲華秋色》及《水邨圖》逸韻爲千古絶調,非余鈍筆所能。己卯秋日往武林舟次,徐子司民强余作此,因寫其意。麓臺祁。"

鈐印:起首鈐"陗倩"(朱文長方),下鈐"王原祁"(一朱兩白文正方)、"麓臺"(白文正方)。

設色紙本扇頁,18.4×56cm,上海博物館藏。

按:此圖有"筡齋所藏"(白文正方)、"頑石秘玩"(朱文正方)收藏印。

麓臺作《王原祁仿梅道人山水軸》。

《寶迂閣書畫録》卷二《王原祁仿梅道人山水軸》:"宋法體格精嚴,元筆縱横自在。諸家各具微義而氣足神完,思深力厚。巨然衣鉢,惟梅道人得之。己卯秋日丹陽道中,仿於舟次因題。麓臺祁。"

鈐印:"掃花庵"、"王原祁印""茂京父""西廬後人"。

按:徐邦達先生名之爲《丹陽舟中仿梅道人山水軸》。

孔尚任所作《桃花扇》劇本流行,傳入大内。

金埴《不下帶編》卷二:"闕里孔稼部東塘尚任手編《桃花扇》傳奇,乃故明弘光朝君臣、將相之實事。其中以東京才子侯朝宗方域、南京名妓李香君爲一部針線，而南朝興亡遂繫之桃花扇底。時長安王公薦紳，莫不借鈔，有紙貴之譽。康熙己卯秋夕，内侍索《桃花扇》本甚急，東塘繕稿不知流傳何所，乃於張平州中丞家覓得一本，午夜進之直邸，遂入内府。總憲李公木庵庵榊買優扮演，班名'金斗'，乃合肥相君家名部，一時翰部臺垣群公咸集。讓東塘獨居上座，諸伶更番進觴，座客嘖嘖指顧，大有凌雲之氣。四方之購是書者甚衆，刷染無虛日。今勾欄部以《桃花扇》與《長生殿》并行，罕有不習洪、孔兩家之傳奇者，三十餘年矣。"

程夢星《今有堂詩後集·漪南集·觀演桃花扇劇四絕句》："康熙己卯至庚辰間，京師盛演桃花扇，興化總憲家優金斗暨高陽相國文孫寄園，每宴集必延雲亭山人上座，即席指點，客有爲之唏噓泣下者。"

十月

王抃、王撰同朱繇集安處禪房。

《巢松集》卷六《小春望後一日，同立雲、隨庵兄集安處禪房次隨庵兄韻》。

按：不久，太倉朱繇卒，年七十三，王抃、毛師柱以詩哭之。《哭朱立雲》："貧爲多男甚，愁因急賦滋。山陽如再過，鄰笛莫輕吹。"《端峰詩續選》卷二《輓朱立雲》，其一："三絕聲名比鄭虔，窮來未肯受人憐。夜臺一去風流盡，零落生平舊簡編。"其二："谿南十畝綠成陰，卜築猶存未了心。此日老梅修竹畔，有誰叉手更行吟。"其三："老守彌陀共一龕，嗟君累轉爲多男。辛勤作繭三眠後，絲盡原無不死蠶。"其四："層疊縹緗介壽詞，早梅香暖護春卮。溪邊冷藥今開未，腸斷東風第一枝。"其五："四十年中過水雲，半緣休巳半緣君。存亡聚散驚非故，惟有枯桐挂夕曛。"其六："臘殘握手朔風酸，白酒三杯也禦寒。即此與君成永訣，至今迴憶淚漫漫。"

朱立雲爲王麓臺的代筆者。

十二月

王掞轉吏部左侍郎。

《顗庵府君行述》："十二月，先大夫轉吏部左侍郎。銓司積弊最夥……選司官吏私通賄賂，以缺之美惡，暗分記號；位置方嚮，先期示人。壟斷居奇，金錢累萬。……時有南海令某，先於丁艱起復，以厚賄賂銓司，不論起復日期，照捐納班次入選，先大夫扣其缺……又選某，欲以重賄得江安糧道缺，先大夫扣除之，曰：'此升缺，非選缺也。'抵暮，某屬人以千金爲壽，先大夫力却之，卒不得選。時捐項繁多，隸道龐雜。"

王攄卒,年六十三。毛師柱作詩哭之。

《端峰詩續選》卷二《哭汲園》二首,其一:"病竟知難療,私心早自哀。我方吟雨夕,君竟赴泉臺。風雅千秋絶,交親萬念灰。白頭拚一哭,此別不重迴。"其二:"詩學生平好,真登作者堂。風神歸渾脱,原本晰微茫。吟卷心魂集,騷壇翰墨香。歿猶名不朽,光焰有文章。"

《巢松集》卷六《哭虹友弟》:"戊寅秋,七弟爲都門之游。爾時偶患咯血,力疾而行,余亦甫從北歸,於河干相遇,匆匆言別。客歲蒲月朔始抵家,形容雖覺憔悴,然猶言笑如常,眠餐不減夏秋間,似有起色,心竊甚慰。所以有《喜七弟病減》一詩。不意長至之夕竟成永訣,憑棺大慟。後每當獨坐沉吟之際,酒酣耳熱之餘,追思自少至壯,自壯至老,腸爲寸裂,余雖愧無文,豈可無一言志痛詩,成六首,體用五言,但道情之淺深,不計辭之工拙也。"其一:"庭闈少長集,同母倍相親。竹馬嬉游久,荆花友愛真。別兄將四載,哭弟又三春。顧影憐余在,能無淚滿巾。"其二:"藝苑群推重,非因家世尊。榻懸仍好客,帷下亦窺園。禪侶常盈座,名流半在門。誰知忽永別,何處更招魂。"其三:"詩學推吾弟,真登大雅堂。驚才曾夢筆,佳句每投囊。評論兼今古,研求合宋唐。一從君去後,疑義向誰商。"其四:"勝情兼勝具,登涉不辭難。爲得江山助,因知天地寬。嶺梅尋舊迹,黄海訪仙壇。重讀君游記,傷心那忍看。"其五:"豈是池中物,終身竟布袍。收藏不惜費,排解肯辭勞。八鬥才誰幷,千艚興自豪。琴書雖有託,何遽付兒曹。"其六:"弟優兄不及,却與獻之同。應世才如海,論文氣吐虹。樽前笑語隔,枕畔夢魂通。往事何堪憶,都歸一慟中。"

《白漊集》卷八《哭王虹友五首》,其三:"書劍衰年客,頻爲遠道行。千山耽眺覽,四海足逢迎。梁苑游初倦,漳濱病已成。曹曾傷旅櫬,幸遂首丘情(九咸、耳黄皆客死京師,君歸半載而歿)。"

按:《王巢松年譜》附録趙貞《鶴尹仙逝挽詩》稱王抃卒前,其弟王攄已歿二年。王抃卒於康熙四十一年,則王攄卒於康熙三十八年。又《端峰詩續選》卷二收録康熙三十八年詩。

冬

麓臺歸途中,阻風雪於邗,作《王麓臺仿梅道人山水》。

《虚齋名畫録》卷九《王麓臺仿梅道人山水軸》:"季書道世兄雅有筆墨之好,己卯冬日,余在邗,阻風雪,急欲歸矣,而季書惓惓之意難却其請,呵凍爲仿梅道人筆。麓臺祁。"

鈐印:"王原祁印"(白文正方)、"茂京父"(兩白一朱文正方)、"求是堂"(朱文橢圓)、"西廬後人"(朱文長方)。

　　按：《澄蘭室古緣萃錄》卷十《王麓臺仿梅道人山水軸》著錄，少"麓臺祁"。此圖有"蘭雪齋印"(朱文正方)、"李佐賢收藏書畫之印"(白文正方)收藏印。

麓臺夜讀少陵詩，以沈受宏所舉"澗水空山道，柴門老樹村"爲題作《用雲林筆意寫少陵詩意》。

　　《山水正宗》上卷第113頁圖錄《用雲林筆意寫少陵詩意》："澗水空山道，柴門老樹村。客中冬夜讀少陵詩，台兄舉二語索畫，用雲林筆意寫之。麓臺祁。"

　　鈐印：起首鈐"求是堂"(朱文橢圓)，下鈐"王原祁印"(兩朱兩白文正方帶框)、"茂京"(朱文正方)，圖左下鈐"興與烟霞會"(白文長方)。

　　水墨紙本立軸，82.5×38.5cm，故宮博物院藏。

　　按：《虛齋名畫錄》卷九《王麓臺寫少陵詩意軸》著錄。此圖有龐元濟"虛齋珍賞"(朱文正方)。

　　"台兄"當爲麓臺友人沈受宏，沈氏字台臣。此圖似作於康熙三十八年冬，麓臺與沈受宏同游江西之時。

麓臺出游歸，向趙貞、袁書年、毛師柱等述銅江、富春之勝。

　　毛師柱《端峰詩續選》卷二《麓臺客歸，述銅江富春之勝》："烟嵐合沓水灣環，峰嶺層層錦綉間。摩詰胸中丘壑在，猶然叫絕富春山。"

　　按：此詩前有《新正，書年、松一、巨山、諧乎偶集小齋》，可見此事在年初。康熙三十五年前，王抃《巢松集》卷五有《寄家憲尹治郡山陰》、《送袁書年、趙松一之山陰幕中》，由此可知，袁書年、趙貞投於王吉武幕下。

麓臺偕高子、查客飲蔣深襟丈之綉谷，蔣氏出石谷臨子久《夏山圖》見示，并索麓臺筆。

　　《王原祁精品集》第97頁、《中國繪畫全集27》第20頁《夏山圖》跋："余客歲冬日，偕高子、查客飲樹存襟丈綉谷，樹兄出石谷臨子久《夏山圖》見示，并索拙筆，久未應命。"

　　按：蔣深，字樹存，號蘇齋、綉谷，江蘇蘇州人。

麓臺作《山水》。

　　《故宮藏畫大系十五》第30頁《山水》、《清王原祁畫山水畫軸特展》第9頁《山水》："己卯冬日，仿黃鶴山樵筆。麓臺祁。"

康熙三十八年己卯(1699年)五十八歲

  鈐印:起首鈐"掃花庵"(朱文橢圓),下鈐"王原祁印"(白文正方)、"茂京父"(兩白一朱文正方),圖左下鈐"石師道人"(白文正方)。

  水墨紙本立軸,64.7×47.2cm,臺北故宫博物院藏。

  按:《欽定石渠寶笈續編》19冊《王原祁山水》著錄,有"乾隆御覽之寶"等璽印。

麓臺作《仿大痴山水軸》。

  《王原祁精品集》第92頁圖錄《仿大痴山水軸》:"己卯冬日,仿大痴。王原祁。"

  鈐印:"王原祁印"(朱白文正方),圖左下鈐"西廬後人"(朱文長方)。

  紙本水墨立軸,121.5×45.3cm,天津博物館藏。

  按:此圖有"荆門王□收藏之章"(白文長方)、"文心審定"(朱文正方)。

麓臺爲維吉作《王原祁山水軸》。

  程曦《木扉藏畫考評》第45頁《王原祁山水軸》:"己卯冬日,彥澄囑筆,爲維吉年翁五秩壽。王原祁。"

  鈐印:起首鈐"掃花庵"(朱文橢圓),下鈐"王原祁印"(白文正方)、"茂京父"(朱白文正方)。

  紙本墨筆,96.8×40.8cm。

  按:此圖有"招汝濟收藏印"(朱文正方)、"平鄂心賞"(白文長方)、"麗圃私印"(白文正方)、"廬江"(朱文橢圓)、"冠五精賞"(白文正方)等收藏印。

麓臺將候補還朝,毛師柱以詩請畫。

  毛師柱《端峰詩續選》卷三《麓臺見許作畫,詩以促之》:"黄門愛畫入骨髓,刊落皮毛得神理。寢食沉酣四十年,妙悟天生乃有此。每言作畫如作詩,淺深濃淡誰知之。詳原自得在真趣,學古究亦何嘗師。研討愈精機愈暢,筆端瀟灑心開曠。靈秀常參董巨間,高空更出倪黄上。吮墨含毫不少休,苦心半應他人求。幾番執手向余說,惟爾宿約終當酬。欣然爲我圖一幅,征帆旋挂春江曲(時麓臺將以候補還朝)。別後披圖似見君,茅齋卧對千峰綠。"

  按:《端峰詩續選》卷三收錄康熙三十九年、康熙四十年間詩,此詩爲第一首,其後爲《十二日雅集繭庵西園偶效白體》,推定毛師柱以詩促畫之事在冬間。

  《歷代名人年譜》卷十《清》第76頁:"(康熙三十八年)茂京服闋入都。"

本年

曹延懿卒於嶺南,曾金吉卒於京。

《東江詩鈔》卷五《哭曹九咸明府》。《白漊集》卷八《哭曹九咸明府》。

《東江詩鈔》卷五《輓曾耳黃孝廉》二首。《白漊集》卷八《哭曾耳黃孝廉》。

按:《東江詩鈔》卷五《哭曹九咸明府》四首,其一:"曾報初春病,俄聞朝露捐。三年嶺海吏,廿載孝廉船";其二:"桐鄉遺惠在,尚説長官清"。由此可知,曹延懿曾在浙江桐鄉爲官,後又至嶺海一帶爲官。《白漊集》卷八《哭曹九咸明府》:"本爲求官去,翻教死客中。……濂洛接儒風(君與予受學梓亭、寒溪兩先生)。……一飛騰北海,十上困南宫。晚節纔登第,遐荒乍縮銅。"

《東江詩鈔》卷五《輓曾耳黃孝廉》二首。其一:"鬼伯偏摧旅客身,連翩池鷚動歸輪。已聞曹植歸丘日,又值曾家執燭辰。學舍追隨憐歲久,異鄉依倚轉情親。天留後死渾無謂,屢望燕臺哭故人。"其二:"十年襆被滯長安,射策金門興未闌(兩月前書至,猶言來歲春闈一決)。日暮壯心千牘在,河清皓首一官難。山妻形影悲遺挂(嫂夫人先亡),愛子馳驅尚跨鞍。憶就藜牀常共宿,青綾夜雨話更殘(君性愛閒靜,每主人宴會,輒過予邸舍共宿)。"

王士禎偶得舊硯,喜而繪圖、徵詩。

朱載震《京華録・結緑硯,新城王氏舊物也,昔得之大槐樹根下,制硯爲傳家之器,已而失去,慢亭以端溪石仿舊式,請於大司寇,漁洋先生勒銘以志其憾,康熙己卯有客携原硯來歸,驚喜出示,屬禹鴻臚繪圖,徵詩爲作此歌》。

按:宫友鹿詩集中也有關於此事的記載。

梅耦長離京歸宣城。

朱載震《京華録・同梅耦長、查夏重、林吉人、錢亮功飲陳香泉户部宅用一先韻》。

按:其詩後有《久雨新晴同諸子集隱緑齋,題耦長所畫山水即送歸宣城分得古字》。康熙三十九年有《耦長以收天泉詩見簡次韻奉和》。梅庚,字耦長,號雪坪,安徽宣城人。陳奕禧(1648年—1709年),字六謙,號香泉,浙江海寧人。

明珠排擠湯斌,指使祭酒翁叔元劾睢州爲僞學,姜宸英怒而爲文責之,何焯自削翁叔元門生之號。姜宸英卒於獄,年七十二。梁份五十九歲,在京。

《清梁質人份先生年譜》第55頁。翁叔元《翁鐵庵自訂年譜》。

按:何焯(1661年—1722年),字屺瞻,號義門,江蘇蘇州人。

時有"太倉三王"(王時敏、王鑑、王翬)之目。

陳奕禧《春藹堂集》卷四《爲王敏行郎中題王石谷雪景卷二首》:"太倉名繪數三王,留得耕烟獨擅場(太倉三王,太原奉常公烟客時敏,琅玡太守公玄照鑑及布衣石谷翬也。石谷自號耕烟散人)。"

揆叙扈從南巡,途中與陳元龍詩文唱和。

《敬業堂詩集》卷二十六《愷功侍讀扈從至杭喜成二律》:"夢想清游十載餘,此來兼得侍鑾輿。一厨自展將軍畫,三篋行隨秘監書。不少吟聯傳館閣(愷功與陳乾齋南來唱和成卷),可無長策佐河渠。自從南涉江淮後,司馬文章世不如。"

按:《敬業堂詩集》卷二十六收錄己卯正月至十二月間詩歌。

揆叙,字愷功。徐倬《修吉堂文稿》卷一《愷功詩序》:"愷功爲宰輔明公(珠)之子,余同年常侍容若之弟,學詩於查夏重。"

姜宸英卒,唐孫華以詩哭之。

《東江詩鈔》卷五《哭姜編修西溟》:"三紀論交誼最親,同吟秋菊托南鄰。孫弘稍恨登朝晚,永叔方期變俗新。清白未渝平生志,冬烘終是暮年人。文章聲價千秋在,應有桓譚賞絶倫。"

宋廣業詩祝伯父宋曹夫婦八十雙壽。

《蘭皋詩鈔》卷六《出關草·寄祝鹽城射陵伯暨伯母八十雙壽》。

王原祁接駕,玄燁賜御書"穀貽"二字。

毛師柱《端峰詩續選》卷四《小除日集王麓臺中允求是堂話舊》其一:"聲名中允在,摩詰許爲鄰。不治青雲客,偏思白髮人。清言搜道妙,軟語出天真。回首二年别,銜杯覺更親。"其二:"幽栖安陋巷,昨枉故人車。復喜今宵集,行看一歲除。雄文羅氣象(出示《南歸近咏》),便腹貯清虚。穀貽真無忝,天章有賜書。"

按:康熙三十八年,康熙南巡。此時麓臺丁憂服闋,接駕,康熙賜其御書"穀貽堂"。《(嘉慶)直隸太倉州志》卷五十一稱,穀貽堂在王掞相第之西,康熙三十九年御書賜額。從南巡的時間和麓臺在太倉丁憂的具體情况看,御書賜額當在康熙三十八年。因此,此詩寫於康熙三十八年小除日。

約本年
陳奕禧爲梅太僕小影題詩。

陳奕禧《春藹堂集》卷三《題梅太僕桐蔭小影》。

按：《題梅太僕桐軒小影》其一："最識宛陵風調古，更聞餘論接歐陽（先生起家大寧，僕時佐安邑，辱附僚採之末，真定相國常爲僕稱道，故有末句）。"其二："妙絕維揚老畫師，畫成風度最清奇。"後有《雨中看杏花，陪紅蘭、雪齋兩殿下，泊博問亭將軍、孔東塘，同曹尚端文公子、顧爾立山人、根潔大師、兒泰侍席分得庚字》、《送淡人宮詹學士請告終養還里》。因此，此詩或寫於康熙三十八年。

麓臺爲孟君易老道翁跋小照。

《中國歷代書畫圖目15》遼1—400吳歷等《孟君易行樂圖》卷後麓臺跋："瀟灑丰姿白髮新，遽廬天地一閒人。高懷肯嚮風塵老，尺幅青松寄此身。老友談心重黯然，荊門煙月楚江天。莫言今日成疏放，海內知名四十年。余家與居老道翁交者三世矣，邘關舟次，挑燈夜話，出小照見示，撫今追昔，重有感焉，因題二絕請正。婁上王原祁。"

鈐印：起首鈐"掃花庵"（朱文長方），下鈐"王原祁印"（朱文正方）、"麓臺"（白文正方）。

按：此卷前有太原王度"己卯孟冬"跋文。

【本年存疑作品】

六月

麓臺作《仿梅道人山水》，疑僞。

《中國古代書畫圖目12》滬7—0343圖錄《仿梅道人山水》："己卯長夏，爲融翁年臺仿梅道人筆。王原祁。"

水墨紙本立軸，86×52cm，朵雲軒藏。

【理由】山體結構、樹木等畫法與同期麓臺作品迥異。

康熙三十九年庚辰(1700年)五十九歲

正月

十五日,江天遠、張穉昭、吳漁山移棹太倉過訪,麓臺作《畫中有詩圖》。

《故宮藏畫大系十五》第35頁、《清王原祁畫山水畫軸特展》第14頁圖錄《畫中有詩圖》:"昔人云:'畫中有詩,詩中有畫。'盖詩以言情,畫亦猶是也。庚辰元夕後積雨初晴,庭梅乍放,余於此興會不淺。適江君天遠、張君穉昭自郡至,漁山吳君廿年不來,亦偶移棹過訪,三先生各負絶藝,而一時勝集,不可不紀其事也,因作此圖。太原王原祁麓臺畫并題。"

鈐印:起首鈐"掃花庵"(朱文橢圓),下鈐"王原祁印"(白文正方)、"茂京父"(兩白一朱文正方),圖左下鈐"西廬後人"(朱文長方)。

設色紙本立軸,97.8×43.4cm,臺北故宮博物院藏。

按:此圖有"乾隆御覽之寶"等璽印。"漁山吳君"即吳歷。吳歷(1632年—1718年),字漁山,號墨井道人,江蘇常熟人。

十八日,錢晉錫招同宋廣業、宮詹許山濤、學士王薛澱、銀臺阮於岳、都諫馬蘅原、王公錫、曹以章、胡又申、劉次湘、孔振玉宴集靜逸堂。

《蘭皋詩鈔》卷六《出關草·庚辰上元後三日,大京兆錢再亭先生招諸同年宴集靜逸堂和韻八首》。

按:許嗣隆,字山濤,江蘇如皋人。阮爾詢,字于岳,安徽宣城人。

下浣,大宗伯韓菼、大司空王鴻緒、少司馬胡會思(南苕),招王九齡、錢晉錫、江補齋、阮於岳、王材任、許山濤、張睿、徐泗瞻、吳恪齋、劉元嘆、馬蘅原、宋廣業、陳詵、梁郁庵、李曲江、卜一水、魏偶亭等集飲。

《蘭皋詩鈔》卷六《出關草·新正下浣,大宗伯韓慕廬、大司空王儼齋兩先生、少司馬胡南苕太夫子招諸同年集孫公園賦謝二首》。

按:韓菼,字元少,號慕廬,歸愚,崇禎十年生,康熙四十三卒,江蘇蘇州人,墓碑見朱彝尊《曝書亭集》卷七十一。

王九齡,字子武,號薛澱,生年不詳,康熙四十八年十二月卒,江蘇華亭人。《國朝耆獻類徵初編》卷十二有傳。

王材任,字子重,號西澗,順治十年生,乾隆四年卒,湖北黄岡人。王材任《尊道堂詩鈔・南沙集》卷二《辛亥元旦》目錄後王盛勳識語。

張睿,字涵白,號劬齋,崇禎十二年生,康熙四十八年十二月二十日卒,江蘇山陽人。墓誌銘見許汝霖《德星堂文集》卷四。

陳詵,字叔大,號實齋,崇禎十六年十二月生,康熙六十一年卒,浙江海寧人。方苞《望溪文集》卷十三"神道碑"同,《清史列傳》卷十二本傳、《疑年録匯編》卷九等作崇禎十五年。

麓臺爲弟子黃鼎作《仿倪瓚山水》。

《臺北故宫藏畫大系十五》第34頁、《清王原祁畫山水畫軸特展》第13頁圖録《仿倪瓚山水》:"庚辰初春,仿雲林筆意。閒圃道契自虞過訪,言別奉贈以傳一粲。麓臺祁。"

鈐印:起首鈐"掃花庵"(朱文橢圓),下鈐"王原祁印"(白文正方)、"茂京父"(兩白一朱文正方),圖左下鈐"西廬後人"(朱文長方)。

水墨紙本立軸,97.2×45.9cm,臺北故宫博物院藏。

按:《石渠寶笈三編》著録《爲閒圃仿雲林山水軸》,有"石渠寶笈"等璽印。圖右下鈐"黄尊古清賞"(白文正方)。黄鼎號閒圃。

二月

進士考試請康熙定題、定級别。是年"不分滿洲、漢軍及南北卷,總合一處,定其次序"。

《大清聖祖仁皇帝實録》卷一百二十九。

春

麓臺爲士老道翁作《王司農仿古脱古立軸》。

《吴越所見書畫録》卷六《王司農仿古脱古立軸》:"畫道與文章相通,仿古中又須脱古,方見一家筆墨。畫雖小藝,所以可觀也。余與忍翁老伯論此,深爲印可。今春士老道翁兄以省觀暫歸,出紙索筆,因作是圖就正有道,必更有以教我矣。康熙庚辰上巳仿大痴。王原祁。"

鈐印:"掃花庵""王原祁印""茂京父""西廬後人"。

按:徐邦達先生名之爲《擬古脱古設色山水軸》。《虚齋名畫録》卷九《吴漁山擬古脱古軸》。吴歷跋:"陶淵明'采菊東籬下,悠然見南山',唐、宋人和之者多,獨韋應物'采菊露未晞,舉頭見秋山'真爲絶和。畫之擬古亦如和陶,情景宛然更出新意,乃是脱胎能手。"

麓臺爲閶翁老公祖作《王司農仿黄子久浮巒暖翠圖》。

《吴越所見書畫録》卷六《王司農仿黄子久浮巒暖翠圖立軸》:"庚辰春日,雨窗仿子久《浮巒暖翠》筆意,似閶翁老公祖先生正。婁上王原祁。"

鈐印:"掃花庵""王原祁印""茂京父""西廬後人"。

麓臺作《爲扶老仿大痴山水軸》。

《南宗正脉》第171頁圖録《爲扶老仿大痴山水軸》:"庚辰春日,仿大痴筆,似扶老道年翁。王原祁。"

鈐印:起首鈐"掃花庵"(朱文橢圓),下鈐"王原祁印"(白文正方)、"茂京父"(兩白一朱文正方)。

水墨紙本立軸,112.1×47.2cm,上海博物館藏。

按:《虚齋名畫録續録》卷三《王麓臺仿大痴山水軸》著録。此圖有陸廷燦("平原陸慢亭鑒藏印",朱文長方)、龐元濟("虚齋鑑定",朱文正方)等收藏印。

麓臺作《王司農仿大痴秋山圖》。

《書畫鑑影》卷二十四《王司農仿大痴秋山圖》:"庚辰春日,仿大痴筆,似虹老道年翁。"

鈐印:"王原祁印""麓臺"。

按:《甌缽羅室書畫過目考》卷二《王原祁》與《書畫鑑影》卷二十四《王司農仿大痴秋山圖》著録。徐邦達先生名之爲《爲虹老仿大痴山水圖軸》。

麓臺作《國朝王麓臺仿倪雲林小景》。

《紅豆樹館書畫記》卷八《國朝王麓臺仿倪雲林小景》:"庚辰春日,爲倪高士。王原祁。"

鈐印:"王原祁印"。

麓臺作《仿米家雲山》。

《山水正宗》上卷第137頁圖録《仿米家雲山》:"庚辰春日,仿米家雲山。王原祁。"

鈐印:"王原祁印"(白文正方)。

水墨紙本扇頁,17×49.6cm,故宫博物院藏。

四月

麓臺爲徐司民作《仿小米筆》。

《麓臺題畫稿·仿小米筆爲司民作》:"米家畫法品格最高,得其衣鉢惟高尚書,有大乘氣象。元人中如方方壺、郭天錫皆具體而微者也。庚寅春暮夏初,余在暢春入直。晨光晚色,諸峰隱現出没,有平淡天真之妙,方信南宮遺墨得此中真髓。揣摩成圖可以忘倦,可以忘老。諸方評論云'可與北苑頡頏,雖大痴、山樵猶遜一格',不虚也。"

按:司民姓徐,善棋,曾館於麓臺宅中數年。《罨畫集》中有《觀棋十二首》,或與其有關。

麓臺作《仿高克恭雲山圖》。

《王原祁精品集》第 96 頁圖録《仿高克恭雲山圖》:"庚辰(康熙三十九年)清和,廣陵舟次仿高房山筆。麓臺祁。"

鈐印:起首鈐"古期齋"(朱文長方)、"原祁茂京"(朱白文正方)。

水墨紙本立軸,99×47.2cm,遼寧省博物館藏。

按:此圖有清代劉恕("蓉峰審定",朱文長方;"華步劉氏家藏",朱文長方;"寒碧主人",朱文橢圓)等收藏印。

此圖用筆尖細,與麓臺同期作品相比有異。

麓臺北上,舟中作《夏山圖》。

《王原祁精品集》第 97 頁、《中國繪畫全集 27》第 20 頁圖録《夏山圖》:"斜風細雨打蓬窗,北望揚州隔一江。無限雲山離緒寫,西園猶記倒銀釭。余客歲冬日,借高子、查客飲樹存襟丈綉谷,樹兄出石谷臨子久《夏山圖》見示并索拙筆,久未應命。庚辰清和,北上風阻江干,寫此寄奉。腕弱筆痴,真米老所云慚惶煞人也。婁東王原祁。"

鈐印:起首鈐"掃花庵"(朱文橢圓),下鈐"王原祁印"(白文正方)、"茂京父"(兩白一朱文正方),圖右下鈐"西廬後人"(朱文長方)。

王翬跋:"麓臺給諫筆墨妙天下,一掃穢纖刻畫之習。蓋由家學淵源,遂至窮神入化。此圖峰巒、樹石渾樸古雅,真能集諸家之勝,即一峰黄鶴不得擅美於前。綉谷先生研精繪理,自應賞識,其以余爲知言否? 庚辰小春望後五日。耕烟散人王翬題。"

鈐印:起首鈐"上下千年"(朱文正圓),下鈐"王翬印"(白文正方)、"石谷"(白文正方)。

設色紙本立軸,105×59.5cm,廣東省博物館藏。

按:此圖有清代潘寶鏄("潘寶鏄書畫記",朱文長方)等收藏印。

麓臺北上，舟抵維揚，作畫寄贈毛師柱。

《端峰詩續選》卷三《喜麓舟抵維揚，作畫見寄兼示令子孝徵、忠貽二孝廉》："黃門畫入神，論畫我輒愛。謂皆由性靈，萬理盡無礙。因萌乞畫心，許我心竊快。豈期趨王程，早已謝一概。滄州未暇圖，望望去征蓋。庶幾休沐餘，夙諾冀猶在。適逢郎君歸，一紙却見貽。知當出南徐，雀舫沂澎湃。江山助磅礴，楮墨蘊光怪。於時畫作殊，縹緲邁流輩。還復幀首題，讀之動深喟。誰能行旅中，憶舊見交態。君真逼古人，此意今難再。應同洞天石，一下襄陽拜。聞君挂雲帆，已過謝公埭。對畫如對君，相思渺天外。"

按：《喜麓舟抵維揚作畫見寄，兼寄令子孝徵、忠貽二孝廉》後有《五月一日得道宜楚北信》，推定為四月間事，因麓臺畫跋中有四月舟抵維揚之記載。

方拱樞、魏禹平、查夏重、德伊等人集永寧庵寓舍。

朱載震《京華錄·庚辰初夏方拱樞、徐學人招同魏禹平、查夏重、德伊、吳山掄、汪武曹、徐大臨、張日容、錢亮功、查潤木、汪東山集永寧庵寓舍，用昌黎短燈檠歌韻，余病不能赴，走筆答之》。

五月

六日，麓臺為匡吉作《仿雲林山水軸》。

《清王原祁畫山水畫軸特展》第86頁圖錄《仿雲林山水軸》："庚辰夏五六日，寓中雨窗，匡吉欲余作雲林而筆勢不能止，遂成是圖。然仿古師其意不泥其迹，先從此鍊筆，純熟之後不欲合而自合矣。麓臺祁。"

鈐印：起首鈐"掃花庵"（朱文長橢圓），鈐"王原祁印"（朱文正方）、"麓臺"（白文正方）。

水墨紙本立軸，95.1×46.2cm，故宮博物院藏。

按：此圖又稱《潭山烟雨圖軸》。

下浣，田雯為王掞《西田集》作序。

《西田集》序。

六月

玄燁御書"帶經堂"三大字賜王士禎，取杜甫"細雨荷鋤立，江猿吟翠屏"句屬禹之鼎寫圖，門人賦詩。

朱載震《京華錄·康熙庚辰夏六月，御書帶經堂三大字賜司寇尚書王公阮亭先生,先生因取少陵"細雨荷鋤立,江猿吟翠屏"句屬禹之鼎鴻臚寫圖,命題後卷》。

以内閣學士胡會恩爲兵部右侍郎、僉都御史王九齡爲内閣學士兼禮部侍郎、以太僕寺卿錢晋錫爲順天府府尹。

　　王士禎《香祖筆記》卷一。
　　按:胡會恩,字孟綸,號南苕,浙江德清人。

麓臺爲王掞作《仿曹雲西山水》。

　　《山水正宗》上卷第 186—189 頁圖録《仿曹雲西山水》。
　　篆書引首"麓臺仿曹雲西山水。肖彌居士許松如。"
　　鈐印:"松如"(朱文長方)、"漢太尉南閣祭酒孫"(白文正方)。
　　"庚辰夏仲,偶過相國叔父齋頭,出曹雲西真迹鑒賞,命臨此卷,自謂頗不失其意。原祁。"
　　鈐印:"王原祁印"(白文正方)、"麓臺"(朱文正方)。
　　水墨紙本手卷,27.5×177.9cm,上海博物館藏。
　　後接陳曾壽、郭蘭祥、德彝等跋文。
　　按:此圖有"裴齋鑒賞"(朱文正方)、"□庵審定"(朱文正方)等收藏印。此圖麓臺之印章、書法、跋文位置安排、畫法等與同期作品相比,差異很大。

麓臺爲天觀表甥作《王司農仿梅道人立軸》。

　　《吴越所見書畫録》卷六《王司農仿梅道人立軸》:"庚辰長夏,仿梅道人筆似天觀賢表甥。王原祁。"
　　鈐印:"掃花庵""王原祁印""麓臺""石師道人"。
　　按:此圖另有"王尊古鑒定"收藏印。

夏
玄燁禱雨郊壇,甘霖大沛。

　　《蘭皋詩鈔》卷七《淵靚軒集上·夏月苦旱,皇上祈禱郊壇,甘霖大沛,聞江左大吏亦率屬步禱,隨得澍雨敬賦十二韻》。

七月
玄燁顧大學士等曰:"觀翰林官及庶吉士内有極貧者,衣服、乘騎皆不能備,翰林官内貧者月給銀三兩。"

《大清聖祖仁皇帝實錄》卷一百二十九。王士禎《香祖筆記》卷一："上諭翰林院官員內有甚貧者，作何施恩，并給假回籍。不能來京者，該地方督撫酌量料理送京之處。"

八月
二十六日，唐孫華夜夢姜宸英，再次以詩哭之。

《東江詩鈔》卷五《再哭姜西溟》："庚辰八月二十六夜，忽夢西溟來謁，余迎謂云：'聞子凶問久矣，子故無恙耶？'西溟笑曰：'余實未死也。'余大喜，坐語敘契闊，良久而覺漏下四鼓矣，爲之潸然而悲，紀之以詩。"

麓臺爲几翁作《仿大癡山水》。

《山水正宗》上卷第72頁、《王原祁精品集》第95頁圖錄《仿大癡山水》："几翁先生文章政事之餘，留心風雅，謬賞余畫，屬筆者有年，久未應命。庚辰八月下浣，秋窗新霽，偶得一紙，仿大癡，興會頗合，敢以請正。婁東王原祁。"

鈐印：起首鈐"掃花庵"（朱文橢圓），下鈐"王原祁印"（白文正方）、"麓臺"（朱文正方），圖右下鈐"西廬後人"（朱文長方）。

水墨紙本立軸，106.4×56.2cm，上海博物館藏。

按：《中國繪畫全集27》第21頁圖錄。何璦玉四跋未錄。此圖經清代收藏家劉恕（"劉氏寒碧莊印"，朱文正方；"訒庵"，白文正方；"傳經堂鑒賞"，白文長方；"行止清玩"，朱文長方）、何璦玉（"蓮庵癖愛不假不市"，朱文正方；"蓮庵藏弃爲榮"，朱文正方；"百年三萬六千日一日須看三百回"，朱文正方；"何氏有元四家畫樓之印"，朱文正方）收藏，另有"水雲峰真賞"（白文正方）、"神游心賞"（朱文正方）等收藏印。

九月
陳廷敬以户部尚書、王掞以户部侍郎充皇朝經筵講官。

《皇朝詞林典故》卷七《題名上》。

秋
麓臺在維揚呂士鶴寓樓作《仿雲林溪山春靄圖軸》。

《虛齋名畫錄》卷九《仿雲林溪山春靄圖軸》："庚辰秋日，仿雲林溪山春靄。王原祁。"

鈐印："王原祁印"（白文正方）、"茂京父"（朱文正方）、"掃花庵"（朱文長方）、"西廬後人"（朱文正方）。

後跋："此圖余在維揚御青呂郡司馬寓樓所作，余入都後，爲吾州葉姓所得，聞其不戒於火,幾歸秦藏,不意此圖猶獲一觀也。再識歲月於左,癸巳秋日,麓臺觀於穀貽堂并題,閱十四年矣。"

按:《(民國)太倉州志》卷二《封域下》:"穀貽堂,在大學士第西,户部侍郎王原祁居,康熙三十九年御書賜額。"《綉虎軒尺牘》二集卷五《復吕御青别駕》稱,康熙二十二年秋,曹煜始識吕御青,冬杪舟過維揚,將拜訪吕氏。癸巳,康熙五十二年。

吕士鵷字御青。查士標婿吕士鵷之弟,安徽歙縣人。曾燦撰《過日集》卷十吕士鵷《秋夜對月有感兼懷不庵夫子、二弟御青》。

麓臺爲惟翁老掌科作《山水圖扇》。

《中國古代書畫圖目22》京1—4851圖録《山水圖扇》:"庚辰秋日,仿黄鶴山樵似惟翁老掌科正。王原祁。"

鈐印:起首鈐"陭倩"(朱文長方),下鈐"王原祁"(朱白文正方)、"麓臺"(白文正方)。

水墨紙本扇頁,17.8×45.6cm,故宫博物院藏。

十一月

麓臺爲書年補倪雲林《遂幽軒圖》。

《中國繪畫全集27》第22頁圖録《遂幽軒圖》:"書年道契出所藏倪高士題良夫友遂幽軒詩并跋見示,筆法古勁,點畫斐亹,確係真本,但詩存而畫不可得見矣。書年屬余補圖詩意,以徵君墨迹弁其首,亦名其軒曰'遂幽',懸之室中,安見古今人不相及?愧余腕弱筆痴,不能步武前哲耳。康熙庚辰孟冬望前,麓臺祁識。"

鈐印:起首鈐"掃花庵"(朱文橢圓),下鈐"王原祁印"(白文正方)、"麓臺"(朱文正方)、"興與烟霞會"(白文長方)。

紙本墨筆立軸,89.5×42cm,故宫博物院藏。

按:《虚齋名畫録》卷九《王麓臺補雲林遂幽軒圖軸》著録,另有跋文:"遂幽軒補圖。康熙壬午閏夏,獅峰沈宗敬題。"鈐"宗敬"(朱文正方)、"南季氏"(白文正方)。孫岳頒跋:"……賴有右丞靈妙筆,圖成真不讓雲林。孫岳頒題爲書年老侄。"鈐"墨雲堂主人"(白文正方)、"樹峰"(朱文正方)、"映雪齋"(朱文橢圓)。陳元龍跋:"……好在卷簾閒坐看,洗天嵐翠濕秋林。題爲書年年道兄,陳元龍。"鈐"元龍私印"(白文正方)、"乾齋"(朱文正方)、"賜硯齋"(朱文橢圓)。胡會恩跋:"……蕭蕭野屋夾雙桐,孫郎結構將無同。古人寄托今人在,想像秋山淡墨中。題奉書年老年道翁,胡會恩。"鈐"胡會恩印"(白文正方)、"孟綸"(朱文正方)、"誦芬齋"(朱文長方)。勵杜訥跋:"……夢想雲林潑墨時,輞川家法竟兼之。知君喜得詩中畫,定作無窮畫裏詩。題爲書年年道兄,勵杜訥。"鈐"勵杜訥印""近公"(朱文正方)、"賜名松喬堂"(朱文橢圓)。另有康熙四十一年二月查昇、同年三月張廷瓚、同年花朝陳奕禧,以及壬午二月南沙汪繹、乾隆四年高鳳翰跋。

秋冬間
麓臺在京候補。

　　王士禛撰《居易錄》卷三十四。王昶《王原祁傳》。《(民國)太倉州志》卷二十《人物四》。

　　按:汪曾武《外家紀聞》稱,麓臺以右中允入侍禁庭,以侍讀學士充日講官,歷至戶部左侍郎。曾請玄燁免除三吳積逋。

冬
毛師柱題王撰小影。

　　《端峰詩續選》卷三《題隨庵先生小影》:"幅巾磨衲道人裝,直欲逃禪住醉鄉。七十餘年何限事,問天無路問空王。"

本年
麓臺作《仿董源雲山圖》。

　　《石渠寶笈》卷九《仿董源雲山圖》:"寫北苑雲山大意,麓臺。庚辰年筆。"
　　鈐印:"茂京""石師道人"。

錢晉錫由太僕寺卿任擢順天府府尹,其間爲民造福甚多。

　　王士禛《香祖筆記》卷一。《畿輔通志(同治)》卷二十九記載,康熙四十一年錢晉錫題準建造府義學;《欽定日下舊聞考》卷九十九稱,第二年重修五聖庵,《畿輔通志(同治)》卷六十稱,康熙四十二年山左大侵,流民賣入旗者準發回,晉錫時爲順天府尹,按名給費。

王掞被委任管理河道,事成被嘉獎。

　　《顓庵府君行述》:"會高家堰堤工糜費金錢無算,歲久不成。庚辰秋,特簡尚書侍郎以下九人董其事,先大夫與焉。開溶裝家場,引河刷運敵黃,先後數月,督催工一萬五千八百餘丈,共節省帑金六十六萬兩。是冬,奉旨回部,後議叙河工,得加五級。"

　　按:《欽定八旗通志》卷二百七《人物志》八十七《喻成龍傳》稱,同奉命者還有尚書范承勳、王鴻緒,侍郎田雯、王紳、布雅努、顧藻,副都御史壽鼐等,共同督修高家堰堤工。

圖三　王原祁《仿大痴山水圖》

揆叙贈查慎行宣德紙。

　　查慎行《敬業堂詩集》卷二十七《過夏集·愷功侍讀惠宣德紙走筆謝之二首》："小印分明宣德年，南唐西蜀價争傳。儂家自愛陳清款，不取金花五色牋（宣德貢牋有宣德五年造素馨紙印，又有五色粉牋、金花五色牋、五色大簾紙、磁青紙，以陳清款爲第一）。"

　　按：《過夏集》收錄康熙三十九年間詩。《（嘉慶）直隸太倉州志》卷五十一稱，穀詒堂在王揆相第之西，康熙三十九年御書賜額。

康熙三十九年至康熙四十年冬間，陳奕禧題龔賢畫册。

　　陳奕禧《春靄堂集》卷五《題龔半千畫册》，其一："但識乾坤終古意，不妨山水盡朦朧。"其二："渺渺茫茫盡可疑，千巖萬樹摠離奇。此中藏豹無人見，笑倒江南老畫師。"

湯右曾時官給諫，詩寄王戩。

　　王戩《突星閣詩鈔》卷九《將適越，有懷西崖太史，即次見寄原韻，時改官給諫》。

　　按：《將適越，有懷西崖太史，即次見寄原韻，時改官給諫》之前《春日方客見招，適子遠自京師至，成二聯句（以下庚戌）》。

圖四　王原祁《秋山書屋圖》

康熙三十九年秋冬至康熙四十年四月間，麓臺以"禮科掌印給事中加一級候補"在京。期間作《秋山書屋圖》（見圖四）、《山水》等。

圖見《山水正宗》上卷第 176—179 頁、《故宮藏畫大系十五》第 70 頁、《清王原祁畫山水畫軸特展》第 77 頁《秋山書屋圖》，著録見《石渠寶笈》卷十八、《石渠寶笈》卷三十五。

按：跋文、款印詳見《"臣"字款作品》。

【本年存疑作品】

秋

麓臺作《仿大痴設色爲王德沛》，跋文僞。

《王司農題畫録》卷上《仿大痴設色爲王德沛》："余自庚辰之秋，奉命入内庭供奉筆墨，獲與德老長兄定交，講昆弟之誼甚歡，閲十有幾年矣。然余夙夜在公，從未有片楮請教德兄，晨夕匪懈，因余辦公亦從未以私請。間一談及宋元畫法，鑒别精明，議論宏正，非偏才小家所能夢見，而獨見許於余，知其嗜痂深矣。心折已久，得新側理，德兄製造合式，囑余試筆以俟應制，亦他山切磋之意。余老眼昏花，試之不覺成圖。聞新構一齋，不識可懸之室中，以誌吾兩人數年之知音否。"

【理由】語氣不類麓臺同期畫跋，且康熙三十九年秋，麓臺在太倉丁憂，没有所謂"余自庚辰之秋，奉命入内庭供奉筆墨"的説法。

康熙四十年辛巳(1701年)六十歲

三月

麓臺爲王埮姻親蔣陳錫作《仿王蒙山水圖》(見圖五)。

《中國繪畫全集 27》第 24 頁、《王原祁精品集》第 110 頁圖錄《仿王蒙山水圖》："憶癸酉秋在秦,爲雨亭先生仿大痴筆,今閱八年矣。兹復爲學山樵,筆墨痴鈍,未得古人高澹流逸之致。功淺而識滯,今猶昔也。請正以博噴飯。康熙辛巳暮春下浣,婁東王原祁畫。"

鈐印:起首鈐"御書畫圖留與人看"(朱白文雙龍橢圓),下鈐"王原祁印"(白文正方)、"麓臺"(朱文正方),圖右下鈐"西廬後人"(朱文正方)。

水墨紙本立軸,106.3×53.8cm,上海博物館藏。

按:徐邦達先生命名爲《爲雨亭仿山樵山水軸》。《澄蘭室古緣萃錄》卷十《王麓臺仿黄鶴山樵山水軸》以及《王司農題畫錄》卷下《仿黄鶴山樵》著錄。"癸酉"即康熙三十二年。此圖有近代周湘雲("古董周氏寶米室秘笈印",朱文長方)收藏印。

蔣陳錫(？—1721年),字文孫,號雨亭,江蘇常熟人。

毛師柱等宴集鶴來堂。

《端峰詩續選》卷三《送春日鶴來堂宴集賦》。

春

麓臺於長安邸舍,憶虞山秋色,作《仿大痴虞山秋色圖》。

《故宫藏畫大系十五》第 36 頁、《清王原祁畫山水畫軸特展》第 17 頁圖錄《仿大痴虞山秋色圖》:"人説秋光好,秋光此處尋。紅黄間樹裹,雲水映山岑。康熙辛巳春日,長安邸舍憶虞山秋色仿大痴筆。麓臺祁。"

鈐印:起首鈐"掃花庵"(朱文橢圓),下鈐"王原祁印"(白文正方)、"麓臺"(朱文正方),圖左下鈐"石師道人"(白文正方)。

設色紙本立軸,98.1×46.2cm,臺北故宫博物院藏。

按:《石渠寶笈》卷二十七《虞山秋色圖》著錄。此圖有"乾隆御覽之寶"等璽印。

毛師柱詩送龔敬立之都門。

《端峰詩續選》卷三《送龔敬立之都門》。

康熙四十年辛巳(1701年)六十歲　337

圖五　王原祁《仿王蒙山水圖》

按：《送龔敬立之都門》載，因太倉楊崘主政，龔敬立得以赴補入都，并稱龔敬立之詩"力健雄詞苑，風高擺俗塵。知君去家意，干祿爲榮親"。

正月至四月間

蔣深招查慎行等集綉谷交翠堂吟詩飲酒。

查慎行《敬業堂詩集》卷二十八《偷存集·蔣樹存招集綉谷交翠堂，分得江咸二韻》。其一："初來客欲迷桃隖，久住君堪比石淙。綉谷好風鶯歷歷，綠陰微雨燕雙雙。一軍騷雅尊前壘，四壁溪山畫裏窗。芝草坊名吾久識，不緣入座始心降。"其二："山堂昨日枉華緘（前一日令叔楊孫書來留行），且緩歸程半日帆。開徑自來原屬蔣，入林從此又交咸。來如獨雁貪隨侶，飲似長鯨笑立監。記取逃觴多謬誤，淋漓酒汁在青衫。"

按：《偷存集》收錄康熙四十年正月至四月間詩。

四月

麓臺爲王掞作《王司農萬壑千崖卷》。

《吳越所見書畫錄》卷六《王司農萬壑千崖卷》："萬壑泉聲滿，千崖樹色深。八叔父屬余仿子久長卷，遵命圖此，天寒呵凍，殊愧不工，然體裁未失，猶與古人大意不甚徑庭，或存之篋中，再觀薄技，以冀少有進步耳。康熙辛巳嘉平。侄原祁敬題。"

鈐印："古期齋""我心寫兮""原祁之印""麓臺"。

五月

初二日，麓臺由禮科都給事中改入翰林，任右春坊右中允，兼翰林院編修。

《康熙起居注》康熙四十年五月初二日："吏部以給事中張□員缺，擬原任給事中王原祁補授。上曰：'給事中職任雖要，翰林官亦榮。王原祁改著翰林。'"

《白漊集》卷九《簡賀王麓臺都諫改官中允》："丹禁除書黃紙開，官從梧掖換芸臺。恩深臣子惟供職，命出君王自愛才。北院清華趨直到，東朝翊贊侍班迴。前身詩畫原摩詰，給事曾爲中允來。"

按：《康熙起居注冊》資料轉引自《畫圖留與人看：由王原祁的仕途與畫業看清初宮廷山水畫風的奠立》第15頁。

孫致彌因參撰《幸魯盛典》，特恩以翰林原官起用，宋廣業亦蒙擢觀察史，需次京師，兩人遂得朝夕相見。

《蘭皋詩鈔》孫致彌序。《蘭皋詩鈔》卷八《淵靚軒集下·孫松坪先生以翰林原官起用,喜贈二首》。

按:孫致彌,字愷似,號松坪,崇禎十五年生,康熙四十八年卒,江蘇嘉定人。康熙十七年以太學生賜二品服,出使朝鮮採詩。康熙二十七年進士,改庶吉士。康熙四十年三月,因參撰《幸魯盛典》成,特旨以翰林原官起用,後官至翰林院侍讀學士。

七月

麓臺爲曹曰瑛作《仿雲林筆意山水》。

《山水正宗》上卷第120頁圖錄《仿雲林筆意山水》:"辛巳初秋雨窗,爲渭老年兄仿雲林筆意請正。王原祁。"

鈐印:起首鈐"古期齋"(朱文橢圓),下鈐"王原祁印"(白文正方)、"麓臺"(朱文正方),圖左下鈐"興與烟霞會"(白文長方)。

水墨紙本立軸,96×39.1cm,故宮博物院藏。

按:此圖有"高□□秘藏印"(朱文長方)、"□正誠心賞"(朱文正方)等收藏印。

曹曰瑛,字渭符,號恒齋。祖籍安徽貴池,隨父占籍順天府大興縣。康熙元年生,康熙六十一年卒,年六十一。曾參與編撰《萬壽盛典》。

八月

四日,麓臺爲侄王奕清作《湖湘山水圖卷》。

《山水正宗》上卷第205頁圖錄《湖湘山水圖卷》。

引首:"蒼翠欲流。周岱題。"

鈐印:"得脩齋主人珍藏圖書"(朱文正方)。

後接麓臺四十後像,上鈐"顧麟士"(白文止方)、"鶴逸"(白文正方)。

畫心:"幼分大弟黔中典試回,備述湖湘山水之妙,欲余作長卷以紀其勝。余聞洞庭以南,峰巒洞壑,靈奇萃焉。或爲峭拔,或爲幽深,或雲樹之變幻蔽虧,或沙水之容與澹蕩,隨晦明風雨以成變化。余且未經歷其地,非筆所能摹寫也。昔洪谷子遇異人論畫云:'用其意,不泥其迹。'此圖余亦以意爲之耳。自客秋經營至今,意與興合,輒爲點染,不問位置之得似與否。圖成而歸之,以供吾弟一噱也。時康熙辛巳秋八月四日。麓臺祁識。"

鈐印:起首鈐"我心寫兮"(朱文橢圓),下鈐"原祁之印"(白文正方)、"麓臺"(朱文正方),圖左中鈐"興與烟霞會"(白文長方)。

設色紙本手卷,28.8×566.5cm,故宮博物院藏。

按:《虛齋名畫錄》卷五《王麓臺湖湘山水卷》著錄。此圖有"顧子山秘篋印"(朱文長方)、"虚齋秘玩"(朱文正方)、"龐元濟書畫印"(白文正方)等收藏印。

顧麟士爲顧湄(伊人)父,麓臺同時代人。冒襄《同人集》卷三中有《過玉山訪徐健庵太史感贈二首》,其中《題半雲齋》云:"弱冠與顧麟士、楊子常兩先生定交,乙酉(順治二年)後三十餘年不通聞問。丁巳殘臘,令子伊人見存,適游玉山未得把晤。"

王奕清,字幼芬,王掞長子。亦善山水。顧文彬跋稱,康熙三十八年王奕清以編修主貴州鄉試。

九月

八日,麓臺與王掞等登高望遠,歸家後作山水。十五日《九日適成圖卷》成,麓臺長子王䜣南歸,付其行篋。

《王原祁精品集》第138—149頁圖錄《九日適成圖卷》:"北風向南吹,木落征途引。壯子將言歸,蒼茫理車軫。送遠新愁開,逢節舊醉盡。吾叔羅樽罍,高會龍山準。素心六七人,歡洽無矛盾。傳杯插茱萸,登臺西嶺近。小户張我軍,飛觴不爲窘。月出動清商,羯鼓鵾弦緊。高山流水情,觸撥不能忍。歸家復挑燈,揮灑胸中藴。悠然南山意,落帽可同哂。付兒留篋中,他年卜小隱。九日集八叔寓中,用杜少陵'興來今日盡君歡'句爲韻,拈得'盡'字,長卷適成,即爲題後。暮兒南歸,付其行篋。康熙辛巳九秋望日,麓臺畫於長安寓齋。"

鈐印:起首鈐"蒼潤"(朱文長方),下分别鈐"我心寫兮"(朱文橢圓)、"石師道人"(白文正方)、"麓臺"(朱文正方),圖左下鈐"鶯坡鶴禁"(白文正方)。

《自怡悦齋書畫録》卷十後跋:"先侍御在户曹時與司農公最相契厚,見筆墨之精者,必力請得之。擇之精而守之固,好之篤而久弗懈。故以疾南歸,篋中無他物,惟王司農之烟雲繚繞耳。此卷乃司農得意之尤者,即先侍御亦弗能致,乃以授令嗣中丞公梅冶。今中丞墓木已拱,余竟獲之,可謂世世與司農筆墨有緣也。庚辰孟秋,朴野陸恬謹識。"

鈐印:"陸恬之印""大淳""懷烟閣"。

按:《自怡悦齋書畫録》卷十《王司農九日適成山水卷》著録,此段《虚齋名畫録》中無。

第一騎縫印"顧吾審定"(朱文長方),第二騎縫印"太原珍藏"(朱文正方);第三騎縫印"茂京"(朱文正方)。

後有陸愚卿跋稱,此畫珍藏於陸家近百年,"子久爲逸格之祖,司農此卷全從子久《陡壑密林》《沙磧》二圖脱胎,故筆端逸韻超絶塵世,非泛酬應者可比。"

水墨紙本手卷,27.3×662cm,南京博物院藏。

按:吴大澂題引首,陸愚卿題隔水簽,龐萊臣兩題尾跋。《虚齋名畫録》卷五《王麓臺九日適成卷》著錄。卷後另有跋文："讀畫勝讀詩，三嘆復三唱。……狂夫不敢狂，平生悔奔放。疊前韻并希劍泉先生閣學大人哂政。芝青成沂題。"陸愚卿，陸時化子。

此圖曾經清代陸恬（"陸樸野娛老"，朱文長方）、景其濬（"貴陽景氏"，朱文長方）、張大鏞（"鹿樵張子珍賞"，朱文長方）收藏，近代龐元濟（"虛齋審定"，朱文正方；"龐萊臣珍賞印"，朱文長方；"虛齋至精之品"，朱文長方）收藏，另有"約軒真賞"（朱文長方）、"子清所見"（朱文長方）、"至寶不雕琢"（朱文長方）、"清鑒貴要"（白文長方）等收藏印。

王翬將南歸太倉，麓臺爲其所藏《仿高克恭雲山圖》重加點染。

《王原祁精品集》第77頁、《中國繪畫全集27》第12頁圖錄《仿高克恭雲山圖》："此圖仿高尚書《雲山》，余丙子（康熙三十五年）春雨窗所作。是日諸友俱集寓齋，聯吟手談，爭欲得之，不意歸於暈兒。年來往來南北，遂致庋閣，余亦不復記憶。今辛巳（康熙四十年）九秋，暈又將南歸，出此請題，余再加點染，并識歲月云。麓臺。"

鈐印：起首鈐"御書畫圖留與人看"（朱白文雙龍橢圓），下鈐"麓臺"（朱文正方）、"石師道人"（白文正方），圖左下分別鈐"得失寸心知"（白文長方）、"蒼潤"（朱文長方）。

設色紙本立軸，113.6×54.4cm，上海博物館藏。

按：《虛齋名畫錄》卷九《王司農仿高尚書雲山圖立軸》著錄。

有"畫緣庵"（朱文正方）、"虛齋審定"（白文正方）等收藏印。

麓臺作《王原祁仿米家雲山圖》。

《石渠寶笈》卷九《王原祁仿米家雲山圖》："辛巳九秋，寫米家雲山於燕臺客館，麓臺祁。"

鈐印："王原祁""麓臺""蒼潤""興與烟霞會"。

麓臺作《仿倪瓚筆意》。

《故宮藏畫大系十五》第37頁、《清王原祁畫山水畫軸特展》第19頁圖錄《仿倪瓚筆意》："余近得雲林《蕭閒道館》之作，恬雅中有沉鬱，非時趨清中帶頓所能夢見。晨夕摹仿，筆墨微旨如擊石火閃電光，思之若有所得，循之恐失其踪。此圖適成，於倪畫未必無因緣會合處，識之。康熙辛巳九秋，麓臺祁筆。"

鈐印：起首鈐"掃花庵"（朱文橢圓），下鈐"王原祁印"（白文正方）、"麓臺"（朱文正方），圖左下鈐"西廬後人"（朱文長方）。

水墨紙本立軸，97.6×49.5cm，臺北故宫博物院藏。

按：《石渠寶笈》卷十六《王原祁仿倪瓚筆意》著録。此圖有"乾隆御覽之寶"等重印。

約九月

宋葯洲招同孫致彌、陳元龍及宋師會過訪宋廣業天寧寺寓所。又詩賀王耳溪再入中垣。

《蘭皋詩鈔》卷九《天寧寺稿·九日，葯洲弟移尊過余寓齋，招同孫松坪、陳乾齋兩太史暨嘉升弟、懷祖姪登天寧寺塔漫賦二律》、同卷《王耳溪再入中垣喜贈二首》。

按：宋大業，字念功，號葯洲，宋德宜之子，江蘇蘇州人。

秋

麓臺爲皇士甥作《王麓臺寫摩詰詩意圖》。

《澄蘭室古緣萃録》卷十《王麓臺寫摩詰詩意》："山中一夜雨，樹杪百重泉。辛巳秋日，讀摩詰詩，見二句欣然會心，遂爲皇士老賢甥寫此景，以博一粲。麓臺祁。"

鈐印："御書畫圖留與人看""王原祁印""麓臺""西廬後人"。

按：《王司農題畫録》卷下《寫摩詰詩意》著録。

麓臺作《王麓臺仿巨然山水軸》。

《虛齋名畫録》卷九《王麓臺仿巨然山水軸》："辛巳秋日，仿巨然筆。麓臺祁。"

鈐印："王原祁印"（白文正方）、"麓臺"（朱文正方）、"掃花庵"（朱文長方）、"西廬後人"（朱文長方）。

按：此圖有"乾隆御覽之寶"（朱文橢圓）、"石渠寶笈"（朱文長方）等收藏印。

十月

三日，麓臺作《王麓臺杜老詩意軸》。其後，唐孫華爲麓臺杜陵詩意畫册題詩。

《退庵金石書畫跋》卷十八《王麓臺杜老詩意軸》："戊寅余往西江，舟泊牛渚。時值仲冬之望，寒月生輝，暮烟凝紫，金波滿江。浮白微醉，因吟杜老'白沙翠竹江村莫（暮），相送柴門月色新'之句。乘興便作此圖，未竟，置之篋中，便隔三載。近偶從行裝檢出，復加點綴成之，援筆漫識。康熙辛巳十月三日。麓臺祁識。"

《東江詩鈔》卷六《題王麓臺杜陵詩意畫册》："秋山木葉飛簌簌，一夕微霜染林麓。翠柏丹楓互蔽虧，陽崖陰壑相迴複。秋成擊柝寂無聲，雉堞逶迤勢連屬。近郭樓臺何處村,朱閣凌空挂疏木。白鹽赤甲鬱縱橫,恍疑杜老來巴蜀。爲是東屯爲瀼西,三間似有秋風屋。髯卿絶藝今無儔,蹙斂溪山歸尺幅。心穿幽岨入谽谺,含毫神授車箱谷。十日一水五日石,倔彊何曾受迫促。百折烟嵐淡間濃,千章雲樹黃侵綠。元氣蒼茫真宰愁,神丘鬐翳山精伏。浣花詩翁若可呼,大痴墨妙堪追逐。彭城先生寄趣深,十二奇峰羅玉軸。蕭疏宛覺商颷生,珍惜休教寒具觸。我買吳綾欲寄將,乞寫白沙連翠竹。"

按:戊寅即康熙三十七年。

下浣,麓臺在京,復爲龔敬立作《送別詩意圖》。

《中國繪畫全集 27》第 23 頁圖録《送別詩意圖》:"吳門旅雁兩三聲,我去西江君北征。一片樓頭寒夜月,桃花流水隔年情。兩載相思南北分,孤舟淮浦忽逢君。離愁一夜連床話,湖岸西風浪接雲。意止圖成點染新,一山一水未能真。知君夙有烟霞癖,側理重貽拂舊塵。侵晨扣户喜盤桓,無那霜花入硯寒。促迫由來多疥癩,挂君素壁不須看。戊寅(康熙三十七年,1698)夏秋,敬立表叔讀書余齋,余爲作《意止齋圖》長卷,甫成而北行,復購紙相待。歷年以來,彼此往來南北,僅於清淮一晤。今始得都門聚首,歡甚。連日過寓齋,堅索前約,呵凍遂成此圖,因題四絶,以誌我兩人離合之迹云。康熙辛巳小春下浣,王原祁。"

鈐印:起首鈐"御書畫圖留與人看"(朱白文雙龍橢圓),下鈐"王原祁印"(白文正方)、"麓臺"(朱文正方),圖左下鈐"西廬後人"(朱文長方)。

設色紙本立軸,128.6×75cm,故宫博物院藏。

按:《虛齋名畫録》卷九《王原祁四絶山水軸》著録。此圖有"懷烟閣陸氏珍藏書畫印"(朱文長方)、"翁之繕所收精品古籍"(朱文長方)、"虛齋鑒定"(朱文正方)等收藏印。

十二月

麓臺爲龔石帆作《爲石帆表叔作仿古山水》。

《山水正宗》卷中第 302 頁、《王原祁精品集》第 124—137 頁圖録《爲石帆表叔作仿古山水》。

第一幀:"巨然《山庄圖》。王原祁。"

鈐印:"原祁之印"(白文正方)、"麓臺"(白文正方),圖左下鈐"興與烟霞會"(白文長方)。

第二幀:"寫小米雲山。麓臺。"

鈐印:"麓臺"(朱文正方),圖左下鈐"得失寸心知"(白文長方)。

第三幀:"剪取富春卷一則。麓臺戲墨。"

鈐印：“王原祁”（一朱兩白文正方），圖左下鈐“陗倩”（朱文長方）。
第四幀：“黄鶴山樵《松雲蕭寺》。石師漫筆。”
鈐印：“石師道人”（白文正方），圖左下鈐“以筆墨作佛事”（白文長方）。
第五幀：“掃花庵主人寫雲林筆。時辛巳殘臘。”
鈐印：“掃花庵”（朱文橢圓），圖左下鈐“麓臺書畫”（白文正方）。
第六幀：“梅道人墨法。麓臺。”
鈐印：“茂京”（朱文正方），圖左下鈐“蒼潤”（朱文長方）。
水墨紙本手卷，每段 18.5×47.5cm，故宮博物院藏。
拖尾：“東坡《寶繪堂記》云：'君子寓意於物而不可留意於物。'畫亦物也，爲嗜好耽玩所拘，則留矣。石帆表叔篋中有殘楮數幅，余偶戲爲試筆。石帆每日携之至寓，暇時輒促點染，遂成六幀。余不過自適己意，而表叔留之成迹，反爲累矣。以此奉箴何如？　康熙辛巳（康熙四十年）嘉平中瀚，王原祁題。”
鈐印：起首鈐“古期齋”（朱文長方）、下鈐“王原祁印”（白文正方）、“麓臺”（朱文正方）。
按：龐元濟《虛齋名畫録》卷五《王麓臺仿宋元六家卷》著録。《王原祁精品集》第 124—137 頁名之爲《仿宋元六家卷》，圖版順序有異。遼寧省博物館藏本爲後摹本。此圖有清代顧文彬（“顧子山秘匧印”，朱文長方；“有餘閒室寶藏”，朱文長方），近代龐萊臣（“虛齋審定”，朱文長方；“萊臣心賞”，朱文正方）等收藏印。

冬

麓臺作《仿王蒙山水圖軸》。

《故宮書畫館》第四編第 130 頁圖録《仿王蒙山水圖軸》：“山樵皴法變化，人學之者每不能得其端倪。余謂山樵用筆實有本源，脱略長短粗細之迹，察其中之陰陽剛柔，探取生氣，面目自見，真得董巨骨髓也。不識有會時否？康熙辛巳仲冬，麓臺祁。”
鈐印：起首鈐“期仙廬”（白文橢圓），下鈐“王原祁印”（白文正方）、“麓臺”（朱文正方）、“西廬後人”（朱文正方）。
紙本墨筆，95.7×49cm，故宮博物院藏。
按：有“遠湖所藏”（朱文正方）收藏印。此圖爲麓臺仿王蒙作品之精品。

麓臺作《溪山林屋圖》。

《王原祁精品集》第 152 頁圖録《溪山林屋圖》：“子久畫平淡天真，凡破墨皆由淡入濃，從此爲趨向之準，不以鉛華取工也，識者鑒之。辛巳冬日，麓臺祁筆。”

钤印：起首钤"掃花庵"（朱文橢圓），下钤"王原祁印"（白文正方）、"麓臺"（朱文正方），圖左下钤"石師道人"（白文正方）。

水墨紙本立軸，82.8×45.3cm，南京博物院藏。

麓臺作《清泉白石圖》。

《中國繪畫全集27》第25頁、《王原祁精品集》第153頁圖錄《清泉白石圖》："仙家原只在人間，欲問長生好駐顏。自是山中無甲子，清泉白石大丹還。康熙辛巳，余年六十矣，冬夜偶寫倪黃筆意，頗有所會，漫題一絕。麓臺祁。"

钤印：起首钤"掃花庵"（朱文橢圓）、下钤"王原祁印"（白文正方）、"麓臺"（朱文正方），圖左下钤"西廬後人"（白文長方）。

設色紙本立軸，99.3×44.4cm，上海博物館藏。

按：有錢鏡塘（"海昌錢鏡塘藏"，朱文長方）收藏印，另有"踽庵收藏"（朱文正方）、"硯香過眼"（白文正方）、"朱氏憶萱珍藏"（朱文長方）等收藏印。

麓臺為侄王奕鴻作《王司農仿雲林立軸》。

《吳越所見書畫錄》卷六《王司農仿雲林立軸》："辛巳冬日，偶過樹先弟書齋，為寫雲林筆意。原祁。"

钤印："蒼潤""原祁之印""麓臺""石師道人"。

按：王奕鴻，字樹先，王揆子。

毛師柱題王撰贈溪公畫。

《端峰詩續選》卷三《有感題畫，畫謂隨庵寫贈溪公舊幅，高弟石珍索題》："筆意蒼涼迥絕塵，舊愁觸撥又重新。山光樹色依然在，只見茅堂不見人（數株老樹茅堂外，　望高峰晚照中。畫幅所題句也）。"

約冬間，浙江知府宋定業註誤去職。宋廣業亦病。其間，宋廣業季弟宋大業、同學王銓、姊丈王揆、妹丈陳元龍、世兄孫斗瞻、内兄錢再亭、弟宋駿業、顧用麟等各有饋贈。年末，宋廣業出都。除夕，抵恒曲王恬若表弟署中，與家人團聚，喜遇雲間鞠振飛。

《蘭皋詩鈔》卷九《天寧寺稿·生日感懷，時得會稽守季弟靜溪註誤之信》、同卷《病中諸親串泊弟侄輩以珍品見遺，各賦一絕志謝，漫成十首》，同卷《都門歲暮雜咏二十首》。《蘭皋詩鈔》卷十《恒曲小集·除夕抵恒曲王恬若表弟署中》，同卷《喜遇雲間鞠振飛賦贈四首》。

按：康熙三十八年，宋定業任浙江知府。《除夕抵恒曲王恬若表弟署中》稱，時宋氏家口已先在恒曲。

鞠振飛曾爲麓臺渚陽幕僚。《罨畫集》卷一《新樂道中懷鞠振飛》："一程高角曉風催，路踏霜花凍不開。雁起沙汀人渡去，魚吹烟浪馬驚回。山從代北雲中出，水自恒陽地裹來。五帝祠前堪縱目，懷人不覺更徘徊。"

《蘭泉詩鈔》卷十《恒曲小集·喜遇雲間鞠振飛賦贈四首》，其一："廿年成契闊，此夕懸班荆。異地音書隔，同心笑語傾。圍爐忘改歲，剪燭徹深更。共說燕丹傅，如君直與京。"其二："早歲趨蓮幕，文章求友生。子雲工筆札，阮瑀却弓旌。不羨新知貴，難忘舊日盟。王陽今在位，貢禹喜同聲。"其三："渚陽曾下榻，浦水復儒書。次第開文館，聯翩赴辟車（任邑令同學王麓臺、浦江令同年趙會一相繼入臺省）。窮通心不易，生死誼如初（會一已去世七年，鞠子追念不置）。念子交情重，寧憂賦索居。"其四"載切依劉志，齋安六載餘。不辭長跋涉，寧肯負居諸（鞠子舊客黄安主人劉光仲，昨歲以卓薦赴召，可謂出門同人無往不利者矣）。顧我時通塞，輸君任卷舒。良宵無限意，把臂倍躊躇。"

王銓，字東發，號耳溪，康熙五十一年狀元王世琛之父，江蘇蘇州人，曾參與編撰《佩文齋書畫譜》。

顧用霖（1652—1715），字雨若，號巖卜，宋德宜婿，江蘇蘇州人。顧氏《墓誌銘》見彭定求《南畇文稿》卷八。

本年

麓臺作《山水圖軸》。

《山水圖軸》"墨法出仲圭，蒼潤見蕭灑。後有石田翁，誰是知音者。"

水墨紙本立軸，54.1×33.1cm，故宫博物院藏。

麓臺爲蔣深跋《綉谷圖卷》。

國家圖書館藏《綉谷題跋卷》。

按：《綉谷圖卷》爲王肇所繪。首跋朱彝尊，其次麓臺，其後分别爲韓菼、劉石齡、孫致彌、汪倓、惠士奇、查慎行、汪士鋐、王澍、蔣廷錫（揚孫）、吳暻、劉灝、嚴虞惇、龔克庸、蔣廷銓（稱蔣深爲叔父）等。

麓臺作《上宛平相公二十四韻》贈王熙。

《王麓臺司農詩集·上宛平相公二十四韻》："元老千秋表，天工一柱擎。青箱推世業，黄閣擅家聲。曳履貽謀遠，垂裳倚畀榮。廿年尊德位，四國仰忠貞。帝念深彌□,臣心寵若驚。枌榆頻賜沐,鼎鉉遂調羹。猶憶三方動,曾調九伐征。廟謨銷宇彗,文德掃槐槍。重譯共球集,中朝藻鑒清。絲綸同閶闔,門第獨崢嶸。道積心逾下,功高眷不輕。經邦添素髮,報國盡丹誠。帷幄兼師傅,訏謨重老更。星辰依黼座,霖雨慰蒼生。壽域期方永,洪鈞化更宏。涼風吹玉律,湛露挹金莖。座對西山嚮,臺連北斗橫。露桃千載熟,書錦五雲晴。事業書金管,謳謠滿碧城。樗材叨世講,蘭譜仰宗盟。奕世交尤渥,頻年意轉傾。祇緣蒙獎借,遂使齎徵名。獻納迴清鑒,高深異曲成。南山行獻頌,長見泰階平。"

按:"宛平相公"乃王熙。王熙,字子雍,宛平人。尚書王崇簡長子,順治四年進士。康熙二十一年以兵部尚書居官近二十年,康熙四十年以病致仕。從《上宛平相公二十四韻》"廿年尊德位"和《清實錄六·聖祖實錄》卷二零六第92頁載,"康熙四十年九月庚戌,太子太傅礼部尚書保和殿大學士王熙以疾病乞休……命以原官致仕"可知,麓臺此詩寫於康熙四十年王熙以病致仕之時。王熙在位期間"務寬平、持大體"。見《香祖筆記》卷二以及《江南通志·王熙傳》。

【本年存疑作品】

冬日

麓臺作《山莊平遠圖》,存疑。

《王原祁精品集》第151頁圖錄《山莊平遠圖》:"康熙辛巳冬日,仿大癡筆,似來老先生教正。婁東王原祁。"

鈐印:起首鈐"御書畫圖留與人看"(朱白文雙龍橢圓),下鈐"王原祁印"(白文正方)、"麓臺"(朱文正方)。

水墨紙本立軸,123.5×55.7cm,天津博物館藏。

【理由】山體結構鬆散;用筆、用墨法不類麓臺同期作品。

麓臺作《雲壑水村圖》,存疑。

《王原祁精品集》第111頁、《中國古代書畫圖目15》遼1—421圖錄《雲壑水村圖》:"辛巳冬日,仿大癡筆。麓臺祁。"

鈐印:起首鈐"蒼潤"(朱長橢圓),下鈐"王原祁印"(白文正方)、"麓臺"(朱文正方),圖右下鈐"石師道人"(白文正方)。

設色紙本立軸,75.8×31.7cm,遼寧省博物館藏。

按:《王原祁精品集》著錄為122.7×52.8cm,藏地同,名之為《仿黃子久山水圖軸》。

【理由】《中國古代書畫圖目·15》第335頁注稱偽。

康熙四十一年壬午(1702年)六十一歲

正月

十六日前,毛師柱讀翁叔元年譜。

《端峰詩續選》卷四《讀翁鐵庵尚書年譜感嘆有作》:"往事追尋四十傳,江山如舊客愁新。同游黃鶴書名姓(辛丑元日,雪中偕余登黃鶴樓,譜中猶載其事),知是胸中有故人。"

十六日,黃與堅子士安陳請終養遄歸里門,黃氏招集毛師柱等集如松堂,飲酒賦詩。

《端峰詩續選》卷四《新正十六夜忍庵先生招集如松堂,適士安陳請終養,遄歸里門,即事有作得二十韻》:"先生舊學人推甘,懸車廿載投朝簪。……春宵開筵大集客,迴數令節過傳柑。"

二月

玄燁巡幸五台山,山東曲陽知縣宋廣業迎駕。

《蘭皋詩鈔》卷首《紀恩詩·康熙四十一年二月》。

麓臺作《昌黎詩意圖》。

《王原祁精品集》第154頁圖錄《昌黎詩意圖》:"天空浮修眉,濃綠畫新就。用昌黎詩意,時壬午仲春,寫於京師邸舍。麓臺祁。"

鈐印:起首鈐"期仙廬"(白文橢圓加框),下鈐"王原祁印"(白文正方)、"麓臺"(朱文正方),圖右下鈐"西廬後人"(朱文長方)。

設色紙本立軸,97.5×54.3cm,故宮博物院藏。

按:此爲麓臺晚年仿趙大年的典型面貌。《麓臺題畫稿》之《仿松雪、大年筆意,爲服尹作》中亦引用"天空浮修眉,濃綠畫新就"詩句。

三月

石濤於五龍潭觀桃花,作《釋石濤雲山圖軸》。

《虛齋名畫錄》卷十《釋石濤雲山圖軸》:"清湘大滌子極,壬午三月,烏龍潭上觀桃花寫此。"

钤印:"前有龍眠濟"(白文長方)。

石濤又跋:"寫畫凡未落筆,先以神會。至落筆時,勿促迫,勿怠緩,勿陡削,勿散神,勿太舒,務先精思天蒙,山川步武,林木位置,不是先生樹,後布地,入於林,出於地也。以我襟含氣度,不在山川、林木之内,其精神駕馭於山川、林木之外,隨筆一落,隨意一發,自成天蒙。處處通情,處處醒透,處處脱塵,而生活自脱天地牢籠之手,歸於自然矣。大滌子江上阻風題此。"

钤印:"粤山"(白文正方)。

石濤又跋:"用筆有三操,一操立,二操側,三操畫。有立、有側、有畫始三入也。一在力,二在易,三在變,力過於畫則神,不易於筆則靈,能變於畫則奇,此三格也。一變於水,二運於墨,三受於蒙,水不變不醒,墨不運不透,醒透不蒙則素,此三勝也。筆不華而實,筆不透而力,筆不過而得,如筆尖墨不老則正好下手處,此不擅用筆之言,唯恐失之老。究竟操筆之人不背其尖,其力在中。中者,力過於尖也。用尖而不尖,地力得矣;用尖而識尖,則畫入矣。舟過真州,友人欲事筆,索余再題。"

钤印:"法門"(白文長方)、"苦瓜"(白文長方)。

春

江位初七十,毛師柱以詩賀之。

《端峰詩續選》卷四《長歌贈江位初七十》。

按:從《長歌贈江位初七十》中有"我年十四君十五,密戚相於聯肺腑。五十餘年倏忽過……明年七十我已到"可知,江位初生於崇禎六年,毛師柱生於崇禎七年。

王撰八十,唐孫華以詩賀之。

《東江詩鈔》卷六《壽王隨庵八十》。其一:"早蜚英譽占詞壇,地望雲霄尺五看。劉氏孝儀原有筆,苟家容衍獨無官。門化蕚爭春旭,百尺蒼松耐歲寒。自是神全由養性,延年不用問還丹。"其二:"翛然鸞鶴出風塵,齒宿鶯看才力新。潑墨烟雲通變化,揮毫瘦硬見精神。學探元本非干世,詩造冲和總近人。莫嘆階前蘭玉少,文孫犀角早嶙峋。"

麓臺於暢春園直廬作《仿吴鎮山水圖軸》。

《四王吴惲繪畫》第152頁《仿吴鎮山水圖軸》、《中國古代書畫圖目22》京1—4857《仿吴鎮山水圖軸》:"康熙壬午春日,暢春園直廬仿梅道人筆。王原祁。"

钤印:起首钤"掃花庵"(朱文橢圓),下钤"王原祁印"(白文正方)、"麓臺"(朱文正方),下钤"西廬後人"(白文長方)。

王翚跋:"曩与麓臺先生同客京師,每見行筆破墨透過紙背,自覺天趣橫生,余心折之。此幀雖仿仲圭,而氣韻位置实得董巨三昧。划俗入雅,可謂超絶。彼世之抹綠塗朱者何足比數哉！　耕烟外史王翚題於西爽閣之南窗下。"

水墨紙本立軸,94×53.1cm。

按:王翚跋文中"臺"字寫法較爲特殊。

麓臺作《王原祁仿古山水册》十二對幅。孫岳頒、曹鑒倫、王奕清、汪士鋐、陳元龍、查昇、孫致彌、彭會淇、沈宗敬、胡任輿分別題詩。

《清王原祁畫山水畫軸特展》第86—92頁圖録《王原祁仿古山水册》,對開題詩未圖録。

起首:"平淡光焰。岳頒。"

鈐印:"御賜墨雲堂""孫樹峰氏""少宗伯大司成"。

第一幀:"仿黄子久。王原祁。"

鈐印:"麓臺"(朱文正方),圖左下鈐"興與烟霞會"(白文長方)。

對開:孫岳頒録唐人詩句。

鈐印:"樹峰"。

第二幀:"仿趙承旨。麓臺祁。"

鈐印:起首鈐"古期齋"(朱文長方)、"王原祁"(一朱兩白文正方)、"麓臺"(白文正方)。

對開:曹鑒倫題詩。

鈐印:"研露堂"。

第三幀:"仿倪高士。麓臺祁。"

鈐印:"王原祁印"(白文正方)。

對開:"壬午(康熙四十一年)仲春三月書。王奕清。"

鈐印:"玉堂清暇"。

第四幀:"高房山雲山。茂京。"

鈐印:起首鈐"蒼潤"(朱文橢圓),下鈐"原祁之印"(白文正方帶框)、"麓臺"(朱文正方)。

對開:王化鶴題詩。

鈐印:"存誠齋""青宫侍衛之臣"。

第五幀:"仿吳仲圭。掃花庵主人。"

鈐印:起首鈐"蒼潤"(朱文橢圓),下鈐"王原祁印"(白文正方)、"茂京氏"(白文正方帶框),圖右下鈐"石師道人"(白文正方)。

對開,汪士鋐題詩。

鈐印:"若谷"。

第六幀:"仿范華原。麓臺。"

鈐印:起首鈐"求是堂"(朱文橢圓),下鈐"王原祁印"(兩朱兩白文正方)、"茂京"(朱文正方)。

對開,陳元龍題詩。鈐印:"賜堂陳元龍印"。

第七幀:"仿米家筆法。石師道人。"

鈐印:起首鈐"蒼潤"(朱文橢圓),下鈐"王原祁印"(白文正方)、"麓臺"(朱文正方)。

對開:查昇題詩。

鈐印:"仲韋""一字聲山"。

第八幀:"荊關遺意。茂京。"

鈐印:起首鈐"蒼潤"(朱文橢圓),下鈐"原祁之印"(白文正方)、"麓臺"(朱文正方)。

對開:孫致彌題詩。

鈐印:"松坪"。

第九幀:"仿北苑筆。王原祁。"

鈐印:起首鈐"蒼潤"(朱文橢圓),下鈐"麓臺"(朱文正方)、"茂京氏"(白文正方帶框)。

對開:彭會淇題詩。

鈐印:"南村"。

第十幀:"趙大年《江鄉春意》。麓臺祁。"

鈐印:"王原祁印"(朱文正方)。

對開:"康熙壬午(康熙四十一年)花朝後一日書。獅峰沈宗敬。"

鈐印:"沈宗敬之印""洛庭"。

第十一幀:"仿黄鶴山樵筆。麓臺祁。"

鈐印:起首鈐"掃花庵"(朱文橢圓),下鈐"王原祁印"(白文正方)、"麓臺"(朱文正方)。

對開:胡任輿題詩。

鈐印:"芝山""孟行"。

第十二幀:"李營丘雪圖。麓臺山人。"

鈐印:"原祁茂京"(朱文正方)。

對開(麓臺自題):"昔人評摩詰輞川圖云:'詩中有畫,畫中有詩。'蓋言畫中之神韻也。後人遂以詩爲畫題。而苑體即用爲格律,畫中筆墨往往爲詩所拘矣! 册中諸幅皆余應制之作。進呈之後,復取繒素點染之,以存其稿,亦揣摩之一助。每幅求名人書詩以顯畫意。余於六法賦性粗率,不求鉛華。原本已入内府,此册存之篋中,爲藏拙自娛之地,不敢問世,爲識者噴飯也。晴窗偶暇,漫筆識之。時康熙壬午初春,麓臺題於燕臺邸舍。"

　　鈐印:"御書畫圖留與人看""王原祁印""鷺坡鶴禁"。

　　按:第二幀"古期齋"(朱文長方)、第五幀"茂京氏"(白文正方帶框)僅見此處。

　　曹鑒倫(1655年—1717年),字彝士,號蓼懷,浙江嘉興人。查昇(1650年—1708年),字仲韋,號聲山,浙江海寧人。查昇善書,其行狀見沈廷芳《隱拙齋集》卷四十九。沈宗敬(1669年—1735年),字洛庭,號獅峰,書法家沈荃之子,江蘇華亭人。胡任與(?—1704年),字孟行,號芝山,江蘇江寧人。

黃與堅卒。唐孫華以詩哭之。

　　《東江詩鈔》卷六《輓黃忍庵宮贊》:"可憐撤瑟彌留日,正值藤花照眼新。"

四月

初八,萬斯同卒於京邸史館。

　　萬斯同《石園文集》之劉坊《萬季野行狀》。

麓臺爲陸毅作《王司農舟次所作立軸》。

　　《吳越所見書畫錄》卷六《王司農舟次所作立軸》:"此圖余戊寅、己卯間在舟次所作,未經題識,不知何往,入都以來已不復記憶。近匪我老先生携以見眎,恍然如昨。拙筆逢賞音,雖燕石亦與美玉同觀,可免覆瓿,亦幸事也,因題於畫右。康熙壬午清和,王原祁識。"

　　鈐印:"御書畫圖留與人看""王原祁印""麓臺""石師道人"。

　　按:戊寅即康熙三十七年。己卯即康熙三十八年。壬午即康熙四十一年。陸毅,字士迪,號匪莪,江蘇太倉人。順治十一年生,卒年不詳(江慶柏《清代人物生卒年表》第421頁)。康熙二十七年進士,官新建知縣。康熙三十七年,沈受宏詩贈陸毅(《白漊集》卷八《贈新建陸士迪明府二首》)。

玄燁賜王掞"澄觀堂"御書匾額。

　　《顒庵府君行述》:"壬午四月,賜'澄觀堂'匾額。"

　　按:《(民國)太倉州志》卷二《封域下》:"澄觀堂,明大學士王錫爵舊第,國朝康熙間曾孫掞拜大學士,御書賜額。"

五月

麓臺爲馬齊、相老先生作《仿趙孟頫仙山樓閣圖》,又爲王慮作《王麓臺仿倪黄山水立軸》。

《清王原祁畫山水畫軸特展》第86頁圖錄《仿趙孟頫仙山樓閣圖》："康熙壬午端月,仿趙松雪《仙山樓閣》呈馬老師、相老先生教正。婁東王原祁。"

蔣光煦《別下齋書畫錄》卷三《王麓臺仿倪黄山水立軸》："庚辰初夏,愚千弟同余北行。京江舟次寫倪黄大意,落墨未竟。入都後,愚千欲以圖轉奉時翁老先生。以拙工而登匠石之門,遲迴久之,庋閣經年。今以南歸相促,不敢自匿其醜,點染成之,附以就正有道,愧未足爲清秘之藏也。康熙壬午端月。婁東王原祁識。"

按:《石渠寶笈》卷四十著錄。《仿趙孟頫仙山樓閣圖》有"三希堂精鑒璽"等璽印。

"馬老師"爲馬齊(1651年—1738年)。阿蘭泰卒於康熙三十八年,馬齊接任武英殿大學士。

沈受宏《白漊先生文集》卷一《佇興集序》,乃是其爲婿王慮詩集所作序,卷二《告女梅文》稱,康熙二十四年正月,沈氏女卒,年十六,時沈受宏年四十一,悲痛欲絶。後沈受宏養婿於家,教之以學,以他人之女養而嫁之。

王恪字愚千,號蕙帶,康熙九年生,乾隆四年卒,江蘇嘉定人。墓誌銘見顧陳垿《抱桐軒文集》卷三。

六月

十二日,王抃卒。毛師柱、唐孫華等作詩哀之。

《端峰詩續選》卷四《輓王鶴尹先生》二首,其一:"豈必因門地,人驚第五才。稱雄方酒國,匿影忽泉臺。松偃巢猶故,堂空鶴不來。平生舊行迹,悽絶冷蒼苔。"其二:"死別真堪痛,深交每共憐。迹疏知我拙,心净識君賢。牢落長門賦,淒涼美女篇。更聞遺訓古,臨了亦醒然。"

《東江詩鈔》卷八《王鶴尹輓詩》二首,其一:"詞壇早歲主齋盟,第五何慚驃騎名。自許朱弦心勁直,人嫌青鏡眼分明。長城嵓嶪詩爲壘,觸政森嚴酒是兵。執手臨歧猶灑涙,窮天訣別若爲情(臨危呼予董訣别)。"其二:"樂府清詞傳唱新,典衣貰酒爲留賓。堂前不坐伊優客,户外頻來問字人。撥遣閒愁聊顧曲,縈牽繼體暗沾巾。文章世上渾無用,合向鄜宮頌帝晨。"其三:"高標卓峙自精能,恪守家風應準繩。歿後閭門摧砥柱,生前物論忌鋒稜。鬚眉軒豁看談笑,肝膽輪囷向友朋。交道從今那可問,哭殘秋草亦霑膺。"

按:《王巢松年譜》稱,王抃原配同邑錢氏,繼配蘇州汪氏,子二女六。《王巢松年譜》《總述》載,錢氏於歸僅五年,生兩女一男,止存次女,即適文海者。汪氏生四女,僅存二,分別適許希濤、楊巨源。《王巢松年譜》附錄趙貞《鶴尹仙逝挽詩》稱,王抃遺訓誡賭博并有寬假世僕之命,卒前遍請親知榻前訣別,以第七卷詩屬趙貞里定。

《王巢松年譜》附錄王抃八世孫王懋礽跋稱王抃卒於康熙三十一年,刊誤,當爲康熙四十一年。

麓臺爲修翁作《王麓臺仿北苑設色山水卷》。

《澄蘭室古緣萃錄》卷十《王麓臺仿北苑山水》:"康熙壬午長夏,仿北苑筆似修翁老先生教正。婁東王原祁。"

鈐印:"王原祁印""麓臺""西廬後人"。

麓臺在京邸作《秋山圖》。

《清王原祁畫山水畫軸特展》第 21 頁圖錄《秋山圖》:"康熙壬午長夏,仿黃子久秋山於京師邸舍。婁東王原祁。"

鈐印:起首鈐"古期齋"(朱文橢圓),下鈐"王原祁印"(白文正方)、"麓臺"(朱文正方),圖右下鈐"興與烟霞會"(白文長方)。

設色紙本立軸,74.3×41.2cm,藏地不詳。

按:《石渠寶笈初編》著錄,有"三希堂精鑒璽"等璽印。

約閏六月間

玄燁賜宋定業"凝遠堂"額。

《蘭皋詩鈔》卷十《恒曲小集·乙亥大業弟以儒臣扈從邊庭,上賜"文學侍從"四大字,壬午又賜額曰"凝遠堂",喜賦二律》。

夏

麓臺爲王慮作《爲愚老作山水軸》。

《山水正宗》上卷第 76 頁、《南宗正脉》第 182 頁圖錄《爲愚老作山水軸》:"康熙壬午夏日,爲愚老大弟仿大癡筆。麓臺祁。"

鈐印:起首鈐"掃花庵"(朱文橢圓),下鈐"原祁之印"(白文正方)、"麓臺"(朱文正方)。

王慮跋:"司農前身疑輞川,興來潑墨生雲烟。此圖作於中允日,玉堂清暇如神仙。吮毫點染極能事,解衣槃礴天機全。層巒叠嶺插霄漢,碧溪幾曲流濺濺。誰歟居者屋數椽,叢林杳冥心悠然。卧游差慰少文願,青鞵布襪知何年。高懸茅齋踰一紀,置非其所殊可憐。當代詩豪有方伯,鑒古識妙忘言筌。異書正滿鄴侯架,妙迹方載南宫船。摩挲此圖三太息,追隨寒士依青氈。題詩轉獻非無意,物以類聚稱良緣。得蒙清賞置座側,塵埃拂拭增鮮妍。牙籤錦局(點去)軸亦何有,博公一賦韓蘇篇。家司農丹青求者盈户限,頗不易得,有遲至數年者。此圖乃爲宮允時因予將南歸所作也。今以轉獻東翁大公祖憲臺,謹書數語以識始末。時屬甲午(康熙五十三年)季春,治下門人王愻。"

  鈐印:起首鈐"個中"(朱文長方)、"王愻"(朱文正方)、"愚千"(朱文正方)。

  設色紙本立軸,103.2×47.8cm,上海博物館藏。

  按:蔣光煦《別下齋書畫録》名爲《爲愚千作設色倪黄軸》。此圖有龐元濟("虛齋鑑定",朱文正方)收藏印。

  王愻,字愚千,初名愻,後改名恪。江蘇嘉定人,隨父遷太倉,沈受宏婿。康熙五十七年進士。沈起元《敬亭文稿》卷三《翰林院檢討王秋崖先生家傳(丙辰)》稱,麓臺任、王扶子王遵辰深受王撲器重,家中諸事俱由王遵辰主理,"居相邸(王撲府邸)不事請謁",在京與張雲章、方苞、喬崇修、楊繩武、王澍等交好,與太倉族兄王恪、族叔王時翔關係密切。康熙二十年前,曹煜《綉虎軒尺牘》中與王大席(譚恪)廣文多有書信往來,兩王恪或爲同一人。

麓臺作《嵩高圖》。

  《南宗正脉》第176—179頁圖録《嵩高圖》。

  外簽:"麓臺司農《嵩高圖》真迹。寶米室珍藏,乙丑九月趙叔孺題簽。"

  鈐印:"叔孺"(白文正方)。

  引首:"嵩高圖。湘雲仁兄屬。吴郁生。"

  畫心跋:"嵩高圖。康熙壬午長夏,仿一峰老人筆。王原祁。"

  鈐印:起首鈐"期仙廬"(白文橢圓),下鈐"王原祁印"(白文正方)、"麓臺"(朱文正方),卷末右下方鈐"西廬後人"(朱文長方)。

  設色紙本手卷,44.5×334.0cm,上海博物館藏。

  按:卷後有1925年土秉恩跋。此圖有近代收藏家周湘雲("周氏湘雲鑑藏金石書畫之記",白文正方;"古蕫周氏寶米室秘笈印",朱文長方;"湘雲秘玩",朱文正方;"古蕫周鴻孫湘雲父收藏吉金樂石佳書名畫之印",白文正方)收藏印,另有"蔭方珍秘"(白文正方)、"過眼烟雲"(朱文正方)。

  跋文中"圖"字寫法有異,與同年《爲愚老作山水》相比,綫條乏力,書寫速度慢。山體似由麓臺康熙四十九年《西嶺雲霞》等長卷取其局部拼湊而成,整體氣息浮躁且有迫促感。

七月

麓臺作《杜甫詩意圖軸》。

《藝苑掇英》第三十四期圖録《杜甫詩意圖軸》:"'雷聲忽送千峰雨,花氣渾如百和香。'書法爲藝術稱首,晉唐以後,代有傳人。間有一二右文之主,玉札飛白,史乘中載爲盛事。未有如我皇上之天縱神奇、震古鑠今者也。近者御書頒賜群臣,無不歡欣踊躍。原祁忝側侍從之列,瞻仰宸翰,慶幸遭逢。因見文翁老先生所得十四字,縑素逾文,用唐杜律二句,結構精嚴,體勢飛舞,擘窠妙筆,尤爲巨觀,真稀世之寶矣。同直諸先生僉云:'宜圖詩意,以識聖恩。'文翁不輕付畫史,專以爲屬,敢不竭蹶從事。謹仿高彦敬雲山、趙松雪《仙山樓閣》筆法,經營盤礴,兩月始竣,以當鼓吹頌揚之意。然筆痴腕弱,豈能摹寫化工,益滋惶悚云爾。康熙歲次壬午孟秋七夕,婁東王原祁畫并敬題。"

青緑設色絹本立軸,320×91.4cm,(美)翁萬戈藏。

按:《藝苑掇英》第三十四期還刊登了王世襄《麓臺"五絶"——讀王原祁寫杜甫詩意圖軸》。

八月

麓臺爲查昇作《陡壑密林軸》。

《陡壑密林軸》:"聲山老先生博學好古,書法入妙。於筆墨中趣味無所不窺,深愛子久畫。出所藏宣紙,囑余仿此。昔大痴題《陡壑密林》圖云:'非筆之佳墨之妙,乃幌之善耳。'余學步,未能追蹤古人。先生出紙命筆,意猶是也。應命塗抹,書以志愧。康熙壬午中秋,婁東王原祁畫并題。"

設色紙本立軸,129×50cm,上海朵雲軒舊藏。

宋廣業出都,由恒曲赴秦中。上谷道中,宋氏懷邵子昆、陸隴其、彭扶山諸先生。

《蘭皋詩鈔》卷十一《西征集上·壬午秋仲出都留別親交》、同卷《上谷道中感懷邵子昆、陸稼書、彭扶山三先生》。

按:同卷《仍由恒曲赴秦中留別王恬若表弟》自注,宋氏家眷居恒曲署中已有一年。《上谷道中感懷邵子昆、陸稼書、彭扶山三先生》自注,"余四人皆受知於于振甲先生。"

邵嗣堯,字子昆,山西猗氏人。康熙九年,邵嗣堯與麓臺、陸隴其同成進士,曾任山東臨淄知縣。

侍郎楊崙卒,年六十二。

《東江詩鈔》卷七《同年楊昆濤侍御輓詩》。

按：楊崙，字星源，號崑濤。崇禎十四年生，康熙四十一年卒。江蘇太倉人。《國朝耆獻類徵初編》一百三十五有傳。

九月

三日，學博汪梅嶙邀毛師柱等游西田。

《端峰詩續選》卷四《九月三日，梅嶙置酒邀游西田，即用西田二字爲韻》。

按：《九月三日，梅嶙置酒邀游西田，即用西田二字爲韻》"浮迹等桑田"自注："壬寅、戊寅憶曾兩至，今珍御、星源、石鄰俱已下世。""壬寅"即康熙元年。"戊寅"即康熙三十七年。

秋

麓臺由右春坊中允轉左春坊中允。

《历代名人年譜》。

吳歷仿王蒙《靜深秋曉圖》。

《虛齋名畫錄》卷九《吳漁山靜深秋曉圖軸》："王叔明《靜深秋曉》，往予京邸所見，寤寐不忘。乙亥在上洋，追憶其著色之法，携來練川，民譽見而嗜好之，今值其花甲，是圖有松柏之茂，恰當以壽。壬午年秋，墨井道人。"

按：上洋在江蘇太倉。"乙亥"即康熙三十四年。

麓臺作《仿大痴山水筆意圖》。

《山水正宗》第75頁圖錄《仿大痴山水筆意圖》："壬午秋日仿大痴筆意。麓臺祁。"

鈐印：起首鈐"扇花庵"（朱文橢圓），下鈐"王原祁印"（白文正方）、"麓臺"（朱文正方）。

水墨紙本立軸，66.7×46cm，故宫博物院藏。

按：《山水正宗》別冊第38頁稱此圖中有"西廬後人"印，誤。

圖有"慈溪王氏所藏"（朱文正方）、"□誠心賞"（朱文正方）收藏印。

麓臺作《設色江村曉霽圖軸》。

《中國古代書畫圖目22》京1—4860圖錄《設色江村曉霽圖軸》："康熙壬午秋日，仿倪、黃筆寫《江村曉霽圖》。王原祁。"

鈐印：起首鈐"求是堂"（朱文橢圓），下鈐"王原祁印"（白文正方）、"麓臺"（朱文正方)。

　　設色紙本立軸,92×49.4cm,故宮博物院藏。

　　按:《虛齋名畫錄》卷九《王麓臺江村晚霽圖軸》著錄。

十一月

十二日,陳奕禧奉旨入南書房賦詩作書。

　　《澄蘭室古緣萃錄》卷十《陳香泉詩翰册》:"康熙四十一年十一月十二日奉旨召入南書房……八載叨郎署,今朝對玉除。"

十二月

揆叙由侍讀學士升任掌院學士。

　　《皇朝詞林典故》卷七《皇朝掌院學士題名》。

麓臺以扈駕,奉命先歸。歸後過訪沈受宏。

　　《白漊集》卷十《簡送王顓庵少宰扈從還都兼送麓臺中允六首(有序)》:"余自京師與少宰別十一年矣,今年春二月,少宰扈駕南還,余見之吴門,越二日,隨之武林,乘暇偕其猶子麓臺中允爲西湖泠泉之游,越一日,少宰趣裝登舟,待余不至,留書爲别,而余有越州之行,遂渡錢塘,蓋相聚於吴門武林者僅四日,而匆匆話舊,皆在行朝退食之頃耳。少宰至吴門,則乞假過家上塚,親故争候里門,而余獨不在,因成數詩以叙其情,中允亦别余三年,去冬十二月,以扈駕奉命先歸者也。"

　　《白漊集》卷九《喜麓臺中允以扈從先歸過訪病中之作》:"南幸君王下詔書,前驅侍從到輶車。病夫未得迎江路,故友先能過草廬。常念詞林添冷淡(中允以都諫改官),可知詩律免生疏。三年迢遞京華夢,執手西風話里閭。"

　　按:《白漊集》卷九起康熙辛巳(康熙四十年)正月,盡康熙壬午(康熙四十一年)十二月。《喜麓臺中允以扈從先歸過訪病中之作》爲《白漊集》卷九的最後一首,故時在康熙四十一年十二月。《白漊集》卷十起康熙癸未(康熙四十二年)正月,盡康熙乙酉(康熙四十四年)十一月,《簡送王顓庵少宰扈從還都兼送麓臺中允六首》爲第一首。

麓臺作《歲寒三友圖軸》。

　　陳履生、李十老編《王原祁畫集》圖一百二十七《歲寒三友軸》:"歲寒三君子,結根在巖阿。山高常近日,亭亭異凡柯。壬午臘月之望,寫意於錫山道中并題。麓臺祁。"

按：徐邦達先生稱此畫無著錄。

除夕，毛師柱等集麓臺太倉求是堂中話舊。

《端峰詩續選》卷四《小除日，集王麓臺中允求是堂話舊》二首，其一："聲名中允在，摩詰許爲鄰。不道青雲客，偏思白髮人。清言搜道妙，軟語出天真。回首三年別，銜杯覺更親。"其二："幽栖安陋巷，昨枉故人車。復喜今宵集，行看一歲除。雄文羅氣象（出示南歸近咏），便腹貯清虛。貽穀真無忝，天章有賜書。"

冬

麓臺爲弟子吳玉培作《喬松修竹圖》。

《王原祁精品集》第155頁、《中國繪畫全集27》第32頁圖錄《喬松修竹圖》："白石孤松下，喬柯領竹枝。春回拂布暖，莫負歲寒時。壬午冬夜，漫筆示玉培。麓臺祁。"

鈐印："王原祁印"（白文正方）。

水墨紙本立軸，83×43cm，南京博物院藏。

按：《虛齋名畫錄》卷九《王麓臺仿曹雲西山水軸》著錄，徐邦達先生名之爲《仿曹雲西山水軸》。圖左上有跋："此麓臺仿曹雲西法，運筆峭拔，竹木堅瘦，非其本色，顧極有生韻。予竟日披對，殊忘身在塵世間矣。秋室漫題。"鈐"秋室"（朱文葫蘆）、"生長湖山"（朱文正方）。另有龐元濟（"虛齋審定"，朱文正方）收藏印。

麓臺作《仿大痴筆意圖軸》。

《王原祁精品集》第83頁圖錄《仿大痴筆意圖軸》："壬午冬日，仿大痴筆。王原祁。"

鈐印：起首鈐"掃花庵"（朱文橢圓），下鈐"王原祁印"（白文正方）、"麓臺"（朱文正方）。

水墨紙本立軸，尺寸不詳，中國國家博物館藏。

石珍、惺巖二上人邀王撰、唐孫華、江位初等集議爲溪公建塔事。

《端峰詩續選》卷四《十一日集安處庵作（以溪公建塔事，石珍、惺巖二上人邀同隨庵、東江、位初、友蘧、荆濤、玉書集議定局，是日松一、東白適以抱痾未至）》。

康熙四十一年至康熙四十二年間，麓臺爲查慎行畫扇。

《敬業堂詩集》卷二十九《赴召集·王麓臺前輩爲余畫扇自題其後，索同直諸君和》："萬樹鳴蟬水一限，西山驟雨過輕雷。看君老筆如并剪，割取浮嵐暖翠來。"

按:《赴召集》收錄康熙四十一年十月至康熙四十二年五月間詩。

本年
王翬爲蔣陳錫作《王石谷江山無盡圖》。
《吳越所見書畫錄》卷六《王石谷江山無盡圖卷》。
楊晉跋:"自晉以繪事擅長者代不乏人,而能兼有諸家之勝,且一一神明其矩矱則不易數覯也。我師畊烟先生以高世逸群之姿,探微究奧者六十餘年……茲卷用筆於渾厚中仍饒孤峭,蒼莽中轉見娟妍,纖細而氣益閎,縝密而境愈廓。盤礴匠意,淩轢畢流,合荊關、董巨爲一而出之變化,洵藝苑之大觀也。"
陸毅跋:"自有畫道以來,至石谷而集大成矣。畫理至宋元發露已極,然一家止一家面目,如聖清、聖和各造其極。石谷能千變萬化,臨一家不雜他家一筆,未嘗有一家爲之束手而不能逼肖者。及作長卷則錯綜衆美,奔赴筆端,爐錘獨妙。余見雨亭蔣公請繪是卷,館之精舍,慘澹經營,經年而竣。本擬進上,名曰《江山無盡圖》,後以事不果進,越三載始得名手裝池,石谷適來,復加點染,年七十有一。豈獨石谷得意一時,輦下名公巨卿負賞鑒之目者無不擊節不已,以一見爲幸。"

麓臺取杜甫七律《即事》三四句"雷聲忽送千峰雨,花氣渾如百和春"爲題,歷時兩月,創作《河岳凝暉》(見圖六)以配玄燁逾丈御書。
《海外藏中國歷代名畫》第 164 頁圖錄《河岳凝暉》:"河岳凝暉。"
紙本設色,320×91.4cm,(美)翁萬戈藏。
按:"臣"字款作品中收錄《河岳凝暉圖》,尺寸不同。

玄燁召見海寧舉人查慎行、武進舉人錢名世、長洲監生何焯、休寧監生汪灝於南書房,屢試詩及制舉文。
王士禎《香祖筆記》卷一。
按:許汝霖《敬業堂集序》稱,因大學士李光地之薦,查慎行召對入直南書房,癸未(康熙四十二年)成進士,選庶吉士授編修,供奉七年,以疾告歸。
錢名世(1660 年—1730 年),字亮功,號綱庵,江蘇武進人。

侍郎顧藻卒,年五十六。唐孫華以詩哭之。
《東江詩鈔》卷六《哭顧觀廬侍郎》:"友道今何有,如君古誼存。慎能銷衆忌,謙不覺官尊。"

康熙四十一年壬午(1702年)六十一歲　361

圖六　王原祁《河岳凝暉》

詔蠲江南租賦。

《東江詩鈔》卷六《壬午歲特詔蠲江南租賦,恭述三首》。其一:"從此寬閑皆帝力,餘生俯仰任乾坤。"

黃與堅卒,唐孫華以詩哭之。

《東江詩鈔》卷六《挽黃忍庵宮贊》:"物望驚嗟失斗南,蒼茫星象撜魁三。"

唐孫華讀《列朝詩選》,慨然有作。

《東江詩鈔》卷六《讀列朝詩選》二首。其一:"一代詞章綴輯全,鳥言鬼語入餘編。獨將死事刊除盡,千載人終笑褚淵。"其二:"高下從心任品裁,東林意氣未全灰。看渠筆舌風霜在,猶是當年舊黨魁。"

麓臺作《仿黃子久山水》。

《中國古代書畫圖目8》津6—074圖錄《仿黃子久山水》:"康熙壬午夏五,仿黃子久筆似惟翁老年臺并正。婁東王原祁。"

康熙四十一年歲末或康熙四十二年初,麓臺由左中允升翰林院侍講。

《東江詩鈔》卷八《茹明府招同侍講王麓臺、大鴻臚宋堅齋、侍御陸匪莪、太學高槎客飲虎丘梅花樓》:"宸游望幸當三月,使節先馳驗二星(麓臺、堅齋皆扈蹕奉命先至)。嵐氣運雲陰敞閣,花枝帶雨照山亭。"

按:高不騫(1657年—1743年),字槎客,號小湖,江蘇華亭人。高氏相關事迹見張錫爵《吾友於齋詩鈔》高不騫序。

康熙四十年至康熙四十二年年初間,太倉毛序在龔秉直齋中觀麓臺"中允"畫作。

嘉慶九年刻《婁東詩派》卷二十毛序《龔石帆齋觀王麓臺畫送稷亭今培用丹青引韻》:"(奉常)荊關畫品亦第一,粉墨寶惜今猶存。有孫中允聳絕倫,規模大小李將軍。游戲偶爾出新意,往往落紙生烟雲。近來珍秘稀得見,供奉天家清晝殿。流傳半雜朱繇筆,廬山從此非真面。龔生堂懸五幅圖,斧劈麻皴勁如箭。"

按:從筆者蒐集的麓臺相關資料看,符合朱姓、善畫、與麓臺關係親密這三個條件者,只有朱立雲。朱繇字立雲,又字璜師。《端峰詩選·七言律·贈朱立雲,時年七衮》自注:"立雲亦字璜師。"

此外,康熙四十年五月,麓臺由禮科都給事中改入翰林,任右春坊右中允(《康熙起居注》康熙四十年五月初二日)。康熙四十一年歲末或康熙四十二年年初,麓臺由左中允升翰林院侍講(《東江詩鈔》卷八《茹明府招同侍講王麓臺、大鴻臚宋堅齋、侍御陸匪莪、太學高樣客飲虎丘梅花樓》)。據詩中"有孫中允聳絕倫"可知,毛序此詩作於麓臺任職"中允"期間,即在康熙四十年五月至康熙四十二年年初之間。

【本年存疑作品】

孟冬望日,麓臺作《自畫山水》,疑偽。

《王原祁集》第269頁《自畫山水》:"余學梅道人,久而未得。案頭偶有宣紙,於辛巳寒夜篝燈揣摩,興到即爲點染,不覺成卷。近復諦觀,缺漏處補之,結澀處融之,稍覺成章。然真本不易見,古人神骨相去徑庭,思之緘(真)爲汗下。康熙壬午孟冬望日題。穀貽堂主人。"

尺寸不詳,濟南文物商店藏。

按:《中國古代書畫圖目16》魯4—49張宗蒼《臨王原祁山水卷》圖錄。"缺漏處補之,結澀處融之"以及"穀貽堂主人"之説不類麓臺所爲。筆者所見麓臺跋文中,或爲"寫於京邸穀詒堂",或爲"穀詒堂寫"。

小除,麓臺作《仿巨然山水圖軸》,疑偽。

《明清書畫集萃·仿巨然山水圖軸》:"巨然筆墨深厚,爲元季四家之宗。布局立格,復無筆不探索神韻。方有少分相應處?若習氣未除盡,或奔放而少致,或纖巧而少神,於頭陀精進法門相去遠矣。余學古每多棘手,姑就所見識之。辛巳小除。麓臺題。"

鈐印:"掃花庵"、"王原祁印""麓臺""興與烟霞會""西廬後人"。

紙本水墨立軸,87×45cm,揚州博物館藏。

【理由】跋文語意不類麓臺所爲。

康熙四十二年癸未(1703年)六十二歲

正月

元日,唐孫華三疊次王撰韻。

《東江詩鈔》卷七《癸未元日次王隨庵韻》、同卷《再疊隨庵韻》、同卷《三疊隨庵韻》。

七日,王抑招集唐孫華等至交香館話雨。

《東江詩鈔》卷七《人日王南湖郡丞招同老輩交香館話雨(分得十四鹽)》。

八日,麓臺爲徐司民作《高山流水圖》。

《中國古代書畫圖目15》遼2—179圖錄《高山流水圖》:"古人云:'深心托毫素。'以筆墨一道,得之心,應之手,爲山水寫照。襟期懷抱,俱從此抒發也。余北上後,與徐子司民睽隔三載。近奉命歸里,徐子待我於吳門,相見甚歡。偶得素紙,爲訪(仿)巨然,積墨筆韻,便有浮動之意。半月以來,高山流水,宛然在心目間,但宋法精髓,余未敢謂入手,請以質之識者。康熙癸未新正八日,寫於求是堂。麓臺祁。"

鈐印:起首鈐"御書畫圖留與人看"(朱白文雙龍橢圓),下鈐"王原祁印"(白文正方)、"麓臺"(朱文正方),圖左下分別鈐"西廬後人"(朱文長方)、"石師道人"(白文正方)。

水墨紙本立軸,130×45cm,瀋陽故宮博物院藏。

按:《瀋陽故宮博物院文物精粹》(繪畫卷上)第141頁圖錄,名之爲《仿巨然山水》。

十五,麓臺爲王玨作《王麓臺仿倪黃小景軸》。

《澄蘭室古緣萃錄》卷十《王麓臺仿倪黃小景軸》:"天游侄吾家之白眉也。爲人好學思深,溫然如玉,又酷嗜風雅,以余復將北行,過談彌日不倦,因作倪黃設色小景示之,使知理以機運,神由氣全。筆墨一道,不外是矣。癸未元夕題。麓臺祁。"

鈐印:"原祁之印""麓臺""西廬後人"。

按:王玨,字天游,號甘泉。康熙十七年生,康熙五十三年成舉人。

十六,毛師柱等集王抑宅中賞月。

《端峰詩續選》卷四《元夕後一日,南湖園林對月》。

正月十六日至三月十五日間,玄燁第四次南巡。高士奇自杭州赴江蘇接駕,後隨同玄燁北上。王原祁、宋駿業、王掞等扈從隨行。

《東江詩鈔》卷八《茹明府招同侍講王麓臺、大鴻臚宋堅齋、侍御陸匪莪、太學高樨客飲虎丘梅花樓》:"巖路驂騑得暫停,故人相見眼終青。宸游望幸當三月,使節先馳驗二星(麓臺、堅齋皆扈蹕奉命先至)。嵐氣運雲陰敞閣,花枝帶雨照山亭。獨憐野老甘疏放,泛愛仍容醉醺醺。"

《顓庵府君行述》:"癸未正月,隨駕江南,恩命到家展墓。是行也,先後凡六十日。"

按:《履園叢話》卷一《舊聞·重游虎丘詩》:"滄州陳公鵬年,康熙辛未進士,以大學士張鵬翮薦,出知江寧府。四十二年,聖祖南巡,總督阿山借供帳名,欲加賦稅。公力爭曰:'官可罷,賦不可增。'"

麓臺與李爲憲等同游鄧尉山,歸舟中作《仿倪黃筆意圖》。

《王原祁精品集》第188頁圖錄《仿倪黃筆意圖》:"筆墨一道與心相通,境有所滯,則筆端機致便减。癸未春日以公事稍暇,乘興與匡吉爲鄧尉之游。舟次西崦,風雪大作,興盡而返。歸舟仿倪黃筆,覺鬱塞滿紙,雖不惬意,聊記其事,以見六法一道不可無真性情也。癸未首春晦日題。麓臺祁。"

鈐印:起首鈐"蒼潤(朱文橢圓),下鈐"原祁之印"(白文正方)、"王茂京"(一朱兩白文正方)。

水墨紙本立軸,64.2×33cm,廣東省博物館藏。

二月

十一日,玄燁駕抵蘇州。

《履園叢話》卷一《舊聞·康熙六巡江浙》:"第四次南巡……時巡撫宋犖尚在任,一切行宮綵亭俱照舊例。犖扈從時,見上勤於筆墨,每逢名勝,必有御製詩,或寫唐人詩句。犖從容奏云:'臣家有別業在西陂,乞御筆兩字,不令宋臣范成大石湖獨有千古。'上笑曰:'此二字頗不易書。'犖再奏云:'臣曾求善書者書此二字,多不能工。倘蒙出自天恩,乃爲不朽盛事。'上即書二字頒賜。頃之,又命侍衛取入,重書賜之。上勤於筆墨如此。"

玄燁命奠大學士宋德宜墓。時巡駕南河,是日駐蹕蘇州府城,遣侍衛善射都察院左都御史温達、翰林院掌院學士揆叙至其墓奠酒。

《皇朝文獻通考》卷一二二《群廟考》。

麓臺作《王麓臺仿梅道人山水圖》。

秦潛《曝畫紀餘》卷五《王麓臺仿梅道人山水圖》："梅道人元季名家,而筆力雄傑,用意深厚。此爲巨然衣鉢而別出心裁者也。余每心慕手追之。此作未識有少分相應處否。癸未仲春,題於望亭舟次,麓臺祁。"

按:徐邦達先生稱之爲《望亭舟次仿梅道人山水軸》。

麓臺作《仿王蒙山水》初稿成(見圖七)。

《中國繪畫全集27》第70頁圖錄《仿王蒙山水》："癸未春行武林道中,因憶黄鶴山樵《蕭寺秋山》,舟中成稿未竟,適以公冗而罷。乙酉、丁亥兩次扈從仍未脱稿。近立海淀寓直,雨窗多暇,遂成此圖。方知古人十日一山,五日一水之説不虚也。康熙庚寅春仲題。王原祁。"

按:此圖始於癸未(康熙四十二年),成於庚寅(康熙四十九年)。

麓臺與沈受宏同游西湖,過韜光寺,山止山人出迎,歸後作《西湖圖》。

《白漊集》卷十《簡送王顓庵少宰扈從還都兼送麓臺中允六首》："余自京師與少宰别十一年矣,今年春二月,少宰扈駕南還,余見之吴門,越二日,隨之武林,乘暇偕其猶子麓臺中允爲西湖冷泉之游,越一日,少宰趣裝登舟,待余不至,留書爲别,而余有越州之行,遂渡錢塘,蓋相聚於吴門武林者僅四日,而匆匆話舊,皆在行朝退食之頃耳。少宰至吴門,則乞假過家上塚,親故争候里門,而余獨不在,因成數詩以叙其情,中允亦别余三年,去冬十二月,以扈駕奉命先歸者也。"其二:"裴屨西泠舊賞頻,幸隨仙仗過朱輪。重尋林壑孤峰勝,一看亭臺十里新(西湖十景各置亭臺,以備巡幸)。留帶尚逢禪院老(韜光僧山止出迎),解貂猶憶酒壚人(山店舊有當壚者)。同游此日渾如夢,烟裏晴光雨後春(是日遇雨而歸)。"

按:據沈受宏《白漊集》卷四《武林留題韜光庵示尺玉、山止二上人》可知,山止、尺玉爲韜光寺二僧。

唐孫華、張佩將招集毛師柱等集鴻雪堂飲。

《端峰詩續選》卷四《花朝前五日,東江、蒿園招集鴻雪堂》:"山石犖确細路迴……試數會過此地人,幾如漸曉疏星没(年時宴集此堂,鶴尹、汲園、巨山、昆濤、與參諸公曁溪月上人咸在,今已先後徂謝)。"

圖七　王原祁《仿王蒙山水》

宋廣業在秦訪扶風令毛會侯之子毛待旃,作詩懷念制府佛倫、華顯、大中丞鄂海、方伯禪布、廉鎮納壘、刺史李杰、祖業弘、涼州司馬李我郊、別駕張晟、長安縣尹謝嵩齡、商南縣尹蔡名輔、武功縣令章紳諸友朋。

《蘭皋詩鈔》卷十一《西征集上·梅花》,同卷《喜晤同寅謝靜巖、章菊如》、同卷《訪扶風大令毛待旃》,同卷《青門懷舊十二首》。

《青門懷舊十二首》分別爲《制府佛公,諱倫,滿洲人》、《制府華公,諱顯,滿洲人》、《大中丞鄂公,諱海,滿洲人》、《方伯禪公,諱布,滿洲人》、《廉鎮納公,諱壘,滿洲人》、《刺史李公,諱杰,奉天人》、《刺史祖公,諱業弘,奉天人》、《涼州司馬李約山,諱我郊,石門人》、《別駕張謙齋,諱晟,奉天籍福建人》、《長安縣尹謝靜巖,諱嵩齡,武進人》、《商南縣尹蔡德輿,諱名輔,遼陽人》、《武功縣令章菊如,諱紳,山陰人》。

三月

初三,麓臺於淮河舟次作《仿黃公望山水圖》。

《中國繪畫全集 27》第 33 頁、《山水正宗》上卷第 77 頁圖錄《仿黃公望山水圖》:"從來論畫者以結構整嚴、渲染完密爲尚,惟大癡畫則結構中別有空靈,渲染中別有脫洒,所以得平淡天真之妙。仿之者惟此爲難。康熙癸未上巳題於淮河舟次。麓臺祁。"

鈐印:起首鈐"御書畫圖留與人看"(朱白文雙龍橢圓),下鈐"王原祁印"(白文正方)、"麓臺"(朱文正方),圖左下方"西廬後人"(朱文長方)。

水墨紙本立軸,77.2×41.5cm,上海博物館藏。

按:明彭大翼《山堂肆考》卷十《時令》:"三月節後巳日爲上巳月。"此圖有錢鏡塘("海昌錢鏡塘藏",朱文長方)等收藏印。

春

麓臺爲司寇勵杜訥作《松喬堂圖》。

《山水正宗》上卷第 211 頁圖錄《松喬堂圖》:"松喬堂圖。癸未春日,余謁澹園司寇公,獲登斯堂,松槐夾道,翛然有出塵想。仰瞻天章,彪炳尤爲盛事。司寇特命余作此圖,垂成而公爲笙鶴之游。令式先生讀禮歸里,庋閣踰年。近同直暢春,復徵前約,随加點染而成,以志人琴之感云。婁東王原祁題。"

鈐印:起首鈐"御書畫圖留與人看"(朱白文雙龍橢圓),下鈐"王原祁印"(白文正方)、"麓臺"(朱文正方),圖右下鈐"西廬後人"(朱文長方)。

設色紙本立軸,99.7×51cm,故宮博物院藏。

按:《歸石軒畫談》卷五著錄此圖并案云:"澹園先生名杜訥,靜海人。三代皆以書名。司寇公之子名廷儀,號南湖,即令式也。書尤超逸,學王《聖教》而間涉虞、褚。孫名宗萬字衣園,書圓勁秀拔,專學《聖教》與《興福寺碑》。三代書册余俱有之,先大父所藏也。"徐邦達先生名之爲《設色喬松堂圖軸》,《中國古代書畫圖目22》京 1—4866 圖錄。

此圖有"畢瀧澗飛氏藏"(朱文正方)、"曾在桂林王□卿處"(朱文長方)等收藏印。

麓臺作《仿梅道人山水軸》。

《南宗正脉》第 187 頁圖錄《仿梅道人山水軸》:"癸未春日,仿梅道人筆。王原祁。"

鈐印:起首鈐"期仙廬"(白文橢圓帶框),下鈐"王原祁印"(白文正方)、"麓臺"(朱文正方)。

水墨紙本立軸,91.7×45.9cm,上海博物館藏。

按:有"石渠寶笈"(朱文長方璽)、"乾隆御覽之寶"(朱文橢圓璽)、"賜本"(朱文橢圓璽)等清内府收藏印。此外有清英和("臣和恭藏",白文正方)、近代吳湖帆("吳氏梅景書屋圖書印",朱文正方;"湖帆長壽",白文正方),以及"賜兒寶玩"(朱文正方)、"絧齋珍藏"(朱文正方)收藏印。

此圖與唐岱傳世真迹類似,或爲其代筆。

邗道舟中,麓臺爲匡吉作《王司農用高尚書法寫少陵詩意立軸》。

《吳越所見書畫錄》卷六《王司農用高尚書法寫少陵詩意立軸》:"百年地僻柴門迥,五月江深草閣寒。余丙子春在都,爲匡吉甥曾寫此詩意,付一友裝潢,旋即失去,匡吉頗以爲恨。癸未春,同舟至邗道,筆墨之勝,興到時復作此圖,亦了前番公案也。麓臺祁。"

鈐印:"御書畫圖留與人看""王原祁印""麓臺"。

按:徐邦達先生著錄爲《用高尚書法寫少陵詩意立軸》。丙子,康熙三十六年。

王掞恩假省墓歸太倉,毛師柱以詩寄呈。後唐孫華詩送其還朝。

《履園叢話》卷一《舊聞·康熙六巡江浙》。《端峰詩續選》卷四《王少宰顓庵先生扈從南旋,恩假省墓,信宿即行,寄呈二首》。

《東江詩鈔》卷七《送少宰王顓庵先生還朝》。其一:"恩恩扈蹕許東還,地逼中台鬢未斑。酹酒有恩容上塚,圍棊無暇更登山。巖廊正仰夔龍切,泉石應留猿鶴間。莫訝軒車争擁路,國人方憶葉公顏。"其二:"一別鄉園歲月深,依然掩薆舊芳林。鄴侯本有還山志,永叔非無思穎心。黃閣由來情似水,蒼生無那望爲霖。待公濟世功成後,岫幌雲關好細尋。"

汪鶴孫過虞山,悼錢謙益任錢遵王。

汪鶴孫《春星堂詩集》卷六《延芬堂集上·癸未春過虞山追悼錢遵王》。

四月

二日,王抑招集毛師柱、唐孫華等游東園。

《端峰詩續選》卷四《四月二日王南湖招集東園》。

《東江詩鈔》卷七《四月二日王南湖郡丞招集東園》。

麓臺爲龔秉直作《仿大癡富春山圖卷》。

《王原祁精品集》第218—223頁圖錄《仿大癡富春山圖卷》:"癸未清和月,石帆先生以長卷索余畫,署款後一時檢之不得,書來即以案頭舊紙仿大癡《富春山圖》筆意就正。其紙質堅細,尺寸長短大略相似,至於筆墨粗疏,賞音必有以諒我也。麓臺王原祁并識。"

鈐印:起首鈐"掃花庵"(朱文橢圓),下鈐"王原祁印"(白文正方)、"麓臺"(朱文正方),圖左下鈐"以筆墨作佛事"(白文正方)。

設色紙本手卷,29.7×276cm,天津博物館藏。

按:《澄蘭室古緣萃錄》著錄,《穰梨館過眼錄》卷三十九名之爲《王司農仿大癡富春山筆意卷》。徐邦達先生認爲"似爲真品"。有清代陸愚卿("婁東陸愚卿願吾氏秘篋圖書",朱文長方)、"□園鑒古"(白文正方)等收藏印。

麓臺爲龔秉直作《王司農仿元季六大家推篷卷》。

《吳越所見書畫錄》卷六《王司農仿元季六大家推篷卷》。

第一幀:"仿高尚書雲山。畫道筆法、機趣,至元人發露已極,高彥敬、趙松雪暨黄、王、吳、倪四家共爲元季六大家。此皆得董、巨精髓,傳其衣鉢者也。余苦心三十餘年,終未夢見。茲就臆見仿各家大意以自驗其所得,未知境詣如何。"

鈐印:"原祁之印""麓臺""興與烟霞會"。

第二幀:"仿趙松雪《松溪仙館》。"

鈐印:"王原祁印""茂京""以筆墨做佛事"。

第三幀:"仿黃鶴山樵《丹臺春曉》筆。"

鈐印:"王原祁""麓臺""麓臺書畫"。

第四幀:"仿黃大痴筆意。"
鈐印:"麓臺""石師道人"。
第五幀:"仿梅道人筆。"
鈐印:"原祁茂京""得失寸心知"。
第六幀:"仿倪高士設色平遠。康熙癸未清和月上旬。麓臺王原祁筆。"
鈐印:"古期齋""麓臺""王原祁印""西廬後人"。
又跋:"石帆龔先生爲余中表尊行,游於京師,摛詞立品人爭重之,而先生不爲意顧,惟余畫是好。兩年以來,余退食之暇,輒來過訪,風雨晦明,談心晨夕,殆寒暑無間也,余爲作畫甚多。此仿元人六幅,云將彙成長卷,歸以奉尊慈施太夫人,預爲八袠岡陵之祝。先生之孝思深矣。昔人有云:'烹龍爲炙玉爲酒,鶴髮初生千萬壽。'子之奉親必如此,方見彩服承歡之盛。拙筆聊可覆瓿,將母無乃不稱,然樂山、樂水壽在焉,以此彰令德、祝遐齡,奚爲不可,又何計其工拙乎? 康熙癸未清和月。王原祁拜題。"
鈐印:"期仙廬""王原祁印""茂京父"。
按:徐邦達先生名之爲《仿元六家山水推蓬卷》。
"昔人有云,烹龍爲炙玉爲酒,鶴髮初生千萬壽"句,見宋胡仔《苕溪漁隱叢話後集》卷三十六《本朝雜記下》,《司馬文正公日録》記載孝子朱壽昌尋母五十年之事。

五月

二十日,王撰、王吉武招同毛師柱等集淮雲寺分韻賦詩。
《端峰詩續選》卷四《五月二十日隨庵、憲尹招同諸公集淮雲寺分韻》。

石濤作《僧石濤著色山水》。
《筆嘯軒書畫録》卷上《僧石濤著色山水》。"寫畫一道,須知有蒙養。蒙者,因太古無法;養者,因太樸不散。不散而養者,無法而蒙也。未曾受墨,先思其蒙,繼而操筆,復審其養。思其蒙而審其養,自能辟蒙而全古,自能畫變而無法。畫變而無法,自歸於蒙養之道矣。癸未夏五月,清湘大滌子阿長。"

六月

二十五日,宋犖七十誕辰,張雲章獻《大中丞商丘宋公七十壽序》。
《樸村文集》卷十《大中丞商丘宋公七十壽序》:"公之諸子文學政事各負用世才,而次公山言時方成進士,選入翰林,文章聲譽流布於世既久,器識凝然。"

王翬爲眉翁作《王石谷九華秀色圖軸》。

《虛齋名畫錄》卷九《王石谷九華秀色圖軸》。

七月
王抑招集毛師柱等觀《邯鄲夢》。

《端峰詩續選》卷四《七月下浣南湖招集觀劇，即事有賦，是日演〈邯鄲夢〉》。

王翬爲長康作《王石谷古木奇峰圖》。

《虛齋名畫錄》卷九《王石谷古木奇峰圖軸》："李營丘古木奇峰圖。癸未七月廿又六日，山樓坐雨寫贈長康道社兄。耕烟散人王翬。"

麓臺作《王麓臺山水爲石谷壽軸》。

《虛齋名畫錄》卷九《王麓臺山水爲石谷壽軸》："石谷先生長余十載，於六法中精研貫穿，獨闢蠶叢。余弱冠時，其詣已臻上乘矣。先奉常延至拙修堂數載，余時共晨夕，竊聞緒論。辛未後，在京邸相往來，每晤必較論竟日。余於此道中雖係家學，然一知半解，皆他山之助也。辛巳爲先生七十袠大壽，余作此圖，恐以荒陋見笑大方，遲迴者久之。今閱二載，養痾休沐，復加點染，就正之念甚切。不敢自匿其醜，茲特奉塵左右，惟先生爲正其疵謬，庶如金箆刮翳耳。康熙癸未初秋，王原祁畫并題。"

鈐印："御書畫圖留與人看"（朱白文雙龍橢圓）、"王原祁印"（白文正方）、"麓臺"（朱文正方）、"西廬後人"（朱文長方）。

按：辛未，康熙三十年。康熙癸未，王翬年七十二。此跋未收入《麓臺題畫稿》，而同年所作《仿倪黃筆意圖軸》被著錄。後有康熙四十四年陳元龍跋："懸君高堂壽君酒，二老風流誰更偶。"《澄蘭室古緣萃錄》卷九《王麓臺壽石谷山水卷》著錄，邵松年評曰："司農登第後，專心畫理，於大癡淺絳尤爲獨絕。平生絕詣具見此卷中。嘗謂西廬老人畫法得力于子久《富春山圖》，然太常運腕虛靈，布墨神逸，得子久一種清空之氣，而仍筆筆沉鬱，譬之書法，唐之褚登善（褚遂良）也。司農雖承家學師法子久，獨能自辟蠶叢，魄力雄傑，盡得子久古雋渾逸之趣。其秀在骨，一洗娟媚之習，譬之書法，唐之顔平原（顔真卿）也。不爲古法囿，不爲家法囿，故能卓然成家，與奉常公共有千古。取此卷與奉常《仿子久富春山圖卷》合觀之，自知識者當不河漢斯言。"楊翰《歸石軒畫談》卷五稱，"（此圖）非但的筆，且是盡力之作，而神采較尋常似遜，知其爲石谷作乃爾也。"此圖有"潤之所藏"（朱文長方）、"陸時化印"（白文正方）、"鏡塘所藏"（朱文正方）等收藏印。

麓臺作《秋山圖》。

《故宮藏畫大系十五》第 38 頁圖錄《秋山圖》："康熙壬午長夏，仿黃子久《秋山》於京師邸舍，婁東王原祁。"

鈐印：起首鈐"古期齋"（朱文橢圓），下鈐"王原祁印"（白文正方）、"麓臺"（朱文正方），圖右下鈐"興與烟霞會"（白文長方）。

設色紙本立軸，74.3×41.2cm，臺北故宮博物院藏。

麓臺作《溪山秋爽》。

《夢園書畫錄》卷十六《溪山秋爽》："癸未長夏暑中小憩，開戶納涼，偶憶尚湖秋色，漫寫其意。麓臺祁。"

鈐印："原""祁"（連珠方印）。

按：此圖收入《國朝名人山水冊》中。

麓臺以禮科給事中身份奏請勒石，紀玄燁平定朔漠之功。

《親征平定朔漠方略》卷二十七《七月乙卯朔》上諭："給事中王原祁等請勒石以紀皇上功德。時據禮科給事中王原祁奏言，欽惟我皇上撫綏方夏奠安邊隅，凡血氣莫不尊親，無一夫不獲其所，生民以來未之有也。"玄燁親統六師，遠出絕域，功業之鴻駿，自古帝王所未有，"應如科臣王原祁、臺臣劉珩所請，凡皇上經臨駐蹕之名山"，磨崖勒石。

夏

宋廣業重過宰商邑，追思十五年前商邑令任上所作修河道、設碼頭、建橋樑、興學校等舉措，不禁感慨萬千。後過平陽、藍田，出潼關北上。

《蘭皋詩鈔》卷十二《四征集下·山行二十首》："余昔宰商邑兼攝洛篆，迄今十五載矣，頃者重過商洛道中，感民物之依依，睹山川之歷歷，農賈工商各安生業，昆蟲草木共樂天真，念規模之甫具，望修整之奚窮，爰成俚句，用志予懷。"同書同卷《寄平陽刺史秦木伯》，同卷《贈同年劉卓崖督學秦中》，同卷《重過藍田贈大令林可亭》，同卷《藍水署中遇張少呂感賦，伯還先生令嗣》，同卷《夏六月出潼關兼程北上感賦六首》。

按：《寄平陽刺史秦木伯》自注："余向與木伯同官轣轆""時平陽地震後"。

八月

麓臺作《仿倪黃山水軸》。

《山水正宗》上卷第 104 頁圖錄《仿倪黃山水軸》："元四家皆宗董、巨，倪、黃另爲一格,丰神氣韻,平淡天真。腕馳則懈,力著則粘,全在心目之間取氣候神,有用意不用意之妙。新秋乍涼,養痾休沐,偶然興到,便作此圖。然筆與心違,未能脗合,所謂口所能言筆不隨也。康熙癸未中秋,麓臺祁題。"

鈐印:起首鈐"御書畫圖留與人看"(朱白文雙龍橢圓),下鈐"王原祁印"(白文正方)、"麓臺"(朱文正方),圖右下鈐"西廬後人"(朱文長方)。

設色紙本立軸,97×47.3cm,故宮博物院藏。

按:《虛齋名畫錄》卷九《王麓臺仿倪黃山水軸》著錄。此圖有"曾爲汝南蕉雨軒藏"(白文正方)、"過雲樓"(朱文正方)收藏印。

九月

麓臺作《秋山曉色圖扇》。

《中國古代書畫圖目 22》京 1—4864 圖錄《秋山曉色圖扇》:"秋山曉色。癸未重陽前一日,仿大痴筆意。王原祁。"

鈐印:起首鈐"陗倩"(朱文長方),下鈐"王原祁"(一朱兩白文正方)、"麓臺"(白文正方)。

設色紙本扇頁,20.2×59cm,故宮博物院藏。

五月至十二月間

查慎行、陳廷敬等詩贈勵廷儀南歸。

《敬業堂詩集》卷三十《隨輦集·送勵南湖前輩奉旨歸省尊甫少司寇公病》:"橐筆經時共直廬,何堪絶塞唱驪駒。乍看請急情辭苦,特許還家恩遇殊。"

陳廷敬《午亭文編》卷二十《舟泊靜海南四十里贈勵南湖》。

按:《隨輦集》收錄康熙四十二年五月至十二月間詩歌。

十二月

王翬爲鶴亭阿太史作《王石谷十萬圖册》。 陳奕禧跋:"寒潤絶壑,昔人以之評書,喻其氣與勢也,即以評畫亦然。"

《虛齋名畫錄》卷十四《王石谷十萬圖册》。

冬

麓臺作《層巒聳秀》。

2012 年《匡時·古代繪畫專場》716 圖錄《層巒聳秀》:"癸未冬日,仿黄鶴山樵於海淀寓直。王原祁。"

鈐印：起首鈐"御書畫圖留與人看"（朱白文雙龍橢圓），下鈐"王原祁印"（白文正方）、"麓臺"（朱文正方），下鈐"西廬後人"（朱文長方）。

水墨紙本立軸，101×52cm，過雲樓曾藏。

按：此圖有"水西吟館"（朱文正方）收藏印。

毛師柱詩贈張雨若。雨若所居原爲曹延懿、錢右文舊宅。

《端峰詩續選》卷四《上巳日訪雨若話舊有賦》。

《端峰詩續選》卷四《贈張雨若兼祝七十初度》二首，其一："憶君無曉夜，春暮到秋殘。愁病相憐少，衰疲欲見難。酒懷牽舊雨，詩意怯新寒。最苦頭風劇，傳聞近已安。"其二："七十看俱到，匆匆歲月過。儒冠君早棄，世路我偏磨。把卷閒中樂，傾壺醉後歌。相期身健在，不礙鬢霜多。"

毛師柱與呂雪洲俱七十，毛氏以詩相和。

《端峰詩續選》卷四《贈呂雪洲兼祝七十初度》。

本年

麓臺三子王闓因萬壽恩典，入監讀書。

唐孫華《王原祁墓誌銘》。

蔣廷錫下第，玄燁給與破格下詔："舉人汪灝、何焯、蔣廷錫學問優長，今科未得中式，著爲進士，一體殿試。"

《清聖祖實錄》卷二六九。

按：《清代傳記叢刊》79《清畫傳輯佚三種・讀畫輯略・蔣廷錫》："蔣廷錫，康熙四十二年進士，以翰林供奉南書房，明年請假歸里，牛，期荷賜第以待其來，恩遇之隆，近臣莫及。……流傳有設色極工者，皆其門客潘衡谷代作也……子蔣溥，字質甫，號恒軒，雍正庚戌傳臚。"

康熙四十二年、康熙四十四年，玄燁兩次南巡江浙，考取士子共七十三人，麓臺弟子王敬銘爲其中之一。

《吾學錄初編》卷五《貢舉門》。

王熙卒，唐孫華以詩哭之。

《東江詩鈔》卷七《哭座主宛平王文靖公》四首。其一："國門未出到三公，元老勛名孰與同。慎密身超群議外,調和功在不言中。兩朝恩遇傾今古,一德君臣善始終。嘆息洪流摧砥柱,懷英歿後廟堂空。"其二:"黑頭暇豫到黃扉,福命遭逢曠代稀。幾載風波常坐鎮,一言剖決定當機。功名世上從無忌,富貴人情不道非。溟竭山空爭悵惋,纖鱗弱羽復何依。"其三:"愛才誰復似平津,寒素登堂禮必鈞。閒有親朋偕賭墅,醉從狂客吐車茵。月明綺席花燈夜,日暖豐臺芍藥春。榮樂終身無悔吝,只今屈指一完人。"其四:"瘦僮蹇衛洛京游,曾夢台衡折簡求(孫華於甲子春入都旅次,夢公以名柬相邀,後戊辰會試果出公門下)。行卷文章蒙許可,後堂弦管得淹留。門墻定有前因在,恩義難期異日酬。遥望長安空灑涕,無由慟哭過西州。"

【本年存疑作品】

春,麓臺作《仿黃子久山水》,存疑。

《中國古代書畫圖目15》遼1—423《仿黃子久山水》:"康熙癸未春日,仿黃子久,似愷翁老先生世臺正。婁東王原祁。"

鈐印:起首鈐"蒼潤"(朱文橢圓),下鈐"王原祁印"(白文正方)、"麓臺"(朱文正方)。

設色紙本立軸,122.7×52.8cm,遼寧省博物館藏。

【理由】此圖缺乏麓臺同期作品的山體、皴法等特徵,平而板,存疑。

麓臺作《清王原祁法黃大癡山水軸》,疑僞。

《陶風樓藏書畫目·清王原祁法黃大癡山水軸》:"宋元以來畫家宗派各別,然筆法位置猶可彷彿,惟學大癡者多失其真。余少侍先奉常,竊用筆時聞緒論,於癡翁畫法略窺二一,園居偶暇,舐舌寫此,恐於古人神韻未必有當也。癸未春日,王原祁。"

鈐印:"王原祁印"(白文)、"茂京父"(兩白一朱文)、"掃華庵"(朱文)。

【理由】語意不順且鄙俗,與麓臺同期跋文不相類。

按:有"修養堂珍藏書畫印"收藏印。

康熙四十三年甲申(1704年)六十三歲

正月

元旦,宋廣業在京城。

《蘭皋詩鈔》卷十二《西征集下·甲申元旦(入都作)》。

二日,宋廣業之母管夫人八十。

《白漊先生文集》卷四《宋母管太夫人八十壽序(代京江張相國)》:"皇上御極之四十三年春正月二日,爲長洲宋母管太夫人八十設帨之辰。……始余(張英)官京師,從文恪相國之門,獲交於孝廉儉齋先生。儉齋以文恪伯兄負才名,十上鎖闈,常往來南北,不問家人生產,晚年卒舉於京兆。……繼而交其長君監司性存、次君郡伯義存。性存試宰臨城,後補南南,政治皆有聲。義存筮仕比部,後轉樞部。偕吾弟惕存,從余扈駕北征,輓輸芻粟,同事於金戈鐵馬之間,號稱能吏,遂奉特簡出守紹興。……其後又交其長孫民部懷祖,懷祖以方剛之年,諳練曹務。……自文恪與儉齋相繼捐館舍,余辱承文恪之後,備官政府,嘗以文恪一門,芝蘭玉樹,多佳子弟,如給諫聲求、宮庶念功,固已世濟其美……(今)性存自秦中,義存自越中,適時同歸里,而季君廣文閒存亦歸自淮上,諸孫惟懷祖繫官京師,其餘冑和、敷倫、亮虞、莘野及曾孫輩咸在左右。"

陳奕禧詮選,得黔之不阡郡守。

陳奕禧《春藹堂集》卷十三《天下第一郡樓記》。

按:康熙四十四年閏夏,陳奕禧抵郡,康熙四十五年五月歸。

二月

十五日,麓臺於京邸穀詒堂作《仿大癡山水》。

《山水正宗》上卷第78頁圖錄《仿大癡山水》:"大癡畫法皆本北宋,淵源荊關、董巨,和盤托出其中不傳之秘,發乎性情,現乎筆墨,有學而不能知者,有知而不能學者。今人臆見窺測,妄生區別,謂'大癡爲元人畫,較之宋人,門戶迥別,力量不如'。真如夏蟲不可以語冰矣。明季三百年來,惟董宗伯爲正傳之派,繼之者奉常公也。余少侍几硯間,得聞緒論,今已四十餘年。筆之卷末,以質之識者。時康熙甲申春仲朔,麓臺祁寫於京邸穀詒堂。"

鈐印：起首印"御書畫圖留與人看"（朱白文雙龍橢圓），下鈐"王原祁印"（白文正方）、"麓臺"（朱文正方）。

設色紙本立軸，103.2×47.8cm，上海博物館藏。

按：徐邦達先生名之爲《仿大痴淺絳山水卷》。《虛齋名畫錄》卷五《王麓臺仿大痴山水卷》著錄中"几硯間"誤爲"几席間"。《中國古代書畫圖目 22》稱其藏北京故宮博物院。

此圖與康熙四十九年麓臺所作《西嶺雲霞》結構相類。

三月

十五日，麓臺作《仿黄公望山水圖》。

《中國繪畫全集 27》第 38—39 頁圖錄《仿黄公望山水圖》："康熙甲申春仲朔，麓臺祁寫於京邸穀詒堂。"

鈐印：起首印"御書畫圖留與人看"（朱白文雙龍橢圓），下鈐"王原祁印"（白文正方）、"麓臺"（朱文正方），卷首左下鈐"西廬後人"（朱文長方）。

設色紙本手卷，33.8×372cm，故宮博物院藏。

麓臺爲陸毅作《王司農春崦翠靄圖立軸》。

《吴越所見書畫錄》卷六《王司農春崦翠靄圖立軸》："春崦翠靄。康熙甲申仲春，匪翁老道長屬筆仿子久筆并正。王原祁。"

鈐印："御書畫圖留與人看""王原祁印""麓臺""西廬後人"。

按：陸毅，字匪莪，麓臺友人。

紅蘭主人岳端卒。陳奕禧時爲司農郎，陳奕禧家族顯赫一時。

陳奕禧《春藹堂集》卷七《過水居悼紅蘭主人，紅蘭刻有郊島詩名〈寒瘦集〉自爲批點》注云："紅蘭卒於甲申三月。"《春藹堂集》卷七《聞少司寇官丙齋兄罷官却寄》："吾家簪笏十三人。"

按：岳端（1670 年—1704 年），字正子，號兼山，又號紅蘭主人，滿洲人，有《玉池生稿》。

四月

麓臺升侍講，旋轉侍讀。

《歷代名人年譜》第 77 頁："四月，茂京升侍講，旋轉侍讀"。

麓臺贈姚文侯《仿梅道人山水》。

　　溫肇桐《王原祁》圖版九圖錄《仿梅道人山水》："康熙甲申孟春之杪,料峭乍舒,風日晴美,閒窗寂靜,鳥啼花放。余公餘乘暇,放筆寫梅花道人法。甫竟,適婁君子恒、姚君文侯來寓對弈。清景佳會,良多不觀。時觀弈者,為鄒君元煥、陳君位公、吳子玉培暨蕉士、覆千二上人。欲余即以此圖寓旌勝之意。因奉贈文侯先生,并紀其事。麓臺祁。"

　　按:廣州美術館藏,名之為《贈姚文侯勝弈圖》。姚文侯,清初象棋國手。

麓臺為蕉師作《仿米家山水軸》。

　　《仿米家山水軸》："蕉師來京日,每過寓,近忽數日不至。聞其以病臥盤石,特作此圖寄候。烟雲可以豁煩懣,會心處當無不是藥也。甲申暮春望前,麓臺祁筆。"

　　紙本墨筆,59.5×44cm,吳湖帆舊藏。

五月

十五日,查慎行、麓臺同往西苑直廬後裱房,觀唐寅《唐六如水村圖》。

　　查慎行《人海記》卷下《唐六如水村圖》："甲申五月十五日,御前發下裝潢,裱房在西苑直廬之後,與王麓臺前輩同觀。"

六月

十五日,麓臺作《竹溪松嶺圖》。

　　《山水正宗》上卷第142頁、《王原祁精品集》第112—120頁圖錄《竹溪松嶺圖》。畫心跋："竹溪漁浦,松嶺雲巖"。

　　下鈐·"石師道人"(白文正方),卷末圖右下鈐"西廬後人"(朱文長方)。

　　後跋:"畫法氣韻生動,摩詰創其宗,至北苑而宏開堂奧,妙運靈機,如金聲玉振,無所不該備矣。余曾見半幅董源及《夏景山口待渡》二圖,莫窺涯際,但見其純任自然,不為筆使,由此進步,方可脫盡習氣也。此卷始於辛巳之秋,成於甲申之夏,位置牽置,筆痕墨跡,疥癩滿紙。然其中經營慘澹處,亦有苦心處,瑕瑜不掩,識者當自鑒之。康熙甲申六月望日,麓臺祁題於京邸穀貽堂。"

　　鈐印:起首鈐"御書畫圖留與人看"(朱白文雙龍橢圓),下鈐"王原祁印"(白文正方)、"麓臺"(朱文正方)。

　　水墨紙本手卷,26.8×471.7cm,故宮博物院藏。

　　按:《虛齋名畫錄》卷五《王麓臺竹溪漁浦、松嶺雲巖》以及《王司農題畫錄》卷下《竹溪漁浦、松嶺雲巖卷》著錄。辛巳,康熙四十年。甲申,康熙四十三年。《虛齋名畫録》亦有"昔持千黄金,訪古燕市上。落落司農迹,烟雲空夢想。……辛未夏五月上浣,興化清道人成沂題於潁川試院。"其後有吴縣潘遵祁跋:"此卷力追北苑而得其神髓,思翁見之當有把臂入林之樂,廉州、石谷一齊俛首矣。"此圖有清代藏家景其濬("劍泉平生癖此",朱文正方;"景氏子孫寶之",朱文正方)藏印,近代龐萊臣("萊臣審藏真迹",朱文正方;"虛齋秘玩",朱文正方;"虛齋審定",朱文正方),另有"至寶不雕琢"(朱文長方)、"子清所見"(朱文長方)等收藏印。

《虛齋名畫録》卷五《惲南田書畫合璧卷》之第二段《臨先香山翁北苑〈夏寒圖〉》,惲南田跋:"婁東王太常家藏北苑溪山半幅,吾郡莊氏有巨然《烟浮遠岫》,二圖同一筆墨。"

麓臺作《王麓臺秋山軸》。

《藤花亭書畫跋》卷四《王麓臺秋山軸》:"康熙甲申長夏,仿大癡秋山圖筆意於掃花庵。麓臺王原祁。"

鈐印:"王原祁印"(白文正方)。

按:梁廷枬認爲,"三王皆得力大癡老人,而麓臺尤近之。不必心摹手追,但使循其生平матrix即可,擬諸其形容,況神與爲會耶?晴爽之氣滿座皆清,使以石谷子爲之,則秀潤清腴,隨筆呈露,而稜稜秋骨轉爲所掩矣。性有近不近而已,品評軒輊則不在此。"

八月前

王抑卒。毛師柱、唐孫華分別以詩悼之。

《端峰詩續選》卷五《王南湖郡丞輓詩》四首,其一:"萬事原難料,榮枯瞬息中。經綸猶未展,身世已成空。識以靈機密,才兼正氣雄。瑕瑜曾不掩,痛惜幾人同。"其二:"含譽論文舊(含譽樓爲南湖早歲讀書地),俄經四十年。分箋仍北郭,載酒亦西田。往事空花艷,良宵昔夢圓。回頭秸呂盡,追感益淒然(謂璜師、翼微、巨山、星源,又九日、孝威、次谷、梅仙俱已先後徂謝)。"其三:"道合兼新故,交從倡和深。斯人方磊落,此日竟銷沉。閴迥清歌歇,庭空老樹侵。惟餘詩卷在,彷彿共聯吟(年來倡和彙刻成編,邇日續梓告竣)。"其四:"仕急翻成誤,長安去輒歸。幸能支病骨,終得老巖扉。生死交情一,炎凉世態非。溪山文酒地,重過淚沾衣。"

《東江詩鈔》卷八《輓王南湖郡丞》二首,其一:"軒然玉立出人群,富貴俄看過眼雲。磈礧難平肝膽在,交游雖雜品流分。常情豈盡袪三惑,正氣終能壯一軍。阿鶩悲啼兒女泣,重泉何路遣相聞。"其二:"籠霄勝氣亙長虹,共許他年位望通。材比淵阿鋒太甚,胸無城府物旋融。一官跋涉翻成病,萬事縈纏不悟空。蕉鹿早知宵夢短,驪駒何苦別悤悤。"

八月
下澣,張佩將携酒,唐孫華、王吉武招集毛師柱等集興福禪院分韻賦詩。

《端峰詩續選》卷五《八月下浣東江、蒿園、憲尹招集恬公興福禪院,分賦得五言絕句四首》。《東江詩鈔》卷八《秋日集興福禪院》。

儲欣與梅耦長、方靈皋、王概兄弟等往還密切。

儲欣《在陸草堂文集》卷一。《秣陵集·答梅耦長孝廉見貽》,同卷《梅耦長、方靈皋、王安節、宓草兄小集署齋和耦長韻》,同卷《署齋小集和王宓草》。

《在陸草堂文集》卷二《甲申中秋看月,同於在文、顧爾成、孫容文、唐怍人、家韜谷、訒庵、聿章諸子次訒庵韻》。

宋廣業與總戎王毅庵、登州司馬楊兢如、別駕陳公武暨蓬萊劉淑文、黃縣程正齋、萊陽黃符節、栖霞鄭爾梅、福山蔣乘庵、文登佟信侯諸大令宴集蓬萊閣觀潮。

《蘭皋詩鈔》卷十三《歷下小草·偕總戎王毅庵、登州司馬楊兢如、別駕陳公武暨蓬萊劉淑文、黃縣程正齋、萊陽黃符節、栖霞鄭爾梅、福山蔣乘庵、文登佟信侯諸大令宴集蓬萊閣,時當八月,海市呈祥,同人欣慶,漫賦二律以紀其勝》。

九月
麓臺爲吳玉培作《王麓臺仿黃鶴山樵山水卷》。

《澄懷堂古緣萃錄》卷十《王麓臺仿黃鶴山樵山水卷》:"畫卷須窮極變化,其中縱橫排蕩,幽細謹嚴,天然成就,不露牽合之迹,方爲合式。四家中,山樵筆史小可端倪。余見其《秋山蕭寺》、《丹臺春曉》、《林泉清集》、《夏日山居》諸圖,機生筆,筆生墨,墨又生筆。以意運氣,以氣全神。想其揮毫時,通身入山水中,與之俱化。位置、點染皆借境也。余以四圖意參用一卷。拙筆鈍資,妄希效顰。每日清晨,悉心體認,然後落筆,積之既久,漸覺有生動意。向來慘淡經營,此卷似有入門處。玉培吳兄晨夕寓齋二十年,時見余畫,獨於此卷甚喜。因以持贈,并質之識者,不爲噴飯否?　康熙甲申九秋,題於京邸穀詒堂。王原祁。"

鈐印:起首鈐"御書畫圖留與人看""王原祁印""麓臺"。

"此卷爲余練筆之作,刻意揣摩,結構兩年始成,留貯篋中。玉培南歸,堅索携去。玉培復來都門,此卷遂入質庫。今春,暮兒扈從還家,展轉得之,歸裝挈入。適拙園大弟視學西蜀,爰以奉賀,此畫得所歸矣。前大弟典試黔中,公事竣後,暫省鄉園,紆道湘永,云:'山水幽邃蔽亏,各家具備,似黄鶴山樵者爲多。'蜀中奇秀甲天下,木末水濱有可剪取處否? 報最還朝,又可借此一聞快論,以廣余意也。丁亥中秋麓臺祁又題。"

鈐印:起首鈐"求是堂""茂京""太原珍藏"。

"此家學士麓臺仿黄鶴山樵得意筆也。結構點染,多象外巧妙。客秋余奉命入蜀,家學士出此卷見遺。余携來篋中,每過山水佳秀處,輒於此卷有神會。渝州陳太守允匡風雅好事,夙慕家學士筆墨,余轉以贈之。山郭朝暉,江樓清練,時一披展,當復覺此卷輝映生色也。戊子小春題於錦官官舍。婁水王奕清。"

鈐印:"王奕清印""拙園"。

按:徐邦達先生名之爲《爲玉培仿山樵山水卷》。邵松年跋:"(麓臺)題謂曾見山樵《秋山蕭寺》、《丹臺春曉》、《林泉清集》、《夏日山居》諸圖,因彙合其意以成此卷。合通幅觀之,起手岡巒對峙,溪水中橫,石壁倒懸,林蔭層密,《丹臺春曉》意也;蘆灘遠近、松壑高低,岩畔梵林、浮屠中矗,林木半落,迅練垂空,《秋山蕭寺》意也;溪水空明,林巒散落,松陰晤對,無限烟嵐,《林泉清集》意也;雲峰高峻,石壁欹崎,岩樹陰濃,山樓軒敞,風帆烟嶂,去路悠然,《夏日山居》意也。雖刻意求之,有失彙合之意。略拈大概存其形迹。畫之妙處,本非筆墨言語所能傳也。所見司農仿山樵筆多以濃皴、密點,極沉鬱磅礴之觀。此疏密相間,皴法全用乾筆細擦,又與見者不同。"

拙園即王奕清。

麓臺爲揆叙作《仿雲林設色秋山軸》。

《仿雲林設色秋山軸》:"雲林設色秋山,不在工麗,全在冲夷恬淡之致出人意表。曾見先奉常仿董宗伯筆,最爲合作。此圖追憶師之,而筆墨痴滯,滿紙傖父氣矣,書以志愧。甲申九秋麓臺祁。"

又跋:"臘月望前暢春侍直歸,檢篋中得此,應愷翁老先生命,并題一絶,祈教正。王原祁再題。毫末丹青點綴時,風流宋玉是吾師。白雲碧樹秋山容,贏得垂綸江上知。"

按:李佳撰《左庵一得初録·王麓臺山水立軸》著録。此圖現藏美國弗利爾美術館。

王士禎罷歸。

《嘯亭雜録》卷九《王文簡公補諡》:"漁洋先生入仕三十餘年,以醇謹稱職,仁皇帝甚爲優眷,因與理密親王酬倡,爲上所怒,故以他故罷官。"

秋

麓臺作《王原祁山水畫》。

《十百齋書畫錄》庚卷《王原祁山水畫》:"康熙甲申秋日,穀貽堂仿梅道人,筆墨沉著,四家中推庵主。然所重者,氣韻浮動也。此圖極力揣摩,以紙松澀拒筆,頗不愜意,識之。麓臺祁。"

按:徐邦達先生名之為《仿梅道人山水軸》。

十月

麓臺為蕉師作《王麓臺設色山水軸》。

《穰梨館過眼錄》卷三十九《王麓臺設色山水軸》:"蕉師善畫竹,精鑒賞,兼得談空之趣。游吳越甚久,余與同里,亦罕見其面。癸未之夏,橫擔椰檦,北走京師,叩門見訪,相得甚歡。出側理索余筆,以公冗,時作時輟,經年未就。今將南歸,經營匝月而畢。諦觀無靜逸之致,未足為高人生色也。時康熙甲申小春,題於穀貽堂。王原祁。"

按:徐邦達先生名之為《為蕉師作設色山水軸》。《清代畫史增編》卷三十七《釋氏門》:"蕉士,實旃師兄,墨竹入能品。"雪蕉,江寧承恩寺僧,善寫梅。見《莫愁湖志》、《青浦縣志》、《述庵文集》。

王掞升刑部尚書。

《顓庵府君行述》:"十月,題奏銓政變通之法四事……先大夫在吏部條陳者再,前則意主於剔弊,後則意主於疏通,皆相時緩急而歸於至當。他如爭香山令張令憲之蔭,使忠義之氣獲伸,黜御使鄭惟孜之議,俾諸生得停留太學,其關係為尤鉅。十月,升刑部尚書。……本朝設官,必兼滿漢,原欲其彼此通曉,和衷參酌,今現審各案,多止錄清字,無漢字口供,則其是非,漢司官何由洞曉,合令嗣後錄供,滿漢稿并具,垂為定制。"

十一月

麓臺作《仿古山水圖屏》。

《王原祁精品集》第156—163頁圖錄《仿古山水圖屏》。

圖屏一(設色):"純綿裹鐵,雲林入神。效顰點染,借色顯真。擬宋元八家,分題畫意。甲申長至日。原祁。"

鈐印:"興與烟霞會"(白文長方)、"王原祁印"(白文正方)、"麓臺"(朱文正方)。(見圖八)

圖屏二(設色):"峰巒渾厚,草木華滋。天真平淡,大痴吾師。"

鈐印:"麓臺"(朱文正方)。(見圖九)

圖屏三：“董巨樸遬，義精仁熟。大海迴瀾，總匯百瀆。”
鈐印：“蒼潤”（朱文橢圓）。
圖屏四（設色）：“松雪風標，濃中帶逸。軼宋追唐，丹青入室。”
鈐印：“茂京”（朱文正方）。
圖屏五（水墨）：“叔明似舅，無出其右。變化騰那，絲絲入㲉。”
鈐印：“蒼潤”（朱文長方）。
圖屏六（設色）：“宋法精嚴，荊關旗鼓。步伐正齊，筆墨繩武。”
鈐印：“石師道人”（白文正方）（見圖一〇）。
圖屏七（水墨）：“縱橫筆墨，無踰仲圭。明季石田，仿彿逕畦。”
鈐印：“石師道人”（白文正方）（見圖一一）。
圖屏八（水墨）：“米家之後，繼起房山。烟巒出沒，氣厚神閒。”
鈐印：“別號麓臺”（兩朱兩白文正方）。
設色/水墨紙本圖屏，67×42cm，上海博物館藏。
按：李佐賢《書畫鑑影》著錄。此圖有龐萊臣（“萊臣審藏真迹”，朱文長方；“龐萊臣珍賞印”，朱文長方；“虛齋審定”，朱文正方；“虛齋秘玩之印”，朱文正方；“虛齋珍賞”，朱文正方；“虛齋鑒定”，朱文正方）等收藏印。

冬

麓臺作《秋山圖》。

《中國古代書畫圖目15》遼2—180圖錄《秋山圖》：“余作雲林《秋山》未得其意，屢易其稿。此圖略有會心處，因題一絶於後：'紅樹雙雙對碧江，興來試筆倒銀缸。青山不隔東華路，絳節仙人下玉幢。'康熙甲申除夕前二日，寫於穀詒堂。麓臺祁。”

鈐印：起首鈐“御書畫圖留與人看”（朱白文雙龍橢圓），下鈐“王原祁印”（白文正方）、“麓臺”（朱文正方）。

設色紙本立軸，97×45cm，瀋陽故宮博物院藏。

按：金瑗《十百齋書畫錄》庚卷著錄。與圖錄相比，“紅樹”前少“余作雲林《秋山》未得其意，屢易其稿。此圖略有會心處，因題一絶於後”。

麓臺爲南老年道兄作《南山圖軸》（見圖一二）。

《中國繪畫全集27》第52頁圖錄《南山圖軸》：“癸未嘉平爲南老年道兄五裘初度，余作《南山圖》奉祝。偶爲公事所阻，今歲往來直廬，時作時輟，日來以殘臘公餘丞成之，恰值生申令辰，猶可以南補祝也。時康熙甲申臘月望後。婁東王原祁。”

康熙四十三年甲申(1704年)六十三歲 385

圖八　王原祁《仿古山水圖屏》之《仿倪雲林》

圖九　王原祁《仿古山水圖屏》之《仿黃公望》

康熙四十三年甲申(1704年)六十三歲　387

圖一〇　王原祁《仿古山水圖屏》之《仿荊關》

圖一一　王原祁《仿古山水圖屏》之《仿吳鎮》

圖一二　王原祁《南山圖軸》

钤印:起首钤"御書畫圖留與人看"(朱白文雙龍橢圓),下钤"王原祁印"(白文正方)、"麓臺"(朱文正方),圖右下钤"西廬後人"(朱文長方)。

設色紙本立軸,113×58cm,河北省博物館藏。

按:"癸未"即康熙四十二年。

麓臺作《仿宋元諸家山水》十二幀。

《王原祁精品集》第164—187頁圖錄《仿宋元諸家山水》。

第一幀(設色):"仿關仝筆。"

钤印:"麓臺"(朱文正方)。

第二幀(設色):"仿高房山筆。"

钤印:"麓臺書畫"(白文正方)(見圖一三)。

第三幀(設色):"趙大年《江邨花柳》。"

钤印:"王茂京"(朱白文長方)(見圖一四)。

第四幀(水墨):"仿米家山。"

钤印:"興與烟霞會"(白文長方)。

第五幀(設色):"趙松雪《松溪仙館》。"

钤印:"石師道人"(白文正方)(見圖一五)。

第六幀(水墨):"仿黄鶴山樵。"

钤印:"麓臺"(朱文正方)。

第七幀(水墨):"仿董北苑。"

钤印:"王原祁印"(白文正方)。

第八幀(水墨):"仿倪雲林。"

钤印:"茂京"(朱文正方)。

第九幀(設色):"仿黄子久。"

钤印:"原祁之印"(白文正方)(見圖一六)。

第十幀(水墨):"梅道人《關山秋霽》筆意。"

钤印:"蒼潤"(朱文長方)。

第十一幀(水墨):"寫曹雲西筆。"

钤印:"我心寫兮"(朱文橢圓)。

第十二幀(設色),題一:"仿李營丘霽雪筆意。"

钤印:"興與烟霞會"(白文長方)(見圖一七)。

"康熙甲申冬日,敬仿宋元諸家十二幀呈台鑒。王原祁。"

钤印:起首钤"陗倩"(朱文長方),下钤"王原祁"(一朱兩白文正方)、"麓臺"(白文正方)。

康熙四十三年甲申(1704年)六十三歲

圖一三　王原祁《仿宋元諸家山水》十二幀之《仿高房山》

圖一四　王原祁《仿宋元諸家山水》十二幀之《趙大年江村花柳》

康熙四十三年甲申(1704年)六十三歲　393

圖一五　王原祁《仿宋元諸家山水》十二幀之《仿趙松雪松溪仙館》

圖一六　王原祁《仿宋元諸家山水》十二幀之《仿黃子久》

圖一七　王原祁《仿宋元諸家山水》十二幀之《仿李營丘霽雪筆意》

水墨 殼色紙本册頁，36.8×26.1cm，故宫博物院藏。

按：《王原祁精品集》稱之爲《仿宋元山水圖册》，徐邦達先生名之爲《山水册》十二頁。此圖有"乾隆御覽之寶"等璽印，每開有梁詩正對題。

麓臺作《仿王蒙山水》。

《中國古代書畫圖目 22》京 1—4870 圖録《仿王蒙山水》："余久不作山樵筆。此圖從暢春入直暫歸，興到偶一爲之。歷夏經秋，方知山樵於騰那變化中取天真之意。柔則卑靡，而剛則錯亂。必須因勢利導，任其自然，平心靜氣，若存若忘，方有少分相應處。余嘗謂畫中有心性之功、詩書之氣，可從此學養心之法矣。時康熙甲申仲冬，麓臺祁筆。"

鈐印：起首鈐"御書畫圖留與人看"（朱白文雙龍橢圓），下鈐"王原祁印"（白文正方）、"麓臺"（朱文正方）、"西廬後人"（朱文長方）。

水墨紙本立軸，113×54.7cm，故宫博物院藏。

按：《虚齋名畫録》卷九《王麓臺仿山樵山水軸》著録。此圖有"婁東陸愚卿願吾氏秘笈圖書"（朱文長方）、"徐衡審定金石文字圖書"（朱文長方）收藏印。

本年

禁止結社，"社兄""社長"等與結社有關的稱謂不再使用。

《劉九庵書畫鑒定集·談古代書畫鑒定》第 13 頁。

太倉大旱。

《（嘉慶）直隸太倉州志》卷三十六《人物》："顧士璉字殷重……康熙四十三年大旱，民無以完漕，士璉與何寧國、陸世儀、江士韶、曹周鈁、王發祥等叩閽請折州民糶千金爲費。"

【本年存疑作品】

夏

麓臺作《碧樹丹山圖軸》，疑僞。

《南宗正脉》第 293 頁、《中國古代書畫圖目 5》滬 1—3261 圖録《碧樹丹山圖軸》："碧樹丹山向坐懸，一灣流水到門前。玉皇香案親承吏，知在蓬萊第幾天。康熙甲申夏日，暢春園退食寫此。麓臺祁。"

鈐印：起首鈐"御書畫圖留與人看"（朱白文橢圓），下鈐"王原祁印"（白文正方）、"麓臺"（朱文正方），圖左下鈐"西廬後人"（朱文長方）。

水墨紙本立軸,90.0×37.7cm,上海博物館藏。

【理由】單國霖認爲,此圖構圖簡略,山巒勾斫用筆或單薄,或峭利,皴染粗率無序,無原祁用濃淡墨色層層皴染所造成的沉雄深厚感。點苔平板,夾葉、點葉雜亂。圖上題款結字刻板,筆力纖弱,無原祁柔中寓剛之骨力,應爲僞作。

康熙四十四年乙酉(1705年)六十四歲

正月

麓臺奉命扈從先行,對途中山景頗有會心處,遂點染成《早春圖》。

《王原祁精品集》第192頁。《中國繪畫全集27》第53頁《早春圖》跋。

約二月

麓臺、宋駿業等扈從先行至蘇州,茹明府招唐孫華、陸毅、麓臺、宋駿業等同飲虎丘梅下。

《東江詩鈔》卷八《茹明府招同侍講王麓臺、大鴻臚宋堅齋、侍御陸匪莪、太學高槎客飲虎丘梅花樓》:"巖路駸駓得暫停,故人相見眼終青。宸游望幸當三月,使節先馳驗二星(麓臺、堅齋皆扈蹕,奉命先至)。嵐氣連雲陰敞閣,花枝帶雨照山亭。獨憐野老甘疏放,泛愛仍容醉醽醁。"

三月

四日,麓臺在太倉求是堂中作《仿倪瓚山水》。

《故宮藏畫大系十五》第39頁圖錄《仿倪瓚山水》:"畫忌率筆。於荒率中得平淡涵泳之致,雲林筆墨出人一頭地處也。余還家後理楫迎鑾,興到不覺技癢,漫寫此意。倉猝中自無佳趣,應爲識者所笑耳。時乙酉上巳後一日求是堂中作。麓臺祁。"

鈐印:起首鈐"御書畫圖留與人看"(朱白文雙龍橢圓),下鈐"王原祁印"(白文正方)、"麓臺"(朱文正方),圖左下鈐"西廬後人"(朱文長方)。

水墨紙本立軸,64.3×42cm,臺北故宮博物院藏。

按:《石渠寶笈》卷二十七著錄,有"乾隆御覽之寶"等璽印。南巡途中,康熙賜麓臺"天機來紙上,粉本在胸中"對聯。上巳即三月三日。

十八日,玄燁第五次南巡至蘇州。其間,宋廣業得御書"傳經世澤",表彰其祖宋學朱。

錢泳《履園叢話》卷一《舊聞・康熙六巡江浙》:"第五次南巡……三月十八日,駕抵蘇州。是日爲萬壽聖誕,奉上諭:'江南上下兩江舉監生員人等,有書法精熟,願赴内延供奉抄寫者,著報名齊集江寧、蘇州兩處,俟朕回鑾日親加考試。'四月十四日,命掌院學士揆叙赴府學考,進呈冊頁,取中汪泰來等五十一人,同前考過郭元釪等十人俱赴行宫引見,各蒙賜御書石刻《孝經》一部。是年,駕又幸崑山縣,登馬鞍山,旋往松江閱提標兵水操。"

  按:《蘭皋詩鈔》卷首《紀恩詩·康熙四十四年三月四日》稱,宋廣業、其叔父大學士宋德宜、其弟鴻臚寺卿宋駿業、侍讀學士宋大業皆習《禮記》。書中記載宋氏家族所得御書爲:宋廣業祖學朱曰傳經世澤,叔父宋德宜曰篤念前勞,母管氏曰北萱暎綵,弟宋駿業曰謇諤老成、静永堂,弟大業曰文學侍從、凝遠堂。

趙貞卒,毛師柱以詩哭之。

  《端峰詩續選》卷五《哭趙松一同學四首》,其一:"病不先君死,殘身又哭君。到來心獨苦,别去手長分。玩世終何益,招魂總未聞。惟餘溪畔柳,依舊挂斜暉。"其二:"灑盡妻兒淚,頻年老眼枯。幸留千卷得,且守一孫孤。倉猝輕抛棄,艱難失究圖。螟蛉有子在,赤膽定能扶。"其三:"迴憶吟壇老,疏星漸向晨。吾衰兼有疾,君没更無人。架帙封塵冷,庭花著雨新。年時觴詠地,寂寞掩殘春。"其四:"舊臘曾相過,冲寒步屧回。方期頻小集,誰道不重來。笑語歸春夢,悲歡隔夜臺。驚心歌楚些,詩戒忽然開(今歲余以抱疾戒詩,惟哭君則仍一破例)。"

四月

麓臺作《王麓臺仿梅道人山水軸》。

  《虚齋名畫録》卷九《王麓臺仿梅道人山水軸》:"乙酉暮春,扈從至雲間,爲南老年世兄仿梅道人於舟次。婁東王原祁。"

  鈐印:"御書畫圖留與人看"(朱白文雙龍橢圓)、"王原祁印"(白文正方)、"麓臺"(朱文正方)、"西廬後人"(朱文長方)。

  按:温肇桐《王原祁》圖版六圖録。

  此圖有"張明觀"(朱文正方)、"二田齋中最珍之品"(朱文長方)收藏印。

玄燁南巡回鑾至濟寧。宋廣業復得御書匾額"北萱暎綵",表彰其母管氏。

  《蘭皋詩鈔》卷首《紀恩詩·康熙四十四年三月四日》。

吳暻爲顧南原所畫東坡像題跋。

吴暻《西齋集》卷十四《題顧南原所畫東坡像》。

五月

二十日，兵科掌印給事中吴暻落職。

  吴暻《西齋集》卷十四《乙酉九月十五日，上從行宫避暑回，臣暻同武英殿翰林諸臣迎拜於新屯道左，放斥餘生自分長離法從猥蒙異數，再睹天顔，因念自立朝以來，首尾八載，感陳迹叙新恩，得詩凡十有二首，謹於二十日，伏暢春苑小東門外恭上》。

  按：第四首"惟感矜全聖澤多"句後自注："乙酉（康熙四十四年）五月二十日落職，六月二十一日復奉恩留京效力。"

玄燁御淵鑒齋，召大學士張玉書、陳廷敬、尚書王鴻緒、少詹蔡升元、學士查昇、陳壯履、王原祁、編修楊瑄、勵廷儀、張廷玉、錢名世、查慎行、蔣廷錫等入至雲步石，賜坐、賜饌畢，人賜荷花一瓶，隨命由蕊珠院延賞樓泛舟回直廬。

  《皇朝詞林典故》卷四《恩遇》。康熙於蓬萊島召見十三位大臣，其中有蔣廷錫、王原祁。

  勵廷儀《雙清閣詩稿》卷三《題賜蓮圖爲蔣揚孫》："憶在歲乙酉（康熙四十四年），召入蓬萊島，委佩十三人，贈高鏡庭方伯，先子爲予説，'論詩顯開中，君才獨秀傑'。"

六月

麓臺《山水圖册》四幀成。

  《清王原祁畫山水畫軸特展》第110—111頁圖録《山水圖册》四幀。

  第一幀："江貫道畫法得董巨氣韻，蕭疏澹蕩，另有丰神，仿者宜會此意。麓臺。"

  鈐印：起首鈐"蒼潤"（朱文葫蘆），下鈐"原祁之印"（白文正方）、"麓臺"（白文正方）。

  第二幀對開："泉聲咽危石，日色冷青松。用没骨法寫右丞詩意。乙酉長夏。麓臺。"

  鈐印：起首鈐"穀詒堂"（朱文長方），"原祁之印"（白文正方）、"麓臺"（朱文正方）（見圖一八）。

  第三幀對開："荆關遺意。"

  鈐印："茂京"（朱文正方）。

康熙四十四年乙酉(1705年)六十四歲　401

圖一八　王原祁《山水圖册》之《仿大癡筆》

對開跋："山樹密林，氣度雄偉，開李、范法門，畫學正派也。原祁。"

鈐印：起首鈐"掃花庵"（朱文長方），"原祁之印"（兩白兩朱文正方）、"麓臺"（朱文正方）。

第四幀："仿大痴《秋山》。原祁。"

鈐印："麓臺"（朱文正方）。

按：此圖有"乾隆鑑賞"等璽印，《石渠寶笈》未著錄。

麓臺作《仿董巨山水》。

《四王吳惲繪畫》第 167 頁、《中國古代書畫圖目 22》京 1—4874 圖錄《仿董巨山水》："學董巨畫要於雄偉奔放中得平淡天真之趣，稍露刻畫之迹，未免有作家氣矣。偶仿其筆并識之。乙酉六月杪，時新秋雨後。麓臺祁。"

鈐印：起首鈐"御書畫圖留與人看"（朱白文雙龍橢圓），下鈐"王原祁印"（白文正方）、"麓臺"（朱文正方），圖左下鈐"西廬後人"（朱文長方）。

水墨紙本立軸，94.6×52.5cm，故宮博物院藏。

夏

宋廣業在山東署中建御賜其母匾額碑亭。宋氏書寄粵西大中丞梁世勛。

《蘭皋詩鈔》卷十三《歷下小草·不匱泉歌并序》："廣業迎養慈親於濟南官署，濟南爲先王父殉節地，舊有雙忠祠，慈親追念先烈，故許就養，甫至，即詢忠祠所在，命鼎新以垂永久，祠成忽有雙泉涌出，人咸異之，乙酉夏，署中恭建御賜母氏扁額碑亭，亭後亦有甘泉涌出，人尤異之，趙行瞻學使題曰不匱泉，謂我母孝思所感也，安丘處士張杞園復爲文紀之，廣業因喜而爲之歌。"同卷《寄上閩西大中丞，公諱世勛字鶴江，陝西安塞人》。

七月

麓臺升翰林院侍講學士。

《歷代名人年譜》卷十《清》第 77 頁："七月，茂京升翰林院侍講學士。"

八月

麓臺爲扈從南行途中所作《早春圖》題跋（見圖一九）。

《王原祁精品集》第 192 頁、《中國繪畫全集 27》第 53 頁圖錄《早春圖》："余冬春之交日在直廬，無暇爲人作畫。今奉扈從先行之命，途中至山間宿處，頗有會心處，點染後陸續而成，忽半載矣。時乙酉初秋。麓臺祁。"

康熙四十四年乙酉(1705年)六十四歲　403

圖一九　王原祁《早春圖》

鈐印:起首鈐"御書畫圖留與人看"(朱白文雙龍橢圓),下鈐"王原祁印"(朱文正方)、"麓臺"(白文正方),圖左下鈐"西廬後人"(朱文長方)。

設色紙本立軸,100.1×44.7cm,遼寧省博物館藏。

按:此圖有陳介琪("陳介琪真賞印",白文正方)、"孫氏家藏"(朱文正方)等收藏印。

顧陳垿、繆曰藻、王奕鴻成舉人。

《(民國)太倉州志》卷十《選舉》。《白漊先生文集》卷二《與王司寇書》。

按:《(民國)太倉州志》卷十《選舉》載,顧陳垿、王奕鴻是年中舉。沈受宏《白漊先生文集》卷二《與王司寇書》中稱,顧陳垿、繆曰藻、王奕鴻同時中舉。沈受宏之子沈起元《洗桐軒文集序》又稱,顧陳垿入都,常客相國西田(王掞)公所,以與公次子同榜也。

《與王司寇書》稱,康熙四十四年,繆曰藻文子年僅二十四,可知繆氏生於康熙二十一年。乾隆二十六年卒,江蘇吳縣人。《疑年錄匯編》10、顧沅《吳郡名賢圖傳贊》19 有載。

顧陳垿,字玉停,一字右玉,號賓陽子,康熙十七年生,乾隆十二年卒,江蘇太倉人,顧天霖子。墓誌銘見沈起元《敬亭文稿》卷四《故行人司行人玉停顧子墓誌銘》。

九月

初九,麓臺爲甥李爲憲作《液萃》仿古山水册。

《山水正宗》中卷第 352—353 頁、《王原祁精品集》第 194—205 頁圖錄《液萃》。《中國繪畫全集 27》第 54—57 頁圖錄不全。

隸書引首:"六法金針,八十四叟隨庵撰書。"

鈐印:起首鈐"卷霞書閣"(朱文長方),下鈐"王撰異公"(白文正方)、"隨庵"(朱文正方)。

第一幀(設色):"仿董北苑。"

鈐印:"原祁之印"(白文正方),圖右下鈐"西廬後人"(朱文長方)(見圖二〇)。

對題:"六法中氣韻生動至北苑而神逸兼到,體裁渾厚,波瀾老成,開以後諸家法門,學者罕窺其涯際。余所見半幅董源及《萬壑松風》、《夏景山口待渡》卷皆畫中金針也。學不師古,如夜行無火。未見者無論,幸而得見,不求意而求迹,余以爲未必然。余奉敕作董源設色大幅,未敢成稿,先以此試筆,并識之。麓臺祁。"

鈐印:"御賜穀詒堂"(朱白文雙龍圓形),下鈐"王原祁印"(白文正方)、"麓臺"(朱文正方)。

第二幀(水墨):"仿黃大痴。"

鈐印："太原"（白文正方）、"茂京"（朱文正方），圖左下鈐"西廬後人"（朱文長方）（見圖二一）。

對題："張伯雨題大痴畫云：'峰巒渾厚，草木華滋。'以畫法論大痴非痴，豈精進頭陀而以釋巨然為師者耶。余仿其筆，并錄數語。"

鈐印：起首鈐"興與烟霞會"（朱文長方），下鈐"王原祁印"（白文正方帶框）、"麓臺"（朱文正方）、"石師道人"（白文正方）。

第三幀（設色）："仿趙松雪。"

鈐印："王原祁印"（朱文正方，有界格）、"別號麓臺"（兩白兩朱文正方），圖右下鈐"西廬後人"（朱文長方）。

對題："桃源處處是仙蹤，雲外樓臺映碧松。惟有吳興老承旨，毫端涌出翠芙蓉。趙松雪畫為元季諸家之冠，尤長於青綠山水，然妙處不在工而在逸。余《雨窗漫筆》論設色不取色而取氣亦此意也。知此可以觀《鵲華秋色》卷矣。"

鈐印：起首鈐"掃花庵"（朱文長方），下鈐"原祁之印"（兩朱兩白文正方）、"麓臺"（朱文正方）。

第四幀（設色）："仿高房山。"

鈐印："王原祁印"（白文正方），圖右下鈐"西廬後人"（朱文長方）。

對題："董宗伯評房山畫，稱其平淡天真近於董、米，與子昂并絕。余亦學步久而未成，方信古今人不相及也。"

鈐印：起首鈐"蒼潤"（朱文長方），下鈐"原祁之印"（朱白文正方）、"麓臺"（朱文正方）。

第五幀（水墨）："仿黃鶴山樵。"

鈐印："石師道人"（白文正方），圖左下鈐"西廬後人"（朱文長方）。

對題："叔明少學右丞，後酷似吳興，得董巨墨法，方變化本家體。瑣細處有淋漓，蒼莽中有嫵媚，所謂奇而一歸於正者。雲林贈以詩云：'王侯筆力能扛鼎，五百年來無此人。'不虛也。"

鈐印：起首鈐"古期齋"（朱文橢圓），下鈐"王原祁印"（兩朱兩白文正方）、"茂京"（朱文正方）。

第六幀（設色）："仿一峰老人。"

鈐印："原祁之印"（兩白兩朱文正方），圖右下鈐"西廬後人"（朱文長方）。

對題："大痴畫經營位置可學而至，其荒率蒼莽不可學而至，若平林層岡、沙水容與尤出人意表，妙在着意不着意間。如《姚江曉色》、《沙磧圖》是也。若不會本源，臆見揣摩，疲精竭力以學之，未免刻舟求劍矣。"

鈐印：起首鈐"掃花庵"（朱文橢圓），下鈐"王原祁印"（白文正方）、"麓臺"（朱文正方）。

圖二〇　王原祁《液萃》之《仿董北苑》

康熙四十四年乙酉(1705年)六十四歲　407

圖二一　王原祁《液萃》之《仿大痴道人》

第七幀(設色):"仿雲林設色。"

鈐印:"別號麓臺"(兩朱兩白文正方),圖左下鈐"西廬後人"(朱文長方)。

對題:"雲林畫法,一樹一石皆從學問、性情流出,不當作畫觀。至其設色,尤借意也。董宗伯試一作之,能得其髓。先奉常仿作《秋山》最爲得意。謹識於後。"

鈐印:起首鈐"蒼潤"(朱文橢圓),下鈐"王原祁印"(白文正方)、"麓臺"(白文正方帶框)。

第八幀(水墨):"仿巨然。"

鈐印:"茂京"(朱文正方),圖左下鈐"西廬後人"(朱文長方)。

對題:"巨然在北苑之後,取其氣勢,而觚稜轉折處融和淡蕩,脱盡力量之迹。元季大痴、梅道人皆得其神髓者也。此圖取《溪山行旅》、《烟浮遠岫》意而運氣未能舒展,此工力之未純。若云紙澀拒筆,則自誘矣。"

鈐印:起首鈐"我心寫兮"(朱文橢圓),下鈐"王原祁印"(白文正方)、"麓臺"(白文正方帶框)。

第九幀(水墨):"仿黄子久。"

鈐印:"石師道人"(白文正方),圖左下鈐"西廬後人"(朱文長方)。

對題:"大痴元人筆,畫法得宋派。筆花墨瀋間,眼光窮天界。《陡壑密林圖》可解不可解,一望皆篆籀。下士笑而怪,尋繹有其人,食之如沆瀣。余仿大痴,題此質之識者。"

鈐印:起首鈐"古期齋"(朱文長方),下鈐"王原祁印"(白文正方)、"麓臺"(朱文正方)。

第十幀(水墨),"仿梅道人。"

鈐印:"麓臺"(朱文正方),圖左下鈐"西廬後人"(朱文長方)。

對題:"'梅華庵主墨精神,七十年來用未真。'此石田句也。石田學巨然得梅道人衣鉢,欲發現生平得力處,故有此語,然猶遜謝若此。余方望崖涉津,欲希踪古人,其可得耶。"

鈐印:起首鈐"得失寸心知"(白文長方),下鈐"原祁茂京"(朱文正方)、"別號麓臺"(兩朱兩白文正方)。

第十一幀(設色):"仿大痴道人。"

鈐印:"麓臺"(朱文正方),圖左下鈐"西廬後人"(朱文長方)。

對題:"荆關遺意,大痴則之。容與渾厚,自見欵欵。刻意圭角,纖巧韋脂。以言斯道,皆非所宜。學人須慎,毫里有差。《天池石壁》,粉本吾師。大痴《天池石壁》有專圖,《浮巒暖翠》中亦用此景,皆傳作也。誤用者每蹈習氣,余故作箴語。"

鈐印:起首鈐"掃花庵"(朱文長方),下鈐"王原祁印"(白文正方)、"麓臺"(朱文正方)。

第十二幀(水墨)："仿倪高士。"

鈐印："麓臺"(朱文正方)，圖左下鈐"西廬後人"(朱文長方)。

對題："董宗伯題雲林畫云：'江南士大夫以有無爲清俗，卷帙中不可少此筆也'。今真虎難遘，欲摹其筆，輒百不得一，此幅亦清潤可喜。匡吉甥篤學嗜古，從余學畫有年，筆力清剛，知見甚正，楷模董巨、倪黃正宗。囑余仿八家名曰《液萃》。余信手塗抹，稍有形似者弁之曰'仿某氏'，如痴人説夢、夏蟲語冰不足道矣。耳目心思何所不到，出入諸賢三昧，闢盡蠶叢，頓開生面，良工苦心，端有厚望，不必問途於老馬也。康熙乙酉重陽日。王原祁題於穀詒堂。"

鈐印："御書畫圖留與人看"(朱白文雙龍圓形)、"王原祁印"(白文正方)、"麓臺"(朱文正方)。

設色 /墨筆紙本册頁，48.1×32.4cm，故宫博物院藏。

按：《中國繪畫全集 27》名《爲匡吉仿古山水圖册》，《王原祁精品集》稱《仿古山水圖册》。此圖有近代董壽平（"洪洞董氏考藏"，朱文正方；"董揆鑒藏"，白文正方）等收藏印。

李爲憲，字匡吉，麓臺外甥。《王司農題畫錄》卷上《仿設色大痴巨幅李匡吉求贈》："庚寅(康熙四十九年)冬間方悟小中見大之故，亦可以大中見小也。……又三四年矣。近喜匡吉甥南來。"同卷又有《仿北苑筆爲匡吉》："匡吉學畫於余已二十年，古人成法皆能辨其源流，今人學力皆能别其緇素，惟用筆處爲窠白所拘，終未能掉臂游行。余願其爲透網之全鱗也。前茬任學博時，余贈以一册名曰六法金針。别七八年，名已大成。近奏最而來，以筆墨見示，六法能事已綱舉目張。若動合機宜，平淡天真，别有一種生趣，似與宋元諸家尚隔一塵。今花封又在中州，舍此而去，定然飛騰變化。余尚慮其爲筆墨之障也，特再作北苑一圖，匡吉果然能於意、氣、機之中，意、氣、機之外，精神貫注，提撕不忘。余雖老鈍不足引道，然於此中不無些子相合。試於繁劇之際，流連一曠胸襟，則得一可以悟白，定智過其師矣。勉旃勉旃。"

《三秋閣書畫錄》卷下收錄《清王麓臺設色山水屏》當仿曰《液萃》。第一幅與第三幀、第三幅與第十幀跋文同。第二幅與《液萃》第二幀相比，跋文"頭陀"後少"而"，"數語"後多"麓臺祁"。第四幅與《液萃》第六幀相比，後者跋文"荒率"而非"荒索"。兩者所鈐印章有異。

《白凄先生文集》卷二《吴澄瀾先生傳》稱，郡學博例得縣令。

麓臺作《仿山樵山水》。

《山水正宗》上卷第 131 頁圖錄《仿山樵山水》："畫貴簡而山樵獨煩(繁)，然用意仍簡，且能借筆爲墨，借墨爲筆，故尤見其變化之妙。此圖辛巳歲所作，以公務所稽，久而未成，暇時點染，至乙酉重九始脱藁，不能一氣貫注，多所修補，未免煩結生滯矣。幸體裁不失,存之。麓臺祁題於京邸穀詒堂。"

　　鈐印:起首鈐"古期齋"(朱文長方),下鈐"王原祁印"(朱文正方帶界格)、"別號麓臺"(兩朱兩白文正方),圖右下鈐"西廬後人"(朱文正方)。

　　水墨紙本立軸,91×46cm,故宮博物院藏。

　　按:此圖有"徐文臺菱庵收藏印"(朱文正方)、"徐紫珊秘藏印"(朱文長方)、"孫煜峰珍藏印"(朱文長方)等收藏印。

秋

麓臺爲位老年翁作《仿一峰山水圖軸》。

　　《王原祁精品集》第189頁圖錄《仿一峰山水圖軸》:"乙酉秋日,爲位老年翁先生仿一峰筆,王原祁。"

　　鈐印:起首鈐印不清(圓朱),非"御書畫圖留與人看"(朱白文雙龍橢圓),下鈐"王原祁印"(白文正方)、"別號麓臺"(兩朱兩白文正方)。

　　水墨絹本立軸,121×64.7cm,遼寧省博物館藏。

王吉武新齋成,招集毛師柱等飲酒賦詩。

　　《端峰詩續選》卷五《九日憲尹招集新齋分體得七言古》,同卷《十八日雅集東江齋,共賦秋懷分得傳字》。

十月

初九,麓臺與孫岳頒、宋駿業、吳暻、王銓等共同參與纂輯《佩文齋書畫譜》(100卷)。

　　《佩文齋書畫譜》。

　　按:《佩文齋書畫譜》各撰修官員署名分別爲:禮部侍郎仍管國子監祭酒事孫岳頒、通政使司左通政使今升都察院左副都御史宋駿業、翰林院侍講學士今轉翰林院侍讀學士王原祁。原任兵科掌印給事中吳暻、原任禮科給事中王銓。

二十日,麓臺在暢春園東書房與吳暻談論"布楷山水法"。

　　吳暻《西齋集》卷十四《甲申十月,會蒙恩召入暢春苑東書房,有即事紀恩之作,休官後已分絕迹,今十月二十日復中旨被召,悲感舊事,追用前韻》:"……蜚布楷成著色山(王麓臺學士論布楷山水法)。畫省掃空供奉迹,碧霄添注謫仙班。清溪六曲屏風影,都在孤臣涕淚間(是日命畫《清溪書屋》屏風)。"同卷《冬夜寓宿僧寺與麓臺學士夜話》:"彌勒龕邊佛火明,小窗時見墨縱橫。山歸老手千重翠,月近閒人十倍清。吳質病羸悲昔夢,王維詩畫本前生。論文夜半茶烟細,臥聽松風萬壑聲。"

十一月
王吉武爲沈受宏《白漊集》寫序。
　　《白漊集》王吉武序。

麓臺作《爲楊晉畫山水圖軸》。
　　《王原祁精品集》第190頁圖錄《爲楊晉畫山水圖軸》:"子鶴兄工於寫照,兼精花鳥,賦物象形,曲盡其妙。後游石谷之門,兼通山水,宋元三昧亦已登堂入室矣。余至擁青閣中得一快晤,大慰契闊。因作此圖,冀有以敎我也。時康熙乙酉仲冬月朔。麓臺祁。"
　　鈐印:起首鈐"御書畫圖留與人看"(朱白文雙龍橢圓),下鈐"王原祁印"(白文正方)、"麓臺"(朱文正方),圖左下鈐"西廬後人"(朱文長方)。
　　設色紙本立軸,77.8×47.7cm,南京博物院藏。
　　按:徐邦達先生名《爲子鶴作山水軸》。

本年
宋犖購得《東坡先生笠履圖》,自題其後;贈揆叙、朱彝尊《施注蘇詩》。
　　揆叙《益戒堂詩後集》卷一《宋中丞牧仲以宋本施注蘇詩見惠賦此奉謝》。朱彝尊《曝書亭集》卷十九《巡撫宋公以新雕蘇詩施注見貽賦謝》。

儲欣與王概兄弟詩文往還。
　　儲欣《在陸草堂文集》。
　　按:《在陸草堂文集》,中秋前寫,儲欣作《天河和王宓草原韻》、《乙酉(康熙四十四年)中秋同於在文、家韜谷寓樓聯句,用甲申年原韻》。中秋後,作《和王宓草見貽原韻三首》、《和王安節見貽原韻二首》(尊慈九十長齋奉佛尚健飯)。

康熙四十四年五月至康熙四十五年三月間,王式丹卒。
　　吳暻《西齋集》卷十《哭野航(丹林)》。
　　按:《西齋集》卷十收錄康熙四十四年五月至康熙四十五年三月間,留京師所作詩文。王式丹字方若,號樓村,江蘇寶應人。

麓臺作《仿一峰山水軸》。

韓泰華《玉雨堂書畫記》卷四稱,康熙乙酉作。

康熙四十五年、康熙四十六年間,麓臺作《清王麓臺進呈扇冊》十幀成。

《壯陶閣書畫錄》卷十六《清王麓臺進呈扇冊》。

按:跋文、款印詳見《"臣"字款作品》。

【本年存疑作品】

春

麓臺作《仿倪黃山水》,疑偽。

《南宗正脉》第 188 頁圖錄《仿倪黃山水》:"康熙乙酉初春,仿倪黃筆意。麓臺祁。"

鈐印:起首鈐"御書畫圖留與人看"(朱白文雙龍橢圓),下鈐"王原祁印"(白文正方)、"麓臺"(朱文正方),圖左下鈐"西廬後人"(朱文長方)。

水墨紙本立軸,101.9×48.3cm,上海博物館藏。

按:此圖有"樂莽審定"(朱文正方)、"薩馬希爾氏結金石緣"(朱文正方)收藏印。

【理由】此圖跋文書寫、松針畫法、坡石造型和結構法等都異於麓臺同期作品。

麓臺作《浮巒暖翠圖》,存疑。

《王原祁精品集》第 191 頁圖錄《浮巒暖翠圖》:"乙酉春仲,扈從南旋,吳門公寓仿黃子久《浮巒暖翠》,似開翁老年親臺。王原祁。"

鈐印:起首鈐"御書畫圖留與人看"(朱白文雙龍橢圓),下鈐"王原祁印"(白文正方)、"麓臺"(朱文正方),圖右下鈐"西廬後人"(朱文長方)。

設色紙本立軸,1999×80.7cm,天津博物館藏。

【理由】山體過於瑣碎,用筆拘謹。

麓臺作《清王麓臺仿子久秋山立軸》,存疑。

《壯陶閣書畫錄》卷十六《清王麓臺仿子久秋山立軸》:"乙酉春日,隨駕至吳門寓中,仿黃子久秋山圖意。麓臺原祁。"

鈐印:"西廬後人"。

按:此圖有"黃菊陶鑒藏書畫印"。

【理由】跋文中"隨駕"僅見此處,麓臺通常表述為"扈從";以"麓臺原祁"自署名者稀見。

麓臺於玉峰舟次作《仿黃公望、高克恭山水圖》，存疑。

《王原祁集》第 271 頁圖錄《仿黃公望、高克恭山水圖》："大癡、房山門庭別徑，皆宗董、巨，所謂一家眷屬也。董宗伯作畫，常率用其意，此圖仿之。匆匆行役中未能得其氣韻也。時康熙乙酉春日，題於玉峰道中舟次。王原祁。"

美國弗利爾美術館藏。

【理由】康熙四十四年正月至二月，麓臺扈從先行至蘇州。八月回京。時間上看，此作沒有問題。從康熙四十四年麓臺《仿倪瓚山水》跋"畫忌率筆。於荒率中得平淡涵泳之致"（《故宮藏畫大系十五》第 39 頁圖錄）等詞彙看，與麓臺跋文中"兼用其意""亦用其意"相比，"常率用其意"之說很可疑。其他如"門庭別徑""道中舟次"等詞皆不類麓臺所為。

康熙四十五年丙戌（1706年）六十五歲

春

麓臺爲李湘作《仿梅道人秋山圖》（見圖二二）。

《王原祁精品集》第206頁、《中國繪畫全集27》第58頁圖録《仿梅道人秋山圖》。

《仿梅道人秋山圖》："荆濤年道契就選來都，留之邸舍，得共晨夕，筆墨之雅，嗜好忘倦。每觀余仿宋元諸家有會心處，間一作樹石，斐然成章，可入吾門矣。秋初又試於司馬，已入干城之選，顧以違養經年，暫歸覲省。余爲作《梅道人秋山》，送之歸而懸諸北堂，以申南山之頌，亦閒居上壽意也。康熙丙戌小春，王原祁畫并題。"

鈐印：起首鈐"御書畫圖留與人看"（朱白文雙龍橢圓），下鈐"王原祁印"（白文正方）、"麓臺"（朱文正方），圖左下鈐"西廬後人"（朱文長方）。

水墨紙本立軸，87.6×58.5cm，蘇州博物館藏。

按：《吴越所見書畫録》卷六《王司農仿梅道人秋山圖立軸》著録，跋文"王原祁畫并題"中漏"畫"字。由《東江詩鈔》卷十二《寓揚州天寧寺同吕藻南、李荆濤、吴符鄴至寺後眺覽》可知，荆濤姓李。

《太倉州儒學志》卷二《武科》："康熙三十八年己卯，李湘，荆濤，解元。庚辰（康熙三十九年）進士。"

四月

王翬作《王石谷仿許道寧山水軸》。

《澄蘭室古緣萃録》卷九《王石谷仿許道寧山水軸》。

陳鵬年後跋："昔妻東王奉常有言曰，筆墨之道與學問通，討論數十年，乃能開發古人微妙處。……凡布置、設施、鈎勒、斫拂、水暈、墨彰悉有根柢。……觀其山勢渾厚，得烟雲變滅之狀。……戊子（康熙五十七年）初夏，長沙陳鵬年題。"

按：陳鵬年，字北溟，號滄洲，湖南湘潭人，有《陳恪勤集》三十九卷。

宋廣業在山東署中與嚴麟洲、計希深、繆曰藻、館甥李敬六、陸宣穎、内侄陳樹滋、子志益集署中雅扶堂限韻分賦歷下八景。

《蘭皋詩鈔》卷十三《歷下小草·丙戌初夏，同學嚴麟洲、計希深、繆文子暨館甥李敬六、陸宣穎、内侄陳樹滋、兒子志益集署中雅扶堂，限韻分賦歷下八景，分得錦屏春曉限東字》。

圖二二　王原祁《仿梅道人秋山圖》

七月

毛師柱、唐孫華題王撰畫册。

《端峰詩續選》卷六《題隨翁畫册》:"蒼然峰嶺出雲間,竹樹參差一水灣。尺幅看來應未盡,先生猶有意中山。"

《東江詩鈔》卷九《題隨庵先生畫》:"樹色異高低,山嵐互迴復。神超謝雕飾,筆老轉清淑。著墨何用多,悠然氣象足。境疑華子岡,法授車箱谷。桃笙净無塵,游戲了三伏。想當濡毫時,凉風生謖謖。此中可避世,白雲冷心目。似有幽人居,穿林結茅屋。"

八月

王謩、王昭被成進士。

《(民國)太倉州志》卷十《選舉》。

秋

麓臺作米家山水。

梁章鉅《退庵金石書畫跋》卷十八《王麓臺仿古四軸》之一:"米家筆法,人但知其潑墨,而不知其惜墨。惟惜墨,乃能潑墨。揮毫點染時,當深思自得之。丙戌中秋穀詒堂漫筆。麓臺祁。"

鈐印:"御書畫圖留與人看"。

宋廣業書寄閩中大中丞張伯行,題露園贈吏部焦隆吉。

《蘭皋詩鈔》卷十三《歷下小草·寄上閩中大中丞(公諱伯行,字孝先,河南儀封人)》、同卷《題露園贈吏部焦隆吉先生二首》。

十月

麓臺作《王麓臺爲蔣樹存作蘇齋圖長卷》。

繆荃孫撰《雲自在龕隨筆》卷五《王麓臺爲蔣樹存作蘇齋圖長卷》:"《王麓臺爲蔣樹存作蘇齋圖長卷》跋云:'樹存蔣兄得坡兄公石刻,携之來都。《書畫譜》借重校讎,喜共晨夕。有友善畫,重摹其像,懸之室中,號曰蘇齋。西齋吴都諫首倡,同事諸君子皆属和焉。今樹存兄南歸,於綉谷幽處,卜築數椽以成蘇齋之勝,可無圖乎? 余故作此,并録和詩於後。康熙丙戌小春,王原祁畫并題。'"

十一月

初一,麓臺作《仿倪黄筆意圖》。

《王原祁精品集》第193頁圖錄《仿倪黃筆意圖》："丙戌仲冬朔日,寒威凜烈,余赴暢春入直,至寓索酒解寒,不覺薄醉,放筆作倪黃筆,遂成此圖,無暇計工拙也。麓臺祁。"

鈐印:起首鈐"御書畫圖留與人看"(朱白文雙龍橢圓),下鈐"王原祁印"(白文正方)、"麓臺"(朱文正方),圖左下鈐"西廬後人"(朱文長方)。

水墨紙本立軸,97.7×49.2cm,天津博物館藏。

按:有清代張翼("潞河張翼藏書畫記",朱文長方;"潞河張翼燕謀所藏",白文長方;"文孚嗣守"(白文正方)、李恩慶("北平李氏所藏",白文正方)等收藏印。

下旬,麓臺作《青綠山水》。

《山水正宗》上卷第141頁圖錄《青綠山水》："余久不作青綠畫,偶有玉峰舊識在都甚久而慕之甚誠,頻年屢踏門限,余亦不嫌其迫促也。公將南歸,寫此以適其意。惜未得佳絹,不能爲松雪老人開生面耳。康熙丙戌仲冬下旬,呵凍作并題。王原祁。"

鈐印:起首鈐"掃花庵"(朱文橢圓),下鈐"王原祁印"(白文正方)、"麓臺"(朱文正方),圖左下鈐"西廬後人"(朱文長方)。

設色紙本立軸,82.3×41.2cm,故宮博物院藏。

按:有"徐氏秘藏"(朱文長方)、"頌閣心賞物"(朱文長方)等收藏印。

冬

麓臺作《桃源圖》。

《中國古代書畫圖目22》京1—4878圖錄《桃源圖》："桃源洞口白雲封,欲訪仙蹤在幾重。人嚮溪邊尋釣侶,桑麻深處學爲農。丙戌冬夜,讀右丞《桃源行》有感,仿趙松雪筆意作此圖,丁亥長夏,休沐空齋設色。麓臺祁。"

鈐印:起首鈐"古期齋"(朱文長方),下鈐"原祁之印"(朱白文正方)、"麓臺"(朱文正方),圖左下鈐"以筆墨作佛事"(白文長方)。

設色紙本立軸,82.7×47.7cm,故宮博物院藏。

麓臺作《仿黃公望山水》。

《故宮藏畫大系十五》第40頁圖錄《仿黃公望山水》："大痴畫,經營位置可學而至,荒率蒼莽不可學而至,思翁得力處全在於此。此圖余仿其意。丙戌冬日,消寒漫筆。王原祁。"

鈐印:起首鈐"御書畫圖留與人看"(朱白文雙龍橢圓),下鈐"王原祁印"(白文正方)、"麓臺"(朱文正方),圖左下鈐"西廬後人"(朱文長方)。

水墨紙本立軸,105.4×50.3cm,臺北故宮博物院藏。

按:《石渠寶笈》卷二十七著錄,有"乾隆御覽之寶"等璽印。

麓臺作《仿王蒙山水圖軸》。

《王原祁精品集》第 207 頁、《故宮書畫館·第七編》第 112 頁圖錄《仿王蒙山水圖軸》:"黃鶴山樵爲趙吳興之甥,酷似其舅,有扛鼎之筆。以清堅化爲柔腴,以澹蕩化爲夭矯,其骨力在神不在形,此畫中之猶龍也。寫此請正澹翁,亦另開一生面耳,然敢望山藍之轡也。丙戌冬日。王原祁書并題。"

鈐印:起首鈐"御書畫圖留與人看"(朱白文雙龍橢圓),下鈐"王原祁印"(白文正方)、"麓臺"(朱文正方),圖右下鈐"西廬後人"(朱文長方)。

水墨紙本立軸,154×64.5cm,故宮博物院藏。

按:此爲麓臺晚年仿王蒙的典型作品。

麓臺爲弟子唐岱作《仿大癡山水》。

《南宗正脉》第 191 頁、《山水正宗》上卷第 85 頁圖錄《仿大癡山水》:"畫家學董巨從大癡入門,爲極正之格。以大癡平淡天真不放一分力量,而力量具足;不求一毫姿致,而姿致橫生。此可爲知者道,難與俗人言也。余本不善畫,以大癡一家家學,師承有自,間一寫其法,與知音討論,可與語者。近得吾毓東道契,斯學從此不孤矣。古人有執疑辨難之法,試以此意尋繹之,毓東必有爲余啓發者。透網脱穎,余將退舍避之矣。康熙丙戌冬日,婁東王原祁題。"

鈐印:起首鈐"掃花庵"(朱文橢圓),下鈐"王原祁印"(白文正方)、"麓臺"(朱文正方),圖左下鈐"西廬後人"(朱文長方)。

設色紙本立軸,107.6×54.0cm,上海博物館藏。

按:陸時化《吳越所見書畫録》卷六《王司農仿大癡立軸》著録。徐邦達先生名之爲《爲毓東仿大癡山水軸》。有清代董康("誦芬室收藏印",朱文正方)、袁保恒("袁保恒筱塢甫鑑賞章",白文正方)收藏印,近代許漢卿("許氏漢卿珍藏",朱文正方;"許福昞號漢卿别字淳齋珍藏",朱文正方)收藏印。

唐岱,字毓東,號静巖,官內務府總管。此圖有唐岱收藏印"静巖秘藏珍賞"(朱文正方)。

汪鶴孫過海陵,訪同年宮定山中丞。

汪鶴孫《春星堂詩集》卷七《延芬堂集下·丙戌冬日,過海陵,訪同年宮定山中

本年

麓臺作《仿大痴爲顧天山作號南原》。

《麓臺題畫稿·仿大痴爲顧天山作號南原》:"余與南原年道兄定交已十年矣。南兄詩文,士林推重。余一見心折,間一出余計,點染山水,與倪、黃心傳若合符節。其天資、筆力迥異尋常畫史也。篆學不輕示人。近余始得三四石刻,渾脫流麗,精嚴高古,無美不備。遠宗文三橋,近師顧雲美,更有出藍之妙。猶憶甲寅(康熙十三年)秋,步月虎丘與雲美相遇,談心甚洽,囑留塔影園一日。以二章易余便面,寶惜者三十餘年。正慮其漫漶失真,得南兄重開生面,方信知過於師矣。南原酷嗜余筆,因追昔年佳話,促余作此圖,即用新章,亦不可不記也。"

按:此畫約作於康熙四十五年。顧天山作《隸辨》,與沈德潛同爲葉燮弟子。葉燮與麓臺同爲康熙九年進士(葉燮爲二等第二十一名,王原祁爲二等第二十名)。

蔣廷錫爲揆叙、查昇畫塞外雜花。揆叙贊嘆道:"妙手真能回造化,四時嘉卉一時開"。

揆叙《益戒堂詩後集》卷二《揚孫太史用橫幅爲余寫塞外雜花七十種披展之次題四絕句於左方》,同卷《題蔣揚孫編修爲查聲山宮詹畫四時花卉卷次蔣韻》。

康熙四十五年末或康熙四十六年初,麓臺由翰林院侍講學士轉翰林院侍讀學士。

《佩文齋書畫譜》撰修官員署名:禮部侍郎仍管國子監祭酒事孫岳頒、通政使司左通政使今升都察院左副都御史宋駿業、翰林院侍講學士今轉翰林院侍讀學士王原祁、原任兵科掌印給事中吳暕、原任禮科給事中王銓。

按:《佩文齋書畫譜》始撰於康熙四十四年十一月,康熙四十六年四月刊刻。而康熙四十二年年初,麓臺由左中允升翰林院侍講。按三年考核升職的規定,"翰林院侍講學士今轉翰林院侍讀學士王原祁"當在康熙四十五年末或康熙四十六年年初。

【本年存疑作品】

三月

麓臺作《王司農仿方方壺》,存疑。

《潘氏三松堂書畫記》第247頁《王司農仿方方壺》:"方方壺爲元名家,品格雖稍遜高、米，而豐神不減。丙戌三月之望，丹思過寓直，論畫及此。余雖不多見，而可以意合，爰作此圖。麓臺祁。"

【理由】《潘氏三松堂書畫記》書係其後人檢存選錄。麓臺跋文中常用"既望"而非"之望"，且語氣不類麓臺同期畫跋。

九月

麓臺作《仿巨然寫摩詰詩意圖》，疑僞。

《王原祁集》第281頁圖錄《仿巨然寫摩詰詩意圖》："山中一夜雨，樹杪百重泉。丙戌九秋，仿巨然筆寫摩詰詩意圖。"

又跋："畫須一氣貫注，欹側偏閃中轉折有情。筆爲之骨，墨爲之肉。用筆剛中帶柔，不爲筆使。積墨由淡入濃，不使墨滯。隨機變化，總在於心目之間，在身體力行，甘苦自知。從呼吸火候得之，非可旦暮捷得者。毓東道兄於此道探索有年，孜孜矻矻，樂而忘倦，將來定作六法宗匠。余一見心折，就所見妄談宋元三昧，并作此圖，諒不以其言爲河漢耳。王原祁題。"

按：《澄蘭室古緣萃錄》卷十《王麓臺寫摩詰詩意》跋稱，康熙四十年秋，麓臺讀摩詰"山中一夜雨，樹杪百重泉"詩句，欣然會心，遂作寫摩詰詩意圖。

【理由】此跋用詞、語氣似非麓臺所爲。如"欹側偏閃中轉折有情"與"要舢稜轉折，不爲筆使。所謂轉折者，在斷而不斷、續而不續處著力""舢稜轉折處融和淡蕩，脫盡力量之迹"等相比，前後跋文作者對於何謂"轉折"的理解顯然不同；王原祁一生奉行老師盛敬的"謹言慎行"之教，不可能在跋文中斷言自己的弟子唐岱"將來定作六法宗匠"。

康熙四十六年丁亥(1707年)六十六歲

二月

玄燁第六次南巡至蘇州。王掞扈從南巡。

《顓庵府君行述》:"丁亥二月,復扈從南巡。駐蹕江寧日,下旨從蘇州至松江,取道太倉州,臨幸王掞家東園,既而不果。"

錢泳《履園叢話》卷一《康熙六巡江浙》:"二月二十六日,上幸虎丘山。三十日,幸鄧尉山聖恩寺,僧際志恭迎聖駕。午後傳旨宮門伺候,御賜人參二觔,哈蜜瓜、松子、榛子、頻婆果、葡萄等十二盤。上云:'吾見和尚年老也。'"

春

麓臺扈從南下期間返太倉,過槎溪訪舊,偶有興會,作《仿黃公望富春山色圖》而未竟。

《王原祁精品集》第216頁、《中國繪畫全集27》第62頁《仿黃公望〈富春山色圖〉》跋。

宋廣業於西湖臺莊接駕。

《蘭皋詩鈔》卷十六《暎綵集下·恭謁湖上行宫敬賦》。

四月

十一日,杭州行在奏準校刊《佩文齋書畫譜》官生:顧藹吉、王世繩、孫起範、蔣深、吳暄、裴嚴生等。

《佩文齋書畫譜》。

十六日,玄燁為《御定歷代題畫詩類》作序。

陳邦彥等輯《御定歷代題畫詩類》。

按:此書《凡例》有三點特别:一是,畫家山水、人物之不同在布置設色。天文、地理、名勝古迹皆屬山水類。二是,凡具山海形勢之大觀者,則為地理類;若憑空寫意,或作重巒叠嶂,或作遠岫平林,隨意點染不指名為何山何水者,則為山水類;至山水中名勝之區,如泰、華、嵩、衡、洞庭、瀟湘之類,摹景繪圖者別為名勝類。三是,樹石亦從山水中分出,因畫山水者,樹無定名,而樹石則以一木一石見奇,故别爲一類。

十八日,麓臺在蘇州虎丘爲惠吉表弟作《仿董巨山水》。

《山水正宗》上卷第148頁圖録《仿董巨山水》:"余三次扈從歸吴門,必與惠吉表弟留連浹旬,揚扢風雅,筆墨之興油然而生,每爲侍直所阻。昨雨中翠華幸虎丘,余憩直子充齋中,惠吉冒雨過訪,復理前説云'君子寓意於物,於此中寓意已久',必欲踐約。余勉爲作董巨,筆法痴肥,習氣未能剗削,恐不足以副其望也。康熙丁亥清和望後三日。王原祁。"

鈐印:起首鈐"御書畫圖留與人看"(朱白文雙龍橢圓),下鈐"王原祁印"(白文正方)、"麓臺"(朱文正方),圖右下鈐"西廬後人"(朱文長方)。

水墨紙本立軸,79.5×36.7cm,故宫博物院藏。

按:《虚齋名畫録》卷九《王麓臺仿董巨山水軸》著録。《山水正宗》别册第52頁,楊丹霞稱,"惠吉"乃山東諸城實光迪之字。

此圖有"飛卿過眼"(朱文正方)、"虚齋鑒定"(朱文正方)收藏印。

麓臺作《王麓臺仿雲林山水軸》。

《虚齋名畫録》卷九《王麓臺仿雲林山水軸》:"丁亥清和,扈從歸舟寫設色雲林。余年來一官匏繫,簪筆鹿鹿,夙夜在公,家無甔石,日在愁城苦海中,無以解憂,惟弄柔翰出入宋元諸家,如對古人。雖不能肖其形神,庶幾一遇,亦寓意寬心之法也。麓臺。"

鈐印:"穀詒堂"(朱文長方)、"原祁之印"(白文正方)、"麓臺"(朱文正方)、"西廬後人"(朱文長方)。

按:徐邦達先生著録爲《仿倪瓚設色山水圖軸》。《海外藏中國歷代名畫》第166頁圖録。

麓臺作《王司農仿梅道人立軸》。

《吴越所見書畫録》卷六《王司農仿梅道人立軸》:"丁亥清和,仿梅道人筆。扈從北回,維揚舟次。麓臺祁。"

鈐印:"御書畫圖留與人看""王原祁印""麓臺""西廬後人"。

按:徐邦達先生名其爲《仿梅道人立軸》。

麓臺在武林爲顧琪作《王司農仿大痴立軸》。

《吴越所見書畫録》卷六《王司農仿大痴立軸》:"余前兩次扈從,毓萊道契每索拙筆,未有以應。今同爲武林之行,晨夕半月,譚詩論畫,風雅之興頗爲不孤。濡毫吮墨,遂作此圖,亦湖山良友之一助也。丁亥清和,仿大痴筆。王原祁。"

钤印:"掃花庵""王原祁印""麓臺""西廬後人"。

按:《吳越所見書畫錄》稱,顧琪,字毓菜,名諸生。

麓臺於瓜步舟次跋《仿高克恭山水圖》。

《王原祁精品集》第 209 頁圖錄《仿高克恭山水圖》:"房山畫原本米家,仍帶巨然風味。淋漓中見澹蕩,以其惜墨,故能潑墨也。學者於此究心始得。康熙丁亥清和,題於瓜步舟次。王原祁。"

钤印:起首钤"畫圖留與人看"(朱文長方),下钤"王原祁印"(白文正方)、"麓臺"(朱文正方),圖左下钤"西廬後人"(白文長方)。

水墨紙本立軸,91.3×45.8cm,上海博物館藏。

按:《過雲樓續書畫記》卷四稱之爲《王麓臺仿高尚書雲山軸》,跋文著錄不完整。此圖有清代蔣因培("蔣氏伯生所藏",朱文長方)收藏印。

此圖爲麓臺晚年仿王蒙的典型作品。何海峰《王原祁仿高房山山水圖與仿高克恭山水圖真偽辨》中指出,蘇州博物館藏本(圖見《王原祁精品集》第 213 頁)爲偽作。

麓臺作《仿董其昌山水》。

《中國古代書畫圖目 22》京 1—4882 圖錄《仿董其昌山水》:"丁亥清和,遇石兄維舟鐵口城下,凄風苦雨,悶坐篷窗。司民兄出素紙索畫,以纾(抒)煩鬱,其意別有所會也。余喜其意,寫此博粲。仿董宗伯。麓臺祁。"

钤印:起首"掃花庵"(朱文橢圓),下钤"王原祁印"(白文正方)、"麓臺"(朱文正方),圖右下钤"石師道人"(白文正方)。

水墨紙本立軸,72.6×42cm,故宮博物院藏。

按:徐司民,善弈,曾館於麓臺家數年。

麓臺爲丕承年道契作《王司農仿大痴山水軸》。

李佐賢《書畫鑑影》卷二十四《王司農仿大痴山水軸》:"《浮巒暖翠》及《夏山》二圖皆位置縝密,設色絢爛,有歐波風格,而其平淡天真自出於尋常筆墨之外。董宗伯評畫云:'子久學北苑又自有子久,可稱冰寒於水。'斯言良可味也。丕承年道契天姿俊爽,筆端秀拔,欲於子久專門深入,其意甚淳切。余故以是語告之,雖老馬未能識途,古人面目或未盡失耳。康熙丁亥清和,寫於邘江舟次。原祁。"

按:徐邦達先生名之爲《仿大痴〈浮巒〉、〈夏山〉二圖軸》。《歸石軒畫談》卷五亦著錄,有異文。

麓臺作《王司農仿趙大年江南春參松雪筆意立軸》。

《吳越所見書畫錄》卷六《王司農仿趙大年江南春參松雪筆意立軸》："趙大年學惠崇法，成一家眷屬。昔人謂其纖姸淡冶，真得春光明媚之象。但所歷不越數百里，無名山大川氣勢耳。今參以松雪筆意，峰巒雲樹，宛然相合。方知大年筆墨仍不出董、巨宗風，非描頭畫角者可比，所以爲可貴耳。丁亥清和，扈從北發舟中，與司民徐兄手譚之暇，輒爲點染，漫成此圖，至中秋告竣，聊以發紓性情，不復計工拙也。婁東王原祁題。"

鈐印："掃花庵""王原祁印""麓臺""西廬後人"。

按：徐邦達先生名之爲《仿大年、松雪山水軸》。

《清王麓臺進呈扇冊》十幀成。

《壯陶閣書畫錄》卷十六。

按：內容見本書"'臣'字款作品"最後一條。

麓臺侄王昭駿在太倉參與釋一念叛亂案，被擒。

《頵庵府君行述》："戊子春……五月，族人麗逆案。"

汪曾武《外家紀聞》："吾邑東門內有大叢林。在州涇橋西，曰報本寺，爲太原王氏所建。住持僧一念和尚，精術數，有勇力，能以五行遁形。太原公子王昭駿善視之。每於盛暑相與批襟納凉，交相得也。一日，公子思陳橋蒲鞋。一念曰：'是不難，可立致之。'迨公子歸而蒲鞋已陳列几側。公子驚異。翌日，一念走告曰：'君前生有宿慧，當可玉食萬方，如不信，可往後院井內觀。'公子遂往，俯視井內一人冕旒如王者，狀則己之面目也。喜懼交集，退而私問一念。一念曰：'君家受明厚恩，今異族入主中夏，不思爲國復仇，而竊竊私議，何爲乎？況君家門生故舊半天下，值此邊疆擾攘，君盍仗義興師，馳檄聲罪致討，則漢家制度不難自君復也。'……一念曰：'鄉人苦旱久矣。吾先呼雨以拯之。'遂仗劍披髮，喃喃詛咒，不一時大雨傾盆，田野潤澤。公子益信之，過從益密，料量復仇事。一念設壇於寺，日與公子謀。或撒豆成兵隊，或縮地得軍械，公子驚喜以爲可以集事。……頵庵相國時爲刑部侍郎，麓臺司農同官京邸，與公子爲近支也。……遍告各省故舊，以某月某日流星爲號，屬密爲戒備。公子儼然欲爲帝王矣。一念則日披八卦衣，自比諸葛亮，籌畫復明之仇。……同知將遵旨行刑矣，一念曰'我是出家人，素尚清潔，請盥手就刑。'同知未知其詐也，許之，乃命左右取水一盆。一念洗手未畢，杳不知其所之。公子則刑諸市曹。"

《清詩紀事初編》卷三《王掞》載，"昭駿父子被誅。"

《(民國)太倉州志》卷十二《名宦》："康熙四十六年,奸僧一念倡亂,糾陸申、錢保、王昭駿等内應,約是夜五更放爆竹開城。知州李颺廷聞變,倉皇失措。商奕銓申嚴守備,密飭衙鼓,以四爲節,部署甫定,會天將署,急率壯士扣巨魁門,時凶黨已嚴裝待。揮兵掩捕,悉就範,一念逸去。獲其簿籍、偽劄,按擒四十八人。餘悉不問。事聞魁黨伏誅,明年一念亦就擒。"

麓臺扈從北上,舟次柳林閘作《仿王蒙山水圖》(見圖二三)。

《王原祁精品集》第211頁、《中國繪畫全集27》第60頁圖錄《仿王蒙山水圖》："丁亥夏五,扈從北上,舟次柳林閘四日,煩熱鬱悶,仿黄鶴山樵筆。王原祁。"

鈐印:起首鈐"御書畫圖留與人看"(朱白文雙龍橢圓),下鈐"王原祁印"(白文正方)、"麓臺"(朱文正方),圖左下鈐"西廬後人"(朱文長方)。

水墨紙本立軸,104.4×49.6cm,上海博物館藏。

按:有"蔣氏伯生所藏"(朱文長方)收藏印。此圖爲麓臺仿王蒙的典型作品。

五月

王掞、麓臺、汪士鋐等扈從玄燁回京。

錢泳《履園叢話》卷一《康熙六巡江浙》。

汪士鋐《秋泉居士集》卷二《全秦藝文志序》稱此年"自江南扈駕還都"。

約春夏間

唐孫華題王撰吳江舟次所作畫。

《東江詩鈔》卷九《題王隨庵畫》二首,其一:"天外烟巒點翠鬟,秋林掩映屋三間。此中安得移家住,岫幌開看遠近山。"其二:"楓冷吳江落木天,筆床茶竈水窗前。垂虹橋畔輕帆過,便是元章書畫船(畫寫於吳江舟中)。"

按:從《東江詩鈔》卷1《鬻粟行》"去年丁亥逢旱災",同書卷九《米貴》"今年春夏交……一旱連三月"可知,其前一首《題王隨庵畫》或在康熙四十六年春夏之交。

六月

初一,麓臺於海淀寓直作《王司農仿黃鶴山樵林泉清集、丹臺春曉二圖意立軸》。

《吳越所見書畫錄》卷六《王司農仿黃鶴山樵林泉清集、丹臺春曉二圖意立軸》:"黃鶴山樵爲趙吳興之甥,酷似其舅,後乃一變其法,入董、巨三昧,可稱智過其師。雲林有'筆力扛鼎'之咏,不虛也。余先奉常舊藏有《林泉清集》、《丹臺春曉》二圖,

圖二三　王原祁《仿王蒙山水圖》

自幼至老，觀摩已久。今作此圖，冀欲得其萬一，入室初機也。丁亥六月朔日，題於海淀寓直。麓臺。"

　　鈐印：起首鈐"御書畫圖留與人看"（朱白文雙龍橢圓），下鈐"王原祁印"（白文正方）、"麓臺"（朱文正方），圖右下鈐"西廬後人"（朱文長方）。

　　墨筆紙本立軸，154×64.5cm，故宮博物院藏。

　　按：徐邦達先生名其爲《仿黃鶴山樵山水軸》。

七月

十二日，玄燁作序倡導詞學正統之風。

　　玄燁《御選歷代詩餘序》："（詩餘）之作，要皆仿於詩，則見其本末、源流之故有可言者。……（吾）欲極賦學之全而有賦匯，欲萃詩學之富而有《全唐詩》刊本，宋、金、元、明四代詩選，更以詞者繼響夫詩者也，乃命詞臣輯其風華典麗悉歸於正者爲若干卷。"

麓臺爲吳來儀作《仿黃公望秋山圖》。

　　《故宮藏畫大系十五》第43頁、《清王原祁畫山水畫軸特展》第33頁圖錄《仿黃公望秋山圖》："余曾聞之先奉常云，在京江張子羽家見大癡《秋山》。筆墨設色之妙，雖大癡生平亦不易得，以未獲再見爲恨。時移世易，此圖不知何往矣。余學畫以來，常形夢寐，每當盤礴，於此懸揣，冀其暗合。如水月鏡花，何從把捉，祇竭其薄技而已。來儀吳兄酷嗜余畫，庚辰至今，與之深談奕理，匪朝伊夕，每爲點染，未成旋失。今秋余堅留信宿，輟筆方行，即寫此意以贈，以見余用心之苦，踐約之難也。康熙丁亥初秋，王原祁畫。"

　　鈐印：起首鈐"求是堂"（朱文橢圓），下鈐"王原祁印"（白文正方）、"麓臺"（朱文正方），圖右下鈐"西廬後人"（朱文長方）。

　　設色紙本立軸，81.3×50.2cm，臺北故宮博物院藏。

　　按：《石渠寶笈初編》卷十八著錄，有"乾隆御覽之寶"等璽印。徐邦達先生名之爲《仿大癡秋山圖軸》。

　　《江南通志》卷一百二十四《選舉志·進士》："康熙四十八年劉子壯榜，吳來儀，武進人。"

麓臺於雙藤書屋作《仿黃公望筆意》，跋文中強調，學黃公望時要能由淡入濃，以意運氣，以氣會神。

　　《故宮藏畫大系十五》第42頁、《清王原祁畫山水畫軸特展》第31頁圖錄《仿黃公望筆意》：""大癡畫由淡入濃，以意運氣，以氣會神，雖粗服亂頭，益見其嫵媚也。作者於行間墨裏得幾希之妙。若以迹象求之，便大相逕庭矣。丁亥初秋新凉，寫於雙藤書屋。麓臺祁。""

鈐印：起首鈐""求是堂""（朱文橢圓），下鈐""麓臺""（朱文正方）、""原祁茂京""（朱文正方），圖左下鈐""西廬後人""（朱文長方）。

水墨紙本立軸，85.2×44.7cm，臺北故宮博物院藏。

按：《石渠寶笈》卷四十著録，有""乾隆御覽之寶""等璽印。

毛師柱、唐孫華等跋張佩將所藏《離薋園圖》。

《東江詩鈔》卷九《張蒿園齋觀離薋園圖，園係王元美先生別墅》。

《端峰詩續選》卷六《題離薋園圖，圖爲吳郡尤求手筆，其時名賢系詩於後，園爲琅琊敬美先生別墅，蓋以分宜當國，義取遠奸離薋之名所由立也，向已屬之清河，新正五日，蒿園招諸同人宴集此園，因出舊圖展觀，各有題咏，時余以疾未赴，今仍索題率補二首》。

八月

初一，麓臺爲孫岳頒作《王司農西嶺烟雲卷》。

《吳越所見書畫録》卷六《王司農西嶺烟雲卷》。

""衆山皆曉。樹補年道兄。汪士鋐。""

鈐印：""松齋""""退谷""""汪士鋐印""。

""西嶺烟雲，富春遺法。康熙丁亥八月朔日。麓臺作。""

鈐印：""求是堂""""原祁茂京""""西廬後人""""興與烟霞會""。

麓臺又跋：""董宗伯論畫云：'元人筆兼宋法，便得子久三昧。'蓋古人之畫以性情，今人之畫以工力。有工力而無性情即不解此意，東塗西抹無益也。樹峰老先生爲余先輩執友，又同值禁庭，朝夕隨几杖，性情相契已久。乙酉之冬，忽手書草訣百韻見貽，余得之如拱璧。兩年以來，思以筆墨奉酬。不輕落筆，手摹心追，入癡翁之門，達宗伯之意，庶幾與古人性情少分相合。先生其有以教我乎？　婁東王原祁題於京邸穀詒堂。""

鈐印：""御書畫圖留與人看""""王原祁印""""麓臺""。

按：樹峰爲孫岳頒。

王奕清視學四川，玄燁御賜""寅鑑堂""。

《顒庵府君行述》：""八月，不孝奕清奉命視學四川，恭請聖訓，蒙賜御書'寅鑑堂'三字。先大夫謂不孝曰:'寅,敬也。鑑,明也。敬以居心,明以取士。聖訓之教汝者至矣。'"

九月
麓臺爲育翁作《王司農仿黃鶴山樵山水軸》。

《書畫鑑影》卷二十四《王司農仿黃鶴山樵山水軸》:"丁亥中秋,仿黃鶴山樵,似育翁老先生正,婁東王原祁。"

鈐印:"王原祁印""麓臺"(朱文正方)。

按:徐邦達先生名之爲《似育翁仿山樵山水軸》。

秋
沈受宏有中州之行,紆道訪宋廣業於濟東署中。

《白漊先生文集》卷一《宋大參性存六十壽序》。

毛師柱在王撰齋題《採菊圖》。查昇書《五柳先生傳》贈王撰,麓臺爲之配《採菊圖》。

《端峰詩續選》卷六《隨翁齋題採菊圖分得七言絶句》二首,其一:"閒吟細把菊芳鮮,醉倒東籬別有天。不畫桃源偏畫此,羲皇原即是神仙。"其二:"海昌書法瘦通神,摩詰丹青更絶倫。斯世誰還兼擅否,贈貽端屬箇中人(海寧查學士曾書《五柳先生傳》爲贈,麓臺因寫《採菊圖》配之)。"

十月
麓臺雙藤書屋作《仿王蒙筆意》,强調學畫者要體認宋元繪畫的神逸之韻,窮究嚮上之理。

《故宫藏畫大系十五》第41頁圖録《仿王蒙筆意》:"畫法要兼宋元三昧。元季四家學董巨,又各自成家,山樵尤從中變化莫可端倪。所爲冰寒於水者也。學者體認神逸之韻,窮究嚮上之理,雖未能登堂入室,亦不無小補云。丁亥小春寫於雙藤書屋。王原祁。"

鈐印:起首鈐"御書畫圖留與人看"(朱白文雙龍橢圓),下鈐"王原祁印"(白文正方)、"麓臺"(朱文正方),圖左下鈐"西廬後人"(朱文長方)。

紙本墨筆,100.5×45.1cm,臺北故宫博物院藏。

按:《石渠寶笈》卷十六著録,有"乾隆御覽之寶"等璽印。"所爲"當爲"所謂"。

十一月

麓臺作《西嶺春晴圖》。

《四王吳惲繪畫》第 177 頁、《中國古代書畫圖目 22》京 1—4885 圖錄《西嶺春晴圖》:"西嶺春晴。仿大癡筆於暢春寓直,丙戌夏日起,丁亥仲冬輟筆。麓臺。"

鈐印:起首鈐"掃花庵"(朱文橢圓),下鈐"王原祁印"(白文正方)、"麓臺"(朱文正方)。

水墨紙本立軸,38.5×363cm,故宫博物院藏。

按:《欽定石渠寶笈續編》第 22 册著錄,《海王村所見書畫錄》僅著錄題名。

十二月

三日,陳奕禧在跋文中强調書法傳統的重要性。

陳奕禧《緑陰亭集》卷下《題董文敏字卷》:"華亭以爲《聖教》、《黄庭》有繩尺,不足學。此論可以與上達人説,難與學者共之。夫書固應神明變化,離繩尺之外,然脱去繩尺又何能合法。"

冬

麓臺作《爲拱辰作山水》。一年後,鄒拱辰欲將此畫轉贈陳奕禧。

《中國古代書畫圖目 16》魯 5—103 圖錄《爲拱辰作山水》:"畫本心學,仿摹古人必須以神遇、以氣合,虛機實理,油然而生,然不得知者,則作者亦索然矣。拱翁老先生考古證今,揚扢風雅,獨於余畫有嗜痴之好,敢以鈍拙辭乎?仿北苑筆就正有道,幸先生有以教我。康熙丁亥仲冬,王原祁。"

鈐印:"王原祁印"(白文正方)、"麓臺"(朱文正方)。

又跋:"麓臺學士畫得太常公家傳,深入元四家之室。其用筆疏落縝密,嚴重深厚,無所不有而神韻生動,望之如置身巖壑中,不覺塵襟頓洗。當世畫品之高,莫如學士,獨占一席也。拱辰藏此幀得意作也,拱辰尤所寶愛,因將之南安,持此欲爲贈行。余以其所好不敢受,拱辰許别惠一幅,遂志軸端以見一時之雅懷云。戊子七月廿四日,海寧陳□□奕禧題。"

按:陳奕禧,字子文,號香泉,海寧人。撰有《金石遺文録》十卷。《江西通志》卷六十五《南安府九》稱,康熙四十七年陳奕禧由户部侍郎出知南安府。陳奕禧《隱緑軒題識》有《題王麓臺學士山水畫》。

麓臺於海淀寓直作《王司農仿米家雲山立軸》。

《吳越所見書畫録》卷六《王司農仿米家雲山立軸》:"寫米家法,布置須一氣呵成，點染須五墨攢簇，方見用筆、用墨潑中帶惜、由淡入濃之妙。若參得其意，於元季諸家無所不可耳。康熙丁亥冬日，寫(於)海澱寓直并題。麓臺祁。"

鈐印："王原祁印""麓臺""西廬後人"。

按：徐邦達先生名之爲《仿米家雲山立軸》。

麓臺奉命爲孫岳頒應制之作補圖，作《王麓臺仿古寫四時景册》八幀成。

《虛齋名畫録》卷十四《王麓臺仿古寫四時景册》。

第一幀(青緑)："八幅所題詩，皆司成孫先生應制之作，余曾奉命補圖，故并録之。繞舍瀑泉流不歇，隔林梅萼暖繽舒。高人相見松風裏，笑指龍鱗問著書。仿趙松雪。"

鈐印："王原祁"(一朱兩白正方)、"陟倩"(朱文長方)。

第二幀(青緑)："何處風吹細細香，南園春色正紅芳。櫻桃花底游蜂密，楊柳陰中乳燕忙。仿趙大年。"

鈐印："王原祁"(一朱兩白正方)、"麓臺"(白文正方)、"蒼潤"(朱文葫蘆)。

第三幀(設色)："松下茅齋五月寒，澗泉終日瀉鳴湍。不辭略彴紆行徑，爲引鄰翁看藥欄。仿劉松年。"

鈐印："王原祁"(一朱兩白正方)、"麓臺"(白文正方)、"蒼潤"(朱文橢圓)。

第四幀(水墨)："投策披襟千仞岡，超然人境任徜徉。石舂高落清泉響，風過微聞翠柏香。仿梅華道人。"

鈐印："石師道人"(白文正方)。

第五幀(設色)："夾道松杉古寺深，青山傑閣俯城陰。探幽不待携筇杖，把臂何妨共入林。仿董北苑。"

鈐印："王茂京"(一朱兩白文正方)、"石師道人"(白文正方)。

第六幀(設色)："野水無波一徑寒，釣魚人在蓼花灘。夜看明月照江上，坐久不知清露溥。仿馬文璧。"

鈐印："王茂京"(一朱兩白文正方)、"蒼潤"(朱文正方)。

第七幀(設色)："疏林隱約帶江山，樵舍漁村水一灣。兩岸黄蘆自蕭遠，寒鴉萬點暮飛還。仿李晞古筆。"

鈐印："王茂京"(一朱兩白文正方)、"石師道人"(白文正方)。

第八幀(設色)："浮嵐遠近白皚皚，山澗奔流殷若雷。見説前村梅信早，不辭踏雪過橋來。仿李營丘。右仿古寫四時景八幅，皆余應制之作。向若一見强余再摹寫以歸，時丁亥冬日。王原祁製。"

鈐印："王原祁"(一朱兩白正方)、"麓臺"(白文正方)。

按：此圖有"白雲紅樹"(白文長方)收藏印。

王鼎銘,號向若,王原祁族弟。顧陳垿《洗桐軒文集》卷七《鵬軒子傳》云:"鵬軒子,乃西田近支,同爲文肅公後。鵬軒子王姓,其名鯤發,吾友向若弟也。……向若善走,日可三百里。……向若殫心舉子業,走梁溪,師南沙秦雒生爲高座弟子。而鵬軒力耕,以養向若,用是無内顧憂。向若名霖滄,爲諸生後改名鼎銘,數困省闈。……康熙六十一年,向若卒於城中大橋南金氏。……獨向若志功名,雖與鵬軒同家茵涇,一生蹤迹,半在都邑,其卒亦在城市。"《(民國)太倉州志》卷二十五《藝文》稱,王鼎銘著有《向若詩》。

麓臺於海淀寓直作《丹臺春曉圖》。

《故宫書畫館》第一編第 128 頁、《中國古代書畫圖目 22》京 1—4884 圖録《丹臺春曉圖》:"丹臺春曉。此圖爲山樵生平合作,余家舊藏。丁亥冬日,仿於海淀寓直。王原祁。"

鈐印:起首鈐"求是堂"(朱文橢圓),下鈐"王原祁印"(白文正方)、"麓臺"(朱文正方),圖左下鈐"興與烟霞會"(白文長方)。

水墨紙本立軸,44.5×30.6cm,故宫博物院藏。

按:此圖有"石渠寶笈"等璽印,另有"安儀周家珍藏"(白文長方)收藏印。

麓臺作《秋山暮靄圖軸》。

《清王原祁畫山水畫軸特展》第 92 頁圖録《秋山暮靄圖軸》:"秋山暮靄。畫以天地爲師,以古人爲師。高房山原本北苑、海岳,筆墨渾厚之氣,晦明風雨,觸處相合,明董華亭稱其與鷗波并絶。丁亥冬日,偶暇仿之。麓臺。"

鈐印:起首鈐"蒼潤"(朱文橢圓),下鈐"原祁"(朱文正圓)、"麓臺"(白文正方)。

設色紙本立軸,54.2×33.3cm,故宫博物院藏。

按:楊翰《歸石軒畫談》卷五著録。此圖殘損嚴重。

本年

蔣廷錫歸海虞。

揆叙《益戒堂詩後集》卷三《送揚孫暫假還海虞二首》。康熙四十六年下半年,《益戒堂詩後集》卷四《孫書年爲予扇頭作前後赤壁意因題二絶句》。

太倉旱災。

《東江詩鈔》卷九《恭紀特恩蠲租次匪莪韻》:"不用司農費酌量,恩綸忽自九天翔。……冀曆未更先給復(蠲明年租),葭灰漸動早回陽(時在冬至前)。"

約是年,麓臺作《仿吳鎮山水圖》。

《中國繪畫全集 27》第 98 頁圖録《仿吳鎮山水圖》:"余身伏噩廬,心違瑣闥,搜山負土,棘人之筆硯都荒。讀禮癈詩,故友之音書久絶。江東薊北,千里思存。竹館晴雲,三秋夢斷,地遥天迥,物換星移。偶放棹於亭皋,試抒懷於側理。平沙淺水,落月窗前。暮雪寒雲,挑燈篷底。想金臺花鳥定多開府之篇,江上雲山聊附梅花之筆云爾。王原祁畫并題。"

鈐印:起首鈐"掃花庵"(朱文橢圓),下鈐"王原祁印"(白文正方)、"茂京父"(兩朱一白文正方),圖左下鈐"西廬後人"(朱文長方)。

水墨紙本立軸,141.7×51cm,故宫博物院藏。

康熙四十七年戊子(1708年)六十七歲

正月
元旦,唐孫華與王撰在太倉,兩人時以詩歌往還。

《東江詩鈔》卷十《元旦次和隨庵韻》。

麓臺爲德先作《仿黄公望山水圖》。

《故宮藏畫大系十五》第46頁、《清王原祁畫山水畫軸特展》第35頁圖錄《仿黄公望山水圖》:"其章從余游,應欽召入都,閱二載。丁亥春仲爲尊甫德先先生七衮大壽,以分任編輯不遑趨庭萊舞。值余戹從南歸,切懇寫此爲南山之祝。途次公事鞅掌,鹿鹿趨直,仿一峰老人筆,點染未竟。戊子春正,應制稍暇,餘墨剩色,撥冗續成。疾行無善步,不足稱壽翁添籌駐顏之意,書以志愧。王原祁。"

鈐印:起首鈐"御書畫圖留與人看"(朱白文雙龍橢圓),下鈐"王原祁印"(白文正方)、"麓臺"(朱文正方)。

設色紙本立軸,106.5×60cm,臺北故宮博物院藏。

按:有"三希堂精鑒璽"等璽印。圖左下鈐有"靜獻齋鑒藏印"(朱文長方)。

温肇桐《王原祁·王原祁年譜》稱麓臺作《仿黄一峰老人筆》壽任尊甫者,或爲此卷。

春
麓臺侍直暢春公寓間作《山水高宗御題》。

《故宮藏畫大系十五》第49頁、《清王原祁畫山水畫軸特展》第41頁圖錄《山水高宗御題》:"戊子初春,寫雲林設色小景。余於客歲三冬,侍直暢春公寓,間有暇時,薄醉消寒,便一弄筆,不覺成此數幀,因題之曰:'適然集'。麓臺祁。"

鈐印:起首鈐"御書畫圖留與人看"(朱白文雙龍橢圓),下鈐"王原祁印"(白文正方)、"麓臺"(朱文正方),圖右下鈐"西廬後人"(朱文長方)。

水墨紙本立軸,54.4×33cm,臺北故宮博物院藏。

按:《石渠寶笈》著錄,有"乾隆御覽之寶"等璽印、乾隆題跋。

麓臺作《王麓臺仿黄鶴山樵軸》。

《穰梨館過眼錄》卷三十九《王麓臺仿黄鶴山樵軸》:"松壑高巖。戊子初春,暢春侍直歸寓,寫黄鶴山樵筆。麓臺祁。"

鈐印:起首鈐"掃花庵",下鈐"王原祁印""麓臺""西廬後人"。

麓臺在暢春公寓,作《仿米芾雲山圖》。

《故宮藏畫大系十五》第 47 頁、《清王原祁畫山水畫軸特展》第 37 頁圖錄《仿米芾雲山圖》:"戊子新春,暢春公寓呵凍寫米家雲山。麓臺祁。"

鈐印:起首鈐"御書畫圖留與人看"(朱白文雙龍橢圓),下鈐"王原祁印"(白文正方)、"麓臺"(朱文正方),圖右下鈐"西廬後人"(朱文長方)。

水墨紙本立軸,100.3×57.1cm,臺北故宮博物院藏。

按:《石渠寶笈》卷四十《仿米芾雲山》著錄,有"乾隆御覽之寶"等璽印。

麓臺作《仿梅道人山水軸》。

《仿梅道人山水軸》:"戊子仲春,仿梅道人筆,麓臺祁。"

按:秦潛《曝畫紀餘》卷五《王麓臺仿梅道人山水圖》著錄。

《佩文齋書畫譜》百卷刻成,康熙爲之作序。

《佩文齋書畫譜序》。

毛師柱詩賀表弟徐東白七十,并以詩簡候王撰。

《端峰詩續選》卷六《贈徐東白表弟七十》:"結契由中表,童年忽老翁。頗兼師友益,真與弟兄同。道合風塵外,情聯翰墨中。看花攜短屐,讓爾獨稱雄。"

《端峰詩續選》卷六《十六日簡候隨庵先生》:"病鄉孤冷隔仙居,春雨春風問候虛。忽又別君三月久(客歲仲冬上浣,曾蒙枉過館齋,恰已百日),却還長我十餘年。瓊瑤翰札真無匹,龍馬精神迥不如。昨咏入臺古藤杖,右丞詩法右軍書。"

唐孫華詩贈太倉州同知商奕銓,贊揚其在處理客歲一念叛亂之事的英明果斷。唐氏與王吉武同游蘇州虎丘。

《東江詩鈔》卷十《贈商州丞,名奕銓,會稽人,州同知》、同卷《張汝貽招同諸友得月樓看梅》、同卷《喜張慶餘遠歸》、同卷《同王冰庵太守游虎丘》。

按:據《贈商州丞,名奕銓,會稽人,州同知》"紛紛肱篚與挍丸,白晝公然敢揭竿。收縛潛教篝火熄,干掫常犯曉霜寒"可知,此詩涉及康熙四十六年五月一念叛亂之事。

因江南干旱嚴重,玄燁下詔免江南歲漕半額,太倉地區發粟賑灾。

《東江詩鈔》卷十《發粟行》:"去年丁亥逢旱灾,良田坼裂成荒萊。芋羹豆飯苦不給,紛紛填壑真堪哀。聖慈蠲賑恩邁古,詔下歡涌聲如雷。江南歲漕減半額,我州得留三萬石。"

麓臺作《爲竹逸寫墨筆山水軸》。

《爲竹逸寫墨筆山水軸》:"余二十年前游怡雲小隱,與竹逸煉師爲世外交,曾有尺幅相貽,仿元人法也。今戊子春訪友,適過舊友,解後(邂逅)詩岑道兄,其意幽閒,留心筆墨,余見昔年所作,深爲愧色。因作此卷見贈,稍知年來學步處。白石翁云:'筆蹤要是存蒼潤,墨法還需入有無。'學者當以此語參之,王原祁。"

鈐印:"王原祁印""麓臺"。

按:李佳撰《左庵一得初錄》著錄爲《王麓臺山水》。徐邦達先生名之爲《爲竹逸寫墨筆山水軸》。

閏三月

十一日,唐孫華招集友人雅集,毛師柱以疾不能往,代拈得七虞六麻二韻,復成之。

《端峰詩續選》卷六《閏月十一日,東江招集共賦送春,代拈得七虞六麻二韻》。

二十五日,麓臺以翰林院侍讀學士充日講起居注官。

《大清聖祖仁皇帝實錄》卷二百三十二:"康熙四十七年閏三月壬寅。上御太和殿視朝。文武升轉各官謝恩。……以翰林院侍讀學士王原祁充日講起居注官。"

按:《歷代名人年譜》卷十《清》第78頁稱:"(康熙四十七年)四月,茂京充日講起居注官。"

楊守知在袁浦見到了落魄戲子陳七。

楊守知《意園詩集選鈔》:"陳七郎者,故合肥相國李公之家伶也。相國既歿,歸於都御史興化李公僕忝二公門下。曩者客游燕中,追陪杖履,屢與燕游。是時七郎與平採官齊名,年十四五爾。風流雲散,彈指十年。興化公已下世,僕潦倒無狀,於役河幹。戊子閏三月,復遇七郎於袁浦。酒闌話舊,不勝今昔之感,賦此贈之:'最好風光是閏春,征歌選舞赴良辰。燈前一顧添惆悵,認得何戡是舊人。雪泥鴻爪一傷懷,回首名園半綠苔。我是公門舊桃李,當初親見好春來。'"

按:"合肥相國李公"即李天馥。

麓臺作《仿倪黃山水圖扇》。

《中國古代書畫圖目 22》京 1—4888 圖錄《仿倪黃山水圖扇》:"戊子春閏,寫倪、黃筆意。王原祁。"

鈐印:"王原祁印"(白文正方)、"麓臺"(朱文正方)

設色紙本扇頁,16.5×49.3cm,故宮博物院藏。

麓臺作《王司農仿倪黃筆意立軸》。

《吳越所見書畫錄》卷六《王司農仿倪黃筆意立軸》:"敬六老表侄索余畫甚久,以侍直暢春不遑點染,蹉跎累月。兹榮發首途,寫倪、黃筆意勉以馳賀。畫雖小道,然澹宕中有精深,小亦可以喻大也。奏最非遠,拭目以俟,再當竭其薄技耳。康熙戊子春閏。王原祁。"

鈐印:"掃花庵"(朱文長方)、"王原祁印"(白文正方)、"麓臺"(朱文正方)、"西廬後人"(朱文長方)。

按:《虛齋名畫錄》卷九《王麓臺寫倪黃筆意軸》著錄。《吳越所見書畫錄》以"澹嚴"爲"澹宕",書中稱此畫曾爲玉峰李氏之物。李敬六爲宋廣業館甥。康熙四十五年,宋廣業在山東署中與嚴麟洲、計希深、繆日藻、館甥李敬六、陸宣穎、内侄陳樹滋、子志益集署中雅扶堂限韻分賦歷下八景。見《蘭臬詩鈔》卷十三《歷下小草·丙戌初夏,同學嚴麟洲、計希深、繆文子暨館甥李敬六、陸宣穎、内侄陳樹滋、兒子志益集署中雅扶堂,限韻分賦歷下八景,分得錦屏春曉限東字》。

此圖有"紫雪山房"(朱文正方)、"鶴立"(朱文長方)、"王氏鑒賞之章"(朱文長方)、"世綸蘊玉"(朱白相間長方)等收藏印。

麓臺作《春岫涵雲圖軸》。

《王原祁集》第 279 頁圖錄《春岫涵雲圖軸》:"康熙戊子春閏,仿黃子久寫《春岫涵雲》。余在暢春直廬,連日縱觀宋、元、明諸畫數百軸,興會甚洽,因作是圖。王原祁。"

王乎逷舊藏。

四月

四日,麓臺作《王司農仿惠崇江南春立軸》。

《吳越所見書畫錄》卷六《王司農仿惠崇江南春立軸》:"上林處處香翠,繞潤恩波自天。想見江南風景,紅亭緑水依然。康熙四十七年四月四日,仿惠崇筆。王原祁,時年六十有七。"

鈐印:"御書畫圖留與人看""王原祁印""麓臺"。

按:徐邦達先生稱其爲《仿惠崇江南春立軸》。

麓臺作《仿設色雲林山水軸》。

《仿設色雲林山水軸》:"简单之中自然艷麗,此雲林設色之妙,元人中獨絶者也。是幅未識能彷彿否?時康熙戊子清和下浣,麓臺祁。"

鈐印:"畫圖留與人看""王原祁印""麓臺""西廬後人"。

按:《欽定石渠寶笈續編》著錄爲《王原祁畫山水》。徐邦達先生名之爲《仿設色雲林山水軸》。

麓臺於暢春侍直公餘寫《仿倪黄山水》(見圖二四)。

《山水正宗》上卷第105頁、《中國繪畫全集27》第61頁圖錄:"倪、黄筆墨借色顯真,雖妙處不專在此,而理趣愈出,超越宋法,宜於此中尋繹者。戊子清和,暢春侍直公餘寫此寄興。麓臺祁。"

鈐印:起首印"御書畫圖留與人看"(朱白文雙龍橢圓),下鈐"王原祁印"(白文正方)、"麓臺"(朱文正方),圖左下鈐"西廬後人"(朱文長方)。

設色紙本立軸,187.3×46.6cm,上海博物館藏。

按:《中國繪畫全集27》此圖著錄有三處異文:借色"斷"真;理趣"合"出;此中尋"澤"。此圖有"紫藤華館"(朱文正方)收藏印。

王撰卒,毛師柱、唐孫華各作詩二首悼之。

《端峰詩續選》卷六《聞隨翁病甚感嘆二絶,十九暮刻》:"一生閒澹養天和,九十將登奈老何。堪嘆病來誰得主,不因長我十年多。"

《端峰詩續選》卷六《病中哭隨庵先生》二首,其一:"病來無事不傷情,感舊心尤此日驚。乍別正還貽好句(見三齋晤後,曾貽示志喜之作),瀕危偏又哭先生。夜臺翻幸稀聞見,流俗空矜恤老成。盡説騷壇耆碩少,豈知吾道失干城。"其二:"迴憶論交五十年,澹懷如水倍纏綿。榮枯互閲多般境,聚散頻經幾輩賢。花萼一門看欲盡(先生昆仲九人,今祇司寇一人在耳),文章千古信應傳。全歸得且膺仁壽,未敢輕歌薤露篇。"

《東江詩鈔》卷十《輓王隨庵先生》二首,其一:"好學袁遺老更勤,松楸蘚壁足清芬。才名共擬鄭三絶,翰札爭誇顧八分。窮借文章消歲月,閒將絹素寫烟雲。眼前耆宿皆零落,詩壘憑誰壯一軍。"其二:"風流前輩是吾師,樽酒招邀每不辭。氣味祇因文字合,追陪已恨暮年遲。新篇初就頻相示,舊學都忘愧質疑(先生每讀書有疑輒手録下問)。觴咏草堂裁幾日,一生絶筆送春詩(先生未病前數日宴集小齋,分韻賦送春詩二章,遂爲絶筆)。"

按:毛師柱《病中哭隨庵先生》前後分別爲《初夏次答石樵疊溪字韻寄憶》、《七月十六日感逝有嘆,繼室忌辰去世十四年矣》,由此可推定王撰卒於四月至七月十

康熙四十七年戊子(1708年)六十七歲　439

圖二四　王原祁《仿倪黃山水》

六日間,而從《輓王隨庵先生》"一生絕筆送春詩"可知王撰卒於康熙四十七年四月。

五月

麓臺作《王麓臺秋山圖軸》。

《虛齋名畫錄》卷九《王麓臺秋山圖軸》:"大痴《秋山圖》,昔先奉常云,曾於京口見之。時移世易,無從稽玫,即臨本亦無。此圖余就臆見成之,亦有秋山之意,恐未足動人也。康熙戊子夏五,寫於海淀寓直,王原祁。"

鈐印:"御書畫圖留與人看"(朱白文雙龍橢圓)、"王原祁印"(白文正方)、"麓臺"(朱文正方)、"西廬後人"(朱文正方)。

按:徐邦達先生名之爲《淺絳秋山圖軸》。

麓臺爲耕巖作《松溪仙館圖扇》。

《松溪仙館圖扇》:"松溪仙館。戊子夏五,仿倪黃設色小景,爲耕巖年道兄五袠壽。王原祁。"

鈐印:起首鈐"陠倩"(朱文長方),下鈐"王原祁"(一朱兩白文正方)、"麓臺"(朱文正方)。

玄燁免王掞、王原祁等"族人麗逆案"株連之罪。

《顒庵府君行述》:"五月,族人麗逆案,聖祖以先大夫故,特諭司法:'太倉王氏素稱顯族,本朝來爲大臣官員者甚衆,并未聞有他故,今因不肖亡(無)賴玷辱宗族之匪類,依律坐罪,朕心深爲不忍,且爲凡爲大臣官員者痛之。爾等會議時,但將王昭駿本身及妻子定罪,其伯叔兄弟,俱不必議。本內將朕此旨明白載入。'爲此手書特諭。先大夫聞命感泣,率同侄編修蓍,奔赴行在,疏謝特恩。時聖祖駐蹕哈拉河屯。二十九日,先大夫至,即賜飯宮門外,傳旨就宿大學士張玉書直房。次日,内侍引入行宮,游覽苑中諸勝,奇花異草,月榭雲臺,疑在蓬壺閬苑中,是日,演戲宮門外,命扈從官弁聚觀。"

按:王蓍乃王原祁長子。

大學士張玉書、陳廷敬;尚書王鴻緒;少詹蔡升元;學士查昇、陳壯履、王原祁;編修楊瑄、勵廷儀、張廷玉、錢名世、查慎行、蔣廷錫等被玄燁召入淵鑒齋,賜坐、賜饌,人賜荷花一瓶,命由蕊珠院延賞樓泛舟回直廬。

《皇朝詞林典故》卷四。

六月

初一，麓臺作《仿大痴山水》。

《中國古代書畫圖目15》遼2—181圖録《仿大痴山水》："仿大痴畫，筆墨、位置俱在離即之間，須境遇悦適，心神怡逸，方有佳處。余當炎鬱相乘之候，又威懼交并之時，借以陶寫性情，而心爲境牽，每多窒碍。東坡詩云：'安心是藥更無方。'以此論畫，良有味也。書以識意。康熙戊子六月朔日，畫於雙藤書屋。麓臺。"

鈐印：起首鈐"御書畫圖留與人看"（朱白文雙龍橢圓），下鈐"王原祁印"（白文正方）、"麓臺"（朱文正方），圖右下方鈐"西廬後人"（朱文長方）。

設色紙本立軸，101×12cm，瀋陽故宫博物院藏。

按："東坡詩"，乃是引用蘇軾《東坡全集》卷五《病中游祖塔院》。

十二日，陳奕禧至左都御史宋駿業齋，觀其所藏祝允明書法。

陳奕禧《隱緑軒題識·書祝京兆書》："益信晋唐之學，筆下有緩急、剛柔之分。"

麓臺作《仿大痴碧天秋思圖》。

《王原祁精品集》第217頁圖録《仿大痴碧天秋思圖》："戊子六月望前，暑熱酷烈，北地稀有，雨後喜得新凉。下弦月色碧天，頗動秋思。偶見小幅，仿大痴，自謂與興會相合。廿一立秋日題。麓臺祁。"

鈐印：起首鈐"求是堂"（朱文橢圓），下鈐"王原祁印"（白文正方）、"麓臺"（朱文正方）。

紙本設色立軸，62×33.3cm，蘇州市博物館藏。

陳奕禧與尹學庭討論書學。

《隱緑軒題識·白書與尹學庭孝廉雜題》。其一，觀《淳化帖》："尋味轉折處，庶可得其内外之辨。"其十："東坡先生以平原《鹿脯》、《乞米》爲根本，又入獻之《新婦服地黄湯帖》便已成家。欲學蘇者，從平原入，即可探其星宿，加之以卧勢，當去蘇不遠。"

麓臺作《仿王叔明長卷（武清三弟）》。

《麓臺題畫稿·仿王叔明長卷（武清三弟）》："都城之西層巒叠翠，其龍脈自太行蜿蜒而來，起伏結聚，山麓平川回環幾十里。芳樹甘泉，金莖紫氣，瑰麗欝葱。御苑在焉，得茅茨土階之意而仍有蓬萊閬苑之觀。置身其際，盛世之遭逢也。余忝列清班，簪筆入直，晨光夕照領略多年。近接禁地之清華，遠眺高峰之爽秀，曠然會心,能不濡毫吮墨乎? 有真山水可以見真筆墨,有真筆墨可以發真文章。古人如是景行而私淑之,庶幾其有得焉。此圖經年而成,頗費經營,識者瀏覽此中瑕瑜應有定鑒耳。康熙戊子長夏題於海淀寓直。"

按:徐邦達先生名之爲《題畫仿王叔明長卷》。

麓臺作《王麓臺晴巒環翠卷》。

崇彝《選學齋書畫寓目續編》卷上《王麓臺晴巒環翠卷》:"晴巒環翠,仿黄鶴山樵。麓臺。"

鈐印:起首鈐"峭(陗)倩",後鈐"西廬後人"。

後又跋稱,京西諸山皆發脉於太行,佳氣蔥蘢而暢春園在焉,以供奉内廷得睹園林之勝。有真山水然後有真筆墨,有真筆墨然後有真文章。此卷私淑古人,積年而成,頗費經營云云。款署"康熙戊子長夏,題於海淀寓直。婁東王原祁"。

按:接紙處有畢沅"竹痴"、麓臺"茂京"印。"竹痴"爲畢沅收藏印。
此卷跋文與《麓臺題畫稿》《仿王叔明長卷武清三弟》相似處較多。

夏

麓臺爲敏修道兄作《爲敏修作山水》。

《中國古代書畫圖目22》京1—4890圖録《爲敏修作山水》:"康熙戊子夏日,仿大痴爲敏修年道兄。王原祁。"

鈐印:起首鈐印不辨,下鈐"王原祁印"(白文正方)、"麓臺"(朱文正方)。
水墨紙本立軸,99.3×46.8cm,故宫博物院藏。

七月

下浣,麓臺作《春山圖》。

《清王原祁畫山水畫軸特展》第93頁圖録:"大痴有《夏山》、《秋山》二圖,余仿其意《春山》,參用《天池石壁》、《陡壑密林》筆。戊子七月下浣。麓臺祁。"

鈐印:起首鈐"御書畫圖留與人看"(朱白文雙龍橢圓),下鈐"王原祁印"(白文正方)、"麓臺"(朱文正方),圖右下方鈐"西廬後人"(朱文長方)。

按:《石渠寶笈初編》卷十八著録,有"乾隆御覽之寶"等璽印。

九月

麓臺作《清王麓臺山水大屏》四軸。

《壯陶閣書畫録》卷十六《清王麓臺山水大屏》。

第一條屏："一路寒山萬木中。寫唐人詩意。王原祁。"

鈐印："王原祁印""麓臺"。

按：有"西昌袞氏家藏""勒少仲賞鑑書畫印""宋氏牧仲鑑藏古今書畫金石文字印章"收藏印。

第二條屏："石田翁風雨歸舟意。麓臺。"

鈐印："麓臺""王原祁印"。

按：有"西昌袞氏家藏""蘇氏家藏""宋氏牧仲鑑藏古今書畫金石文字印章"收藏印。

第三條屏："擬趙文敏秋林散步圖。麓臺王原祁。"

鈐印："王原祁印""麓臺""西盧後人"。

按：有"西昌袞氏家藏""宋氏牧仲鑑藏古今書畫金石文字印章"收藏印。

第四條屏："戊子秋九月，仿倪、黃筆意。麓臺王原祁。"

鈐印："麓臺""王原祁印""西盧後人"。

按：有"西昌袞氏家藏""宋氏牧仲鑑藏古今書畫金石文字印章"收藏印。

《壯陶閣書畫錄》稱，"麓臺晚年畫多門人捉刀，唯用西盧後人章者悉出自親筆，此常熟相國語也"。

太倉一念案犯三十餘人皆徙極邊。

《東江詩鈔》卷十《哀群盜，時南浙有大獄，捕索妖僧一念甚急》："化日舒長萬國春，可憐蛾賊自亡身。……紛紛結聚皆兒戲，似戲何當觸禍機。"

《東江詩鈔》卷十《徙邊婦》序："里中狂賊三十餘人，以罪見法，妻子皆徙極邊，株送之日，婦孺相携慟哭，過市路人皆哀之，予爲作詩。"詩中有"蕭何制法律，婦女無嚴條。獨有從夫刑，死生無所逃。……慟哭秋雲高。"

秋

麓臺作《仿黃公望富春山色圖》（見圖二五）。

《王原祁精品集》第 216 頁、《中國繪畫全集 27》第 62 頁圖錄《仿黃公望富春山色圖》："大痴生平得意筆皆觸景會情之作。余丁亥春扈從旋里，偶過槎溪訪舊，舟次見竹樹蓊鬱，富春風景隱躍目前，放筆寫此，適以公事未竟。戊子秋日，公餘偶見此畫，復加點染，以識適興之意。王原祁。"

鈐印：起首"御書畫圖留與人看"（朱白文雙龍橢圓），下鈐"王原祁"（白文正方）、"麓臺"（朱文正方），圖左下方鈐"西盧後人"（朱文長方）。

設色紙本立軸，129.6×59.7cm，上海博物館藏。

圖二五　王原祁《仿黃公望富春山色圖》

康熙四十七年戊子(1708年)六十七歲

按:此圖有近代錢鏡塘"海昌錢鏡塘藏"(朱文長方)收藏印。

麓臺作《仿一峰設色山水》。

《四王吳惲繪畫》第181頁《仿黃公望山水圖》、《中國古代書畫圖目22》京1—4891圖錄《仿黃公望山水》:"古人以筆墨寓性情,非泛然而作。流連風什於泉石,三致意焉,所爲(謂)'畫中有詩,詩中有畫'也。余此圖亦思舊懷人之作,始於乙酉之春,成於戊子之秋,書以識之。仿一峰老人。麓臺祁。"

鈐印:起首鈐"御書畫圖留與人看"(朱白文雙龍橢圓),下鈐"王原祁印"(白文正方)、"麓臺"(朱文正方)。

設色紙本立軸,91.8×39.7cm,故宮博物院藏。

毛師柱重觀故友王撰畫册,不禁欣慨交集。

《端峰詩續選》卷六《隨翁詩畫小册轉贈見三已久,病餘偶憶,復取展觀,宛如重對揖山老人,不禁欣慨交集,因成數韻以志鄙懷》:"揖山墨妙如瓊玖,割愛吾曾畀賢友。閒中記憶每欲見,此日重看却思舊。揩摩病眼無時休,堅坐晴窗不離手。卧游簡省乘籃輿,恍惚殘身入林藪。巖巒合沓界飛泉,略彴攲斜傍高柳。漁船曬網重湖風,樵擔懸罌隔村酒。茅堂雪冷留山僧,竹徑花明集鄰叟。閒逸誰爲畫裏人,得毋便是先生否。紙尾題詩筆法遒,想見精神益抖擻。百年歲月總歸空,此畫此詩應不朽。顧陸丹青世尚存,崔盧門户今安有。吾身衰健且俱忘,看罷無須復回首。"

十月

麓臺爲南溪世兄作《溪橋流水圖》。

《王司農題畫錄》卷上《溪橋流水圖》:"南溪年世兄篤好風雅,於余畫有嗜痂之癖,相訂有年。今笠仕將行,又苾鄯臺名勝,特作此圖以踐前約,并志□賀。康熙戊子小春,仿大痴筆。"

王掞調工部尚書。

《顓庵府君行述》:"十月調工部尚書。"

宋廣業六十,沈受宏以文相贈。

《白漊先生文集》卷一《宋大参性存六十壽序》:"長洲宋君性存以憲僉視山東驛傳,分守濟東,居布政使司大参之職。康熙戊子十月,君年六十。……(君)王父以御史巡按山東殉難者……本朝仲父位至相國,季父與尊甫先後舉孝廉,有才名,世

圖二六　王原祁《春巒積翠圖扇》

所稱三宋者也。自君而下,則君之叔季群從,暨子若侄,登仕籍者十餘人。……尊甫與太夫人雙壽時,四方賓友畢至,君設清商兩部,大宴於君家之天香、慶餘兩堂中。……時君已用選拔貢入太學,其後調令臨城,補商南兩邑。……其任濟東也……車駕南巡,過山東,扈從殷繁,君職司郵,置簡卒差馬以至次舍。……御書'壽萱'二字賜太夫人。……余與君弟義存游……久不相見者且二十年。去年秋,余以中州之行,乃迂道訪君於濟東署中。"

《白漊先生文集》卷一《宋靜溪游黃山詩序》稱,宋廣業之弟宋定業(字義存),曾延沈受宏課其少子,相與晨夕者十餘年。

十一月
麓臺作《春巒積翠圖扇》(見圖二六)。
《中國繪畫全集 27》第 63 頁圖錄《春巒積翠圖扇》:"戊子嘉平,仿趙松雪寫《春巒積翠》。原祁。"
鈐印:起首鈐"陪倩"(朱文長方),下鈐"原祁之印"(白文正方)、"麓臺"(白文正方)。
設色金箋扇頁,17.3×51.2cm,天一閣博物館藏。

十二月
十五日,麓臺爲弟子金永熙作《神完氣足圖》。
《王原祁精品集》第 215 頁、《中國繪畫全集 27》第 64 頁圖錄《神完氣足圖》:"學董巨畫必須神完氣足。然章法不透則氣不昌,渲染未化則神不出,非可爲淺學者語也。明吉問畫於余,特作此圖示之。慘澹經營歷有年所,而終未匠心,方知入室之難。明吉勉旃。戊子臘月望日題。王原祁。"

鈐印：起首鈐"御書畫圖留與人看"（朱白文雙龍橢圓），下鈐"王原祁印"（白文正方）、"麓臺"（朱文正方），圖左下分別鈐"西廬後人"（朱文長方）、"石師道人"（白文正方）。

水墨紙本立軸，137.1×71.7cm，故宮博物院藏。

按：徐邦達先生名之爲《爲明吉學董巨神完氣足軸》。明吉即金永熙。此圖有近代龐元濟（"虛齋鑒定"，朱文正方）等收藏印。

冬

麓臺由日講官起居注升詹事府少詹，旋升詹事。

《歷代名人年譜》卷十《清》第78頁："冬，升詹事府少詹，旋升詹事。"

麓臺於雙藤書屋作《淺絳山水圖》。

《王原祁精品集》第226頁圖錄《淺絳山水圖》："戊子冬日，呵凍仿大痴筆。麓臺祁寫於雙藤書屋。"

鈐印：起首鈐"御書畫圖留與人看"（朱白文雙龍橢圓），下鈐"王原祁印"（白文正方）、"麓臺"（朱文正方），圖右下鈐"興與烟霞會"（白文長方）。

紙本設色立軸，90×47cm，天津博物館藏。

按：此圖有"養庵審定真迹"（白文長方）收藏印。

麓臺作《送勵南湖畫册十幅》，壽勵廷儀四十初度。

《麓臺題畫稿·送勵南湖畫册十幅》："畫雖一藝，而氣合書卷，道通心性，非深於契合者，不輕以此爲酬酢也。宋元諸家俱有源委，其所投贈無不寄託深遠，仿其意者曠然有遐思焉，而後可以從事。南湖先生與余同直暢春，積有歲月。著作承明，揚扢風雅。先生之所以自得，與余之所以受教於先生者，久欲傾倒。戊子冬日，值其四十懸弧之辰，非平常祝嘏之詞所能盡也。東坡詩云'我從公游非一日，不覺青山映黃髮'，爰爲寫一册以誌岡陵之盛云。"

按：勵廷儀（1669年—1732年），字令式，號南湖。直隸靜海人。

本年

麓臺作《海淀寓直寫山水册》。

《中國古代書畫圖目22》京1—4875圖錄《海淀寓直寫山水册》。

第一幀："關仝秋色。布置雄偉，筆墨精嚴，宋法始於此，并爲元筆之宗主，六法於此研求,庶幾不虛矣。戊子中秋筆。"

　　鈐印:"王原祁印"(白文正方)、"麓臺"(朱文正方)。

　　第二幀:"昌黎南山詩云:'蒸嵐相頫洞,表裏忽通透。'北苑用筆爲得其神,此幅擬之。王原祁。"

　　鈐印:起首鈐"蒼潤"(白文正方),下鈐"王原祁印"(白文正方)、"麓臺"(朱文正方)。

　　第三幀:"竹溪罨畫。仿趙松雪《鵲華秋色》筆。"

　　鈐印:"原祁之印"(白文正方)、"茂京"(朱文正方)。

　　第四幀:"人家在仙掌,雲氣欲生衣。仿黃子久。"

　　鈐印:"王原祁印"(白文正方)、"麓臺"(朱文正方),圖左下鈐"石師道人"(白文正方)。

　　按:《虛齋名畫録》卷九《王圓照仿子久山水》跋文也使用此句爲題。

　　第五幀:"雲林設色小景,華亭董思翁最得其妙,茲寫其意。丁亥扈從舟次作。"

　　鈐印:"麓臺"(朱文正方)。

　　第六幀:"王叔明爲趙吳興之甥,有扛鼎之筆,而剛健含婀娜,乃其最得力處也。學者亦於此究心,庶有進步。戊子冬日,寫於海淀寓直。麓臺。"

　　鈐印:"原祁之印"(白文正方)。

　　第七幀:"丙戌(康熙四十五年)長夏,歸寓休沐,偶憶吾谷楓林,仿大癡秋山。麓臺祁。"

　　鈐印:"茂京"(朱文正方)、"西廬後人"(白文長方)。

　　第八幀:"溪山仙館,兼寫倪、黃筆意。"

　　鈐印:起首鈐"陗倩"(朱文長方),下鈐"王原祁印"(白文正方)、"麓臺"(朱文正方)。

　　按:《古物陳列所書畫目録(包括附録、補遺)》卷四《王原祁仿古山水册》著録。《盛京故宮書畫録》第六册亦著録。以上八幀爲古物陳列所順序,六七兩幅與《盛京故宮書畫録》第六册著録順序顛倒。徐邦達先生名之爲《山水册》八頁。《盛京故宮書畫録》稱第一幀有"三昧"印,誤;第二幀稱本幅有"麓臺書畫"印,誤;第六幀爲"學者"後少"亦""戊子春日",稱本幅有"陗蒨(倩)"印,誤;第八幀爲"寫"誤爲"仿"。

麓臺作《擬廬鴻草堂十志圖册》。

　　《王原祁精品集》第316—325頁圖録《擬廬鴻草堂十志圖册》。

　　第一幀(設色):"草堂爲盧高士安神養性之地,寫右丞《山庄圖》擬之。王原祁。"

鈐印:"王茂京"(一朱兩白文正方)(見圖二七)。

第二幀(設色):"羃翠庭。山深處也,靜似太古。仿北苑設色,方表其意。王原祁。"

鈐印:"王原祁印"(白文朱方)。

第三幀(水墨):"寫樾館。用黃鶴山樵《丹臺春曉圖》筆。麓臺。"

鈐印:起首鈐"陗倩"(朱文長方),下鈐"王原祁"(一朱兩白文正方)、"麓臺"(白文正方)(見圖二八)。

第四幀(設色):"人家在仙掌,雲氣欲生衣。倒景臺,仿大癡。麓臺。"

鈐印:"興與烟霞會"(白文長方)。

第五幀(水墨):"山峰枕烟。用筆位置,惟氣與神。此妙米家得之。茂京。"

鈐印:"王原祁印"(白文正方)。

第六幀(設色):"地閒心遠,山高水長。仿荊關遺意,寫洞元室。茂京。"

鈐印:起首鈐"陗倩"(朱文長方),下鈐"王原祁"(白文正方)、"麓臺"(白文正方)。

第七幀(水墨):"筆墨奔放,水石容與,此江貫道得力處。以寫滌煩磯,庶幾近之。石師道人。"

鈐印:"麓臺"(白文正方)。

第八幀(設色):"淙名雲錦,可借桃花春水之意。兼仿趙大年、松雪筆。麓臺。"

鈐印:"麓臺"(白文正方帶框)(見圖二九)。

第九幀(水墨):"用梅道人《關山秋霽圖》法寫期仙磴。王原祁。"

鈐印:"王茂京"(一朱兩白文長方)。

第十幀(設色):"松翠楓丹,光涵金碧。斯潭爲十幅勝地,兼用趙承旨、千里筆。王原祁。"

鈐印:"西廬後人"(白文長方)(見圖三〇)。

設色/水墨紙本册頁,20×29.5cm,故宮博物院藏。

按:該册頁據唐代《盧鴻草堂十志圖》意,分別以宋元諸家法創作而成。原作已軼,僅存宋人臨仿本。此册有"乾隆御覽之寶"等璽印,另有"學山精玩"(朱文正方)等收藏印。

麓臺康熙五十年所作《輞川圖》稱,三年前擬《盧鴻草堂圖》,由此可推知作於康熙四十七年。

太倉收藏家張灝有學山堂。汪關之子汪泓(一作弘),字弘度,祖籍安徽,隨父居婁東,篆刻得其家學,能另出新意。性曠達,身有餘金必不肯爲人奏刀,曾爲張夷令(灝)學山堂座上客。

圖二七　王原祁《擬廬鴻草堂十志圖冊》之《仿王維山莊圖》

康熙四十七年戊子（1708年）六十七歲　451

圖二八　王原祁《擬廬鴻草堂十志圖册》之《仿王蒙丹臺春曉圖》

452　王原祁年譜長編

圖二九　王原祁《擬盧鴻草堂十志圖册》之《仿趙大年、趙松雪筆》

康熙四十七年戊子(1708年)六十七歲　453

圖三〇　王原祁《擬盧鴻草堂十志圖册》之《仿趙承旨、趙千里筆》

宋廣業請假歸養，留別郡中觀察程霽巖、司馬謝靜巖、朱玉章、在茲、徐育蕃、周補臣、繆文子、王寶傳、李敬六、陸宣穎、陳樹滋、城廉使業開天、醝使黃儀九、都閫張羽皇諸友，上書大司寇張鵬翮。

《蘭皋詩鈔》卷十三《歷下小草‧午日招同程霽巖觀察、謝靜巖司馬暨朱玉章、在茲、徐育蕃、周補臣、繆文子、王寶傳、李敬六、陸宣穎、陳樹滋諸子集飲雅扶堂和韻》，同卷《予假歸養，留別郡縣諸同人》，同卷《出歷下，城廉使業開天、醝使黃儀九、都閫張羽皇諸先生南郊餞別志感》。

《蘭皋詩鈔》卷十四《暎綵集上‧上張大司寇二首（公諱鵬翮，字運青，四川遂寧人）》。

按：據《予假歸養，留別郡縣諸同人》中"青徐共事閱五載"，可知宋廣業康熙四十三年至康熙四十七年間任濟東道。

蔣廷錫、戴雲奏爲揆叙畫扇，王鴻緒贈揆叙李晞古《柳莊圖》。

揆叙《益戒堂詩後集》卷四《謝揚孫惠畫扇》，同卷《題雲奏仿荊關山水畫扇二首》，同卷《謝儼齋先生惠李晞古〈柳莊圖〉》。

【本年存疑作品】

四月

麓臺作《溪山樹亭圖軸》，疑僞。

《清王原祁畫山水畫軸特展》第 93 頁圖錄《溪山樹亭圖軸》："簡淡之中自然艷麗，此雲林設色之妙，元人中獨絶者也。是幅未識能彷彿否？　時康熙戊子清和下浣。麓臺祁。"

絹本設色，98.5×52.4cm，故宮博物院藏。

【理由】《欽定石渠寶笈續編》第十一著錄。圖中山石畫法、山體結構不類麓臺同期作品，且樹木過於高大。

夏

麓臺作《仿大癡山水圖軸》，存疑。

《王原祁集》第 264 頁圖錄《仿大癡山水圖軸》："作畫意在筆先，以得勢爲主。間架尺寸，全在迎機。筆墨之妙，由淡入濃，取氣以求天真。元大家惟子久尤曲盡其妙。明吉問畫於余，再三屬筆。圖成諦視，無以塞其請也，因書以識之。時康熙乙亥仲夏望後。麓臺祁。"

【理由】王原祁使用"間架尺寸，全在迎機"總結山水畫創作的可能性不大。因爲他心目中的"得勢",在於處理好山水元素之間內在的起承轉合關係,而非外在的間架尺寸。

八月

麓臺作《王麓臺江山無盡圖卷》,跋文僞。

方浚頤《夢園書畫録》卷十八《王麓臺江山無盡圖卷》:"江山無盡圖。論畫總以筆法氣韻爲勝,繼以位置,則六法之妙備矣。茲卷擬大痴畫趣,用筆處粗粗辣辣,飄飄灑灑,似不經意處,正見其用意處。可爲識者談,非時俗所能知也。時值政暇,弄筆鼓興,存之以俟識者評之。戊子仲秋上浣,婁東王原祁。"

【理由】語言粗鄙,語氣不類麓臺同期畫跋。如"存之以俟識者評之"之言似有評論高低之意,麓臺常跋爲"存之以質識者"。

秋

麓臺作《春巒積翠圖》,疑僞。

《春巒積翠圖》:"春巒積翠。余作巨幅甚少,此圖戊寅冬往江右,寓樹德堂,寫稿三日,未竟而行,圖遂棄之篋中,閱十年矣。戊子秋日,檢點殘縑剩墨,忽見此圖,復加點染。中間雖未盡於合大痴,體裁近之,亦數年來進步之縡也,識之。王原祁畫并題。"

鈐印:起首鈐"御書畫圖留與人看"(朱白文雙龍橢圓),下鈐"王原祁印"(白文正方)、"麓臺"(朱文正方),圖右下鈐"西廬後人"(朱文長方)。

設色紙本立軸,123.5×78cm,北京郭味蕖知魚堂舊藏。

按:郭味渠《知魚堂書畫録》著録。徐邦達先生稱此圖爲"未見原作,鑒別爲真品者"。

【理由】山體造型不具有麓臺同期作品的特征;"西廬後人"印章鈐印位置異常;設色、山石結體等異常。

麓臺爲樹翁作《山村雨景》,疑僞。

《清王原祁畫山水畫軸特展》第93頁圖録《山村雨景》:"'近溪幽濕處,全借墨華濃。'唐人此語真所謂詩中畫也。偶圖數筆,覺滿幅冷光,又非畫中詩耶?戊子深秋,適樹翁老先生南歸言別,遂以贈之,其工拙不復問矣。王原祁。"

鈐印:起首鈐"畫圖留與人看",下鈐"王原祁""麓臺"。

按:《石渠寶笈》卷二十七著録并録題詩:"竹樹宴蒙處,溪橋杳靄時。水風翻柳浪,霧雨沐山姿。氣韻三秋潤,烟嵐尺幅宜。司農瀟灑筆,似讀許渾詩。寶親王長春居士題。"有"寶親王""寶長春居士""樂善堂圖書記"等印。

【理由】此圖山石、山體、水流等畫法與麓臺同期傳世作品迥異。

麓臺作《仿黃公望晴巒霽翠圖卷》，疑僞。

《仿黃公望晴巒霽翠圖卷》："晴巒霽翠，仿黃子久。麓臺。"

鈐印："石師道人"（白文正方）、"西廬後人"。

紙本淡設色立軸,375×267cm,（美）克里夫蘭美術館藏。

按：圖錄見《海外藏中國歷代名畫》第172頁。書稱此畫始於癸未（康熙四十二年），止於戊子（康熙四十七年）九秋。此畫另有跋文，見《王原祁集》第273頁："子久畫，於宋諸大家荆、關、李、范、董、巨無所不有。運筆不假修飾，皴法由淡入濃，化諸家之迹者也。癸未歲，澹明徐君偶見縮本，臨摹六幅，囑余參以《富春》大意成一卷。余凡夜在公，乘暇偶一點染。至戊子九秋高峻，閲四五年矣。昔大癡爲無用師作《富春卷》，七年而成，爲千古鉅觀。今拙筆癡鈍，亦淹留至此，可爲識者噴飯矣。王原祁題。"此畫或與康熙四十七年麓臺所作《王麓臺晴巒環翠卷》有某種關聯。

【理由】跋文中"於宋諸大家荆、關、李、范、董、巨無所不有""運筆不假修飾，皴法由淡入濃"等用語不類麓臺所爲。王原祁不可能將董、巨視爲宋人。

臘月

麓臺爲鹿原作《北阡草廬圖》，疑僞。

《王原祁集》第265頁圖錄《北阡草廬圖》："北阡草廬。左龍右龍，迴環起伏。閭城種秀，佳城是卜。幽澗平坡，在山之麓。結構茅齋，蒸嘗貽穀。高人栖止，曠懷耕讀。西嶺雲霞，東籬松菊。學富五車，征書星速。孝思不匱，南奔匍匐。仰瞻高山，俯瞰靈谷。蓮岫綿延，點染一軸。贈貯奚囊，介出景福。戊子臘月，寫一峰老人筆，似鹿原先生并正。婁東王原祁。"

無錫博物館藏。

【理由】此跋用詞如"左龍右龍，迴環起伏""蓮岫綿延，點染一軸"不類麓臺用語。尤其是"星速"一詞，不似麓臺時代的語言。

麓臺作《仿大癡山水》，存疑。

《藝苑掇英》第24期圖錄《仿大癡山水》："畫貴意到。有見筆而不見墨、見墨而不見筆，意到即筆墨全到矣。大癡《陡壑密林》擬北苑《夏山》及子方作，皆於此中得髓。戊子臘月，避寒暖室，擁爐酌酒。司民請余寫此意以消長夜。余興會偶到，放筆爲之，漏深不能脱稿，次早曦光入牖，寒威稍解，點染成之。粗服亂頭，知非作家所喜,取其無失天真而已。臘八日,題於雙藤書屋。麓臺祁。"

上海唐云大石齋舊藏。

【理由】與《麓臺題畫稿》相比,跋文語詞、語感差異巨大:如"臘月""臘八日"同時出現在同一跋文中者,筆者未見;與康熙四十四年麓臺跋《仿山樵山水》"畫貴簡而山樵獨煩(繁),然用意仍簡,且能借筆爲墨,借墨爲筆,故尤見其變化之妙"相比,似出二人之手。

康熙四十八年己丑（1709年）六十八歲

正月

元旦，宋廣業以詩壽母。時宋母八十五歲。

《蘭皋詩鈔》卷十四《暎綵集上·己丑元日壽母四首》。

麓臺作《仿王蒙筆意》。

《故宫藏畫大系十五》第50頁、《清王原祁畫山水畫軸特展》第42頁圖錄《仿王蒙筆意》："上元節例得入禁園陪宴，余與同直諸公奉命候於邸寓，心閒身逸，此小三昧時也。興會甚合，放筆寫山樵筆并記其事。己丑春王作。王原祁。"

鈐印：起首鈐"御書畫圖留與人看"（朱白文雙龍橢圓），下鈐"王原祁印"（白文正方）、"麓臺"（朱文正方），圖左下鈐"西廬後人"（朱文長方）。

水墨紙本立軸，93.1×41cm，臺北故宫博物院藏。

按：《中國繪畫全集27》第65頁著錄爲《仿黄鶴山樵山水圖》，稱上海文物商店藏，紙本墨筆，93.9×41.3cm。《中國古代書畫圖目12》滬11—213《仿黄鶴山樵山水》圖錄與《仿王蒙筆意》同，少"乾隆御覽之寶"等璽印，上海文物商店藏，此當爲臨本。《石渠寶笈》卷十六著錄爲"己丑春王祁"。與圖錄相比，遺漏"作王原"三字，有"乾隆御覽之寶"等璽印。

麓臺作《王司農仿北苑龍宿郊民圖立軸》。

《吳越所見書畫錄》卷六《王司農仿北苑龍宿郊民圖立軸》："己丑春初，暢春園新築直廬。余於外直，暫假雨窗鍊筆，寫北苑《龍宿郊民圖》大意。王原祁。"

鈐印："御書畫圖留與人看""王原祁印""麓臺""西廬後人"。

按：徐邦達先生名其爲《仿北苑龍宿郊民圖立軸》。張大鏞《自怡悦齋書畫錄》卷四《王麓臺仿董北苑龍宿郊民圖》著錄，跋文有異："春初"，爲"春日"；"煉筆"爲"鍊筆"。此圖後接陸愚卿畫跋。張大鏞自稱此畫購於太倉陸氏，稱"司農自記鍊筆寫此圖，鍊字最難"。

二月

初一，麓臺爲繆曰藻作《王司農仿子久春嵐新霽圖軸》。

《書畫鑑影》卷二十四《王司農仿子久春嵐新霽圖軸》："春嵐新霽。文子年世兄南歸,題贈并正。王原祁。"

麓臺又題:"古人用筆意在筆先,然妙筆在藏鋒不露。元之四家化渾穆爲瀟灑,變剛勁爲和柔,正藏鋒之意也。子久尤得其旨趣。可及可到處,皆不可及不可到處。各中三昧在深參而自會之。康熙己丑春仲朔日,寫於雙藤書屋。麓臺祁。"

按:《麓臺題畫稿·題仿大癡筆》與之相比,遺漏"春嵐新霽。文子年世兄南歸,題贈并正。王原祁"以及"春嵐新霽。文子年世兄南歸,題贈并正。王原祁"。

繆曰藻(1682年—1761年),字文子,號南有。江蘇吳縣人。侍講繆彤子,康熙五十四年探花。《白漊集》卷十二《簡賀繆文子及第》:"猶緣第二人,爭惜不及家尊與婦翁(君尊肯念齋侍講、外舅陸澹成侍讀俱狀元)。"

第二跋與康熙五十四年《草堂烟樹圖》跋文內容相近,落款時間不同。

初八,麓臺升詹事府詹事。

《大清聖祖仁皇帝實錄》卷二百三十六:"康熙四十八年二月己酉……升詹事府少詹事王原祁爲詹事。"

三月

王奕鴻、王時憲成進士。

《顓庵府君行述》:"己丑,不孝奕鴻成進士。"

《(民國)太倉州志》卷十《選舉》。

按:《(嘉慶)直隸太倉州志》卷三十六《人物》:"王時憲,字若千,康熙二十三年舉人。至京師,時徐乾學方負天下望,名士爭出其門,時憲獨以後進禮。見因公車久,由中書改授宜興教諭,尋聘校浙闈。四十八年成進士,及館選,上曰:'汝爲宜興教官耶?'蓋以丁亥(康熙四十六年)南巡時獻詩,上猶記憶也。遂改庶吉士,授檢討。五十六年,主陝西鄉試,卒六十三,卒於官。平生著述尤邃於詩,所擬陳思王樂府,朱彝尊稱爲江左獨步。"

春

麓臺在暢春寓直,作《仿吳鎮山水》,賀南溪五袠初度。

《故宮藏畫大系十五》第51頁、《清王原祁畫山水畫軸特展》第45頁圖錄《仿吳鎮山水》:"余偶作梅道人筆甫竟,其章見之,以南溪道兄五袠初度,力請郵寄爲壽。余謂庵主用筆縱橫,不落竹苞松茂之套,恐非所喜。其章云:'元氣淋漓,精神磅礴,四家以仲圭爲最,此壽之大者,且南溪又素心,賞鑒之友乎?'余韙其言,題以祝之。

康熙己丑春日，暢春寓直識。王原祁。"

　　鈐印：起首鈐"御書畫圖留與人看"（朱白文雙龍橢圓），下鈐"王原祁印"（白文正方）、"麓臺"（朱文正方），圖左下鈐"西廬後人"（朱文長方）。

　　水墨紙本立軸，111.3×42.2cm，臺北故宮博物院藏。

　　按：有"乾隆御覽之寶"等璽印。徐邦達先生名之爲《壽南溪仿梅道人山水軸》。

麓臺作《王麓臺仿米西清》。

　　《自怡悦齋書畫錄》卷四《王麓臺仿米西清》："仿米西清筆意於海淀直廬。康熙己丑春日。王原祁。"

　　鈐印："王原祁印""麓臺""蒼潤""西廬後人"。

四月

麓臺作《扁舟圖》（見圖三一）。

　　《中國繪畫全集27》第66頁圖錄《扁舟圖》。

　　萬經引首："扁舟圖。"

　　畫心："己丑清和，仿松雪寫《扁舟圖》，奉送退山老先生年兄南還并題二絶句：'鐵網珊瑚竟未收，寧親泖上一扁舟。綠簑也作萊衣舞，三鱸堂前苜蓿秋'。'拂袖東歸泛具區，白鷗浩蕩未嫌孤。蘆花深處從君宿，一任風吹過五湖。'王原祁。"

　　鈐印：起首鈐"求是堂"（朱文橢圓），下鈐"王原祁印"（白文正方）、"麓臺"（朱文正方）。

　　設色紙本手卷，40.2×74cm，重慶市博物館藏。

　　按：拖尾有王晦、曹鑑倫、查嗣庭、胡世榮等跋。此圖有畢瀧"畢秋帆書畫記"（朱文長方）等收藏印。

五月

端陽前一日，麓臺作《寫設色倪黄山水圖扇》。

　　《山水正宗》上卷第106頁圖錄《寫設色倪黄山水圖扇》："己丑端陽前一日，寫設色倪黄於雙藤書屋。麓臺祁。"

　　鈐印：起首鈐"三昧"（朱文葫蘆），下鈐"王原祁印"（白文正方）、"麓臺"（朱文正方）。

　　設色紙本扇頁，17.4×51cm，上海博物館藏。

　　按：有龐元濟（"虛齋藏扇"，朱文正方）收藏印。

麓臺作《蒼巌翠壁圖軸》（見圖三二）。

康熙四十八年己丑(1709年)六十八歲 461

圖三一 王原祁《扁舟圖》

圖三二　王原祁《蒼巖翠壁圖軸》

《南宗正脉》第 203 頁、《中國繪畫全集 27》第 68 頁圖録《蒼巖翠壁圖軸》："流水高山寄遠思,一官抛却醉東籬。老來結友如君少,盡在西窗剪燭時。四家子久是吾師,平淡爲功出自奇。今日爲君摹粉本,蒼巖翠壁想天池。康熙己丑夏五,畫贈天表老先生,并題二絶博粲。婁東王原祁。"

鈐印:起首鈐"御書畫圖留與人看"(朱白文雙龍橢圓),下鈐"王原祁印"(白文正方)、"麓臺"(朱文正方),圖左下分別鈐"西廬後人"(朱文長方)、"興與烟霞會"(白文長方)。

設色紙本立軸,90.4×50.2cm,上海博物館藏。

按:《南宗正脉》第 203 頁稱此畫受贈於收藏家孫煜峰。

七月

望後,麓臺作《王麓臺山水軸》。

《寶穰室收藏書畫志略·王麓臺山水軸》："大痴秋色,向藏京口張修羽家,先奉常曾見之,云氣運生動,墨飛色化,平淡天真,包含奇趣,爲大痴生平合作。興朝以來,杳不可尋,如阿閦佛光,一見不復再見,幾十年來,追憶祖訓,迴環寐寤,兹就見過大痴各圖,參以管窺之見,點染成文,愚者千慮,或有一得,不至與痴翁大相徑庭爾。康熙己丑七月望後題。王原祁。"

鈐印:起首鈐"光大堂"(朱文橢圓),下鈐"王原祁印"(白文)、"麓臺"(朱文),左下鈐"西廬後人"(朱文)。

按:本書中"光大堂"印僅此一處。

八月

麓臺作《題仿梅道人與陳七》。

《麓臺題畫稿·題仿梅道人與陳七》："筆不用煩,要取繁中之簡;墨須用淡,要取淡中之濃。變於位置間架處步步得肯,方得元人三昧。如命意不高,眼光不到,雖渲染周致終屬隔膜。梅道人潑墨學者甚多,皆粗服亂頭,揮灑以自鳴其得意,於節節肯綮處全未夢見,無怪乎有墨猪之誚也。己丑中秋乍霽新凉。興會所適,因作是圖,并書以弁其首。"

九月

麓臺作《仿大痴秋山》。

《麓臺題畫稿·仿大痴秋山》："己丑九月之杪,寒風迅發,秋雪滿山。黄葉丹楓,翠巖森列。動學士之高懷,感騷人之離思,正其時也。余以清署公冗,久疏筆硯。今將入直,興復不淺,作秋山圖寓意。上林簪筆與湖橋縱酒,處境不同心迹則一,識者取其意,恕其學可爾。"

鈐印:"御書畫圖留與人看""王原祁印""麓臺""西廬後人"。

按:《吳越所見書畫錄》卷六《王司農仿大癡秋山圖立軸》著錄,與之相比,有異文多處:"抄"爲"抄";"公冗",爲"貧冗";"《秋山》"爲《秋山圖》";"上林簪筆"後漏"與"字;"心迹則一"前多"而"字;文末多"婁東王原祁題於京邸穀貽(詒)堂"。另有"乙巳""養怡齋藏"收藏印。

十月

初一,麓臺於京邸雙藤書屋作《仿黃公望富春大嶺圖》(見圖三三)。

《山水正宗》上卷第89頁圖錄《仿黃公望富春大嶺圖》:"此幅以《富春大嶺》爲本,參用陡壑密林子方作筆意,由淡入濃之法,庶幾近之。余近作二圖,一爲梅道人,一爲此幅。有意求逸而不得自主,方知逸趣在天人之間,學者可不於心目相應處求其受用三昧乎? 隨筆識之。己丑十月朔日,寫於京邸雙藤書屋。麓臺祁。"

鈐印:起首"蒼潤"(白文長方),下鈐"王原祁"(朱白文正方)、"麓臺"(朱文正方),圖左下方鈐"西廬後人"(白文長方)。

水墨紙本立軸,76.8×46.9cm,上海博物館藏。

按:有近代吳湖帆("吳湖帆潘靜淑珍藏印",朱文正方;"梅景書屋秘笈",朱文正方;"吳湖帆珍藏印",朱文長方;"吳潘靜淑",白文正方;"吳湖帆潘靜淑所藏書畫精品",白文長方;"雙修閣書畫記",朱文長方)、馮超然("馮超然珍賞印",朱文長方)收藏印。

麓臺作《仿倪黃山水圖》。

《王原祁集》第280頁圖錄《仿倪黃山水圖》:"余學子久,又學雲林,自弱冠至垂老,以破除縱橫習氣爲主。學之既久,知而不能行也。兩家嚮有合作,年來未得仿摹其大意。己丑小春,屺望侄從潞河來,下直暫歸,(與)遲檀人老先生小飲寓齋。偶談及六法,以倪、黃小品下問。興會偶至,遂作是圖。不取形似,不論繁簡,但於心目間求其氣韻吻合處,庶幾近之。質之高明,以爲然否? 婁東王原祁。"

美國私人收藏。

按:《(民國)太倉州志》卷二十《人物四》:"王瞻字屺望,康熙五十年舉人,由中書歷官成都知府。會父原博緣事戍肅州,瞻棄官與弟調、訥更迭隨侍,凡七年。"

十一月

長至前三日,麓臺作《仿高克恭山水》。

圖三三　王原祁《仿黃公望〈富春大嶺圖〉》

《中國古代書畫圖目22》京1—4893圖錄《仿高克恭山水》："昔人論房山畫云：'平淡天真'。雖大痴、叔明猶遜一格，以見房山之畫爲不輕學也。此圖側理頗拒筆，氣韻未能盡發，而掩映出入間亦有生發之致，從此進步，庶幾近之。己丑子月長至前三日，仿高尚書筆於穀詒堂。麓臺祁。"

鈐印：起首鈐"御書畫圖留與人看"（朱白文雙龍橢圓），下鈐"王原祁印"（白文正方）、"麓臺"（朱文正方），圖右下鈐"西廬後人"（朱文長方）。

設色紙本立軸，110.5×46.5cm，故宮博物院藏。

按：此圖清晰度不高，興麓臺晚年的米氏雲山圖相比，差異較大。

長至後三日，麓臺作《秋山圖》。

《故宮藏畫大系十五》第52頁、《清王原祁畫山水畫軸特展》第47頁圖錄《秋山圖》："余丁亥即作此圖，於經營位置粗成。偶思大痴《秋山》之妙，興與趣無相合處，庋閣累年。近於起伏、轉折處，忽會以眼光迎機之用。因出此圖，隨手點染，從前之促處、重處，由淡入濃，因地酌改而秋山意自出。所謂氣以導機、機以達意，不專以能事爲工也。己丑子月長至後三日，寫於京邸雙藤書屋。王原祁。"

鈐印：起首鈐"御書畫圖留與人看"（朱白文雙龍橢圓），下鈐"王原祁印"（白文正方）、"麓臺"（朱文正方），圖左下鈐"西廬後人"（朱文長方）。

設色紙本立軸，100.6×45.1cm，臺北故宮博物院藏。

按：《欽定石渠寶笈續編》著錄（藏乾清宮），有"乾隆御覽之寶"等璽印。此即麓臺欲贈吳來儀，畫成旋失之作（見《仿黃公望秋山圖》跋）。

麓臺作《江國垂綸圖》，贈爾長世兄之祖湖湘先生。

《美國顧洛阜藏中國歷代書畫名迹精選》第332頁圖錄《江國垂綸圖》："江國綸垂，湖天花發。己丑小春，仿趙松雪似仲翁老世叔年先生正。王原祁。"

鈐印："王原祁"（一朱兩白文正方）。

後跋："余家舊藏千金畫冊，有松雪《花溪漁隱》一幅，青山碧湖，桃花四面，小舟一人，蕩槳中流。最爲神逸之筆。思翁易爲長幅，作《江上垂綸圖》，用《夏山》筆法，綠蔭周遮，流渶水草，一人垂綸小艇，亦是此意，而作用互異耳。己丑九秋，積雨初晴，適公事稍暇，追憶兩圖，以臆見點（染）成此卷，甫成爲爾長世兄所見，托友將意欲郵致湖湘尊大父先生。此風雅宗匠也，因以歸之。仲冬朔日，又題於京邸穀詒堂。麓臺祁。"

鈐印：起首鈐"御書畫圖留與人看"（朱白文雙龍橢圓），下鈐"王原祁印"（白文正方）、"麓臺"（朱文正方）。

紙本設色，26×146.1cm，紐約大都會藝術博物館藏。

按：此圖爲麓臺晚年精品。

麓臺作《清王麓臺仿富春大嶺卷》。
《壯陶閣書畫錄》卷十六《清王麓臺仿富春大嶺卷》："己丑仲冬，呵凍仿大癡富春大嶺筆意。麓臺祁。"
鈐印："王原祁印""麓臺"。

本年
繆沅入翰林院，與史貽直唱和。
繆沅《餘園詩鈔》史貽直序。

孫致彌爲宋廣業《蘭皋詩鈔》作序。
《蘭皋詩鈔》孫致彌序。

興福禪院恬公病歿江西。吳歷、許之漸等與興福禪院僧友善。
《端峰詩續選》卷八《興福老禪聞於舊臘順世，且知恬公去歲亦已病歿江西，追感昔游，率成短句》二首，其一："白頭禪老卧山扉（會南和尚世壽九旬），齊已詩篇妙入微（恬庵詩筆最稱爽健）。携酒頻過方丈室，每思前事尚依稀。"其二："幾經春雨又秋風，支許交游幻影同。賸我衰殘惟嘆逝，始知緣合本來空（同里知交昔年往還興福者，今已徂謝幾半）。"

約是年，宋廣業游太倉王掞東園，時王掞爲大宗伯，王奕清爲大學士。
《蘭皋詩鈔》卷十四《暎綵集上·東園二十首并序》："太倉東園，王文肅公別墅也，文孫太常復爲點綴泉石於其間，蕭疏閒遠，饒有書意，余揮奇覽勝，竊效摩詰輞川諸詩，每景各賦一絶，兼簡顒庵大宗伯暨幼芬學士。"
按：此詩前有康熙四十八年四月詩，故推定爲康熙四十八年間事。王奕清，字幼芬。王掞長子。

【本年存疑作品】
春
麓臺作《清王原祁山水軸》，疑僞。
《陶風樓藏書畫目·清王原祁山水軸》："雲林在元季大家中獨稱逸品，賞鑑以有無爲雅俗，自亦傲然，不屑與時輩應□。觀其真跡果如天際白雲，非學者所能夢見。余仿其意何異嫫母希王嬙，擲筆流汗。康熙己丑春日寫於穀詒堂。婁東王原祁。"

鈐印："王原祁印"（白文）、"麓臺"（朱文）、"畫圖留與人看"（上朱下白文螭龍）、"西廬後人"（朱文）、"西溪主人"（朱文）。

【理由】跋文語意鄙俗，不類經學家麓臺所爲。麓臺傳世真迹作品中"畫圖留與人看"爲朱文長方，"御書畫圖留與人看"爲朱白文雙龍橢圓。

麓臺作《背寫大痴銅官山色圖》，存疑。

《背寫大痴銅官山色圖》："大痴道人《銅官山色圖》，余曾見臨本。暢春侍直，歸寓休沐，追憶背寫位置大意，不問工拙，落成一笑。時己丑暮春。"

按："己丑"即康熙四十八年。

【理由】筆者未見麓臺"追憶背寫"古人畫作的說法。他認爲，臨畫不如看畫，看畫在分析畫中高下、來去等山水、樹石等繪畫元素的起承、轉合關係。

十月

麓臺作《仿雲林設色小景》，存疑。

《王司農題畫錄》卷下《仿雲林設色小景》："畫須適意，不在矜持。天語也。原祁簪筆入直十有餘年，感激尋繹，忽似有會心處，果能同符妙意，方與古人三昧無間然矣。應制之作，起敬起畏，未免拘牽，茲供奉之暇，興到輒盡，濡毫吮墨得十二幀，轉覺天真爛漫，留以質之同好，或有以教我。康熙己丑小春月杪，集寫意畫并題。"

按：天語，即聖上之語。此跋未見著錄，用詞、語感與《麓臺題畫稿》有異。己丑，康熙四十八年。

【理由】"原祁簪筆入直十有餘年"，王原祁三十九年初秋入直供奉，至康熙四十八年小春未滿十年，何來"入直十有餘年"之說？

麓臺作《仿倪黃山水軸》，存疑。

《清王原祁畫山水畫軸特展》第93頁圖錄《仿倪黃山水軸》："倪、黃兩家用簡用繁，雖若異轍，其實皆有天然不可增損之處。余寫兩君合作，每不肯輕率下筆，非欲求工，蓋不得古人精意，毫里千里，恐貽笑不淺耳。此圖頗有苦心，因識之。己丑小春寫。王原祁。"

鈐印：起首鈐"掃花庵"（朱文長方），下鈐"王原祁印"（白文正方）、"麓臺"（朱文正方）。

設色紙本立軸，93.9×48.3cm，故宮博物院藏。

按:《欽定石渠寶笈續編》第三十三(19冊)著錄。
【理由】麓臺常用"兩家合作"而非"兩君合作"。圖中橋梁和房屋等的造型、山體結構等不類麓臺同期作品。有"乾隆御覽之寶"等璽印。

十二月
麓臺作《秋林叠巘圖》,存疑。

《壯陶閣書畫錄》卷十六《清王麓臺秋林叠巘立軸》著錄。《中國古代書畫圖目22》京1—4892圖錄《秋林叠巘圖》:"秋林叠巘。乙丑嘉平,仿董宗伯擬大痴。王原祁。"

鈐印:起首鈐"御書畫圖留與人看"(朱白文雙龍橢圓),下鈐"原祁"(朱文圓印)。

又跋:"大痴畫筆墨本董巨,氣骨用荊關,此其三昧也。思翁得之,另出機杼,學子久而另自有思翁不衫不履,兼董巨荊關之神,自見宋元之絕詣矣。近臘月下直,消寒扃戶染翰,於思翁仿大痴《秋山》細加揣摩,以應文思年道契三年之約。自愧不工,取其意不泥其迹可爾。麓臺又題。"

鈐印:"王原祁印"(白文正方)、"麓臺"(朱文正方)。

設色紙本立軸,110.5×56.2cm,故宮博物院藏。

【理由】此圖山石等結體與麓臺同期作品相比,差異很大。

康熙四十九年庚寅（1710年）六十九歲

二月

十二日，麓臺爲蔣陳錫作《庚寅花朝畫山水》。

《山水正宗》上卷第213頁圖録《庚寅花朝畫山水》："古人畫道精深之後自成一家，不爲成法羈絆。如董華亭之於大痴，本生平私淑者，及至仿摹用意，得其神不求其形，或倪或趙兼而有之，蒼淡秀潤無所不可，所謂出入於規矩之中，神明於規矩之外也。余春初以積勞靜攝，扃户謝客，玉培以側理爲雨翁老親家老先生索筆。余正在畏熱惡寒中，不敢自匿其醜，因以此意作之，以博識者噴飯耳。康熙庚寅花朝畫畢後題。婁東王原祁。"

鈐印：起首鈐"御書畫圖留與人看"（朱白文雙龍橢圓），下鈐"王原祁印"（白文正方），"麓臺"（朱文正方），圖右下鈐"西廬後人"（朱文長方）。

設色紙本立軸，128.2×55.9cm，上海博物館藏。

按：《吴越所見書畫録》卷六《仿大痴兼趙大年江南春意立軸》著録。此圖有清梁書同（"山舟"，白文正方）、錢泳（"錢泳私印"，白文正方），近代丁惠康（"丁惠康顧安宓夫婦同觀"，朱文正方），另有"昆臣過目"（白文長方）收藏印。

十四日，王翬作《王石谷仿叔明、巨然兩家筆意》。

《虚齋名畫録》卷九《王石谷仿叔明、巨然兩家筆意軸》。

王翬跋："書畫堆邊活一生，論渠畫法借書評。請看瘦硬通神處，純用顔筋柳骨成。用文太史題畫句。"

王翬又跋："筆意磊落則本叔明，山容渾厚則法僧巨然。善摹古人者，原在脱化不求形似也。庚寅花朝後二日，耕煙散人王翬。"

三月

麓臺爲聲濤表弟作《春巖仙館圖》。

《歸石軒畫談》卷五《春巖仙館圖》："康熙庚寅三月，仿松雪筆意，寫祝聲濤表弟六十初度。麓臺祁。"王敬銘跋："乙未九月初旬，少農師命敬銘書款并識。"

按：楊翰案："麓臺往往令門人代畫，自題款識。此幅反令王丹思署款，益見其爲真迹。畫層巒疊嶂，全用大痴《天臺石壁》意。長松巨壑，筆筆如拗鐵絲，所謂豪端有金剛杵也。傳色淺絳，誠如張浦山云，用淡赭入藤黄少許渲染山石，以小熨斗微火熨之乾,再以墨筆乾擦石骨,疏點木葉,使屋宇橋沙瞭然,然後以墨綠水渲出陰陽嚮背。復如前,熨之乾,再鈎,再勒,再染。自淡及濃,故覺深厚,有無窮境界也。其最神妙者,山腰白雲。如鋪絮蕩漾,如海濤,遠觀之,軟厚莫測,真爲神技。學畫者日玩此圖,自入不二法門矣。"

春

歷經八年,麓臺《仿王蒙山水》成(見圖七)。

《中國繪畫全集 27》第 70 頁圖録《仿王蒙山水》:"癸未春行武林道中,因憶黃鶴山樵《蕭寺秋山》,舟中成稿未竟,適以公冗而罷。乙酉、丁亥兩次扈從仍未脱稿。近在海淀寓直,雨窗多暇,遂成此图。方知古人十日一山,五日一水之説不虚也。康熙庚寅春仲題。王原祁。"

鈐印:起首鈐"御書畫圖留與人看"(朱白文雙龍橢圓),下鈐"王原祁印"(白文正方)、"麓臺"(朱文正方),圖右下鈐"西廬後人"(朱文長方)。

設色紙本立軸,102.4×54.3cm,故宮博物院藏。

按:此圖爲麓臺晚年仿王蒙山水之精品。

麓臺於海淀寓直作《遠山叠嶂圖》,強調繪畫要生中帶熟。

《山水正宗》上卷第 109 頁圖録《遠山叠嶂圖》:"昔人有詩云:'文入妙來無過熟。'思翁筆記亦云:'畫須熟後熟。'則'熟'之一字斷不可少矣。此圖非倪非黃,偏有生致。似非畫品所宜,而間架命意,其中筆墨趣韻不失兩家面目。生中帶熟,不甚迳庭也。題以識之。庚寅春日題於海淀寓直,王原祁。"

鈐印:起首鈐"御書畫圖留與人看"(朱白文雙龍橢圓),下鈐"王原祁印"(白文正方)、"麓臺"(朱文正方),圖左下鈐"西廬後人"(朱文長方)。

設色紙本立軸,83.5×46.8cm,上海博物館藏。

麓臺侍直暢春園,講習之暇作《仿雲林設色小景》。

《山水正宗》上卷第 121 頁圖録《仿雲林設色小景》:"仿雲林設色小景。庚寅春日侍直暢春園講習之暇,出摹古法得宋元諸家六幀。王原祁。"

鈐印:起首鈐"陗倩"(朱文長方),下鈐"王原祁"(一朱兩白文正方)、"麓臺"(白文正方),圖左下鈐"西廬後人"(白文長方)。

設色紙本立軸,65.7×39.1cm,上海博物館藏。

按:有清安岐("儀周鑒賞",白文正方)、内府("乾隆御覽之寶",朱文橢圓璽等)、載銓("載銓私印",白文正方;"曾存定府行有恒堂",朱文正方;"行有恒堂審定真迹"朱文正方)、蔣祖詒("祖詒審定",朱文正方);近代王伯元("一貫軒長物",朱文長方;"伯元心賞",朱文正方),另有"瀛齋所藏"(朱文正方)、"叔憲所保"(白文正方)收藏印。

汪鶴孫入都,分別與詹事麓臺、陳夢雷、中翰曹三才、劉鐵庵等相見。

汪鶴孫《春星堂詩集》卷七《延芬堂集下·贈同年王麓臺詹事》。

按:《贈同年王麓臺詹事》:"故人尚有王詹事,一度披襟一爽然。幾載西園曾載酒,於今東閣待招賢。即論舊笏誇時代,更羨松喬養大年。忽漫相逢京洛地,迴思鄉舉愧聯翩。"

《贈同年王麓臺詹事》前爲《庚寅燈夕苦寒和劉鐵庵韻》、《將之薊門贈別劉鐵庵即疊元韻》,後有《送春和曹廉讓中翰》、《都門重晤同年陳則震先生》,可知汪鶴孫入都與麓臺相見時在康熙四十九年春間。

曹三才,字廉讓。浙江海寧人。湖州教授。著《廉讓堂詩集》。盛大士《溪山卧游錄》卷四載,麓臺曾爲曹廉讓作《仿子久》。

麓臺作《王麓臺仿大痴山水》。

《澄蘭室古緣萃錄》卷十《王麓臺仿大痴山水》:"筆墨一道,非寄托高遠、意興悦適,經營點染時,心手便不相關。古人於此每槁硯擱筆,動以經年,亦機緣未到也。瞻亭年兄見付側理甚久,每爲公冗所稽。今春養疴邸舍,瞻兄妙劑可當七發,霍然而起,頗得淋漓之致,可以踐宿諾矣。書以識之,勿以遲遲見誚也。庚寅寒食前筆。婁東王原祁。"

鈐印:"王原祁印""麓臺""西廬後人"。

按:《王司農題畫錄》卷下《仿大痴設色》著錄,《海外藏中國歷代名畫》第167頁圖繪。圖錄有異文:"擱筆"前少"槁硯";"寒食"爲"寒日",跋尾多"婁東王原祁"。徐邦達先生名之爲《爲瞻亭七發妙劑圖軸》。

四月
王掞轉兵部尚書。

《顓庵府君行述》:"庚寅十月,轉兵部尚書。"

陳元龍由詹事升任掌院學士。

《皇朝詞林典故》卷七《皇朝掌院學士題名》。《蘭皋詩鈔》卷十六《暎綵集下·午日集陳乾齋學士雙清草堂》。

麓臺作《王麓臺仿元四大家山水長卷》。

《澄蘭室古緣萃錄》卷十《王麓臺仿元四大家山水》:"溪山合璧。彙寫黃倪王吳四家筆意。麓臺祁。"

鈐印:"王茂京""輿與烟霞會"。

又跋:"元季四家悉宗董、巨,各有作用,各有精神。古人講求筆墨間爲兩家合作,從未有四家同卷。余之作此,亦仿古人合傳之法,隨意結構者也。中間有分有合,若斷若續,全在不即不離處。若云摹擬四家,筆端所發,性靈自我而出,丘壑出入之際,豈能得其三昧?若云不是四家,逐段經營各具,面目各別,識者未必竟誚爲門外漢也。余學宋、元諸家,每有彙爲一卷之志,事故糾紛,多年未成。今先以四家試之卷內,開合變化自出機杼,奇思雖無,陳言盡去。輟筆諦觀,無鉤中棘履之態。董華亭論畫云'最忌筆滑''不爲筆使',二語知所遵守,庶幾近之矣。喜其有成,用識於後。康熙庚寅清和,題於海淀寓直,王原祁。"

鈐印:"王原祁印""麓臺""西廬後人"。

起首鈐兩印:"御書畫圖留與人看""古期齋"。

按:前有跋文稱:起手崗巒起伏,林木权椏,雲斷峰連,溪回水抱。筆意全模大癡而間有房山筆法,中路水平山秀,石峭林疏,簡淡清奇。山樵勝境入後,奇峰峭拔,巨壑深林,氣象崢嶸,魄力雄厚,全法梅花庵主。通幅丘壑變幻,層出不窮,筆老氣蒼,有神無迹。

此圖有:"牛坤之印""靜海勵氏衣園藏真""花曲道人牛坤字次原""老隱於平谷""衣園審定""竹溪居士振甫所藏""瓶麓齋印""牛次原鑒賞圖書""賜硯齋牛坤之印"收藏印。

勵宗萬(1705年—1759年),字滋大,號衣園,直隸靜海人。墓誌銘見勵宗萬《紫竹山房詩文集》17。

五月

麓臺爲張南薿作《仿黄子久筆爲張南薿作》。

《麓臺題畫稿·仿黄子久筆爲張南薿作》:"西嶺春雲。余聞粵西多山少水,拔地插天,與此迴別。及於此者,寒山流水,另有一番登臨氣象矣。大癡得董巨三昧,平淡天真不尚奇峭,意在富春、烏目間也。吟樵奉命遠出守大郡,屬(囑)余仿此置行篋中,攬峰巖之獨秀,思湖山之佳麗,兩者均有得也。特慚筆墨痴鈍,不足爲燕寢凝香之用耳。"

按:《西嶺春雲》:"大癡得董巨三昧,平淡天真,不尚奇峭,意在富春、烏目間也。余聞粵西多奇山水,拔地插天,與此迴別。及於此者,另有一番登臨氣概矣。吟樵

圖三四　王原祁《西嶺雲霞圖》(局部)

世兄奉命遠行,出守大郡,囑余仿此,置行篋中。攬峰巖之獨秀,思湖山之佳麗,兩者均有得也。特慚筆墨痴鈍,不足爲燕寢凝香之用耳。爰歸清秘,以博一粲。康熙庚寅夏五,王原祁畫并題。"此圖絹本設色,94.5×46cm,養龢齋舊藏。上海朵雲軒2003年8月9日春季拍賣古代書畫專場。

七月

望前,麓臺作《西嶺雲霞圖》(見圖三四)。

《中國繪畫全集27》第72—73頁、《王原祁精品集》第232—239頁圖錄《西嶺雲霞圖》:"西嶺雲霞。庚寅閏七月望前,仿大痴筆。"

鈐印:下鈐"石師道人"(白文正方),卷首上方鈐"畫圖留與人看"(朱文長方),卷首左下鈐"西廬後人"(白文長方)。

拖尾麓臺又跋:"畫法莫備於宋,至元人搀抉其義蘊,洗發其精神,實中轉鬆,奇中有淡,而真趣乃出。四家各有精髓,其中逸致橫生、天機透露,大痴尤精進頭陀也。余弱冠時得先大父指授,方明董巨正宗法派,於子久爲專師。今五十年矣,凡用筆之抑揚頓挫,用墨之濃淡枯濕,可解不可解處,有難以言傳者,漸覺有會心處,年來悉於此卷發之。藝雖不工而苦心一番,甘苦自知。謂我似古人我不敢信,謂我不似古人,我亦不敢信也。究心斯道者,或不以余言爲河漢耳。雙藤書屋又題。王原祁。"

鈐印:起首鈐"掃花庵"(朱文橢圓),下鈐"王原祁印"(白文正方)、"麓臺"(朱文正方)。

設色紙本手卷,39×344.6cm,遼寧省博物館藏。

按:《石渠寶笈》卷十六著錄少"又題。王原祁。"《麓臺題畫稿》稱之爲《仿黃大痴長卷》,《中國繪畫全集27》以及《王原祁精品集》名之爲《西嶺雲霞圖卷》。此圖有"乾隆御賞之寶"等璽印,以及"依竹軒"(白文長方)、"竹溪逸史"(白文正方)、"雙清閣書畫章"(朱文正方)等收藏印。

烟客以册頁見風致,麓臺以長卷見功力。此卷用色極高明,即色即墨,爲麓臺晚年精品。

八月

宋廣業母管夫人卒,年八十一。

《蘭皋詩鈔》卷十八《北行草・壬辰仲冬服闋北上感賦》。

按:宋廣業壬辰十一月服闋,可推知其母卒於康熙四十九年八月。

麓臺作《寫設色雲林筆》。

《山水正宗》上卷第 117 頁圖錄《寫設色雲林筆》:"庚寅初秋,爲長黃年老兄再寫設色雲林筆。麓臺祁。"

鈐印:起首鈐"三昧"(朱文葫蘆),下鈐"王原祁印"(白文正方)、"麓臺"(朱文正方)。

設色紙本扇頁,16.5×49.5cm,故宮博物院藏。

九月

麓臺爲豐萬年作《仿倪黃山水圖》(見圖三五)。

《王原祁精品集》第 210 頁、《中國繪畫全集 27》第 71 頁圖錄《仿倪黃山水圖》:"筆墨因興會而發,興會所在即性情之所寄也。余經秋以來,霪潦連旬,杜門靜攝。中秋後,忽爾晴爽,西山秀色,沁人心脾,天機欲發,見豐萬年世兄側理,遂成此圖。歸之清秘,知音必有以識我。康熙庚寅九秋,仿倪、黃筆并題。婁東王原祁。"

鈐印:起首鈐"畫圖留與人看"(朱文長方),下鈐"王原祁印"(白文正方)、"麓臺"(朱文正方),圖右下方鈐"西廬後人"(白文長方)。

設色紙本立軸,96×45cm,上海博物館藏。

按:此圖有清阮元("伯元審定",朱文正方)收藏印。

秋

麓臺作《仿大痴爲漢陽郡守郝子希作》。

《麓臺題畫稿・倣大痴爲漢陽郡守郝子希作》:"筆墨一道,同乎性情,非高曠中有沉摯,則性情終不出也。余與子希先生論交垂三十年。回思渚陽襄國時,政事之遐,較藝論文,流連無虛日。年來又同官於京,過從爲更密矣。先生出守漢陽,以畫屬余。蹉跎年久,終未踐約,猶幸筋力未衰,可以應知己之命。庚寅秋日,久雨初晴,辦公稍暇,鍵户息機,吮筆揮毫者數日,方成此圖。雅(雖)未敢與作家相見,而

圖三五　王原祁《仿倪黃山水圖》

解衣磅礴以研求之思,發蒼莽之筆,間亦有得力處也。因風郵寄以誌遠懷。"

按:陳履生編《王原祁畫集》第 27 頁稱之爲《仿大痴山水》。

郝士鐸(1651 年—1715 年),字子希。直隸霸州人。康熙四十四年任漢陽府知府。見江慶柏編著《清代人物生卒年表》。

麓臺爲雪巢弟仿梅道人山水。

《麓臺題畫稿・仿梅道人爲雪巢作》:"余憶戊寅冬,從豫章歸,溪山回抱,村墟歷落,頗似梅道人筆,刻意摹仿未能夢見。十餘年來,心神間有合處,方信古人得力,以天地爲師也。雪巢大弟就幕閩中,此行爲道所必經。奚囊中試攜此圖,渡錢塘江,過郎山,逾仙霞嶺,時一展觀,亦有一二吻合處否?"

鈐印:"原祁之印""麓臺"。

按:蔣光煦《別下齋書畫錄》第 422 頁異文有:"歷落"爲"錯落";"未能",爲"能";"心神間有"爲"心神開曠,覺有";"以天地爲師也"後接"庚寅清和既望。婁東王原祁",跋文缺。

《澄蘭室古緣萃錄》卷十《王麓臺仿梅道人山水軸》圖錄。《澄蘭室古緣萃錄》本異文有:"頗似"爲"宛然";"梅道人筆"爲"梅道人風致";"錢唐"爲"錢塘";"一二吻合處否"後,《澄蘭室古緣萃錄》本還接有"近讀雪弟文,清新俊逸,更得江山之助,出人頭地,可以爲左券矣。康熙庚寅秋閒,原祁"。

麓臺作《仿黄大痴》。

《退庵金石書畫跋》卷十八《王麓臺仿古四軸》之四《仿黄大痴》:"董思白天資俊邁,往往學大痴不求形似,而神采焕然。余每拈毫,擬其超脱處。不必似黄,亦不必似董,取其氣勢,用我機軸。古人三昧或在是耶。庚寅秋日,王原祁。"

麓臺作《仿王蒙山水》。

《故宫藏畫大系十五》第 53 頁、《清王原祁畫山水畫軸特展》第 49 頁圖錄《仿王蒙山水》:"仿黄鶴山樵設色小景,庚寅秋日筆也。麓臺。"

鈐印:"興與烟霞會"(白文長方)。

設色紙本立軸,41.3×28.4cm,臺北故宫博物院藏。

按:有"乾隆御覽之寶"等璽印。温肇桐《王原祁》圖版十六稱之爲《仿黄鶴山樵設色小景》。

此圖與麓臺同期作品相比,山體過大、房屋安排過多,缺乏麓臺典型作品的渾厚感。

十一月

麓臺爲雁堂老年臺作《王麓臺仿子久富春大嶺圖》。

《自怡悦齋書畫録》卷四《王麓臺仿子久富春大嶺圖》:"庚寅初冬,仿黄子久《富春大嶺圖》意,似雁堂老先生年臺。婁東王原祁。"

鈐印:"御書畫圖留與人看""王原祁印""麓臺""西廬後人"。

麓臺作《王司農仿大痴秋山立軸》。

《吴越所見書畫録》卷六《王司農仿大痴秋山立軸》:"大痴《秋山》,曾聞之先大父云,少時在京口見過,爲諸合作中所未有。星移物换,世歷滄桑,百年以來,竟不得留傳海内矣。余在暢春寓直,研弄筆墨,即思此言。於大痴畫法中求其三昧,不脱不粘,庶幾遇之。敢以質諸識者,或亦撫然一笑乎? 康熙己丑嘉平畫并題,婁東王原祁。"

鈐印:"王原祁印""麓臺"。

按:徐邦達先生名其爲《仿大痴秋山立軸》。

王掞轉禮部尚書。

《顥庵府君行述》:"十一月,轉禮部尚書。"

冬

麓臺《爲丹思作仿古山水》册頁成。

《王原祁精品集》第1—10頁圖録《爲丹思作仿古山水》。

第一幀(水墨):"秋月讀書圖。用荆關墨法。秋月秋風氣較清,聲光入夜倍關情。讀書不待燃藜候,桂子飄香到五更。庚寅冬日爲丹思畫畢,賦此相勖。麓臺祁。"

鈐印:"茂京"(朱文正方)、"石師道人"(白文正方),圖左中下鈐"古期齋"(朱文長方)。

第二幀(設色):"崇岡幽澗。仿范寬。峰迴壑轉拱天都,下有喬柯結奥區。要識水窮雲起處,清流不盡入平蕪。"

鈐印:圖右下鈐"王原祁"(朱文正方)、"麓臺"(白文正方)(見圖三六)。

第三幀(水墨):"畫道至董巨而一變,以六法中氣運生動至董巨而始純也。余學步有年,未窺半豹,但元人宗派,溯本窮源,俱在於此。苦心經營,或冀略存梗概耳。庚寅清和,海淀寓直筆。"

鈐印:起首鈐"三昧"(朱文葫蘆),下鈐"王原祁"(一朱兩白文正方)、"麓臺"(白文正方)。

第四幀(設色):"余癸酉(康熙三十二年)秦中典試,路經潼關、太華,直至省會。仰眺終南,山勢雄傑,真百二鉅觀也。海淀寓窗追憶此景,輒仿范華原筆意而繼之以詩。終南亘地脉,遠翠落人間。馬迹隨雲轉,客心入嶂閒。晴沙橫古渡,槲葉滿深山。領略高秋意,歸來但閉關。石師。"

鈐印:"王原祁"(一朱兩白文正方)(見圖三七)。

按:《麓臺題畫稿》《題仿范華原》稱其為三十幅之一,且《麓臺題畫稿》中詩歌"終南……閉關"移至"余癸酉"等文之前。

第五幀(水墨):"戊子仲春,用巨然《賺蘭亭圖》墨法。宋人筆墨宗旨如北苑之半幅,巨然之《賺蘭亭》是也。余故標出之,要用心進步處。"

鈐印:"麓臺"(白文正方),圖左下鈐"太原珍藏"(朱文正方)。

第六幀(設色):"南山秋翠。余仿松雪《春山》,意猶未盡。此圖復寫秋色。祁。"

鈐印:"麓臺"(朱文正方)(見圖三八)。

第七幀(水墨):"位置本心苗,相投若針芥。施設稍失宜,良莠爲黃秭。匠意得經營,庖丁恚然解。元季有山樵,蕩軼而神怪。出没蒼靄間,咫尺烟雲灑。我欲溯源流,董巨其真派。羅紋結角處,卷舒意寧隘。慎勿恣遠求,轉眼心手快。丁亥仲冬下浣,長宵燒燭爲丹思擬叔明筆,兼論畫理,偶成古體八韻,并録出眎之。麓臺祁。"

鈐印:"麓臺"(朱文正方)。

第八幀(水墨):"溪山秋霽。仿梅道人。山村一曲對朝暉,秋霽林光翠濕衣。欲得高人無盡意,更看岡復與溪圍。高峰積蒼翠,訪勝到柴門。莫待秋光老,淒凉淨客魂。寫畢又題二絶。丁亥嘉平五日。"

鈐印:"原祁之印"(白文正方)。

第九幀(水墨):"卅年行脚老方歸,庵土精神世所稀。脱盡風波覓無縫,好將緇素换天衣。仿梅道人大意,作偈頌之。"

鈐印:"原祁之印"(白文正方)、"麓臺"(白文正方)。

第十幀(水墨):"巨然雪景。此宋人變格,如大癡之《九峰雪霽》,亦元人之變格也。凡作此等畫,俱意在筆先,勿拘拘右丞、營丘模範,并不拘巨然、大癡常規,元筆兼宋法,此教外别傳也。具眼者試辨之。原祁。戊子冬初,寫於海淀寓直,庚寅立冬日重展觀,更稍加點染并題數語,亦寓直時也。"

鈐印:起首鈐"古期齋"(朱文長方),圖右下鈐"西廬後人"(白文長方)(見圖三九)。

設色/墨筆紙本,60.5×35cm,故宫博物院藏。

圖三六　王原祁《爲丹思作仿古山水》之《仿范寬》

康熙四十九年庚寅(1710年)六十九歲　481

余癸酉奉中丞試路經潼關太華
直亙千里嘗仰眺連岡山勢雄傑真
百二雄鎮也海澄為余追憶此景
摣懷范華原筆意而漫之以詩
終南巨地脈遠翠落人間
馬跡隨雲得意入峰間
晴沙橫古渡楓葉鬧深
山領暮高欣意附老住
關閱
　　石師

圖三七　王原祁《爲丹思作仿古山水》之《秦中典試仿范寬》

圖三八　王原祁《爲丹思作仿古山水》之《仿趙松雪春山》

康熙四十九年庚寅(1710年)六十九歲　483

圖三九　王原祁《爲丹思作仿古山水》之《仿巨然》

按：此圖冊《內務部古物陳列所書畫目錄》卷四未著錄跋文。《盛京故宮書畫錄》（第六冊）第一幀鈐印"茂京"誤爲"茂亭"；第四幀"潼關"誤爲"函谷"；第五幀"賺蘭亭圖"之前多"之""北苑"前多"此"（《王司農題畫錄》亦多"此"）；第十幀第二跋"重展觀"後多"之"。《王原祁精品集》稱其爲《山水圖冊》，《中國繪畫全集27》圖錄不全，稱之爲《山水圖冊》。此十幀作品時間相隔二十多年。此圖有王敬銘（"味閒庵主"，白文正方；"王丹思"，白文正方；"未巖"，朱文橢圓）；另有"九曲揚之水"（白文正方）、"寶蘊樓藏"（朱文正方）、"林□溪舍"（白文正方）、"佳處"（朱文橢圓）、"森玉樓主人"（朱文正方）、"九芝八桂之堂"（朱文正方）、"卧游"（朱文正方）、"象無支室"（白文正方）、"香南雪北"（朱文正方）等收藏印。

麓臺悟"小中見大之故，亦可以大中見小也。"

《王司農題畫錄》卷上《仿設色大癡巨幅李匡吉求贈》跋文。

麓臺作《仿米家山水圖》。

《王原祁集》第280頁圖錄《仿米家山水圖》："米家畫，墨法純是董苑，化而爲雲山，乃其變格也。庚寅長至後，復至暢春園，入直回寓，永夜無以消寒，薄醉擁燈，偶寫所見。中間有未到處，臘月朔日再加點染，頗見生動之致。麓臺祁。"

按：美國紐約懷石樓藏。

麓臺作《仿李成烟景圖》。

《四王畫集》第223頁圖錄《仿李成烟景圖》："庚寅冬日，仿李營丘烟景。王原祁。"

鈐印：起首鈐"陗倩"（朱文長方），下鈐"王原祁印"（白文正方）、"麓臺"（朱文正方）。設色紙本立軸，47×30cm，故宮博物院藏。

按：徐邦達先生稱之爲《設色仿李成烟景小軸》，稱無出處。此畫有"碧雲仙館珍藏書畫印"（朱文長方）等收藏印。

歲末
唐孫華詩謝少司空揆叙自都門遣使餉金。

《東江詩鈔》卷十一《歲暮方窘，揆少司空自都門遣使餉金》。

本年
康熙四十九年八月至五十年十二月間，查慎行以詩志麓臺爲蔣深繪《蘇齋圖》之事。

　　查慎行《敬業堂詩集》卷三十九《棗東集·再爲樹存題王麓臺宫詹所畫蘇齋圖》:"元四家法傳渺茫,華亭一老誰頡頏。我昨題詩誶石谷,派裔近遡婁東王。朝來復見宫相筆,令我展卷喜欲狂。君家綉谷中,舊有交翠堂,蘇齋想在交翠旁。不知結構幾時改,但覺城西竹樹轉盼生輝光。一丘與一壑,一重複一掩。似淺而愈深,爲奇豈關險。興酣揮灑如化工,巖巒出没初無窮。能將萬里勢,移入園亭中。主人好事客不同,三徑非復求羊蹤。招邀笠屐作晤對,尚友直到眉山翁(樹存得東坡笠屐小像,因築此齋,屬麓臺題之)。翁之來兮萬木風,嶺海一氣遥相通。當時買田陽羨歸未遂,六百年後畫像乃落江之東。麓臺麓臺真老手,筆落神來洵非偶。紀聞異日傳中吴,綉谷名與蘇齋俱,此圖此像他家無。"

　　按:李葆恂《海王村所見書畫録·王翬蘇齋圖卷》前言稱,王翬曾主蔣深家,圖卷畫跋:"麓臺學士嘗寫圖贈之,兹復索予圖。康熙四十七年九月二十三日。"

王翬爲蔣深繪《綉谷圖》,查慎行亦以詩志之。

　　查慎行《敬業堂詩集》卷三十九《棗東集·題蔣樹存綉谷圖爲王石谷所畫》:"憶初訪君尋綉谷,沿緣棹轉閭門曲。桃花深塢數千家,三徑依然蔣生獨。到門先看八分字,爪甲如龍陷蒼玉。恰當首夏候清和,一色園林雨新沐。滿堂狂客歡讌集,詩酒冲筵事徵逐。曾蒙分韻强留題,不怪歸舟避糟麴。別來塵土换顔狀,霜雪盈頭沾寸禄。我方寓直鄰浴堂,君亦辭家赴書局。寒窗瑣細注蟲魚,十指排籤管鋒秃。此時忽漫披横卷,快若重游爽心目。奉常筆法付宫端,分派同時一常熟。精研往往到毫末,縱逸寧容拘尺幅。雲頭解駁天光開,地脉盤旋風氣蓄。奇峰翠蹙電山石,高嶝濃張洞庭木。莎痕苔迹斷復連,寬處編籬還補屋。漸深漸入窅無際,中有千竿萬竿竹。野老時拖拄杖來,幽人自展遺書讀。城端殘照紅將斂,遠勢投林鴉伴宿。惜哉此景落東南,欲往從之興説輹。畫圖非畫乃真境,試問歸期何日卜。欐鞵桐帽吾胄血,筆梃相隨友麋鹿。"

查慎行爲顧藹吉《讀書圖》題跋。

　　查慎行《敬業堂詩集》卷三十九《棗東集·題顧天山南原讀書圖》:"吴中多世家,君豈瑛後人。抱奇乃日富,所得在一貧。冰叟昔受士,門牆分彌親。我自識君來,今幾三十春。姓名達館閣,蹤迹仍風塵。磊落見高才,激昂露天真。深惟讀書力,頤此遠俗神。精理入毫銛,古言闢菑榛。兀然三尺几,上與萬古鄰。糟醨殊少味,願君飲其醇。"

　　按:顧藹吉字天山,號南原,江蘇蘇州人。

大中丞陳元龍撫粵。

《蘭皋詩鈔》卷二十《粵中紀游二·乾齋招集阜成書院漫賦有序》。

按:《乾齋招集阜成書院漫賦有序》稱,康熙五十三年,陳元龍撫粵四載。因此,康熙四十九年始,陳氏撫粵。

【本年存疑作品】

正月

麓臺作《紅香夾岸圖》,存疑。

《王司農題畫錄》卷下《紅香夾岸圖》:"桃花爛漫入春闌,三月紅香夾岸看。不逐漁人尋避隱,還從江上理綸竿。畫以達情,詩以言志。此圖棄匣已久,今早乘興告竣,并繫以詩。庚寅王正下旬。"

【理由】如"今早""王正下旬"等用詞與《麓臺題畫稿》等麓臺常用語彙有異。

二月

麓臺作《仿黃公望富春山居圖》,疑偽。

《中國古代書畫圖目5》滬1—3272圖錄《仿黃公望富春山居圖》:"子久習見烏目雲烟、草木之變,故落筆便鈎其神,風骨清明,色墨雋異,已與宋元諸大家有超然獨出之妙矣。晚年游山陰,浸淫於千巖萬壑,間爲富春長卷,以平淡天真發其蒼古奇逸之趣,無丹青家一點氣息,用筆乃如篆如籀,磊落縱橫,靜如處女,動若飛仙,真斯藝中古今一奇也。余生平所見痴翁真迹,當推此爲第一,每一搦管,便隱隱心目間,而墨痴筆鈍,神理獨疏。侍直餘間,偶拈此卷,輒欲稍稍髣髴之,乃其妙處畢竟不可到,殆其人可及,其天不可及乎?輟筆仿偟,書此志愧。康熙庚寅立春日題於雙藤書屋。婁東王原祁。"

紙本墨筆,37×34.3cm,上海博物館藏。

【理由】山體結構、皴法等異於麓臺同期作品;跋文字體有異;跋文語氣不類麓臺同期畫跋。

十月

麓臺作《黃公望秋山圖》,存疑。

《王原祁集》第266頁圖錄《黃公望秋山圖》:"論畫之法,位置、筆墨盡之矣。余謂位置有位置之意,筆墨有筆墨之意,用意而有機,乃爲活法也。大痴《秋山圖》,余未之見,就取聞於先奉常者,採取其意法,屢變而機未熟、未竟,有鈎中棘履之態矣。若之入大痴閫奧,如鷦鷯之嘆大鵬也。康熙庚寅十月朔,頒曆公餘,寫於京邸穀貽堂。王原祁。"

【理由】語氣不類麓臺同期畫跋。如"用意而有機""意法"。此畫跋文或參考自康熙四十九年麓臺《仿元四大家山水長卷》第二跋。

冬

麓臺《仿古山水册》成，部分疑偽。

《仿古山水册》："張伯雨評云：'峰巒渾厚，草木華滋。'以畫法論大痴，豈精進頭陀而以釋巨然爲師者耶！己丑長夏録出并畫。"

第一幀："空山不見人，但聞人語响。返影入深林，復照青苔上。仿江貫道筆寫唐人詩意。"

第二幀："雲林設色小景。從荆、關中化出天然逸趣，姿態橫生。兹仿其意。"

第三幀："江南春。丁亥春，扈從武林道中，舟次寫惠崇筆意。"

第四幀："梅道人有《溪山無盡》、《關山秋霽》二圖，皆世之罕物，此幅兼用其意。"

第五幀："仿高房山。高、米總是一家，鑒古者有宋元之辨。時有後先，氣分厚薄也。學六法者参之。"

第六幀："庚寅秋日，兼寫倪、黃筆意於雙藤書屋，運墨處頗合古人平淡法，存之。麓臺祁。"

第七幀："擬趙承旨《仙山樓閣圖》。壬午春日，暢春園直廬奉命進呈，擬稿之一。"

水墨紙本册頁，46.5×27cm。

按："己丑"即康熙四十八年。"丁亥"即康熙四十六年。"庚寅"即康熙四十九年。"壬午"即康熙四十一年。

【理由】語氣不類麓臺同期畫跋，如"天然逸趣""世之罕物""氣分厚薄"。

康熙五十年辛卯（1711年）七十歲

正月

十日，麓臺作《仿黃公望山水圖》（見圖四〇）。

《王原祁集》第 279 頁圖錄《仿黃公望山水圖》："畫以神遇，不以形求。元季之大痴更於此中伐毛洗髓，不可以強求，不可以力致也。余學大痴，自少至老已屢變其法。章法合局矣，而筆墨未到；知用筆用墨矣，而機趣未融；刻意求機趣，而閑處神韻未能與心目相隨，皆與大痴隔瘼者也。今老矣，猶望其（合）與古人，恐此必不得之數也。吳越佳山水處，不乏秩倫超群之士，觀余此跋，可以想見痴翁矣。康熙辛卯新正十日，時七十，麓臺祁。"

按：王季遷舊藏。

三月

玄燁六十歲誕辰，禮部侍郎宋駿業奏請旨繪《萬壽盛典圖》。參與進士有王敬銘、溫儀等。

《清代傳記叢刊》79《清畫傳輯佚三種・讀畫輯略・王敬銘》："王敬銘官翰林院修撰，撰修《萬壽盛典》時得以從麓臺學畫，麓臺弟子中可謂能入室者矣。"

《清代傳記叢刊》79《清畫傳輯佚三種・讀畫輯略・溫儀》。溫儀述師訓曰："勾勒處，筆鋒須若觸透紙背，則骨幹堅凝，皴擦處，須多用乾筆，然後以水墨暈之，則厚而有神。又曰：用墨如設色，則姿態生；設色如用墨，則古韻出。畫家積習不掃自除矣。"

按：王敬銘因"撰修《萬壽盛典》時得以從麓臺學畫"之說有誤。康熙三十四年，其父王晦已館於麓臺府邸。

張庚《國朝畫徵錄》稱，溫儀，字可象，號紀堂，陝西三原人。康熙五十一年進士及第，後受業於麓臺，謹守師法。用筆沉實有師風，而冲淡未及。《清畫傳輯佚三種・讀畫輯略・溫儀》師訓即錄自《國朝畫徵錄・溫儀》。

春

麓臺作《仿大痴富春山圖卷》。

《書畫鑑影》卷九《仿大痴富春山圖卷》："古人長卷，自摩詰《輞川圖》始立南宗楷則。惜余未之見。偶閱畫稿，方知右丞用意之深遠，行間墨里，配搭無纖毫隙漏，

圖四〇　王原祁《仿黃公望山水圖》

真有化工之妙。不知真筆墨之運用,又如何耳。十年前見北苑《夏景山口待渡圖》,乃知唐、宋大家理同此心,心同此理,淵源相紹續,無少差別。北苑如是,右丞亦如是也。元季長卷見《大癡《富春山圖》,筆墨奔宕超逸,脱盡唐、宋成法,真變化於規矩之外,神明於規矩之中。畫至此神矣,聖矣。余自幼學畫,每侍先奉常竊聞議論,必以癡翁爲準的。癡翁筆墨尤以《富春》爲首冠,及一見之,輒有不可思議之嘆。此圖約略仿其大意,若謂能得古人堂奧,則吾豈敢。時康熙辛卯春日,畫成漫題於穀詒堂。婁東王原祁,時年七十。"

　　按:《澄蘭室古緣萃録》卷十《王麓臺仿黃鶴山樵山水卷》與《王司農題畫錄》卷下《仿大癡富春山圖長卷》著録。《王司農題畫録》與《澄蘭室古緣萃録》跋文内容相近,"時年七十"前少"婁東王原祁"。

四月

麓臺作《南山積翠圖》,預祝乾翁老親家六襄榮壽(見圖四一)。

　　《中國繪畫全集 27》第 78—79 頁圖録《南山積翠圖》:"南山積翠。康熙辛卯清和,仿一峰老人,預祝乾翁老先生親家六襄榮壽寄正。王原祁。"

　　鈐印:"抽苔鈔""畫圖留與人看"(朱文長方),下鈐"王原祁"(白文正方)、"麓臺"(朱文正方)。

　　設色紙本手卷,44×338.5cm,廣西壯族自治區博物館藏。

　　按:有清代李季雲,近代吴湖帆、丁惠康等收藏印。

五月

麓臺《王麓臺山水册》成。

　　《穰梨館過眼録》卷三十九《王麓臺山水册》。

　　第一幀:"大年畫法。"

圖四一　王原祁《南山積翠》

　　第二幀："仿宋元筆法。"
　　第三幀："仿黄鶴山樵筆意。"
　　第四幀："倪黄合作。"
　　第五幀："巨然筆法。"
　　第六幀："作設色大痴筆。"
　　第七幀："大痴筆意。"
　　第八幀："仿梅道人筆。"
　　第九幀："寫高尚書筆意於穀詒堂。"
　　第十幀："仿子久畫法。"
　　第十一幀："營丘雪意圖。"
　　第十二幀："雲林小景。康熙辛卯年五月畫於雙藤書屋。王原祁。"
　　按：徐邦達先生名之爲《雙藤書屋畫山水册》。

六月

麓臺以康熙四十九年所得《輞川圖》摹本刻石爲底稿，參以己意，歷時九月，《仿王維輞川圖卷》成。

　　《輞川圖》："右丞輞川別業，有五言絶句二十首紀其勝，即繫以圖。六法中氣運生動，得天地真文章者，自右丞始。北宋之荆關、董巨、二米、李范；元之高趙、四家俱祖述其意，一燈相續，爲正宗大家。南宋以來，雖名家蝟立，如簇錦攢花，然大小不同，門户各判，學者多聞廣識，皆可爲腹笥之助。若以爲心傳在是，恐未登古人之堂奥，徒涉古人之糟粕耳。有明三百年，董思翁一掃蠶叢，先奉常親承衣鉢。余髫齡時承歡膝下，間亦竊聞一二。近與寄翁老先生論交已久，三年前擬《盧鴻草堂圖》即相訂爲輞川長卷，以未見粉本，不敢妄擬。客秋，偶見行世石刻，并取集中之詩，參考以我意自成，不落畫工形似，迄今已九閲月。公事之暇，無時不加點染。墨刻中參以詩意,如見右丞陽施陰設、移步換形之妙。即云拙劣,亦略得詩中有畫、畫中有詩遺意。先生見之,得無捧腹一笑乎？康熙辛卯六月十一日題。婁東王原祁。"

設色紙本手卷,35.7×537.2cm,美國紐約大都會博物館藏。

按:徐邦達先生稱無著錄。《輞川別業詩》有"新家孟城口,古木餘衰柳。來者復爲誰？空悲昔人有"。以及"結廬古城下,時登古城上。古城非疇者,今人自來往"等詩句。此作刻畫了輞口莊、古孟城、文杏館、竹里館、鹿柴等二十景。

麓臺《山水圖冊》成。

《王原祁精品集》第244—251頁圖錄《山水圖冊》。

第一幀(設色):"黃鶴山樵《秋山蕭寺》以元人之筆備宋人之法,秀逸絕倫,酷似吳興而變化更能出藍,此圖擬之。"

鈐印:"王原祁印"(白文正方)(見圖四二)。

第二幀(水墨):"叔明筆墨始奇而終正,猶之大癡筆墨先正而後奇也。出入變化雖異,而源流則一,參觀而自得之。石師道人。"

鈐印:"石師道人"(白文正方)(見圖四三)。

第三幀(水墨):"余見倪高士《春林山影圖》,摹其大意。"

鈐印:"茂京"(朱文正方)。

第四幀(水墨):"大癡《陡壑密林》墨法。原祁。"

鈐印:起首鈐"畫圖留與人看"(朱文長方),下鈐"原祁"(白文正方)。

第五幀(水墨):"梅道人設色,間一有之,與董苑《龍宿郊民圖》同流共貫也。從此參學,正入手處。"

鈐印:"王原祁印"(白文正方)、"麓臺"(朱文正方)(見圖四四)。

第六幀(水墨):"巨然墨法,承之者惟吳仲圭,此幅仿《溪山無盡》、《關山秋霽》二圖意。麓臺。"

鈐印:"麓臺"(朱文正方)。

第七幀(設色):"大癡用色即是用墨,方不落尋常蹊徑。以五墨法試之,得氣而亦得色矣。"

鈐印:"王原祁印"(一朱兩白文正方)、"麓臺"(朱文正方)。

第八幀(設色):"仿設色雲林。太翁老先生探索畫理,老而不倦,於宋人各家門户施設俱已精熟,惟元四家風趣,先生以爲在意言之表,董巨衣鉢如宗門之教外別傳也。不耻下問,余何敢自匿,爰作八幀,經年而成,奉塵清鑒。康熙辛卯六月消暑作。王原祁,時年七十。"

鈐印:"三昧"(朱文葫蘆),下鈐"王原祁"(朱文正方)、"麓臺"(朱文正方)(見圖四五)。

圖四二　王原祁《山水圖册》之《仿王蒙秋山蕭寺》

圖四三　王原祁《山水圖册》之《仿王蒙》

圖四四　王原祁《山水圖册》之《仿梅道人設色》

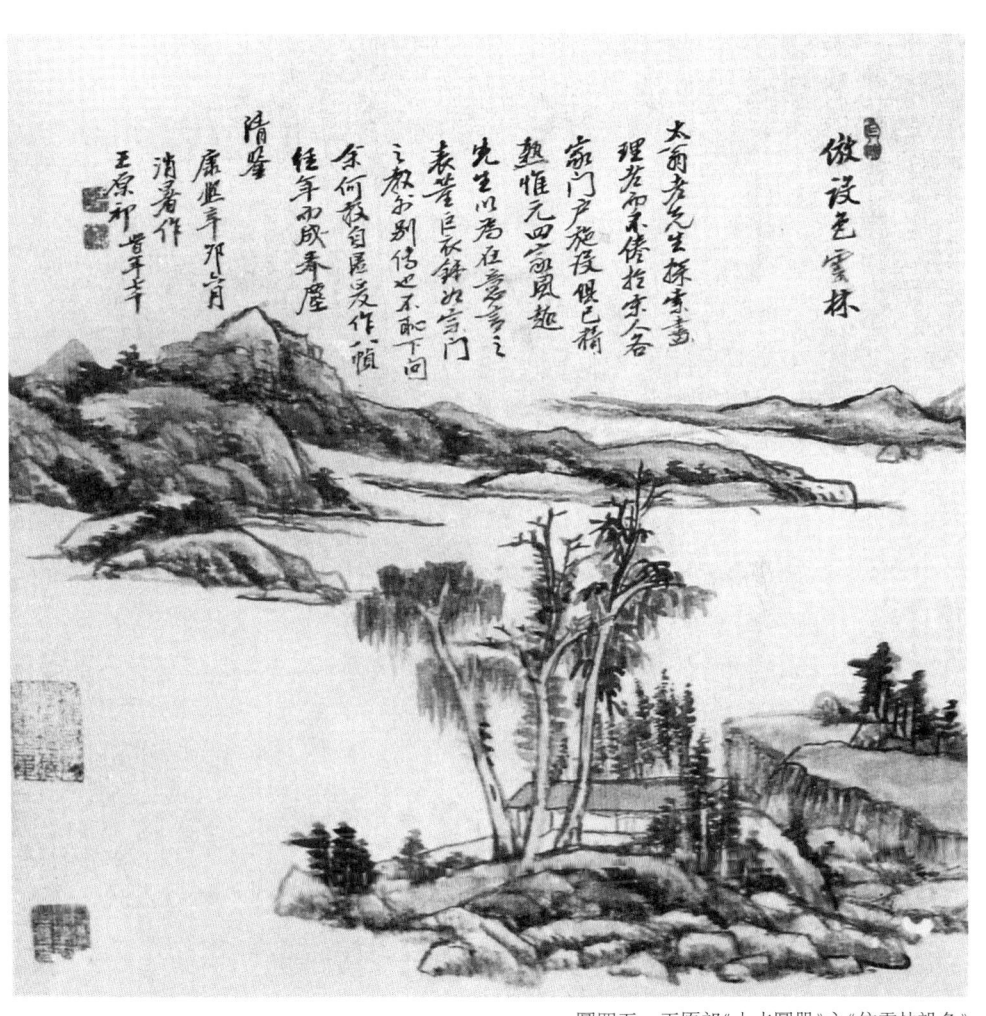

圖四五　王原祁《山水圖冊》之《仿雲林設色》

絹本設色册頁，30×30.5cm。

按：《中國繪畫全集27》稱之爲《仿元四家山水圖册》。此圖有"潤之鑒賞"（朱文正方）、"歐陽潤之珍賞"（白文正方）、"□山堂印"（朱文長方）、"彭澤歐陽潤之鑒藏書畫之章"（朱文長方）等收藏印。

《王原祁精品集》稱此册藏於中國國家博物館，《中國繪畫全集27》稱清華大學美術學院藏。中央美術學院藏品（《中國古代書畫圖目1》京8—075《仿元四家山水》）圖錄其中四幀（第一幀、第二幀、第五幀、第八幀）。

夏

麓臺所作《國朝六大家山水册》（第七、第八幀）成。

《虛齋名畫錄》卷十五《國朝六大家山水册》（第七幀，青緑）："辛卯長夏，仿趙松雪夏山。山靜似太古，日長如小年。二語近之。王原祁。"

鈐印："原祁"（白文正方）、"茂京"（朱文正方）、"三昧"（朱文葫蘆）。

《虛齋名畫錄》卷十五《國朝六大家山水册》（第八幀，水墨）："麓臺。"

鈐印："王原祁印"（朱文正方）。

七月

麓臺作《嚴灘春曉圖卷》贈蔣鳴玉（楚珍）。

《王原祁集》第273頁《嚴灘春曉圖卷》："古人長卷，不可多得。與人傾蓋定交，必閲歷久遠，知其性情，然後寄託高深，發而爲山水，如痴翁《富春長卷》七年而成，猶作賦之鍊《京》研《都》也。余在都門，因徐子司民始識楚珍。先生以岐黄之術濟世，而不責其効，不居其功，心甚重之。夙有筆墨之訂，平日乘暇拈弄。此卷苦成，適聞南歸之期，遂以持贈。痴肥不足副知音之意，藉以歌驪如何？康熙辛卯七月望後寫并題。王原祁，是年七十。"

按：徐邦達先生稱無著錄。温肇桐《王原祁·王原祁年譜》收錄。

蔣鳴玉，字楚珍。蔣虎臣父。

麓臺爲撰叙作《爲凱功掌憲寫元季四家》。

《麓臺題畫稿·爲凱功掌憲寫元四家》。

《題仿子久》："余二年前奉命修《書畫譜》，見大痴論畫二十則，不出宋人之法。但於林下水杪、沙磧木末，極閑中輒加留意，歸於無筆不靈，無筆不趣，在宋法又開生面矣。余幼學於先奉常贈公，久而得其藩翰。見此二十則，方知子久得力處，益信華亭宗伯及家奉常所傳爲不虛也。"

《題仿黄鶴山樵》:"王叔明筆酷似其舅趙吳興,進而學王摩詰,得離奇奥突之妙。晚年墨法純師董巨,一變而爲本家體,人更莫可端倪。師之者不泥其迹,務得其神,要在可解不可解處。若求其形,云某處如何用筆,某處如何用墨,造出險幻之狀以之驚人炫俗,未免邈若河漢矣。"

《題仿梅道人》:"北宋高人三昧,惟梅道人得之。以其傳巨然衣鉢也。與盛子昭同里閈而居,求盛畫者填門接踵。庵主惟茅屋數椽,閉門靜坐。人有言者,笑而不答。五百年來重吳而輕盛,洵乎筆墨有定論也。然人但知其淋漓揮灑,不知其剛健而含婀娜之致,亦未思一笑之故耳。"

《題仿雲林》:"宋元諸家各出機杼,惟高士一洗陳迹,空諸所有,爲逸品中第一。非創爲是,於不用工力之中爲善用工力者所莫能及,故能獨臻其妙耳。董宗伯題倪畫云:'江南士大夫家以有無爲清俗。'余邇來苦心揣摩,終未能得其神理,有無清俗之言,洵不虛也。"

按:揆叙《益戒堂詩後集》卷五《謝王麓臺詹事惠畫册兼呈他山先生四首》。其一:"象外冥搜筆力雄,翩翩文采續家風。經營暗合詩人法,却笑吳生是畫工。"其三:"扁舟曾泛大江春,蟹舍漁莊入夢頻。"其四:"真迹已留王宰畫,名篇還乞杜陵詩。"時間爲康熙五十年。揆叙應酬詩較多,具有記録性特點,如《以水禽卵餽他山師侑之以詩》。

八月

十六日,麓臺由詹事升掌院學士,接陳元龍任。九個月後,由通政使湯右曾繼任。

《皇朝詞林典故》卷七《題名上》。

《歷代名人年譜》卷十《清》第78頁:"八月,茂京升翰林院掌院學士,旋充經筵講官。"

《大清聖祖仁皇帝實録》卷二百四十七:"升詹事府詹事王原祁爲翰林院掌院學士兼禮部侍郎。"

按:康熙四十九年四月,陳元龍任掌院學士,任職一年零四個月。

王遵辰、王瞻成舉人。

《(民國)太倉州志》卷十《選舉》。

九月

二十七日,麓臺作《仙山樓閣圖》。

《石渠寶笈》卷九《仙山樓閣圖》:"趙承旨有《仙山樓閣圖》,特師其意。時辛卯九月廿七日,王原祁。"

鈐印:"峭(陗)倩""原祁""茂京"。

秋,麓臺作《王麓臺山水立軸》。

《夢園書畫錄》卷十八《王麓臺山水立軸》:"畫有源流。如元四家之俱宗董、巨,此其源也;又各自成一家,此其流也。位置合陰陽之道,筆墨發變化之機,此又其源也。至形模各出,繁簡不同,此又其流也。余初學大痴,後學山樵。年已垂老,方知兩家實有同條共貫之妙。學者尋其源,溯其流,而寢食於其中,則得之矣。康熙辛卯秋日。王原祁時年七十。"

鈐印:"王原祁印""麓臺"。

按:《夢園書畫錄》卷十八共收錄五件麓臺作品,四件跋文有疑問,其中一件作於麓臺去世六年後。

十月

初三日,麓臺以掌院學士充經筵講官。

《皇朝詞林典故》卷七《皇朝掌院學士題名》。

《大清聖祖仁皇帝實錄》卷二百四十八:"以翰林院掌院學士王原祁充經筵講官。"

按:康熙五十一年正月長壽以侍讀學士充。麓臺任職兩月多。

麓臺作《松溪仙館圖》。

《石渠寶笈》卷九《松溪仙館圖》:"辛卯小春,寫《松溪仙館》及《丹臺春曉》大意,仿黃鶴山樵。麓臺。"

毛師柱卒,年七十八。

《端峰詩續選》卷八《初冬朔朝病極自警》:"驚看衰懶甚,勉強力安從。心冷原如水,身殘況是冬。并拋詩徑熟,彌簡世途濃。自此諸緣息,人應不訝慵。"

十一月

因都中親友多次催促,宋廣業服闋北上。過錫山憶秦園,懷原錫山令吳伯成。過毗陵,訪謝靜巖不遇。途中聞大中丞張伯行復任江左,喜而作頌。

《蘭皋詩鈔》卷十八《北行草·壬辰仲冬服闋北上感賦》、同卷《過錫山憶秦園》、同卷《夜過毗陵》、同卷《張大中丞奉旨復任江左,喜頌四章》。

年末
宋廣業至都,宋駿業率子侄出城迎接。其後,宋廣業至上谷拜謁大中丞趙弘燮,遇銀臺李御六、憲副張瀛洲、年允公、少參徐章仲及大參桐門季弟。

《蘭皋詩鈔》卷十八《北行草·堅齋仲弟率子侄輩出迎郊外喜賦》、同卷《出都至上谷謁趙大中丞(公諱弘燮,字公亮,陝西寧夏衛人)并晤銀臺李御六、憲副張瀛洲、年允公、少參徐章仲諸先生,大參桐門季弟喜賦》。

除夕
宋廣業在宋駿業齋中與諸子侄守歲。
《蘭皋詩鈔》卷十八《北行草·除夕偕堅齋仲弟率諸兒孫輩守歲》。

本年
王奕鴻升户曹郎。
《頵庵府君行述》:"辛卯,不孝奕鴻爲户曹郎。"

蔣廷錫爲查慎行寫生瓶花,成《二隱圖》。
揆叙《益戒堂詩後集》卷五《他山師瓶中菊花入春未萎,配以早梅一枝,蔣酉君宫允爲繪二隱圖兼題長句,師有次酉君原韻詩以出示余,亦繼和》。

因辛卯科場案互劾,聖祖特黜噶禮,留張伯行。
王原《西亨文鈔》卷二《與張恕齋中丞書》:"本朝理學之正,有體有用。大醇無疵者,先師稼書先生(陸隴其)而後,惟閣下一人而已。"後學劉汝錫注:"清恪公撫吴時,與總督噶禮互劾。廷議左袒,賴聖祖保全。"

【本年存疑作品】

春
麓臺作《仿黄公望山水》,疑僞。
《故宫藏畫大系十五》第54頁、《清王原祁畫山水畫軸特展》第51頁圖録《仿黄公望山水》:"辛卯春日,仿大痴筆於雙藤書屋。王原祁。"

鈐印：起首鈐"三昧"（朱文葫蘆），下鈐"王原祁"（一朱兩白文正方）、"麓臺"（白文正方）。

水墨紙本立軸，40.6×26.5cm，臺北故宮博物院藏。

按：有"乾隆御覽之寶"等璽印。

【理由】字、畫內在精神松懈；山體皴擦不到位，少染，缺乏麓臺作品的渾厚特徵；印章與同期相比，字形不類，印泥色濁。

長至日

麓臺作《仿大痴富春山圖卷》，疑僞。

《仿大痴富春山圖卷》："畫法莫備於宋，而宋之董、巨，更能於韻趣法外生巧，此非元之大痴莫爲之傳也。今人學大痴者多取其位置、工力，與（於）平淡天真之妙邈若河漢矣。余欲解其惑，而人或未之信。因寒天呵凍弄筆，粗服亂頭，遂成此卷。雖與痴翁妙諦有仙凡、今古之不同，然而却俗去拘則前後如一轍也。觀者勿以率筆而置之，幸甚，幸甚。康熙辛卯長至日，婁東王原祁寫并題。"

墨筆紙本手卷，30.5×376cm，比利時尤倫斯夫婦舊藏。

【理由】"宋之董、巨"之説將董源、巨然視爲宋人是明顯的錯誤。麓臺強調文人作畫在得"理趣"，而非"韻趣"。總之，跋文語詞、語氣與麓臺同期畫跋差異太大。

康熙五十一年壬辰(1712年)七十一歲

二月

望後,麓臺作《仿倪黃設色》。

《麓臺題畫稿·仿倪黃設色》:"壬辰春正望後,燈事方闌,料峭愈烈。銜杯呵凍,放筆作此圖。似有荆關筆意,而風趣用元人本色。此倪、黃窠臼未能純熟脫化也,傳以淺色,恐益增其累爾。"

麓臺作《仿倪瓚山水》。

《故宫藏畫大系十五》第55頁、《清王原祁畫山水畫軸特展》第55頁圖錄《仿倪瓚山水》:"畫家惟雲林最爲高逸,故與大痴同時,相傳有倪黃合作,兩家氣韻約略相似,後之筆墨家宗焉。余於此中亦有一知半解,近日辦公之暇,適當靜攝,見案頭側理,便爲塗抹,未識稍有相應處否,識者自能辨之。康熙壬辰二月下瀚,畫於京邸穀詒堂。麓臺祁,年七十有一。"

鈐印:起首鈐"掃花庵"(朱文橢圓),下鈐"王原祁印"(白文正方)、"麓臺"(朱文正方),圖左下鈐"西廬後人"(白文長方)。

水墨紙本立軸,69.6×42cm,臺北故宫博物院藏。

按:《石渠寶笈初編》卷二十七(重華宫)著錄,有"乾隆御覽之寶"等璽印。

《王司農題畫錄》卷上《倪黃墨法爲朱星海》:"畫家惟倪最爲高逸,因與大痴同時,相傳有倪黃合作。兩家氣韻約略相似,後之筆墨家宗焉。星海醫學得正傳,留之館舍已三年矣。輕岐黃之學,將筮仕於汾西,小草捧檄亦有喜色。余惟畫家之倪黃,猶藥中參苓也。朱君善用參苓,寫以贈之。願其以高逸自命,毋欲速,毋見小,以官况知味,以樂天真,方不愧從前之盛名耳。"

三月

王遵宬、吳翊成進士。

《(民國)太倉州志》卷十《選舉》。

按:《(嘉慶)直隸太倉州志》卷三十六《人物》:"王遵宬,字箴六,父扶,爲時敏第六子。少孤力學,補州諸生,與族叔時翔、族兄恪、顧陳垿晨夕相劘切。康熙五十一年成進士,改庶吉士。時叔掞爲大學士,遵宬寓相邸,慎接納,惟與嘉定張雲章、桐城方苞、寶應喬崇修、金壇王澍、同郡楊繩武交契。明年授檢討,引疾歸里。

又一載,揆奉命總裁《春秋》,因薦遵宸分修,至京,益罕所酬接。當是時遵宸從兄原祁官户部侍郎,奕清官詹事,從弟奕鴻官户部郎中,從子蓍官編修,從祖時憲官檢討,一門冠蓋輝耀日下,遵宸獨蕭然無宦情。《春秋》成,力辭疏薦,而留侍邸第者十年,至雍正二年始歸,歸時揆贈以詩有云"國是資高見,家艱仗遠圖"。蓋是時揆以密疏請建國本,罷任尚留京,而原祁已謝世,蓍視學陝西,奕清及奕鴻先後奉命赴北路軍臺。揆杜門謝客,朝士無復起居者,户庭闃然,惟遵宸時慰藉之。及歸里,子孫夭殤,揆凶問亦至,遵宸俯仰盛衰,悲痛愴惻。家居日困,則舉嚮日所嗜法書、名畫、古磁、玉器悉棄以自給。又每念揆為宰相十年,歿後孤櫬在室,未就窀穸,昆弟垂老滯邊無歸期,時時獨飲泣,遂得疾。所居晚清軒,老梅屈曲如蓋,後枯。遵宸指之曰:'此樹生意盡矣,我能久於世?'未幾而,卒年六十有七。子俊,閿鄉縣知縣,嘗貽書戒之,以爲治不宜悖,今亦必不可庚於古,水旱災荒大利害所在,不宜存避難就易之意。俊奉教務爲清白吏,故遵宸晚歲益困,俊見治行傳。"

春

唐孫華詩贈麓臺婿學博曹浩修。時曹氏攜室往太倉。

《東江詩鈔》卷十一《贈曹浩修學博》二首,其一:"東阿才筆擅風華,偶過江城展絳紗。海上秋風三頃稻,檐前春雨一簾花。同官恰喜逢鄉里,攜室偏欣傍外家。麈尾翛然簿領外,絕勝打鼓報晨衙。"其二:"鳴珂奕葉舊家聲,小試儒官長一黌。性爲好閒宜仕隱,瘦因病肺轉神清。郊公自愛登床婿(謂麓臺),寧氏群推應宅甥(謂補亭)。問字客來聊破寂,籬邊花下有逢迎。"

按:《贈曹浩修學博》在《息廬詩》(辛卯冬)和《夏至日同朱文博、吳符鄴小飲,忽風雨驟至,涼甚》之間,再據"檐前春雨一簾花"可知,時在康熙五十一年春季。

四月

初一,麓臺作《粵東山水圖》(見圖四六)。

《王原祁精品集》第264頁、《中國繪畫全集27》第82頁圖錄《粵東山水圖》:"余聞之宫詹史耕巖,粵東山水奇秀變幻,不落尋常畦逕,非畫圖所能及。余甚慕而未之見也。既而耕巖次公奉命視學,適於此地,則其星纏奎壁,氣冲斗牛,地靈人傑,於是乎在而賞識。尊桓李甥延之幕席,有山川以豁其心目,文與人必有相得益彰者矣。尊桓臨行,索余筆,攜之行囊,以証粵東山水。余不能為奇特之筆,就所得於子久者以示之。平中有奇,亦可因奇而有平,能平常則益能雋峭矣。試以此道評文,應亦不爽者也。康熙壬辰清和朔日寫於京邸穀詒堂。王原祁,時年七十有一。"

圖四六　王原祁《粵東山水圖》

鈐印：起首鈐"畫圖留與人看"（朱文長方），下鈐"王原祁印"（白文正方）、"麓臺"（朱文正方），圖右下鈐"西廬後人"（白文長方）。

設色紙本立軸，78.2×47cm，天津博物館藏。

按："李甥"爲李匡吉。

二十四日，勵君廷儀傳旨，王掞總理南書房事（接任陳文貞公廷敬），并編纂御製文集。麓臺升户部左侍郎。

《顓庵府君行述》："初先大夫自少宰時，以公事鐫級，凡遇缺升轉，遵例概不開列。甲申以後，六年中歷司寇至宗伯，遷四部尚書，皆出自特恩簡授，不由銓曹除書。庚寅夏，大學士員缺，吏部疏名上請，先大夫以未經開復，仍不預名，本留中不下，命澤州陳文貞公暫理閣務，尋薨於位。壬辰四月二十三日，聖祖將幸熱河，特下硃批諭旨，授先大夫爲文淵閣大學士，仍兼禮部尚書。二十四日……學士勵君廷儀傳旨，總理南書房事，并編纂御製文集。故事，六卿爲經筵講官者入相後則不復充經筵，聖祖每御講筵，連歲命先大夫講書，久契聖心，入內閣後兼經筵講官如故。聖祖六十年中，惟桐城張文端公、澤州陳文貞公與先大夫三人而已。先大夫以內閣兼內直，密勿謹慎，凡面對及內侍轉奏之語，皆不令人知。"

《歷代名人年譜》卷十《清》第79頁："（壬辰）四月，茂京升户部左侍郎。"

按：王掞總理南書房事，系接任陳廷敬之職。

麓臺作《仿荊關山水圖扇》（見圖四七）。

《中國繪畫全集27》第83頁圖錄《仿荊關山水圖扇》："壬辰清和，寫荊關筆意。王原祁。"

鈐印：起首鈐"三昧"（朱文葫蘆），下鈐"王原祁印"（白文正方）、"麓臺"（朱文正方）。紙本設色扇頁，16×48.8cm，故宫博物院藏。

按：圖右下鈐"聽帆樓書畫印"收藏印。

五月

玄燁傳示御製《理學論》一篇。

《顓庵府君行述》："五月十六日，聖祖傳示御製《理學論》一篇，湯應泉應候詩一首。"

六月

十五日，宋定業仲子宋志夔卒，年四十。

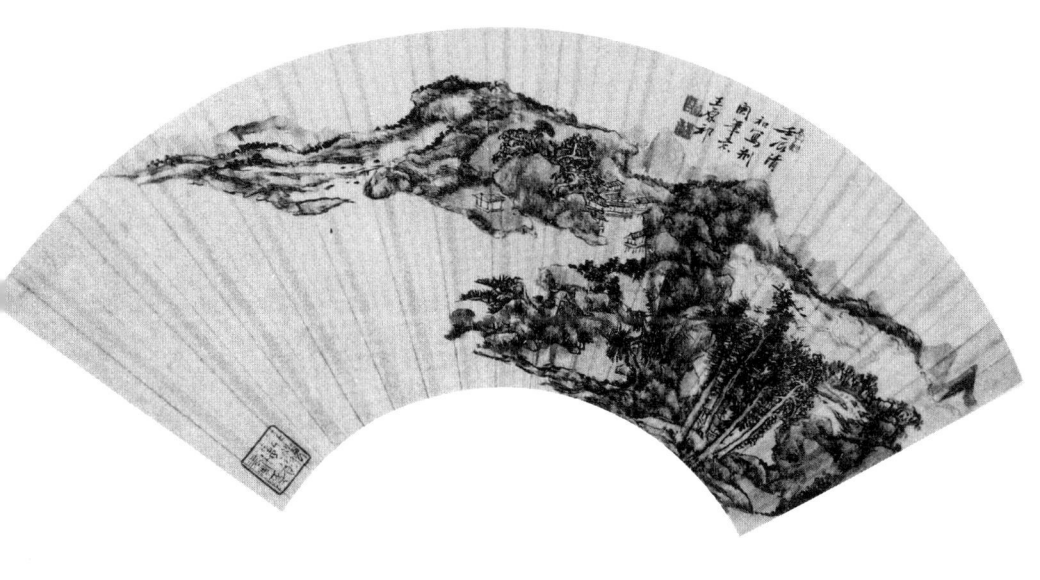

圖四七　王原祁《仿荊關山水圖扇》

《白漊先生文集》卷四《代宋靜溪爲仲君志夔行略》。

按:《代宋靜溪爲仲君志夔行略》載,宋定業有子四人:師會守河間,志夔以刑曹監督通倉,次志契、映,俱年少。宋定業以長子師會迎養,康熙五十一年五月抵署,方欲查兩男治狀,而仲子兇問至。志夔字胄和,康熙十二年六月二十二日生,孝廉儉齋之孫,孝廉疇三之嗣孫。志夔以貢生入官,康熙四十三年選授內府中書科中書舍人。康熙四十四年夏,因宋廣業之事由齊入秦,冒炎暑驅馳數千里,得疾,因以病假歸。康熙四十八年夏候補入京,冬補刑部雲南清吏司主事。康熙四十九年冬,奉命監督中南倉,時總督倉場冢宰富公謂從父少司馬堅齋(宋駿業)曰:"君侄期期者乃甚佳。"以志夔口吃也。康熙五十一年春,升補本部浙江清吏司員外郎,將需代回部而病歿。

八月

蕭臺爲煥文作《仿倪瓚山水》。

《中國繪畫全集 27》第 84 頁、《山水正宗》上卷第 114 頁圖錄《仿倪瓚山水》:"昔倪迂仿(訪)友玩竹見几上側理甚佳,遂成一圖。此友出自望外,復請其二。倪索前畫一觀,到即毀之。其事甚高,其情太刻矣。余昨爲煥文作大癡秋山,意猶未盡,復作此圖,正古今人不相及處,借此以見娓娓之意,老而不知倦也。康熙壬辰八月白露日。王原祁年七十有一。"

鈐印:起首鈐"畫圖留與人看"(朱文長方),下鈐"王原祁印"(白文正方)、"麓臺"(朱文正方),圖右下鈐"西廬後人"(白文長方)。

水墨紙本立軸,112×47cm,上海博物館藏。

按:裱邊題簽"麓臺司農山水精品,己丑秋八月,吳江陸恢。"鈐印:"恢"(白文正方)。此圖有清吳大澂("愙齋鑒藏",朱文正方),近代吳湖帆("雙修閣書畫記",朱文長方;"銘心絕品",朱文正方;"吳湖帆潘靜淑珍藏印",朱文正方;"吳氏梅景書屋圖書印",朱文正方;"吳萬寶藏",朱文正方;"吳湖帆",朱文正方;"吳潘靜淑",白文正方;"梅景書屋",朱文正方;"靜淑寶藏",白文正方;"吳湖帆珍藏印",朱文長方;"梅景書屋秘笈",朱文長方)收藏印。裱邊另有吳湖帆題簽,未錄。

夏秋間

唐孫華詩賀王掞入相。

《東江詩鈔》卷十一《恭賀太原相公四十韻》有"早年登蕊榜,即日上蓬瀛。校士持公鑒,群材服定評。周防惟恪慎,器度本淵泓。密勿參三事,迴翔遍六卿。爭先看捷足,拾級但徐行。"

九月

四日,唐孫華招同王吉武、陸毅、王原博等飲菊花下。

《東江詩鈔》卷十一《重九後四日,招王冰庵太守、陸匪我侍御、王潞亭省曹、周廷五孝廉、吳紫眉明經飲菊花下》。

十一日,啓事愷功都憲以近詩見示湯右曾,與湯氏討論作詩之"金針"。

湯右曾《懷清堂集》卷十四《壬辰九月十一日行在啓事愷功都憲以近詩見示,循諷周咏因作小詩八章》其六:"欲覓金針了無處,空驚七十二鴛鴦。"其七:"舊巢已隔九重深,老鶴孤飛忽禁林。夜半玉堂還伴直,七條弦上愛希音。"其八:"廿年文事得從公,沆瀣秋旻一氣中。今日味思禪悅味,醍醐酥酪可還同。"

按:"啓事愷功"即揆叙。

麓臺爲弟子唐岱作《仿雲林山水圖》。

《山水正宗》上卷第123頁圖録《仿雲林山水圖》:"雲林畫法以高遠之思出以平淡之筆,所謂以假顯真,真在假中也。學者從此入門,便可無所不到。余寫此圖不能掩老鈍之醜。毓東以此意一爲命筆,自然別出新裁也。壬辰九秋重陽日,毓東過訪談次,寫此并題。王原祁。"

鈐印:起首鈐"求是堂"(朱文橢圓),下鈐"王原祁印"(白文正方)、"麓臺"(朱文正方),圖右下鈐"西廬後人"(白文長方)。

水墨紙本立軸,65×37.4cm,故宫博物院藏。

按:《虛齋名畫續錄》卷三《王麓臺仿雲林山水軸》著錄。徐邦達先生名之爲《爲毓東仿雲林山水軸》。有"虛齋珍賞"(朱文正方)收藏印。唐岱字毓東,號靜巖。

麓臺作《仿大痴山水》。

《書石軒臥游隨錄·仿大痴山水》:"大痴筆墨本從董、巨入手,能神明規矩,別開生面,真善學古人者。予學之數十年,終不能抉破藩籬,書以志愧。康熙壬辰九秋。"

秋

麓臺作《清王麓臺壬辰秋日淺絳山水立軸》。

《壯陶閣書畫錄》卷十六《清王麓臺壬辰秋日淺絳山水立軸》:"大痴畫法初從董巨入手,深得三昧,晚年遂自出機軸,另開生面,於元四家中獨爲巨擘,張伯雨稱其峰巒渾厚,草木華滋,真確論。余學之有年,不敢自謂有所領悟,但其中甘苦稍稍窺見耳。康熙壬辰秋日畫并題。王原祁。"

鈐印:"王原祁印""麓臺"。

十月

王吉武序毛師柱《端峰詩續選》。

《端峰詩續選》王吉武序:"端峰毛先生詩,其刻於乙亥、丙子間者,約九百餘首。皆先生手自選定,諸同人序之詳矣。丁丑以後,先生不復出門遠游,惟與里中老友十餘人數爲觴咏之會。已而館於汪氏,以詩學教授,詩日益多。甲申春,忽患末疾,久之,調攝漸愈。至丙戌夏,疾復作,益不良於行,乃辭汪氏館歸,杜門養痾,數年竟不能復健矣。然先生於病後,詩思益豪,日坐一室中,別無餘事,惟以吟咏消遣。……康熙壬辰小春下浣,年家眷同學世弟王吉武拜題。"

本年

王翬作《王石谷仿營丘七樹圖立軸》,對如何畫樹做了總結。

《吳越所見書畫錄》卷六《王石谷仿營丘七樹圖立軸》,王翬跋:"董文敏云:'畫樹之竅,只在多曲。雖一枝一節無有可直者,其向背、俯仰,全於曲中取之。'或曰:'然則諸家不有直樹乎?'曰:'樹雖直,而鬱鬱森森,其妙處在樹頭與四面參差,一出一入,一肥一瘦處。古人以墨畫圈,隨圈而點綴,正爲此也。"又跋:"畫樹木各有分別,如畫《瀟湘圖》,意在荒遠滅没,即不當作大樹及近景叢木。畫五岳亦然,如生枝轉節處必不都直也。董北苑樹作勁挺之狀,特曲處簡耳。李營丘則千屈百折,無復直樹矣。"

按:徐邦達先生名其爲《仿李營丘七樹圖》。

麓臺由户部右侍郎转左侍郎。

《(嘉慶)直隸太倉州志》王原祁傳:"五十一年,升户部左侍郎。"

約本年,玄燁召試十二人,欽定揆叙第一,查慎行第二。

查慎行《敬業堂詩集》卷二十九《赴召集》《與揆愷功學士同試南書房感舊成句》:"天上青雲客,人間白雪翁。交新雙闕下,話舊十年中。詩讓揮毫速,文慚起草工。薦賢名偶玷,慚愧躐追風(是日召試十二人,欽定愷功第一,余第二)"。

按:《赴召集》起壬午(康熙四十一年)十月至癸未(康熙四十二年)五月。

【本年存疑作品】

春

麓臺作《仿雲林山水軸》,疑僞。

《仿雲林山水軸》:"雲林畫法,全在繁簡之間,必須於繁中見簡,方爲合法。此圖用意及此,而法猶未盡,敢以笑之識者。壬辰春日仿筆漫題。麓臺祁。"

紙本設色,102×45cm;北京中拍 2007 年 12 月 23 日秋季拍賣中國書畫專場。

【理由】語氣不類麓臺同期畫跋。

七月

麓臺作《清王麓臺山水册》,疑僞。

《壯陶閣書畫録》卷十六《清王麓臺山水册》。

第一幀(水墨):"仿北苑夏山圖墨法。麓臺。"

鈐印:起首鈐"怡情",下鈐"麓臺"。

第二幀(設色):"橅大癡秋山。七月巧日,晴窗弄筆。"

鈐印:起首鈐"怡情",下鈐"王原祁印""茂京"。

第三幀(水墨):"江帆遠影。仿巨然筆。"

鈐印:起首鈐"怡情",下鈐"王原祁印"。

第四幀(設色):"擬黄鶴山(樵)設色。"

鈐印:起首鈐"怡情",下鈐"王原祁印""茂京"。

第五幀(水墨):"仿梅花道人墨法於意山書屋之東軒。麓臺。"

鈐印:起首鈐"怡情",下鈐"王原祁印"。

第六幀(設色):"溪山亭子。仿雲林。"

鈐印:起首鈐"怡情",下鈐"麓臺"。

又跋:"康熙壬辰秋七月,公餘退食,作此六幀於長安寓齋。麓臺原祁。"

鈐印：起首鈐"怡情"，下鈐"王原祁印""茂京"。

【理由】此册用印單調，起首印僅"怡情"一印，反常。且此印未見於麓臺其他傳世作品。署名"麓臺原祁"者很少見，僅見於康熙四十四年另一件存疑作品（《清王麓臺仿子久秋山立軸》），麓臺通常表述爲"麓臺祁"。

秋

麓臺作《秋江雙樹圖軸》，存疑。

《秋江雙樹圖軸》："畫無盡筆，意到即止。諸家俱然，獨倪、黃純任天趣，尤不可絲毫做作也。余於此中，自少及老，每一握管，望師古人，故結構精嚴處，人人謂余畫得元氣淋漓之致，究未敢自信。近雨窗岑寂，偶見案頭舊紙幾幅，漫爲點染，頗用自喜。識者見之，未知以爲何如。康熙壬辰年秋日，王原祁。"

紙本墨筆，34×80cm，吳湖帆舊藏。

按："每一握管，望師古人，故結構精嚴處，人人謂余畫得元氣淋漓之致"之説與王原祁一生遵奉的"謹言慎行"不合。

十月

麓臺作《仿子久擬北苑夏山圖》，疑僞。

《王司農題畫録》卷上《仿子久擬北苑夏山圖》："壬辰小春，大内見子久擬北苑《夏山圖》，爲世所稀有，愛慕之切，時不去念。暗中摹索，亦生平好尚意也。適象山賢契迓伻到京，簡詩惠問備悉，年登三十覽揆之辰在即，造以爲贈。"

【理由】語氣不類麓臺同期畫跋。

本年

麓臺作《仿黄公望山水》，存疑。

《中國古代書畫圖目22》京1—4900 圖録《仿黄公望山水》："大痴筆墨本宗董巨，而能別開生面，自成一家。張伯雨謂其峰巒渾厚，草木華滋，嘆爲獨勝，非虚論也。此圖聊法其用意，恐未免識者軒渠耳。康熙壬辰寫於海淀直廬。王原祁，年七十有□。"

【理由】跋文字體不類麓臺晚年書體，遠山處理等不类麓臺法。此年麓臺七十有一，但圖中"□"處筆迹位置似非"一"字，有刮痕。

康熙五十二年癸巳（1713年）七十二歲

二月

麓臺作《清王麓臺晚年山水立軸》。

《壯陶閣書畫録》卷十六《清王麓臺晚年山水立軸》："畫中設色之法與用墨無異,全論火候,不在取色而在取氣,故畫中有色,色中有墨,古人眼光直透紙背大約在此。今人但取傳彩悦目,不問節湊（奏）,不入竅要,宜其浮而不實也。余因作此圖,偶有所感,遂弁數語於首。康熙癸巳仲春畫并題。婁東王原祁,年七十有二。"

鈐印：起首鈐"畫圖留與人看",下鈐"王原祁印""麓臺"。

三月

下浣,沈受宏序毛師柱《端峰詩續選》。

《端峰詩續選》沈受宏序："余自少與先生交號莫逆,迄今殆五十年矣。先生長於余十一歲,先生病時,余亦嘗客游,每歸,必造起居。先生扶掖而出,隱几談笑,移時不倦。……康熙癸巳季春下浣,年家眷同學弟沈受宏拜撰。"

二十五日,玄燁召大學士李光地、王掞,吏部左侍郎李旭升、右侍郎王項齡,户部左侍郎王原祁、宋廣業等至暢春園正南門外,參加露天大型祝壽酒宴,各有賞賜。時王掞六十九歲,玄燁傳旨"照七十以上者一體頒賜"。

《頤庵府君行述》："癸巳春三月,恭遇聖祖六十萬壽,舉養老盛典,賜宴暢春園正南門外。賜年七十以上者……先大夫是年六十九歲,蒙特恩照七十以上者一體頒賜。"

《蘭皋詩鈔》卷首《紀恩詩·康熙五十二年三月》。

按：《萬壽盛典初集》卷十八《典禮五》載,康熙五十二年三月十八日是玄燁六十歲正誕,二十五日禮部等衙門引六十五歲以上大學士,"至暢春園正門前東西嚮列,坐數席設几自北而南,東西前後各十餘行。東坐西嚮大學士臣李光地、臣王掞,吏部尚書臣吳一蜚、户部尚書臣張鵬翮,禮部尚書臣陳詵,刑部尚書臣胡會恩,都察院左都御史臣趙申喬,吏部左侍郎臣李旭升,右侍郎臣王項齡,户部左侍郎臣王原祁"。

同卷載,玄燁賜七十歲以上大學士李光地、王掞,尚書吳一蜚、陳詵,左都御史申喬,侍郎王項齡、王原祁、廖騰煃,致仕尚書宋犖、許如霖,原任尚書徐元正,致仕侍郎仇兆鰲暖帽各一頂,團龍緞袍褂各二件,松花石硯各一方。

春

宋廣業蒙恩賜歸田。出都，吳寶崖、譚中郎、陸紫湘、吳赤霞、勖初、沈方舟、葉邵南、許子遜、查可亭、張良御、錢鹿友、繆武子、程鴻章、錢彭齡、陳樹滋等百餘人宴集陶然亭餞別。相國王掞、少司馬宋駿業偕諸親友在豐台餞別。

《蘭皋詩鈔》卷十八《北行草·陶然亭宴集詩并序》、同卷《余出都門，太倉王相國、少司馬聲求弟偕諸親友餞別豐台，漫賦二首》。

按：《陶然亭宴集詩并序》："余少好交游，夙敦氣誼，不務名，不求利，故四方諸君子俱樂與余交，文章道義，共相砥礪，文酒之會，殆無虛日。今余邁矣。癸巳春，蒙恩賜歸田里，將出都門，一時名士吳寶崖、譚中郎、陸紫湘、吳赤霞、勖初、沈方舟、葉邵南、許子遜、查可亭、張良御、錢鹿友、繆武子、程鴻章、錢彭齡、陳樹滋輩百餘人，復有陶然亭之集，邀余往觀，琳瑯竹箭，指不勝屈。座中推余爲首，既嘆老大無成，更羡後生可畏。因念弱冠時有葑溪十子文會，彭凝祉、文洽、吳琇弁、羽斯、慎蒳、陸益孫、尤慧珠、蔣宣臣、善彰是也。逮長，徧交吳門諸子。城東則有吳翼生、周翰、吉頌、蔣曠生、曙生、沈翔生、寅生、洪生、玉樵、玉璠、施長六、顧伊在、西灝、凌蒼、陶萬若、顧尼儲、爾彌、懷一、八諧、雨若、虞士、陳賦梅、盧溉陬、陳震公、鄭漢、崔許、介玉、紫臣、金玉式、錢尊光、蔣覺周、顧聞善、章忠可、孝可、管尹良、鼎和、顧裏徵、孝維、吳山崙。城南則有尤定中業師暨卓人文、玉黃、欽緒、吳虞升、子厚、惠心臯、陳詩心、惠元龍、鈕範、若曹、鼎吉、顧雨生、鶴巢、諸天植，城北則有孟端士、韓元少、趙子一，城西則有金醇還、申斌爲、詔生、韡徵、儀徵、周璧侯、泗侯、汪宣于、顧懿樸、陸逴升、唐廷巽、史蔡三、顧曰俞、王咸中、東發、顧有典、黃震生、徐雨臣，中城則有韓木公、繆伯獻、鈞聞、虞良、錢介臣、顧閏公、錢獻侯、文海、袁安吉、管又周、湯子方、爾敦、爾遠、與時、張嘉錫、嘉名、姚祇青、汪武曹、姚德中。西郊則有欽子秩業師暨劉麗宫、陳古之、右之、程月祥、項鳴先、孫雲韶、徐彥通、彤侯、周敉寧、漢紹、倪彤文、沙東望、鍾虞生、汪景濤、金亭士、殷吉生。余族則有雲書、旦華、綉言、瑤洲、南金。此皆志同道合，朝考夕究，會文課藝無少懈，而前輩顧松交、彭雲客、繆子長、沈韓倬、陸處實、管元翼、尤展成、許竹隱、吳敬生、汪苕文、錢宮聲諸先生暨繆念齋夫子既庭伯則司月旦、定甲乙，扶掖後進者也。"

唐孫華與婿吳符鼐等游維揚，滯留揚州三月余。其間，唐氏爲彭定求題《坐游圖》，題黃研旅《出塞圖》，題籙臺親家程啓之弟程哲所作《載花圖》。又應程啓之召，與呂藻南、李荆濤、改堂、婿吳符鼐等載酒游平山堂。

《東江詩鈔》卷十二《題彭南畇先生坐游圖》、同卷《題黃研旅出塞圖》、同卷《題程聖跂載花圖》、同卷《維揚寓中喜族弟薪禪待詔、改堂太史、序皇文學、敷時孝廉同過》、同卷《薪禪、改堂、序皇時相過從,各有新詩見贈,詞翰並美,予感其意奉酬一首》。

《東江詩鈔》卷十二《維揚程衣聞招同呂藻南、李荆濤、家弟薪禪、改堂、婿吳符鄴載酒游平山堂登眺即事》:"我來三月泊揚州,蕭森古寺松門幽。……幸有良朋解余趣,招携載酒登輕舟。"

麓臺爲王敬銘作《仿吳鎮山水圖軸》。

《王原祁精品集》第225頁圖録《仿吳鎮山水圖軸》:"石田先生詩云:'梅花庵主墨精神,七十年來用未真。'可見庵主用墨處其精神貫注,有出於尋常畦徑之外者也。余亦老矣,頗有志於梅道人墨法,而拙鈍未能進步。偶憶白石翁詩,爲之三嘆。康熙癸巳春日,爲丹思作於穀詒堂中并題。麓臺祁,年七十有二。"

鈐印:起首鈐"御書畫圖留與人看"(朱白文雙龍橢圓),下鈐"王原祁印"(白文正方)、"麓臺"(朱文正方),圖右下鈐"西廬後人"(朱文長方)。

紙本水墨,尺寸不詳,中國國家博物館藏。

按:有"萊山真賞"(朱文正方)、"坦齋"(朱文正方)、"仁□考藏書畫"(朱文正方)、"姜齋珍賞"(朱文正方)等收藏印。

方苞出刑部獄。

方苞《望溪集》卷八《四君子傳》。

按:《四君子傳》:"癸巳春,余出刑部獄,信宿金壇王若霖寓齋。若霖曰:'吾與諸公每私議南士之相引爲曹,而發名於世者,其朋有三焉。行脩而學殖者,莫如子之徒;其遇之窮而無一得其所者,亦莫如子之徒也。'"

約春間

唐孫華分別詩送張佩將之宿遷廣文任、送王攄仲子王昭被之官邵陽令。

《東江詩鈔》卷十二《送張蒿園廣文之官宿遷》:"莫因俸薄感華顛,絳帳風規要長年。七録共知家學在,六經多藉老儒傳。"

《東江詩鈔》卷十二《送王葆光縣宰之官邵陽》:"槐鼎家聲尺五天,暫分百里試鳴弦。春風帆引雙飛槳,秋雨人收再熟田(吳都賦國稅再熟之稻,今湖南田皆再熟)。杏苑才高輕俗吏,桃源路近即神仙(武陵桃源在邵陽)。高門自昔無卑宦,轉瞬騫騰□□□。"

按:王昭被,字葆光,又字見山,號鶴道人、耕石,善畫墨梅。康熙四十五年進士,

《(嘉慶)直隸太倉州志》卷三十六《人物》:"王旦復,字賡旦……弟昭祓,字葆光,康熙四十五年進士,任福建龍巖縣知縣,有政聲,以卓異行取入都,旋移疾歸,貧窶如諸生。"

《東江詩鈔》卷十二收錄康熙五十二年以後詩,《送張蒿園廣文之官宿遷》、《送王葆光縣宰之官邵陽》分別爲第二、第三首,且《送王葆光縣宰之官邵陽》有"春風帆引雙飛槳",故推定爲康熙五十二年春間事。

四月

初一,麓臺爲雲徵道契作《山水圖册》成。

《王原祁精品集》第252—263頁圖錄《山水圖册》。

第一幀(水墨):"北苑墨法。壬辰(康熙五十一年)春日在海澱寓直作。"

鈐印:起首鈐"御書畫圖留與人看"(朱白文雙龍橢圓),下鈐"王原祁印"(白文正方)、"石師道人"(白文正方),圖右下鈐"西廬後人"(白文長方)。

第二幀(設色):"荊關遺意。癸巳元日試筆。原祁。"

鈐印:"麓臺"(朱文正方),圖右中下鈐"石師道人"(白文正方)。

第三幀(水墨):"山川出雲,爲天下雨。米家筆法。"

鈐印:起首鈐"蒼潤"(白文長方),下鈐"原祁"(朱文圓)、"麓臺"(白文正方),圖右下鈐"西廬後人"(白文長方)。

第四幀(設色):"趙令穰《江村花柳圖》。"

鈐印:"王原祁印"(白文正方),圖左下鈐"西廬後人"(白文長方)(見圖四八)。

第五幀(水墨):"壬辰秋日,寫黃鶴山樵《夏日山居》墨法。麓臺。"

鈐印:起首鈐"蒼潤"(朱文橢圓),下鈐"王原祁印"(白文正方)、"麓臺"(朱文正方),圖左下鈐"西廬後人"(白文長方)。

第六幀(設色):"落花流水杳然去,別有天地非人間。仙山春曉,仿松雪翁筆。麓臺。"

鈐印:起首鈐"蒼潤"(白文長方帶框),下鈐"王原祁"(一朱兩白文正方)、"麓臺"(白文正方),圖右下鈐"石師道人"(白文正方)。

第七幀(水墨):"用筆平淡之中取意酸鹹之外,此雲林妙境也。學者會心及此,自有逢源之樂矣。石師道人題。"

鈐印:"王原祁印"(白文正方),圖左下鈐"西廬後人"(白文長方)。

第八幀(設色):"泉聲咽危石,日色冷青松。仿大癡筆寫右丞詩意。"

鈐印:起首鈐"三昧"(朱文葫蘆),下鈐"王原祁"(一朱兩白文正方)、"麓臺"(朱文正方),圖右下鈐"西廬後人"(白文長方)。

第九幀(水墨):"梅華庵主有《溪山無盡》、《關山秋霽》二圖,皆稱墨寶。此幀摹其梗概,有少分相合否?麓臺題於穀詒堂。"

鈐印:"原祁"(朱文圓),圖右下鈐"石師道人"(白文正方)。

第十幀(設色):"房山畫法與歐波並絕,在四家之上。此幀略師其意。癸巳三月吉旦。"

鈐印:"麓臺"(朱文正方),圖左下鈐"石師道人"(白文正方)(見圖四九)。

第十一幀(水墨):"山庄雪霽,用李营丘筆。"

鈐印:"王原祁印"(白文正方)、"麓臺"(朱文正方),圖左下鈐"石師道人"(白文正方)(見圖五〇)。

第十二幀(設色):"仿設色倪黄小景。癸巳清和朔日仿古十二幀,爲雲徵年道契作。王原祁。"

鈐印:起首鈐"蒼潤"(朱文橢圓),下鈐"王原祁印"(白文正方)、"麓臺"(朱文正方),圖右下鈐"畫圖留與人看"(朱文長方)(見圖五一)。

設色/水墨紙本册頁,49×31.2cm,天津博物館藏。

按:此册與《聽帆樓書畫記》卷五《王麓臺仿古山水册》有重複之處。《中國繪畫全集27》第85至90頁著錄其中六幀。此册始於康熙五十一年春,成於康熙五十二年四月間。有"乾隆御覽之寶"等璽印,另有清代張翼("潞河張翼燕謀所藏",白文正方;"文孚嗣守",白文正方;"張文孚珍藏書畫記",朱文長方)等收藏印。

十五日,玄燁賜王掞"崇道弘化"匾額。

《顓庵府君行述》:"四月十五日,賜'崇道弘化'四大字匾額。"

二十日,湯右曾、查慎行游揆叙自怡園。

湯右曾《懷清堂集》卷十五《四月十二日宿愷功都憲別墅,月中放棹,遍游諸勝》、同卷《題愷功都憲自怡園二十一首,同查悔餘兄弟賦篔簹塢》、同卷《愷功都憲有壽山田石山高月小硯屏歌,他山繼作亦和一首》、同卷《次韻悔餘畫詩,兼呈愷功都憲》。

麓臺升户部左侍郎。

《大清聖祖仁皇帝實錄》卷二百五十:"丙子……升吏部左侍郎胡會恩爲刑部尚書,翰林院掌院學士王原祁爲户部左侍郎。"

唐孫華八十,沈受宏以文賀之。

《白漊先生文集》卷四《唐東江先生八十壽序(代王相國)》:"康熙五十二年,歲在癸巳清和之月,吾州唐東江先生春秋八十……先生年十六,游鸞宫,余甫五歲。及長男始生而先生年三十一,已爲諸生祭酒,所操制舉文選政,風行海内,門弟子日

康熙五十二年癸巳(1713年)七十二歲　515

圖四八　王原祁《山水圖冊》之《仿趙令穰江村花柳圖》

516　王原祁年譜長編

圖四九　王原祁《山水圖冊》之《仿高房山》

康熙五十二年癸巳(1713年)七十二歲　517

圖五〇　王原祁《山水圖册》之《仿李營丘筆》

圖五一　王原祁《山水圖册》之《仿設色倪黃小景》

進，每入鎖闈群。上下江士子爭咨問先生狀貌若何，求識面爲幸，口相語皆曰唐先生唐先生，無舉其字者。先生自以負大名，揚眉抵掌，謂取科第如拾芥，不圖久困場屋，以文章宿老乃與後生末學如長男等輩并舉，是時先生已五十四……先生凡十二試於鄉，至贋貢大廷，又兩試京兆而始得舉，舉則遂捷南宮。先生每笑謂人'吾歷試三場，坐臥拳屋中八十四晝夜矣'……先生既成進士，需次又久而選令朝邑，天子熟聞先生名，召試乾清宮西暖閣，試稱旨，不令之任用主事銜，留行走翰林中。已而補儀部，尋擢銓部，出典浙試。其典試也，既以掄文具眼，又念昔年辛苦之地，精明較閱，所拔皆兩浙才儁，號稱得人。會部有舊案，註誤與堂司，同事者俱論調，先生時年六十三，於是拂衣徑歸，閉關却掃，優游林園之下，而今年且八十矣。"

按：《唐東江先生八十壽序》乃沈受宏代王掞所作，因此，文中之"余"乃王掞，"長男"即王奕清。

五月

六日，唐孫華八十誕辰，張雲章贈《考功東江唐先生八十壽序》。

《樸村文集》卷十《考功東江唐先生八十壽序》："歲丙子，典試兩浙。浙故多才，是科人文尤爲特盛。"

下浣，宋駿業卒。

《蘭皋詩鈔》卷十八《北行草·大招》。

針對當時畫壇惡流，麓臺作《題仿大痴爲輪美作》、《又仿大痴設色》。

《麓臺題畫稿·題仿大痴爲輪美作癸巳夏五月筆》："東坡詩云：'論畫以形似，見於兒童鄰。'甚爲古今畫家下箴砭也。大痴論畫有二十餘條亦是此意。蕭山無定形，畫不問樹，高卑定位而機趣生，疏密合宜而精神現。白然平淡天真，如篆如籀，蕭疏宕逸，無些子塵俗氣，豈筆墨章程所能量其深淺耶。輪美問畫於余，余以此告之，即寫是圖以授之。意欲於大痴心法竊效一二耳。雖然畫家工力有不得不形似者，遇事遇時摹擬刻畫以傳盛事，方見發皇蹈厲之妙。但得意、得氣、得機則無美不臻矣，誰知之而誰信之？輪美亦極於此中留心。勉旃勉旃。"

《麓臺題畫稿·仿大痴設色爲輪美作》："大痴畫以平淡天真爲主，有時而傅彩燦爛，高華流利，儼如松雪，所以達其渾厚之意、華滋之氣也。段落高逸、模寫瀟灑，自有一種天機活潑隱現出沒於其間，學者得其意而師之，有何積習之染不清，微細之惑不除乎？余弱冠時得聞先贈公大父訓，迄今五十餘年矣，所學者大痴也，所傳者大痴也。華亭血脉金針微度在此而已。因知時流、雜派、僞種流傳，犯之爲終身之疾,不可向邇。特作此圖以授輪美,知其有志探索,又明慧過人,自能爲宋元大家開一生面,無負我意。勉旃勉旃。"

按:《王司農題畫録》卷上《仿大癡秋山設色》亦贈輪美,但跋文語氣不類麓臺所爲。

禹之鼎爲汪泰來寫像,麓臺爲之補圖,合作成《王麓臺畫汪陛交秋樹讀書圖卷》。

《穰梨館過眼録》卷三十九《王麓臺畫汪陛交秋樹讀書圖卷》:"負米夕葵(陽)外,讀書秋樹根。陛交道年兄至性過人,讀書積學,常咏少陵詩二句,躬行不倦。今捧檄南行,禹鴻臚爲之寫照,屬余補圖,即寫詩意奉贈。婁東王原祁。癸巳夏日。"

查慎行跋:"汪侯客京華,氣豪心悒怏。高堂有母在,恒結白雲想。皇天憐斯人,鄉貢甫一上。南宮輒唱第,盛事快探掌。盍知舍人官,不博州邑長。題輿雖佐郡,及禄猶逮養。潮澥萬里程,翩然捧檄往。過家拜白髮,爽氣春盎盎。却憶負米時,悲忻異今曩。平生讀書力,篝火依績紡。食豢理必然,問言更如響。丹青非苟設,風義行可廣。我作贈行篇,披圖愜神賞。癸巳閏夏。題似陛交先生。初白查慎行。"

郭元釪跋:"昔者華鑾幸江縣,諸生袞袞争媒炫。君爲會府冠軍人,釪也天子親遴選。一時儒林稱特達,青雲橐筆追群彦。羽林宫相亦知名,尚食天厨常賜饌。誰知終賦北門詩,空聞數上南薰殿。昔年君得成進士,我獨塵埃走城市。當時宰相何模棱,一半狀元皆瞌睡。君如掘井未稱心,我更屠門虚掉臂。哀絲激管縱陶寫。剩炙殘杯亦慚愧。入貲何者一相如,捧檄佳者兩毛義。玉堂之署凌烟虹,諸仙雜佩蒼精龍。流鈴豁落恣飛越,九閽那許卑凡通。潮州未必如天遠,好去板輿輕蕭蘝。出都人道似登仙,揮手天涯飽喫飯。癸巳閏五醉中題奉井西大兄先輩即送之任潮陽。胸次直率之語,頗無倫脊。聊道兩人蹤迹,爲他年故事耳。非有概於其中也。江南隴西人元釪。"

王式丹跋一:"騎驢長安道,游子久不返。攬衣念春暉,有母關河遠。負米古仲由,孝德并參損。懷哉賦尸饔,望雲遥繾綣。冉冉孤生桐,芳榮移上苑。釋屩甫鳴鑣,題輿遽乘憊。匪云宦情迫,禄養篤根本。昔賢重逮存,萱華歲未晚。輕軒喜行和,鳳山青蜿蜿。南海珍味多,笋魚佐每飯。不羡騎省郎,灌園供朝膳。"跋二:"嘗笑朱翁子,負薪行讀書。草草守會稽,事業終齟齬。汪侯擅經術,萬卷貯三餘。論講得根柢,匪但富五車。有才未早達,鸑鳳避鴨鶋。光焰終不遏,雲翼一旦抒。謂當歷金門,乃以佐郡除。勿嘆官職卑,發軔固有初。績學若籠貨,飛刃如決渠。電掣西極馬,風培北溟魚。豈徒博印綬,歸即驚鄉閭。癸巳六月,題似陛老年學長兄即送之任兼正。安宜王式丹。"

傅王露跋:"席帽同時走京縣……春闈君復居首選……鴻臚藝事絕董士。親見肩經入槐市,携歸剛值侍郎喜。……潮陽海堤偃秋虹,力趨驕鼉馴乖龍。……雍正庚戌十月朔,展觀陛交年長兄遺照和郭舍人韻。學靜齋學人傅王露題。"

按:徐邦達先生名之爲《秋樹讀書卷》。康熙癸巳閏夏五月。

汪泰來,號陛交。新安人,占籍浙江錢塘。康熙五十年舉人,康熙五十一年賜進士及第,授中書,入廷纂修。同年,授廣東潮州府同知,後以丁艱去。張庚《國朝畫徵錄》稱其善花草。

翁心存《知止齋詩集》卷十三《除夕立春題綿津山人守歲詩册後,即和元韻》序:"康熙丁亥(康熙四十六年),商丘宋公犖爲太宰,年七十五矣。歲除前一日,召通家子及門生爲守歲之飲。公首成十八韻,一時屬和者爲吳士玉、吳陳炎、王式丹、宮鴻曆、李嶸瑞、林佶、張大受、陳鵬年、顧嗣立、汪泰來、儲在文、沈岑、郭元釪、王圖炳、蔣仁錫及公子至。册藏吾邑沈亮伯上舍家。"由此可知,汪泰來與郭元釪、王式丹爲同門友。

正月至六月間,蔣深出宰餘慶,查慎行寫詩贈別。

查慎行《敬業堂詩集》卷四十一《待放集·送蔣樹存出宰餘慶》:"憶昨領書局,群英集金鑾。蔣生預校仇,臭味吾芝蘭。趨階或聯步,會食恒同餐。六時數晨夕,三歲離暑寒。書成上御覽,名姓列簡端。聚散夫何常,如沙孰能摶。同儕三十輩,一一爭彈冠。我已病乞身,子行方得官。不以出處易,儼然平生歡。叩我蓬蓽門,送迎諒蹣跚。谷風有遺棄,責善人情難。古義胡足論,世途良可嘆。子今又遠別,迢遞赴花輋。"

按:《待放集》收錄康熙五十二年正月至六月間詩歌。

六月

麓臺作《畫家總論題畫呈八叔》。

《麓臺題畫稿·畫家總論題畫呈八叔》:"畫家自晉唐以來代有名家。若其理趣兼到,右丞始發其蘊。至宋有董、巨,規矩準繩大備矣。沿習既久,傳其遺法而各見其能,發其新思而各創其格。如南宋之劉、李、馬、夏,非不驚心炫目,有刻畫精巧處。與董、巨、老米之元氣磅礴,則大小不覺徑庭矣。元季趙吳興發藻麗於渾厚之中,高房山示變化於筆墨之表,與董、巨、米家精神爲一家眷屬。以後黃、王、倪、吳闡發其旨,各有言外之意,吳興、房山之學方見祖述不虛,董、巨、二米之傳益信淵源有自矣。八叔父問南宗正派,敢以是對,并寫四家大意,彙爲一軸以作證明,若可留諸清秘。公餘擬再作兩宋、兩元爲正宗全觀，冀略存古人面目，未識有合於法鑒否？推篷係宣和裱法，另橫一紙於前，并題數語。此畫始於壬辰夏五至癸巳六月竣事。"

按：壬辰，康熙五十一年。癸巳，康熙五十二年。

夏

麓臺作《溪山秋爽》。

《聽帆樓續刻書畫記·三王吴惲合册》第七幅圖録《溪山秋爽》："癸未夏，暑中小憩，閉户納涼，偶憶尚湖秋氣，漫寫其意。麓臺祁。"

麓臺爲徐司民作《仿梅道人》。

《麓臺題畫稿·仿梅道人司民求》："世人論畫以筆墨，而用筆用墨，必須先辨其次第，審其純駁。從氣勢而定位置，從位置而加皴染。略一任意，便疥癩滿紙矣。每於梅道人有墨猪之誚，精深流逸之致茫然不解，何以得古人用心處。余急於此指出，得其三昧即得北宋之三昧也。"

紙本墨筆，122.5×51.3cm，故宮博物院藏。

按：《欽定石渠寶笈續編》第十一著録。此跋文與康熙甲申初秋所作《秋山晴霽圖》同。

七月

麓臺《王麓臺仿古山水册》成。

《澄蘭室古緣萃録》卷十《王麓臺仿古山水册》。

第一幀："仿梅花庵主墨法。"

鈐印："王原祁""麓臺"。

第二幀："仿黄鶴山樵《林前清集圖》"。

鈐印："麓臺"。

第三幀："宿雨初收，曉烟未泮。於穀詒堂仿房山筆。"

鈐印："王原祁印"。

第四幀："仙山樓閣。摹趙文敏設色。"

鈐印："麓臺"。

第五幀："新秋雨後，涼氣襲人。戲作此圖。"

鈐印："王原祁印"。

第六幀："陡壑密林。雨窗仿黄子久筆。"

鈐印："王原祁印"。

第七幀:"花鬚柳眼各無賴,紫蝶黃蜂各有情。仿趙大年筆法。"
鈐印:"王原祁印"。
第八幀:"李營丘雪霽圖。癸巳長夏於萬壽館仿古八幀。王原祁。"
鈐印:"王原祁印""麓臺"。
按:後有楊慶麟同治甲申年跋:"購得此冊,審係司農晚年極經營之作,無論石谷冊當避三舍,即司農真迹中似此法備氣至、含宋元各大家爲一手者,正不易多覯也。……振甫麟題記。"徐邦達先生名之爲《萬壽館仿古山水冊》。

八月

王掞主禮部會試。

《顓庵府君行述》:"八月,主禮部會試,不孝奕鴻亦爲同考官。初先大夫因病注籍,故不孝預名開列,既而先大夫蒙特簡主考,因具摺奏明,令不孝迴避。又疏請同考官迴避本省,以杜絕弊竇。精嚴校閱,榜發多實學宿望之士,經濟有用之儒,至今九列大臣,半出癸巳,而以古今文名世稱一代作手者,亦於是科爲盛也。"

麓臺作《仿黃子久山水軸》。

2012年《匡時·古代繪畫專場》717圖錄《仿黃子久山水軸》:"古人畫立意於筆墨之先,取意於筆墨之外。一丘一壑,俱有原委;一樹一石,俱得肯綮。明以通體靈動,無美不臻矣。有專心師古者,鉤剔刻畫,銖錙悉稱,未免失之於拘矣。有格外好奇者,脫略古法,師心自喜,未免失之放矣。拘固不可,放尤不可也。余於大痴畫法,雖略聞先大父緒論,然得其形而未得其神,得其體而未得其韻,由於原委之未清,肯綮之未當也。康熙癸巳初秋,寫於京邸穀詒堂,原祁年七十有二。"

水墨絹本,94×45cm。

九月

麓臺作《仿黃公望秋山》。

《故宮藏畫大系十五》第57頁、《清王原祁畫山水畫軸特展》第59頁圖錄《仿黃公望秋山》:"大痴《秋山》余從未之見,曾聞之先大父云,於京江張子羽家曾一寓目,爲子久生平第一。數十年來,時移物換,此畫不可復睹。藝苑論畫亦不傳其名也。癸巳九秋,風高木落,氣候蕭森,拱宸兄將南歸。余正值思秋之際,有動於中,因名之曰《仿大痴秋山》。不知當年真虎筆墨如何,神韻如何,但以余之筆寫余之意,中間不無悠然以遠,悄然以思,即此爲秋水伊人之句可也。婁東王原祁畫并題,年七十有二。"

鈐印：起首鈐"御書畫圖留與人看"（朱白文雙龍橢圓），下鈐"王原祁印"（白文正方）、"麓臺"（朱文正方），圖下右鈐"西廬後人"（白文長方）。

設色紙本立軸，105.6×47.8cm，臺北故宮博物院藏。

按：《麓臺題畫稿》爲《題仿大癡設色秋山爲鄒拱宸作》，《欽定石渠寶笈續編》著錄爲《仿大癡秋山圖軸》，有"乾隆御覽之寶"等璽印。

秋

麓臺爲周金簡作《仿王叔明爲周大酉作》。

《麓臺題畫稿・仿王叔明爲周大酉作》："元畫至黃鶴山樵而一變。山樵少時酷似趙吳興，祖述輞川。晚入董、巨之室，化出本宗體。縱橫離奇，莫可端倪。與子久、雲林、仲圭相伯仲。迹雖異而趣則同也。今人不解其妙，多作奇幻之筆，愈趨而愈遠矣。癸巳秋日，大酉從潞河來，偶談山樵筆墨寫以歸諸奚囊。周兄將爲岳游，携杖著屐水濱木末，出是圖觀之，未必無契合之處也，亦可以解好奇之惑矣。"

按：程夢星《今有堂詩集・香溪集》杜詔序稱："余偕秦藥師、周大酉兩同年秉燭山行，過寄暢園，飲天香閣下。"王士禎《居易錄》卷三十："梁溪秦靖然，字藥師，宮諭從子。"康熙五十年，杜詔、程夢星、王遵宸、王瞻、王晦與梁溪周金簡、秦靖然同成進士。周金簡字大酉，號燕巖。無錫人。官翰林院編修，著有《燕香小圃詩草》。

程夢星《今有堂詩集・分藜集・送王箴六歸太倉》"莫言容易是抛官"後注："謂秦藥師、杜紫綸、周大有。"《今有堂詩集・分藜集》收錄《同秦藥師、杜紫綸、周大有晚過錫山林亭》。

程夢星《今有堂詩集・分藜集・乞王麓臺先生畫山水》云："吳中舊手稱二王，廉州安能望太常。風流不墜得家法，公曾落筆中書堂。解衣盤礴久供奉，一水一石今時重。"

麓臺作《仿梅道人》。

《王司農題畫錄》卷上《仿梅道人》："巨然衣鉢傳之梅道人，惟明季白石翁深得其妙。余偶一仿之，於庵主法門或不至望洋也。康熙癸巳秋日於京邸穀詒堂。王原祁。"

方亨咸跋："墨光潤翠，觸之可抱持贈韻人，合宜什襲。客舍雨窗展之雲入。康熙甲午五月，石城方亨咸。"

按："康熙癸巳"即康熙五十二年。

麓臺爲鶴年兄作《仿一峰祝鶴老壽山水軸》。

《別下齋書畫録》第 442 頁《仿一峰祝鶴老壽山水軸》:"康熙癸巳秋日,仿一峰老人筆意。奉祝鶴老年兄榮壽。王原祁。"

麓臺作《溪山清遠軸》。

《溪山清遠軸》:"張伯雨稱大痴畫'峰巒渾厚,草木華滋',可謂知言。余初學皴染,即奉爲準繩。至於今稍稍有得。此圖公余涉筆,聊以寄興,未知與古人有分相合否。康熙癸巳秋日畫并題。王原祁年七十有二。"

紙本設色,142×53cm。

上海敬華 2009 年 5 月 17 日春季拍賣中國古代書畫專場。

麓臺作《淺絳山水軸》。

《淺絳山水軸》:"大痴畫純以平淡天真取勝。余此幅仿之,亦有平平淡淡之意,制之以識者。癸巳秋日,王原祁。"

設色紙本,98×42cm。

北京榮寶齋 2004 年 6 月 20 日第 46 期精品拍賣中國書畫(二)專場。

按:"平平淡淡,制之以識者",語氣不類麓臺同期跋文。

宋廣業就養子宋志益粵中官署。

《蘭皋詩鈔》卷二十《粵中紀游二·自昭州至桂林》:"嶺西山水之勝甲於兩粵,余欲游已久。癸巳秋,客端州,屢辱大中丞乾齋陳公招。甲午三月,遂買舟溯灕江達桂林……此歷程一千餘里,得詩若干首,并寄好事者同作以紀其勝云。"

十一月

麓臺爲王敬銘作《爲丹史作山川出雲圖》。

《甌鉢羅室書畫過目考》卷二《王原祁·爲丹史作山川出雲圖》:"山川出雲爲天下雨。癸巳初冬。"

十二月

麓臺作《溪山崦林廬》。

《故宮藏畫大系十五》第 56 頁、《清王原祁畫山水畫軸特展》第 57 頁圖録《溪山崦林廬》:"畫之妙境在觚稜轉折不爲筆使。呵凍而出,不得不爲筆使矣。癸巳仲冬,寒極不寐,挑燈作稿,遂成此圖。諦觀殊不愜意,由呵凍之故也,書以自遣。王原祁畫并題。"

鈐印:起首鈐"御書畫圖留與人看"(朱白文雙龍橢圓),下鈐"王原祁印"(白文正方)、"麓臺"(朱文正方),圖右下鈐"西廬後人"(朱文長方)。

設色紙本立軸,95.7×52cm,臺北故宮博物院藏。

按:《欽定石渠寶笈續編》第三十三(19冊)著錄爲《王原祁畫溪崦林廬圖》,有"乾隆御覽之寶"等璽印。《故宮藏畫大系十五》以及《清王原祁畫山水畫軸特展》稱此畫爲《畫溪崦林廬》。

此圖山體結構多處重複,無麓臺典型作品的特徵。

約十月至十一月間,
查慎行詩賀王敬銘成進士。

《敬業堂詩集》卷四十二《計日集·聞王丹思及第之報喜而有寄》:"有命難終屈,多才豈易量(武英書局議叙,同事諸子先後得官。丹思爲奏事者所抑,迄不得選,復爲畫供奉)。蹉跎留畫苑,瀟灑赴文場。一賦辭成讖,三年願果償。喜聞王芍藥,秋後領群芳(庚寅春丹思作《芍藥賦》,其結語云:'開時不用嫌君晚,君在青春最上頭。'余戲呼爲'王芍藥',竟成大魁之讖。)"

按:《計日集》收錄康熙五十二年七月至十二月間詩集。"庚寅"即康熙四十九年。金埴《不下帶編》卷一稱,寶應狀元王式丹有"王芍藥"之稱。康熙四十二年王式丹成狀元,雖然二王都是狀元郎,但查慎行詩在康熙五十二年,此處"王芍藥"當爲王敬銘。

張雲章也曾作詩賀王敬銘及第。《樸村詩集》卷一《賀新殿元王丹思兼呈其尊人補亭先生》。其一:"公家祖德貫幽冥,入夢早問沂國生(丹思生乃祖夢沂國王曾至其家,故小字曰沂)。天意知無溫暖志,聖心久擇秘書英。今吾爲世傳金闕,玉殿雪聲徹玉京。更羨熙朝添盛事,阿翁先已到蓬瀛。"其二:"練祁城里狀元坊,辟得文明自混茫。千佛經中首頂戴,百花頭上占芬芳。牙籤此日經臺裛,香案平時侍玉皇。謝闕獨班旋賜第,分明全樹借恩光。"

冬
王奕清以少詹事主武會試。

《頤庵府君行述》:"冬,不孝奕清以少詹事主武會試。文武大典,父子一家,分主兩闈,尤爲僅見之事。"

本年
麓臺等奉敕輯撰《萬壽盛典》。王原祁和户部尚書穆和倫、張鵬翮等人,

以養心殿諸臣的名義恭進禮物,有宋元版書籍、宋元明人書畫。

《皇朝文獻通考》卷二百二十二《經籍考》:"《萬壽盛典》一百二十卷,康熙五十二年戶部侍郎王原祁等奉敕旨輯。"

學博李爲憲北上,入住麓臺府邸。時將至中州爲官。

《王司農題畫錄》卷上《仿設色大癡巨幅李匡吉求贈》:"庚寅(康熙四十九年)冬間方悟小中見大之故,亦可以大中見小也。……又三四年矣。近喜匡吉甥南來。"

《王司農題畫錄》卷上《仿北苑筆爲匡吉》:"匡吉學畫於余已二十年,古人成法皆能辨其源流,今人學力皆能別其緇素,惟用筆處爲窠臼所拘,終未能掉臂游行。余願其爲透網之全鱗也。前莅任學博時,余贈以一册名曰六法金針。別七八年,名已大成。近奏最而來,以筆墨見示,六法能事已綱舉目張。若動合機宜,平淡天真,别有一種生趣,似與宋元諸家尚隔一塵。今花封又在中州,舍此而去,定然飛騰變化。余尚慮其爲筆墨之障也,特再作北苑一圖,匡吉果然能於意、氣、機之中,意、氣、機之外,精神貫注,提撕不忘。余雖老鈍不足引道,然於此中不無些子相合。試於繁劇之際,流連一曠胸襟,則得一可以悟百,定智過其師矣。勉旃勉旃。"

太倉水災。

《東江詩鈔》卷十二《薪貴》:"秸藁飄沉蕉葦無,今年生計太疏蕪。"

《東江詩鈔》卷十二《官米行》:"去年霪潦歲不熟,慄慄窮民在溝濆。"

《東江詩鈔》卷十二《苦雨》:"去年罹水災,掃地輸官倉。"

【本年存疑作品】

三月

麓臺作《仿大癡設色爲張運老司農》,存疑。

《王司農題畫錄》卷上《仿大癡設色爲張運老司農》:"西蜀地形,山川靈秀之所萃也。從南至北,鑿山而開棧;由西至東,溯源以達江。地靈人傑,甲於天下,文章政事代有傳人。吾寬宇年老先生,蓋當代之傳人也。先生之忠誠可以格天日,先生之才略可以理繁劇,先生之學識可以通古今。聖天子雅重公,由總河而遷司農,倚毗者深矣。旋仰余爲之佐,觀型有成。余亦何幸而得與畏友同事一堂乎?癸巳三月,皇上六旬萬壽松齡,老年伯春秋八十有七,夒鑠踰少壯,萬里赴闕,懽忭拜舞,從古來未之有之佳話。而寵渥備至,恩賚有加,亦從古來未之有之奇榮也。余愧無文,不能爲德門鋪張揚厲,備述國恩家慶,特仿一峰筆意供諸清秘,以爲南山之祝。

先生官於江浙甚久,觀南宗一脉,淡蕩平易,蜀地山川固美,必更有會心於吴山越水間也。"

按:張鵬翮字運青,四川遂寧人。康熙庚戌進士(與麓臺同年),官至大學士,謚文端。

【理由】語氣不類麓臺同期畫跋。

春

麓臺作《疏林遠山圖》,存疑。

《王原祁精品集》第265頁圖錄《疏林遠山圖》:"清蒼簡淡,雲林本色也,一變宋人設色法,更爲高古。明季董華亭最得其妙,此圖擬之。康熙癸巳春日,於京邸榖詒堂畫并題。王原祁。"

鈐印:起首鈐"畫圖留與人看"(朱文長方),下鈐"王原祁印"(白文正方)、"麓臺"(朱文正方),圖右下鈐"西廬後人"(白文長方)。

設色紙本,95.5×50.9cm,上海博物館藏。

按:《澄蘭室古緣萃録》卷十著録爲《王麓臺仿古山水册》之册一。此跋文與康熙五十四年《仿宋元十二幀》跋文内容相近,書寫較尖刻單薄。

【理由】《南宗正脉》第294頁單國霖稱,"此圖布景似王原祁,然山石樹木的勾畫筆力纖弱,皴染細碎單薄,缺乏層層皴擦烘染所產生的厚重蒼潤的筆墨意韻。夾葉、點葉亦粗率刻板。應爲後人仿作"。

十月

麓臺作《高嶺平川圖》,疑僞。

《王原祁精品集》第267頁圖錄《高嶺平川圖》:"學大痴畫,不難於渾厚華滋,而難於平淡天真,無一毫矯揉,方合古法。此圖約略《夏山》大意。公務繁積,兼奉督理萬壽之命,久始告竣。觀者亦鑒其微有經營苦心可耳。康熙癸巳小春。王原祁,年七十有二。"

鈐印:起首鈐"御書畫圖留與人看"(朱白文雙龍橢圓),下鈐"王原祁印"(白文正方)、"麓臺"(朱文正方),圖右下鈐"西廬後人"(朱文長方)。

設色絹本立軸,103.7×52cm,天津博物館藏。

【理由】此圖結構鬆散,用筆軟弱;"御書畫圖留與人看"印章位置偏低;字體與麓臺同期作品比差異大。

康熙五十三年甲午(1714年)七十三歲

正月

初七,王掞七十。

《白漊先生文集》卷四《王拙園宮詹五十壽序(代)》。

按:同月十五日,其長子宮詹王奕清亦五十。館師沈受宏等以詩稱賀。

初八,麓臺奏稱,續修《萬壽盛典文集》以賀玄燁六十歲生日。

《萬壽盛典初集各奏折》:"康熙五十三年正月初八日臣王原祁謹奏……宜備萬年之盛典,恭請俞旨纂修。"麓臺得旨後與湯右曾一起,通過考試,從萬壽科中挑選出王賁、溫儀等二十四名進士,至纂修館中辦事。

三月

十一日,麓臺與長子王薯擬定萬壽圖繪凡例條目進呈,又照依書式另畫萬壽圖刻本畫稿九張,并乞聖裁訓定,奏稱將陸續繪圖刊刻進奏。

《萬壽盛典初集各奏折》。

十五日,麓臺作《王麓臺雲山罨畫圖卷》。

《虛齋名畫續錄》卷三《王麓臺雲山罨畫圖卷》:"雲山罨畫,仿高尚書。"

鈐印:"原祁之印"(白文正方)、"茂京"(朱文正方)、"畫圖留與人看"(朱文長方)、"西廬後人"(白文長方)。

又跋:"房山筆全學二米,筆墨有潑有和,中間體裁亦本董巨,故與松雪齊名,爲四家源流。先輩松來將爲楚游,出側理索畫,寫此入奚囊中,瀟湘夜雨與湖南山水恰有關會,出以房山法更見元人佳趣耳。康熙甲午三月望日,仿高尚書筆於雙藤書屋并題。王原祁年七十有三。"

鈐印:"王原祁印"(白文正方)、"麓臺"(朱文正方)、"石師道人"。

按:《過雲樓續書畫記》卷四《王麓臺雲山罨畫卷》著錄,跋文有異;《虛齋名畫續錄》卷三著錄跋文"出側理索畫,寫此入奚囊中",《王麓臺雲山罨畫卷》爲"索畫寫此";前者爲"夜雨與湖南山水恰有關會",後者爲"夜雨恰有關會",且未錄"雲山罨畫,仿高尚書"及"佳趣耳"之後跋文。

此圖有顧文彬("顧子山秘篋印",朱文長方)、"秀水金蘭坡過眼"(朱文長方)等收藏印。

麓臺爲徐文靖作《爲位山仿大痴山水軸》。

《王原祁精品集》第269頁圖録《爲位山仿大痴山水軸》:"今昔人論大痴畫,皆曰:'峰嵐渾厚,草木華滋。'於是學者疲筋竭神,終日臨摹,求其所謂渾厚華滋者終不可得,望洋而嘆,罷去,不復講求。或私心揣度,誤聽邪説,愈去愈遠,迄於無成。余甘苦自知,二者俱識其非。老髦將至,不能爲斯道開一生面。此圖爲位山所作,其中藴奥可以通之書卷,聊適吾意而已。康熙甲午仲春,寫於穀詒堂之目舫并題。王原祁,年七十有三。"

鈐印:起首鈐"掃花庵"(朱文橢圓),下鈐"王原祁印"(白文正方)、"麓臺"(朱文正方),圖左下鈐"西廬後人"(白文長方)。

設色紙本立軸,96.5×50cm,蘇州市博物館藏。

按:徐邦達先生稱此畫無著録。《王原祁精品集》命名爲《仿大痴山水圖軸》。《王司農題畫録·仿黄子久設色小幅爲位山孫婿》中爲"迄於無成者有之",多三字。

徐文靖,字容尊,號位山,安徽當塗人。雍正癸卯(雍正元年)舉人,乾隆元年薦舉博學鴻詞,試不入格。乾隆十七年又薦舉經學,著《禹貢會箋》十二卷。

王掞應王翬之請,爲其作《清暉贈言》序。

《清暉贈言·王掞序》。

宋廣業往桂林,過訪妹丈陳元龍。

《蘭皋詩鈔》卷二十《粤中紀游二·自昭州至桂林并序》。

按:《自昭州至桂林并序》:"癸巳秋,客端州,屢辱大中丞乾齋陳公招。甲午三月,遂買舟湖灕江達桂林。"

春

麓臺作《仿大痴山水圖軸》。

《王原祁精品集》第271頁圖録《仿大痴山水圖軸》:"康熙甲午春日,暢春園寓直公餘仿大痴筆。王原祁。"

鈐印:起首鈐"御書畫圖留與人看"(朱白文雙龍橢圓),下鈐"王原祁印"(白文正方)、"麓臺"(朱文正方)。

設色紙本立軸,97.8×35.4cm,天津博物館藏。

按:有"曉樓鑒賞"(朱文正方)、"踢州張文孚所藏"(朱文長方)、"求古精舍圖書"（朱文正方）、"章紫伯所藏"（白文正方）等收藏印。

麓臺作《王麓臺水墨山水軸》。

陸心源《穰梨館過眼錄》卷三十九《王麓臺水墨山水軸》："子久畫，全以氣韻爲主。不在求工，而峰巒渾厚，草木華滋。自有天然蘊藉溢於筆墨之外，所謂'淡妝濃抹總相宜'也。學者與此少會，則近道矣。康熙甲午春日於京邸穀貽堂。婁東王原祁。"

四月

十七日，麓臺奏進繕錄稿本二十八卷。在館修書修撰王敬銘、冷枚參與校閱，畫圖人員有徐玫、萬壽科武會元金昆、冷枚等共十二人。

《萬壽盛典初集各奏折》："十月二十六日，詹事府詹事加二級臣王奕清謹奏。萬壽畫圖及萬壽盛典，兩年以來，開館繪畫修，先已進呈盛典六十卷。業蒙皇上允户部員外臣趙之垣效力刊刻，尚有歌頌詩文六十卷亦已選擇鈔錄將成，俟進呈之後，一并交與趙之垣刊刻。至書中小圖，有在館修書修撰臣王敬銘同冷枚校閱，發刻已成者五十四頁，未完者九十四頁。其大絹畫圖於康熙五十二年十二月進呈稿本，五十三年四月領到絹三十丈，遴選得畫圖人員徐玫等及萬壽科武會元臣金昆協同冷枚共十二人，盡心繪畫。今已畫成十二丈，未成者尚有十八丈，現在趕工。竊念臣雖未諳畫理，然累世蒙恩……臣（趙之垣）世受皇恩，歷膺聖眷，祖孫父子叠被寵榮，一家之受恩益厚，終身之仰答愈難。早夜捫心，涓埃莫報，況臣以駑劣庸材，初任今職。臣父兩廣總督臣趙宏燦諄諄教誨臣恪共職守。雖勤慎不遑，終慚糜祿。兹於本部侍郎臣王原祁修館中，竊見萬壽盛典一書已經告成，臣自愧無文，未附謳歌於卷末，顧念留傳不朽應付棗梨。近見御製諸書，多有恭請刊刻者，臣至愚樞頑，木諳文理，郞署辦事之餘，校仇考對或堪效力。爲此不揣愚拙，冒昧奏請，伏乞聖慈俯鑒微忱，准臣在寓開局，恭候頒發定本，校對刊刻，次第進呈御覽。犬馬私情庶得少申萬一，緣臣父道遠未能具折，臣謹奏。本日奉旨：'好，准他奏。'"

按：康熙五十四年十月麓臺去世後，此事由王奕清接任。

朱星海出任永寧，麓臺作《仿設色大癡送朱星海之任》贈之。

《王司農題畫錄》卷上《仿設色大癡送朱星海之任》："上洋朱君星海以岐黄之術行於京師，聲名籍甚。江左業儒諸名家到都門行醫者不少，惟星海用藥立方，所至輒效，頗有風送滕王之意。余方喜其業之有成，品之甚貴，忽作倅永寧，捧檄而喜。於甲午四月十一日就道。向館穀於余家,余送而正告之曰:'君爲醫則岐黃之事也,爲倅則服勞之事也。故無論大小,必思上不負國憲,下不病商民。凡錢糧經手、匪類盤詰兼之公差絡繹,備辦解送,盤錯艱難,到手方知。子其勉旃。'星海甚服膺余言。果能如此,則官階日躋,另是一番面目,毋恃舊業,毋貪小利,克盡厥職,方得始終爲吾良友。臨別贈畫贈言,勿以拙筆爲應酬之物而忽視之。"

按:《王司農題畫錄》卷上《仿高房山爲朱星海》:"余本不善畫,星海朱兄必欲余畫房山,不知何處學房山之法。慕房山之名,投側理專責於余,雖鈍拙不能辭也。聞房山天趣與米家相伯仲,頡頏趙鷗波,上承董巨,下啓四家,爲元初大家。豈余初學所能夢見?而星海惓惓如此。欲進余之學乎?欲顯余之醜乎?不計工拙。圖成識之,以質諸巨眼。"《倪黃墨法爲朱星海》:"畫家惟倪最爲高逸,因與大痴同時,相傳有倪黃合作。兩家氣韻約略相似,後之筆墨家宗焉。星海醫學得正傳,留之館舍已三年矣。輕岐黃之學,將筮仕於汾西,小草捧檄亦有喜色。余惟畫家之倪黃,猶藥中參苓也。朱君善用參苓,寫以贈之。願其以高逸自命,毋欲速,毋見小,以宜況知味,以樂天真,方不愧從前之盛名耳。"

麓臺作《仿黃公望山水軸》。

《南宗正脉》第215頁圖錄《仿黃公望山水軸》:"畫法與詩文相通,必有書卷氣,而後可以言畫。右丞詩中有畫,畫中有詩,唐宋以來悉宗之。若不知其源流,則與販夫牧竪何異也。其中可以通性情,可以釋憂鬱,畫者不自知,觀畫者徑而知之。非具眼卓識者不能會及此矣。康熙甲午清和,仿設色大痴筆并題於轂詒堂。婁東王原祁,年七十有三。"

鈐印:起首鈐"御書畫圖留與人看"(朱白文雙龍橢圓),下鈐"王原祁印"(白文正方)、"麓臺"(朱文正方),圖右下鈐"西廬後人"(朱文長方)。

水墨紙本立軸,138.1×62.3cm,上海博物館藏。

按:有近代龐元濟("虛齋審定",白文正方)收藏印。《中國古代書畫圖目12》滬7—0346王原祁《仿大痴山水》與此跋文同,藏朵雲軒。

陳元龍於桂林官署之澄懷堂,爲宋廣業《蘭皋詩鈔》作序。

《蘭皋詩鈔》陳元龍序。

按:陳元龍在序中稱:"外舅(岳父)宋文恪公(德宜)於諸子侄中首爲器重。既數蹶場屋,因以明經入仕。起家縣令,至監司,宦游三十年。……澄溪長予三歲。密戚心知,交好如骨肉,別四載矣。令子亮虞由部郎出守端州,而澄溪來就養。……端與貴密邁澄溪扁舟訪予。"康熙五十一年,陳元龍任廣西巡撫。宋廣業,字性存,號澄溪。

五月

麓臺作《仿黃公望山水》。

《四王畫集》第243頁圖錄《仿黃公望山水》:"康熙甲午夏五,爲青翁老年臺先生仿子久設色并祈正。婁東王原祁。"

鈐印:起首鈐"御書畫圖留與人看"(朱白文雙龍橢圓),下鈐"王原祁印"(白文正方)、"麓臺"(朱文正方),圖右下鈐"西廬後人"(朱文長方)。

水墨紙本立軸,131.9×77cm,故宮博物院藏。

按:《虛齋名畫續錄》卷三《王麓臺仿子久山水軸》著錄。但此圖中未見龐元濟收藏印,有"南園"(朱文長方)、"小萬柳堂"(朱文橢圓)、"帆影樓"(朱文正方)、"宮子行同弟玉父寶之"(朱文正方)等收藏印。徐邦達先生名之爲《爲青翁仿子久設色山水軸》。

麓臺作《山水圖扇》。

《中國古代書畫圖目22》京1—4905圖錄《山水圖扇》:"康熙甲午夏五,爲剩翁老祖臺岳偉之辰,吏畏氏懷化行南圖。舍甥李匡吉更兼裁成伯□□□甚詳,余特作此寄祝。王原祁。"

鈐印:起首鈐"三昧"(朱文葫蘆),下鈐"王原祁印"(白文正方)、"麓臺"(朱文正方)。

設色紙本扇頁,18.4×54.7cm,故宮博物院藏。

按:"甲午"即康熙五十三年。

六月

下浣,麓臺作《寫設色大癡山水軸》。

《寫設色大癡山水軸》:"六法之妙,一曰氣韻,二曰位置。若能氣中發趣,雖位置稍有未當,亦不落於俗筆也。余長夏消暑,偶作此圖,東塗西抹,自顧無穩妥處。取其粗服亂頭中尚有書卷氣,存之,以俟識者。康熙甲午六月下浣,寫設色大癡筆意。王原祁,時年七十有三。"

鈐印:"王原祁印""麓臺"。

按:《澄蘭室古緣萃錄》卷十《王麓臺仿大癡山水軸》編撰者跋:"余藏司農畫八軸,由丙子(康熙三十五年)至甲午(康熙五十三年),凡十九年,骨韻本於天生,自是大家風度,筆意則始秀潤而漸蒼老。試將八軸挨次懸觀,確有循序漸臻之妙。可見古人筆墨與年俱進,愈老而愈神化,神化之作固足寶貴,果盛年用功之作亦大可珍也。大抵婁東三王畫法皆得力於子久,中年用功,時臨摹各家,各極其妙,至晚年薈萃古人之長,而折衷於一家以就我之規度。如烟客仿子久是烟客面目,圓照仿子久是圓照面目,司農仿子久是司農面目。謂之非子久不可,謂之是子久亦不可。試取三王仿子久各卷軸參觀之,自得其妙,不可以言語形容也。"又云:"司農山水經營之作俱有長題,畫軸亦然。書法筆墨紛披,不求甚工,其僅署一款者多偶作,即真迹亦非精品。……司農'畫圖留與人看'印有二,一白文,上有'御書'二字,左右螭龍腰,元式所常用者也。一朱文長方式,惟此庚寅仿梅道人一軸及甲午一軸見之,豈後刻耶?'西廬後人'亦有二,一白文、一朱文,間用之,軸內所見不一一。注明冊中所印則白文,稍小殆又一方也。"

《王司農題畫錄》卷上《丹思代作仿大癡》:"六法之妙,一曰氣韻,一曰位置。若能氣中發趣,雖位置稍有未當,亦不落於俗筆也。余長夏消暑,偶作是圖,東塗西抹,自顧無穩妥處,取其粗服亂頭中尚有書卷氣,存之以俟識者。"

夏

麓臺作《擬大癡筆山水圖》。

《王原祁集》第281—282頁圖錄《擬大癡筆山水圖》:"宗翁老公祖宗台,清風峻望,卓然不群,真與海沂公後先輝映,佩刀可贈。行致三公,知不遠也。星海朱子久趨絳帳,頌述時雨春風,津津不置。其初至京,即索拙筆為贈,於今已三年矣。漕務孔繁,時多作輟。茲捧檄將歸,迫促始成。仿大癡法而不復設色者,以神君至潔至真,亦惟後素為稱耳。時康熙甲午初夏。原祁,時年七十有三。"

按:宋之韓有《海沂集》。朱星海出任永寧,麓臺作贈之。見《王司農題畫錄》卷上《仿設色大癡送朱星海之任》跋:"上洋朱君星海以岐黃之術行於京師……余方喜其業之有成,品之甚貴。忽作倅永寧,捧檄而喜。於甲午(康熙五十三年)四月十一日就道。向館穀於余家。"

麓臺作《王麓臺仿大癡山水》。

《自怡悅齋書畫錄》卷四《王麓臺仿大癡山水》:"大癡墨法與巨然相伯仲,而瑣碎奇肆處更有出藍之妙。張伯雨題云為精進頭陀,以釋巨然為師不虛也。康熙甲午長夏畫并題。王原祁時年七十有三。"

鈐印:"御書畫圖留與人看""王原祁印""麓臺""西廬後人"。

按:徐邦達先生名之為《仿大癡水墨山水軸》。張大鏞跋:"粗枝大葉是老年手筆,而巖巒層疊,氣象萬千,其雄渾蒼莽有包掃一切之概,非見過大癡真迹者不能知其善學大癡也。"

七月

户部侍郎麓臺上疏，力請免江南歷年欠賦。

唐孫華《王原祁墓誌銘》："豫省歲歉，上諭户部預議漕糧，公與同事悉心籌畫，議以豫省漕糧向來折徵於衛輝府，分次買兑。不避桑梓之故，上疏力請免江南歷年欠賦。"

按：《仁皇帝聖訓》卷四十六："康熙五十三年十二月，先是商人馬維屏等以願領大錢收買小錢……議稿送侍郎王原祁。"

八月

王旦復、王玨同舉順天鄉試。

《(嘉慶)直隸太倉州志》卷三十六《人物》。《(民國)太倉州志》卷十《選舉》。

按：《(嘉慶)直隸太倉州志》卷三十六《人物》："王旦復，字賡旦，錫爵四世孫。軀幹戌削，貌亦似之，幼以能文名。康熙五十三年，同子玨舉順天鄉試。世業《春秋》，精於三傳。性澹泊，燕居敝衣，客至不易，人稱其介。以玨貴封主事，著《續春明夢餘錄》。弟昭被，字葆光，康熙四十五年進士，任福建龍巖縣知縣，有政聲，以卓異行取入都，旋移疾歸，貧窶如諸生。"

秋

麓臺爲揆叙作《大横批仿設色大痴爲明凱功作》。

《麓臺題畫稿·大横批仿設色大痴爲明凱功作》："余於筆墨一道，少成若天性，本無師承。誦讀之暇，日侍先大父贈公得聞緒論。久之於宋、元傳授貫穿處，胸中如有所據。發之以學文，推之以觀物，皆用此理。每至無可用心處，間一揮灑，成片幅便面，無求知於人之心，人亦不吾知也。甲午秋間，奉命入直，以草野之筆日進於至尊之前，殊出意外。生平毫無寸長，稍解筆墨。皇上天縱神靈，鑒賞於牝牡驪黄之外，反復益增惶悚。謹遵先賢遺意，吾斯之未能信而已。都門風雅宗匠所集，間有知我者，余不敢自誇，亦不敢自棄，竭其薄技，歸之清秘以供捧腹，不敢以此求名邀譽也。"

沈宗敬爲三兄六十初度作《山水軸》。

《虛齋名畫録》卷十《沈獅峰祝壽山水軸》："甲戌之秋，爲三長兄四十初度曾作畫爲壽，有'梅鶴如兄弟，迂痴亦弟兄'之句。蓋謂元四大家是一家眷屬，屈指已二十□□，昨同慶□□燕邸五十餘日，臨別依依，復□畫贈行。今逢六十誕辰，不獲率諸子侄捧觴三山官署，仍以筆墨遙祝嵩齡。雖滯迹閒曹，面目如故，而泉石生涯，性之所近,未知能與年俱進否也。康熙甲午秋,弟敬拜識。"

王奕清典蜀中試。

《顓庵府君行述》:"甲午秋,不孝奕清典蜀中試。"

十月
麓臺作《清王麓臺墨筆山水小軸》。

《壯陶閣書畫錄》卷十六《清王麓臺墨筆山水小軸》:"甲午桂月,仿高房山筆。王原祁。"

鈐印:"王原祁印""麓臺"。

按:此圖有潘延齡("潘健庵")、"伍氏蔣荃""雲間金赤峨珍藏印"收藏印。

冬
王奕清自少詹事擢掌詹事府詹事。

《顓庵府君行述》:"冬,不孝奕清自少詹事擢掌詹事府詹事。"

歲末
宋廣業請同里謝有煇爲其《蘭皋詩鈔》作序。

《蘭皋詩鈔》謝有煇序。

按:謝有煇序稱,宋廣業父爲"儉齋夫子"。

本年
玄燁下詔禁淫詞穢書。

劉廷璣《在園雜志》卷二《歷朝小説》:"康熙五十三年禮臣欽奉上諭云:'朕惟治天下,以人心風俗爲本。而欲正人心,厚風俗,必崇尚經學,而嚴絕非聖之書,此不易之理也。近見坊肆間多賣小説淫詞,荒唐鄙俚,潰亂正理,不但誘惑愚民,即縉紳子弟未免游目而蠱心焉。敗俗傷風所繫非細,應即通行嚴禁。'"

吏部侍郎阿爾稗爲揆叙畫虎。

揆叙《益戒堂詩後集》卷八《阿少宰畫虎歌》。

按:阿爾稗,譚泰孫,唐古哈子。工畫龍虎、贗貓等。《石渠寶笈》卷十八著錄《阿爾稗松間卧虎圖》。

宋廣業游桂林後,作詩留別大中丞陳元龍、方伯黃文華、廉使年九庵、鹺使張維遠、觀察使賈毅庵諸友。

《蘭皋詩鈔》卷二十《粵中紀游二·留別貴州同人,黃文華方伯、年九庵廉使、張德侯鹺使、賈毅庵觀察使暨諸郡縣》。

按:張維遠,字德侯。奉天人。康熙四十三年任右江分巡道駐州府;康熙四十七年任蒼梧分守道駐桂林府。

約本年

王原博招唐孫華飲酒觀劇花下。

《東江詩鈔》卷十二《王潞亭同年招飲觀劇》:"砥室疏窗洒掃新,落花如雪草如茵。性豪自喜窮珍味,量淺遍貪看醉人。痛飲千巡沉井轄,清歌百叠墜梁塵。東華左掖多忙客,爭及園林自在身。"

唐孫華作《三中丞詩》,頌揚三位撫吳大吏:故禮部尚書湯斌、吏部尚書宋犖、總督侍郎張伯行。

《東江詩鈔》卷十二《三中丞詩》:"豫州擅中區,和氣陰陽萃。河洛貢苞符,崧岳蘊靈異。故多産名賢,芳蕤播往記。吾吳俗皆窳,撫循需大吏。屈指三中丞,皆出梁宋地(故禮部尚書湯公斌、吏部尚書宋公犖、今總督侍郎張公伯行)。"

【本年存疑作品】

二月

麓臺作《爲位凝作山水》,存疑。

《中國古代書畫圖目22》京1—4902 圖錄《爲位凝作山水》:"大痴畫惟思翁能得其骨髓。縱橫澹蕩處,不沾沾於大痴家數,而神理之間在,會心者自知之。筆法墨彩從性天中流出,所以高人一等也。位凝世兄南歸,亟問畫於余。宋元諸家博雅宏深者,非旦夕可以告竣。家藏偶有董迹一幅,師其意,歸諸奚囊。途中水濱木末,到家水郭山村,以思翁大意求之,恍如寫照,宋元之妙在是矣。康熙甲午春仲畫并題。王原祁,時年七十有三。"

鈐印:起首鈐"御書畫圖留與人看"(朱白文雙龍橢圓),下鈐"王原祁印"(白文正方)、"麓臺"(朱文正方)。

水墨紙本立軸,64×35.5cm,故宮博物院藏。

按:《王司農題畫錄》爲《寫墨筆仿董華亭》。"骨髓"少"骨"字,"縱橫"前多"其"字,"宋元之妙在是矣"未錄。

【理由】此圖樹木、山石結體與跋文語氣與麓臺同期作品相比,差異很大。

春

麓臺作《國朝王麓臺山水》,疑偽。

《紅豆樹館書畫記》卷八《國朝王麓臺山水》:"康熙甲午春抄(杪),積雨初晴。興會頗適,隨意點染,識者見之必軒然一笑也。麓臺祁年七十有三。"

鈐印:"王原祁""麓臺"。

【理由】語氣不類麓臺同期跋文。

四月

麓臺於穀詒堂之目舫作《仿一峰山水圖》,存疑。

《王原祁精品集》第268頁圖錄《仿一峰山水圖》:"康熙甲午嘉平,仿一峰老人筆於穀詒堂之目舫。王原祁。"

鈐印:起首鈐"御書畫圖留與人看"(朱白文雙龍橢圓),下鈐"王原祁印"(白文正方)、"麓臺"(朱文正方),圖左下鈐"西廬後人"(白文長方)。

絹本設色立軸,96.5×52cm,天津博物館藏。

【理由】圖左下方坡石造型雖類麓臺畫法,但山體結構鬆散,缺乏麓臺畫作的渾厚感;跋文字體偏瘦長。

麓臺於萬壽圖館中作《萬壽圖館中畫山水軸》,疑偽。

《萬壽圖館中畫山水軸》:"大癡筆法疏秀,而峰巒渾全,得董巨妙用,為四家第一無疑。康熙甲午清和,於萬壽圖館中畫并題。王原祁時年七十有三。"

按:蔣光煦《別下齋書畫録》卷六《王麓臺山水》著録。

【理由】當時并無萬壽圖館,修書繪圖在王原祁府邸。

麓臺作《山水軸》,疑偽。

《南宗正脉》第295頁圖錄《山水軸》:"畫家以古人為師,更以天地為師,晦明曉暮,各極其致,方得渾厚華滋之氣。大癡平淡天真,於此尤見一班。甲午清和,雨中靜坐,仍寫曉色,似覺有會心處,敢以質之具眼。王原祁畫并題,年七十有三。"

鈐印:起首鈐"御書畫圖留與人看"(朱白文雙龍橢圓),下鈐"王原祁印"(白文正方)、"麓臺"(朱文正方),圖左下鈐"西廬後人"(朱文長方)。

紙本設色立軸,100.7×54.6cm。上海圖書館藏。

按:《歸石軒畫談》卷五著録,"晦明"為"四時";少"華滋之氣"後之"大癡平淡天真,於此尤見一班","清和"爲"深秋","雨中"爲"晴窗","仍寫"爲"偶寫","具眼"爲"識者","婁東王原祁"。其中,"班"當爲"斑"。楊翰案《曉色山水》稱:"(此幅)宣德紙細韌,皴法、樹法仍是大痴,用墨鬱潤有似梅花道人,苔點濃厚,濕墨如滴,想見吐納雲腴蒼茫渾化之妙,領略曉色情景,知大家一筆不苟,是真得造化之靈氣也。"

【理由】單國霖稱,此畫山巒樹木用筆刻板粗重,無沉凝虛和之致;皴染簡率混濁,點苔似排刷,毫無節律感。設色單薄寡淡,與王原祁筆墨蒼凝渾厚清潤華滋的意韻相去甚遠。題款結字間架不穩,筆法飄浮。應爲後人仿作。

六月

麓臺作《峰巒積翠圖軸》,疑僞。

《王原祁精品集》第270頁圖錄《峰巒積翠圖軸》:"大痴筆平淡天真而峰巒渾厚,全得董巨妙用,爲四家第一無疑。康熙甲午長夏,畫於縠詒堂并題。婁東王原祁。"

鈐印:起首鈐"御書畫圖留與人看"(朱白文雙龍橢圓),下鈐"王原祁印"(白文正方)、"麓臺"(朱文正方)。

水墨絹本,108.3×53.3cm,南京博物院藏。

【理由】此作結構鬆散,筆力較弱;字體有異。跋文"王原祁"三字書寫不連貫,且語氣不類麓臺同期跋文。

八月

麓臺作《仿黃公望山水軸》,疑僞。

《清王原祁畫山水畫軸特展》第98頁圖錄《仿黃公望山水軸》:"大痴畫華滋渾厚,不爲奇峭,沙水容與處甚多。茲取其意爲作此圖,未知少有相合否? 康熙甲午中秋下浣畫并題。王原祁,年七十有三。"

鈐印:起首鈐"御書畫圖留與人看",下鈐"王原祁印""麓臺"。

按:《石渠寶笈》卷四十《仿黃公望筆意》著錄。

【理由】山石畫法、樹木畫法、山體結構等不類麓臺晚年風格。

秋

麓臺作《仿大痴山水圖軸》,存疑。

《王原祁精品集》第273頁圖錄《仿大痴山水圖軸》:"董宗伯論畫云:'古人畫大塊積成小塊,今人畫小塊積成大塊。'凡畫一幅,必須先審氣勢,復定間架,情景俱備,點染皴擦,眼光四到,無些子障礙,所謂大塊積成小塊也。其妙在順逆之間不脫,玄宰而已。余與鈞亭年兄相別甚久,因大兒來豫,想及思翁妙,而遂作此圖。鈞兄見之,必以余言爲不謬也。康熙甲午秋日,仿大痴筆并題。王原祁,年七十有三。"

鈐印:起首鈐"畫圖留與人看"(朱文長方),下鈐"王原祁印"(白文正方)、"麓臺"(朱文正方),圖右下鈐"西廬後人"(白文長方)。

絹本設色,104.5×51cm,廣東省博物館藏。

【理由】跋文語氣、字體等與同期典型作品比差異很大。

十月

麓臺於穀詒堂之日舫作《仿大痴山水圖》,存疑。

《王原祁精品集》第272頁、《中國繪畫全集27》第92頁圖錄《仿大痴山水圖》:"畫法莫備於宋,至元人摻扶其義蘊,洗發其精神而真趣乃出,如四家各有精髓,其中逸致橫生、天機透露,大痴尤精進頭陀也。余弱冠時得先大父指授,方明董巨正宗法派,於子久爲专師。迄今垂五十,苦心研求,功力似覺有進。近於侍直辦公之暇,偶作此圖,敢以質之識者。康熙甲午小春,畫於穀詒堂之日舫。婁東王原祁,年七十有三。"

鈐印:起首鈐"御書畫圖留與人看",下鈐"王原祁印"(白文正方)、"麓臺"(朱文正方),圖左下鈐"西廬後人"(白文長方)。

絹本設色,104.5×51cm,廣東省博物館藏。

【理由】此圖跋文似改編、仿寫自康熙三十九年王原祁《西嶺雲霞圖》(見王原祁精品集》第239頁),與之相比,"精""冠""父"等字的書寫有異。

十一月

麓臺於古詒堂之日舫作《仿大痴山水》,疑僞。

《中國古代書畫圖目6》蘇19—26圖錄《仿大痴山水》:"筆不用煩(繁),要取煩(繁)中之簡;墨須用淡,要取淡中之濃。全在位置間架處步步得肯,方入元人三昧。如命意不高,眼光不到,雖渲染周致,終屬隔膜。大痴墨法學者甚多,於節節肯綮處全未夢見。無怪乎有墨猪之誚也。因作是圖,偶有所感,遂弁數語於首。康熙甲午長至後,呵凍寫於穀詒堂之日舫。王原祁年七十有三。"

【理由】此跋與《麓臺題畫稿》對照,有多處異文:"全在"當爲"要於";"方入"當爲"方得";"墨法"當爲"澄墨";"甚多"後少"皆粗服亂頭,揮灑以自鳴其得意";"因作是圖"前少"已丑(康熙四十八年)中秋乍齋新凉,興會所適"等。跋文字體不類麓臺書體;山體、樹木等平板,與麓臺晚年風格迥異。《中國古代書畫圖目6》第416頁注稱此畫疑僞。

康熙五十四年乙未(1714年)七十四歲

正月

王掞任《春秋傳説彙纂》總裁官。

《顓庵府君行述》:"乙未正月,編輯《春秋傳説彙纂》,先大夫爲總裁官。"

二月

麓臺作《仿一峰山水》。

《中國古代書畫圖目5》滬1—3278圖録《仿一峰山水》:"巖灘七里釣魚臺,複壁重岡掩後開。行到烟霞最深處,水窮雲起不知迴。康熙乙未春日,仿一峰老人。婁東王原祁。"

鈐印:起首鈐"御書畫圖留與人看"(朱白文雙龍橢圓),下鈐"王原祁印"(白文正方)、"麓臺"(朱文正方)。

設色紙本,69×37cm,上海博物館藏。

按:此跋文"複"字寫法不常見,麓臺用"復"。畫面氣息與麓臺同期作品相比,差異較大。

四月

二十八日,麓臺奉旨開列《萬壽盛典初集》監修總裁、校勘、分纂校録、掌校刊監造諸臣職名。監修官,禮部尚書王掞。第一總裁官,户部左侍郎丁原祁。第三總裁官蔣廷錫。校録官有萬壽科進士温儀。

《萬壽盛典初集各奏折》。

麓臺爲徐元夢作《王麓臺爲徐蝶園山水軸》。

陸心源《穰梨館過眼録續録》卷十四《王麓臺爲徐蝶園山水軸》:"余弱冠學畫,惟其禀承家學。少時於所藏子久諸稿乘間研求,雖不慣臨摹,而專以神遇。廿年知其間架,又廿年知其筆墨。今老矣,此中三昧,猶屬隔膜,未嘗不嘆息鈍根之爲累也。康熙乙未暮春,寫設色大痴筆似蝶園老先生正。婁東王原祁,年七十有四。"

按:徐邦達先生名之爲《爲蝶園寫大痴設色山水軸》。

汪由敦《松泉集》卷九《榕村文粹序》:"余以丁酉春從蝶園徐公來京師,奉公教,杜門不出交一人。安溪李文貞(光地)公時以文章經學倡,後進登其門者,雖寒畯弗拒。又與蝶園公雅故,然余亦未往一見也。庚子夏文貞公薨,乃稍從友人處得公古文雜著若干篇。"

徐元夢,字善長,號蝶園,滿洲正黃旗人,順治十二年生,雍正六年卒。

麓臺作《草堂烟樹圖》。

《故宫藏畫大系十五》第59頁、《清王原祁畫山水畫軸特展》第63頁圖録《草堂烟樹圖》:"古人用筆,意在筆先,然妙處在藏鋒不露。元之四家,化渾穆爲蕭洒,變剛勁爲和柔,正藏鋒之意也。子久尤得其要,可及可到處,正不可及不可到之處,箇中三昧,在深參而自會之。康熙乙未暮春,畫於穀詒堂并題。王原祁,年七十有四。"

鈐印:起首鈐"畫圖留與人看"(朱文長方),下鈐"王原祁印"(白文正方)、"麓臺"(朱文正方),圖左下鈐"西廬後人"(白文長方)。

設色紙本,84.5×43cm,臺北故宫博物院藏。

按:《石渠寶笈》卷二十七《草堂烟樹圖》著録中有兩處錯誤:"不可及"誤爲"不可解";"自會之"誤爲"自得之"。有"乾隆御覽之寶"等璽印。

《麓臺題畫稿》稱之爲《題仿大癡筆》,有一處修改:"不可到之處"處無"之"字。"康熙乙未……四"未録。

李爲憲作仿黄子久《富春大嶺圖》。

《山水正宗》下卷第456頁圖録《富春大嶺圖》:"乙未清和,仿黄子久富春大嶺圖意。玉峰李爲憲。"

按:此作與麓臺相比,山體過大、畫面擁塞;山石瑣碎,缺乏整體感和主體感。與唐岱類似,山體高大、畫面光潔,設色火氣較大。

五月

麓臺作《山水》。

《中國古代書畫圖目7》蘇24—0704圖録《山水》:"康熙乙未夏五,寫高尚書,婁東王原祁。"

鈐印:起首鈐"三昧"(朱文葫蘆)、"王原祁印"(白文正方)、"麓臺"(朱文正方),"興與烟霞會"(白文長方)。

按:此册共八頁,麓臺所作爲第一幀,分別有徐玫、許穎、鄭棟、王昱、吴來、金永熙、獨往客黄鼎的作品。

《江南通志》卷一百三十三《選舉志》:"鄭棟,吴縣人。康熙四十七年進士,與惠士奇同榜。"

六月

麓臺《仿宋元十二幀》成。

第一幀:"仿倪雲林。清蒼簡淡,雲林本色也。間一變宋人設色法,更爲高古。明季董華亭最得其妙,此圖擬之。康熙癸巳春日於穀詒堂畫并題。王原祁。"

鈐印:"畫圖留與人看""麓臺""西廬後人"。

第二幀:"仿梅花庵主。梅華庵主有《溪山無盡》、《關山秋霽》二圖,皆稱墨寶。此幀摹其梗概,有少分相合否?麓臺題於穀詒堂。"

鈐印:"原祁""石師道人"。

第三幀,"江村花柳圖 趙大年江村花柳圖。"

鈐印:"王原祁""西廬後人"。

第四幀:"仿黃鶴山樵。黃鶴山樵《林泉清集圖》,余家舊藏也,今已失去,因追憶師其筆。"

鈐印:"王原祁""麓臺"。

第五幀:"仿房山畫法。房山畫法與歐波并絕,在四家之上。此幅略師其意。"

鈐印:"茂京""石師道人"。

第六幀:"仿黃大痴。仿水墨大痴筆。"

鈐印:"原祁之印""茂京"。

第七幀:"仿趙松雪。落花流水杳然去,別有天地非人間。仿松雪筆。麓臺。"

鈐印:"蒼潤""王原祁""麓臺"。

第八幀:"山川出雲爲天下雨。仿米元章筆。"

鈐印:"蒼潤""原祁""麓臺""西廬後人"。

第九幀:"仿黃子久。子久設色在著意不著意之間,此圖未知近否。"

鈐印:"王原祁""麓臺"。

第十幀:"仿董北苑。北苑真迹,余曾見《龍宿郊民圖》及《夏景山溪待渡》長卷,今參用其筆。"

鈐印:"王原祁""麓臺"。

第十一幀:"仿荊關。荊關遺意。癸巳元日試筆,原祁。"

鈐印:"麓臺""茂京""西廬後人"。

第十二幀:"仿倪雲林。用筆平淡之中取意酸鹹之外,此雲林妙境也。學者會心及此,自有逢源之樂矣。石師道人題。"

鈐印:"王原祁印""麓臺書畫""西廬後人"。

"康熙乙未長夏,仿宋元諸家十二幅,并題與京邸之穀詒堂。婁東王原祁年七十有四。"

按:潘正煒《聽帆樓書畫記》卷五《王麓臺仿古山水册》以及《澄蘭室古緣萃錄》卷十《王麓臺仿古山水册》著錄。跋文與此本異文較多。如第一幀"此圖擬之"、第二幀"有少分相合否"後之跋文未錄。

夏

宋廣業至羊城,謁管鄴侯將軍。將軍即招廉使武周南、大參楊浣初、僉憲靳呂封同集新構餘軒。

《蘭皋詩鈔》卷二十三《粵中紀游五·乙未夏,至羊城謁管鄴侯將軍,將軍即招武周南廉使、楊浣初大參、靳呂封僉憲同集新構餘軒,賦謝二律》。

七月

望前,麓臺作《王司農大癡小幅立軸》。

陸時化《吳越所見書畫錄》卷六《王司農大癡小幅立軸》:"愛翁曾叔祖,吾婁之碩果也。年八十矣,忽乘興游京師。家中堂館之精舍,居月餘而爲陰雨所苦,接淅而行,堅留不可,云必得余拙筆爲快。頹唐之筆,何足以辱尊長,且行色匆匆,余又王事無暇點染,勉作大癡小幅,以資家鄉話柄。真米老所謂慚惶煞人也。康熙乙未七月望前畫并題。侄孫原祁年七十有四。"

鈐印:"蒼潤""原祁""茂京""興與烟霞會"。

按:徐邦達先生名之爲《爲愛翁仿大癡設色山水軸》。"家中堂"即王掞。

望日,王翬作《王石谷仿倪高士平淡天真立軸》。

《吳越所見書畫錄》卷六《王石谷仿倪高士平淡天真立軸》王翬跋:"雲林畫,簡淡中一種逸韻,無畫史縱橫俗狀也。三百年來,惟董文敏能繼之。"又題:"元人作畫絕不經意,都從肺腑中流出,平淡天真極有士氣,非以形似求工者可比也。"

八月

麓臺作《陡壁磐石圖》。

《山水正宗》上卷第94頁、《王原祁精品集》第274頁圖錄《陡壁磐石圖》:"大癡畫華滋渾厚,不爲奇峭,沙水容與處甚多。惟《鐵崖圖》多用陡壁盤石,以見巍峨永固之意。今樹弟觀察楚中,欲以拙筆奉贈阿老先生,特取其意,漫爲塗抹,未識能彷彿萬一否? 康熙乙未中秋。婁東王原祁畫并題。"

鈐印:起首鈐"御書畫圖留與人看"(朱白文雙龍橢圓),下鈐"王原祁印"(白文正方)、"麓臺"(朱文正方),圖右下鈐"西廬後人"(朱文長方)。

設色絹本,103.5×74.1cm,上海博物館藏。

按:此圖與麓臺同期紙本畫風有異。或因絹本不易渲染,以綫條勾勒爲主。

"阿老先生"或爲阿少宰爾稭;樹弟當爲孫岳頒,字樹峰。

麓臺作《仿一峰山水》。

《山水正宗》上卷第95頁圖録《仿一峰山水》:"康熙乙未中秋,仿一峰老人筆,爲遁麓老先生正。婁東王原祁,年七十有四。"

鈐印:起首鈐"御書畫圖留與人看"(朱白文雙龍橢圓),下鈐"王原祁印"(白文正方)、"麓臺"(朱文正方),圖右下鈐"西廬後人"(朱文長方)。

設色絹本立軸,119.3×49.5cm,上海博物館藏。

按:有清代穆克登布("果肅七子穆克登布之印",白文正方)、魁玉(1797年—1877年)("翠筠館珍藏",朱文正方)收藏印。

九月

王奕鴻自户曹郎出爲湖南糧驛鹽道僉事。

《顓庵府君行述》:"九月,不孝奕鴻自户曹郎出爲湖南糧驛鹽道僉事。"

八月至十月十二日間

麓臺爲徐司民作《仿倪黄設色小卷》。

《麓臺題畫稿·仿倪黄設色小卷爲司民作》:"司民少有文譽,弈更擅場,自丁丑至婁,館於余家數年。余試以畫叩之,若金石之於節奏,林泉之於聲響,無不應也。余方知斯理可以一貫。無怪乎司民之弈,所至輒傾倒也。庚寅秋入楚,睽闊者五年。今復來京,弈學更進。畫理明瞭,不減於昔。爲人風雅驚座,殆又過之。以後相識滿天下,見其風韻猶存,恨知心之晚耳。作是卷以贈之。"

按:"丁丑"即康熙三十六年。"庚寅"即康熙四十九年。

十月

十二日,户部侍郎麓臺王公以疾卒於位,遣疏上聞,天子憫悼,特賜全葬予祭。後長子王薯扶棺歸葬於太倉州鎮洋縣五都。

《國朝耆獻類徵初編》卷五十六唐孫華《王原祁墓誌銘》。《(民國)太倉州志》卷二《封域下》。

【本年存疑作品】

四月

麓臺作《危峰獨秀圖》,題識真,畫代筆。

《中國古代書畫圖目 15》遼 2—182《危峰獨秀圖》:"畫須自成一家,仿古皆借境耳。昔人論詩畫云:'不似古人則不是古,太似古人則不是我。'元四家皆學董巨,而所造各有本家體,故有冰寒於水之喻。此幅擬大癡而脫去其本色,渾厚磅礴即在蕭疏澹蕩中,未免貽笑於作家。余謂貽笑處即是進步處。放翁詩云:'文入妙來無過熟,久之融成一片,勿拘拘於家數爲也。'康熙乙未清和畫并題。王原祁,年七十有四。"

按:《瀋陽故宮博物院文物精粹》(繪畫卷上)第 146 頁圖錄。

【理由】《中國古代書畫圖目 15》第 346 頁注:"題識真,畫代筆,可改爲資料。"

《王司農題畫錄》卷上《仿設色大癡爲趙堯日》:"畫須自成一家,仿古皆借境耳。昔人論詩畫云:'不似古人則不是古,太似古人則不是我。'元四家皆學董巨,而所造各有本家體,故有冰寒於水之喻,堯日學畫苦心有年,未能入室,以其規摹一家,即受一家之拘束也。此幅擬大癡而脫去其本色,渾厚磅礴即在蕭疏澹蕩中,未免貽笑於作家。余謂貽笑處即是進步霣。放翁詩云,文人妙來無過熟,久之融成一片,勿拘束於家數爲也。"

六月

麓臺作《仿大癡山水》,疑僞。

《中國古代書畫圖目 12》皖 1—449 圖錄《仿大癡山水》:"康熙乙未長夏,仿設色大癡筆意。婁東王原祁。"

【理由】山體結構、跋文字體等與麓臺晚年筆差異過大。

七月

麓臺作《仿北宋人山水》,疑僞。

《故宮藏畫大系十五》第 58 頁、《清王原祁畫山水畫軸特展》第 61 頁圖錄《仿北宋人山水》:"世人論畫以筆墨,而用筆用墨,必須辨其次第,審其純駁,從氣勢而定位置,從位置而加皴染,略一任意,便疥癩滿紙矣。每於梅道人有墨猪之誚,精深流逸之故,茫然不解,何以得古人用心處。余急於此指出,得其三昧,即得北宋之三昧也。康熙乙未長夏,畫并題。王原祁,年七十有四。"

鈐印:起首鈐"畫圖留與人看"(朱文長方),下鈐"王原祁印"(白文正方)、"麓臺"(朱文正方),圖右下鈐"西廬後人"(白文長方)。

水墨紙本,106.5×60.5cm,臺北故宮博物院藏。

按:此圖有"石渠寶笈""乾隆御覽之寶"等璽印。

【理由】此畫與同期作品比,畫面平而薄,缺厚重感;遠處樹木過於高大、細致;房屋數量過多,畫房屋的綫條弱且造型、透視等方面與其典型作品比差異過大;字體雖然類麓臺筆,但筆畫轉折過多。

年代不詳作品

麓臺作《仿高房山山水圖》（見圖五二）。

　　《中國繪畫全集 27》第 123 頁圖録《仿高房山山水圖》："仿高房山。原祁。"

　　鈐印："原祁之印"（白文正方）。

　　水墨紙本册頁，14.5×21cm，蘇州博物館藏。

　　按：此頁爲四王吴惲集册之一幀。

麓臺作《仙掌嵯峨圖》（見圖五三）。

　　《山水正宗》上卷第 214 頁圖録《仙掌嵯峨圖》："仙掌嵯峨百尺臺，蒼髯白甲爲誰栽？逢君一進長年酒，擬倩麻姑搔癢來。婁水王原祁。"

　　鈐印：起首鈐"掃花庵"（朱文長方），下鈐"王原祁印"（白文正方），"麓臺"（朱文正方），圖左下鈐"西廬後人"（白文長方）。

　　設色紙本立軸，116.2×51.9cm，上海博物館藏。

　　按：徐邦達先生稱《虛齋名畫録》卷九著録，查無。有"朱靖侯俞珍藏"（朱文長方）、"藝林至寶"（朱文正方）等收藏印。

麓臺作《仿董巨山水》。

　　《山水正宗》上卷第 147 頁圖録《仿董巨山水》："筆墨之法，貴簡而當，而仿董巨尤難。以易於敷衍，布置一定，滿紙肥痴，有墨豬之誚也。余恐蹈此病，立意用簡，未識有合否？麓臺祁。"

　　鈐印：起首鈐"掃花庵"（朱文橢圓），下鈐"王原祁印"（白文正方）、"麓臺"（朱文正方），圖左下鈐"西廬後人"（白文長方）。

　　水墨紙本立軸，75.6×44.8cm，上海博物館藏。

麓臺作《盛年山水》。

　　《山水正宗》上卷第 206 頁圖録《盛年山水》。無款，騎縫鈐印："石師道人"（白文正方）。

　　設色紙本手卷，27.9×253cm，上海博物館藏。

　　按：卷後有王宸跋稱："此先司農盛年之筆也。"

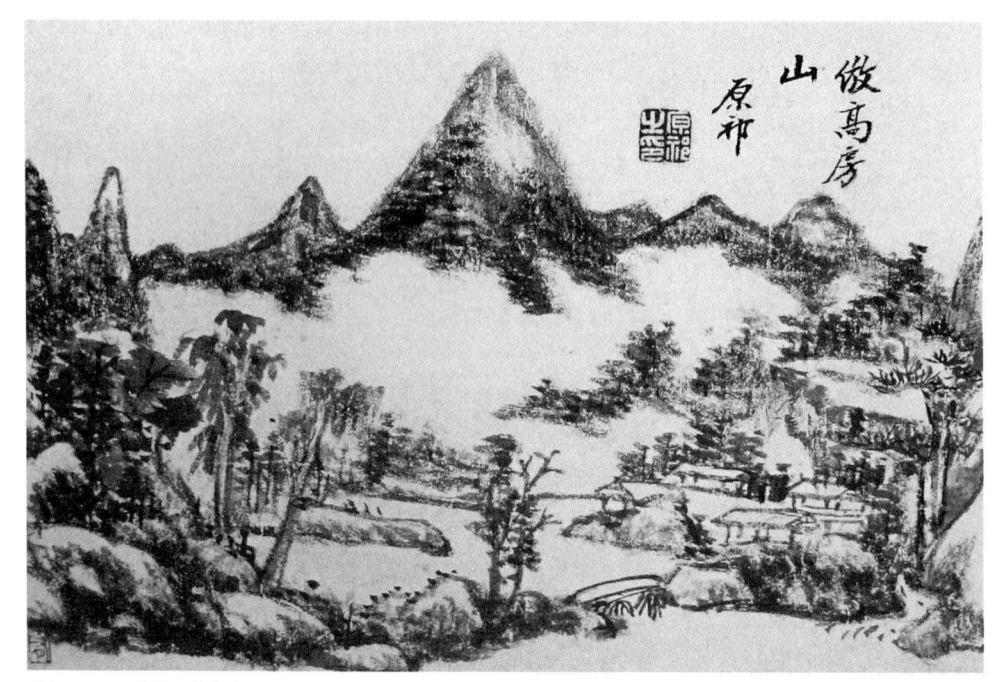

圖五二　王原祁《仿高房山山水圖》

麓臺作《仿黃鶴山樵筆》。

《故宮藏畫大系十五》第 48 頁、《清王原祁畫山水畫軸特展》第 39 頁圖錄《仿黃鶴山樵筆》："仿黃鶴山樵筆。"

鈐印："茂京"（朱文正方）。

水墨紙本,54.1×33.4cm,臺北故宮博物院藏。

按：《故宮藏畫大系十五》、《清王原祁畫山水畫軸特展》中該畫名爲《山水高宗御題》,有"乾隆御覽之寶"等璽印,另有"儀周珍藏"（朱文長方）。

麓臺作《松壑流泉》。

《故宮藏畫大系十五》第 60 頁、《清王原祁畫山水畫軸特展》第 81 頁圖錄："山川出雲,松壑流泉。仿高尚書。麓臺祁。"

鈐印："茂京"（朱文正方）。

水墨紙本立軸,94.3×48.9cm,臺北故宮博物院藏。

按：《石渠寶笈初編》養心殿著錄,有"乾隆御覽之寶"等璽印。

麓臺作《山水圖冊》,有清宣統元年樊增祥對題。

《王原祁精品集》第 276—291 頁圖錄《山水圖冊》。

圖五三　王原祁《仙掌嵯峨圖》

第一幀（水墨），無款。

鈐印："石師道人"（白文正方）。

第二幀（設色），無款。

鈐印："麓臺"（白文正方）。

第三幀（水墨），無款。

鈐印："王原祁"（一朱兩白文正方）。

第四幀（設色），無款。

鈐印："麓臺"（白文正方）。

第五幀（水墨），無款。

鈐印："興與烟霞會"（白文長方）。

第六幀（設色），無款。

鈐印："石師道人"（白文正方）。

第七幀（水墨），無款。

鈐印："麓臺"（白文正方）。

第八幀（水墨）："江貫道《林亭遠岫》。麓臺祁。"

鈐印：起首鈐"陔倩"（朱文長方），"王原祁"（一朱兩白文正方）、"麓臺"（白文正方）。

水墨 設色紙本册頁，23.7×31cm，天津博物館藏。

麓臺爲趙貞作《王原祁仿高尚書雲山軸》。

陳夔麟《寶迂閣書畫録》卷二《王原祁仿高尚書雲山軸》："余與松兄清江言別作長卷後，忽忽數年。今相晤便促握管作高尚書雲山，昌歜之嗜，猶昨歲也。識之以發一粲。麓臺祁。"

鈐印："古期齋""王原祁印""麓臺""西廬後人"。

麓臺作《仿元四家山水圖》。

《海外藏中國歷代名畫》第168頁圖録《仿元四家山水圖》。

第一幀："巨然衣鉢，惟仲圭傳之，此幅余從《溪山無盡》、《關山秋霽》兩圖得來，有少分相應否？"

鈐印："西廬後人"。

第二幀："雲林之畫，可學而不可能就。其蕭疏淡蕩處，點染一一，若云入室，未能也。"

鈐印："麓臺"。

第三幀："大癡筆平淡天真，而峰巒渾厚，全得董巨妙用，爲四家第一無疑也。"

鈐印："原祁""茂京"。

第四幀："山樵酷似其舅，筆能扛鼎，晚年更師巨然，一變爲本家體，可稱冰寒於水矣。"

钤印:"石师道人"。

淡设色纸本,102.4×47.5cm,日本京都国立博物馆藏。

麓台作《王司农赠王忍庵横幅二立轴》。

《吴越所见书画录》卷六《王司农赠王忍庵横幅二立轴》之一:"仿大痴笔意。忍翁先生文章重海内,著述之餘兼精六法,每珍秘不肯示人。近见闽游二册,笔墨劲逸,方知文人游戏无所不可。忆戊午(康熙十七年)岁先生偶见拙笔,谬加奖借,以古人相期许,后十年复见拙笔,曰:'近之矣,犹有进。'客冬过访,以所仿宋元六帧奉教,先生击节不置,力索二图。余钝拙茫昧,自顾宛如初学,而先生三十年品题似有次第,即以为印证可乎? 遵命呈政。王原祁。"

钤印:"扫花庵""王原祁印""麓台"。

《王司农赠王忍庵横幅二立轴》之二:"仿黄鹤山樵。麓台。"

钤印:"王原祁印""麓台""石师道人"。

麓台作《王司农仿倪高士滩声漕漕杂雨声图立轴》。

《吴越所见书画录》卷六《王司农仿倪高士滩声漕漕杂雨声图立轴》:"倪高士《滩声漕漕杂雨声图》,董宗伯最得力于此,每见临摹题跋,而云林真本未得一觏。瀛洲问渡,候潮得暇,司民属余为念澄道兄写此意。笔痴墨钝,不足当一粲也。麓台祁。"

钤印:"扫花庵""王原祁印""茂京父""得失寸心知"。

按:陆时化称,"徐司民善奕,称国手。郭念澄讲究食品,俱司农门下客"。

麓台作《富春山色图》。

胡积堂《笔啸轩书画录》卷上《富春山色图》:"拟一峰老人富春山图,王原祁。"

钤印:"王原祁""麓台"。

麓台作《王司农山水》(金笺小轴)。

《笔啸轩书画录》卷上《王司农山水》:"娄水王原祁。"

麓台作《王司农山水》(纸本小轴)。

《笔啸轩书画录》卷上《王司农山水》:"娄水王原祁。"

麓臺作《王麓臺雲山圖軸》。

《虛齋名畫錄》卷九《王麓臺雲山圖軸》："崇川客館遇雨,憶湖上雲山寫此。原祁。"

鈐印:"王原祁印"(白文正方)、"麓臺"(朱文正方)、"古期齋"(朱文長方)。

按:此圖有"乾隆御覽之寶"(朱文橢圓)、"石渠寶笈"(朱文長方)、"顧子山秘笈"(朱文長方)等收藏印。

麓臺作麓臺爲樹翁作《清王原祁南山積翠圖軸》。

《愛日吟廬書畫續錄》卷四《清王原祁南山積翠圖軸》:"南山積翠。仿一峰老人筆,奉祝樹翁老先生榮壽并正。婁東王原祁。"

鈐印:"御書畫圖留與人看""王原祁印""麓臺""西廬後人"。

麓臺作《山水册》十二幀。

《古物陳列所書畫目錄》卷四《清王原祁山水册》著錄。無款。

鈐印:分別鈐"畫圖留與人看""王原祁印""麓臺""原祁之印""西廬後人"等印,上方鈐有"乾隆御覽之寶"。

按:《山水册》十二幀分別爲:松壑鳴泉、雲磴秋清、層巒滴翠、高巖曲澗、雲塢春晴、寒汀雪霽、靈谷春雲、雲壑幽溪、林亭秋賞、宿雨含烟、雲林清曠、叢篁野屋。

麓臺作《仿雲林春林山影圖筆意》。

《歸石軒畫談》卷五著錄麓臺所作《仿雲林春林山影圖筆意》:"雲林《春林山影圖》筆墨高簡淡逸,此圖本用其意而醉眼昏花,粗率滿紙,幸尚無俗氣存之。"

麓臺作麓臺爲王御作《王麓臺仿米元暉山水軸》。

崇彝《選學齋書畫寓目記》卷下《王麓臺仿米元暉山水軸》:"嘉平月朔,聖老叔祖過荒齋索醉,酒酣作小米筆助興,浮白盡醉而去。原祁。"

鈐印:起首鈐"掃花庵"(朱文橢圓),下鈐"原祁茂京"(兩白兩朱文正方)、"麓臺"(朱文正方)。

按:《自怡悅齋書畫錄》卷四《王司農醉後仿小米墨法》著錄。崇彝稱,"畫左裱絹上有陸愚卿小行書題九行,略云,王御,字聖乘,曾官房山令。蓋司農族中尊行。此幀係由畢竹嶼歸於陸願吾者"。

《(嘉慶)直隸太倉州志》卷二十八《人物》:"王御,字聖乘。敦正學,憤流寇披猖,深慕王守仁爲人,思廓清世難,與陸世儀、王發祥諸人講求兵法,天文、地輿、阨塞無不精究,以選貢登崇禎九年鄉薦,十二年會試副榜。國朝順治十二年就選得宿松縣學教諭,移六安州學正。所至整葺學宮,誨迪士子,遷房山縣令,以簡靜慈愛為政,革除規例,不名一錢。邑有盜殺人,親率兵獲其魁,告歸年已耄矣。好學不衰,世儀謂其超悟似陳白沙,年九十三卒。學者私諡敬一先生,祀鄉賢祠。"

麓臺作《清王原祁仿趙松雪山水軸》。

《陶風樓藏書畫目·清王原祁仿趙松雪山水軸》:"流水溪橋花亂開,深林幽徑并莓苔。山亭日靜鳥聲碎,不道尋詩有客來。仿松雲道人筆。麓臺王原祁。"

鈐印:"王原祁印"(白文)、"掃花庵"(朱文)、"修養堂珍藏書畫印"(朱文)。

麓臺作《清王麓臺撫吳仲圭華山圖軸》。

《三秋閣書畫錄》卷下《清王麓臺撫吳仲圭華山圖軸》。無款,有畢瀧題籤。

麓臺作《仿大癡山水》。

《中國古代書畫圖目 15》遼 2—183 圖錄《仿大癡山水》:"旭日照翠岑,喬松俯精舍。仿黃大癡。"

麓臺作《仿梅道人山水》。

《中國古代書畫圖目 15》遼 2—184 圖錄《仿梅道人山水》:"梅道人溪山無盡意。"

鈐印:"王原祁印"(白文正方)、"麓臺"(朱文正方)。

麓臺作《仿大癡筆》。

《王原祁精品集》第 214 頁圖錄《仿大癡筆》:"要仿元筆須要透宋法。宋人之法一分不透,則元筆之趣一分不出。毫里千里之辨在,此子久三昧也。益老年世翁兄文章政事之餘,旁及藝事,筆墨一道,亦從家學得之,相值都門論心,深為契合。今將製錦南行矣,寫此奉贈請正。婁東王原祁。"

鈐印:起首鈐"御書畫圖留與人看"(朱白文雙龍橢圓),下鈐"王原祁印"(白文正方)、"麓臺"(朱文正方),圖右下鈐"西廬後人"(朱文長方)。

水墨紙本,121.5×45.3cm,天津博物館藏。

按:與《麓臺題畫稿·題仿大癡筆為毗陵唐益之作》相比,異文有:"須"後多"要";"益翁"為"益老年世翁";"奉贈"後多"請正。婁東王原祁"。

麓臺作《仿元四大家圖》。

《王原祁集》第 274 頁圖錄《仿元四大家圖》:"大痴平淡天真而峰巒渾厚,全得董巨妙用,爲四家第一無疑也。巨然衣鉢,惟仲圭傳之。此幅余從《溪山無盡》、《關山秋霽》兩圖得來,有少分相應否?雲林之畫,可學而不可能就。其瀟疏澹蕩處,點染一一。若雲入室,未能也。山樵酷似其舅,筆能扛鼎。晚年更師巨然,一變本家體,可稱冰寒於水。"

尺寸不詳。日本京都國立博物館藏。

【存疑作品或跋文】

麓臺作《遠岫歸雲圖軸》,疑代作或仿作。

《石渠寶笈初編》卷四十著錄。《清王原祁畫山水畫軸特展》第 100 頁圖錄《遠岫歸雲圖軸》:"營丘烟景,藏鋒斂鍔,董、巨、趙、黃皆於其中變化。元人筆兼宋法不出於此矣。王原祁。"

鈐印:"石師道人"(白文正方)。

水墨紙本立軸,54.1×33.1cm,故宫博物院藏。

【理由】山石結體空疏,畫面缺乏麓臺作品的渾厚感。

麓臺作《王麓臺桐江秋意中軸》,存疑。

《藤花亭書畫跋》卷四《王麓臺桐江秋意中軸》:"麓臺王原祁。"

鈐印:"王原祁印""麓臺"(白朱各方四分半)。

【理由】此圖中"麓臺"(白朱各方四分半)印於本畫中僅此一見,存疑。

麓臺作《仿北苑春山圖》,存疑。

《中國古代書畫圖目 12》滬 7—0347 圖錄《仿北苑春山圖》:"架上南華秋水,屏間北苑春山。仿董巨筆意。麓臺老人。"

【理由】此圖藏上海朵雲軒。跋文語意不類麓臺所爲。以"麓臺老人"自稱者,僅見於此處。

麓臺作《北阡草廬圖》,存疑。

《中國古代書畫圖目 6》蘇 6—149 圖錄《北阡草廬圖》:"北阡草廬。左龍右龍迴環起伏,閩域鐘秀佳城……似鹿原先生并正。"

【理由】語氣不類麓臺同期畫跋;筆力較弱。

麓臺作《國朝王麓臺山水》，存疑。

《紅豆樹館書畫記》卷八《國朝王麓臺山水》："雲林結隱卧江鄉，五百年來筆墨香。借得溪山消寂寞，不愁風雨近重陽。麓臺祁雨軒漫筆。"

鈐印："王原祁印""茂京子""西廬後人"。

【理由】語氣不類麓臺同期畫跋；"茂京子"印章僅此一件，常見爲"茂京氏"或"茂京父"。

麓臺爲玉圃所作山水，僞。

《曝畫紀餘》卷三《清初諸名家畫册》第一幀："丙申春日寫爲玉圃先生正。王原祁。"

鈐印："茂京"。

【理由】此"丙申"如果是順治十三年丙申，麓臺年十五，還没用"茂京"印；如果是康熙丙申，此時麓臺已去世。

麓臺於金陵萬柳寫《仿倪迂山水小軸》，僞。

《夢園書畫録》卷十八《仿倪迂山水小軸》："古人惜墨如金，今放筆仿雲林。康熙辛丑九秋，寓金陵柳陰染翰堂。婁東王原祁。"

【理由】此時麓臺已去世多年。

麓臺作《夏山新霽圖》，僞。

《清王原祁畫山水畫軸特展》第 104 頁圖録《夏山新霽圖》："夏山新霽圖。王原祁。"

鈐印："王原祁印"（白文正方）、"麓臺"（朱文正方）。

按：此圖未見《石渠寶笈》著録。圖中"石渠寶笈"等印僞。

【理由】跋文"圖"字（少框）寫法不見於麓臺其他傳世真迹中。跋文書寫、山體結構、山石畫法等與麓臺同期傳世真迹相比，風格迥異。

麓臺作《仿雲林山水》，疑僞。

《清王原祁畫山水畫軸特展》第 104 頁圖録《仿雲林山水》："雲林畫，剛健含婀娜之筆也。臨畫時一有意見，便落窠臼。余作此卷傳以淺絳色，不取形摹，惟求適意，頗有風行水面自然成文之致。康熙甲午歲暮畫并題。王原祁，年七十有三。"

【理由】《欽定石渠寶笈續編》第五十八著録。圖中"石渠寶笈"、乾隆題詩等皆僞。書法、山石和樹木畫法、山體結構等，與麓臺同期傳世真迹相比，風格迥異。

此外，史夢蘭《爾爾書屋文鈔》卷下《王麓臺山水條幅》："筆墨一道，同乎性情。非高曠中有真摯，則性情終不出也。余作此圖，傅以淺絳色，不取形摹，惟求適意，頗有風行水面自然成文之致。康熙甲午初冬，寫倪、黄設色筆意。七十三老人王原祁。"此圖跋文"筆墨一道……不出也"録自《麓臺題畫稿》《仿大痴》。

麓臺作《王原祁仿大痴山水》，疑爲麓臺後學仿作。

2012年《匡時·古代繪畫專場》1521圖録《王原祁仿大痴山水》："余應制作畫而曹務又復繁重，退食之餘乃從事筆墨。此圖練筆偶成，略仿痴翁大意，不求甚肖也。王原祁并識。"

鈐印："麓臺"（朱文正方）、"原祁之印"（白文正方帶框）。

按：此圖有劉恕（"華步劉氏家藏"，朱文正方）、鄔珍（"南沙鄔氏荻薌收藏"，朱文正方）、曹曾涵（"恂卿心賞"，朱文長方）等收藏印。

【理由】此圖"麓臺"與"原祁之印"名號印鈐印位置顛倒。跋文語意不甚通暢，書寫勁利刻畫，缺乏麓臺書法的含蓄優雅。圖中山體粗笨，房屋布置、山石關係處理侷促，形似麓臺而少麓臺山水的渾厚清雅。疑爲麓臺後學仿作。

"臣"字款作品

康熙三十九年秋冬至康熙四十年四月間,麓臺於禮科掌印給事中加一級候補期間作《秋山書屋圖卷》。

《石渠寶笈》卷三十五著錄。《山水正宗》上卷第 176—179 頁圖錄《秋山書屋圖卷》:"禮科掌印給事中加一級候補,臣王原祁恭畫。"

鈐印:"臣原祁"(一朱兩白文正方)。

設色紙本手卷,35×417.5cm,故宫博物院藏。

按:《中國繪畫全集 27》第 96—97 頁圖錄,尺寸 35.4×417.5cm,與《山水正宗》著錄尺寸有異。康熙三十一年九月,麓臺轉禮科掌印給事中。康熙三十五年十二月,王掞卒。春,麓臺丁憂歸太倉。康熙三十九年四月,麓臺北上。康熙四十年五月,麓臺轉中允。因此,麓臺以"禮科掌印給事中加一級候補"時間,當在康熙三十九年秋冬至康熙四十年四月間。

《山水正宗》別冊第 58 頁郝炎峰稱,"康熙三十九年麓臺補右春坊右中允,故此卷當作於康熙三十一年至康熙三十六年之間,即五十一至五十六歲"。這一説法有誤。

《山水》,麓臺作於禮科掌印給事中加一級候補期間。

《故宫藏畫大系十五》第 70 頁、《清王原祁畫山水畫軸特展》第 77 頁圖錄《山水》:"禮科掌印給事中加一級候補臣王原祁奉敕恭畫。"

鈐印:"臣原祁"(一朱兩白文正方)。

水墨綾本,171.3×72.4cm,臺北故宫博物院藏。

按:《石渠寶笈初編》養心殿著錄,有"乾隆御覽之寶"等璽印。

《山水》,麓臺作於禮科掌印給事中加一級候補期間。

《石渠寶笈》卷十八:"禮科掌印給事中加一級候補臣王原祁奉敕恭畫。"

鈐印:"臣原祁"。

《河岳凝暉圖》,麓臺作於右春坊右中允任。

《中國繪畫全集 27》第 101 頁、《王原祁精品集》第 228 頁圖錄《河岳凝暉圖》:"河岳凝暉。右春坊右中允臣王原祁恭畫進。"

鈐印："臣原祁"（一朱兩白文正方）。

設色紙本，143.2×75.2cm，上海博物館藏。

按：《石渠寶笈》著錄。此圖有"孫邦瑞珍藏印"（朱文長方）、"心遠草堂"（朱文正方）等收藏印。

康熙四十年五月，麓臺升"右春坊右中允"。康熙四十一年秋，轉左中允。因此，此圖作於康熙四十年、康熙四十一年間。

《山川煥采圖》，麓臺作於右春坊右中允任。

《清王原祁畫山水畫軸特展》第100頁圖錄《山川煥采圖》："右春坊右中允臣王原祁恭畫。王原祁。"

鈐印："臣原祁"（一朱兩白文正方）。

按：《石渠寶笈》卷十八著錄。

《山水》，麓臺作於左中允任。

《故宮藏畫大系十五》第67頁、《清王原祁畫山水畫軸特展》第67頁圖錄《山水》："左中允臣王原祁恭畫。"

鈐印："臣原祁"（一朱兩白文正方）。

水墨絹本立軸，36.8×69.4cm，臺北故宮博物院藏。

按：《欽定石渠寶笈續編》養心殿著錄，有"乾隆御覽之寶"等璽印。

康熙四十一年秋至康熙四十三年四月間，麓臺在左中允任上。

麓臺於太倉家中作《仿古山水圖冊》，鈐"原祁啓事"（朱文正方）印。

《王原祁精品集》第292—303頁圖錄《仿古山水圖冊》。

第一幀（設色）："人家在仙掌，雲氣欲生衣。用松雪法寫家右丞詩意。"

鈐印：起首鈐"求是堂"（朱文橢圓），下鈐"王原祁"（一朱兩白文正方）、"麓臺"（白文正方）（見圖五四）。

第二幀（設色）："宋法精嚴，荊關旗鼓。步伐正齊，筆墨繩武。麓臺題。"

鈐印：起首鈐"陗倩"（朱文長方），下鈐"王原祁"（一朱兩白文正方）、"麓臺"（白文正方）（見圖五五）。

第三幀（水墨）："仿大痴。"

鈐印："原祁之印"（白文正方），圖左下鈐"石師道人"（白文正方）。

第四幀（水墨）："江貫道學董巨而另有生趣，宋法一變，此圖近之。"

鈐印："原祁啓事"（朱文正方），圖右下鈐"石師道人"（白文正方）。

第五幀(水墨):"仿黃鶴山樵《丹臺春曉》筆。石師道人。"

鈐印:起首鈐"蒼潤"(朱文葫蘆),下鈐"原祁之印"(白文正方),下鈐"石師道人"(白文正方)(見圖五六)。

第六幀(水墨):"此幅呵凍,用墨過重,尚未失梅道人意,存之。"

鈐印:"王茂京"(一朱兩白文正方),下鈐"石師道人"(白文正方)(見圖五七)。

第七幀(水墨):"巨然墨法。此幅略有入門處。麓臺。"

鈐印:起首鈐"陗倩"(朱文長方),下鈐"王原祁"(一朱兩白文正方),圖右下鈐"石師道人"(白文正方)。

第八幀(設色):"大痴《秋山》,先奉常曾見之,余就所聞略述其意。原祁。"

鈐印:"石師道人"(白文正方)(見圖五八)。

第九幀(設色):"秋亭竹色。畫用松雪、大痴筆寫意。麓臺。"

鈐印:起首鈐"蒼潤"(朱文橢圓),下鈐"原祁啟事"(朱文正方)(見圖五九)。

第十幀(水墨):"高房山傳米家筆法而渾厚華滋,又開大痴生面,兼宋元三昧者。太原祁題。"

鈐印:"原祁啟事"(朱文正方),圖右下鈐"石師道人"(白文正方)。

第十一幀(水墨):"清月未及上,黑雲如頹山。余扈從風阻江上,讀坡公詩有感寫此。"

鈐印:起首鈐"蒼潤"(朱文橢圓),下鈐"王原祁"(朱白文正方)(見圖六〇)。

第十二幀(設色):"空山不見人,但聞人語響。返景入深林,復照青苔上。仿倪高士設色寫詩意。王原祁。"

鈐印:起首鈐"求是堂"(朱文橢圓),下鈐"王原祁"(朱白文正方)(見圖六一)。

設色/水墨紙本冊頁,35×26cm,上海博物館藏。

按:此冊作於康熙四十年後。與上海博物館藏作於康熙四十三年,由冊頁改成卷軸的《仿古山水圖屏(八條)》第六幅題跋同,畫面不同。此圖有"白雲紅樹"(白文長方)、"萬"(朱圓)、"亳州何氏珍藏"(朱文正方)、"慎餘堂書畫印"(白文長方)、"孫煜峰珍藏印"(朱文長方)等收藏印。

《王麓臺司農詩集》第一首《命議河工啟事有作》:"曉日夔龍集禁林,東南昏墊國憂深。頻年胼胝河事,此日平成聖主心。加築淮堤應奏績,欲疏禹道故難尋。險工只在防洪澤,何用多支内府金。"此詩或當寫於麓臺任啟事職時。

麓臺作《西湖十景圖》(見圖六二)。

《中國繪畫全集27》第106—113頁圖錄《西湖十景圖》:"日講官起居注翰林院侍讀學士臣王原祁奉敕恭畫。"

鈐印:"臣原祁"(一朱兩白文正方)。

圖五四　王原祁《仿古山水圖册》之《用松雪法寫右丞詩意》

圖五五　王原祁《仿古山水圖册》之《仿荊關》

圖五六　王原祁《仿古山水圖冊》之《仿黄鶴山樵丹臺春曉筆》

圖五七　王原祁《仿古山水圖册》之《仿梅道人》

圖五八　王原祁《仿古山水圖册》之《仿大癡秋山》

"臣"字款作品 565

圖五九　王原祁《仿古山水圖册》之《仿松雪、大痴筆》

圖六〇　王原祁《仿古山水圖册》之《扈從寫東坡詩意》

"臣"字款作品 567

空山不見人
但聞人語響
返景入深林
復照青苔上
倣倪高士設
色寫詩意
王原祁

圖六一　王原祁《仿古山水圖册》之《仿倪雲林》

圖六二　王原祁《西湖十景圖》(局部)

設色絹本手卷,62×656.5cm,遼寧省博物館藏。
按:有"乾隆御覽之寶"等璽印。康熙四十五年,麓臺轉翰林院侍讀學士。康熙四十七年冬,升詹事府少詹事。此畫當作於康熙四十五年至康熙四十七年間。此《西湖十景圖》或爲麓臺在太倉期間爲"迎鑾"所繪的應制作品。

《秋山不老圖》,麓臺作於翰林院侍讀任。
《石渠寶笈》卷二十五《秋山不老圖》:"侍讀臣王原祁奉敕恭畫。"
鈐印:"臣原祁"。

《仿李唐春樹萬年圖》,麓臺作於翰林院侍講任。
《石渠寶笈》卷四十《仿李唐春樹萬年圖》:"翰林院侍講臣王原祁恭畫進。"
鈐印:"臣原祁"。
按:康熙五十年十月至十二月間,麓臺任翰林院掌院學士。此作或作於康熙五十年十月後。

《雲壑流泉圖》,麓臺作於翰林院侍講任。

  《故宮藏畫大系十五》第 69 頁、《清王原祁畫山水畫軸特展》第 73 頁圖錄《雲壑流泉圖》:"翰林院侍講臣王原祁恭畫。"

  鈐印:"臣原祁"(一朱兩白文正方)。

  水墨紙本立軸,94.3×48.9cm,臺北故宮博物院藏。

  按:《石渠寶笈初編》養心殿著錄,有"乾隆御覽之寶"等璽印。

《平林罨翠圖》,麓臺作於翰林院侍講任。

  《石渠寶笈》卷十八《平林罨翠圖》:"翰林院侍講臣王原祁恭畫。"

  鈐印:"臣原祁"。

麓臺作《仿宋元山水圖》十二幀。

  《中國繪畫全集27》第 40—45 頁圖錄其中六幀。

  鈐印:"臣原祁"(一朱兩白文正方)。

  設色絹本冊頁,41.3×36.2cm,故宮博物院藏。

  按:有"乾隆御覽之寶"等鑑藏印。

麓臺作《奉敕山水》。

  《山水正宗》上卷第 164—165 頁圖錄《奉敕山水》:"臣王原祁恭畫。"

  鈐印:"臣原祁"(一朱兩白文正方)。

  設色紙本扇頁,17.2×50.2cm,故宮博物院藏。

  按:有"蓮棣鑒賞"(朱文正方)等收藏印。

麓臺作《奉敕山水》。

  《山水正宗》上卷第 166—167 頁圖錄《奉敕山水》:"臣王原祁恭畫。"

  鈐印:"臣原祁"(一朱兩白文正方)。

  設色紙本扇頁,18.5×56.6cm,上海博物館藏。

  按:有"虛齋藏扇"(朱文正方)收藏印。

麓臺作《奉敕山水》。

  《山水正宗》上卷第 166—167 頁圖錄《奉敕山水》:"臣王原祁恭畫。"

  鈐印:"臣原祁"(一朱兩白文正方)。

  設色紙本扇頁,18.1×56.6cm,上海博物館藏。

按:有"虛齋藏扇"(朱文正方)收藏印。

麓臺作《奉敕山水》。
《山水正宗》上卷第168—169頁圖録《奉敕山水》:"臣王原祁恭畫。"
鈐印:"臣原祁"(一朱兩白文正方)。
設色紙本扇頁,18.1×56.4cm,上海博物館藏。
按:有"虛齋藏扇"(朱文正方)收藏印。

麓臺作《奉敕山水》。
《山水正宗》上卷第168—169頁圖録《奉敕山水》:"臣王原祁恭畫。"
鈐印:"臣原祁"(一朱兩白文正方)。
水墨紙本扇頁,18.1×53.4cm,上海博物館藏。
按:有"虛齋藏扇"(朱文正方)收藏印。

麓臺作《奉敕山水》。
《山水正宗》上卷第170—171頁圖録《奉敕山水》:"臣王原祁恭畫。"
鈐印:"臣原祁"(一朱兩白文正方)。
設色紙本扇頁,18.6×55.2cm,上海博物館藏。
按:有"虛齋藏扇"(朱文正方)收藏印。

麓臺作《晴山叠翠圖》。
《山水正宗》上卷第174頁圖録《晴山叠翠圖》:"臣王原祁恭畫。"
鈐印:"臣原祁"(一朱兩白文正方)。
設色紙本立軸,139.5×61cm,故宫博物院藏。
按:圖中有"寶藴樓書畫録",此爲民國時期古物陳列所專用印記。

麓臺作《春雲出岫》。
《故宫藏畫大系十五》第64頁、《清王原祁畫山水畫軸特展》第79頁圖録《春雲出岫》:"臣王原祁恭畫。"
鈐印:"臣原祁"(一朱兩白文正方)。
設色絹本,124×71cm,臺北故宫博物院藏。
按:本幅鈐有《石渠寶笈初編》印記,查《石渠寶笈初編》未見著録。

麓臺作《雲山無盡圖》。

《故宮藏畫大系十五》第 65 頁、《清王原祁畫山水畫軸特展》第 75 頁圖録《雲山無盡圖》:"臣王原祁恭畫。"

鈐印:"臣原祁"(一朱兩白文正方)。

設色絹本,178.4×82.5cm,臺北故宮博物院藏。

按:或爲中年應制之作,雖有英氣,但少渾樸精悍之致。或與絹本材質以及尺寸過大有關。《石渠寶笈初編》養心殿著録,有"乾隆御覽之寶"等璽印。

麓臺作《江山清霽》。

《故宮藏畫大系十五》第 66 頁、《清王原祁畫山水畫軸特展》第 69 頁圖録《江山清霽》:"臣王原祁奉敕恭畫。"

鈐印:"臣原祁"(一朱兩白文正方)。

水墨絹本,123.8×53.2cm,臺北故宮博物院藏。

按:《石渠寶笈初編》養心殿著録,有"乾隆御覽之寶"等璽印。

麓臺作《烟浮遠岫圖》。

《故宮藏畫大系十五》第 68 頁、《清王原祁畫山水畫軸特展》第 71 頁圖録《烟浮遠岫圖》:"臣王原祁恭畫。"

鈐印:"臣原祁"(一朱兩白文正方)。

水墨紙本,125.1×53.8cm,臺北故宮博物院藏。

按:《石渠寶笈初編》養心殿著録,有"乾隆御覽之寶"等璽印。

麓臺作《仿吴鎮山水圖》。

《中國繪畫全集 27》第 99 頁圖録《仿吴鎮山水圖》:"臣王原祁恭畫。"

鈐印:"臣原祁"(一朱兩白文正方)。

水墨紙本,133.5×57.9cm,故宮博物院藏。

按:有"乾隆御覽之寶"等鑑藏印。

麓臺作《仿王蒙松溪仙館圖》(見圖六三)。

《中國繪畫全集 27》第 100 頁、《王原祁精品集》第 122 頁圖録《仿王蒙松溪仙館圖》:"臣王原祁恭畫。"

鈐印:"臣原祁"(一朱兩白文正方)。

水墨紙本,118.5×54.5cm,故宮博物院藏。

圖六三　王原祁《仿王蒙松溪仙館圖》

按：此圖有"寶蘊樓書畫錄"（朱文正方）等收藏印。《四王畫集》第246頁圖錄，其尺寸著錄有誤。

麓臺作《仿趙大年江鄉春曉圖》（見圖六四）。

《中國繪畫全集27》第102頁、《王原祁精品集》第230頁圖錄《仿趙大年江鄉春曉圖》："臣王原祁恭畫。"

鈐印："臣原祁"（一朱兩白文正方）。

設色紙本，135.1×58.6cm，蘇州博物館藏。

按：《虛齋名畫錄》卷九《王麓臺仿大年江鄉春曉圖》著錄，此圖有龐元濟（"虛齋審定"，白文正方）、"乾隆鑒賞"（白文正圓）、"石渠寶笈"（朱文長方）等收藏印。

麓臺作《松溪荷塢圖扇》（見圖六五）。

《中國繪畫全集27》第122頁圖錄《松溪荷塢圖扇》："臣王原祁恭畫。"

鈐印："臣原祁"（一朱兩白文正方）。

設色紙本扇頁，尺寸不詳，上海博物館藏。

按：此扇經龐元濟（"虛齋藏扇"，朱文正方）等收藏。

麓臺作《萬山蒼翠圖扇》（見圖六六）。

《中國繪畫全集27》第123頁圖錄《萬山蒼翠圖扇》："臣王原祁恭畫。"

鈐印："臣原祁"（一朱兩白文正方）。

設色紙本扇頁，18.5×56.6cm，上海博物館藏。

按：此扇經龐元濟（"虛齋藏扇"，朱文正方）收藏。

麓臺作《松溪圖扇》（見圖六七）。

《中國繪畫全集27》第124頁圖錄《松溪圖扇》："臣王原祁恭畫。"

鈐印："臣原祁"（一朱兩白文正方）。

設色紙本扇頁，尺寸不詳，上海博物館藏。

按：此扇經龐元濟（"虛齋藏扇"，朱文正方）收藏。

麓臺作《巖下柳溪圖扇》（見圖六八）。

《中國繪畫全集27》第124頁圖錄《巖下柳溪圖扇》："臣王原祁恭畫。"

鈐印："臣原祁"（一朱兩白文正方）。

設色紙本扇頁，尺寸不詳，上海博物館藏。

圖六四　王原祁《仿趙大年江鄉春曉圖》

圖六五　王原祁《松溪荷塢圖扇》

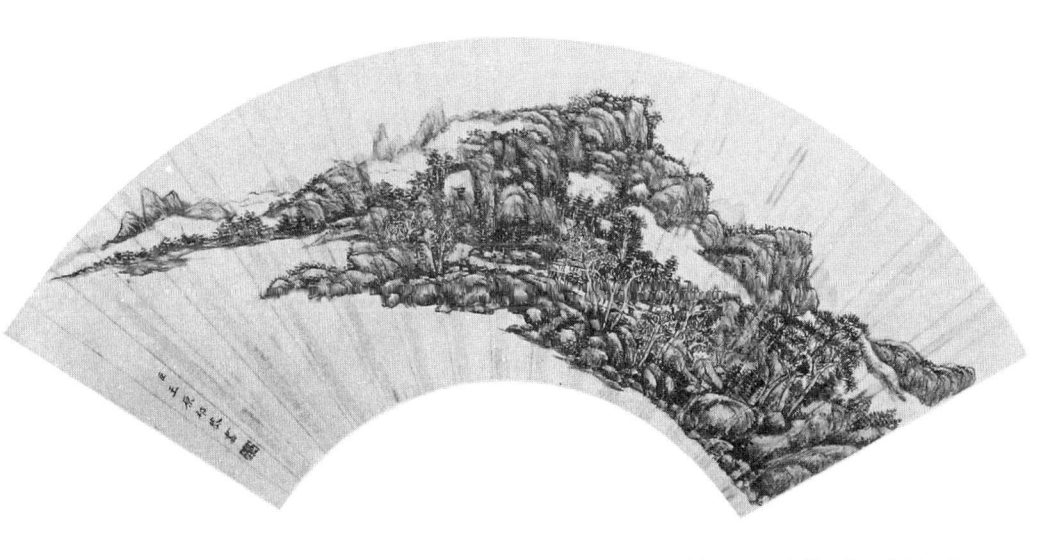

圖六六　王原祁《萬山蒼翠圖扇》

576　王原祁年譜長編

圖六七　王原祁《松溪圖扇》

圖六八　王原祁《巖下柳溪圖扇》

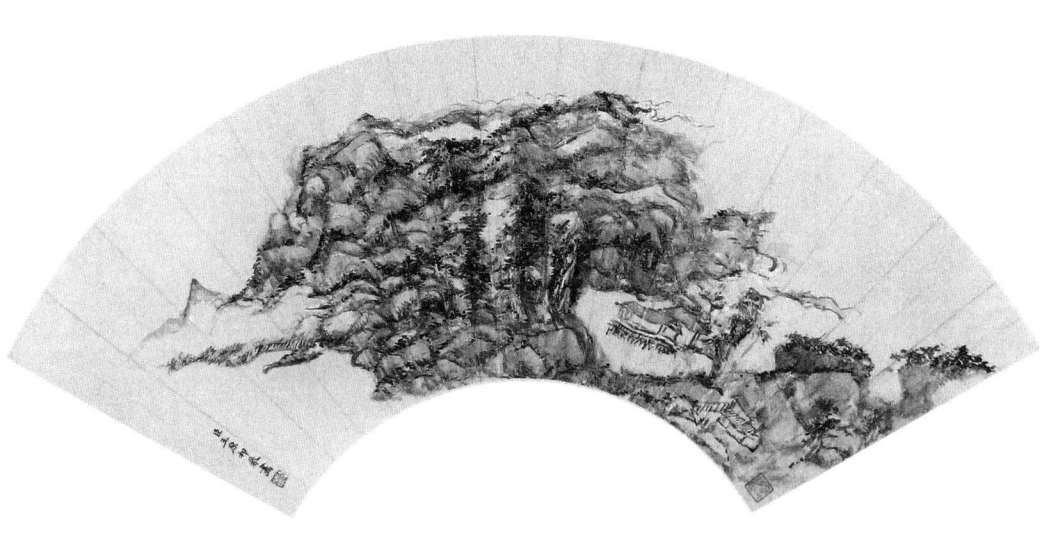

圖六九　王原祁《秋山積翠圖扇》

按：此扇經龐元濟（"虛齋藏扇"，朱文正方）收藏。

麓臺作《秋山積翠圖扇》（見圖六九）。

《南宗正脉》第 225 頁第二開《山水扇頁》、《中國繪畫全集 27》第 122 頁圖錄《山水扇頁》《秋山積翠圖》："臣王原祁恭畫。"

鈐印："臣原祁"（一朱兩白文正方）。

設色紙本扇頁，18.1×56.6cm，上海博物館藏。

按：此扇經龐元濟（"虛齋藏扇"，朱文正方）收藏。

麓臺作《山水扇頁》。

《南宗正脉》第 225 頁第三開圖錄《山水扇頁》："臣王原祁恭畫。"

鈐印："臣原祁"（一朱兩白文正方）。

設色紙本扇頁，18.1×56.4cm，上海博物館藏。

按：此扇經龐元濟（"虛齋藏扇"，朱文正方）收藏。

麓臺作《山水扇頁》。

《南宗正脉》第 225 頁第四開圖錄《山水扇頁》："臣王原祁恭畫。"

鈐印："臣原祁"（一朱兩白文正方）。

水墨紙本扇頁，18.1×53.4cm，上海博物館藏。

按：此扇經龐元濟（"虛齋藏扇"，朱文正方）收藏。

麓臺作《山水扇頁》。

  《南宗正脉》第 226—227 頁第五開圖録《山水扇頁》："臣王原祁恭畫。"

  鈐印:"臣原祁"(一朱兩白文正方)。

  設色紙本扇頁,18.6×55.2cm,上海博物館藏。

  按:此扇經龐元濟("虛齋藏扇",朱文正方)收藏。

麓臺作《仿宋元山水圖册》十二幀。

  《王原祁精品集》第 304—315 頁圖録《仿宋元山水圖册》。

  此册前十一幀均無款,僅鈐"臣原祁"(一朱兩白文正方)印章。第十二幀款:"臣王原祁恭畫。"鈐"臣原祁"(一朱兩白文正方)印。

  水墨/設色絹本册頁,尺寸不詳,故宫博物院藏。

  按:《石渠寶笈初編》著録,有"乾隆御覽之寶"等璽印。

麓臺作《峭石喬柯圖》。

  《石渠寶笈》卷十二《峭石喬柯圖》："臣王原祁恭畫。"

  鈐印:"臣原祁"。

麓臺作《烟浮遠岫圖》。

  《石渠寶笈》卷十二《烟浮遠岫圖》："臣王原祁恭畫。"

  鈐印:"臣原祁"。

麓臺作《江鄉春曉圖》。

  《石渠寶笈》卷十二《江鄉春曉圖》："臣王原祁恭畫。"

  鈐印:"臣原祁"。

麓臺作《晴翠浮嵐圖》。

  《石渠寶笈》卷十二《晴翠浮嵐圖》："王原祁恭畫。"

  鈐印:"臣原祁"。

麓臺作《層巒積靄圖》。

  《清王原祁畫山水畫軸特展》第 101 頁圖録《層巒積靄圖》："臣王原祁恭畫。"

  鈐印:"臣原祁"(一朱兩白文正方)。

  按:《石渠寶笈》卷十八著録。

麓臺作《夏山旭照圖》。
　　《石渠寶笈》卷十八《夏山旭照圖》:"臣王原祁恭畫。"
　　鈐印:"臣原祁"。

麓臺作《丹山碧樹圖》。
　　《石渠寶笈》卷十八《丹山碧樹圖》:"臣王原祁奉敕恭畫。"
　　鈐印:"臣原祁"。

麓臺作《雲山無盡圖》。
　　《石渠寶笈》卷十八《雲山無盡圖》:"臣王原祁恭畫。"
　　鈐印:"臣原祁"。

麓臺作《畫幅集册》(第二至第五幅爲麓臺所畫山水)。
　　《石渠寶笈》卷二十五《畫幅集册》:"臣王原祁恭畫。"
　　鈐印:"臣原祁"。

麓臺作《江山清霽圖軸》。
　　《石渠寶笈》卷四十《江山清霽圖軸》:"臣王原祁奉敕恭畫。"
　　鈐印:"臣原祁"。
　　按:此圖上方有玄燁題詩。

麓臺作《仿倪黄合筆》。
　　《石渠寶笈》卷四十《仿倪黄合筆》:"臣王原祁奉敕恭畫。"
　　鈐印:"臣原祁"。

麓臺作絹本設色《山水》八幀。
　　《石渠寶笈》卷四十著録《山水》,每幀款署:"臣王原祁恭畫。"
　　鈐印:"臣原祁"。

麓臺作《仿古册》十二幀。
　　《石渠寶笈》卷四十著録《仿古册》。
　　第一幀:"巒容川色。仿范寬。"
　　第二幀:"喬木蒼烟。仿李成。"
　　第三幀:"蓮峰叠翠。仿荆關。"

第四幀:"泰岱松雲。仿董源。"

第五幀:"花溪烟柳。仿趙令穰。"

第六幀:"遠岫拖青。仿巨然。"

第七幀:"秋山仙館。仿趙孟頫。"

第八幀:"松岡春曉。仿王蒙。"

第九幀:"翠微晴靄。仿黃公望。"

第十幀:"層巒濃蔭。仿吳鎮。"

第十一幀:"雲山凝潤。仿高克恭。"

第十二幀:"林塘詩思。仿倪瓚。臣王原祁恭畫。"

麓臺作《王原祁松溪仙館圖軸》。

《石渠寶笈》卷九《王原祁松溪仙館圖軸》:"辛卯小春,寫松溪仙館即丹臺春曉大意,仿黃鶴山樵,麓臺。"

鈐印:"王原祁印""麓臺""三昧"。

《清王麓臺進呈扇册》十幀,麓臺約作於康熙四十五年、康熙四十六年間。

《壯陶閣書畫錄》卷十六《清王麓臺進呈扇册》。

第一幀(水墨):"丁亥(康熙四十六年)清和,敬仿小米筆。王原祁。"

鈐印:起首鈐"陪倩",下鈐"王原祁""麓臺"。

第二幀(水墨):"臣王原祁恭畫。"

鈐印:"臣原祁"。

第三幀(設色):"曹雲西筆,王原祁敬寫。丙戌(康熙四十五年)初夏。"

鈐印:"麓臺"。

第四幀:"敬仿倪雲林。王原祁。"

鈐印:"王原祁""麓臺"。

第五幀:"丁亥清和,敬仿梅道人筆。"

鈐印:"王原祁""麓臺"。

第六幀(設色):"黃鶴山樵筆法,王原祁敬畫。"

鈐印:"王原祁""麓臺"。

第七幀(設色):"敬仿王孟端。王原祁。"

鈐印:"王原祁""麓臺"。

第八幀(青綠):"丁亥(康熙四十六年)清和,敬仿趙子昂筆。王原祁。"

鈐印:"王原祁""麓臺"。

第九幀(設色):"丙戌(康熙四十五年)清和,敬寫黃子久秋山。王原祁。"

钤印:"王原祁""麓臺"。

第十幀(設色):"黄大痴夏山。王原祁恭畫。"

钤印:"王原祁""麓臺"。

按:《石渠寶笈》卷四十著録,《選學齋書畫寓目記》卷中著録《王麓臺仿各家扇面供奉册》十幀,資料簡略。

【"臣"字款存疑作品】

麓臺作《層巒茂樹圖卷》,疑偽。

《中國繪畫全集 27》第 94—95 頁圖録《層巒茂樹圖卷》:"禮科掌印給事中加一級候補臣王原祁恭畫。"

钤印:"臣原祁"(一朱兩白文正方)。

水墨紙本手卷,55×253cm,遼寧省博物館藏。

【理由】此圖經《石渠寶笈》卷三十五著録。圖中"乾隆御覽之寶"等璽印可疑。此圖用筆尖細、刻畫,缺乏麓臺的渾厚感;山石瑣碎,山體造型怪異,穿插無章法。

麓臺作《山水》,疑偽。

《清王原祁畫山水畫軸特展》第 101 頁圖録《山水》:"春涵萬年樹,香滿九重城。翰林院侍講臣王原祁恭畫。"

钤印:"臣原祁"(一朱兩白文正方)。

【理由】此圖似將麓臺爲博爾都所作山水册之仿曹雲西法作品轉變角度,模擬而成。

書法作品

麓臺爲王恪書《行書自作七言詩》。

《山水正宗》上卷第 222—223 頁圖録《行書自作七言詩》:"靜掩書齋見面稀,每來相訪必探微。丹錘九轉吟成句,氣斡千鈞筆發機。驛路漸看黄鶴近,鄉心猶與白雲違。上林春色明年好,莫嚮江關戀釣磯。次韻奉送愚老大弟并正。麓臺祁。"

鈐印:起首鈐"掃花庵"(朱文橢圓),下鈐"原祁之印"(兩白兩朱文正方)、"麓臺"(朱文正方)。

紙本扇頁,18.2×54.8cm,上海博物館藏。

按:此圖有龐元濟("虛齋藏扇",朱文正方)收藏印。

康熙四十四年九月初九,麓臺爲外甥李爲憲作《〈液萃〉仿古山水》册頁中用"原祁之印"(兩白兩朱文正方)印章。據此可知,此作或書於康熙四十四年。

《(嘉慶)直隸太倉州志》卷三十六《人物》:"王恪,初名慮,字愚千,祖泰際,見隱逸傳。父梓,字嚳林。幼穎悟絶人,吳偉業贈泰際詩'正禮雙龍方蟜角,釋奴千里又空群'者也。中年以目眚不果用世。梓常攜恪至太倉,沈受宏見而器之,字以女,遂占籍,應童子試。學政許汝霖目以國士。中年游京師,新城王士正(禎)、長洲韓菼亟賞其文,而尤爲同宗相國掞所知。然性恬退,至康熙五十七年始成進士,以知縣用,發往直隸,歷署繁劇,後補唐縣。廉慎自持,清軍屯,緝志乘,所至多善政,以繼母年老乞歸,應聘主西江豫章書院。恪沈静無嗜好,惟汲古勤學,終身無閒。著作甚富,年七十卒。"

麓臺書《麓臺書盧溝橋絶句》。

《大風堂書畫録·麓臺書盧溝橋絶句》:"盧溝南下走平蕪,踏月乘輿興不孤。爲愛清光看晚色,山川得似鏡中無。書過盧溝一絶正。原祁。"

鈐印:起首鈐"光大堂",下鈐"王原祁印""麓臺"。

主要參考文獻

巴泰等撰《清世祖章皇帝實錄》,清刻本
卞永譽撰《式古堂書畫彙考》,清康熙二十一年刻本影印
博爾都《問亭詩集》,《四庫未收書輯刊》8 輯册 23,北京出版社 2000 年版
曹煜《綉虎軒尺牘》,清康熙刻本
查慎行《查悔餘文集》,《北京大學圖書館藏稿本叢書 2》,天津古籍出版社 1987年版
查慎行《敬業堂詩集》,上海古籍出版社 1986 年版
查慎行《人海記》,北京古籍出版社 1989 年版
陳邦彥等撰《御定歷代題畫詩類》,清康熙四十六年刻本
陳瑚《確庵文稿》,清光緒二十四年刻本
陳敬璋編《查他山先生年譜》,民國二年刻本
陳康祺著,晋石點校《郎潛紀聞三筆》,中華書局 1997 年版
陳夔麟撰《寶迂閣書畫錄》,民國四年石印本
陳焜撰《讀畫輯略》,《清代傳記叢刊》册 79,上海古籍出版社 1995 年版
陳乃乾撰《蒼雪大師行年考略》,民國二十九年鉛印本
陳廷敬《午亭文編》,《四庫全書》册 438,上海商務印書館 1987 年版
陳奕禧《春藹堂集》,清康熙四十六年刻本
陳奕禧《隱綠軒題識》,民國刻本
程夢星《今有堂詩集》,清乾隆間刻本
程曦《木扉藏畫考評》,龍門書店 1966 年版
崇彝撰《選學齋書畫寓目續編》,民國十一年刻本
儲方慶《儲遁庵文集》,《四庫未收書輯刊》7 輯册 26,北京出版社 2000 年版
儲欣《在陸草堂文集》,清雍正元年刻本
鄧之誠《骨董瑣記》,民國十五年鉛印本
鄧之誠等撰《清詩紀事初編》,中華書局 1965 年版

董訥《柳村詩集》,《四庫全書存目叢書》集242,齊魯書社1997年版
董聞京《復園文集》,清康熙刻本
讀徹撰《蒼雪大師南來堂詩集》,民國二十九年鉛印本
杜登春《社事始末》,清光緒二年刻本
方苞《方望溪全集》,民國四部叢刊影印本
方濬頤撰《夢園書畫錄》,清光緒三年刻本
費密《費氏遺書》,民國十六年刻本
馮金伯撰《國朝畫識》,清道光十一年刻本
馮金伯撰《墨香居畫識》,清乾隆刻本
高士奇《城北集》,清康熙二十九年刻本
高士奇《苑西集》,清康熙二十九年刻本
葛金烺撰《愛日吟廬書畫錄(補錄、續錄、別錄)》,清宣統二年至民國二年刊本
宮鴻歷《甲已遊草》,國家圖書館藏縮微文獻
顧陳垿《洗桐軒文集》,清嘉慶刻本
顧麟士《過雲樓續書畫記》,江蘇古籍出版社1990年版
顧師軾撰《吳梅村先生年譜》,清光緒三年刻本
顧嗣立撰《閭邱先生自訂年譜》,民國二十五年
關冕鈞撰《三秋閣書畫錄》,民國十七年鉛印本
歸允肅《歸宮詹集》,清光緒十三年刻本
郭琇《華野疏稿》,清乾隆九年刻本
韓泰華撰《甌缽羅室書畫過目考》,《叢書集成續編》冊84,上海書店出版社1994年版
韓泰華撰《玉雨堂書畫記》,民國二年鉛印本
胡積堂撰《筆嘯軒書畫錄》,清刻本
許虯《萬山樓詩集》,清康熙四十九年刻本
許旭《秋水集》,清康熙刻本
黄百家《學箕初稿》,民國九至十一年影印本
黄成助撰《内務部古物陳列所書畫目錄》,成文出版社有限公司1978年版
黄與堅《忍庵集》,《太倉十子詩選》,民國二十二年鉛印本
黄與堅《願學齋文集》,清刻本
嵇曾筠等撰《敕修浙江通志(雍正)》,清光緒二十五年刻本
嵇璜等撰《皇朝文獻通考》,清光緒八年刻本
姜宸英《葦間詩集》,民國刻本
姜宸英《湛園未定稿》,《四庫全書存目叢書》集261,齊魯書社1997年版

姜寧撰《國朝畫傳編韻》,國家圖書館藏抄本
姜寧撰《國朝畫傳編韻》,清刻本
蔣光煦撰《別下齋書畫錄》,民國影印本
金瑗撰《十百齋書畫錄》,故宮珍本叢刊,海南出版社 2001 年版
金埴《不下帶編》,中華書局 1997 年版
覺浪道盛《天界覺浪盛禪師全錄》,清康熙十九年刊本
孔尚任《湖海集》,清康熙二十七年刻本
揆叙《益戒堂詩後集》,《四庫未收書輯刊》8 輯册 20,北京出版社 2000 年版
李放撰《八旗畫錄》,《清代傳記叢刊》册 80,上海古籍出版社 1995 年版
李鴻章等撰《畿輔通志(同治)》,清宣統二年影印本
李桓撰《國朝耆獻類徵初編》,清光緒刻本
李佳撰《左庵一得初錄》,清光緒三十四年鉛印本
李驎《虬峰文集》,清康熙刻本
李念慈《谷口山房詩集》,《四庫全書存目叢書》集 232,齊魯書社 1997 年版
李玉棻撰《甌鉢羅室書畫過目考》,清光緒二十三年石印本
李佐賢撰《書畫鑒影》,續修《四庫全書》册 1085,上海古籍出版社 2002 年版
勵廷儀《雙清閣詩稿》,清乾隆三年刻本
梁廷枏撰《藤花亭書畫跋》,民國二十一年鉛印本
梁章鉅撰《退庵金石書畫跋》,清道光二十五年刻本
劉體仁《七頌堂詩集》,清同治七年刻本
劉廷璣《葛莊分體詩鈔》,清康熙三十八年刻本
劉廷璣著,張守謙點校《在園雜志》,中華書局 2007 年版
劉獻廷著,汪北平等點校《廣陽雜記》,中華書局 1957 年版
陸隴其《陸清獻公日記》,道光二十一年刻本
陸隴其《四書講義困勉錄》,《四庫全書》經部册 72,上海商務印書館 1937 年版
陸時化撰《吳越所見書畫錄》,清宣統二年刻本
陸世儀《桴亭先生詩文集》,清光緒二十五年刻本
陸心源撰《穰梨館過眼錄續錄》,清光緒十七年刻本
陸心源撰《穰梨館過眼錄》,清光緒十七年刻本
馬齊等撰《大清聖祖仁皇帝實錄》,國家圖書館藏縮微文獻
毛師柱《端峰詩續選》,《四庫未收書輯刊》8 輯册 22,北京出版社 2000 年版
毛師柱《端峰詩選》,《四庫未收書輯刊》8 輯册 22,北京出版社 2000 年版
冒襄撰《同人集》,《四庫全書存目叢書》集 385,齊魯書社 1997 年
繆荃孫撰《雲自在龕隨筆》,民國三年鉛印本

繆沅《餘園詩鈔》，清乾隆十年刻本

慕天顏《撫吳封事》，國家圖書館藏縮微文獻

納蘭性德撰《通志堂集》，上海古籍出版社1979年版

南京國學圖書館撰《陶風樓藏書畫目》，民國二十一年鉛印本

潘正煒撰《聽帆樓續刻書畫記》，清刻本

潘志萬撰《潘氏三松堂書畫記》，民國三十二年石印本

龐元濟撰《虛齋名畫錄》，《續修四庫全書》冊1090—1091，上海古籍出版社2002年版

裴景福撰《壯陶閣書畫錄》，歷代書畫錄續編本，國家圖書館出版社2010年版

彭孫遹《金粟詞話》，清道光十年刻本

彭孫遹《松桂堂全集》，清乾隆八年刻本

祁寯藻《䜱䜪亭集》，清咸豐六年刻本

錢謙益《錢牧齋先生尺牘》，清康熙三十八年刻本

錢維城等撰《明清進士題名碑錄》，清光緒刻本

錢泳撰《履園叢話》，中華書局2006年版

秦炳文撰《曝畫紀餘》，北京圖書館出版社2007年版

清鰲圖等撰《（嘉慶）直隸太倉州志》，上海古籍出版社2015年版

清高宗敕撰《大清一統志》，清光緒二十八年石印本

清聖祖《聖祖仁皇帝御制文集》，世界書局1988年版

容肇祖撰《孔尚任年譜》，民國二十三年刻本

邵松年撰《澄蘭室古緣萃錄》，清光緒三十年石印本

沈起元《敬亭文稿》，清乾隆十九年刻本

沈起元撰《敬亭公自訂年譜》，清道光二十七年刻本

沈受宏《白漊集》，清康熙刻本

沈受宏《白漊先生文集》，清乾隆三年刻本

盛鑨撰《清代畫史增編》，民國十六年上海有正書局鉛印本

施閏章《施愚山先生全集》，清康熙四十七年刻本

宋廣業《蘭皋詩鈔》，清康熙刻本

宋犖《西陂類稿》，清康熙宋氏刻本

孫承澤撰《庚子消夏記》，清乾隆二十五年至二十六年刻本

湯右曾《懷清堂集》，清乾隆十一年刻本

湯中撰《清梁質人先生份年譜》，台灣商務印書館1980年版

唐孫華《東江詩鈔》，上海古籍出版社1979年版

陶樑撰《紅豆樹館書畫記》，清光緒八年刻本

萬斯同《石園文集》,民國二十一至三十七年刻本
汪曾武《婁東書畫見聞錄》,國家圖書館藏嚴瀛抄本
汪曾武《外家紀聞》,民國十七年鉛印本
汪鶴孫《春星堂詩集》,清乾隆三十八年刻本
汪士鋐《秋泉居士集》,《四庫未收書輯刊》8輯冊19,北京出版社2000年版
汪琬《鈍翁類稿》,清康熙九年刻本
汪琬《鈍翁前後類藁》,清康熙十四年刻本
汪琬《堯峰文鈔》,《四庫全書》冊439,上海商務印書館1987年版
汪學金撰《婁東詩派》,《四庫未收書輯刊》9輯冊30,北京出版社2000年版
王寶仁撰《奉常公年譜》,清道光十八年刻本
王保諲撰《太原世次事略續輯二卷》,南京圖書館藏抄本
王抃《巢松集》,《四庫未收書輯刊》8輯冊22,北京出版社2000年版
王抃《王巢松年譜》,民國二十年鉛印本
王昶《春融堂集》,《續修四庫全書》冊1437—1438,上海古籍出版社2002年版
王昶等撰《直隸太倉州志》,《續修四庫全書》冊697—698,上海古籍出版社2002年版
王宸撰《繪林伐材》,清乾隆刻本
王昊《碩園詩稿》,國家圖書館藏縮微文獻
王翬等撰《清暉閣贈貽尺牘》,清宣統三年鉛印本
王戩《突星閣詩鈔》,清康熙間刻本
王傑等撰《欽定秘殿珠林石渠寶笈續編》,民國三十七年影印本
王揆《芝廛集》,《太倉十子詩選》,民國二十二年鉛印本
王時敏《王奉常書畫題跋》,清宣統二年刻本
王時敏著,鄒登泰輯《王煙客先生集》,民國五年鉛印本
王士禎《池北偶談》,中華書局1997年版
王士禎《帶經堂詩話》,人民文學出版社1998年版
王士禎《居易錄》,《四庫全書》冊288,上海商務印書館1987年版
王士禎《阮亭詩選》,清康熙刻本
王士禎《香祖筆記》,《四庫全書》870,上海商務印書館1987年版
王士禎等撰《漁洋山人自撰年譜》,光緒十七年年刻本
王士禎《漁洋詩集》,清康熙八年刊本
王士禎撰《王考功年譜》,影印本
王撼《步檐集》,《太倉十子詩選》,民國二十二年鉛印本
王撼《蘆中集》,影印清康熙間刻本,上海古籍出版社1980年版

王頊齡《世恩堂詩集》,《四庫全書存目叢書補編》冊 5,齊魯書社 2001 年版
王軒等撰《山西通志(光緒)》,清光緒十八年刻本
王掞《西田集》,《四庫未收書輯刊》4 輯,北京出版社 2000 年版
王奕清、王奕鴻撰《顥庵府君行述》,南京圖書館藏抄本
王奕清等撰《御選歷代詩餘》,清康熙四十六年刻本
王原《西亭文鈔》,光緒十七年年刻本
王原祁《麓臺題畫稿》,光緒三年刻本
王原祁《麓臺題畫稿》,《續修四庫全書》冊 1066,上海古籍出版社 2002 年版
王原祁《王麓臺司農詩集》,國家圖書館藏抄本
王原祁《王麓臺司農詩集》,南京圖書館藏抄本
王原祁《罨畫集》,《清代詩文集彙編》,上海古籍出版社 2010 年版
王原祁《雨窗漫筆》,《中國書畫全書》冊 8,上海書畫出版社 1994 年版
王原祁等撰《佩文齋書畫譜》,《四庫全書》冊 819—823,上海商務印書館 1987 年版
王原祁等撰《萬壽盛典初集》,《四庫全書》冊 653—654,上海商務印書館 1987 年版
王原祁著,王保諲撰《王司農題畫錄》,甲戌叢編本冊 2,民國二十三年鉛印本
王源《居業堂文集》,《續修四庫全書》冊 1418,上海古籍出版社 2002 年版
王撰《三餘集》,《太倉十子詩選》,民國二十二年鉛印本
王晫撰《今世說》,清道光刻本
王祖畬等撰《(民國)太倉州志》,民國七年刻本
魏荔彤撰《魏貞庵先生年譜》,清光緒五年刻本
魏象樞《寒松堂全集》,《四庫全書存目叢書》集 213,齊魯書社 1997 年版
魏象樞等撰《魏敏果公年譜》,清光緒五年刻本
溫達等撰《親徵平定朔漠方略》,清康熙四十七年刻本
翁叔元撰《翁鐵庵年譜》,民國九年影印本
吳璟《西齋集》,民國二十三年刻本
吳榮光等撰《歷代名人年譜》,清同治十二年刻本
吳偉業《吳梅村全集》,上海古籍出版社 1990 年版
徐釚《南州草堂集》,清康熙三十四年刻本
徐永宣撰《清暉贈言》,清宣統三年鉛印本
徐倬《修吉堂文稿》,清康熙四十七年刻本
徐乾學等撰《古文淵鑒》,清康熙二十四年刻本
嚴我斯《尺五堂詩刪初刻》,清嘉慶十五年刻本
楊翰《歸石軒畫談》,清同治間刻本
楊守知《意園詩集選鈔》,北大圖書館藏本。

楊峴撰《遲鴻軒所見書畫錄》,民國十年鉛印本
姚大榮撰《寶穰室收藏書畫志略》,1926年鉛印本
葉夢珠《閱世編》,民國二十五年鉛印本
胤禛敕撰《八旗通志》,清乾隆四年刻本
于成龍等撰《江南通志》,清康熙二十三年刻本
俞天倬等撰《太倉州儒學志》,北京大學圖書館電子圖書
張大鏞撰《自怡悅齋書畫錄》,清道光十二年刻本
張輔等撰《大明太宗文皇帝實錄》,國家圖書館藏縮微文獻
張庚撰《國朝畫徵錄》,清光緒二十一年刻本
張毛健《鶴汀集》,《四庫未收書輯刊》8輯冊22,北京出版社2000年版
張廷玉等撰《皇清文穎》,清乾隆十二年刻本
張雲章《樸村文集》,《四庫禁燬書叢刊》集部167,北京出版社2000年版
張照等撰《石渠寶笈》,台灣商務印書館1983年版
趙爾巽等撰《清史稿》,民國鉛印本
周亮工《賴古堂集》,上海古籍出版社1979年版
周世樟撰《五經類編》,清乾隆四十六年刻本
周雲驤《逸園文稿》,清康熙刻本
朱保炯等撰《進士題名碑錄》,上海古籍出版社1980年版
朱逢泰撰《畫石軒臥遊隨錄》,清嘉慶三年刻本
朱珪等撰《皇朝詞林典故》,北京大學出版社1993年版
朱彝尊《曝書亭集》,《四庫全書》冊1317—1318,上海商務印書館1987年版
朱載震《京華錄》,《四庫未收書輯刊》9輯冊17,北京出版社2000年版

成洪燕《〈芝仙書屋圖〉述考》,《中國國家博物館館刊》,2016年第5期
朵雲編輯部撰《清初四王畫派研究論文集》,上海書畫出版社1993年版
郭繼生《王原祁研究》,(台北)國立故宮博物院1981年版
黃本驥撰《歷代職官表》,上海古籍出版社1980年版
黃賓虹等撰《美術叢書》,江蘇古籍出版社1997年版
黃瑋鈴《畫圖留與人看:由王原祁的仕途與畫業看清初宮廷山水畫風的奠立》,2005年碩士論文
江慶柏撰《清代人物生卒年表》,人民文學出版社2005年版
蔣寅撰《王漁洋事跡徵略》,人民文學出版社2001年版
蔣志琴《明代書畫仿古模式研究》,清華大學出版社2022年版
蔣志琴輯《王原祁詩文輯注》,中國國際廣播出版社2021年版

李越等撰《清初戲曲家沈受宏事蹟編年》,《戲曲與俗文學研究》2018年第12期
劉九庵撰《宋元明清書畫家傳世作品年表》,上海書畫出版社1997年版
上海博物館撰《南宗正脈——上海博物館藏婁東畫派藝術》上海書畫出版社2011年版
上海博物館撰《中國書畫家印鑒款識》,文物出版社1990年版
尚小明撰《清代士人遊幕表》,中華書局2005年版
汪世清撰《石濤詩錄》,河北教育出版社2006年版
王時敏著,毛小慶點校《王時敏集》,浙江人民美術出版社2016年版
王原祁著,毛小慶點校《王原祁集》,西泠印社出版社2018年版
王祖佘等撰《太倉州志》,(台北)成文出版社1975年版
溫肇桐《清初六大畫家》,世界書局1945年版
溫肇桐《王原祁》,上海人民美術出版社1980年版
徐邦達撰《改訂歷代流傳繪畫編年表》,人民美術出版社1994年版
徐邦達撰《重訂清故宮舊藏書畫錄》,人民美術出版社1997年版
張慧劍撰《江蘇明清文人年表》,人民文學出版社2008年版
張偉仁等撰《明清檔案》,(台北)中央研究院歷史語言研究所1995年版
中國第一歷史檔案館撰《康熙起居注》,中華書局1984年版

澳門藝術博物館編《山水正宗——故宮、上博珍藏王時敏、王原祁及婁東派繪畫精品》,澳門藝術博物館2011年版
陳履生、李十老編《王原祁畫集》,人民美術出版社1995年版
陳履生等編《王原祁畫集》,人民美術出版社1995年版
單國強編《金陵諸家繪畫》,上海科技出版社2000年版
故宮博物院編《故宮博物院藏品大系·繪畫編》,紫禁城出版社2008年版
故宮博物院編《故宮書畫館(第一編)》,紫禁城出版社2009年版
顧洛阜編《美國顧洛阜藏中國歷代書畫名跡精選》,上海人民美術出版社2009年版
郭學是編《四王畫集》,天津人民美術出版社2007年版
何平華編《王原祁山水精品選》,江西美術出版社2003年版
林樹中等編《海外藏中國歷代名畫》,湖南美術出版社1998年版
鈴木敬主編《中國繪畫總合圖錄》,東京大學出版會1982年—1996年版
聶崇正編《王翬精品集》,人民美術出版社1999年版
聶崇正編《王原祁精品集》,人民美術出版社2000年版
彭本人編《海外藏中國歷代名畫》,湖南美術出版社1998年版
台北故宮博物院編《清王原祁畫山水畫軸特展》,台北故宮博物院1997年版

台北故宮博物院編輯委員會《故宮藏畫大系十五》,台北故宮博物院 1993 年版
天津人民美術出版社編《四僧畫集》,天津人民美術出版社 1997 年版
王之海編《石濤書畫全書》,天津人民美術出版社 1995 年版
蕭燕翼編《王時敏精品集》,人民美術出版社 2005 年版
肖燕翼編《四王吳惲繪畫》,上海科技出版社 2000 年版
徐湖平編《明代山水畫集—南京博物院藏》,天津人民美術出版社 2000 年版
徐湖平編《清代山水畫集—南京博物院藏》,天津人民美術出版社 2000 年版
揚州博物館編《明清書畫集萃》,上海書畫出版社 2006 年版
楊永勝編《王原祁畫集》,中國民族攝影出版社 2003 年版
張蘇矛編《上海博物院藏畫》,上海人民美術出版社 1999 年版
中國古代書畫鑒定組編《中國古代書畫圖目》,文物出版社 1999 年版
中國古代書畫鑒定組編《中國繪畫全集》,文物出版社 2000 年版

人名索引

（頁碼帶星號 * 者，爲索引條目所在"世系"頁碼）

A

阿爾稱 536
阿金 274
阿里瑚 182
阿太史（鶴亭）374

B

巴海 25
白林九 28, 36, 45
白夢鼎 137
畢瀧（潤非、竹癡）35, 59, 369, 460, 553
畢世持 140
畢沅（秋帆）266, 442, 460
畢振姬 137
卞文瑜 19
賓侯（可汧）12
丙齋 314, 378
博爾都（問亭）229, 233, 242, 253, 262, 263, 274, 277, 285, 287, 303, 581
博濟 202
檗和尚 207
卜一水 325

C

蔡名輔（德輿）368
蔡升元 400, 440
蔡瞻岷 290
曹峨嵋 141
曹爾堪 25
曹禾 69, 156
曹基（德培）125
曹鑒倫（彝士、蓼懷）350, 352
曹林（雲材）125
曹培源（浩修）281, 502
曹溶 1
曹三才（廉讓）472
曹文虎 70, 182
曹延懿（九咸、蘧園）86, 92, 115, 116, 128, 133, 137, 142, 143, 175, 180, 213, 216, 229, 230, 231, 242, 243, 246, 247, 248, 259, 292, 319, 321, 322, 375
曹以章 325
曹有武（梅梁）36
曹煜（凝庵）134, 141, 147, 151, 153,

159,161,168,175,178,180,184,
186,187,192,193,196,200,201,
204,205,206,209,210,213,332,
355
曹日瑛(渭符、恒齋)274,339
曹雲西 296,330,359,390,580,581
曹貞吉 2
曹鄭興 92
曹倬雲 143
曾燦(青藜)125,332
曾金吉(耳黃)115,116,128,140,149,
231,319,321,322
查可亭 511
查慎行(夏重、他山)85,127,129,147,
153,171,172,176,177,179,187,
188,190,195,198,199,204,206,
207,208,209,211,217,220,224,
225,226,229,236,242,244,245,
249,256,261,266,267,268,289,
290,292,293,294,305,322,323,
329,334,338,346,359,360,374,
379,400,484,485,499,508,514,
520,521,526
查昇(仲韋、聲山)115,187,209,277,
278,333,350,351,352,356,400,
419,429,440
查士標(二瞻)151,176,201,332
查嗣韓(荊州、墨亭)208,291
查嗣瑮 279
查嗣庭 460
柴際思 115
柴雲章 115
禪布 368
陳敔永 132,133

陳彩 32,33
陳丹衷 3
陳端木 260
陳帆(南浦)125,241
陳賦梅 511
陳公武 381
陳國楨 65
陳浣(伯熊)138
陳瑚(言夏、確庵)7*,25*,19,20,21,
29,37,51,55,60,67,72,73,123,
136,185
陳嘉(靜孚)73
陳匡國(均寧)125
陳煉 313
陳良璧 211
陳騮(伯駒)125
陳夢雷 92,472
陳糜涇 68
陳鵬年(北溟、滄洲)277,414,521
陳詵(叔大、實齋)325,326,510
陳詩心 511
陳叔霞 201
陳叔毅 187
陳樹滋 414,437,454,511
陳濤 138
陳廷敬(子端、午亭)46,91,122,129,
172,173,184,192,201,206,219,
230,272,331,374,400,440,504
陳維崧(其年)2,43,53,68,70,115,
119,125,141,182
陳緯 92,115
陳奕禧(六謙、香泉)1*,129,141,149,
153,233,262,263,273,274,284,
293,294,311,314,322,323,333,

334,358,374,377,378,430,441

陳潁長 115

陳元龍(廣陵、乾齋) 28*, 31*, 202,
　　217,245,291,298,299,314,323,
　　332,342,345,350,351,372,472,
　　486,497,525,530,532,537

陳元孝 261

陳允衡(伯璣) 39

陳震公 511

陳中歆 115

陳壯履 400,440

陳左之 511

程鴻章 511

程霽巖 454

程嘉燧(孟陽、松圓) 57,58

程浚(葛人、肅庵) 78,277,279

程康莊 50

程可則(周量、湟榛、石臞) 42,46,47

程夢星 318,524

程啟(衣聞、崔岑) 78,221,279,512

程青溪 97

程邃(穆倩) 98,99,129,160

程文次 115

程翼仲 115

程元鳳 191

程月符 511

程哲 279,511

程正齋 381

仇兆鰲 510

楚珍 83,496

儲方慶 135

儲在文 521

儲振玉 76,77,91

崔華(不凋、蘊玉) 50

D

笪重光 2,9,105,123,153,160,234,
　　296

大山 291

戴敏功 115

戴名世 199

戴田有 290

戴王纶 32

戴雲奏 454

單國霖 288,397,528,539

單務孜 215

旦華 511

德先 434

鄧肯堂 57,58,115

鄧獻誠 85

鄧孝威 129

鄧焌 274

丁繼之 55

丁澎(藥園) 125

鼎和 511

鼎吉 511

東嶼 157,281

董蒼舒 115

董方南 115

董訥 76,199,263

董其昌(董文敏) 24,56,66,79,86,
　　114,126,162,190,272,277,287,
　　423,430,507,544

董聞京 7*,15,40

董源(北苑) 20,24,44,47,58,68,86,
　　106,126,163,190,213,240,271,
　　275,316,328,333,351,354,379,
　　380,390,404,406,408,409,423,

人名索引

430,431,432,448,449,456,458,
479,484,489,500,507,508,509,
513,527,543,554,580
讀徹（見曉、蒼雪）6*,12,21,32,35
杜篤祐 21,22
杜錦來 259
杜立德 77
杜讓水 276
杜涑 11
杜濬（于皇）1,45,46
杜詔 524
杜臻（肇余）312,313

E

鄂海 368
爾長 466
爾敦 511
爾彌 511
爾遠 511

F

范必英（秀實、伏庵）38,39,40,145,
243
范承謨 25,96
范寬（華原）86,249,261,285,315,
351,478,479,480,481,579
方辰（拱樞）294,329
方方壺 234,328,419
方拱乾 41
方亨咸（龐古）11,72,73,524
方靈皋 381
方邵村 129
方士琯 259
方孝維 274

方雪岷 141
方玉昭 143
費厚藩 274
費經虞 41
費密（此度、燕峰）41
費天來 133,137,142,229
豐萬年 475
冯念祖（文子）187,277,291
馮班 1
馮定遠 57,58
馮金伯 107
馮歷 274
馮溥 104
馮廷櫆（大木）291
馮纕 274
馮延櫆 140
馮雲驤 137
佛倫 368
敷時 258,512

G

噶禮 499
高桴客 362,363,365,398
高菖生（節培）125
高承爵 215
高觀山 232
高琯（西白）291
高珩 3
高簡（澹遊）125,179,317,552
高克恭（房山、高尚書）132,190,213,
250,251,271,282,282,309,313,
315,328,341,350,369,370,384,
390,391,405,413,423,432,464,
466,487,490,514,516,521,529,

532,536,542,543,547,548,550,
　　559,580
高龍光 140
高士奇（淡人、江村）67,99,104,122,
　　136,141,185,201,217,232,279,
　　291,293,296,365
高裔（素侯）192,291
葛方修 115
耕巖 440,502
耿介 201
耿精忠 96,114
公垂 291
宮定山 418
宮鴻歷（友鹿、恕堂）262,272,273,
　　274,277,287,294,298,299,322,
　　521
龔賢（半千）166,185,201,212,334
龔秉直（秉直、敬立、石帆）214,295,
　　298,299,300,336,338,362,370
龔倉書 115
龔得和 115
龔鼎孳（芝麓）1,36,37,90,91,92,
　　110,111,112
龔翔麟（天石、冷真、蘅圃）138,160,
　　161,211,281
顧藹吉 421,485
顧闇公 511
顧彩 274
顧陳垿 25*,27*,94,129,353,404,
　　432,501
顧大申 25
顧昉 268,274
顧見山 115
顧景錫 32

顧九恒 187
顧苓（雲美）116,117,419
顧茂倫 115
顧梅（商尹）92,128,133,137,142,
　　143,144,182,229,232,233
顧湄（伊人）18,57,75,97,102,136,
　　137,141,142,169,229,340
顧尼傭 511
顧琪 422,423
顧樵（樵水）125
顧士璉（殷重、樊村）16,69,111,145,
　　214,396
顧士奇 274
顧嗣立（俠君）277,287,521
顧嗣協 274
顧松交 56,150,511
顧天山 419,485
顧圖河（圖河、書宣）298,299,300
顧文彬 224,284,340,344,529
顧聞善 511
顧炎武 1,123
顧伊在 511
顧懿樸 511
顧用霖（雨若、嚴卜）346,511
顧有典 511
顧雨生 511
顧淵（玉山）138
顧曰俞 511
顧雲彬 218
顧藻（懿樸、觀廬）233,291,333,360,
　　511
顧殖 18
顧仲光 85,91,92
顧祖禹 226

人名索引

管鉅 215
管尹良 511
管又周 511
管元翼 511
歸孝儀 115
歸允肅 1*,69,136,154,156,159,160,180,215
郭棻 191
郭仁昭 70,182
郭士琦 50
郭琇 1*,90,217
郭元釪 399,520,521

H

韓鳳瞻 249
韓木公 511
韓泰華 281,412
韓菼(元少、慕廬、歸愚) 40,110,215,226,262,287,291,325,346,511,582
郝士錞(子希) 475,477
何焯(屺瞻、義門) 42,188,285,293,322,360,375
何際五 15
何楷 217
何天植 115
何畋(學山) 125
何雲壑 129
賀瞻度 115
鶴巢 125,511
蘅翁 258
宏焯 274
洪昇 206,216
侯記原 115

侯開國(大年) 115,181
侯玄涵 18
侯研德(研德) 21,27
胡賡昌 274
胡會恩(孟綸、苕山、南苕) 115,208,245,291,325,330,332,510,514
胡介祉 274
胡念嵩 52
胡任輿(孟行、芝山) 350,351,352
胡汝舟 164
胡世榮 460
胡渭 226
胡又申 325
胡曰從 77
胡兆龍 32,33
許端伯 70,182
許昉 146
許漢章 19
許鶴沙 115
許縵 11
許虬 41
許容 274
許如霖 510
許嗣隆(山濤) 68,70,182,325
許希濤 109,133,142,353
許旭(九日) 13,20,57,68,92,96,97,102,108,125,141,164,169,249,314
許璹耀 313
許堯老 81,109
許穎 542
許友(介有、不棄、甌香) 290
許之漸(青嶼) 72,125,467
許志進 274

許竹隱 511
許子位 115
許子遜 511
華長發（商原）125
華鯤（子千）262,273
華顯 368
懷一 511
皇士 342
黃百家 127,147
黃端木 51
黃符節 381
黃繼武 115
黃晉良（處庵）125,359
黃潞（又文）116,128
黃律（鳴六）259
黃裳 50
黃攝六（翼聖）12,36
黃叔威 290
黃天濤 85,86,91,92
黃衛 274
黃文華 537
黃熙纘 50
黃研旅 511
黃儀 226
黃儀九 454
黃虞稷 211,226
黃與堅（庭表、忍庵）7*,18*,15,25,
　　28,29,32,38,42,45,57,76,82,
　　96,102,110,115,125,143,145,
　　147,150,161,164,166,169,173,
　　178,191,192,196,208,211,217,
　　218,219,220,222,223,226,266,
　　276,290,292,348,352,362
黃元治（自先）274,290

黃雲 159,160
黃震生 511
黃宗羲 1,127
黃纘儒 214
黃鼎（尊古、閑圃）51,254,272,273,
　　287,303,308,326,330,542
黃公望（大痴、子久）9*,14*,13,24,
　　44,55,60,79,86,98,99,116,118,
　　121,123,124,126,127,131,132,
　　133,138,141,144,146,157,158,
　　183,185,190,195,198,199,202,
　　205,207,212,213,217,218,223,
　　224,231,232,234,235,240,244,
　　245,246,247,250,252,257,258,
　　260,261,263,266,268,269,270,
　　271,272,278,279,280,281,283,
　　284,286,287,288,289,297,301,
　　303,304,305,309,311,312,313,
　　314,315,315,317,320,321,326,
　　327,328,331,334,335,336,338,
　　340,343,344,347,350,354,356,
　　357,359,362,368,370,371,372,
　　374,376,377,378,380,383,390,
　　394,401,402,404,405,407,408,
　　409,412,413,417,418,419,422,
　　423,427,428,430,437,440,441,
　　442,443,445,447,448,449,454,
　　455,456,459,463,464,466,467,
　　468,469,470,472,473,474,475,
　　477,478,479,484,486,487,488,
　　489,490,491,496,498,499,500,
　　501,502,505,507,508,509,513,
　　519,520,522,523,524,525,527,
　　528,530,531,532,533,534,535,

537,538,539,540,541,542,543,
544,546,550,551,553,554,556,
558,559,564,565,580,581
惠崇 142,157,424,437,487
惠吉 422
惠士奇 346,542
惠心皋 511
惠研谿 187
惠元龍 226,276,511

J

吉頌 511
計東(甫草) 18,27,54,115
計希深 115,414,437
紀伯紫 91,92
紀蔭(湘雨、宙亭) 313
嘉名 511
賈毅庵 537
漸江 178,259,277
江補齋 325
江貫道 33,79,80,86,88,109,297,
400,449,487,550,558
江宏文 274
江喬梓 18*,38,42,177,182,192,198
江士韶 21*,16,151,396
江天遠 325
江位初 71,133,137,142,169,229,
349,359
江虞九 31
江愚庵 67
姜宸英(西溟、湛園、葦間)2,8,65,75,
85,96,101,129,172,179,180,
187,211,220,226,261,266,267,
268,274,277,290,291,292,293,

294,300,311,322,323,331
蔣超 11
蔣陳錫(文孫、雨亭) 28*,336,360,470
蔣乘庵 381
蔣疇錫 274
蔣虎臣 19,20,83,496
蔣鳴玉(楚珍、中完) 83,496
蔣覺周 511
蔣曠生 511
蔣前民 201
蔣仁錫 274,521
蔣莘田 115
蔣深(樹存、蘇齋、绣谷) 320,338,346,
416,421,484,485,521
蔣廷錫(揚孫、西谷、南沙) 294,310,
346,375,400,419,432,440,454,
499,541
蔣宣臣 511
蔣聿修 187
焦隆吉 416
焦士 301
蕉師 379,383
潔庵 291
介玉 511
金璧 174,274
金醇還 511
金德純 274
金漸雕(西崖) 115,125
金侃(亦陶) 138
金昆 531
金跂宋 115
金聖嘆 56
金亭士 511
金獻士(臣可) 125

金冶公 207
金澡(榮筆) 125
金永熙 446,447,542
金玉式 511
金肇昌 274
金殖 317,526
金冶文 115
金子翔 259
金子由 249
靳呂封 544
荊輔 199
巨然 24,58,65,80,112,132,231,240,
　　252,266,278,286,288,289,305,
　　316,317,342,343,363,364,366,
　　380,405,408,420,423,470,479,
　　483,487,490,491,497,500,524,
　　534,550,554,559,580
覺浪道盛 13

K

孔尚任(東塘) 16,172,201,274,317,
　　318,324
孔衍栻 274
孔毓圻 31*,274
孔贊侯 111
孔振玉 325
匡襄鉅 313
揆方 206,209
揆叙(愷功、明凱功)202,206,208,209,
　　216,235,242,272,323,334,358,
　　366,382,399,411,419,432,454,
　　484,496,497,499,506,508,514,
　　535,536
髡殘(石溪) 43,62,97

L

藍公漪 259
勞在兹 244
勒德洪 208
雷應元 49
冷枚 531
李成 126,288,310,484,579
李澄中 211
李東序 115
李爾公(可衛) 12,49
李符 138
李寅公(寅公) 291
李公凱 208
李光地(李文貞) 1*,90,92,158,199,
　　222,232,360,510,541
李國亮 215
李基和(协万、梅崖、梅江) 188
李堅 274
李敬 11
李敬六 414,437,454
李亮采 166
李録予 246
李念慈(屺瞻、劬庵) 41,42,129
李曲江 325
李柟(倚江、木庵) 208,217,291
李若谷 201
李時龍 274
李述修 222,265
李嵩陽 21
李唐 86,568
李天馥(湘北、容齋) 41,156,266,436
李爲憲(匡吉) 9*,133,252,329,365,
　　369,404,409,484,504,527,533,

542,582
李蔚 9,43,125,159
李我郊 368
李吴汧(西屏) 115,116,128
李晞古 109,151,431,454
李仙根(子靜) 53,91,125,156
李湘(荊濤) 414,511,512
李旭升 510
李延公 70,182
李鄴嗣 172
李因篤 2
李應軫 21
李應鳶(諫臣、愚庵、柱三) 291
李漁 1,71
李玉峰 201
李御六 499
李元伏 79,113
李雲華 104
李瞻航 259
李楨 140
李振裕(維饒、醒齋) 1*,90,179,184,
　　　220,291
李之芳 208,231
李止公 113
李自成 8
李嶟瑞 521
李佐賢 75,282,320,384,423
勵杜訥(澹園) 307,332,333,368
勵廷儀(令式、南湖) 368,369,374,
　　　440,447
勵宗萬(衣園) 369,473
梁份(質人) 290,322
梁佩蘭 2
梁清標(玉立、蒼巖、棠村) 2,3,47,48,

110,154,214,216,233
梁熙 46
梁藥亭 256,261
梁郁庵 325
廖騰煃 510
林佶(吉人) 322,521
凌必正(蒙平、約庵) 36
凌蒼 511
凌竹(南樓) 138
劉長康 91,92
劉次湘 325
劉典一 85
劉坊 219,352
劉芳喆 53
劉芳躅 32
劉管分 260
劉繼莊 219
劉九庵 74,185,198,396
劉雷恒(震修) 115,125
劉麗宮 511
劉石齡 274,346
劉淑文 381
劉體仁 2,32,46,47
劉鐵庵 472
劉廷璣 180,538
劉獻廷 100,139,207
劉允升 274
劉震修 115
柳泉 252
盧涀陬 511
盧琦 208
魯瑗 246
陸處實 511
陸澹成 459

陸隴其 1*,39,88,90,91,119,130,139,222,224,243,272,356,499
陸圻 18
陸然叔 115
陸時化（潤之、聽松）109,139,202,205,236,281,293,341,372,418,544,551
陸世儀（道威、桴亭）7*,16,26,37,54,60,67,69,100,108,172,185,212,306,322,396,552
陸遂升 511
陸鎖（石渠、雲壑）141,146,147,166,170,174,175
陸王在（王在）175,204,211,234,235
陸貽典（覿庵）138
陸以載 211,235
陸益孫 511
陸毅（士廸、匪莪）208,209,352,360,362,363,365,378,398,432,506
陸元輔（翼王、菊隱）21,33,94,115,167,181
陸之垓 125
陸紫湘 511
羅牧 166
呂士鶴（御青）331,332
呂藻南 414,511,512

M

麻勒吉 25
馬昂 274
馬爾琿（古香主人）274,275
馬恭士 115
馬蘅原 325
馬幾先 274

馬見五 207
馬鳴鑾（殿聞）125
馬如龍 108
馬世俊 53
馬是行 274
瑪祐 37
毛待旒 368
毛際可（會侯）41,368
毛俊 282
毛奇齡 2
毛如石 37
毛師柱（亦史）1*,13,51,52,54,60,68,74,85,91,92,103,119,122,133,137,141,142,143,148,163,164,170,172,182,194,211,212,213,222,223,224,227,228,229,230,232,233,234,235,238,240,242,244,248,249,265,276,277,290,297,301,302,305,306,308,314,318,319,320,321,323,329,333,336,345,348,349,353,357,359,365,366,369,370,371,372,375,380,381,399,410,416,428,429,435,436,438,440,445,498,507,510
冒丹書（青若）54,55,68,70,182,302
冒禾書（穀梁、嘉穗）54,68,70,91,92,119,182
冒辟疆 1,43,53,54,122,135,166,255
眉翁 372
梅庚（耦長、雪坪）153,259,322,381
梅清 139,140,153
梅溪 178,179
孟端士 511

孟亮揆 201
孟繹來 220,222,232,233
米芾 435
米元暉 138,552
宓草 381,411
繆伯獻 511
繆鈞聞(鈞聞) 143,163,511
繆彤(歌起、念齋) 5,76,107,141,143,
　　163,215,285,459,511
繆武子 511
繆曰藻(文子、南有) 167,308,309,
　　404,414,437,454,458,459
繆仲華 143,163
繆子長 511
敏修 442
閔賓連 201
明珠 192,195,202,206,208,235,236,
　　242,243,245,292,322
漠紹 511
默公 72,73

N

納壘 368
南金 432,511
南溪 445,459,460
倪彤文 511
倪永清 201
倪瓚(雲林) 111,132,160,179,190,
　　252,256,258,260,261,270,294,
　　296,308,309,314,315,316,317,
　　320,326,327,329,331,332,339,
　　341,342,344,345,382,383,384,
　　385,390,398,405,408,409,413,
　　422,425,434,438,448,454,464,

　　467,468,471,475,487,490,491,
　　495,501,505,506,507,508,513,
　　524,528,543,544,550,551,552,
　　554,555,567,580
年九庵 537
年允公 499

P

潘崇禮(元履) 125
潘耒(次耕) 115,125,156
潘鏴(雙南) 125,239
潘應賓 140
龐塏(霽公) 274,297
龐萊臣 132,203,287,310,340,341,
　　344,380,384
彭大翼 368
彭定求(訪濂、南畇) 198,291,346,511
彭扶山 356
彭行先(貽令、鶴羨) 125,138
彭會淇(四如、菉洲、南村) 291,
　　350,351
彭椒喦 187
彭瓏 18
彭鵬 222
彭孫遹(駿孫、羨門、金粟山人) 46,47,
　　154,291,308
彭雲客 511
丕承年 424

Q

祁寯藻 287
錢朝鼎(黍谷) 115,125
錢叚(梅仙) 133,137,142,153,159,
　　161,175,184,186,187,192,193,

194,200,204,209,210,213,229
錢廣居(大可)125
錢介臣 511
錢介皇 115
錢錦樹 201
錢晋錫(方來、再亭)30*,31*,115,
　　116,119,128,161,165,170,173,
　　180,200,205,216,222,260,307,
　　325,330,333,345
錢鏡塘 345,368,445
錢鹿友 511
錢美瞻 38,94
錢名世(亮功)290,294,322,360,
　　400,440
錢彭齡 511
錢謙益(牧齋、牧翁)25*,53,55,57,
　　58,73,112,198,301,370
錢汝馳(長黄)237,475
錢汝翼 274
錢三錫(宸安、葭湄)1*,85,137,200,
　　205,209,222,227,243,306,307
錢石含 274
錢肅潤(楚明)125
錢廷銳(右文、瞿亭)9,102,103,115,
　　116,128,164,202,205,249,
　　292,375
錢維夏 274
錢夕公 57,58
錢獻侯 511
錢泳 54,215,308,313,398,421,
　　425,470
錢右尊 115
錢玉友 187
錢元昌(朝采)298,299

錢元昉 274
錢載(萬松居士)72,73
錢中諧(宫聲、庸亭)9,19,39,41,145,
　　243,511
錢尊光 511
錢遵王 57,140,141,276,370
喬石林 195,196,224,256
喬同庚 314
喬文衣 36,37
秦保寅(樂天)125
秦對巖 115,150
秦靖然(藥師)524
秦木伯 373
秦鈜 32
秦世禎(瑞寰)5*,12,22,25
丘柯村 201
丘象升 32
裘璉 226
裘嚴生 421
屈天之 260
屈大均(翁山)2,147,148,153,260,
　　261
瞿春雷 115

R

仁山 283
任青際 115
阮疇生 85,91,92
阮爾詢(于岳)325
若曹 511

S

桑風雨 143
沙定峰 85,91,92

沙東望 511
沙一卿 69
善彰是 511
商奕銓 425,435
韶九 270
邵長蘅 226
邵潛夫 68
邵嗣光 222
邵嗣堯(子昆) 356
邵翼雲 249
申斌爲 511
申鳧盟 36,37
申珂(含吉) 97,109,220,311
申時行 97,311
申梭(叔旆、梅江) 97
沈白 79
沈方舟 511
沈韓倬 511
沈堅 274
沈衎 1*,159
沈秋輪 115
沈荃 25,162,180,352
沈銓 162,204
沈受宏(台臣、白漊) 5,60,64,65,67,
　70,74,75,76,80,86,97,104,107,
　108,109,115,116,117,119,121,
　122,127,128,133,134,137,142,
　148,151,158,164,167,169,176,
　185,188,205,206,213,217,226,
　227,229,230,233,235,236,239,
　240,241,243,249,255,263,265,
　287,295,299,300,302,303,304,
　305,306,307,308,317,319,320,
　322,338,352,353,355,358,366,

　377,404,409,411,429,445,446,
　459,505,510,514,519,529,582
沈受宜(荷百) 20,25,31,101,109
沈舞功 115
沈翔生 511
沈繹堂 180,204
沈用濟 274
沈原博 115
沈宗敬(洛庭、獅峰) 208,332,350,
　351,352,535
聲濤 470
盛符升(珍示、誠齋) 50,90
盛敬(聖傳、寒溪) 21*,16,37,67,111,
　185,308,420
盛珍 90,142
施長六 511
施閏章(尚白、愚山) 2,36,116
施硯山 115
石公申 31
石葵 238
石濤(苦瓜、大滌子) 2,8,66,69,75,78,
　139,140,144,149,152,153,156,
　157,160,165,166,178,185,191,
　194,199,201,202,211,215,221,
　226,229,230,232,233,235,236,
　238,239,241,242,253,259,266,
　277,279,348,349,371
石宜卿 91,92
石月川 70,182
史大成 32
史爾祉(谷香) 72,73
史葵三 511
史申義(叔時、蕉飲) 294
史惟圓(蜨庵) 125

史貽直 467
史亦右 262,273
釋本月 69
釋等承 274
舒恕 191
曙生 511
舜渠 238
泗侯 511
宋曹(彬臣、射陵) 129,298,299,300,323
宋疇三 27
宋大業(念功、藥洲) 200,241,245,291,294,298,299,342,345,377,399
宋德宜(右之、蓼天) 32,92,110,116,117,119,127,128,152,167,177,178,207,342,346,365,399
宋廣業(性存、澄溪) 16,38,94,107,110,114,116,128,129,135,140,150,160,172,179,188,191,201,207,214,232,312,323,325,338,342,345,348,356,368,373,377,381,398,399,402,414,416,421,429,437,445,446,454,458,467,475,498,499,505,510,511,525,530,532,533,536,537,544
宋即山 208
宋瑾(豫庵) 290
宋敬業(遜修) 116,117,121,122,128,208
宋懼聞 141
宋駿業(聲求、堅齋、堅甫) 114,116,128,206,225,226,236,239,240,241,253,268,274,291,345,362,363,365,398,399,410,419,441,488,499,505,511,519
宋犖 2,13,38,184,190,208,242,282,292,300,301,308,365,371,411,510,537
宋師會(懷祖、與亭) 263,342
宋實穎(既庭) 18,125,138,141,151,152
宋受谷 249
宋琬 1,11,93,114
宋學朱 398
宋志夔 504
宋志梁 134,135
宋志益(志益) 414,437,525
蘇苞九 115
蘇崑生 5*,63,64,145
蘇眉聲 115
蘇宣化 45
孫豹人 129,141
孫朝讓(光甫) 125
孫承澤(耳北、北海、退谷) 29,46,47,110
孫赤崖 115
孫鉉 274
孫光祀 32
孫蕙(樹百) 268,269,275
孫起範 421
孫謙 50
孫思遠 98
孫勷(子未、莪山、誠齋) 291
孫幼服 290
孫岳頒(樹峰) 202,206,245,273,293,298,299,332,350,410,419,428,431,545

孫雲韶 511
孫在豐（屺瞻）42,92,105,122,156,
　　184,201,213,214
孫枝蔚 255
孫致彌（愷似、松坪）115,181,208,
　　267,274,294,338,339,342,346,
　　350,351,467
孫子長 115
索芬 272
索泰 32

T

談震方（震方）187,291
譚瑄 211,279
譚陽仲 115
譚中郎 511
湯斌 15,25,82,137,156,173,192,
　　199,201,202,231,322,537
湯儀吉 260
湯右曾（西厓）187,209,211,227,272,
　　273,277,279,291,334,497,506,
　　514,529
湯子方 511
唐岱（靜嚴）265,274,369,418,420,
　　506,507,542
唐改堂（改堂）258,511,512
唐泓 134
唐景宋（默齋）125
唐夢賚 224
唐紹祖 272
唐孫華（實君、東江）1*,2*,10*,1,
　　18,94,116,128,161,166,172,
　　176,200,206,208,209,216,231,
　　235,236,238,239,241,242,243,
　　244,245,248,249,253,255,257,
　　258,261,272,278,291,292,299,
　　308,322,323,331,342,349,352,
　　353,356,359,360,362,363,364,
　　365,366,369,370,375,380,381,
　　398,414,416,425,428,432,434,
　　435,436,438,443,484,502,506,
　　511,512,513,514,519,527,535,
　　537,545
唐廷巽 511
唐薪禪（薪禪）258,512
唐宇肩（營若、一竹齋主人）313
唐宇昭（半園）57,109,290
唐瑀 125
陶萬若 511
陶子師 115,261
滕國相 21
天覲 330
田逢吉 32,90
田髯淵 115
田林 156,242
田雯（綸霞、漪亭）241,291,292,294,
　　329,333
佟信侯 381
彤侯 511
桐門 499
圖爾宸 32
吞珠（拙齋、髯翁）275

W

萬斯同（季野、石園）211,219,290,352
汪曾武 27*,93,195,249,282,333,424
汪灝（文漪）140,246,249,274,291,
　　360,375

汪鶴孫（雯遠、梅坡）145,166,183,
　　255,370,418,472
汪季角 269
汪景濤 511
汪懋麟 269
汪若 274
汪士鋐（文升、退谷、秋泉居士）285,
　　291,346,350,425,428
汪世清 69,78,144,149,153,157,160,
　　185,215,230,236,239,277,279
汪泰來（東川、陞交）115,188,208,
　　291,399,520,521
汪琬（苕文、堯峰、鈍翁）6*,2,18,32,
　　42,44,46,47,50,79,81,93,125,
　　132,164,215,511
汪武曹 329,511
汪宣于 511
汪由敦 541
王寶仁 1*
王抃（懌民、鶴尹、巢松）1*,7*,9*,
　　16*,22*,1,3,5,7,9,10,11,12,
　　13,15,16,17,18,19,20,21,22,
　　24,25,26,27,28,30,31,32,33,
　　35,36,38,39,40,41,42,43,44,
　　45,46,49,50,51,52,53,54,56,
　　57,60,62,63,64,65,68,69,71,
　　74,75,76,79,80,81,82,83,84,
　　85,88,89,92,93,94,98,100,101,
　　102,103,105,107,108,109,113,
　　117,118,119,123,128,129,130,
　　131,133,134,135,138,140,141,
　　142,143,145,146,147,148,149,
　　150,151,155,157,158,161,162,
　　163,164,165,166,168,169,170,
　　172,176,177,178,179,182,183,
　　184,188,190,191,193,194,195,
　　198,202,203,205,206,207,218,
　　220,238,243,248,249,271,276,
　　285,290,300,302,312,318,319,
　　320,353,354,366
王材任（子重、西澗）325,326
王長安 80,87,100
王長源（發祥）3,16,51,52,53,54,84,
　　101,241,396,552
王昶 92,160,169,333
王宸（紫凝、篷心）12*,13*,14*,547
王持（平宰）15*,5,17,19,22,25,38,
　　43,77
王赤崖 115
王崇簡（敬哉）3,91,92,110,192,347
王丹林（赤抒、野航）279,293,294,411
王諤（忠貽）12*,282,284,329
王扶（匡令、砥庵）22*,21,26,38,52,
　　55,56,75,81,83,101,126,146,
　　147,148,150,355
王復園 204
王概（安節）97,160,180,381,411
王公錫 325
王玨（天遊、甘泉）26*,364,535
王翰臣 115
王昊（惟夏）8*,14*,22*,25*,13,15,
　　17,20,21,25,27,32,33,36,46,
　　49,54,56,57,90,94,97,102,115,
　　117,118,128,135,141,143,
　　145,169
王弘導 137,143,229
王鴻緒（季友、儼齋）110,115,217,
　　219,245,291,297,325,333,400,

440,454

王化鶴 350

王黃立 1*,85

王翬(石谷、耕煙散人)2,11,57,60,73,
74,80,83,85,87,88,94,100,105,
106,107,109,110,111,112,114,
116,125,135,138,147,150,151,
152,153,157,160,169,170,178,
179,183,190,191,192,194,195,
196,225,234,236,239,240,242,
244,246,253,255,259,260,264,
265,268,272,274,275,278,285,
290,291,292,293,294,296,297,
298,301,302,310,314,315,323,
328,346,350,360,372,374,414,
470,485,507,523,530,544

王吉武(憲尹、冰庵、弘道)3,13,60,70,
74,76,80,115,127,129,143,196,
229,240,241,248,292,303,304,
320,371,381,410,411,435,506

王戩(夢穀)67,154,179,211,214,
219,302,303,334

王鑑(玄照、圓照、湘碧、染香庵主)1,
24,33,35,36,44,47,49,52,55,
56,58,59,65,74,76,79,80,81,
83,84,85,86,87,97,102,113,
114,119,126,141,149,231,263,
323,448,534

王戒庵 214,248

王玠(衛仲)18*,86,89,111,118,119,
122,128,157,158

王九齡(子武、薛澥)115,325,330

王恪(愚千、蕙帶)214,353,355,582

王揆(端士、芝廛)1*,7*,8*,9*,
14*,21*,25*,1,3,11,13,15,
17,20,21,25,30,32,33,41,42,
43,50,56,57,58,67,74,75,79,
95,102,115,118,125,129,141,
147,153,164,166,169,170,176,
177,186,187,193,194,198,217,
247,260,270,272,285,304,557

王立極 50

王蒙(黃鶴山樵)24,56,87,131,132,
179,215,221,241,252,254,255,
258,260,273,281,283,286,289,
298,311,312,315,320,332,336,
337,344,351,357,366,367,370,
374,381,382,390,396,405,418,
423,425,426,427,429,434,442,
449,451,458,471,477,489,490,
491,492,493,497,513,522,524,
543,548,551,559,562,571,572,
580

王孟穀 187

王命岳 32

王蓍(孝徵、穀詒)10*,12*,33*,93,
282,329,340,341,416,440,
529,545

王晦(服尹、樹百、補亭)115,266,267,
268,275,348,460,488,502,
524,526

王農山 115

王清 90

王銓(東發、耳溪)206,293,342,345,
346,410,419

王盛益 274

王時鴻(雲岳)274,298,299

王時敏(遜之、煙客)3*,7*,9*,14*,

15*,16*,22*,25*,28*,1,5,6,
7,8,9,10,11,12,16,17,19,20,
21,22,23,24,28,30,32,33,36,
37,38,42,43,44,45,47,52,54,
56,60,62,63,64,65,66,68,69,
74,77,80,81,82,83,84,85,88,
93,94,99,100,101,110,111,112,
117,118,119,121,122,125,127,
128,131,132,133,134,141,142,
145,149,150,151,153,154,155,
164,168,171,193,268,311,323

王時泰(鴻調) 25,135

王士禄 32

王士禎(貽上、阮亭) 21,22,32,36,39,
41,42,44,46,47,49,50,53,54,
55,67,68,70,109,127,153,154,
172,177,180,182,209,212,214,
225,228,230,241,255,256,260,
269,271,273,307,322,329,330,
331,333,360,382,524

王世懋(麟洲) 59,166

王世繩 421

王世貞 166

王式丹(方若、樓村) 293,298,299,
411,520,521,526

王摅(虹友、汲園) 7*,8*,14*,22*,
25*,26*,27*,21,25,29,32,41,
50,57,60,69,74,82,88,92,102,
111,114,116,117,118,119,123,
126,127,128,129,133,134,135,
137,139,142,145,146,147,148,
161,162,164,165,168,169,172,
174,175,176,177,178,179,190,
205,212,217,226,229,231,233,

234,235,238,239,240,241,244,
246,247,249,256,257,259,260,
261,265,266,269,270,271,272,
276,285,290,292,300,302,312,
319,512

王述獻(敬彥、耕巖) 12*,13*

王恬若 345,346,356

王挺 7*,7,11,13,15,20,21,30,40,
44,45,52,56,82,117,131,134,
170,193,268

王圖炳 521

王維卜(聿參) 15*,25

王文人 115

王聞炳(蔚儀) 40,88,102,107,
111,164

王武(忘庵) 132,135,138,208

王熙(子雍) 1*,91,110,192,193,208,
346,347,375

王咸中 116,128,226,231,511

王孝移 214

王胥庭 110

王頊齡 28,112,156,180,217,297,510

王學臣 201

王掞(藻儒、顓庵、西田) 1*,3*,28*,
30*,31*,32*,7,10,11,22,24,
28,40,45,52,53,59,64,68,69,
71,74,75,76,86,87,90,91,92,
93,94,95,100,103,105,107,109,
112,114,116,117,118,119,121,
122,125,127,128,139,148,150,
151,152,154,161,162,164,165,
166,168,169,170,172,175,176,
177,178,179,181,182,183,184,
190,191,193,198,203,205,206,

207,216,217,220,221,222,227,
230,231,234,235,236,241,243,
256,257,261,274,284,287,291,
298,299,301,302,306,307,314,
317,318,323,329,330,331,333,
334,336,338,340,345,352,355,
358,365,366,369,383,404,421,
424,425,428,440,445,459,467,
472,478,499,504,506,510,511,
514,519,523,526,529,530,536,
541,544,545

王曜升(次谷)15,25,57,58,97,102,
118,128,134,135,141,143,164,
169,175,176,183,184,205,249,
265,287,380

王遺民(瑞國)12

王抑(誦侯、南湖)32*,33*,10,58,68,
69,94,101,110,115,116,118,
128,134,135,143,161,163,183,
190,194,235,236,274,364,365,
370,372,380

王奕鴻(樹先、勗齋)28*,31*,33*,7,
167,345,404,459,499,545

王奕清(幼芬、拙園)10*,28*,30*,
31*,33*,7,63,68,69,165,169,
175,177,178,183,184,203,205,
209,230,231,234,241,247,274,
283,284,287,314,340,350,382,
428,467,519,526,529,531,536

王益朋 32

王毅庵 381

王闓(叔騫、汶漪)14*,375

王印周 115

王永 274

王又旦 45

王育(子春、石隱、莊溪老人)142,151

王昱 542

王元初 214

王原(令怡)188

王原博(迪文、潞亭)9*,10*,35,36,
63,92,115,123,146,148,149,
172,177,203,261,308,315,316,
506,537

王原祁(茂京、麓臺)1*,2*,10*,
12*,14*,22*,1,13,23,33,51,
63,85,90,91,92,93,95,96,98,
100,115,116,121,122,124,
126,127,128,131,132,133,
138,139,140,141,142,144,
146,148,149,152,153,157,
158,160,162,166,169,170,
173,174,175,176,177,180,
183,184,186,187,193,194,
195,197,199,200,201,202,
203,204,205,206,207,212,
213,215,216,217,218,221,
223,225,226,227,229,230,
231,232,234,235,241,242,
244,245,246,247,250,251,
252,254,256,257,258,259,
260,261,262,263,264,265,
266,267,268,269,270,271,
273,274,275,277,278,279,
280,281,282,283,284,285,
286,287,288,289,292,294,
296,297,298,300,301,302,
303,304,305,307,308,309,
310,311,312,314,315,316,

317,318,319,320,321,323,
324,325,326,327,328,329,
330,331,332,333,334,335,
336,337,338,339,340,341,
342,343,344,345,347,348,
349,350,351,352,353,354,
355,356,357,358,359,360,
361,362,363,364,365,366,
367,368,369,370,371,372,
373,374,375,376,378,379,
380,382,383,384,385,386,
387,388,389,390,391,392,
393,394,395,396,398,399,
400,401,402,404,405,406,
407,408,409,410,411,412,
413,414,416,417,418,419,
420,421,422,423,424,425,
426,427,428,429,430,431,
432,433,434,435,436,437,
438,439,440,441,442,443,
444,445,446,447,448,449,
450,451,452,453,454,455,
456,457,458,459,460,461,
462,463,464,465,466,467,
468,469,470,471,472,473,
474,475,476,477,478,479,
480,481,481,482,483,484,
485,486,487,488,489,490,
491,492,493,494,495,496,
497,498,500,501,503,504,
505,506,507,508,509,510,
511,512,513,514,515,516,
517,518,519,520,521,522,
523,524,525,526,527,528,

529,530,531,532,533,534,
535,536,537,538,539,540,
541,542,543,544,545,546,
547,548,549,550,551,552,
553,554,555,556,557,558,
559,560,561,562,563,564,
565,566,567,568,569,570,
571,572,573,574,575,576,
577,578,579,580,581,582

王源(昆繩) 28,255,274,290

王曰表(與齊) 14*,15*,18,103,177,
203

王曰高 41

王雲 268

王在茲 115

王澤弘(澤宏、涓來、昊廬) 2,32,230,
242,274

王瞻(屺望) 9*,10*,33*,313,464,
497,524

王昭祓(葆光、耕石) 25*,27*,69,
282,416,512,513,535

王昭復(旦復、賡旦) 25*,26*,32,92,
115,513,535

王昭駿 25*,27*,28*,270,424,425,
440

王朱玉(元式) 50

王撰(異公、大年、隨庵) 7*,8*,14*,
15*,13,15,17,19,20,21,25,36,
38,45,57,58,59,77,82,88,98,
100,102,117,125,135,153,154,
162,164,169,170,177,182,183,
190,191,218,238,239,244,249,
318,333,345,349,359,364,371,
404,416,425,427,429,434,435,

人名索引

　　438,440,445
王晫 50
王紫綬 137
王紫崖（紫崖）62,214,217,218
王宗衍 15
王遵晦（梅隱、又損道人、詠洲）58,59
王遵巖（箴六、秋崖）22*,23*,24*,
　　33*,81,355,497,501,524
望文 201
衛用弘 138
衛周祚 66
魏坤 211
魏偶亭 325
魏象樞 1,9,12,17,31,39,63,91,104,
　　105,111,113,137,140,143,144,
　　146,159,160,163,181,187,202
魏學誠（學誠）39,163
魏裔介 9,12,27,29,30,34,36,45,51,
　　52,62,65,66,69,71,74,76,77,
　　88,90,98,123,137,159,184,191
魏禹平 187,329
魏子相 221
溫達 366
溫儀（可象,紀堂）408,529,541
文海 353,511
文洽 511
文昭 274
文祖堯（介石）37,60,61
翁寶林 115
翁必選 274
翁方綱（覃溪）266
翁謙吉（軼凡）188
翁叔元（鐵庵）6,7,10,29,37,46,51,
　　52,53,54,82,83,97,105,109,

　　113,114,125,126,127,140,143,
　　144,145,146,163,171,175,182,
　　183,198,199,202,204,208,209,
　　210,220,238,241,291,308,311,
　　322,348,472
翁嵩年 274,314,315
吳藹（虞升）125,511
吳寶崖 511
吳陳炎 521
吳承夏（禹聲、閑谷）194
吳赤霞 511
吳大澂 340
吳德裕 138
吳德藻 7*,18*,15
吳定遠 115
吳爾占（雪齋）274,275
吳方來 260
吳符鄴 414,502,511,512
吳光 53
吳國對 41,54
吳湖帆 369,379,464,489,506,509
吳嘉紀 259
吳見思（齊賢）125
吳暻（元朗、西齋）10*,64,115,168,
　　169,188,206,208,210,285,261,
　　266,272,273,274,278,279,291,
　　292,293,294,299,346,399,400,
　　410,411,419
吳敬生 511
吳克孝（魯岡）13,36
吳恪齋 325
吳琨（約叟）36
吳來 542
吳來儀 427,466

吳歷（漁山、墨井道人）2,72,73,134,
    154,161,324,325,326,357,467
吳麟 274
吳六平 91,92
吳戀謙（六益）125
吳偉業（梅村）9*,25*,1,9,10,12,19,
    20,27,28,36,37,55,63,64,69,
    77,83,84,85,95,97,100,112,
    115,169,225,293,317,582
吳夢白（華崖）125
吳綿祖 133,137,142
吳綺（園次）116,138,171,172,201,
    249
吳山崙 511
吳山濤（山濤）70
吳商志 239,244,290
吳省初 115,116,128,164
吳聖符 13,15,20,24
吳士玉 521
吳世標 274
吳聞瑋 115
吳曉（省初）115,116,128,164
吳修翁 194
吳琇弁 511
吳暄 421
吳一蜚 510
吳翊 501
吳翼生 511
吳應辰（友汪）125
吳羽三 102,103,115
吳玉培（玉培）313,359,379,381,
    382,470
吳園次 201
吳苑 97,256

吳兆騫（漢槎）18,27,41,165,168,
    169,171,195
吳振西 174
吳震伯 178,194
吳震一 249,256
吳鎮 203,289,310,349,388,433,459,
    512,571,580
吳之俊 32,33
吳之頤 50
吳之振（孟舉）125
武清 203,441,442
武周南 544

X

西灝 511
夏逢龍 210,211,212
夏人佺 21,22
項鳴先 511
項聖謨 1
項松心 115
蕭惟豫 41
蕭雲從 77
孝可 511
孝維 274,511
謝朗玉 115
謝廷爵 50
謝有煇 536
熊賜履（敬修）105,173,211,232
熊開先 142
熊遜修 208
修翁 194,354
修予 291
徐昂發（大臨）294,329
徐丙文 201

人名索引

徐秉義(彥和、果亭) 1*,85,110,115,123
徐潮(青來、浩軒) 208,291
徐東白(東白) 148,149,240,246,247,265,272,281,359,435
徐枋 156
徐扶九 92
徐扶令 137
徐合素 91,92
徐嘉炎(勝力、華隱) 208,291
徐敬思 229
徐蘭(芬若、芝仙) 274,275
徐玟 268,531
徐乾學(原一、健庵、乾學) 1*,28*,2,85,90,92,105,119,120,123,136,156,165,167,184,196,201,207,214,219,220,222,226,232,261,340,459
徐溶(雲滄、杉亭、白洋散人) 314,315
徐善 211,226
徐舒(霆發) 116,128,143,271,277
徐司民(司民) 317,328,364,423,424,456,492,522,545,551
徐泗瞻 326
徐崧 125
徐文靖 530
徐五衣(五衣) 21,62,71
徐武恭 115
徐孝持 143
徐彥通 511
徐藝初 115
徐雨臣 511
徐育蕃 454
徐元粲 32

徐元夢(善長、蝶園) 201,541,542
徐元文(壇長、立齋) 45,110,115,123,127,167,211,219,220,290
徐元正 510
徐增(而庵、十足道人) 72
徐章仲 499
徐州來 20
徐倬(方虎、蘋村) 214,291,323
徐子星 20,232
徐左庚 115
序皇 258,512
玄燁 45,52,146,156,158,164,172,192,215,220,256,257,261,274,308,313,323,329,330,333,348,352,354,360,365,373,375,398,399,400,421,425,427,428,435,440,488,504,508,510,514,529,579
薛孝穆 147,260
雪巢 477
雪石 291

Y

研翁 285
閆寶詒 208
閆世繩 191,192
嚴沆(子餐、灝亭) 32,39
嚴麟洲 115,414,437
嚴繩孫 125,156
嚴我斯 71,184
嚴熊(武伯) 115,138
雁堂 478
楊豹 274
楊東里 290

楊翰 315,317,372,432,470,539
楊浣初 544
楊晉（碩果）114,138,153,160,161,239,268,274,296,310,360,411
楊兢如 381
楊崘（星源、崑濤）92,134,135,180,209,210,249,250,338,356,357,380
楊慶麟 523
楊紹先 25
楊時薦 22
楊守智（次也）294
楊瑄（玉符、楷庵）291,400,440
楊雍建 144,178
楊猶龍 36,37
楊曰補 20
楊中訥（耑木、晚研）294
姚德中 511
姚匡 274
姚奎 274
姚夢虹 249
姚祇青 511
姚文侯 379
姚文然 3
姚襄周 115
葉蒼崖 260
葉藩 274
葉方藹（子吉）46
葉惠旐 115
葉九來 94,115
葉湄初 152
葉夢珠 10,56
葉邵南 511
葉素臣 115

葉燮 2,91,244,419
葉奕苞（二泉）125
葉映榴（丙霞、蒼巖）53,115,188,189,191,212
葉子肇 115
業開天 454
鄴侯 266,354,370
一念 424,425,435,443
儀徵 511
彝功 201
義行 201
翼曾 85
殷吉生 511
寅生 511
誾翁 327
尹泰 191
尹學庭 441
永璿 247
尤定中 511
尤侗（展成）2,13,18,125,309,511
尤慧珠 511
友一 201
于成龍 156,173,193
于炎 274
于振甲 356
余不遠 164,183
余國柱（大治）167,208,232
余懷（恨恨先生、浣花東堂）20,97,138
俞南史（無殊）125
俞天俌 61,85,134
俞兆曾（大文）115,294
繆虞良（虞良）143,154,163,511
虞士 511
虞沅 268

愚齋 283,308
羽斯 511
雨若 346,375,511
禹之鼎 167,207,210,274,278,287,
　　290,329,330,520
與時 511
玉璠 511
玉樵 511
郁法 37
郁禾(計登) 25
郁煒(弘初) 10*,63,115,164,203,
　　209,308
郁尹衡 92
郁植(東堂) 60,69,76,80,85,86,91,
　　92,128
育翁 429
袁安吉 511
袁書年(書年) 182,248,320
岳端(兼山、紅蘭主人) 242,275,277,
　　378
岳淮 125
雲書 230,272,273,511
允礽 191,302,314
惲格(壽平、南田、正叔)84,87,88,105,
　　106,107,123,129,138,150,151,
　　153,154,157,159,160,161,163,
　　164,183,191,194,313,380

Z

在茨 454
贊皇 277
瞻亭 472
章紳山(葯如) 368
章湘御 27
章忠可 511
張斌 125
張伯行(孝先) 416,498,499,537
張大風 51
張大復 174
張大受 142,521
張庚 273,281,488,521
張過其 115
張季琪(漁闇) 125
張嘉錫 511
張介山 249
張盡敷 19,21
張九齡 115
張昆詒 229
張良御 511
張霖(汝作、魯庵) 236
張魯赦 259
張毛健 272
張南薩 473
張南垣 62,268
張能鱗(西山) 37
張鵬翮 1*,90,308,365,454,510,526,
　　528
張青珊 71
張慶餘(衍德) 133,137,142,213,218,
　　229,435
張榕端(子大、樸園) 256,273,287,291
張汝貽 435
張睿(涵白、勉齋) 325,326
張尚瑗(宏蘧、弘籧) 188,198,291
張晟(謙齋) 368
張時叔 85
張壽民 115
張素存 115

張廷玉 400,440
張王士 249
張爲光（觀文）115,116,128
張維遠（德侯）537
張文貽 115
張聞大 115
張熙（穆文）35,36,115
張諧石 201
張學曾（爾唯、廣漢）30,32,33,35
張硯銘 115
張一鵠（友鴻、忍齋）41,42
張英 76,77,143,377
張瀛洲 499
張應桂 25
張羽皇 454
張雨若 375
張禹定 41
張玉書 53,156,158,171,219,223,230,400,440
張豫章 208
張岳貢 115
張越九 115
張雲章（漢瞻、樸村）23*,15,115,142,167,177,181,187,236,268,271,272,276,277,294,355,371,501,519,526
張振岳 274
張穉昭 325
張霍（帆史、苓山）236,274
張築夫 201
詔生 511
趙大年 57,141,149,151,250,260,263,265,290,316,351,390,392,424,431,449,452,470,523,543,573,574
趙弘燮 499
趙燨（天醒）125,138
趙孟頫（承旨、趙文敏）3*,24,55,79,86,113,132,216,242,250,256,282,296,316,350,352,353,405,443,449,453,487,498,522,580
趙山子 115
趙申喬 1*,88,90,91,510
趙聖傳 115
趙士麟 220
趙廷珂（声佩、恒山）298,299,300
趙沄 18
趙貞（松一）86,91,92,127,133,137,142,182,212,213,223,224,229,248,319,320,353,354,359,399,550
趙執信（伸符、秋谷）140,195,196,206,216,217,232,255,291
趙鳶（去邪）138
趙子一 511
趙自新（我完）7*,13,304
折庫納 25
鄭棟 542
鄭爾梅 381
鄭淮 274
鄭際泰（德道、珠江）291
鄭籛亭 214
鄭漢 511
崔許 511
鄭西求 115
鄭有章 91,92
鄭重 41,59
鄭宗遠 91,92

锺虞生 511
周璧侯 511
周補臣 454
周洊雷 115
周鼎新 69
周端成 42,43
周方宣 115
周公咸 183,287
周翰 511
周輯寶 151
周金簡(大酉) 524
周京 160
周聚(翼敖) 125
周亮工 1,8,14,96,101,102
周六皆 85
周敉寧 511
周清原 274
周世樟(樟成、章成) 43,116,128,141,166,170,176
周斯盛 240
周曦 20
周象明(懸著) 115,133,137,142,157,188,235
周靳淦(束岡) 102
周修闇 164
周宿來 115
周彦 115
周彝 274
周義扶 115
周翼微 60,70,76,85,91,92,133,137,142,143,172,229
周雲駿(孝威) 25,118,135,143,169,176,380
周雲驤 56,65,66,152

周允夔 164
周樟成 43,116,128
周肇(子俶) 18*,18,20,25,27,36,38,57,62,91,92,94,96,115,118,135,168,169
周震藻 32
周之麟 45
周兹 274
周祚名 115
朱長孺 57,115
朱仇池 214
朱耷 259
朱鎬 274
朱君實 134
朱茂暉 211
朱明鎬(昭芑、祖義) 12,20,26,172
朱耆清 62
朱時鳳 274
朱廷獻 50
朱襄 274
朱星海 501,531,532,534
朱儼 211
朱彝 164,256,259,260,277,318,362
朱儀臣 115
朱彝尊 2,153,156,172,211,220,221,233,236,244,256,279,314,325,346,411,459
朱用純(致一) 125
朱玉章 454
諸天植 511
祝允明 441
莊靜庵 115
莊令興(蓀服、阮尊) 241
卓次厚 171,248,249

卓人文 511
卓天寅(火傳、亮庵) 171,172,249
卓子任 171,201
子厚 511
紫臣 511
宗鶴問 129

宗少汝 115
宗渭 138
鄒拱辰 430
鄒裕來 126,265,276
鄒衹(祗)謨(訏士、聖培、程村) 41,42
祖業弘 368

後 記

編撰《王原祁年譜長編》始於 2006 年,意在爲撰寫我的博士論文《王原祁畫學"龍脉"説研究》提供史料基礎。因爲王原祁的畫學理論特色、其理論産生的時代背景、理論意義等是《王原祁畫學"龍脉"説研究》的主要問題。因此,理清王原祁的個人行蹤、師友境遇和時代面貌等成爲資料整理過程中的主要内容。

十多年來,基於文化層面的史料整理和對書畫相關問題的深入思考,我逐漸從王原祁的個案研究轉向明清書畫仿古模式研究,找到了新的學術興趣點。簡單地説,引發這種轉向的原因有二:

一是 2010 年至 2012 年間我擔任北京故宫博物院書畫館和陶瓷館志願者的經歷。其間,只要有時間和機會(開館),我都會去故宫博物院看書畫和陶瓷展覽:用放大鏡和望遠鏡細讀作品,對著原作勾勒作品打印稿,梳理作品的語言、造型等藝術特色。尤其是講解蘭亭特展期間,我深切體會到了古代書畫經典超越時空的感染力,如面對王珣《伯遠帖》真迹,真正感受到了何謂晋人風度。可以説,觀看傳統書畫經典和陶瓷珍品的經歷,拓展了我的學術視野和理論研究空間。

二是 2006 年以來學習崑曲、古琴、書畫、篆刻等的藝術實踐經歷。北大讀博期間,我在樓宇烈先生主持的北京大學國藝苑學習古琴、崑曲;南京藝術學院任職期間,在跟隨博士后導師黄惇先生學習書法、篆刻之餘,分别向仁大慶先生和孔六慶先生請教山水畫和花鳥畫。2015 年調入中國傳媒大學以來,除了先後在北京大學書法研究所、中央美術學院國畫學院進行書法和國畫訪學外,還在李海林先生、戴士和先生、王琨等先生的指導下學習油畫。

可以説,文化研究的學術視野、藝術理論與實踐相結合的跨界意識,使《王原祁年譜長編》的編撰與將王原祁傳世作品跋文輯録爲年表或年譜的做法相比,具有了更廣闊的文化空間。

2020 年以來,我出版了王原祁研究的相關著作,如《王原祁詩文輯注》(2020年)、《明代書畫仿古模式研究》(2022 年)。出於各種原因(如它需要在使用過程中不斷完善),最後才出版《王原祁年譜長編》。而每次想到可能存在的不當之處,便心生愧疚，惟以學術乃天下公器，非一人所能周備自慰自解。

　　追憶《王原祁年譜長編》的成書和出版經歷，我心生感激：感謝師友的鼓勵和幫助，如博士導師朱良志先生、中國社會科學院楊鐮先生、南京師範大學江慶柏先生；感謝家人的督促和支持，也感謝編輯曹瑞峰先生爲本書出版所做的許多具體而細緻的工作。

蔣志琴

2023 年 4 月

圖書在版編目（CIP）數據

王原祁年譜長編/蔣志琴編著. －－ 上海：上海書畫出版社,2024.12. －－（書畫名家年譜大係）.
ISBN 978－7－5479－3470－8
Ⅰ．K825.72
中國國家版本館 CIP 數據核字第 2024QE2410 號

王原祁年譜長編

蔣志琴　編著

責任編輯	曹瑞鋒　陳家紅
審　　讀	雍　琦
責任校對	黃　潔　田程雨
美術編輯	王　崢
技術編輯	顧　傑

出版發行	上海世紀出版集團 上海書畫出版社
地址	上海市閔行區號景路 159 弄 A 座 4 樓
郵政編碼	201101
網址	www.shshuhua.com
E-mail	shuhua@shshuhua.com
印刷	上海中華印刷有限公司
經銷	各地新華書店
開本	635×965　1/16
印張	41.75
版次	2025 年 2 月第 1 版　2025 年 2 月第 1 次印刷
書號	ISBN 978－7－5479－3470－8
定價	180.00 圓

若有印刷、裝訂質量問題,請與承印廠聯繫